초급SW 개발자를 위한 입문서

오픈소스와 리눅스

Open Source & Linux

노서영 · 신재혁 · 유현진 지음

도서출판 홍릉

저자소개

노서영

충북대학교 소프트웨어학부 교수로 재직 중이다. LG전자 책임연구원, 한국과학기술정보연구원 국가슈퍼컴퓨팅본부 대용량데이터허브센터 센터장, 미국 페르미국립가속기연구소 방문연구원을 지냈으며, 저서로는『모두를 위한 클라우드 컴퓨팅』(제이펍, 2022), 공저로는『코드로 알아보는 ARM 리눅스 커널』(제이펍, 2012)이 있다.

신재혁

충북대학교 컴퓨터과학과 박사과정을 수료하였다. 삼성전자 Samsung Research 책임연구원을 지냈으며, 주요 관심분야인 임베디드 시스템 소프트웨어와 데이터센터 인프라 운용, 가상화 기술 관련 연구 활동을 지속해오고 있다.

유현진

충북대학교 컴퓨터과학과 석·박통합 과정에 재학 중이다. 유럽 CERN 연구소의 글로벌 HPC 그리드 프로젝트에 참여하고 있으며, 주요 관심분야인 슈퍼컴퓨팅과 데이터센터의 그리드 소프트웨어 최적화 연구를 수행하고 있다.

Open Source & Linux
초급SW 개발자를 위한 입문서
오픈소스와 리눅스

인 쇄: 2025년 8월 20일 초판 1쇄
발 행: 2025년 8월 29일 초판 1쇄

저 자: 노서영 · 신재혁 · 유현진
표지디자인: 노서윤

발행인: 송 준
발행처: 도서출판 홍릉
주 소: 01093 서울시 강북구 인수봉로 50길 10
등 록: 1976년 10월 21일 제5-66호

전 화: 02-999-2274~5, 903-7037
팩 스: 02-905-6729
e-mail: hongpub@hongpub.co.kr
http://www.hongpub.co.kr
ISBN: 979-11-5600-223-9(93000)

정 가: 45,000원

머리말

오픈소스를 활용한 많은 프로젝트가 진행되고 있으며 IT 현장에서 오픈소스를 사용하지 않는 소프트웨어 개발은 상상하기 어려운 일이 되었다. 국내 기업 10개 중 7개 기업이 오픈소스를 활용하고 있으며 그 비율은 점차적으로 증가할 것으로 예상된다. 이러한 IT 개발환경 변화는 소프트웨어 개발자들이 오픈소스에 대한 기본적인 소양을 갖추고 있어야 함을 의미한다.

오픈소스를 다룰 때 리눅스를 떼어놓고 이야기할 수 없다. 리눅스는 가장 대표적인 오픈소스 소프트웨어이다. 데스크탑 운영체제로 리눅스를 활용하는 비율은 윈도우에 비해 현저히 낮지만 전세계 슈퍼컴퓨터 500위의 대부분이 리눅스를 사용하고 있으며, 많은 IT 서비스가 리눅스를 기반으로 하고 있다. 매일같이 사용하는 스마트폰과 테블릿의 안드로이드는 리눅스 기반이며 iOS 또한 리눅스의 조상격인 유닉스를 모태로 하고 있다. 따라서 개발자로 성장하기 위해서는 리눅스를 이해하고 잘 활용할 수 있어야 한다.

상용 소프트웨어의 대표 기업인 마이크로소프트가 윈도우 운영체제에 WSL(Windows Subsystem Linux)을 통해 리눅스를 공식 지원하고, 강력한 오픈소스 개발 도구인 VSCode를 무료로 배포하고 있다. 넷스케이프 창립자인 마크 앤드리슨의 "Software is eating the world"에 더해 "Open source is eating software"라는 말은 단순한 구호가 아닌 IT 생태계에서 오픈소스의 중요성과 가치를 대변하고 있다.

업무 협업과 소통능력은 소프트웨어 개발자에게 요구되는 가장 중요한 역량이다. 여러분이 만약 오픈소스 개발 커뮤니티의 컨트리뷰터로 활동하게 된다면 협업과 소통능력은 검증된 것이나 마찬가지이다. 리눅스 커널은 30년이 넘는 기간동안 2만명 이상의 개발자들이 협업으로 탄생시킨 IT분야의 집단지성의 총아이다. 협업 플랫폼으로 많이 활용되고 있는 Git도 리눅스 커널을 개발하기 위해 만들어진 소프트웨어이다. 지금도 많은 오픈소스 프로젝트가 수많은 개발자들의 협업과 탁월한 소통을 통해 진행되고 있다.

오픈소스는 IT 개발에서 중요한 요소이지만 기업에서 오픈소스를 활용할 때 때론 큰 위협이 될 수 있다. 최근 오픈소스와 관련한 분쟁이 많이 발생하고 있는데, 오픈소스의 제약사항과 의무사항에 대한 이해가 부족하기 때문이다. 오픈소스에 대한 활용능력 뿐만 아니라 오픈소스 별 제약사항은 무엇인지 정확하게 이해하는 능력이 필요하다.

"오픈소스와 리눅스-초급 SW 개발자를 위한 입문서"는 컴퓨터·소프트웨어를 전공으로 하는 1학년을 대상으로 집필되었다. 익숙한 윈도우 환경과 상용 소프트웨어가 아닌 리눅스와 오픈소스를 활용하여 소프트웨어를 개발하고 대규모의 서비스를 구축할 수 있다는 이해와 경험은 저학년 전공생들이 개발자로 성장하는데 큰 역할을 할 것이다. 비록 이 책은 전공생을 대상으로 하고 있지만, 소프트웨어 개발자를 꿈꾸는 모든 초급 개발자가 쉽게 접근할 수 있도록 구성하였다.

이 책을 읽는 독자들이 오픈소스와 리눅스에 대한 이해와 실전적 경험을 바탕으로 초급 소프트웨어 개발자를 넘어 IT 분야의 전문가로 성장할 수 있기를 바란다.

책을 완성하는데 저자 뿐만 아니라 많은 분들의 수고가 함께 녹아져 있다. 홍릉출판사의 김기용 상무님의 제안으로 원고가 시작되었고 박찬혁 실장님이 부족한 원고를 멋스럽게 편집해 주셨다. 충북대학교 소프트웨어학부 데이터컴퓨팅 연구실의 강형빈, 강희주, 정윤민, 정선미 학생이 베타리더가 되어 내용검토와 검증에 참여해 주었다. 모든 분들께 감사드린다.

2025년 8월 저자일동

차례

CHAPTER 01 오픈소스 소프트웨어란

CHAPTER 02 오픈소스 라이선스란

CHAPTER 04

리눅스 시스템 구조와 기초 명령

CHAPTER 05

리눅스 파일 및 패키지 관리

CHAPTER 06

리눅스 텍스트 에디터 활용

CHAPTER 07

리눅스 운영을 위한 프로세스 및 사용자 관리

CHAPTER 08

리눅스 파일 시스템

CHAPTER 10

Git/GitHub를 활용한 소스코드 관리 및 개발 협업

CHAPTER 13

Markdown을 활용한 프로젝트 문서 관리

CHAPTER 14

리눅스 서비스 구축

CHAPTER 15

Docker와 AWS 클라우드 서비스

PART

01

오픈소스 소프트웨어 이 정도는 알고가자

01 오픈소스 소프트웨어란

CHAPTER

이번 장에서는 오픈소스 소프트웨어가 무엇인지 이해하고 오픈소스 소프트웨어의 역사에 대해 살펴본다. 또한, 오픈소스와 떼어놓을 수 없는 리눅스의 탄생과 왜 우리가 오픈소스와 함께 리눅스에 관심을 가져야하는지 알아본다.

1.1 오픈소스 소프트웨어는 무엇인가

오픈소스 소프트웨어 이전의 소프트웨어 생태계는 주로 폐쇄적인 소스코드와 독점적인 소프트웨어 개발 모델을 중심으로 구성되었다. 이 시기의 소프트웨어는 개발자나 회사가 소스코드를 공개하지 않고, 사용자는 소프트웨어를 구매하거나 라이선스(License)를 통해 이용할 수 있었다. 사용자는 소프트웨어를 사용할 권리만 있을 뿐, 코드를 수정하거나 개선할 수 없었고, 소프트웨어의 내부 작동 원리를 이해하거나 커스터마이징(Customizing)하는 것도 제한되었다.

이러한 모델은 소프트웨어 산업 초기에는 효과적이었지만, 시간이 지남에 따라 몇 가지 단점이 드러났다. 첫째, 소프트웨어 개발과 혁신이 소수의 개발자나 회사에 의해 독점되어, 더 넓은 커뮤니티의 참여와 기여를 억제했다. 둘째, 사용자는 소프트웨어 문제를 스스로 해결하거나 필요에 따라 수정할 수 없어, 개발사에 완전히 의존하게 되었다. 셋째, 고가의 라이선스 비용으로 인해 소프트웨어 접근성이 제한되었다.

오픈소스 소프트웨어의 등장은 이러한 폐쇄적인 소프트웨어 생태계에 반해 소스코드를 공개함으로써 누구나 소프트웨어를 자유롭게 사용, 수정, 배포할 수 있게 하여 개발자 커뮤니티의 협력을 촉진하고, 소프트웨어 혁신을 가속화했다. 이로 인해 소프트웨어 개발 문화가 대폭 변화하며, 더 개방적이고 협력적인 소프트웨어 생태계가 형성되었다.

1.1.1. 오픈소스 소프트웨어의 정의

오픈소스 소프트웨어는 소스코드가 공개되어 있어 누구나 자유롭게 사용, 복제, 수정, 배포할 수 있는 소프트웨어를 말한다. 오픈소스 소프트웨어에 대한 정의는 공개의 실체가 소프트웨어의 본질인 소스코드이고, 공개되었다는 상태는 누구나 사용할 수 있다는 것을 의미한다. 다만 실체를 대상으로 정의할 뿐 비즈니스 모델에 대해서는 상업성을 가질 여지를 남긴다.

자유 소프트웨어의 **자유(Free)**와 오픈소스 소프트웨어의 **공개(Open)**는 그 접근에 있어 다소 상이하던 시기가 있어 나뉘어 불리기도 했으나, 최근에는 **FOSS(Free & Open Source Software)**로 지칭되면서 양자가 갖는 특징을 포괄하는 방향으로 안착하고 있다. 자유라는 의미는 비용을 지불하지 않는다는 의미보다는 소스코드에 대한 변경 등의 접근 권한이 최초 제작자와 동일하게 누구에게나 주어진다는 의미가 더 강하다.

오픈소스 소프트웨어의 정의를 오픈소스 이니셔티브(Open Source Initiative, OSI)에서 제시하고 있는 다음의 10가지 조건으로 대신하고 있다.

① **자유 배포**: 누구나 소프트웨어를 복사, 배포할 수 있어야 한다. 예) Ubuntu

② **소스코드 공개**: 소스코드는 누구나 열람하고 수정할 수 있어야 한다. 예) GitHub

③ **2차적 저작물 허용**: 수정된 버전의 소프트웨어를 배포할 수 있어야 한다. 예) 다양한 버전이 존재하는 Apache 웹 서버

④ **소스코드 수정 제한**: 소프트웨어의 소스코드의 수정과 배포를 허용해야 하지만, 원본 소스코드의 무결성을 보호하는 조항을 포함할 수 있다. 예) GPL(GNU General Public License)은 수정한 내용을 명확히 표시해야 한다는 내용은 담고 있다.

⑤ **개인이나 단체에 대한 차별 금지**: 특정 개인이나 그룹을 차별해서는 안된다. 예) Python 소프트웨어 재단은 누구에게나 Python 언어를 사용할 수 있게 하며, 특정 사용자 그룹을 배제하지 않는다.

⑥ **사용 분야에 대한 제한 금지**: 소프트웨어는 상업적 목적이든 비상업적 목적이든 어떤 분야에서도 제한을 두지 않고 사용할 수 있어야 한다. 예) MySQL 데이터베이스는 상업적 애플리케이션뿐만 아니라 교육용이나 개인 프로젝트에서도 사용할 수 있다.

⑦ **라이선스의 배포**: 소프트웨어에 부여된 권리는 소프트웨어와 함께 배포되어야 한다. 예)

Mozilla Firefox는 다운로드 시 MPL(Mozilla Public License)이 함께 제공되어, 사용자가 소프트웨어를 사용할 때 라이선스 조건을 알 수 있게 한다.

⑧ **라이선스 적용상의 동일성 유지**: 소프트웨어 일부가 다른 소프트웨어에 포함되더라도 동일한 라이선스가 적용되어야 한다. 예) Apache License 2.0을 사용하는 라이브러리는 어떤 제품에 포함되든지 간에 동일한 라이선스 조건이 적용된다.

⑨ **다른 라이선스의 포괄적 수용**: 소프트웨어 라이선스는 다른 소프트웨어와 함께 배포되는 것을 제한해서는 안된다. 예) MIT 라이선스를 사용하는 소프트웨어는 독점 소프트웨어와 함께 배포될 수 있다.

⑩ **라이선스의 기술적 중립성**: 소프트웨어 라이선스는 특정 기술이나 인터페이스에 한정되지 않아야 한다. 예) BSD 라이선스는 특정 기술에 의존하지 않으며, 다양한 플랫폼과 기술에서 사용할 수 있다.

이 10가지 조건은 다양한 오픈소스 소프트웨어 라이선스를 결정하는 기준이 되기도 하므로 오픈소스 소프트웨어 라이선스 전반에 걸쳐 있는 철학이라고 이해하면 된다.[1] 오픈소스 라이선스는 2장에서 상세히 다룰 예정이다.

1.1.2. 오픈소스 소프트웨어의 역사

컴퓨팅 연구와 개발의 핵심인 공유와 협력 문화는 시간이 지남에 따라 점차 구체화 되었다. 이번 절에서는 오픈소스 소프트웨어의 역사는 단순한 기술적 발전을 넘어서, 협업, 공유, 그리고 혁신의 정신이 어떻게 개발자 커뮤니티를 형성하고 변화시켰는지, 또한 그것이 소프트웨어를 어떻게 발전시키고 있는지 살펴본다.

■ **비공식 소프트웨어 공유(1950년대~1980년대)**

프로그래머들 사이에서 소스코드를 다른 프로그래머와 사용자들과 자유롭게 공유하길 원하는 사람들이 있었다. 인터넷이 대중화되기 이전에는 컴퓨터 잡지나 인기있는 컴퓨터 프로그래밍 서적들이 정보 공유의 주요 수단이었다. 저작권은 존재했지만, 대중 서적에는 소프트웨어의 핵심 구성 요소에 대한 주석이 달린 소스코드가 실려 있어, 이를 통해 소스코드 공유가 일부 가능했다.

1 출처 : 공개 소프트웨어 백서, 2012

■ 온라인 소프트웨어 공유 커뮤니티(1980년대 초반)

1980년대에 자유롭게 소프트웨어를 공유하는 추세와 함께, 전화선 모뎀 연결을 사용한 BBS(Bulletin Board System) 네트워크가 등장했고, BBS를 통해 소스코드를 포함한 소프트웨어가 널리 공유되기 시작했다. 사용자들이 이러한 소스코드를 수집하고 수정에 대해 토론하기 위한 전용 보드를 설치하면서, 사실상의 오픈소스 시스템이 형성되었다.

■ 자유 소프트웨어 운동 시작(1980년대 중반)

1983년 리처드 스톨만(Richard Matthew Stallman)은 사용자들이 소스코드에 제한 없이 접근할 수 있는 완전한 운영체제를 구축하고자 GNU(GNU's Not Unix) 프로젝트를 시작했다. 이 결정의 배경에는 소스코드에 접근할 수 없어 프린터 문제를 해결하지 못한 불편한 경험이 있었다.[2] 스톨만은 1985년 GNU 프로젝트의 목표를 설명하고 자유 소프트웨어의 중요성을 강조했다. 소프트웨어 사용자들이 자유롭게 소프트웨어를 **실행, 복사, 재배포, 수정할 권리**를 가진 것을 강조하는 자유 소프트웨어의 정의는 1986년 2월에 발표됐다.[3]

■ 리눅스 (1991년~현재)

리눅스(Linux)는1991년 리누스 토발즈(Linus Benedict Torvalds)에 의해 처음 개발되었으며, 현재 전 세계 IT 인프라의 근간이 되는 운영체제로 자리 잡았다. 이 시기까지 완전한 자유 소프트웨어 운영체제가 존재하지 않았다. 토발즈의 커널 개발은 최초의 완전한 자유 소프트웨어 운영체제를 탄생시켰고, 토발즈의 리눅스 커널은 프로그래머들의 큰 관심을 받았다. 현재는 기업과 정부에서 리눅스를 채택하고 있으며, 리눅스 배포판 중 캐노니컬(Canonical) 사의 우분투(Ubuntu)는 사용자 친화적인 사용성과 지속적인 업데이트로 가장 많은 인기를 얻고 있다.

■ 자유 BSD(1993년)

BSD(Berkeley Software Distribution)는1970년대 캘리포니아대학교 버클리캠퍼스에서시작되었다(그림 1.01).[4] BSD는 네트워킹 기능, vi 편집기, C 쉘(C Shell)같은 중요한 기술 혁신을 유닉스 운영체제에 도입했다.

---

2 https://joone.net/2018/03/11/19-리차드-스톨만과-자유소프트웨어-이야기/

3 https://ko.wikipedia.org/wiki/자유_소프트웨어의_정의

4 https://en.wikipedia.org/wiki/Berkeley_Software_Distribution

그림 1.01 Berkeley Software Distribution

UNIX 운영체제의 상업적 버전의 개발 및 라이선스를 담당하던 AT&T사의 자회사인 USL(UNIX System Laboratories)사는 1993년 BSDi(Berkeley Software Design Inc.)를 상대로 소송을 제기하였다.[5] USL은 BSDi가 AT&T의 UNIX 소스코드를 불법적으로 사용하여 BSD UNIX를 개발하고 판매하여 지적재산권을 침해했다고 주장했다. 이 소송과 합의는 오픈소스 소프트웨어와 소프트웨어 저작권에 관련된 중요한 법적 사건 중 하나로, FreeBSD, NetBSD, OpenBSD와 같은 후속 프로젝트의 발전에 중요한 전환점이 되었다.

■ 닷컴 시대(1990년대 중반~2000년대 초반)

닷컴시대(Dot-com Era)는 인터넷 기술의 급속한 발전과 함께 세계적으로 경험한 디지털 혁명의 한 시기를 지칭한다. 이 시기는 오픈소스 소프트웨어의 중요성이 크게 증가하여 오픈소스 운동에 대한 인식이 널리 퍼지게 되었다. 또한 오픈소스 소프트웨어는 웹 서버(Web Server), 데이터베이스 관리 시스템(Database Management System, DBMS), 프로그래밍 언어 및 프레임워크 등 인터넷 인프라의 핵심 구성 요소를 제공했다(그림 1.02).[6]

5 https://m.hanbit.co.kr/channel/category/category_view.html?cms_code=CMS5886222616

6 https://suparnawrites.medium.com/top-40-open-source-software-you-need-to-know-in-2022-348f04ff1f5e

그림 1.02 주요 오픈소스 소프트웨어

■ '오픈소스' 용어의 탄생(1998년)

'자유 소프트웨어'의 용어에는 단순히 기술적 측면에서만 소프트웨어를 바라보는 것이 아니다. '사용자들의 자유와 권리를 보호하고 증진하기 위해 노력하는 철학적으로 사회적인 운동으로서의 소프트웨어 개발을 지지한다'는 다소 이념적인 의미를 담고 있어 부정적으로 인식될 가능성이 존재했다. 그래서 자유 소프트웨어라는 명칭으로 인한 혼란을 해결하기 위해, 1998년 4월 테크놀로지 출판사 팀 오레일리(Tim O'Reilly)가 주최한 행사에서 오픈소스라는 용어가 최종적으로 채택되었고, OSI가 설립되었다. OSI는 오픈소스 용어를 공식화하고, 오픈소스 라이선스와 프로젝트를 인증하는 역할을 맡게 되었다.

그러나 자유 소프트웨어 재단(Free Software Foundation, FSF)의 창립자인 리차드 스톨만은 오픈소스 용어에 부정적이었다. 그래서 소프트웨어 운동은 개방성과 효율성을 강조하는 **오픈소스 운동**과 (그림 1.03)[7], 소프트웨어 사용자의 자유를 강조하는 **자유 소프트웨어 운동**으로 나뉘게 되었다(그림 1.04).[8]

7 https://opensource.org/

8 https://www.gnu.org/graphics/fsf-logo.html

그림 1.04 Free Software Foundation 로고

OSS(Open Source Software)는 소프트웨어의 개발과 배포 방식으로서의 개방성에 더 집중하고, FOSS는 사용자의 자유를 강조하는 자유 소프트웨어 운동의 원칙과 오픈소스 소프트웨어 개발의 실용적 이점을 모두 포함하기에 OSS보다 더 포괄적인 개념으로 이해할 수 있다.

리처드 스톨만의 GNU 프로젝트 발표와 자유 소프트웨어 재단의 설립, 리누스 토발즈의 리눅스 커널 출시는 오픈소스 소프트웨어 역사의 중요한 이정표가 되었다. 오픈소스 운동은 소프트웨어 산업의 경쟁 구도에 변화를 가져오고, 사용자와 개발자 커뮤니티에는 더 많은 선택과 기회를 제공하였다. 그 과정에서 오픈소스라는 용어는 대중 매체에서 많은 인기를 얻었고 소프트웨어 산업에서 중요한 분야로 받아들여질 수 있었다.[9]

1.2 많이 활용되는 오픈소스 소프트웨어

오픈소스 소프트웨어는 현대 디지털 생활 방식을 형성하고 변화시키는 데 중요한 역할을 하고 있다. 오픈소스 소프트웨어는 개인부터 대기업에 이르기까지 다양한 분야에서 광범위하게 활용된다. 이 절에서는 운영체제, 어플리케이션, 플랫폼 등에서 널리 사용되고 있는 오픈소스 소프트웨어를 소개한다.

1.2.1. 운영체제

1.2.1.1. 리눅스(Linux)

리눅스는 1991년 리누스 토발즈에 의해 처음 개발되었고, 오픈소스 기반 운영체제의 근간이 된다. 산업에서는 서버, 임베디드 시스템, 슈퍼컴퓨터, 모바일 장치 등 광범위한 분야에서 활용되며, 클라우드 컴퓨팅과 데이터 센터에서도 핵심적인 역할을 한다. 리눅스는 다양한 배포판이 존재하며, 각 배포판에

[9] https://en.wikipedia.org/wiki/History_of_free_and_open-source_software

대해 알아본다(그림 1.05).[10]

그림 1.05 다양한 리눅스 배포판

- **Ubuntu** : 가장 많이 사용되는 데스크톱 및 서버용 배포판이다. 간편한 설치 및 사용이 특징이며, 사용자 친화적인 인터페이스를 제공한다.
- **Debian** : Ubuntu의 기반이 되는 배포판으로, 안정성과 보안에 중점을 둔다. 서버 및 데스크톱용으로 사용할 수 있다.
- **RedHat Enterprise Linux(RHEL)** : RedHat사에서 개발한 엔터프라이즈용 리눅스 배포판으로, 유료 라이선스로 판매되지만 RedHat 사에서 기술 지원을 제공하여 안정적이고 높은 보안을 가지고 있다.
- **CentOS** : RedHat과의 제휴를 통하여 개발한 RHEL의 공개 배포판이다. RHEL과의 완벽한 호환성을 가지고 있으며, RedHat의 기술 지원이 아닌 CentOS 커뮤니티에서 기술 지원을 제공한다.
- **Fedora** : RedHat 계열의 데스크톱 및 개발자를 위한 배포판으로, 최신 기술에 대한 테스트 베드 역할을 한다.

10 https://medium.com/@CYberVIaz/linux-distribution-explained-finding-the-perfect-fit-3797103bf3bd

1.2.1.2. FreeBSD

FreeBSD는 UNIX 계열의 운영체제 중 하나로, 성능, 보안, 그리고 안정성을 중요시하는 오픈소스 프로젝트다(그림 1.06).[11] FreeBSD는 네트워크, 보안, 성능이 중요한 환경에서 널리 사용되고, 그 안정성과 확장성 덕분에 여러 산업 분야에서 널리 사용된다. 대형 스트리밍 서비스 넷플릭스(Netflix)는 FreeBSD를 사용하여 대규모 콘텐츠 배포 네트워크를 구축하여 운영하고 있다. 또한 이메일 서버, 웹 서버, 파일 서버 등 다양한 인터넷 인프라 서비스의 운영체제로 선택된다.

그림 1.06 FreeBSD 로고

1.2.1.3. Android

Android는 현대 모바일 컴퓨팅 시대를 정의하는 오픈소스 운영체제이다(그림 1.07).[12] 구글(Google)사의 주도로 스마트폰, 태블릿, 웨어러블 장치, TV, 자동차 등 다양한 기기에 사용되는 범용 플랫폼으로 발전했다. Android은 유연성과 개방성을 기반으로 전세계적으로 가장 널리 사용되는 모바일 운영체제가 되었다. Google Play 스토어를 통해 사용자에게 배포할 수 있는 기반을 마련하여 개발자들에게 매력적인 환경을 제공한다. 또한 Google에서 Android Studio라는 개발환경을 제공하여, 개발자가 애플리케이션을 쉽게 개발하고 테스트할 수 있도록 지원한다.

그림 1.07 안드로이드 로고

11 https://en.wikipedia.org/wiki/FreeBSD

12 https://en.wikipedia.org/wiki/Android_(operating_system)

1.2.2. 웹 서버

웹 응용 프로그램을 개발하고 운영하기 위해 웹 서버가 필요하며, 웹 서버를 위해 다양한 오픈소스 소프트웨어가 사용된다(그림 1.08).[13]

그림 1.08 다양한 웹 서버

- **Apache HTTP Server** : HTTP(Hypertext Transfer Protocol) 서버로, 현재 가장 널리 사용되는 오픈소스 웹 서버 중 하나이다. 호환성, 이식성, 안정성, 확장성이 뛰어나며, 다양한 모듈을 통해 사용자 정의가 가능하다는 특징으로 다양한 플랫폼을 지원한다.
- **Nginx(Engine X)** : 엔진엑스라고 부르는 경량 웹 서버로, 이벤트 기반의 구조를 사용하여, 높은 성능과 효율을 갖춘 것이 특징이다. 정적 파일을 빠르게 제공하고, 여러 클라이언트의 요청을 동시에 처리하는 능력이 뛰어나며, 중간 서버의 역할을 하는 리버스 프록시 기능 및 부하 분산 기능을 지원한다.
- **Node.js** : 웹 서버로 활용되는 JavaScript 런타임 환경으로, '노드제이에스'로 부른다. HTTP 서버를 쉽게 구축할 수 있어, 웹 애플리케이션의 백엔드 서버나 RESTful API 서버로 많이 사용된다. 또한 채팅 애플리케이션, 온라인게임 등 실시간 데이터 처리가 필요한 애플리케이션에 적합하다.
- **Tomcat** : Servlet 컨테이너(또는 웹 컨테이너)만 있는 웹 애플리케이션 서버이다. 톰캣은 웹 서버와 연동하여 실행할 수 있는 Java 환경을 제공하여 Java Server Page(JSP)와 Java Servlet이 실행할 수 있는 환경을 제공하고 있다. Tomcat은 HTTP 서버를 자체 내장하기도 한다.

13 https://www.zsite.net/share/top-15-open-source-web-server-2010-152.mhtml

1.2.3. 데이터베이스 시스템

데이터베이스 시스템은 종류가 다양하므로, 운영할 서비스에 따라 적합한 시스템을 선택해야 한다. 데이터베이스 구성과 관리 기능을 제공하는 다양한 오픈소스 소프트웨어가 있다(그림 1.09).[14]

그림 1.09 다양한 종류의 DBMS

- **MySQL** : 전 세계에서 가장 많이 사용되는 관계형 데이터베이스 시스템(Relational Database System)으로, 오라클에 인수되었다. Windows, macOS, 리눅스 등 다양한 운영체제를 지원한다. 웹 애플리케이션과 함께 사용되는 경우가 많으며, 성능, 신뢰성, 사용의 용이성으로 널리 알려져 있다. 대표적인 적용 사례로는 페이스북(Facebook), 트위터(Twitter) 등이 있다.
- **MongoDB** : 데이터베이스 내에서 데이터가 어떤 구조로 저장되는지 나타내기 위해 데이터베이스의 논리적인 구조를 표현하는 스키마(Schema)가 없는 NoSQL 데이터베이스로, 대규모 데이터를 저장하고 관리하는 데 적합하다.[15] JSON 형태의 문서 기반 데이터 모델을 사용하여 유연하고 확장성이 뛰어나다. 관계형 데이터베이스와 달리 스키마가 고정되어 있지 않아, 다양한 데이터 구조를 쉽게 처리할 수 있다. 대표적인 적용 사례는 Adobe, eBay, Verizon 이 있다.
- **Redis** : 고성능 키-값(Key-Value) 저장소로, 데이터베이스, 캐시, 데이터베이스와 응용프로그램 간 메시지를 중개하는 용도로 사용될 수 있다. 뛰어난 실시간 응답속도와 높은 확장성이 특징이며, 다양한 데이터 구조를 지원한다. 적용 사례로는 X(구Twitter), GitHub, Snapchat이 있다.

14 https://www.mobulous.com/blog/top-15-databases-to-use-in-2023-for-web-applications/

15 https://terms.tta.or.kr/dictionary/dictionaryView.do?word_seq=098150-3

1.2.4. 기타 오픈소스 소프트웨어

- **Openstack** : 클라우드 컴퓨팅을 위한 오픈소스 플랫폼이다(그림 1.10).[16] 2012년 창설된 비영리 단체인 OpenStack Foundation에서 유지, 보수하고 있으며 Apache License 하에 배포된다. 주로 리눅스 기반으로 운용과 개발이 이루어진다. 컴퓨팅 자원을 사용한 만큼 지불하는 IaaS (Infrastructure as a Service) 모델을 제공하며, 사용자가 가상 머신과 다른 자원을 관리할 수 있는 여러 서비스로 구성된다. 아마존 클라우드 서비스와 같은 환경을 독자적으로 구축할 수 있다.

그림 1.10 Openstack 로고

- **Docker** : 애플리케이션 실행에 필요한 최소화된 구조를 만들어 개발, 배포, 실행을 간소화하는 과정을 '컨테이너화'라 한다. Docker는 컨테이너 기술을 활용하여 일관된 실행환경과 배포를 제공하는 오픈소스 플랫폼이다(그림 1.11).[17] 컨테이너는 코드, 라이브러리 종속성 등 애플리케이션이 실행되는 데 필요한 모든 것을 포함한다. 또한 컨테이너를 구축, 배포, 복사 및 한 환경에서 다른 환경으로 이동하는 등 유연하게 사용할 수 있다. 이를 통해 애플리케이션이 환경에 종속되지 않고 일관되게 동작하도록 한다.

그림 1.11 Docker 로고

- **Git/GitHub** : 대표적인 분산 버전 관리 시스템으로, 리눅스 개발에 활용되고 있다. 소스코드의 변경 사항을 추적하고 여러 명의 개발자가 협업하기 위해 사용되며, Git의 웹서비스인 GitHub

16 https://en.wikipedia.org/wiki/OpenStack

17 https://en.wikipedia.org/wiki/Docker_(software)

를 통해 전세계 개발자들이 활용하고 있다(그림 1.12).[18] 빠른 성능, 데이터 무결성, 분산 협업의 지원이 특징이다.

그림 1.12 Git, GitHub 로고

1.3 오픈소스 소프트웨어 개발

오픈소스 소프트웨어 프로젝트는 전통적인 소프트웨어 개발 모델과는 근본적으로 다른 접근 방식을 취한다. 이러한 프로젝트들은 투명성, 공유, 자발적 참여의 원칙을 기반으로 운영되고 있으며, 전 세계 수천 명의 개발자들이 협업하여 혁신적인 솔루션을 만들어낸다. 이번 절에서는 오픈소스 소프트웨어 프로젝트의 개발 방식, 개발자의 역할, 커뮤니티의 중요성, 프로젝트에서 사용하는 소스코드 공유 플랫폼에 대해 알아본다.

1.3.1. 오픈소스 소프트웨어 프로젝트 개발방식

오픈소스 소프트웨어 프로젝트는 전 세계 수많은 기업과 개발자들에게 혁신적인 기술과 도구를 제공해왔다. 이러한 프로젝트들은 고유의 개발 방식과 문화를 가지고 있으며, 이는 프로젝트의 성공과 지속 가능성에 결정적인 역할을 한다. 오픈소스 프로젝트는 분산된 개발 환경에서 작업하는 개발자들이 함께 협력하는 것이 특징이다.

오픈소스 소프트웨어 프로젝트 개발 방식과 전통적인 소프트웨어 개발 방식은 근본적으로 다른 접근 방식으로 진행된다. 이러한 차이점을 이해하기 위해 개발 과정에서 나타나는 주요 요소들을 각각의 특징과 비교하여 살펴본다.

18 https://en.wikipedia.org/wiki/Git, https://github.com/logos

■ **개방성 vs. 비밀성**

- 전통적인 방식 : 대부분 소프트웨어의 소스코드와 개발 과정은 비공개로 유지되며, 주로 회사 내부의 개발자 팀에 의해 작업이 진행된다.
- 오픈소스 : 개발 과정이 완전히 공개되어, 누구나 소스코드를 검토하고, 수정하고, 사용할 수 있다. 이러한 개방성은 투명성을 보장하고, 더 넓은 커뮤니티에 기여할 수 있게 한다.

■ **협업 모델**

- 전통적인 방식 : 개발 팀 내에서의 협업이 주를 이루며, 프로젝트 관리 도구와 내부 회의를 통해 협업이 이루어진다. 일반적으로 계층적 의사 결정 구조를 따른다.
- 오픈소스 : 전 세계의 개발자들이 협력하여 기여할 수 있으며, 이러한 기여는 메일링 리스트, 포럼 등을 통해 이루어진다. 프로젝트 관리자나 핵심 팀(Core Team)이 기여를 검토하고 통합한다.

■ **개발 주기와 배포 관리**

- 전통적인 방식 : 개발 주기가 정형화되어 있으며, 배포 전에 광범위한 테스트와 검증 과정을 거친다. 이는 소프트웨어의 안정성을 보장하기 위한 것으로, 배포 간격이 오픈소스 프로젝트보다 길 수 있다.
- 오픈소스 : 빠른 반복과 지속적인 통합을 통해 끊임없이 개선되며, 커뮤니티의 피드백을 바탕으로 자주 업데이트된다. 배포 관리는 더 유연할 수 있다.

■ **품질 관리**

- 전통적인 방식 : 품질 관리는 주로 전문 QA(Quality Assurance) 팀에 의해 이루어진다. 소프트웨어 배포 전에 체계적인 테스트와 검증 프로세스를 거친다.
- 오픈소스 : 커뮤니티의 다양한 기여자들이 버그 발견 및 수정하는 과정에 참여함으로써 이루어진다. 많은 참여자가 코드를 검토하기 때문에, 오류를 더 빨리 발견하고 수정할 수 있다.

1.3.2. 오픈소스 소프트웨어 커뮤니티

오픈소스 소프트웨어 커뮤니티는 전 세계의 개발자, 사용자 및 기타 이해관계자가 모여 공통의 목표를 향해 협력하는 집합체다. 이러한 커뮤니티는 오픈소스 프로젝트의 성공과 지속 가능성을 위해 필수적이며, 소프트웨어의 개발, 홍보, 지원 등 다양한 활동을 수행한다. 대표적인 오픈소스 커뮤니티의 중요성과 종류에 대해 소개한다.

오픈소스 커뮤니티는 단순히 코드를 공유하는 것을 넘어, 혁신적인 아이디어의 교류, 지식의 확산, 그리고 협업 문화의 발전에 기여한다. 이러한 커뮤니티는 누구나 기술 혁신의 일부가 될 수 있는 기회를 제공한다. 오픈소스 커뮤니티가 프로젝트에 있어서 가지는 중요성을 다음과 같이 정리할 수 있다.

- **혁신과 속도의 가속화** : 오픈소스 커뮤니티는 다양한 배경과 전문 지식을 가진 사람들이 모여 문제를 해결하고 새로운 아이디어를 실현한다. 또한, 전 세계의 기여자들이 함께 작업하기에 개발 주기가 더욱 가속화된다.
- **지식의 공유와 학습** : 오픈소스 커뮤니티는 지식 공유 플랫폼 역할을 한다. 이는 커뮤니티 구성원들이 끊임없이 배우고 성장하는 환경을 조성하고, 기여자 개개인의 기술적 성장을 돕는다.
- **기술의 접근성 향상** : 커뮤니티는 일반 사용자에게 소프트웨어를 무료로 제공함으로써 기술의 접근성을 향상시킨다. 개인 개발자, 스타트업, 대기업까지도 높은 품질의 소프트웨어를 비용 부담 없이 사용할 수 있다.
- **지속 가능한 소프트웨어 개발** : 오픈소스 프로젝트는 커뮤니티의 지원을 받으며 장기간에 걸쳐 발전할 수 있다. 프로젝트가 한 개인이나 기업에 의존하지 않기 때문에, 커뮤니티 구성원들이 지속적으로 기여하고 유지할 수 있다. 이는 소프트웨어의 지속 가능한 개발과 유지 보수를 보장한다.
- **협업 문화의 강화** : 오픈소스 커뮤니티는 전 세계 사람들이 공동의 목표를 향해 협력하는 모델을 제시한다. 다양한 문화와 배경을 가진 사람들과 효과적으로 소통하는 법을 배울 수 있는 기회를 제공한다.

다양한 오픈소스 커뮤니티들이 전 세계적으로 활동 중이며, 이들 각각은 고유한 목표와 프로젝트를 가지고 있다. 몇 가지 대표적인 오픈소스 커뮤니티를 소개한다.

- **Apache Software Foundation(ASF)** : 다양한 오픈소스 프로젝트를 후원하며, Apache HTTP 서버, Hadoop, Kafka 등을 포함한 많은 중요 프로젝트를 지원한다. (웹사이트: https://apache.org/)
- **Linux Foundation** : 리눅스 커널 뿐만 아니라, 클라우드, 네트워킹, 보안과 같은 다양한 프로젝트를 지원한다. CNCF(Cloud Native Computing Foundation) 와 같은 여러 중요 프로젝트가 이 재단 아래에 있다. (웹사이트: https:// www.linuxfoundation.org/)

- **Mozilla Foundation** : Firefox 웹 브라우저와 같은 프로젝트를 통해 인터넷을 더 개방적이고 접근 가능하게 만드는 데 중점을 둔다. (웹사이트: https://www.mozilla.org/)
- **GNU Project** : 자유 소프트웨어 운동을 주도하며, GCC(GNU Compiler Collection), GIMP(GNU Image Manipulation Program)와 같은 여러 자유 소프트웨어를 개발했다. (웹사이트: https://www.gnu.org/, https://www.gimp.org/)

1.3.3. 오픈소스 소프트웨어 저장소

오픈소스 소프트웨어 저장소는 전세계의 개발자들이 코드를 공유하고, 협업하며, 오픈소스 프로젝트를 관리할 수 있게 해주는 플랫폼이다. 이러한 저장소는 오픈소스 생태계의 핵심적인 부분으로, 프로젝트의 가시성을 높이고, 사용자와 개발자 간의 상호 작용을 돕는 역할을 한다.

현재 다양한 저장소 서비스가 운영되고 있으며 각 저장소는 고유의 특징과 제공하는 기능이 다르기 때문에, 프로젝트의 요구사항과 팀의 작업 방식에 맞는 저장소를 선택하는 것이 중요하다.

- **GitHub** : 가장 인기 있는 오픈소스 소프트웨어 저장소로, 수백만 개의 프로젝트와 사용자를 보유하고 있다. Git을 기반으로 하며, 코드 공유, 이슈 트래킹, 코드 리뷰 등 다양한 협업 도구를 제공한다. GitHub는 개인 개발자뿐만 아니라 대기업에서도 널리 사용된다. 2018년에는 마이크로소프트(Microsoft)사에서 약 75억 달러에 인수하여 운영되고 있다.
- **GitLab** : 전체 DevOps 사이클을 지원하는 오픈소스 플랫폼으로, GitHub와 유사한 기능을 제공한다. GitLab은 CI/CD(Continuous Integration/ Continuous Delivery) 파이프라인, 이슈 트래킹, 위키(Wiki) 등을 내장하고 있어 프로젝트의 전반적인 관리가 가능하다. GitLab은 커뮤니티 에디션과 엔터프라이즈 에디션을 제공한다.
- **Bitbucket** : Atlassian에 의해 운영되는 오픈소스 소프트웨어 저장소로, Git 및 Mercurial 버전 관리 시스템을 지원한다. Bitbucket은 프라이빗 리포지토리를 무료로 제공하며, Jira와 같은 Atlassian 제품과의 통합을 강점으로 한다.
- **SourceForge** : 오랜 역사를 가진 오픈소스 소프트웨어 저장소로, 다양한 프로젝트와 사용자를 보유하고 있다. 프로젝트 호스팅, 다운로드 통계, 사용자 포럼 및 메일링 리스트 등을 지원한다.

1.4 오픈소스 소프트웨어의 현재와 미래

오픈소스 소프트웨어의 세계는 지난 수십 년 동안 놀라운 발전을 거듭해 왔으며, 이는 과거의 이념에서 출발해 오늘날의 기술 혁신에 이르기까지 다양한 영역에서 그 영향력을 확장해 왔다. 이번 절에서는 오픈소스 소프트웨어가 현재 우리 삶과 산업에 어떤 영향을 미치며, 앞으로 어떻게 진화할 것인지에 대한 내용을 다룬다.

1.4.1. 오픈소스 소프트웨어의 현재

오픈소스는 프로그래밍 이상의 의미를 갖는다. 세계 곳곳의 기업과 개인이 협력해 혁신을 이루고 있으며, 운영체제부터 클라우드 인프라에 이르기까지 다방면에서 핵심적인 역할을 수행한다. 현재 오픈소스가 비즈니스와 기술 혁신에 어떻게 긍정적인 영향을 미치고 있는지 알아보자.

- **경제 혁신 패러다임** : 오픈소스 소프트웨어는 경제 패러다임에 혁명적인 영향을 미치고 있다. 지식 공유, 커뮤니티 기반 협업 및 자유로운 정보의 흐름을 통해 오픈소스 소프트웨어가 경제 혁신 패러다임을 이끄는 핵심 내용은 비용 절감과 접근성, 기술 혁신의 촉진, 경쟁력 강화, 새로운 비즈니스 모델, 지속 가능한 혁신과 교육이 존재한다.
- **기존 산업의 변화** : 기업들은 오픈소스 소프트웨어를 통해 고가의 소프트웨어 라이선스 비용을 줄일 수 있게 되었고, 특히 스타트업과 중소기업들이 초기 비용 부담 없이 사업을 시작하고 성장할 수 있는 환경이 조성됐다. 오픈소스 도구를 통해 개발 과정이 더욱 빨라졌고, 이는 제품 출시 시간을 단축시키는 효과를 가져왔다. 또한 오픈소스 소프트웨어의 도입은 전통적인 상품 중심의 비즈니스 모델에서 서비스와 솔루션 중심의 모델로 전환하도록 유도했다.

1.4.2. 오픈소스 소프트웨어의 미래

블록체인, 인공지능 등이 이끄는 혁신과 함께 그동안 디지털 황무지로 불리는 모든 산업 분야까지도 디지털로 연결될 것이다. 이 변화의 흐름에 기반이 되는 소프트웨어로 오픈소스 소프트웨어가 상당히 높은 비중을 차지할 가능성이 높을 것이다. 이를 통해 기대되는 변화는 다음과 같다.

- **개발자로서의 역량과 직결** : 오픈소스 소프트웨어는 개발자들의 역량을 향상시키는 데 중요한

역할을 하며, 이는 미래에도 계속될 것이다. 개발자가 오픈소스 소프트웨어 커뮤니티에 참여하여 공동 개발을 진행하면서 강화할 수 있는 역량은 기술적 역량 강화, 협업과 커뮤니케이션 능력, 문제 해결 및 혁신적 사고, 개인 브랜딩 및 네트워킹이 존재한다. 미래에는 오픈소스 소프트웨어 개발 모델에 대한 습득 정도에 따라 개발자 역량의 차이가 더욱 두드러질 것으로 예상된다.

- **기존 한계점의 개선** : 오픈소스 소프트웨어는 미래 산업에 광범위한 변화를 가져오며, 기술적 한계를 극복하고, 사회적 문제에 혁신적인 해결책을 제공할 것이다. 오픈소스는 더 나은 미래를 위해 지속 가능하고, 효율적이며, 혁신적인 솔루션의 개발을 촉진하는 데 중추적인 역할을 할 것으로 기대된다.

1.4.3. 오픈소스와 리눅스에 관심을 가져야하는 이유

오픈소스 소프트웨어는 소프트웨어를 개발하는데 있어 필수요소로 인식되고 있고 중요성은 점점 더 증가될 것으로 예상된다. 팀 버너리스리(Tim Berners-Lee)가 만든 월드와이드웹(World Wide Web)의 사용자 친화적인 웹 브라우저를 개발한 네스케이프 내비게이터의 창업자인 마크 앤드리슨(Marc Andreessen)은 **"Software is eating the world"**라는 말로 현재와 미래의 소프트웨어의 파급력을 말하였다. 소프트웨어 개발에서 오픈소스의 파급력은 **"Open source is eating software"**로 설명된다.[19]

오픈소스 소프트웨어에 대한 공격으로 때론 소프트웨어의 **"안정성"**에 대해 언급되기도 한다. 상용 소프트웨어가 회사의 완전한 통제하에 개발되기 때문에 안전한 반면에 오픈소스 소프트웨어는 공개되고 다양한 개발자의 코드가 들어오면서 완전하게 통제되지 못하여 불안전하다는 인식이다. 하지만 오픈소스는 전 세계에 무수히 많다. 모든 상용 소프트웨어는 안전하다고 말할 수 없는 것과 동일하게 오픈소스 소프트웨어가 모두 불안정하다고 할 수는 없다. 안정성이 생명인 일론 머스크의 스페이스X(SpaceX)에서는 구글 '크롬'의 오픈소스 버전 크로미엄과 리눅스를 사용하고 있다.[20]

세상에서 가장 큰 오픈소스 소프트웨어는 리눅스 커널 개발 프로젝트이다. 리눅스 프로젝트는 전 세계의 수많은 개발자들의 협업을 통해 진화하고 있으며, IT 산업 전반에 걸쳐 지대한 영향을 주고 있다. 비록 개인용 PC에서 윈도우즈 대비 리눅스의 사용율은 현저하게 낮은 수준이지만, 세계에서 가장 빠른 500대의 슈퍼컴퓨터 모두 리눅스를 운영체제로 사용하고 있다.[21] 또한 구글을 포함한 많은 데이터센터

19 https://www.thetimes.blog/p/open-source-is-eating-software

20 https://zdnet.co.kr/view/?no=20200610110210

21 https://www.top500.org/statistics/details/osfam/1/

에서 운영 중인 서버, 안드로이드를 채용하고 있는 스마트폰과 테블릿 PC가 이미 리눅스를 기반으로 하고 있다(그림 1.13).[22] 따라서 IT 분야에 대한 이해와 커리어의 폭을 확장하기 위해서는 반드시 리눅스에 대한 학습이 필수적이다.

그림 1.13 리눅스 사용율(개인용 PC vs. 서버와 스마트폰)

22 https://www.reddit.com/r/linuxmemes/comments/tg2j4m/truth_that_world_must_accept/

CHAPTER 1 연습문제

01. 오픈소스 소프트웨어의 거장들에 대한 이야기를 다룬 다큐멘터리 영화 “Revolution OS”를 시청하고 Summary & Insight Report를 작성하라.
(한국어) https://www.youtube.com/watch?v=4ZHloJVhcRY

02. 오픈소스 소프트웨어에 대해 설명하라.

03. 오픈소스 소프트웨어 커뮤니티의 중요성을 기술하라.

04. 자유 소프트웨어 운동과 오픈소스 소프트웨어 운동의 차이점을 설명하라.

05. 오픈소스 소프트웨어의 주요 특징에 대해 기술하라.

06. 오픈소스 소프트웨어의 장점에 대해 기술하라.

07. 오픈소스 소프트웨어의 10가지 조건을 기술하라.

08. 리처드 스톨만이 소스코드 접근 제한이 없는 운영체제 구축을 위해 시작한 프로젝트를 작성하라.

09. 리누스 토발즈가 개발한 운영체제를 작성하라.

10. 오픈소스 소프트웨어의 협업 방식은 어떤 도구를 활용하여 이루어지는기 작성하라.

11. 전통적인 소프트웨어와 오픈소스 소프트웨어의 개발 과정에서 나타나는 특징을 비교하라.

a) 소스코드 공개 범위

b) 협업 모델

c) 개발 주기

02 오픈소스 라이선스란

CHAPTER

소프트웨어 프로젝트에서 오픈소스 소프트웨어를 사용하지 않고 개발하는 것은 거의 불가능하다. 이번 장에서는 오픈소스 라이선스를 이해하기 위해 소프트웨어의 배포 모델, 각 배포 모델별 차이에 대해 알아본다. 또한 오픈소스 라이선스가 산업 전반에 주고 받는 영향에 대해 알아보고, 주요 오픈소스 라이선스의 종류와 각각의 특징을 확인한다. 또한, 각 라이선스가 프로젝트 개발과 배포 전략에 어떻게 영향을 미치는지 알아본다.

2.1 소프트웨어의 배포 모델

소프트웨어는 다양한 배포 모델을 기반으로 여러 유형이 존재한다. 이러한 다양성은 소프트웨어를 선택, 사용, 수정, 배포하는 방법에 있어서 사용자들에게 다양한 옵션을 제공한다. 주요 배포 방식 별 소프트웨어 유형 및 특징은 다음과 같다.

- **독점 소프트웨어(Proprietary Software)** : 저작권 소유자가 완전히 통제하며, 사용자는 소프트웨어를 사용하기 위해 라이선스를 구매해야 한다. 이러한 소프트웨어는 소스코드를 공개하지 않으며, 사용자는 소프트웨어를 수정하거나 재배포할 수 없다.
- **프리웨어(Freeware)** : 사용자에게 무료로 제공되는 소프트웨어이다. 하지만, 무료라는 점을 제외하고는 독점 소프트웨어와 유사하게 소스코드를 공개하지 않는다.
- **쉐어웨어(Shareware)** : 일정 기간 동안 무료로 사용할 수 있도록 제공되지만, 그 기간이 끝나면 사용자는 소프트웨어를 계속 사용하기 위해 라이선스를 구입해야 한다.
- **오픈소스 소프트웨어(Open Source Software)** : 사용자가 소스코드에 접근할 수 있으며, 수정, 사용, 재배포할 수 있는 권리를 가지고 있다.

- **프리 소프트웨어(Free Software)** : 사용자에게 소프트웨어를 자유롭게 실행, 연구, 변경, 복제 및 공유할 수 있는 네 가지의 기본 권리를 제공한다.

공개(Open)과 자유(Free)는 모두 사용자가 소스코드에 대한 접근과 수정이 가능하다는 점에서는 동일하다. 하지만, 둘 사이에는 철학과 목적에서 차이점이 존재한다. 자유 소프트웨어의 '자유'는 사회적 의미의 자유(Social Freedom)를 의미이고 '소프트웨어'를 인간의 삶과 직결되는 중요한 부분으로 보는 반면, 오픈 소프트웨어의 '공개'는 소프트웨어의 자유로운 사용이 포함되어 있지만, '자유'는 절대적인 개념이 아니다. **모든 자유 소프트웨어는 오픈소스 소프트웨어이지만, 모든 오픈소스 소프트웨어가 자유 소프트웨어는 아니다.** 자유 소프트웨어는 사용자 권리와 자유를 강조하지만, 오픈소스 소프트웨어는 개발 효율성과 품질 향상에 중점을 둔다.[23]

이러한 분류는 소프트웨어의 사용, 수정, 배포에 대한 사용자의 권리와 제한을 이해하는 데 도움을 준다. 소프트웨어 선택 시 이러한 유형들을 고려하면, 자신의 필요와 목적에 가장 적합한 소프트웨어를 선택할 수 있다.

2.1.1. 독점 소프트웨어와 오픈소스 소프트웨어의 특징

독점 소프트웨어와 오픈소스 소프트웨어는 소프트웨어의 사용, 수정, 배포에 있어 근본적인 차이를 보인다.

독점 소프트웨어는 배포자가 사용자에게 소프트웨어를 사용할 권리만 제공할 뿐 소스코드 열람, 수정, 배포와 같은 기타 이용은 제한한다. 독점 소프트웨어는 유료로 제공되는 경우가 많고, 소프트웨어 배포자가 소프트웨어에 대한 유지 보수 서비스를 제공해야 하며, 해당 소프트웨어로 인한 보안 문제 발생 시 책임을 진다. 독점 소프트웨어의 특징은 아래와 같이 정리할 수 있다.

- 소스코드의 비공개
- 독점적인 권리
- 별도의 유지 보수 서비스 필요
- 보안에 대한 책임소재가 명확
- 수직적인 소프트웨어 설계

23 서로 강조점이 다르지만, 소스코드 공개의 관점에서 이 책에서는 모두 오픈소스 소프트웨어로 통일해서 사용한다.

이와 반대되는 개념인 **오픈소스 소프트웨어**는 소스코드를 공개해 누구나 제한 없이 그 코드를 열람, 수정, 사용할 수 있는 소프트웨어를 말한다. 오픈소스 소프트웨어의 특징은 아래와 같이 정리할 수 있다.

- 소스코드의 공개
- 집단지성을 통한 개발
- 공개 협력을 통한 유지 보수
- 보안이 취약하지는 않으나 책임소재 불명확
- 수평적인 소프트웨어 설계

이러한 차이는 소프트웨어 개발과 사용 방식에 근본적인 영향을 미치며, 사용자와 개발자가 자신의 요구와 상황에 맞는 소프트웨어 선택에 중요한 기준을 제공한다.

2.1.2. 오픈소스 소프트웨어의 장단점

이번 절에서는 오픈소스 소프트웨어의 장단점에 관하여 알아보자. 먼저 오픈소스 소프트웨어의 장점은 다음과 같다.

- 일반적으로 초기 개발비용이 적다.
- 독점 프로그램에 비해 기술 발전 속도가 빠르다.
- 다른 소프트웨어 간 상호 연동성이 보장되는 장점을 가진다.
- 믿을 만한 보안 안정성을 가지고 있다.
- 다양하고 강력한 네트워킹 기능 지원을 한다.

오픈소스 소프트웨어의 단점은 다음과 같다.

- 상용 프로그램에 비해 체계적인 문서를 가지고 있지 못하다.
- 독점 프로그램에서 볼 수 있는 로드맵을 기대하기 어렵다.
- 공개된 소스코드로 인해 보안 위협에 쉽게 노출될 수 있다.
- 버그나 보안 문제에 대한 책임 소개가 불명확하다.

- 커뮤니티 중심으로 지원이 되며, 전문적인 기술 지원이 부족하다.

2.2 오픈소스 라이선스에 대한 이해

오픈소스 라이선스에 대한 이해는 현대 소프트웨어 개발에서 필수적인 부분이다. 이번 절에서는 오픈소스 라이선스의 기본 원리, 다양한 유형의 오픈소스 라이선스, 그리고 이 라이선스들이 소프트웨어 개발 및 배포에 끼치는 영향에 대해 알아본다. 또한 자신의 프로젝트나 조직에 적합한 라이선스를 선택하는 데 필요한 지식을 학습한다.

2.2.1. 오픈소스 라이선스의 정의

오픈소스 라이선스는 소프트웨어의 소스코드를 공개하고, 누구나 해당 코드를 자유롭게 사용, 수정, 배포할 수 있는 권리를 부여하는 법적 합의를 말하며, 소프트웨어를 자유롭게 연구하고, 개선하며, 공유할 수 있는 자유를 제공한다. 오픈소스 라이선스는 다양한 형태로 존재하지만, 오픈소스 소프트웨어 정의에 의해 정립된 몇 가지 기본 원칙을 준수해야 한다.

이 원칙에는 소프트웨어의 자유로운 재배포, 소스코드 공개, 개별 사용자 및 단체가 변경된 버전을 배포할 수 있는 권리, 소스코드 무결성 유지와 같은 조건이 포함된다. 오픈소스 라이선스 하에 배포된 소프트웨어는 기술 혁신을 촉진하고, 지식의 확산을 용이하게 하며, 개발자 커뮤니티 간의 협업을 강화한다. 이는 사용자와 개발자 모두에게 소프트웨어를 보다 접근하기 쉽게 만들고, 기술 발전에 기여하는 열린 환경을 조성하는 역할을 한다.

2.2.2. 오픈소스 소프트웨어 라이선스의 중요성

오픈소스 소프트웨어 라이선스는 소프트웨어 개발자의 입장과 소프트웨어 시장 구조를 구성하는 모든 구성원에게 중요하다.

개발자의 입장에서 보면, 오픈소스 라이선스는 기술의 자유로운 접근과 혁신을 가능하게 한다. 라이선스 하에 공개된 소스코드를 통해, 다양한 프로젝트에 기여할 수 있으며, 필요에 따라 소프트웨어를 수정하고 확장할 수 있다. 이는 개인적인 기술 습득과 전문성 발전에 큰 도움이 되며, 동시에 새로운 기술

솔루션의 개발로 이어진다. 또한, 오픈소스 프로젝트에 기여함으로써 전 세계의 다른 개발자들과 협업하는 경험을 할 수 있다.

소프트웨어 시장 구조 측면에서의 오픈소스 소프트웨어 라이선스는 시장에 다양성과 유연성을 가져다 준다. 오픈소스 솔루션은 기업들이 고가의 라이선스 비용 없이 필요한 소프트웨어를 활용할 수 있게 해줌으로써 기업에게 경쟁력을 제공한다. 이는 건강한 시장 경쟁을 촉진하고, 혁신적인 아이디어가 시장에 신속하게 도입될 수 있는 환경을 조성한다. 또한, 오픈소스 소프트웨어의 사용은 기업들이 소프트웨어 인프라에 대한 종속성을 줄이고, 기술적 자율성을 높이는 데 도움을 준다.

이처럼 오픈소스 소프트웨어 라이선스는 개발자의 성장과 기술 혁신을 촉진하는 동시에, 시장에 다양성과 경쟁을 증진시켜, 건강한 기술 생태계의 발전에 기여하고 있다.

2.2.3. 카피레프트(Copyleft) 조항에 따른 오픈소스 라이선스 분류

카피레프트는 소스코드를 자유롭게 사용, 수정, 배포할 수 있고 **수정된 소스코드 역시 동일한 라이선스 조건으로 공개**하도록 하는 라이선스 조항이다. 카피레프트는 다시 **강한 카피레프트**(Strong copyleft)와 **약한 카피레프트**(Weak copyleft)로 구분되는데, 두 가지 모두 수정된 소스코드에 대해서는 공개해야 하지만, 오픈소스를 사용하는 유형에 따라 공개의 의무에 차이가 있다. 강한 카피레프트는 파생 소프트웨어나 네트워크를 통해 접근되는 소프트웨어까지 모두 공개해야 한다. 이에 반해 약한 카피레프트의 경우는 오픈소스가 라이브러리 형태로 사용될 경우 이를 활용하는 소프트웨어는 공개할 필요가 없고 독립적인 라이선스를 가질 수 있다. 강한 카피레프트와 약한 카피레프트처럼 수정된 소프트웨어나 2차 저작물과 같은 파생 소프트웨어의 코드를 모두 공개해야 하는 라이선스를 **상호주의 라이선스**(Reciprocal license)라고 한다.

수정된 소스코드의 공개는 오픈소스의 핵심 가치가 분명하지만, 이를 상업적으로 활용할 경우는 문제가 발생할 수 있다. 상호주의 라이선스 기반의 오픈소스를 사용할 경우 기업에서 새로 개발한 2차 저작물까지도 모두 공개해야만 한다. 이는 기업의 기술유출 뿐만 아니라 오픈소스 소프트웨어의 활성화에도 걸림돌이 될 수 있다. 따라서, 2차 저작물 관점에서 상호주의 라이선스와 대비되는 오픈소스 라이선스가 필요했고 이를 **허용적 라이선스**(Permissive license)라고 한다. 허용적 라이선스는 상호주의 라이선스와 다르게 파생물의 소스코드 공개를 강제하지 않는다.

상호주의 라이선스와 허용적 라이선스 외에도 특수한 라이선스가 존재하는데 오픈소스 자체에 어떠한 제약사항을 부여하지 않은 소프트웨어를 퍼블릭 도메인(Public domain)이라 한다. 또한, 소프트웨어 뿐만 아니라 문서, 이미지와 같은 미디어와 같은 창작물에도 제약사항을 부여할 수 있는데 Creative Commons가 대표적이다(그림 2.01).

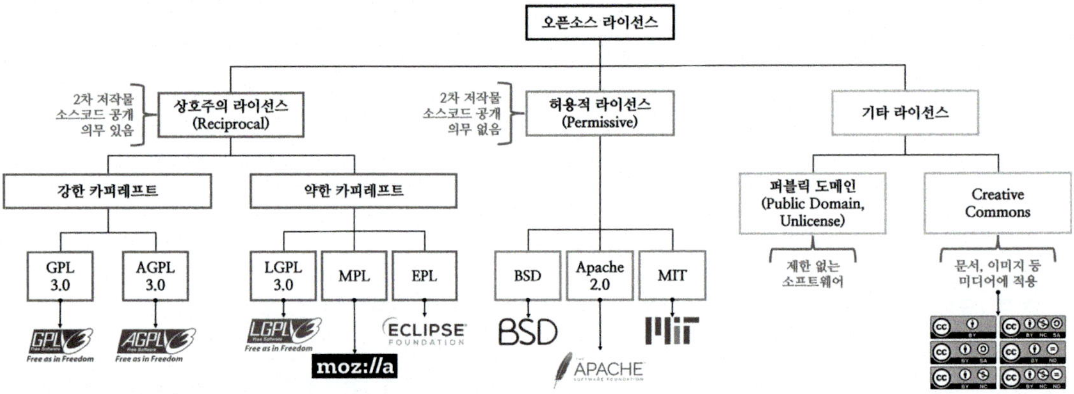

그림 2.01 오픈소스 라이선스 분류

2.2.4. 주요 오픈소스 라이선스

오픈소스 라이선스는 매우 다양하고, 각각 고유한 조건과 규정을 가진다. 오픈소스 라이선스는 사용자에게 소프트웨어를 사용, 수정, 재배포할 수 있는 권한을 부여하나, 그 조건들은 라이선스마다 다를 수 있다. 대표적인 오픈소스 라이선스에 대해서 특징과 개념을 정리하면 다음과 같다.

2.2.4.1. GNU General Public License(GPL)

GPL은 FSF에 의해 탄생한 오픈소스 라이선스로, 가장 널리 사용되는 오픈소스 라이선스 중 하나이다(그림 2.02).[24]

24 https://en.wikipedia.org/wiki/GNU_General_Public_License

그림 2.02 GPL 로고

GPL의 소프트웨어는 누구나 사용하고 재배포할 수 있다. 이는 소프트웨어를 개인적이나 상업적, 어떤 목적으로도 자유롭게 사용할 수 있음을 의미한다. GPL 소프트웨어의 수정된 버전을 재배포할 때에도 수정된 소스코드를 함께 공개해야 한다. 이 때 수정된 버전도 동일한 GPL 라이선스 하에 배포해야 한다. GPL의 중요한 부분 중의 하나가 **파생 작업물의 공개 의무**에 있다. GPL 라이선스의 소프트웨어를 수정하거나 확장하여 새로운 소프트웨어를 만들 경우, 그 **결과물 역시 GPL 라이선스를 적용해 공개**해야 한다. GPL의 특징을 요약하면 다음과 같다.

- **권한(Permissions)** : 상업적 사용, 배포, 수정, 특허사용, 개인적 사용
- **조건(Conditions)** : 소스코드 공개, 저작권 및 라이선스 고지 유지, **동일 라이선스 유지**, 변경 사항 명시
- **제한 사항(Limitations)** : 책임(Liability) 제한, 보증(Warranty) 없음

2.2.4.2. Affero General Public License(AGPL)

AGPL은 FSF에서 개발된 라이선스이다(그림 2.03).[25] AGPL은 GPL의 조건을 그대로 따르면서, GPL 소프트웨어를 사용하는 서비스가 네트워크를 통해 제공되더라도 해당 서비스의 소스코드를 공개해야 한다는 추가 요구사항을 담고있다.

그림 2.03 AGPL 로고

25 https://www.gnu.org/licenses/agpl-3.0.en.html

1990년대 후반 인터넷 보급이 확대되면서 인터넷을 통해 소프트웨어를 유통하는 사례가 많아졌다. 이 때 사용자가 직접 소프트웨어를 설치하는 대신 제공자가 네트워크를 통해 서비스를 제공하는 모델인 ASP(Application Service Provider) 모델이 인기를 끌기 시작했다. 기존의 GPL 라이선스에서는 소프트웨어를 배포할 때 소스코드를 공개해야 했지만, **네트워크를 통한 서비스 제공은 배포로 간주되지 않았고, 소스코드 배포의 의무도 피해갈 수 있었다.** 이 문제를 해결하기 위해 FSF에서 AGPL을 개발하게 되었다. 웹 기반 애플리케이션이나 SaaS(Software as a Service) 모델의 서비스에서 AGPL 소프트웨어를 사용하는 경우는 사용자에게 소스코드 접근 권한을 제공해야 한다. AGPL의 특징을 요약하면 다음과 같다.

- **권한(Permissions)** : 상업적 사용, 배포, 수정, 특허사용, 개인적 사용
- **조건(Conditions)** : 소스코드 공개, 저작권 및 라이선스 고지 유지, 동일 라이선스 유지, 변경 사항 명시, **네트워크를 통한 사용시 소스코드 공개**
- **제한 사항(Limitations)** : 책임 제한, 보증 없음

2.2.4.3. GNU Lesser General Public License(LGPL)

LGPL의 "Lesser"가 의미하는 것과 같이 강력한 **GPL의 제약조건을 완화한 오픈소스 라이선스**이다. GPL이 강력한 이유는 소스코드가 아닌 바이너리를 링크해서 사용할 경우에도 사용자 소스코드 전체를 공개해야 하는 강한 카피레프트 라이선스이기 때문이다. LGPL은 라이브러리를 사용하는 경우에는 소스코드 공개를 하지 않도록 하여 라이브러리 사용을 활성화 할 수 있도록 하였다(그림 2.04).[26] GNU C 라이브러리가 최초의 LGPL 기반의 소프트웨어이다. 만약 GNU C 라이브러리가 GPL이었다면, GNU C 라이브러리를 사용하는 모든 소프트웨어는 소스코드가 공개되어야 한다.

그림 2.04 LGPL 로고

26 https://en.wikipedia.org/wiki/GNU_Lesser_General_Public_License

LGPL은 파생 작업물(Derivative work)의 공개 의무에서 GPL과 차이점이 있다. 파생 작업물은 LGPL 라이브러리를 이용하여 만든 새로운 코드를 의미한다. LGPL 소스코드를 수정한 경우와 LGPL 소스코드를 사용자 코드와 컴파일하여 생성된 파생 작업물의 경우 소스코드를 공개해야 한다. 하지만, LGPL 소스코드를 수정하지 않고 라이브러리 형태로 링크한 작업물의 경우 사용자의 소스코드를 공개할 필요가 없다. LGPL 특징을 요약하면 다음과 같다.

- **권한(Permissions)** : 상업적 사용, 배포, 수정, 특허사용, 개인적 사용
- **조건(Conditions)** : 소스코드 공개, 저작권 및 라이선스 고지 유지, **동일 라이선스 유지(라이브러리)**, 변경 사항 명시
- **제한 사항(Limitations)** : 책임 제한, 보증 없음

2.2.4.4. Mozilla Public License(MPL)

MPL은 모질라(Mozilla) 재단에 의해 만들어진 오픈소스 라이선스다(그림 2.05).[27] 수정된 코드는 공개해야 하지만 추가한 코드는 공개하지 않아도 된다.

그림 2.05 MPL 로고

MPL은 전체 프로젝트에 대한 강제 공개를 요구하지 않는 유연한 접근 방식을 제공하고 개별 파일 단위로 저작권을 적용한다. 이는 **MPL로 라이선스된 파일이 수정되었을 때만 해당 파일을 동일한 라이선스 하에 공개해야 한다는 것을 의미**한다. 전체 소프트웨어 프로젝트를 MPL로 라이선스할 필요는 없으며, MPL 라이선스 파일과 다른 라이선스를 가진 파일을 함께 사용할 수 있다. MPL 라이브러리를 사용할 경우, MPL 라이브러리와 분리된 독립적인 파일은 공개의무가 없다.

MPL은 다른 오픈소스와 결합하여 사용할 수 있는 호환성을 고려하여 설계되어 복잡하고 큰 프로젝트를 수행할 때 사용할 수 있다. 예를 들어, LGPL로 작성된 소스코드와 MPL로 작성된 소스코드가 파일 단위로 통합되어 사용될 수 있다. 프로젝트 내에서 독립적인 소스코드 파일들은 각각의 라이선스에 만

27 https://en.wikipedia.org/wiki/Mozilla_Public_License

족해야 한다. MPL의 특징을 요약하면 다음과 같다.

- **권한(Permissions)** : 상업적 사용, 배포, 수정, 특허사용, 개인적 사용
- **조건(Conditions)** : 수정된 파일의 소스 코드 공개, 저작권 및 라이선스 고지 유지, **동일 라이선스 유지(파일 단위)**
- **제한 사항(Limitations)** : 책임 제한, **상표 사용 제한(Trademark use)**, 보증 없음

2.2.4.5. Eclipse Public License(EPL)

EPL은 이클립스 재단(Eclipse Foundation)이 IBM과 협력하여 개발한 라이선스로 상용화 소프트웨어와의 호환성에 중점을 두고 있다. 상호주의 라이선스이며 약한 카피레프트에 속한다(그림 2.06).[28]

그림 2.06 Eclipse Foundation 로고

EPL이 나오게 된 배경을 잠시 살펴보면, IBM은 자체 개발한 통합환경인 IDE(Integrated Development Environment) 툴인 비주얼에이지(VisualAge) 엔진을 기반으로 한 Eclipse 프로젝트를 수행했고 플러그인 기반의 확장성이 중요한 환경이었다. 특허 소송 위험을 줄이고 상용 소프트웨어와 통합할 수 있는 유연한 라이선스가 필요하였다. EPL은 사용자가 EPL 소프트웨어의 특허를 사용할 수 있도록 특허 라이선스를 포함하고 있어 특허 분쟁을 줄일 수 있는 장치를 마련하였다. 만약 특허 소유자가 소송을 제기하는 경우 자동으로 라이선스 권리를 상실하는 조항이 포함되어 있어 상용 소프트웨어와 통합이 자유로우며 비즈니스 친화적이다. EPL의 특징을 요약하면 다음과 같다.

- **권한(Permissions)** : 상업적 사용, 배포, 수정, 특허사용, 개인적 사용
- **조건(Conditions)** : 소스 코드 공개, 저작권 및 라이선스 고지 유지, 동일 라이선스 유지
- **제한 사항(Limitations)** : 책임 제한, 보증 없음

28 https://www.eclipse.org/org/

2.2.4.6. BSD License

BSD는 Berkeley Software Distribution에서 유래한 오픈소스 라이선스로, 소프트웨어의 사용, 복사, 수정 및 재배포에 상대적으로 적은 제약을 두는 허용적 라이선스다(그림 2.07).[29]

그림 2.07 BSD 로고

BSD 라이선스는 특히 유연성과 개방성으로 인해 많은 오픈소스 프로젝트와 상업적 소프트웨어에 널리 채택되고 있다. 개발자들이 자신의 필요에 맞게 소프트웨어를 쉽게 사용하고, 수정하며, 재배포할 수 있도록 하고 동시에 개발자의 권리와 공헌을 존중한다.

BSD 라이선스에는 광고 관련 라이선스가 존재한다. 기존에는 특정 프로젝트나 기여자에 대해 명시하도록 요구하는 내용이 포함되어 있었기에, 많은 소프트웨어 커뮤니티에서 비판을 받았다. 현재는 해당 조항이 수정되어 이후의 BSD 라이선스에는 제거되었다.

- **원래의 BSD 라이선스(4-clause BSD)** : '광고 조항'이 포함되어 있어, 소프트웨어를 사용하는 모든 광고 자료에 프로젝트와 기여자를 명시해야 했다.
- **개정된 BSD 라이선스(3-clause BSD)** : 광고 조항을 제거하여 더 널리 사용될 수 있게 되었다. 또한 원저작권자나 기여자가 소프트웨어를 보증하거나 지원하지 않는다는 'No Endorsement' 조항을 포함하였다.
- **단순화된 BSD 라이선스(2-clause BSD 또는 FreeBSD)** : 더욱 단순화된 라이선스로, 저작권 고지와 책임 면제 조항만을 포함하고 있다.

단순화된 BSD 라이선스(2-clause BSD)의 특징을 요약하면 다음과 같다.

- **권한(Permissions)** : 상업적 사용, 배포, 수정, 특허사용, 개인적 사용
- **조건(Conditions)** : 저작권 및 라이선스 고지 유지

[29] https://en.wikipedia.org/wiki/Berkeley_Software_Distribution

- **제한 사항(Limitations)** : 책임 제한, 보증 없음

2.2.4.7. Apache License 2.0

Apache 라이선스는 ASF에서 만든 오픈소스 라이선스이다(그림 2.08).[30] 이 라이선스는 허용적 라이선스로 소프트웨어 사용자와 개발자가 상업적으로 소프트웨어를 사용하는데 유연성을 제공한다.

그림 2.08 Apache 로고

Apache 라이선스로 배포되는 소프트웨어는 상업적, 비상업적 목적을 포함해 거의 제한 없이 사용, 수정, 재배포할 수 있다. **수정된 소스코드는 동일한 라이선스 하에 공개할 필요가 없다.** 이러한 Apache 라이선스의 유연성과 기업 친화적인 특성으로 인해 많은 오픈소스 프로젝트와 상업적 소프트웨어에 적용되고 있다. 소스코드 또는 컴파일된 바이너리 형태로 소프트웨어를 재배포할 수 있고 수정된 소스코드를 공개할 의무는 없다. 하지만, 변경 사항은 문서화해야 한다. Apache 라이선스의 특징을 요약하면 다음과 같다.

- **권한(Permissions)** : 상업적 사용, 배포, 수정, 특허사용, 개인적 사용
- **조건(Conditions)** : 저작권 및 라이선스 고지 유지
- **제한 사항(Limitations)** : 책임 제한, 상표 사용 제한, 보증 없음

2.2.4.8. MIT License

MIT 라이선스는 매사추세츠 공과대학교(MIT)에서 만들어진 라이선스이다. 이 라이선스는 간결함과 유연성으로 인해 인기가 높고 거의 제한 없이 소프트웨어를 사용, 수정, 재배포할 수 있도록 하며, 상업적 사용도 허용한다(그림 2.09).[31]

30 https://en.wikipedia.org/wiki/Apache_License#Apache_License_2.0

31 https://en.wikipedia.org/wiki/MIT_License

그림 2.09 MIT License 로고

오픈소스 소프트웨어 라이선스 중에서도 개발자들이 자신의 소프트웨어를 가능한 적은 제한으로 공유하고자 할 때 이상적이다. 상업적 사용 및 비상업적 사용 모두 가능하며, 소스코드를 공개할 의무가 없다. 소프트웨어를 재배포할 때, 원본 소프트웨어의 저작권 고지 및 MIT 라이선스의 사본을 포함해야 한다는 조건이 있다. 이는 사용자가 소프트웨어의 원래 출처를 인지할 수 있도록 하기 위함이다. MIT 라이선스는 이러한 자유로움 때문에 소프트웨어 산업 전반에 걸쳐 널리 인정받고 있다. MIT 라이선스의 특징을 요약하면 다음과 같다.

- **권한(Permissions)** : 상업적 사용, 배포, 수정, 개인적 사용
- **조건(Conditions)** : 저작권 및 라이선스 고지 유지
- **제한 사항(Limitations)** : 책임 제한, 보증 없음

2.2.4.9. Public Domain, Unlicense

퍼블릭 도메인 소프트웨어는 원저작자가 모든 권리를 포기하여 누구나 자유롭게 사용, 수정할 수 있는 소프트웨어를 의미한다. SQLite(그림 2.10)[32]가 대표적인 퍼블릭 도메인 소프트웨어이다.

그림 2.10 SQLite 로고

SQLite는 애플의 아이폰, 어도비의 포토샵, 드롭박스, 페이스북, 구글의 크롬 브라우저 등에서 사용되고 있다. 퍼블릭 도메인 소프트웨어는 성능의 관점보다는 소스코드 공개의 의무가 없이 상업적으로 활

32 https://www.sqlite.org/copyright.html

용하기 위한 목적이 크다고 볼 수 있다. 퍼블릭 도메인의 특징은 다음과 같다.

- **권한(Permissions)** : 상업적 사용, 배포, 수정, 개인적 사용
- **조건(Conditions)** : 없음
- **제한 사항(Limitations)** : 책임 제한, 보증 없음

2.2.4.10. Creative Commons(CC)

CC 라이선스는 주로 문서, 이미지, 음악과 같은 창작물에 사용되지만, 소프트웨어 문서나 교육 자료에도 사용될 수 있다. 해당 라이선스는 저작자가 작품의 사용 방식을 선택할 수 있게 해준다(그림 2.11).[33]

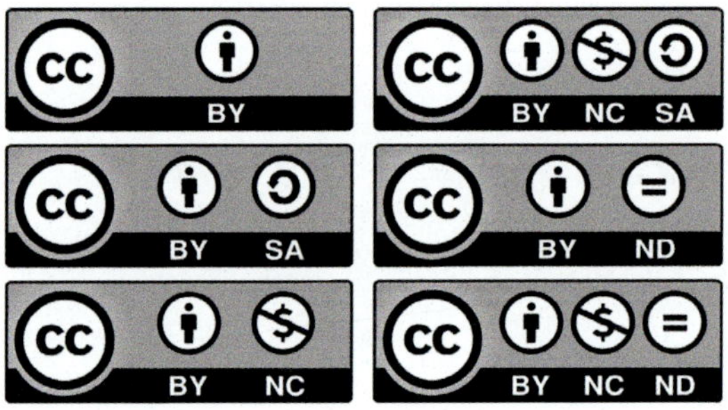

그림 2.11 다양한 CC 라이선스 옵션

CC 라이선스를 통해 저작자는 자신의 작품이 어떻게 사용되길 원하는지 명확히 표현할 수 있고 사용자는 저작자의 의도를 확인할 수 있다.

- **저작자 표시(BY)** : 가장 기본적인 라이선스 형태로 다른 사람이 작품을 사용할 때 원 저작자의 이름과 출처를 명확히 표시해야 한다.
- **비영리(NC, Non-Commercial)** : 저작물이 비영리 목적으로만 사용될 수 있음을 명시한다. 상업적 용도로는 사용할 수 없다.
- **동일 조건 변경 허락(SA, Share-Alike)** : 저작물이 수정되어 공유될 때, 동일한 라이선스 조건을 적용해야 함을 의미한다.

---

33 https://creativecommons.org/share-your-work/cclicenses/

- **변경 금지(ND, No Derivatives)** : 저작물을 그대로 사용할 수 있지만, 수정하거나 파생 작품을 만들 수 없음을 명시한다.
- **조합(BY-NC-SA, BY-NC-ND 등)** : 저작자 표시, 비영리, 동일 조건 변경 허락, 변경 금지 등의 요소를 조합해 저작물 사용에 대한 더 구체적인 제한을 둘 수 있다. 예를 들어 BY-NC-SA는 저작자 표시, 비영리, 동일조건 하에 수정, 배포가 가능함을 나타낸다.

지금까지 주요 오픈소스 소프트웨어 라이선스에 대해 살펴보았다. 이외에도 특정한 조건과 목적에 따라 설계된 여러 오픈소스 라이선스가 있으며, 각각의 라이선스의 특징과 조건에 대해 깊이 있는 검토를 거쳐 자신의 프로젝트에 적합한 라이선스를 선택, 적용해야 한다.

2.2.5. 라이선스의 준수 사항

이전 절에서 확인한 오픈소스 라이선스처럼 의무사항은 각각의 라이선스마다 조금씩 차이가 있다. 하지만 크게 보면 공통적인 의무사항으로 3가지가 존재하며, 선택적으로는 소스코드 공개, 특허 관련 사항 준수 등이 있다. 공통 사항은 다음과 같다.

- **저작권 관련 문구 유지** : 오픈소스 소프트웨어는 거의 대부분 소스코드 상단에 개발자 정보와 연락처 등이 기록되어 있으며, 개발자 정보를 임의로 수정하거나 삭제하여서는 안 된다.
- **제품명 중복 방지** : 소프트웨어 제품명은 상표권으로 보호받는다. 따라서 오픈소스 소프트웨어와 동일한 이름을 제품명이나 서비스명으로 사용하면 상표권 침해의 문제가 생길 수 있다.
- **서로 다른 라이선스의 조합** : 서로 다른 라이선스로 배포된 오픈소스 소프트웨어를 결합할 경우, 반드시 두 개의 라이선스가 서로 호환되는지를 확인하여야 한다.

선택사항에 대한 설명은 아래와 같다.

- **이용 여부 명시** : 많은 오픈소스 라이선스들은 소프트웨어를 이용할 때 해당 오픈소스 소프트웨어가 이용되었음을 명시하도록 하고 있다.
- **소스코드 공개** : 오픈소스 소프트웨어는 라이선스에 따라서 수정하거나 추가한 부분이 있을 때 해당 부분의 소스코드도 공개하여야 한다고 명시하는 경우가 있다.
- **특허** : 어떤 기술이 특허로 보호될 경우 해당 기술 구현 시 반드시 특허권자의 허락을 받아야 한다.

주요 오픈소스 라이선스별 특징을 비교하여, 라이선스마다 어떠한 차이점이 존재하는지 정리하면 다음과 같다(테이블 2.01).

테이블 2.01 라이선스별 특징 비교표

공개 부분	GPL	AGPL	LGPL	MPL	BSD	Public Domain
오픈소스 사용 명시	O	O	O	O	O	X
수정부분 공개	O	O	O	O	X	X
추가부분 공개	O	O	O	X	X	X
라이브러리로 링크된 바이너리 소스 공개	O	O	X	X	X	X

2.2.6. 오픈소스 소프트웨어 활용과 라이선스 정책

소프트웨어를 개발할 때 여러 가지 오픈소스 소프트웨어를 활용할 수 있다. 자신이 개발한 소스코드와 오픈소스의 소스코드를 컴파일하고, 소프트웨어에 라이브러리를 링크하는 등 다양한 방식으로 오픈소스 소프트웨어를 활용하여 소프트웨어를 개발할 수 있다. 개발 프로젝트에 활용되는 오픈소스 소프트웨어에 여러 라이선스가 적용되는 경우도 종종 발생하는데, 각각 다른 라이선스를 가진 코드에 대해 어떻게 라이선스를 적용받고 어떤 조건을 준수해야 하는지 알아보자.

- **독립된 실행파일** : GPL 소스코드를 컴파일한 실행파일과 본인이 작성한 코드로 컴파일한 실행파일이 독립되어 배포하는 경우, 본인이 소스코드를 공개할 필요가 없다(그림 2.12).

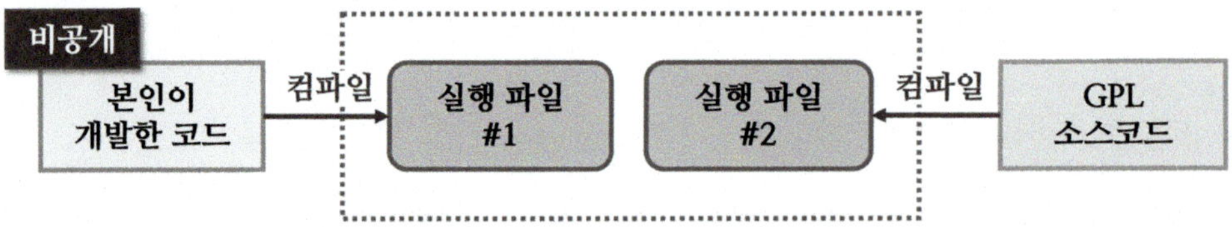

그림 2.12 실행파일의 독립 배포할 경우

- **GPL 소스코드 포함** : GPL 소스코드를 본인 코드와 결합하여 배포하는 경우, 결과물 전체는 GPL 라이선스를 따라야 한다. 따라서 배포 시 전체 소스코드를 공개해야 한다(그림 2.13).
- **GPL 라이브러리 링크** : 본인 코드가 GPL 라이선스 라이브러리와 링크될 경우, 전체 결과물은

GPL 라이선스를 따라야 하며, 이 경우도 소스코드를 공개해야 한다(그림 2.13).

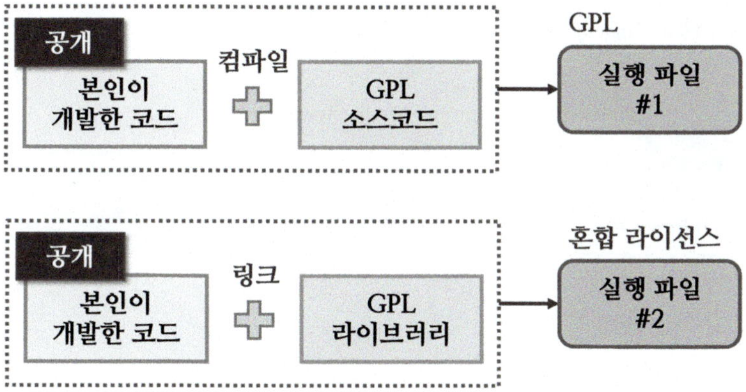

그림 2.13 GPL와의 결합 또는 링크할 경우

- **LGPL 소스코드 포함** : 본인 코드와 LGPL 소스코드를 결합하여 배포하면, 결합된 결과물은 혼합 라이선스가 된다. LGPL 부분에 대해서는 소스코드 공개가 필요하지만, 본인 코드는 독립적으로 유지할 수 있다(그림 2.14).
- **LGPL 라이브러리 링크** : 본인 코드가 LGPL 라이브러리와 링크될 경우, 본인 코드를 공개할 필요 없지만, LGPL 라이브러리에 대한 수정 사항은 공개해야 한다(그림 2.14).

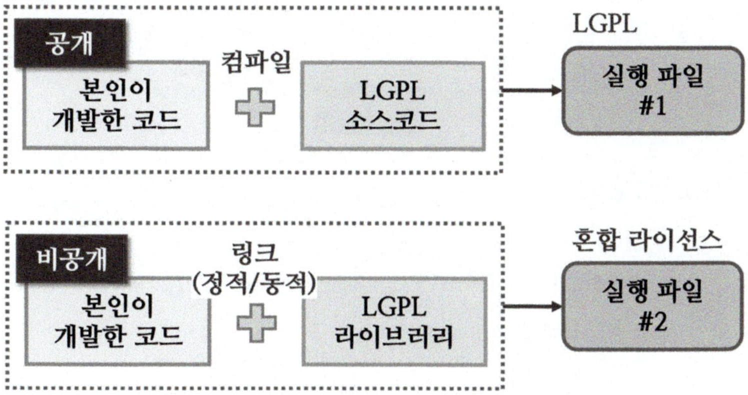

그림 2.14 LGPL와의 결합 또는 링크할 경우

- **BSD 소스코드 포함** : 본인 코드와 BSD 소스코드를 결합하여 배포하면, BSD 라이선스 조건을 따르되 개발한 코드는 비공개로 유지할 수 있다. BSD 라이선스는 소스코드 공개를 강제하지 않지만, 저작권 고지를 해야한다(그림 2.15).

그림 2.15 BSD와의 결합할 경우

- **MPL 소스코드 포함** : 본인 코드와 MPL 소스코드를 결합하여 배포하면, MPL 소스코드 부분에 대해서는 소스코드를 공개해야 한다. MPL은 파일 단위로 적용되기 때문에, 개발한 코드 파일이 MPL 코드를 포함하지 않으면 비공개로 유지할 수 있다(그림 2.16).

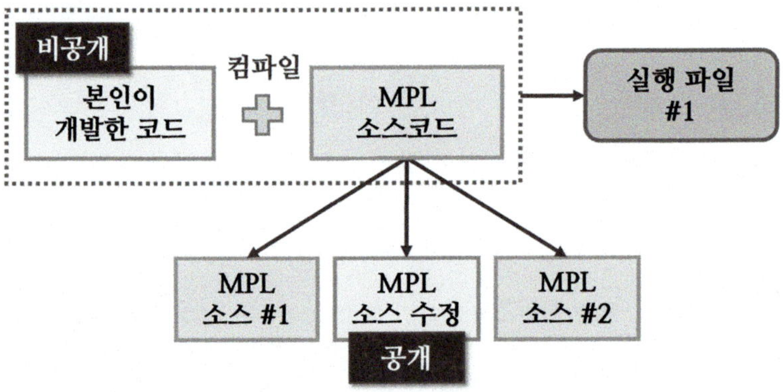

그림 2.16 MPL와 결합할 경우

위 사례처럼 각 오픈소스 라이선스마다 소스코드 공개 조건이 다르므로, 개발자는 사용하려는 라이선스의 조건을 정확히 이해하고, 이를 준수하여야 한다.

2.3 기업과 오픈소스 라이선스

기업들이 오픈소스 소프트웨어를 채택하는 이유와 이를 활용하는 방법, 그리고 이 과정에서 발생할 수 있는 법적 분쟁의 예시와 대응 방안에 대해 살펴본다.

2.3.1. 기업과 라이선스

기업이 오픈소스 소프트웨어를 사용하는 주된 이유는 혁신 속도의 가속화, 비용 절감, 벤더 종속성 회피, 맞춤형 솔루션 개발의 용이성이다. 기업에서 오픈소스 라이선스를 사용하는 이유는 다음과 같이 정리할 수 있다.

- **혁신 속도의 가속** : 최신 기술과 혁신에 대한 즉각적인 접근을 가능하게 한다. 기업은 전 세계 개발자들이 만든 최신 기능과 도구를 자유롭게 활용하여 빠른 시간 내에 새로운 솔루션을 개발하고 시장에 출시할 수 있다.
- **낮은 비용** : 오픈소스 소프트웨어는 라이선스 비용이 없거나 낮으며, 유지 관리 및 업그레이드 비용도 전통적인 소프트웨어보다 낮은 경우가 많다. 이는 전체적으로 소프트웨어 소유의 총 비용을 줄여준다.
- **벤더 종속성으로부터의 자유** : 오픈소스 소프트웨어는 특정 벤더에 종속되지 않는다. 이는 기업이 소프트웨어 공급 업체의 변경이나 소프트웨어 중단에 대한 우려 없이 기술 결정을 할 수 있음을 의미한다.
- **높은 커스터마이징 자유도** : 오픈소스 소프트웨어는 광범위한 사용자 정의 옵션을 제공한다. 기업은 자체적으로 소프트웨어를 수정하거나 필요에 맞게 조정하여, 고유한 비즈니스 요구 사항을 충족시킬 수 있다.

하지만, 오픈소스 소프트웨어의 사용은 라이선스 조건의 정확한 이해와 준수를 필요로 한다. 라이선스 조건을 준수하지 않는 경우, 법적 분쟁에 휘말릴 수 있으며, 이는 기업의 명성과 재정 상태에 부정적인 영향을 미칠 수 있다. 이러한 이유로 오픈소스 소프트웨어 라이선스의 올바른 이해와 사용은 기업이 법적 위험을 최소화하고, 오픈소스 소프트웨어의 혜택을 최대화하는 데 필수적이다.

2.3.2. 라이선스 분쟁 사례

오픈소스 라이선스 분쟁은 소프트웨어 개발과 사용 과정에서 다양한 형태로 발생할 수 있다. 국내외에서 발생했던 주요 오픈소스 라이선스 분쟁 사례를 소개한다. 먼저 국내 사례는 다음과 같다.

- **PMP** : 국내 기업이 생산하여 수출한 PMP(Portable Multimedia Player) 제품이 GPL 라이선스를 준수하지 않는다는 문제점이 리눅스 커널 관련 메일링 리스트를 통해 배포되었다. GPL 운영자인 Welte에게 해당 제품의 소스코드를 제공하게 되었으며 해당 제품의 배포를 중단하게 되었다.
- **엘림넷 vs 하이온넷** : GPL 라이선스 기반 소프트웨어를 개발했던 엘림넷의 개발자가 하이온넷으로 이직하면서 엘림넷과 유사한 사업이 진행되면서 법적 분쟁까지 이르게 된 사건이다. 개발자가 법적분쟁에 휘말리면서, 자유 소프트웨어 재단에 자신이 개발한 소프트웨어는 GPL 기반의 소프트웨어이므로 소스코드가 영업비밀이 될 수 없다는 의견을 한국 재판부에 요청하면서 우리나라 최초의 GPL 관련 법정 사건으로 기록되었다.[34]

대표적인 해외 분쟁 사례는 아래와 같이 다양하게 존재한다.

- **CISCO Linksys** : Linksys(당시 Cisco의 자회사)가 자사의 라우터 제품군에서 GPL 라이선스된 리눅스 커널을 사용하고 있음에도 불구하고, GPL 조건에 따라 소스코드를 공개하지 않았다는 주장으로 시작되었다. 소프트웨어 자유 법률 센터(Software Freedom Law Center, SFLC)가 이 문제를 제기했다. Cisco는 이 문제를 해결하기 위해 SFLC와 합의하였고, 그에 따라 Cisco는 소스코드를 공개하고, GPL 준수를 위해 GPL 컴플라이언스 담당 직원을 임명하는 등 내부 정책을 개선하기로 약속했다. 또한, FSF의 오픈소스 소프트웨어 교육 및 준수 프로그램에 대한 자금을 지원하기로 했다.
- **Oracle vs Google** : Oracle이 Google을 상대로 Java 플랫폼의 저작권을 침해했다고 주장하며 제기한 법적 분쟁이다. Oracle은 Google이 안드로이드 운영체제를 개발하는 과정에서 Java API의 저작권을 침해했다고 주장했다. 이 사건은 직접적인 오픈소스 라이선스 분쟁은 아니지만, 오픈소스 소프트웨어와 관련된 기술의 사용에 대한 중요한 법적 논쟁을 제기한 분쟁이다.이 분쟁은 여러 차례 법정 심리를 거치면서 양측이 번갈아 승소하였으며, 최종적으로 미국 대법원은 2021년 Google의 행위가 공정 사용(Fair use)에 해당한다고 판결하여 Google의 승리로 끝났다.

34 https://ko.wikipedia.org/wiki/엘림넷과_하이온넷_사건

이 판결은 오픈소스 커뮤니티의 개발 방식에 중요한 영향을 미쳤다. 소프트웨어 개발자들은 API 사용 시 라이선스를 더 철저히 지켜야 하고, API 설계 시 저작권 문제를 고려해야 한다. 이는 개발비용 증가로 이어질 뿐 아니라 법적 리스크로도 연결되어 오픈소스 커뮤니티와 소프트웨어 산업 전반에 영향을 주었다.

- **BusyBox 분쟁** : BusyBox는 UNIX 도구 모음의 단순화된 버전으로, 여러 임베디드 시스템에서 널리 사용된다. BusyBox는 GPL 하에 라이선스 되어 있다. SFLC는 여러 기업이 BusyBox 소프트웨어를 자사 제품에 사용하면서 GPL 조건을 위반했다고 주장하며, 여러 기업들에 대해 소송을 제기했다. 이 분쟁은 대부분의 경우 법정 밖에서 해결되었으며, 여러 기업이 GPL 조건을 준수하기로 합의하고, 소스코드를 공개했다.
- **VMware 사례** : 리눅스 커널 개발자 중 한 명인 Christoph Hellwig은 VMware가 리눅스 커널 코드를 GPL 라이선스 조건을 위반하여 상업 제품에서 사용했다고 주장하며 소송을 제기했다. 이 사례는 여러 법적 과정을 거쳤으며, 최종적으로는 Hellwig가 소송에서 패소했다. 이 사례는 오픈소스 라이선스 조건과 상업적 사용 간의 복잡한 관계를 잘 보여준다.

이러한 사례들은 오픈소스 라이선스 조건의 중요성과, 라이선스 조건을 준수하지 않을 때 발생할 수 있는 법적 문제를 강조한다. 개발자와 기업은 오픈소스 라이선스를 사용할 때 항상 해당 라이선스의 조건을 이해하고 준수해야 한다.

CHAPTER 2 연습문제

01. 소프트웨어 배포 방식에 따른 소프트웨어 유형과 각 유형의 특징을 기술하라.

02. 오픈소스 소프트웨어 활성화 및 라이선스 인증을 담당하는 기관을 작성하라.

03. 오픈소스 라이선스란 무엇이며, 이러한 라이선스가 왜 필요하지 설명하라.

04. 독점 소프트웨어 라이선스와 오픈소스 소프트웨어 라이선스의 차이점을 설명하라.

05. GPL 라이선스의 주요 특징으로 '전염성' 라이선스라고 불리는 이유는 무엇인지 설명하라.

06. Apache License 2.0은 어떤 특징을 가지고 있으며, 상업적 사용에 어떤 유연성을 제공하는지 설명하라.

07. MIT License의 특징은 무엇이며, 상업적 활용에 어떤 장점이 있는지 작성하라.

08. BSD License의 여러 종류(4-clause, 3-clause, 2-clause)의 차이점은 무엇인지 설명하라.

09. Creative Commons 라이선스의 주요 요소(CC BY, CC BY-NC, CC BY-SA, CC BY-ND)와 각각의 의미는 무엇인지 작성하라.

10. MPL 라이선스의 파일 기반 저작권이란 무엇이며, 이것이 개발자에게 어떤 영향을 미치는지 설명하라.

11. 독점 소프트웨어 라이선스와 오픈소스 소프트웨어 라이선스의 주요 차이점은 무엇인지 설명하라.

12. 소프트웨어를 개발할 때 오픈소스 라이선스 선택에 있어 고려해야 할 주요 사항은 무엇인지 설명하라.

13. 기업이 오픈소스 소프트웨어를 사용하는 이유에 대해 설명하라.

14. 현재 가장 많이 사용되는 오픈소스 소프트웨어 라이센스에 대해 조사하라.

PART

02

이젠 나도 리눅스 유저

03 Ubuntu 설치하기

CHAPTER

3.1 VirtualBox 설치

VirtualBox는 사용 중인 물리 컴퓨터에서 여러 대의 가상 컴퓨터를 생성할 수 있는 도구이다. 가상 컴퓨터는 실제 컴퓨터와 동일하게 On/Off할 수 있으며, 네트워크를 연결하여 인터넷을 사용하고, 파일 및 폴더를 생성 및 수정하고, 원하는 프로그램을 설치하여 사용할 수 있다. 가상 컴퓨터의 이러한 모든 활동은 물리 컴퓨터에 영향을 주지 않는다. 반대로 물리 컴퓨터도 가상 컴퓨터에 영향을 주지 않는다.

이렇게 가상 컴퓨터는 물리 컴퓨터와 완전히 분리된 공간을 가지는 특징이 있어, 물리 컴퓨터의 운영체제와 다른 운영체제를 사용할 수 있다. 예를 들어, 노트북에서 Windows 운영체제를 사용 중이어도, VirtualBox로 우분투 운영체제를 사용하는 가상 컴퓨터를 만들 수 있다. 각 컴퓨터는 서로 파일 구조가 다를 것이며, 환경설정 및 설치된 소프트웨어도 다를 것이다.

지금까지 VirtualBox로 생성한 컴퓨터를 가상 컴퓨터라고 불렀지만, 실제로는 가상머신(Virtual machine)으로 명칭된다. IT 분야에서는 컴퓨터를 머신(Machine)으로 부르기에, 이후부터는 가상 컴퓨터를 가상머신이라 부를 것이다. 또한 실습을 위해 사용하는 물리 컴퓨터를 호스트라고 할 것이다. 다음은 VirtualBox를 설치하는 과정을 설명한다.

VirtualBox 홈페이지(`https://www.virtualbox.org/`)에서 'Get Started'가 작성된 박스를 확인한다(그림 3.01). 해당 박스 내 `Download` 버튼을 클릭하여 VirtualBox 다운로드 페이지로 이동한다.

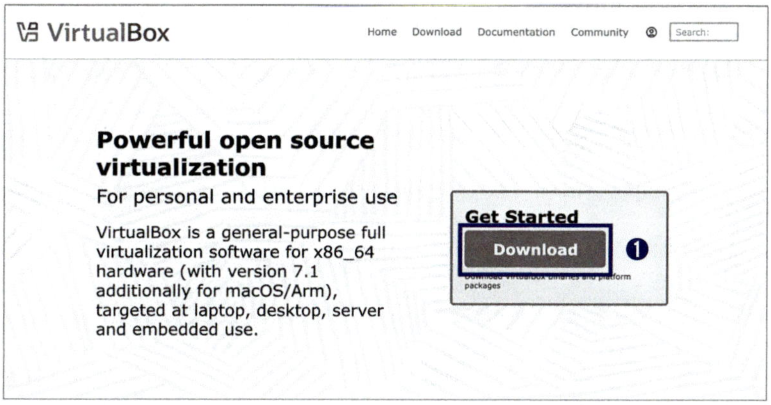

그림 3.01 VirtualBox 공식 홈페이지

'VirtualBox Platform Packages'에 표기된 운영체제를 확인하고, 현재 VirtualBox를 설치하고자 하는 컴퓨터의 운영체제와 동일한 것을 클릭하여 설치 파일을 다운로드한다(❶)(그림 3.02).

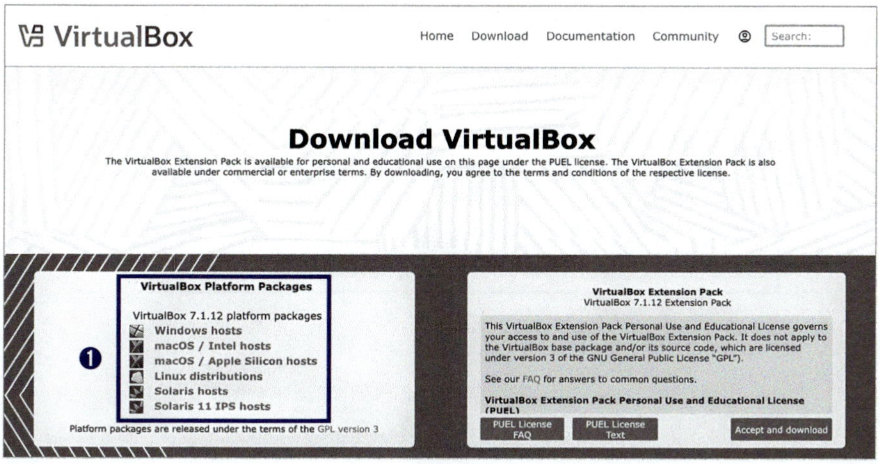

그림 3.02 VirtualBox 설치 파일 다운로드 페이지

Windows 운영체제를 사용하면 'Windows hosts'를 선택하고, macOS 운영체제를 사용하면 'macOS / Intel hosts'를 선택한다. 단, macOS 컴퓨터 중 ARM 계열인 m 시리즈 칩을 사용하는 컴퓨터는 'macOS / Apple Silicon hosts'를 선택한다.

리눅스 계열 운영체제를 사용한다면, 그림 3.02에서 'Linux distributions'를 선택하여 올바른 배포판 및 버전을 선택한다(❶)(그림 3.03).

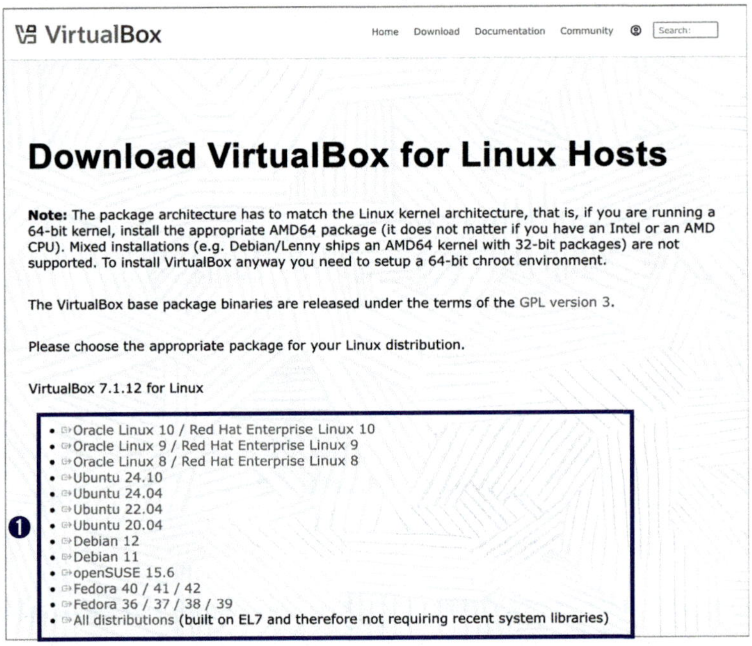

그림 3.03 'Linux distributions' 클릭 후 화면

이때 호스트의 운영체제 정보를 확인하는 과정이 필요하다.

GUI 환경의 우분투 컴퓨터로 예로 든다면, 머신의 운영체제 정보는 환경설정에서 확인 가능하다(그림 3.04). 우분투 머신의 버전은 설정 페이지의 About 항목에서 확인할 수 있다(❶).

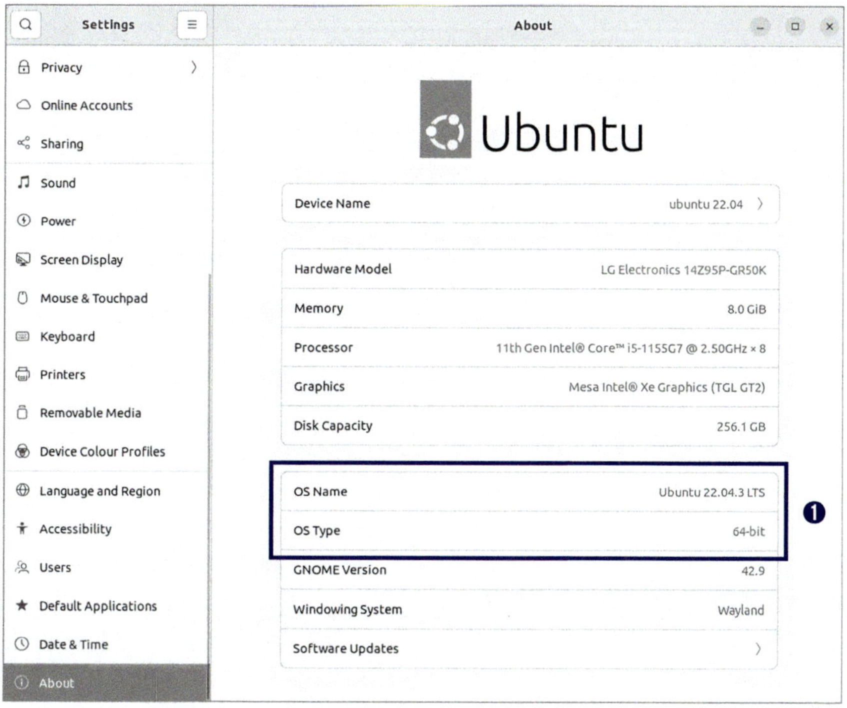

그림 3.04 우분투 머신의 버전 확인

확인한 우분투 버전이 22.04라면 그림 3.03에서 'Ubuntu 22.04'를 선택한다.

VirtualBox 설치 파일 다운로드가 완료되었다면, 다운로드 경로로 가서 VirtualBox 설치 파일이 있는지 확인한 후(그림 3.05), 설치 파일을 실행하여 VirtualBox 설치를 진행한다.

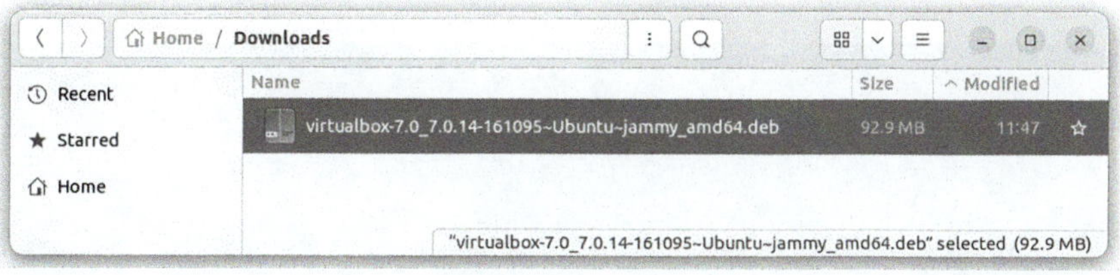

그림 3.05 VirtualBox 설치를 확인한 파일탐색기

모든 설치과정을 완료한 후 VirtualBox를 실행하면 가상머신 생성 · 부팅 · 삭제 · 이름 변경 등의 작업을 수행이 가능한 VirtualBox 시작화면이 보인다(그림3.06).

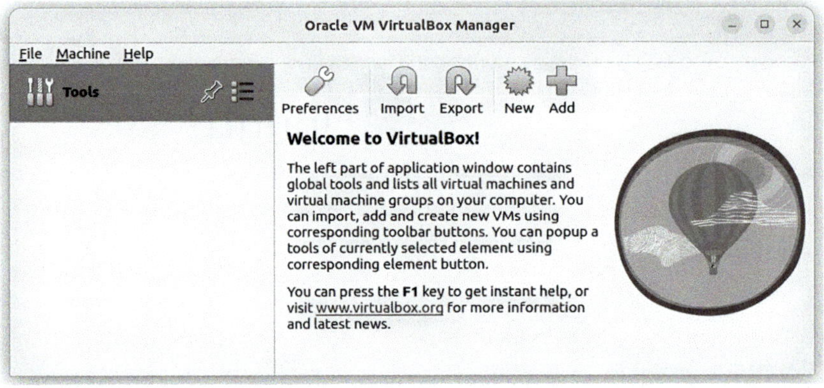

그림 3.06 VirtualBox 실행 화면

3.2 우분투 가상머신 생성

3.2.1. 우분투 운영체제 다운로드

우분투 가상머신을 생성하기 이전에, 우분투 운영체제를 머신에 설치할 수 있는 파일인 ISO 파일을 다운로드해야 한다. 이는 머신에 운영체제를 설치하기 위해 필수로 진행되어야 하며, 각 운영체제 공식 홈페이지에서 원하는 버전의 운영체제 설치 파일을 다운받을 수 있다.

교재는 우분투 운영체제를 사용하므로, 우분투 홈페이지(`https://ubuntu.com/`)에 접속하여 우분투를 컴퓨터에 설치할 수 있도록 하는 ISO 파일을 다운로드한다(그림3.07).

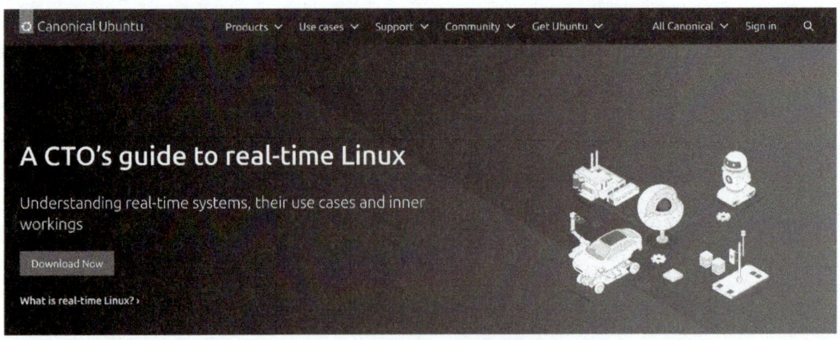

그림 3.07 우분투 공식 홈페이지

우분투 홈페이지 상단에 `Get Ubuntu` 메뉴를 클릭한 후(❶), Desktop에서 `Download 22.04 LTS` 버튼을 클릭하여(❷), 우분투 ISO 파일을 다운로드한다(그림 3.08).[35] 우분투는 지속적인 업데이트가 진행되기 때문에, ❷번이 버튼이 `Download Ubuntu 22.04 LTS`이 아닐 수 있다. 만약 더 높은 버전을 설치하게 된다면, `https://releases.ubuntu.com/jammy/`에 접속하여 `64-bit PC (AMD64) desktop image` 버튼을 클릭하여 ISO 파일을 다운로드 받는다. 다운로드가 완료되면 3.2.2절부터 진행한다.

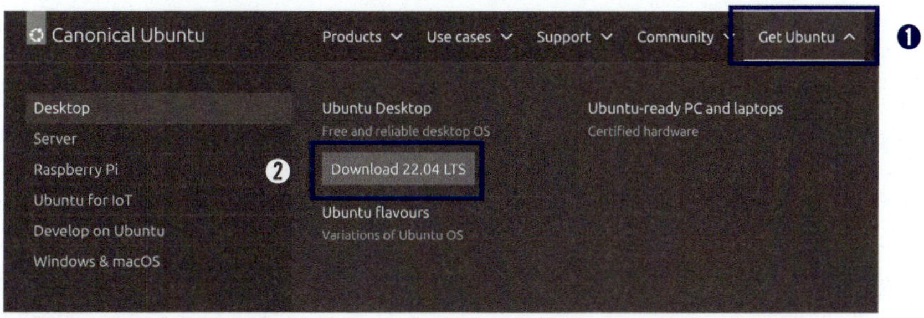

그림 3.08 우분투 다운로드 페이지

우분투는 GUI(Graphical User Interface)를 지원하는 Ubuntu Desktop뿐만 아니라, Ubuntu Server, Ubuntu IoT, Ubuntu Cloud를 제공한다. **Ubuntu Server**는 GUI를 지원하지 않고 오로지 커맨드 기반 환경인 터미널으로만 사용할 수 있는 운영체제이고, 웹 서버처럼 GUI 환경이 필요하지 않은 백앤드 서버에서 사용된다. **Ubuntu IoT**는 IoT 보드에서 사용할 수 있는 운영체제이고, 한 예시로 라즈베리 파이(Raspberry Pi)에서 구동 가능한 운영체제라고 생각하면 된다. **Ubuntu Cloud**는 주요 클라우드 서비스에 최적화되고 안정적으로 사용할 수 있는 운영체제 이미지를 제공한다.

그림 3.08의 ❷ 수행 후 하단으로 스크롤을 내리면, LTS 버전과 최신 버전을 확인할 수 있다(그림 3.09). '`Download 22.04.3`'를 클릭하여(❶), 우분투 LTS 버전의 ISO 파일을 다운로드한다.

35 가장 최신 버전은 https://ubuntu.com/download/desktop에서 다운로드한다.

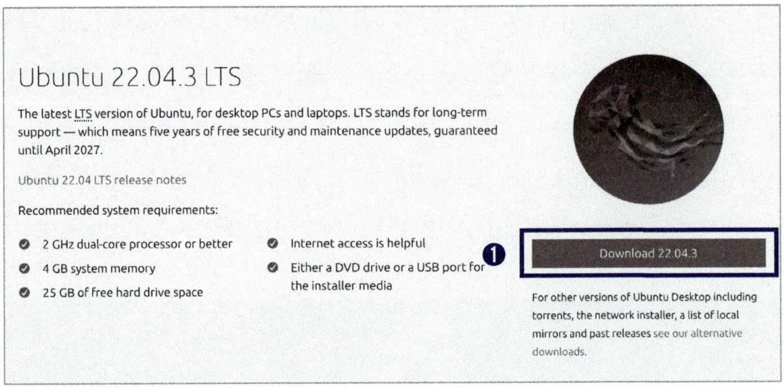

그림 3.09 우분투 LTS 버전 명시 페이지

다운로드가 완료되면, 다운로드 경로에 'ubuntu-22.04.3-desktop-amd64.iso'을 확인할 수 있다. LTS(Long Term Support) 버전은 해당 버전의 안정성이 확인되어 장기적으로 지원되는 버전으로, 새로운 기능을 거의 추가하지 않고 주로 보안 업데이트가 진행된다. 이는 Windows의 '종료 및 업데이트'나 '다시 시작 및 업데이트'와 동일하다. 최신 버전은 가장 최근에 나온 버전으로, 아직 LTS 버전에 비해 보안 문제나 지원 기능의 안정성이 보장되지 않은 버전이다. 이러한 이유로 안정성이 굉장히 중요한 현장에서는 운영체제 외에도 소프트웨어나 툴 또한 대부분 LTS 버전을 사용한다. 교재도 원활한 실습 환경 구성을 위해 LTS 버전을 설치한다.

3.2.2. 가상머신 생성

가상머신을 생성하기 위해 VirtualBox에서 New 버튼을 클릭한다(❶)(그림3.10).

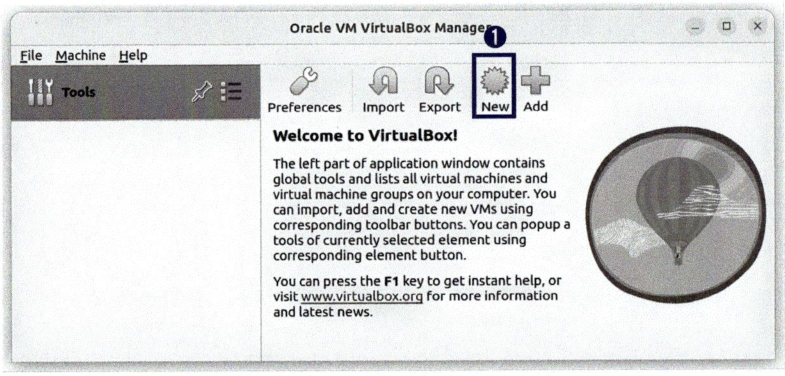

그림 3.10 VirtualBox 시작화면의 New 버튼

가상머신 생성과정은 실제로 컴퓨터 성능을 결정하여 구매하고, 운영체제를 설치한 다음 사용자 계정을 만드는 과정과 동일하다. 차이점은 이 과정을 물리적인 컴퓨터를 구매하여 진행하는 것인지 가상의 컴퓨터를 만들어서 진행하는 것인지의 차이이다.

첫 단계로 이름과 운영체제 유형을 결정하는 작업을 진행한다(그림 3.11). 가상머신 이름은 'VM-Ubuntu'로 작성한다(❶). `ISO Image` 항목에는 설치할 운영체제의 ISO 파일을 선택해야 하는데, VirtualBox를 처음 사용한다면 `Other`를 선택한다(❷).

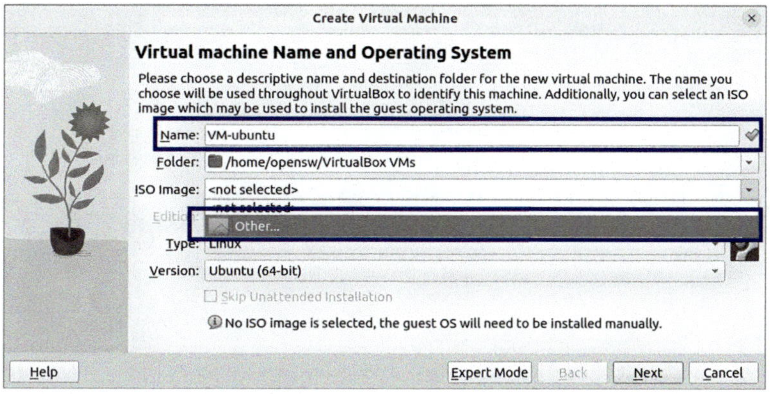

그림 3.11 가상머신의 이름 및 운영체제 선택 화면

가상머신 이름은 그 용도나 설정한 운영체제 이름을 포함시켜 작성하는 것이 좋다. 다만 이 교재에서는 가상머신으로 어떠한 서비스를 운영하는 것이 아닌, 리눅스를 학습하기 위함으로 단순하게 우분투 가상머신임을 쉽게 알 수 있는 이름으로 작성한다.

`Other`를 선택하면 파일탐색기에서 호스트에 저장된 다양한 폴더 및 파일을 확인할 수 있다(그림 3.12). 앞선 우분투 다운로드 과정을 진행했다면 `Downloads` 폴더에 우분투 ISO 파일이 있다.

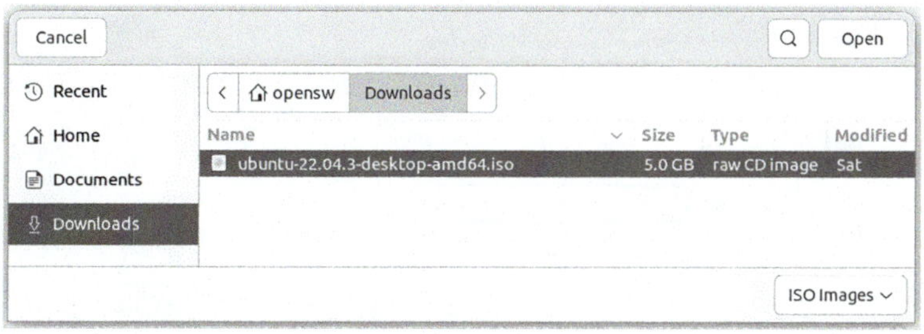

그림 3.12 가상머신에 설치할 우분투 ISO 파일 선택 화면

Ubuntu 22.04를 다운로드했다면, `ubuntu-22.04.3-desktop-amd64.iso`와 같은 파일 이름을 가진다. 버전은 다를 수 있으니, 위와 비슷한 이름을 가지고 확장자가 `.iso`로 되어있는지 확인한다. 앞서 다운로드한 우분투 ISO 파일을 선택하여 가상머신에 적용한다(그림 3.13).

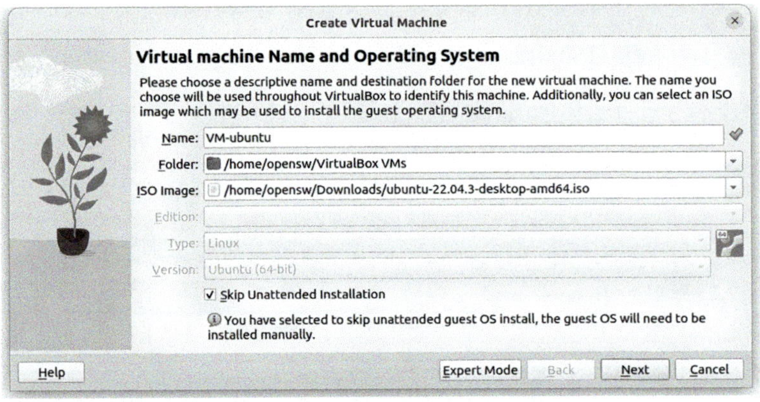

그림 3.13 선택한 우분투 ISO 파일 적용 화면

그림 3.13의 하단의 체크박스를 보면 `Unattended installation`은 이전 버전의 VirtualBox에는 없었으나 버전7이 적용되면서 새롭게 생긴 기능이다(그림 3.14). 기존에는 운영체제를 설치하면 사용자 생성, 지역 및 언어 등의 다양한 설정을 사용자가 직접 설정했다. `Unattended installation`은 가상머신 생성 과정에서 사용자 계정과 가상머신 호스트네임(hostname)을 설정한 후, 추가적인 설정과정 없이 운영체제 설치를 완료한다. 운영체제를 설정하는 과정을 학습하기 위해 '`Skip Unattended Installation`'을 체크한다(❶).

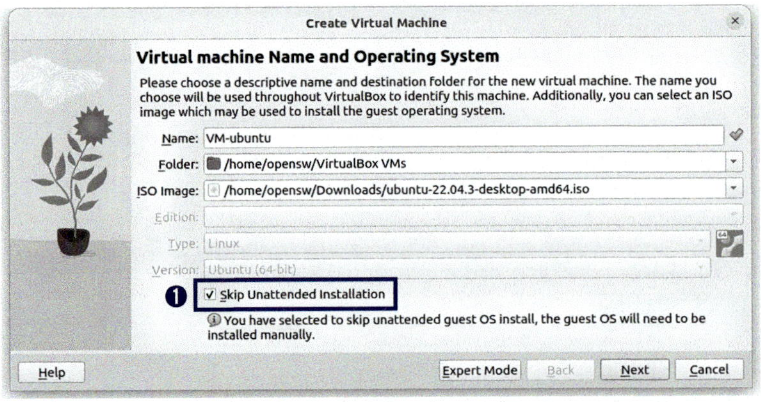

그림 3.14 `Skip Unattended Installation` 체크 화면

이제 가상머신의 메모리 크기를 지정한다(그림 3.15). 메모리는 물리 컴퓨터에도 부착되어 있는 하드웨어로, 컴퓨터 성능에 큰 영향을 미치는 부품 중 하나이다. 현재 생성 중인 가상머신은 학습용이라 뛰어난 메모리 성능이 필요하지 않기에, VirtualBox 에서 제시한 크기인 `2024MB`로 설정한다(❶).

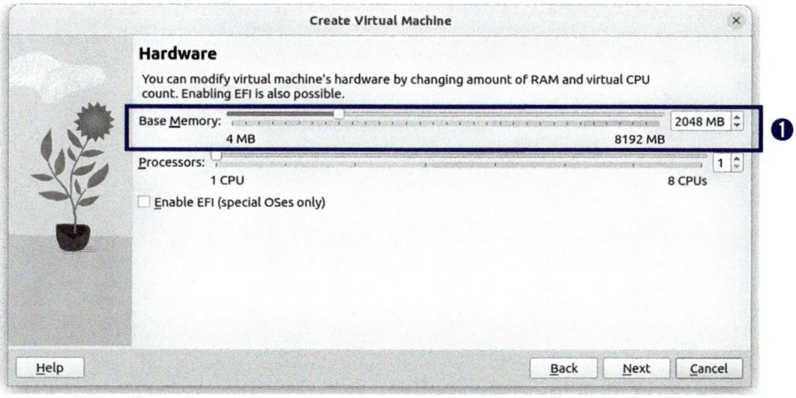

그림 3.15 가상머신의 메모리 크기 설정 화면

이제 가상 하드 디스크 생성 방식을 선택하고 디스크 크기를 설정한다(그림 3.16). 디스크 생성 방식은 `Create a Virtual Hard Disk Now`를 선택하고(❶), 실습용 가상머신이므로 하드 디스크 용량을 기본값인 25GB로 지정한다(❷). 25GB 이상의 공간을 부여해도 되지만, 가상머신의 스펙이 높아질수록 호스트에서 가상머신을 구동시킬 때 CPU와 메모리를 많이 사용하게 되어 호스트의 부하가 커진다.

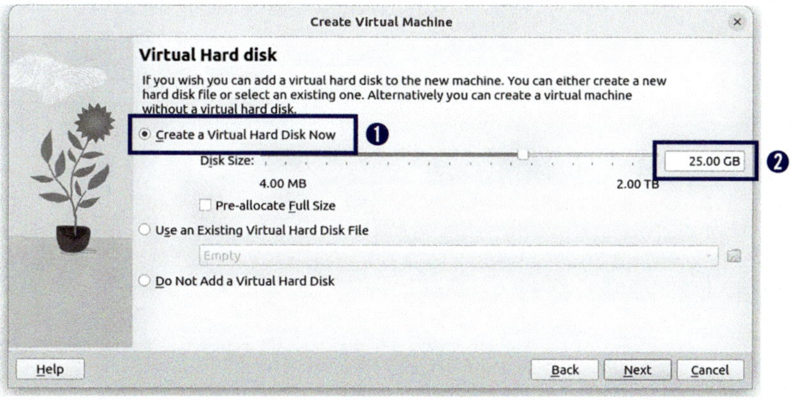

그림 3.16 가상 하드 디스크 생성 및 크기 설정 화면

가상머신 생성 단계를 모두 진행한 후에는 지금까지 설정한 내용을 최종적으로 확인한다(그림 3.17). 이상이 없다면 Finish 버튼을 눌러 설정을 완료한다(❶).

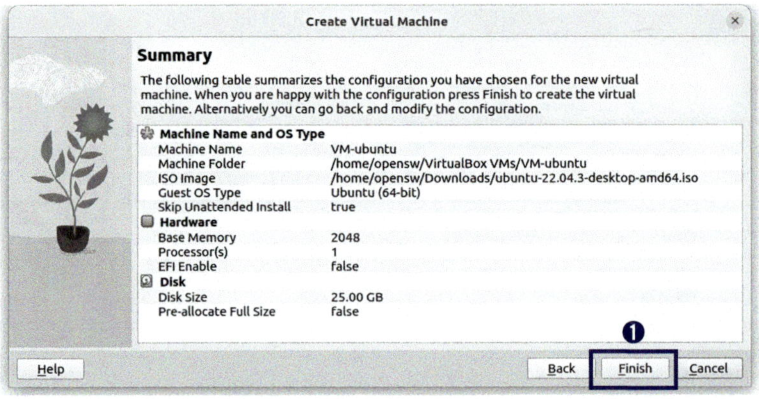

그림 3.17 생성할 가상머신 설정 최종 확인 화면

가상머신 생성과정을 모두 완료하면 VirtualBox 메인 화면에 VM-ubuntu라는 가상머신이 생성된 것을 확인할 수 있다(그림 3.18).

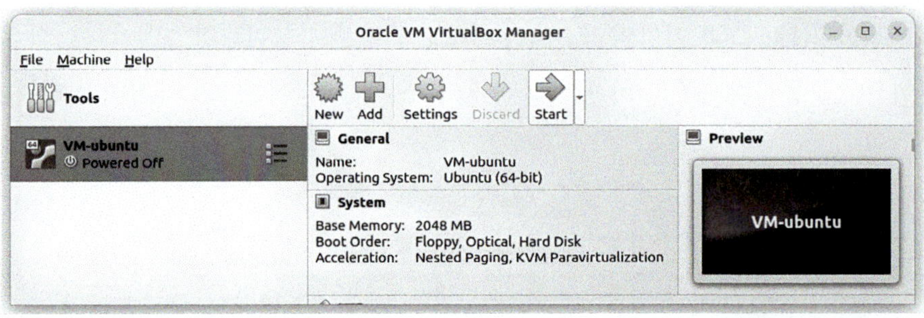

그림 3.18 VM-ubuntu 가상머신 생성 완료 화면

3.2.3. 가상머신에 우분투 설치

생성한 VM-ubuntu 가상머신에 적용한 ISO 파일을 이용하여 우분투 운영체제를 설치한다(그림 3.19). 이를 위해 VM-ubuntu 가상머신을 선택한 후(❶), Start 버튼을 클릭한다(❷).

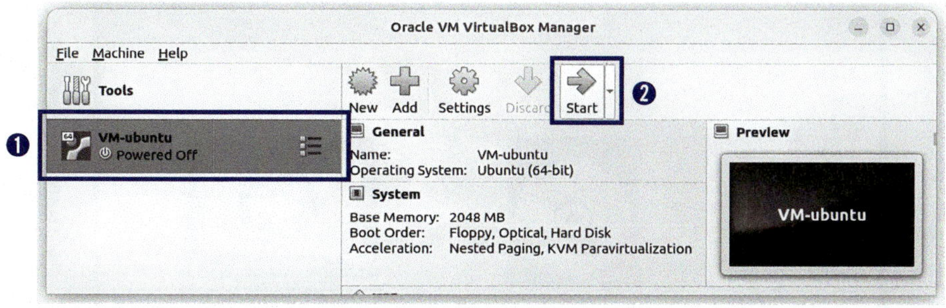

그림 3.19 VM-ubuntu 가상머신 실행 화면

가상머신을 처음 실행하면 우분투를 실행하는 다양한 방법이 제시된다(그림 3.20). 우분투를 설치하기 위해 `Try or Install Ubuntu`를 선택한다(❶). 키보드로만 조작 가능하기에 방향키를 이용하여 선택한 후 `[Enter]`키를 입력한다.

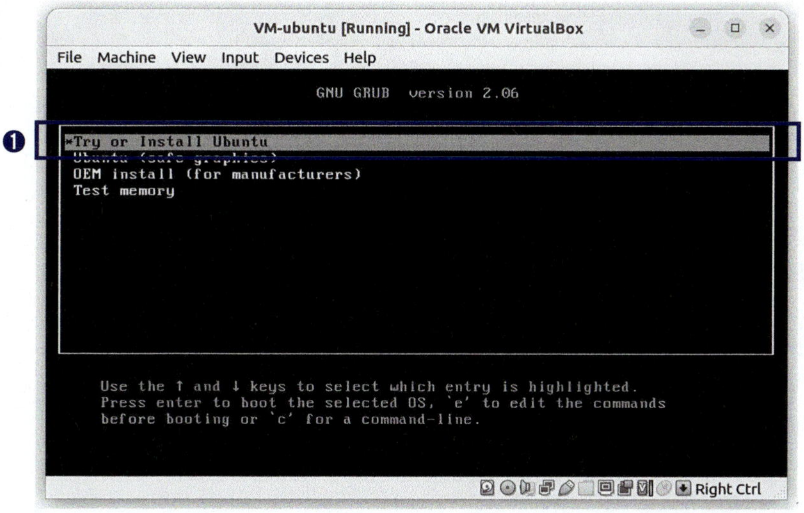

그림 3.20 `Try or Install Ubuntu` 선택 화면

잠시 동안 로딩 화면을 거치면 `Try Ubuntu`와 `Install Ubuntu`를 선택할 수 있다(그림 3.21). 가상머신에 우분투를 설치하기 위해 `Install Ubuntu`를 클릭한다(❶).

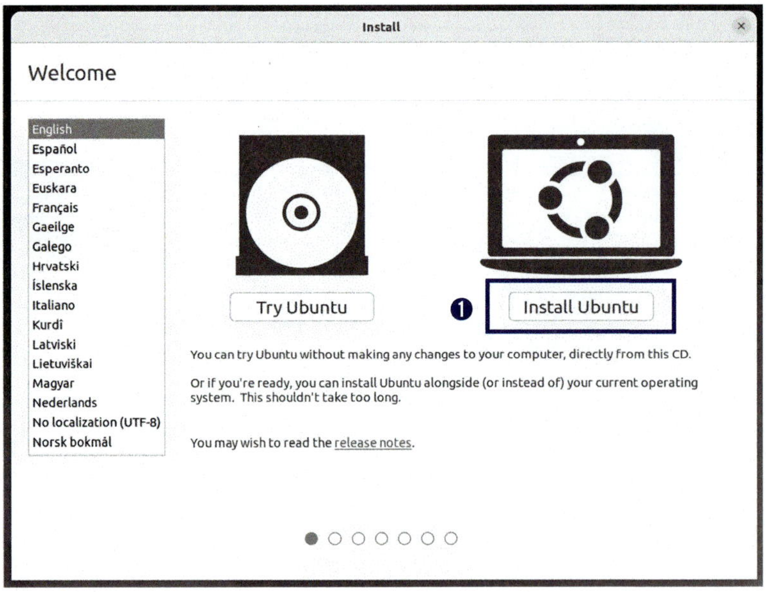

그림 3.21 우분투 운영체제 사용방법 선택 화면

Try Ubuntu는 우분투 운영체제를 설치하지 않고 체험하는 것을 의미한다. 이를 선택하면 운영체제를 설치하지 않았기에, 가상머신을 재부팅하면 다시 그림 3.21의 화면을 보게 된다. Install Ubuntu는 우분투 운영체제를 컴퓨터에 설치하는 것을 의미한다. 반대로 운영체제를 설치했기에 가상머신 재부팅 시 윈도우처럼 사용자 로그인 화면을 볼 수 있다.

우분투 운영체제에서 사용할 키보드 레이아웃을 English로 선택한다(그림 3.22).

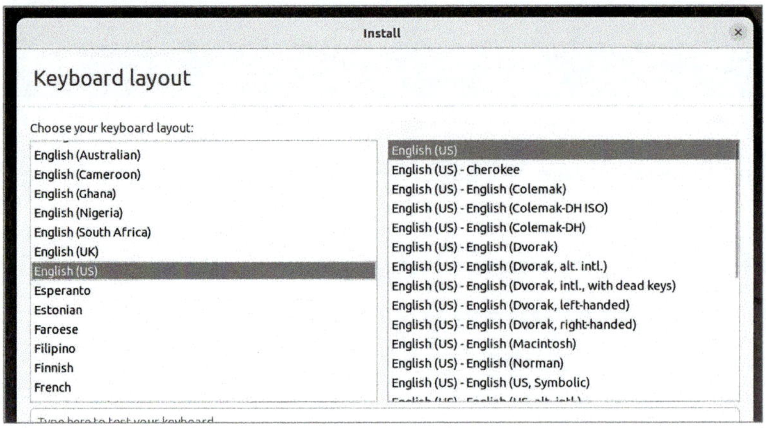

그림 3.22 우분투 운영체제 키보드 레이아웃 설정 화면

우분투 운영체제를 설치할 때 함께 설치할 어플리케이션을 선택한다(그림 3.23). 실습은 웹브라우저와 기본 유틸리티로도 충분히 진행할 수 있기에 `Minimal installation`을 선택한다(❶). `Other options`은 기본값으로 설정한다(❷).

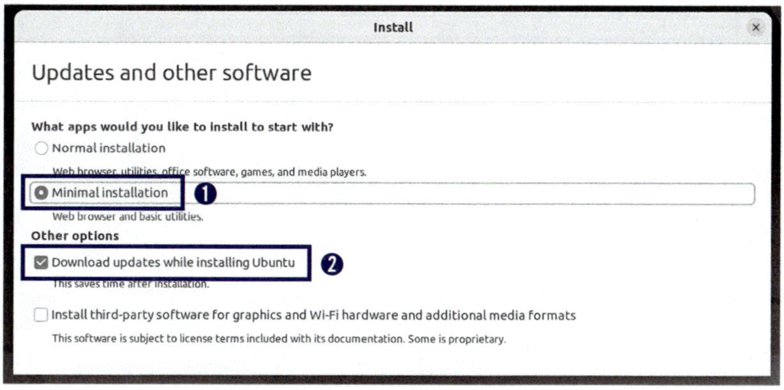

그림 3.23 우분투 운영체제에 설치할 어플리케이션 선택 화면

`Normal installation`은 웹브라우저, 유틸리티, 오피스 소프트웨어, 게임, 미디어 플레이어 등 다양한 어플리케이션이 설치되는 옵션이다. Windows처럼 운영체제를 사용하는데 필수 어플리케이션 외에도 사용자의 생산성을 위한 것들이 설치된다. `Minimal installation`은 웹브라우저와 기본 유틸리티만 설치되는 옵션이다.

우분투 운영체제를 디스크에 설치하는 방법을 선택한다(그림 3.24). `VM-ubuntu` 가상머신에는 새로운 가상 하드 디스크이므로, 삭제될 데이터가 없으므로 `Erase disk and install Ubuntu`를 선택한 후(❶), `Install Now`를 선택하여 설치를 시작한다(❷).

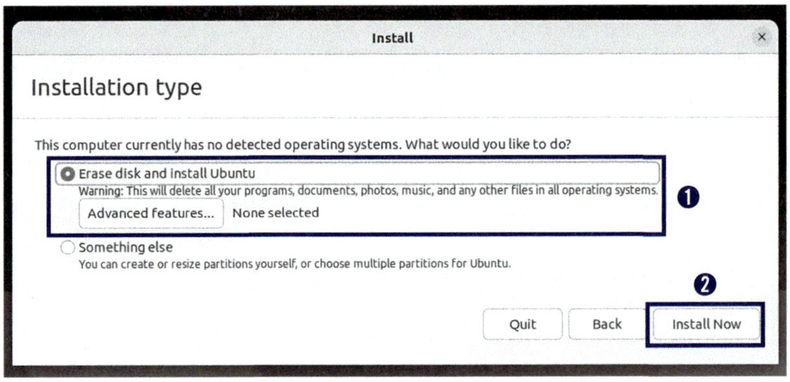

그림 3.24 우분투 운영체제 설치방법 선택 화면

운영체제는 하드 디스크에 저장되기에 이미 하드 디스크에 저장된 데이터가 있을 경우를 대비하여 2가지 옵션을 제공한다. `Erase disk and install Ubuntu`는 하드 디스크에 있는 모든 데이터를 삭제하고 우분투를 설치하는 방법이다. 말 그대 로 모든 데이터가 삭제되기에 설치한 프로그램, 문서, 사진 등이 모두 삭제된다. 이 방법으로 운영체제를 설치하는 경우라면 디스크에 저장된 데이터를 필히 백업해야 한다. `Something else`는 하드 디스크의 데이터를 건들지 않고, 운영체제 설치를 위한 별도의 공간을 마련하는 방법이다. 기존 데이터를 백업하지 않아도 되지만 디스크 공간을 잘못 건드릴 경우 치명적인 문제가 발생할 수 있다. 이 방법으로 진행하는 경우라면 디스크 파티션이라는 개념과 관리 방법을 잘 알고 있어야 한다.

하드 디스크가 초기화되는 작업이기에 해당 하드 디스크에 저장된 데이터, 파티션이 바뀐다는 것을 다시 한 번 알려주는 경고창이 뜬다(그림 3.25). 실제 머신일 경우 유심히 확인해야 되지만, 현재 `VM-ubuntu` 가상머신은 새로운 가상 하드 디스크를 사용하기에 `Continue` 버튼을 클릭한다(❶).

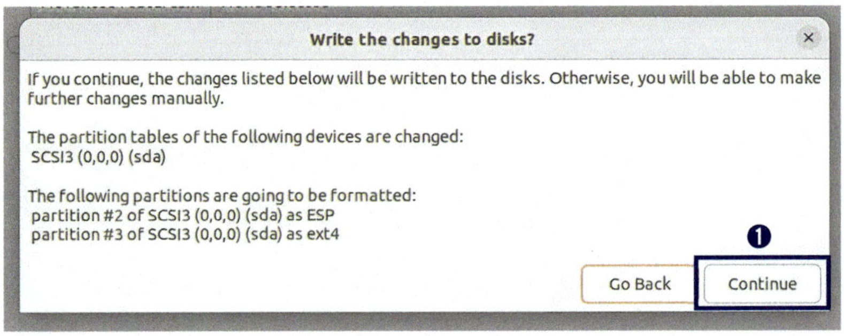

그림 3.25 하드 디스크 데이터 변경 경고 화면

우분투 운영체제를 사용하고 있는 지역을 선택한다(그림 3.26). 현재 시간과 다양한 표기 형식과 연관되어 있기에, Seoul을 선택한 후(❶), Continue 버튼을 클릭한다(❷).

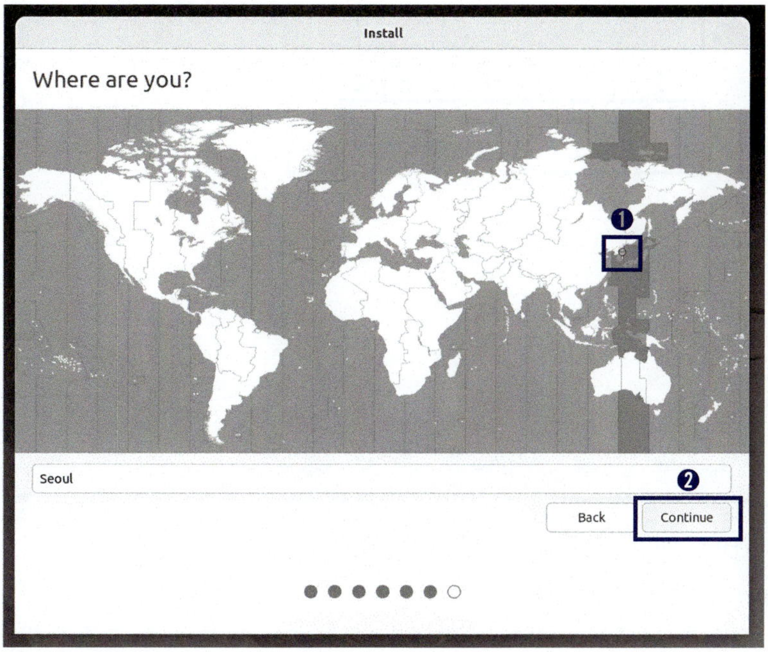

그림 3.26 우분투 운영체제 사용 지역 선택 화면

우분투 운영체제에서 사용할 계정을 생성한다(그림 3.27). Windows에서 컴퓨터 부팅 후 암호를 입력할 때 화면에 표기되는 사용자와 동일한 개념이다. Your name에는 본인의 영문 이름을 작성하고(❶), Your computer's name에는 원하는 컴퓨터 이름을 작성한다(❷). 이는 휴대폰의 기기 이름을 변경하는 것과 동일하다. Pick a username에는 우분투 운영체제에서 사용할 사용자 이름을 자유롭게 작성한다(❸). 마지막으로 해당 사용자의 비밀번호를 입력한 후(❹), Continue 버튼을 클릭한다(❺). 본문에서는 opensw 사용자를 생성하고 tux라는 이름을 가상머신에 부여한다.

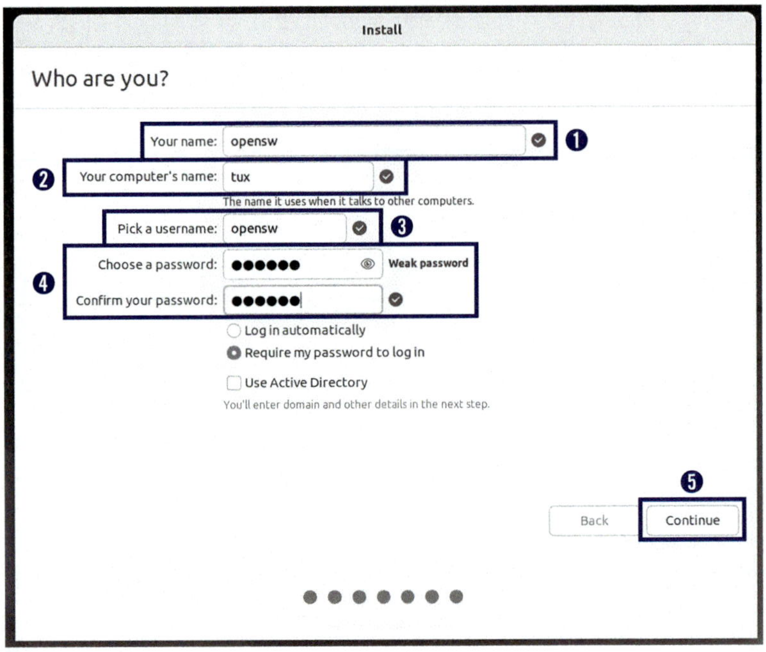

그림 3.27 컴퓨터 이름 지정 및 opensw 사용자 생성 화면

설정이 모두 완료되면 우분투 운영체제 설치가 진행된다(그림 3.28). 설치 도중에 가상머신을 종료하면 안되므로 여유 시간을 두고 진행해야 한다.

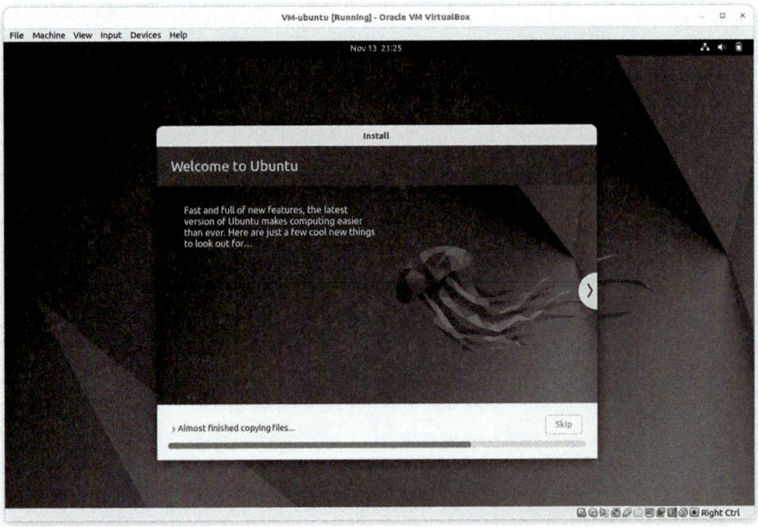

그림 3.28 우분투 운영체제 설치 진행 화면

우분투 운영체제 설치가 완료되면 운영체제를 사용할 사용자를 선택하는 로그인 화면이 보이고, 설정 과정에서 생성한 사용자를 확인할 수 있다(그림 3.29).

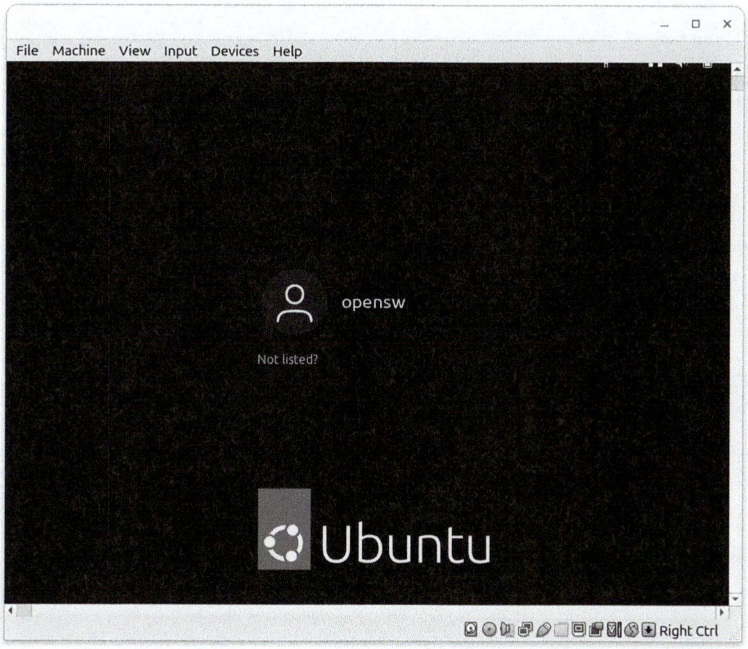

그림 3.29 우분투 운영체제 로그인 화면

opensw 사용자를 생성했기에 opensw 사용자가 보인다. 운영체제에는 여러 사용자를 생성할 수 있으므로 쉽게 식별 가능한 이름을 사용하는 것이 좋다.

로그인할 사용자를 클릭하면 비밀번호를 입력 칸이 보인다(그림 3.30). 비밀번호 입력 칸의 오른쪽 눈 그림을 클릭하면(❶), 현재 입력한 비밀번호를 확인 가능하다. 올바른 비밀번호를 입력한 후 [Enter] 키를 누르면, 사용자의 바탕화면으로 이동한다(그림 3.31).

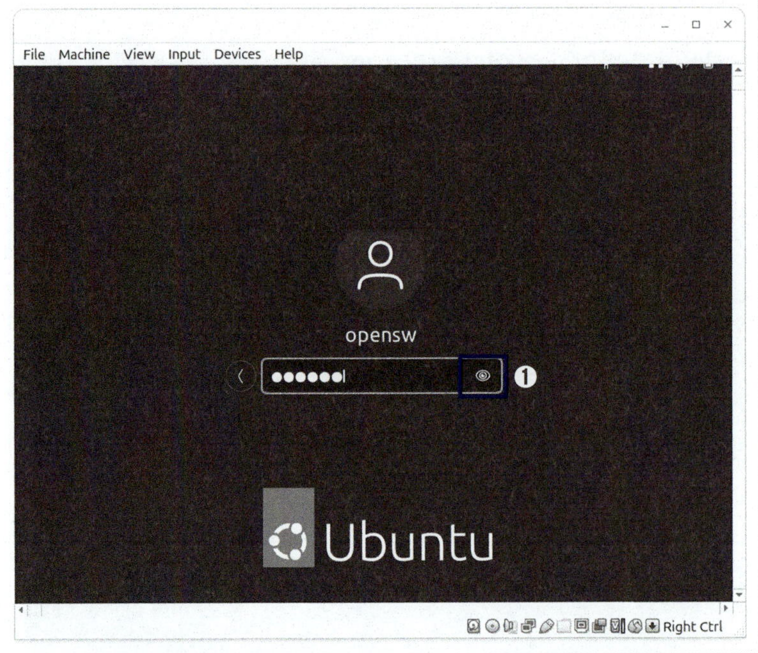

그림 3.30 opensw 사용자 비밀번호 입력 화면

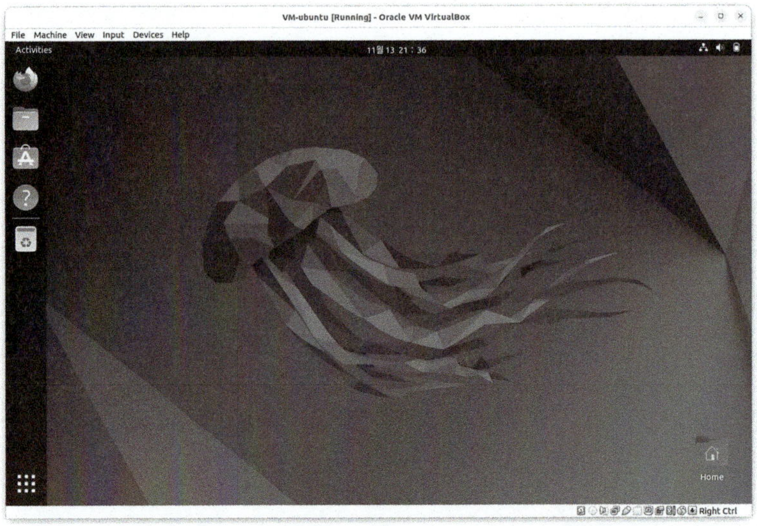

그림 3.31 로그인 성공 후 opensw 사용자 바탕화면

3.3 우분투 SSH 연결

우분투 가상머신을 생성한 후 가상머신에서의 인터넷 사용과 가상머신으로의 원격 접속을 위해 네트워크 설정을 진행한다. 앞서 생성한 가상머신은 인터넷을 사용할 수 있는 준비가 되어있지 않으므로, 호스트가 사용하고 있는 네트워크를 가상머신과 공유하여 인터넷 사용이 가능하도록 설정해야 한다. 가상머신에서도 인터넷 상에 존재하는 소프트웨어를 다운로드하거나 특정 웹페이지에 접근해야 하는 작업이 필요할 것이므로 인터넷 연결없이 사용하기 어렵다.

원격 접속을 위한 준비도 함께 진행하는 이유는 서버를 관리하는 상황을 가정하기 위함이다. 우리가 사용하는 모든 IT 서비스는 서버 머신을 보유하고 있고 이를 관리하는 서버 관리자가 있다. Google 같은 대형 서비스는 서버 머신이 한두 대가 아니므로 머신을 비치할 수 있는 서버실이 별도로 존재한다. 유지보수를 위해 관리자가 직접 서버가 있는 곳으로 가서 일일이 명령을 입력하며 관리하기에는 개수도 많을 뿐만 아니라 시간이 많이 소모되므로 비효율적이다. 서버는 빠른 대응이 필요하므로, 이 방식대로 관리하면 더 큰 문제가 발생할 수 있다. 그래서 서버 관리자는 개인 노트북이나 PC에서 각각의 서버에 원격으로 접속하여 관리하는 형태로 이루어진다.

서버 관리가 목표가 아니더라도 가상머신의 터미널로 작업하는 건 호스트와 가상머신간 복사/붙여넣기나 여러 편의성 기능을 사용할 수 없어 불편하다. 호스트에서 가상머신을 띄운 후 호스트의 터미널로 SSH를 이용하여 가상머신에 원격 접근을 하는 환경을 구성한다.

3.3.1. 가상머신 네트워크 생성

VirtualBox 시작화면에서 네트워크 관리 화면으로 이동하고, `File` 메뉴를 선택한다(❶). `Tools > Host Network Manager`을 선택한다(❷)(그림 3.32).

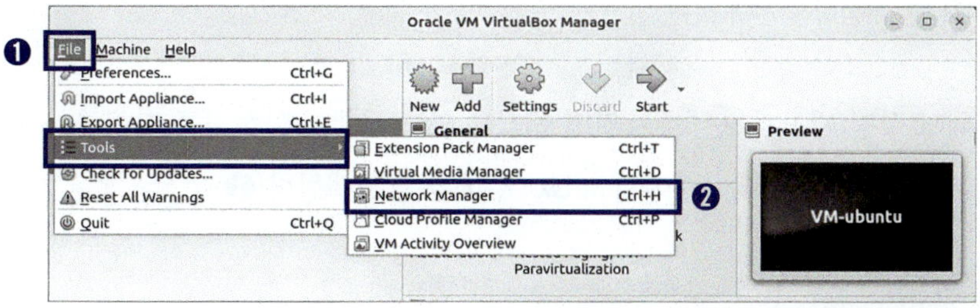

그림 3.32 File 메뉴에서 선택 가능한 다양한 기능

호스트와 가상머신 간의 통신을 위해 내부 네트워크를 생성한다(그림 3.33). Create를 클릭하면(❶), vboxnet0 네트워크가 추가된다(❷).

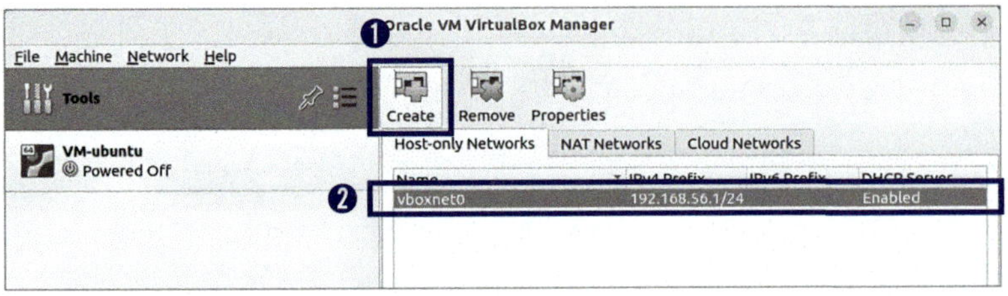

그림 3.33 vboxnet0 네트워크가 생성된 화면

네크워크를 생성했다면 보통 192.168.56.1라는 IP가 할당되나, 다른 IP가 할당 되더라도 문제가 발생한 것이 아니니 그대로 진행하면 된다. vboxnet0 네트워크는 호스트에서 가상머신으로의 원격 접속을 위해 사용되는 내부 네트워크이다.

3.3.2. 네트워크 인터페이스 추가

다음으로 가상머신에 인터넷과 내부 네트워크를 사용할 수 있도록 설정한다. 우선 VirtualBox 시작화면으로 돌아온다(그림 3.34). 생성한 우분투 가상머신을 클릭한 후(❶), Settings 메뉴를 클릭한다(❷).

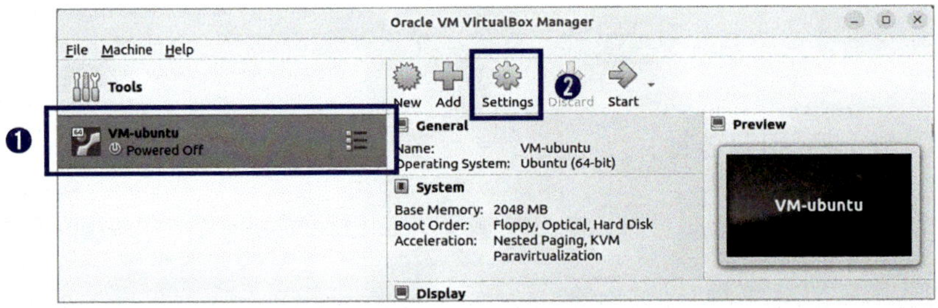

그림 3.34 우분투 가상머신 선택 화면

다음으로 네트워크 설정 페이지에서 네트워크 연결을 위한 어댑터 활성화를 진행한다(그림 3.35). 먼저 그림 3.34의 수행 후 띄워진 페이지에서 Network 메뉴를 선택한다(❶).

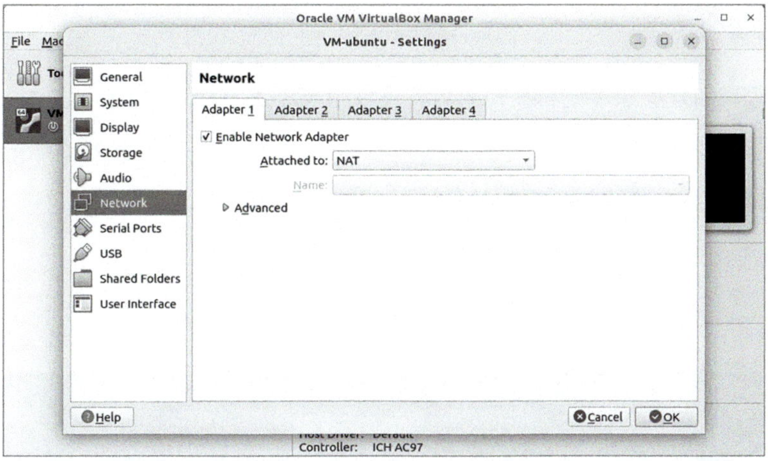

그림 3.35 NAT를 사용하는 Adapter1

Adapter1은 Enable Network Adapter가 활성화 되어있고, NAT가 선택되어 있다. 해당 어댑터는 NAT(Network Address Translation)로 인해 인터넷 사용을 가능하게 한다. 만약 비활성화 상태라면 NAT로 활성화하는 작업이 필요하다.

vboxnet0를 사용하기 위해 Adapter2를 활성화한다(그림 3.36). 이를 위해 Adapter2를 선택한 후(❶), Enable Network Adapter 항목을 활성화한다(❷). Attached to 항목에는 Host-only Adapter를 선택하고(❸), Name 항목에는 생성한 네트워크인 vboxnet0를 선택한 후(❹), OK를 클릭한다(❺). 두 어댑터의 설정이 완료되면 인터넷과 원격 접속을 위한 네트워크 설정을 완료한 것이다.

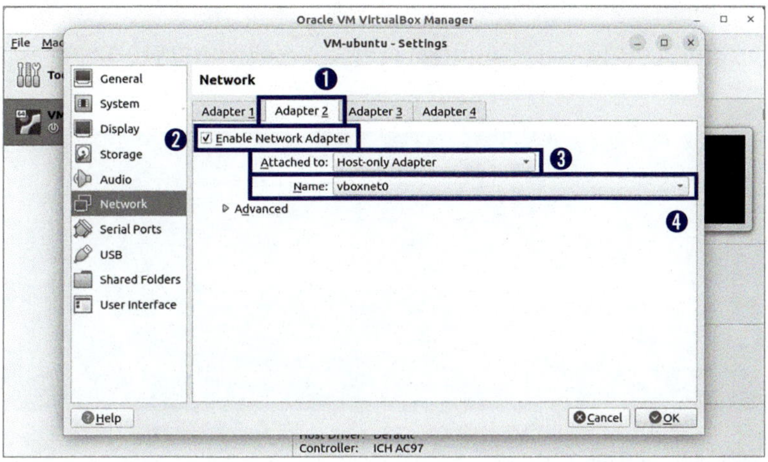

그림 3.36 vboxnet0을 사용하는 Adapter2 설정 화면

3.3.3. SSH 설정

호스트에서 가상머신으로 원격 접속을 하기위한 SSH 설정을 진행한다. SSH(Secure Shell)은 원격으로 다른 머신에 접속하기 위해 사용하는 프로토콜이며, 원격 접속을 위한 방법으로 가장 많이 사용되고 있다. SSH를 사용하려면 원격으로 접속하고자 하는 가상머신에 SSH 관련 설정을 진행해야 하므로, 우분투 가상머신을 실행시켜 로그인을 진행한다.

바탕화면에서 `Activities`(❶) 또는 `Applications`를 클릭한다(❷)(그림 3.37).

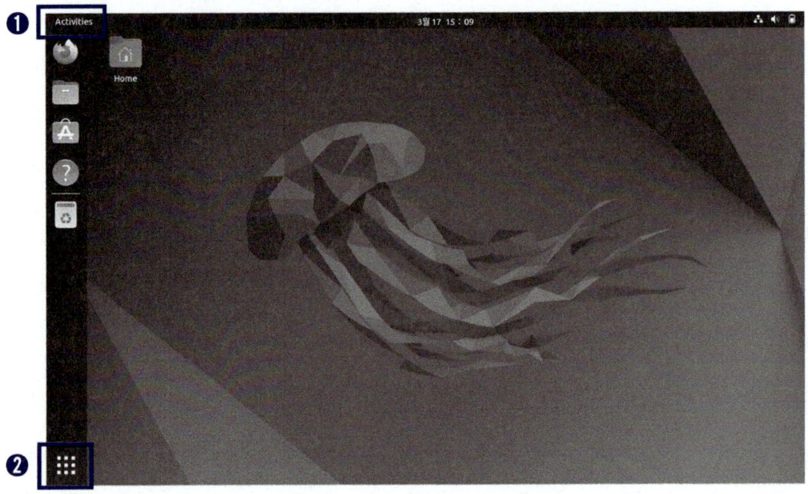

그림 3.37 우분투 바탕화면에서의 `Activities/Applications` 위치

이후 보이는 화면은 우분투에 설치되어 있는 다양한 어플리케이션을 보여준다. 검색바에서 '`terminal`'을 검색한 후(❶), 터미널 아이콘을 클릭하여(❷) 터미널을 실행한다(그림 3.38).

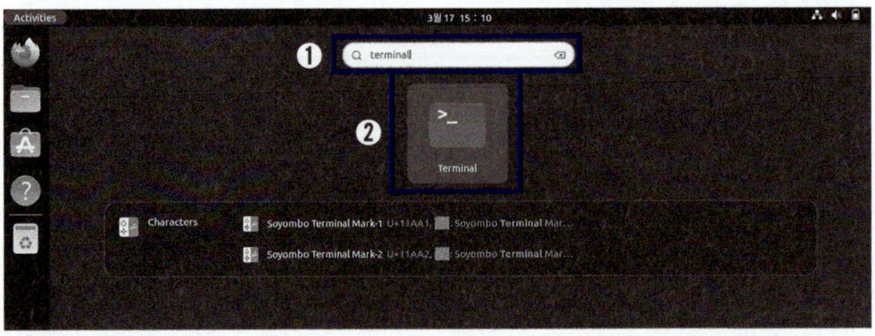

그림 3.38 '`terminal`' 검색 결과

터미널을 실행했다면 왼쪽 패널에서 터미널 아이콘을 확인할 수 있다. 터미널을 패널에 고정시키기 위해 즐겨찾기에 등록한다(그림 3.39). 터미널 아이콘에 오른쪽 마우스를 클릭한 후(❶), `Add to Favorites` 메뉴를 클릭한다(❷). 이렇게 즐겨찾기로 설정한 어플리케이션은 종료되더라도 패널에 아이콘이 남아있다.

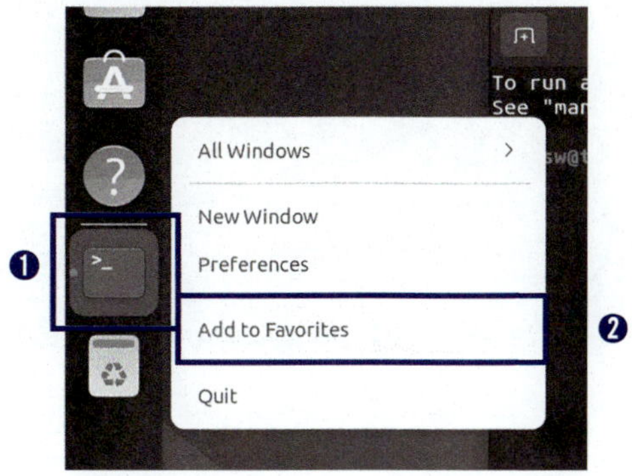

그림 3.39 패널 내 프로그램 즐겨찾기 설정 화면

우분투 패널에 존재하는 실선을 기준으로, 위쪽은 사용자가 즐겨찾기로 등록한 어플리케이션들이 보이고 아래쪽에는 즐겨찾기로 등록되지 않았지만 현재 실행 중인 어플리케이션이 보인다. 해당 어플리케이션이 실행되어 새로운 윈도우가 생겼다면 아이콘 오른쪽에 빨간 점이 표시된다.

터미널에서 원격 접속을 위한 SSH 관련 패키지를 설치한다.

설치 전 `sudo apt update` 명령을 입력하여, 기존에 설치되었던 패키지들의 정보를 최신화한다(그림 3.40). `apt` 명령어는 5.2절에서 자세히 다룬다. 명령을 실행한 후 '`[sudo] password for opensw`' 문구가 출력되면(❶), 현재 로그인한 계정의 비밀번호를 입력한 후, `[Enter]`키를 입력한다.

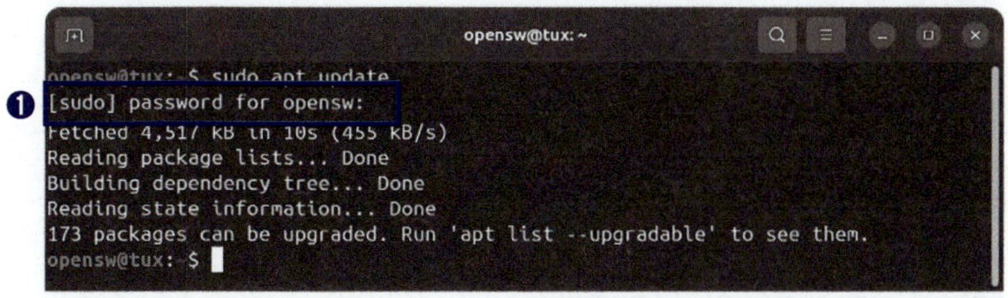

그림 3.40 우분투 패키지 정보 최신화

그 후 sudo apt install openssh-server 명령으로 SSH 패키지를 설치한다(그림 3.41). 'Do you want to continue?' 라는 문장이 보이면 대소문자 상관없이 y를 입력한다(❶).

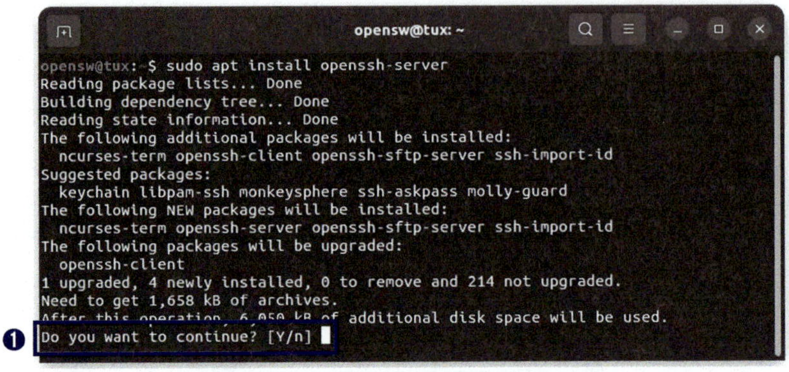

그림 3.41 SSH 패키지 설치

이는 원격 접속이 가능한 머신으로 설정하기 위한 패키지로, 해당 패키지를 설치하면 자동으로 원격 접속을 위한 기본 설정이 적용되어 해당 머신을 원격으로 접근할 수 있는 상태가 된다.

앞선 두 명령을 모두 완료했다면 sudo systemctl status ssh 명령을 입력하여 현재 SSH가 구동 중인지 확인한다(그림 3.42). Active 항목에 'active(running)'이라고 표기되어 있다면 정상적으로 구동 중임을 의미한다(❶).

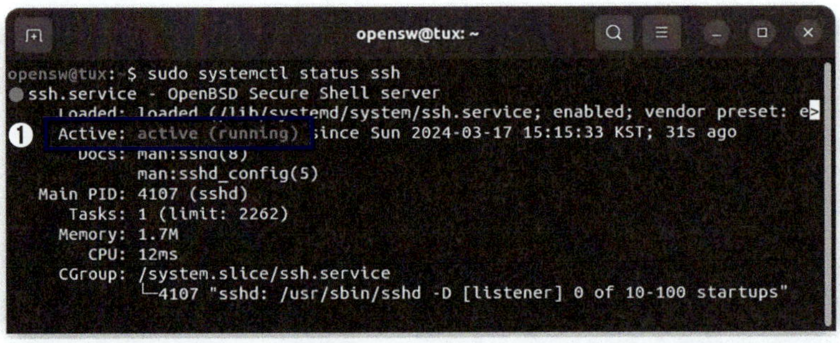

그림 3.42 sudo systemctl status ssh 명령 실행 결과

그림 3.42처럼 ❶번에 'running'이 아닌 'exited'로 표기되어 있다면, 그림 3.43을 추가적으로 진행해야 한다. running로 표기된 상태라면, 그림 3.44로 넘어간다.

sudo systemctl enable ssh 명령과 sudo systemctl start ssh 명령을 순차적으로 실행하여 SSH를 실행한다(그림 3.43).

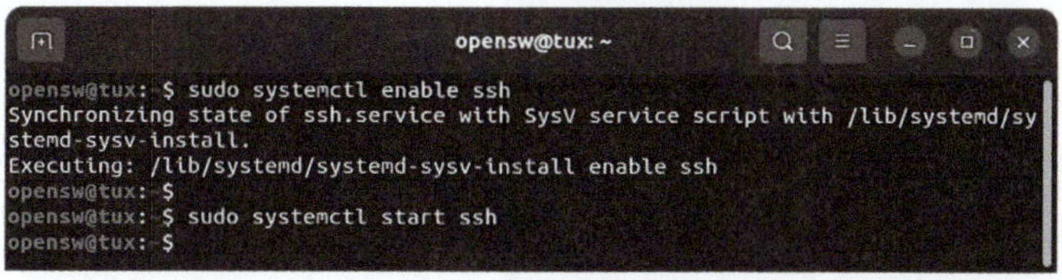

그림 3.43 SSH 수동 실행 화면

원격 접속을 하기 위해서는 원격으로 접근하고자 하는 머신의 IP 주소를 알아야 하기에, 가상머신의 IP 주소를 확인한다(그림 3.44). ip addr 명령을 실행하여 출력된 내용 중, enp0s8에 'inet' 다음에 있는 IP 주소가 우분투 가상머신의 IP 주소이다(❶). IP 주소는 생성한 가상머신마다 다르므로 교재와 동일한 IP 주소가 아닐 수 있다.

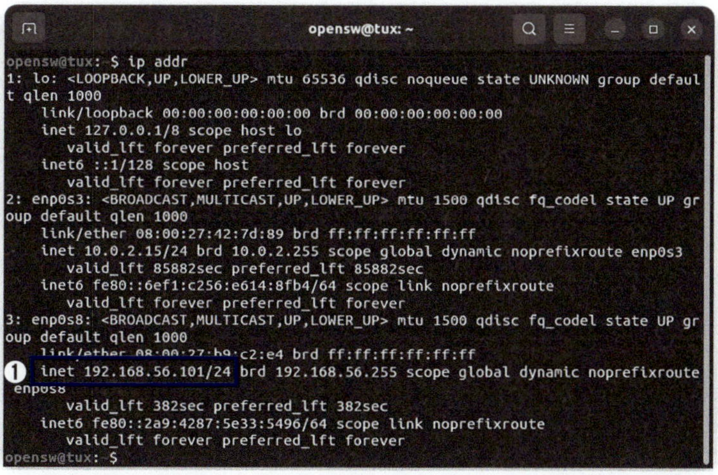

그림 3.44 ip addr 명령 실행 화면

가상머신을 재부팅하면 할당받았던 IP 주소는 바뀔 수 있으므로, 이를 고정하여 원격 접속을 할 때마다 가상머신의 IP 주소를 확인하는 번거로움을 제거하기 위한 설정을 진행한다.

우분투 가상머신으로 돌아와서, 오른쪽 상단을 클릭한 후(❶), Ethernet (enp0s8) Connected 메뉴를 클릭한다(❷). 2가지 서브메뉴 중에서 Wired Settings 항목을 선택한다(❸)(그림 3.45).

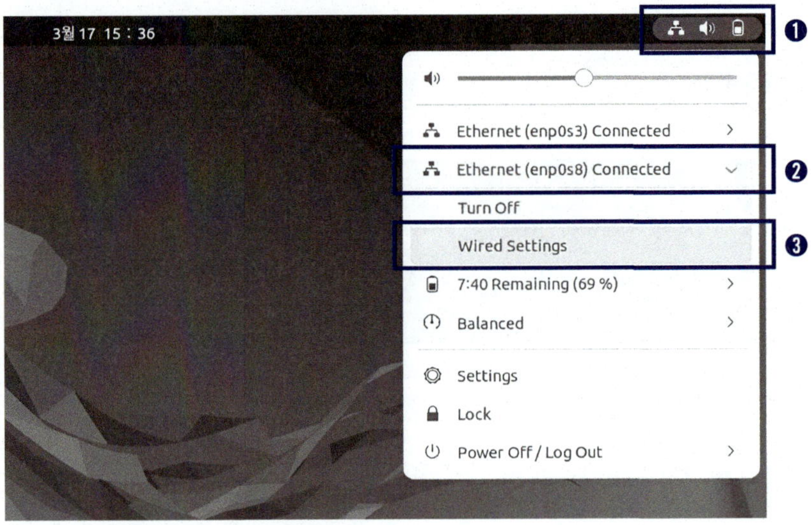

그림 3.45 enp0s8 설정을 위한 서브메뉴 확인 화면

Wired Settings을 선택하면 네트워크 설정 페이지로 들어간다(그림 3.46).

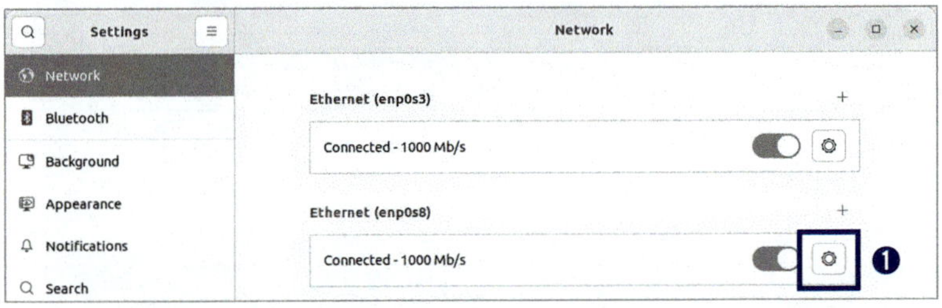

그림 3.46 우분투 가상머신의 네트워크 설정 페이지

Ethernet (enp0s8)의 톱니바퀴를 클릭하여(❶), enp0s8의 네트워크 설정 페이지를 띄운다(그림 3.47).

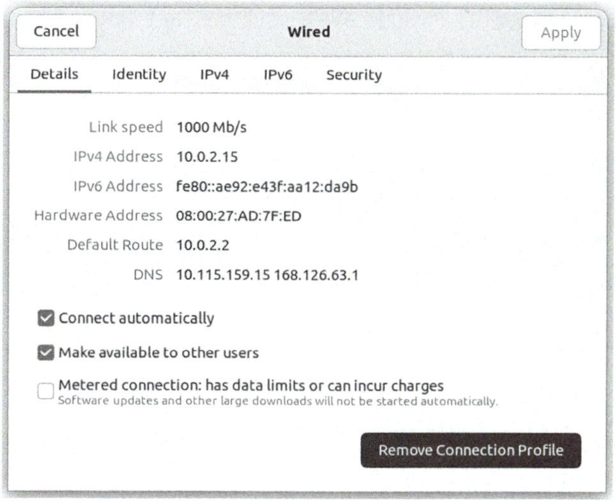

그림 3.47 enp0s8 네트워크 설정 페이지

enp0s8 설정 페이지에서 IPv4 메뉴를 클릭한다(그림 3.48). 가상머신 IP 주소를 192.168.56.101로 고정하기 위해 IPv4 Method는 'Manual'로 설정한다(❶). Address 항목은 '192.168.56.101'(❷), Network 항목은 '255.255.255.0'(❸), Gateway 항목은 '192.168.56.1'로 설정한다(❹).

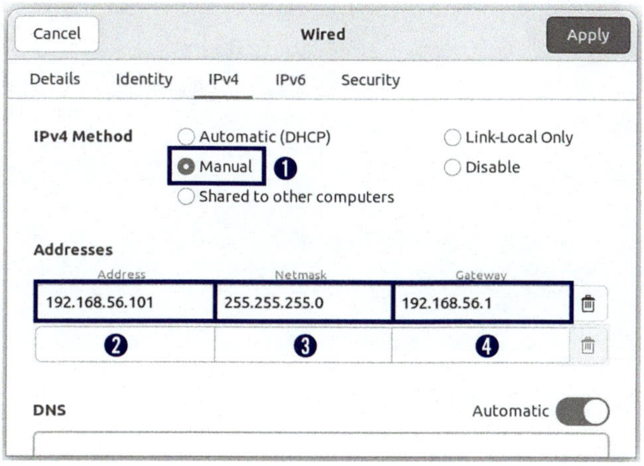

그림 3.48 가상머신 IP 주소를 192.168.56.101로 설정한 화면

이렇게 고정한 IP 주소는 정적 IP(Static IP) 주소라고 불리며, 정적 IP 주소를 이용하여 가상머신에 원격으로 접속한다.

정적 IP 주소로 가상머신에 접속하기 전, `sudo systemctl restart NetworkManager` 명령을 실행하여 바뀐 네트워크 설정을 적용한다(그림 3.49).

그림 3.49 sudo systemctl restart NetworkManager 명령 실행

다시 호스트의 터미널로 돌아와서 `ssh <user>@<static-ip>` 명령을 실행하여 가상머신에 접속한다(그림 3.50). `<user>`에는 가상머신에서 생성한 사용자 이름인 'opensw'로 대치하고, `<static-ip>`에는 그림 3.48에서 Address 항목에 작성한 IP 주소로 대치한다(❶). 원격 접속에 성공하면 가상머신의 프롬프로 변경된다(❷).

그림 3.50 정적 IP 주소를 활용한 가상머신 원격접속 화면

3.3.4. PuTTY로 SSH 설정

호스트 머신이 Windows인 경우 터미널에서 ssh 사용이 가능하지만, 강력한 기능을 가진 PuTTY를 설치하여 사용해 보자.

호스트 머신의 브라우저에서 'putty'를 검색하여 PuTTY 공식페이지(https://www.putty.org/)내 PuTTY 설치 프로그램 다운로드 페이지로 이동한다(❶)(그림 3.51).

그림 3.51 PuTTY 공식 페이지

Windows 환경에 맞는 PuTTY 설치 프로그램을 다운로드한다(그림 3.52). putty.exe(the SSH and Telent client itself) 하단에 있는 '64-bit x86의 putty.exe'를 클릭하여 다운로드한다(❶).

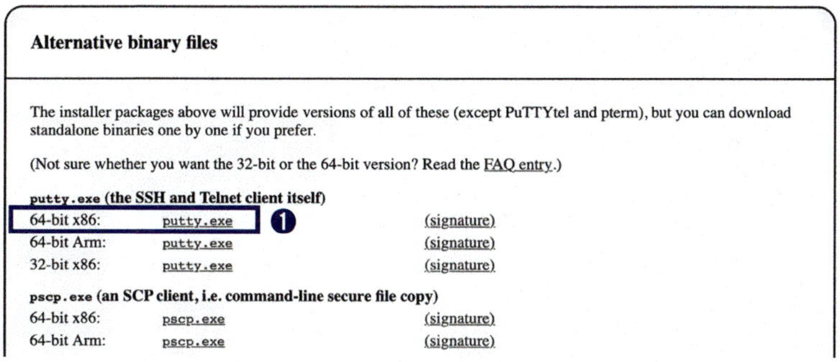

그림 3.52 putty.exe 다운로드 화면

다운로드가 완료되면 파일탐색기의 다운로드 폴더에서 putty.exe가 있는지 확인한다. 이후 putty.exe를 실행하여 원격 접속을 위한 가상머신 정보를 입력한다(그림 3.53). Host Name(or IP address) 항목에는 우분투 가상머신의 정적 IP 주소를 입력하고(❶), Port 항목에는 SSH의 기본 포트인 '22'를 입력한다(❷). 하단에 Saved sessions 항목에는 'Ubuntu'라고 입력한 후(❸), Save 버튼을 클릭한다(❹). 이는 다음 접속을 위해 앞서 입력한 정보를 Ubuntu라는 별칭으로 저장한 것이다. Ubuntu를 선택한 후(❺), 가장 하단의 Open 버튼을 클릭한다(❻).

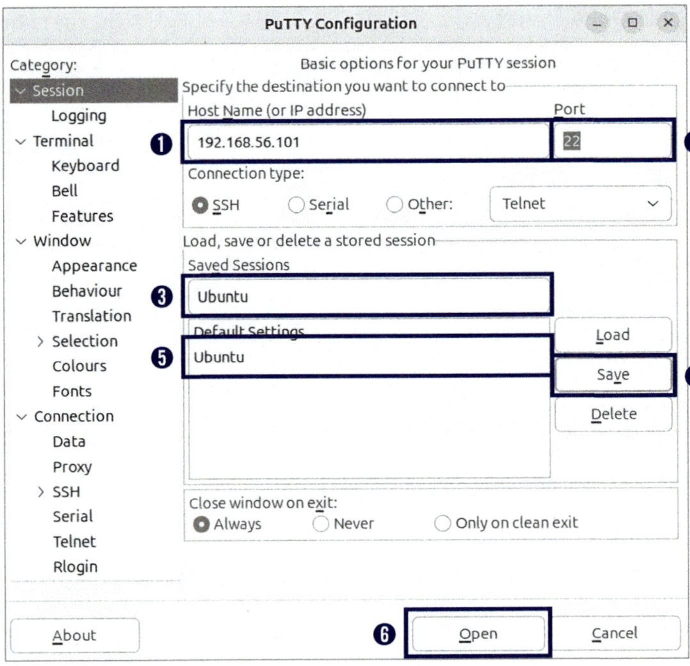

그림 3.53 우분투 가상머신 정보가 기재된 PuTTY 화면

PuTTY Security Alert 창이 뜬다면 Accept 버튼을 클릭한다(❶)(그림 3.54).

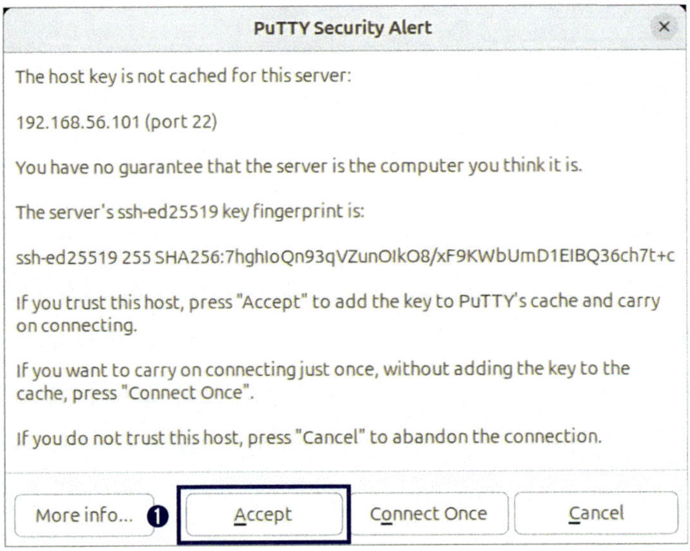

그림 3.54 PuTTY Security Alert 화면

PuTTY를 이용하여 원격 머신에 첫 원격 접속을 시도한다면 해당 원격 머신의 신뢰 여부를 결정하는 경고창이 뜬다. 원격 접속을 하려면 원격 머신을 신뢰해야 하므로 Accept 버튼을 선택하면 된다.

마지막으로 우분투 가상머신에 접속할 사용자 정보를 입력한다(그림 3.55). 'login as:'에는 로그인할 사용자 이름을 작성한 후(❶) 엔터를 입력하고, 'password: '에는 로그인할 사용자의 비밀번호를 입력한다(❷). 입력한 사용자 정보가 일치하다면 opensw@tux:~$와 같은 형태의 우분투 가상머신의 프롬프트가 보일 것이다(❸).

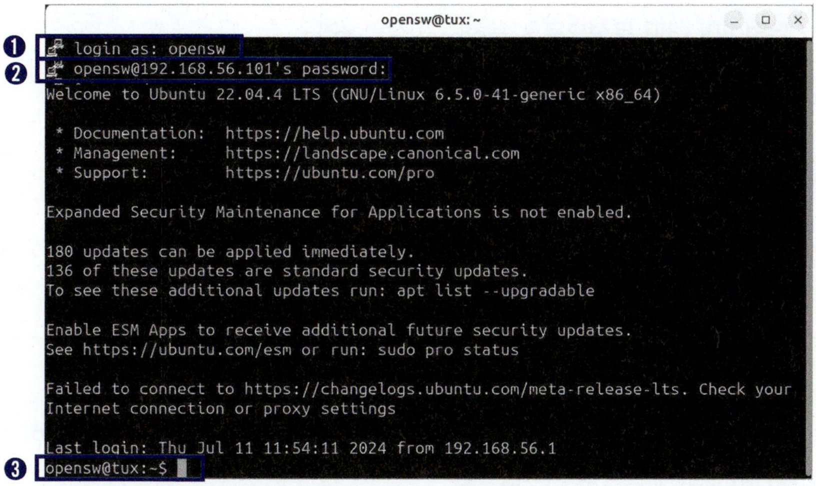

그림 3.55 PuTTY를 이용한 우분투 가상머신 원격 접속 화면

CHAPTER 3 연습문제

01. VirtualBox를 사용하여 가상머신을 생성하는 이유는 무엇인지 설명하라.

02. SSH가 무엇이며 어떤 목적으로 사용하는지 설명하라.

03. 정적 IP 주소를 설정하는 과정이 필요한 이유를 설명하라.

04. VirtualBox에 우분투 가상머신을 생성한다.

05. 계정은 본인을 확인할 수 있는 이름으로 생성한다. 예를 들어 이름이 김민수라면 ID는 `mskim`, `kimminsu`, `minsukim` 등으로 만든다.

06. Linux System의 이름을 다른 시스템과 식별 가능한 이름으로 지정한다.

07. Linux System의 기본 언어는 영어(English)로 설정한다.

08. 본인의 계정으로 Linux System에 로그인 되는지 확인한다.

09. `Terminal`을 실행시켜, 본인의 ID가 Prompt상에 보이는지 확인한다.

10. Linux System의 브라우저를 실행하여 인터넷 연결이 되어있는지 확인한다.

11. Linux system에서 브라우저, 파일탐색기, 터미널을 제외한 나머지 어플리케이션에 대해 즐겨찾기를 해제한다.

12. SSH를 통해 Ubuntu에 접속한 후 IP 주소를 보여라. (Windows 사용자는 PuTTY(`https://www.putty.org/`)를 활용하라.)

13. VirtualBox로 생성된 가상머신에 대한 파일이 생성된 위치를 찾고, 각 파일이 무엇을 의미하는지 작성한다.

04 리눅스 시스템 구조와 기초 명령

CHAPTER

이번 장에서는 리눅스 시스템의 기본 관리 방법에 대해서 알아본다.

4.1 리눅스 파일 관리

리눅스에서 **파일**은 다양한 의미로 사용된다. 데이터를 저장하고 있는 일반적인 개념의 파일을 의미하거나 장치를 파일로 간주하여 장치 파일이라 부르기도 한다. 이번 절에서는 리눅스의 기본 파일을 다루는 방법에 대해서 알아본다.

리눅스의 파일은 파일명, inode, 데이터 블록으로 구성되어 있다(그림 4.01).[36]

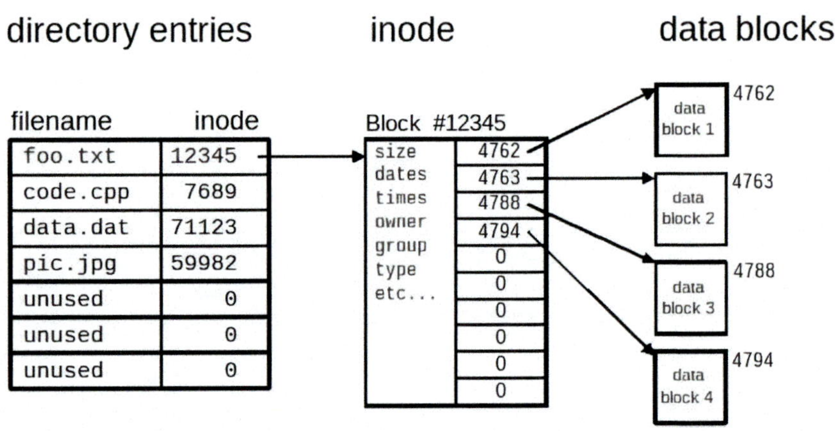

그림 4.01 리눅스 파일 구조

36 https://azrael.digipen.edu/~mmead/www/Courses/CS180/dentry-inode-data-1.png

파일명은 사용자가 파일에 접근 및 조작 시에 사용하는 요소이다. inode(index node)는 파일에 대한 정보를 가지고 있는 특별한 구조체이며, 내부에는 파일 상세 정보와 데이터 블록 주소가 저장된다. 파일 상세 정보에는 파일의 종류, 소유자, 허가 권한, 액세스 모드, 마지막 수정일이 포함된다. **데이터 블록**은 실제 데이터가 저장된 블록으로, 직접 접근 데이터 블록과 간접 접근 데이터 블록으로 나뉜다. 모든 파일은 하나의 inode를 가진다.

4.1.1. 리눅스 파일의 구성요소

리눅스에서 파일을 생성하면, 파일의 데이터를 저장하기 위한 디스크 내의 공간을 확보하고, 파일에 대한 기본 정보를 저장하기 위한 inode 구조를 만든다(그림 4.02).[37]

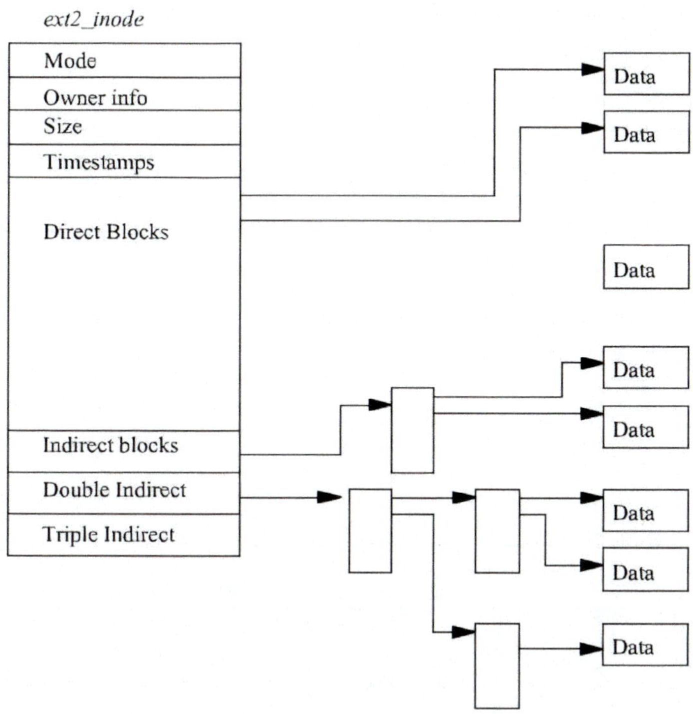

그림 4.02 inode 구조

37 https://wiki.kldp.org/Translations/html/The_Linux_Kernel-KLDP/tlk9.html

inode에는 운영체제가 파일을 다루기 위해 알아야 할 모든 내용을 저장하고 있다(테이블 4.01). 리눅스는 모든 inode를 테이블에 보관하며, 테이블 안에서 inode는 i-number라고 고유한 번호로 식별된다. 모든 디렉터리는 본인이 가지고 있는 파일에 대한 이름과 i-number를 가지고 있다.

테이블 4.01 inode가 소유한 다양한 정보

정보	설명
모드	파일의 타입과 마스크 정보
링크 카운트	inode 번호와 함께 entry를 가지고 있는 디렉터리 수
사용자 ID	파일 소유자 ID
그룹 ID	파일 소유자 그룹 ID
크기	파일의 크기
액세스 시간	파일의 가장 최근 액세스 시간
Mod 시간	파일의 최근 갱신일
inode 시간	inode 구조를 가장 마지막으로 수정한 시간
블록 목록	파일의 첫 번째 세그먼트를 가지고 있는 디스크 블록 번호 목록
간접 목록	다른 근접 블록들의 목록

리눅스에는 **슈퍼 블록**이란 개념이 존재하는데 이는 디스크에 저장되는 가장 중요한 정보로 디스크의 헤드와 실린더의 수, inode 목록의 헤드, 자유 블록에 대한 정보를 가진다. 슈퍼 블록은 모든 블록 그룹의 복사본을 가지며, 이는 시스템에 의해 자동으로 생성된다. 만약 파일 시스템이 손상되면 슈퍼 블록을 이용하여 복구가 가능하다(그림 4.03).[38]

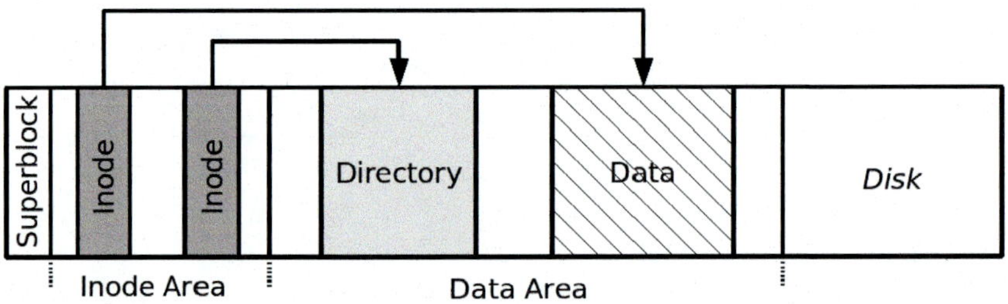

그림 4.03 블록과 inode 관계

[38] https://sarwiki.informatik.hu-berlin.de/Log-Structured_Filesystem

4.1.2. 리눅스 파일의 종류

리눅스에서의 파일은 디렉터리 파일, 일반 파일, 링크 파일, 특수 파일로 4가지로 나눌 수 있고, 각 종류를 나타내는 기호도 존재한다.

- **일반 파일(–)** : 텍스트 파일, 문서, 이미지, 동영상, 소스파일, 실행파일과 같은 대부분의 파일을 말한다. 크게 텍스트 파일과 바이너리 파일로 다시 분류된다.
- **디렉터리(d)** : 트리 형식으로 내부에 다른 파일을 가질 수 있는 Windows의 폴더와 같은 개념으로, 리눅스에서는 파일로 취급한다. 디렉터리에 저장된 파일과 하위 디렉터리에 대한 정보를 저장한다.
- **링크 파일(l)** : 원본 파일에 대한 링크를 걸어 바로가기(Shortcut) 역할을 수행하는 파일을 의미한다. 링크 파일은 하드 링크와 소프트 링크 파일로 구분할 수 있다.
  - **하드 링크(Hard link)** : 원본 파일의 inode를 참조하는 파일이다(그림 4.04). 원본 파일의 inode를 공유하기 때문에 파일명만 다를 뿐 같은 파일이라 볼 수 있다. 이러한 특성 때문에 하드 링크와 원본 파일 중 하나를 지우더라도 파일 데이터에는 영향이 없으므로 그대로 유지된다.

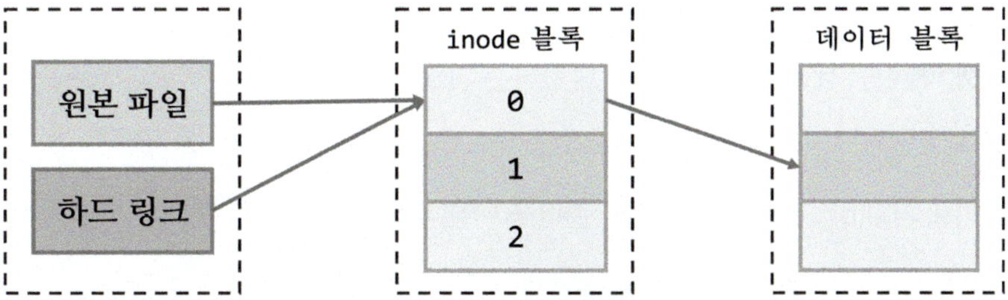

그림 4.04 하드 링크 구조

  - **소프트 링크(Soft link)** : 심볼릭 링크(Symbolic link)라고도 불리며, 원본 파일과 별개의 inode를 가지는 파일이다(그림 4.05). 소프트 링크는 포인터 역할을 하며, 원본 파일을 가리키고 있다. 이 링크는 Windows의 바로가기 파일과 비슷하다. 이러한 특성 때문에 원본 파일을 지우게 되면 소프트 링크를 사용할 수 없게 된다.

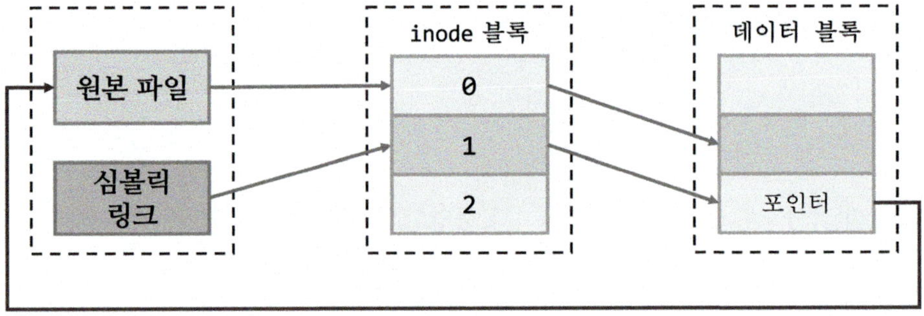

그림 4.05 소프트 링크 구조

- **특수 파일** : 크게 장치 파일, 소켓 파일, 파이프 파일로 구분할 수 있다.
  - **장치 파일** : 리눅스 시스템에서는 마우스, 키보드, 프린터기 등과 같은 장치들을 파일로 처리하며, 장치 파일은 블록 장치 파일과 문자형 장치 파일로 나뉜다.
    - **블록 장치 파일(b)** : CD/DVD, 하드 디스크 등의 저장 장치 파일이다. 고정 크기 단위로 I/O 버퍼 접근을 제공하는 파일 유형이다.
    - **문자형 장치 파일(c)** : 터미널, 키보드 등의 문자 기반 장치 파일이다. I/O 버퍼를 사용하지 않고 바이트 단위 입출력을 사용한다.
  - **소켓 파일(s)** : 네트워크 입출력을 담당하는 파일로, 특정 컴퓨터 사이의 정보를 전달하는 역할을 수행한다.
  - **파이프 파일(p)** : 특정 프로그램의 출력을 다른 파일의 입력으로 보내는 파일을 의미한다.

4.1.3. 디렉터리 계층 구조와 경로

리눅스에서는 파일을 효율적으로 관리하기 위해, 리눅스에서 사용되는 디렉터리를 계층적인 구조로 구성한다(그림 4.06).

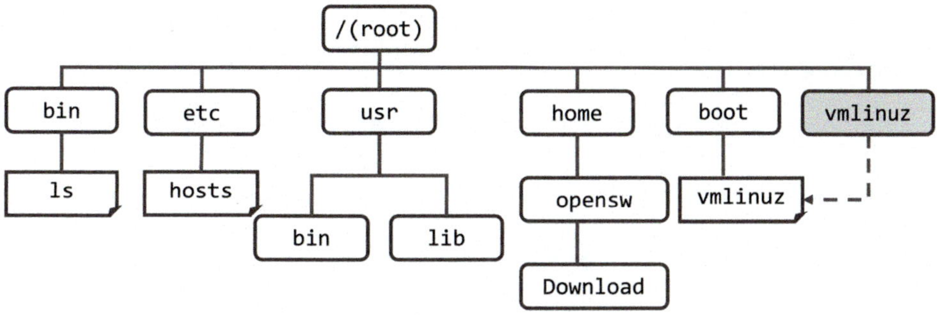

그림 4.06 파일 시스템의 계층 구조

그림 4.06처럼 리눅스의 파일 시스템을 구성하는 디렉터리별로 특징이 있고, 각 디렉터리의 역할은 다음과 같다.

- **/** : 리눅스에서 가장 위쪽의 디렉터리는 루트 디렉터리(root directory)라 불린다. 모든 파일과 디렉터리는 루트 디렉터리 아래에 포함되어 있기에, 파일 시스템의 시작 지점이다.
- **/bin** : binaries의 약어로, 리눅스의 필수 프로그램들(cp, ls, mv 등) 및 실행 파일들이 모인 디렉터리이다.
- **/dev** : 디바이스 드라이버들이 모인 디렉터리이며, 디스크 드라이버, 모뎀, 메모리 등과 같은 시스템 디바이스나 자원들을 액세스하는 데에 사용한다.
  - **/dev/fd*** : 'fd'로 시작하는 파일들은 플로피 장치들이며, /dev/fd0은 첫 번째 플로피 디스크 드라이브를, /dev/fd1은 두 번째 플로피 디스크 드라이브를 의미한다.
  - **/dev/hd*** : 'hd'로 시작하는 파일들은 하드 디스크를 액세스하며, /dev/hda는 첫 번째 하드 디스크 전체, /dev/hda1은 첫 번째 하드 디스크의 첫 번째 파티션을 의미한다.
  - **/dev/sd*** : 'sd'로 시작하는 파일들은 SCSI 하드 디스크 드라이브나 테이프 드라이브 등의 SCSI 장치들이다.
  - **/dev/null** : 블랙홀이란 별명을 가지고 있으며, 주로 출력 데이터를 버리는 데에 사용한다.
  - **/dev/tty*** : 시스템에 있는 가상 콘솔(Virtual console)이다. 가상 콘솔은 한 화면이 여러 개의 가상 터미널을 갖는 것이며, 각각의 터미널은 [Alt]+[F1], [Alt]+[F2] 단축키 등으로 전환할 수 있다.

- **/etc** : 시스템 설정 파일, 프로그램, 유틸리티 등 다양한 프로그램들이 존재하는 디렉터리로, 시스템 전반에 걸친 설정 파일들 및 초기 스크립트 파일들이 존재한다. 시스템에 발생한 문제를 수정하거나 시스템 전체 환경에 관한 설정을 바꾸기 위해서는 /etc 내의 파일을 조작해야 한다.
- **/home** : 사용자들의 홈 디렉터리로, 사용자에게 할당된 전용 공간이다.
- **/lib** : 공유 라이브러리 이미지를 포함해 여러 프로그램에서 호출되는 코드들을 포함한다.
- **/proc** : 다양한 프로세서들에 관한 내용과 프로그램에 대한 정보를 가진다. 이 디렉터리에서 볼 수 있는 것은 실제 드라이브에 저장되는 내용이 아닌, 메모리상에 저장된 내용이다.
- **/tmp** : 특정 데이터를 임시 파일 안에 저장해야 하는 프로그램들이 있을 때, 그러한 데이터들이 위치하는 디렉터리이다.
- **/usr** : 응용 패키지들이 설치되어 있는 디렉터리로, Windows 운영체제의 Program Files 디렉터리와 같은 역할이다. /usr은 많은 하위 디렉터리를 가지고 있다.
- **/opt** : 리눅스에서 제공되지 않는 프로그램을 추가로 설치할 경우에 사용되는 디렉터리이다.
- **/mnt** : 마운트 디렉터리(mount directory)라고도 불리며, 각종 입출력 장치와 연결할 때 사용한다. 마운트를 하지 않으면 빈 디렉터리로 존재하지만, 입출력 장치를 마운트 하면 해당 파일 시스템의 내용이 /mnt 디렉터리에 위치하게 된다.
- **/var** : 로그 파일, 스풀(spool) 파일처럼 시스템 작동 중 변경되는 파일들이 저장되는 디렉터리로, 다른 시스템과 공유되지 않는다.
- **/lost+found** : 파일 시스템의 이상 유무를 진단하고 복구하는 프로그램인 fsck(file system check)에 의해서 사용되는 디렉터리이다. 손상된 파일이나 디렉터리를 /lost+found 디렉터리에 연결시켜서 오류를 수정한다.
- **/media** : 시디롬이나 플로피 디스크 혹은 USB 메모리 등이 임시로 마운트 되는 디렉터리이다.
- **/boot** : 리눅스 시스템 부팅에 관련한 모든 파일이 포함된다.
- **/sbin** : system binary를 뜻하는 디렉터리이다. 시스템 운영에 필요한 명령 중 슈퍼유저(root)만이 사용할 수 있는 halt, shutdown 등의 명령이 존재한다.

모든 운영체제가 그렇듯이, 리눅스에도 다양한 디렉터리가 존재하고 각각마다 역할이 다르다. 즉 여러 디렉터리가 있기에 디렉터리 경로와 관련된 다양한 정의가 존재한다.

경로란 파일 시스템에서 디렉터리 계층 구조에 있는 특정 파일의 위치이다. 경로를 작성할 때 사용하는 몇 가지 특수문자가 존재한다(테이블 4.02). **작업 디렉터리**는 현재 작업 중인 디렉터리를 말한다. 현재 디렉터리의 경로는 '.'기호로 표기한다. **홈 디렉터리**는 각 사용자에게 할당된 디렉터리로, '~'기호로 표시한다.

테이블 4.02 경로 작성 시 사용하는 특수문자

특수 문자	의미
/	루트 및 경로를 구분하는 구분자
~	홈 디렉터리
.	현재 디렉터리
..	상위 디렉터리

절대 경로는 항상 /(루트) 디렉터리부터 시작한다. 특정 파일에 대한 절대 경로는 / 디렉터리부터 시작해서 특정 파일까지 이동하면서 거치게 되는 중간 디렉터리의 이름을 표시한다. 예를 들면 그림 4.06에서 usr 디렉터리 내부에 있는 bin 디렉터리에 가기 위한 경로는 /usr/bin로 작성한다.

상대 경로는 현재 디렉터리를 기준으로 시작하며 '/'를 먼저 쓰지 않는다. 특정 파일에 대한 상대 경로는 현재 디렉터리부터 시작하여 특정 파일까지 이동하면서 거치게 되는 중간 디렉터리의 이름을 표시한다. 예를 들어 opensw 사용자의 현재 작업 디렉터리가 홈 디렉터리(/home/opensw)일 때, 해당 위치에서 /usr/bin로 이동하기 위한 경로는 ../../usr/bin이다.

4.1.4. 기초 명령어

터미널에서 명령을 입력하기 위해서는 기본적인 명령의 구조인 **'명령 [옵션] [인자]'**에 맞추어 입력해야 하는데, 구체적인 구성은 명령에 따라 조금씩 다를 수 있다. 명령 구조에서 옵션이나 인자를 필수로 사용해야 한다면 < >(꺽은 괄호)로 감싼 형태로, 선택이라면 [ ](대괄호)를 감싼 형태로 표현하고자 한다. 명령 구조를 이루는 각 요소에 대한 설명은 다음과 같다.

- **명령** : 터미널에서 사용하는 명령어이다.
- **옵션** : 명령의 세부 기능을 선택할 수 있도록 하며, 교재에서는 명령 구조를 설명할 때 <option>

으로 명시한다.

- **인자** : 명령에 전달되는 값으로 주로 파일명이나 디렉터리명이 사용되며, 명령에 따라 인자가 없는 경우도 있다.

간단한 예로 `ls -al /etc/hosts`로 구성된 명령이 있다면, `ls`가 명령, 옵션은 `-al`, 인자는 `/etc/hosts`이다.

```
opensw@tux:~$ ls -al /etc/hosts
-rw-r--r-- 1 root root 218 Apr 15 20:07 /etc/hosts
opensw@tux:~$
```

지금부터 리눅스에서 사용되는 기초 명령의 기능, 구조와 실행 결과를 알아본다. 리눅스에서는 터미널을 이용하여 시스템을 다룰 수 있기에 다양한 명령이 제공된다. 앞으로 학습하는 모든 명령은 3장의 그림 3.50 또는 그림 3.51처럼 가상머신에 SSH 접속한 터미널에 입력하여 실행한다.

처음으로, `date` 명령은 현재 날짜와 시간을 출력하는 명령이다. 이는 3장에서 설정한 지역의 현지 시간 및 날짜가 출력되므로, 앞서 `Seoul`로 설정했기에 대한민국의 시간이 출력되는 것이다.

```
opensw@tux:~$ date
Thu May 2 05:48:11 PM KST 2024
opensw@tux:~$
```

`clear` 명령은 터미널 화면을 지우고 싶을 때 사용한다. 앞서 실행한 `date` 명령이 화면에 출력된 상태에서(그림 4.07), `clear` 명령을 실행하면 기존의 출력 내용이 모두 지워진다(그림 4.08).

```
opensw@tux:~$ clear
```

그림 4.07 clear 명령 실행 전의 터미널 화면

그림 4.08 clear 명령 실행 후의 터미널 화면

man 명령은 특정 명령의 사용법을 출력하며, 명령 형식은 다음과 같다.

man <command>

<command>에 사용법을 확인하고 싶은 명령을 작성한다. man clear 명령으로 clear 명령에 대한 설명을 확인한다(그림 4.09).

```
opensw@tux:~$ man clear
```

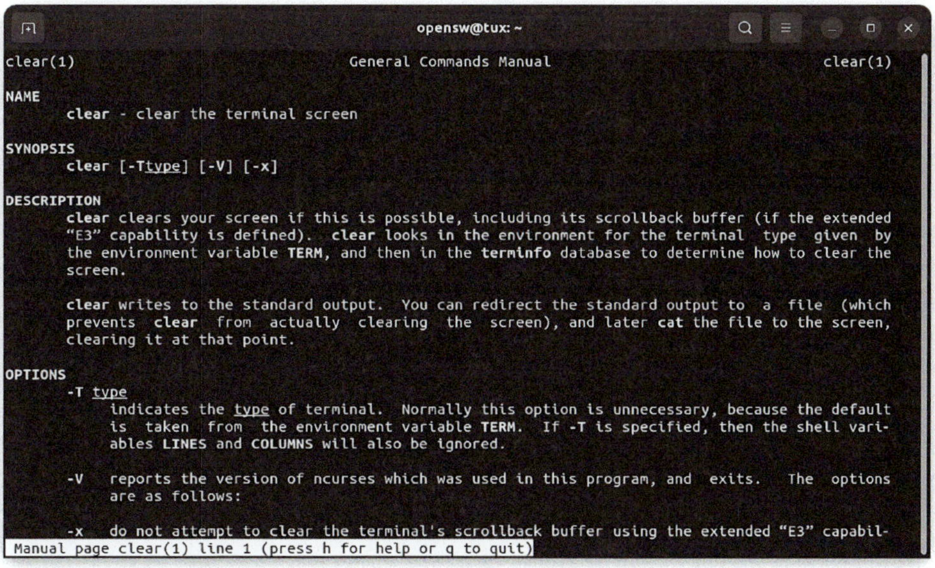

그림 4.09 man clear 명령 실행 화면

man 명령 실행 시 확인할 수 있는 정보는 다음과 같다.

- NAME : 명령에 대한 간략한 설명이다.
- SYNOPSIS : 명령의 사용법 요약 및 형식이다.
- DESCRIPTION : 명령에 대한 상세한 설명이다.
- OPTION : 명령에서 사용하는 옵션에 대한 설명이다.
- SEE ALSO : 명령과 관련된 참고 사항이다.

더 이상 사용하지 않는 터미널을 종료할 때 터미널 창의 오른쪽 상단의 'x' 버튼을 클릭해도 종료되지만, exit 명령이나 [Ctrl]+d 단축키를 통해 종료할 수 있다.

```
opensw@tux:~$ exit
opensw@tux:~$
opensw@tux:~$ ^d
```

4.1.5. 디렉터리 관리 명령어

이제 경로 확인, 파일 정보 확인, 디렉터리 생성 및 삭제 등 다양한 디렉터리 관리 명령에 대해 살펴보자.

pwd(print working directory) 명령은 현재 작업 디렉터리의 절대 경로를 출력하며, 인자없이 사용한다.

```
opensw@tux:~$ pwd
/home/opensw
opensw@tux:~$
```

cd(change directory) 명령은 지정 디렉터리로 이동한다. 명령 형식은 다음과 같다.

```
cd [dir]
```

현재 작업 디렉터리가 이동한 디렉터리 경로로 변경된다. [dir]을 작성할 때는 앞서 학습한 경로 특수 문자를 활용할 수 있다. cd 명령만 사용하면 사용자의 홈 디렉터리로 이동한다.

```
opensw@tux:~$ pwd
/home/opensw
opensw@tux:~$ cd /etc
opensw@tux:/etc$ pwd
/etc
opensw@tux:/etc$ cd
opensw@tux:~$ pwd
/home/opensw
opensw@tux:~$ cd
opensw@tux:~$ pwd
/home/opensw
opensw@tux:~$ cd /home/opensw/
opensw@tux:~$ pwd
/home/opensw
opensw@tux:~$ cd .
opensw@tux:~$ pwd
/home/opensw
opensw@tux:~$ cd ..
opensw@tux:/home$ pwd
/home
opensw@tux:/home$ cd ../home/opensw
opensw@tux:~$ cd /
opensw@tux:/$ cd ~
opensw@tux:~$
```

ls(list) 명령은 디렉터리 내용을 출력하며, 명령 형식은 다음과 같다.

```
ls [option] [path]
```

[option]은 생략하거나 여러 옵션을 동시에 사용할 수 있다. [path]를 입력하면 해당 경로의 내용을 디렉터리 이동 없이 확인할 수 있다. 생략한다면 작업 디렉터리를 대상으로 ls 명령이 실행된다. ls 명령의 자주 쓰이는 옵션에 대해 알아본다(테이블 4.03).

테이블 4.03 ls 명령의 다양한 옵션

옵션	기능
-a	숨김 파일을 포함하여 모든 파일의 목록을 출력
-d	디렉터리 자체의 정보를 출력
-l	파일의 상세 정보를 출력
-F	파일의 종류를 출력 (*: 실행 파일, /: 디렉터리, @: 심볼릭 링크)

테이블 4.03을 참고하여 작업 디렉터리의 내용을 ls 명령으로 다양하게 확인한다.

```
opensw@tux:~$ ls
Desktop  Documents  Downloads  Music  opensw2024-aws.pem  Pictures  Public  snap  src  Templates
Videos
opensw@tux:~$
opensw@tux:~$ ls -l
total 44
drwxr-xr-x 2 opensw opensw 4096 May  1 21:09 Desktop
drwxr-xr-x 2 opensw opensw 4096 Apr 15 20:32 Documents
drwxr-xr-x 2 opensw opensw 4096 May  1 20:57 Downloads
drwxr-xr-x 2 opensw opensw 4096 Apr 15 20:32 Music
...
opensw@tux:~$
```

ls -l 명령으로 출력되는 파일의 상세 정보는 'drwxr-xr-x 2 opensw opensw 4096 May 1 21:09 Desktop'과 같은 형식으로 출력되며, 각 항목에 대한 설명은 다음과 같다.

- **d** : 파일의 종류이다.
- **rwxr-xr-x** : 파일 접근 권한이다.
- **2** : 하드 링크의 개수이다.
- **opensw opensw** : 파일 소유자 사용자와 그룹 이름이다.
- **4096** : 파일의 크기이다.
- **May 1 21:09** : 파일의 최종 수정 일시이며, 첫 번째 항목부터 해당 항목까지를 inode 테이블에서 파일 상세 정보로 저장하고 있다.
- **Desktop** : 파일의 이름이다.

mkdir(make directory) 명령은 새로운 디렉터리를 생성한다. 형식은 다음과 같다.

```
mkdir [option] <dir>
```

<dir>에는 디렉터리 이름 또는 경로를 작성하며, 여러 디렉터리를 한 번에 생성할 수도 있다. mkdir 명령에서 사용하는 대표적인 옵션은 다음과 같다.

- **-p** : <dir>에 작성한 경로 중 존재하지 않는 중간 디렉터리를 자동으로 생성한다.

```
openswr@tux:~$ mkdir newdir
openswr@tux:~$
openswr@tux:~$ ls
Desktop  Documents  Downloads  Music  newdir Pictures  Public  snap Templates  Videos
openswr@tux:~$
openswr@tux:~$ mkdir -p first/second
openswr@tux:~$
openswr@tux:~$ ls -R first
first:
second

first/second:
openswr@tux:~$
```

mkdir 명령과 같은 파일 생성 명령을 사용하여 파일이나 디렉터리를 생성하기 위해서는 파일 이름을 작성하는 규칙에 대해 알아야 한다.

- 파일과 디렉터리 이름에는 '/'(빗금)를 사용할 수 없다. 이는 '/'이 경로에서 구분자로 사용하기 때문이다.
- 파일과 디렉터리 이름에는 알파벳, 숫자, '-'(붙임표), '_'(밑줄), '.'(마침표)만 사용한다.
- 파일의 디렉터리 이름이 '.'(마침표)으로 시작하면 숨김 파일로 간주한다.
- 파일과 디렉터리 이름에는 공백문자와 '*'(별표), '"'(큰따옴표), '''(작은 따옴표), '@', '#', '$', '%', '^', '&' 등 특수문자는 사용하지 않는다.
- 파일과 디렉터리 이름의 영문자는 대문자와 소문자를 다른 글자로 취급한다.

rmdir(remove directory) 명령으로 디렉터리를 삭제할 수 있으며, 명령 형식은 다음과 같다.

```
rmdir [option] <dir>
```

<dir>에는 삭제할 디렉터리 경로를 작성해야 하고, -p 옵션을 지원한다.

- **-p** : 지정한 디렉터리를 삭제하고, 지정한 디렉터리의 부모 디렉터리가 비어 있다면 부모 디렉터리도 삭제한다.

```
opensw@tux:~$ rmdir newdir
opensw@tux:~$ ls
Desktop  Documents  Downloads  first  Music Pictures  Public  snap Templates  Videos
opensw@tux:~$
opensw@tux:~$ rmdir -p first/second
opensw@tux:~$ ls -l
total 44
drwxr-xr-x 2 opensw opensw 4096 May  1 21:09 Desktop
drwxr-xr-x 2 opensw opensw 4096 Apr 15 20:32 Documents
drwxr-xr-x 2 opensw opensw 4096 May  1 20:57 Downloads
drwxr-xr-x 2 opensw opensw 4096 Apr 15 20:32 Music
drwxrwx--- 1 root   vboxsf 4096 May  2 09:35 Pictures
drwxr-xr-x 2 opensw opensw 4096 Apr 15 20:32 Public
drwx------ 5 opensw opensw 4096 May  1 20:58 snap
drwxr-xr-x 2 opensw opensw 4096 Apr 15 20:32 Templates
drwxr-xr-x 2 opensw opensw 4096 Apr 15 20:32 Videos
opensw@tux:~$
```

rmdir 명령 사용 시에는 한 가지 제약이 존재한다. 바로 삭제하려는 디렉터리가 비어 있어야 한다.

```
opensw@tux:~$ mkdir non-empty-dir
opensw@tux:~$ ls
Desktop    Downloads  non-empty-dir  Pictures  snap  Templates
Documents  Music      Public         Videos
opensw@tux:~$
opensw@tux:~$ touch non-empty-dir/file.txt
opensw@tux:~$ ls non-empty-dir/
file.txt
opensw@tux:~$
opensw@tux:~$ rmdir non-empty-dir/
rmdir: failed to remove 'non-empty-dir/': Directory not empty
opensw@tux:~$
```

만약 비어 있지 않은 디렉터리를 삭제하려고 한다면 'rmdir: failed to remove 'non-empty-dir/': Directory not empty'와 같은 에러 메세지가 발생한다.

4.1.6. 파일 관리 명령어

다음으로 리눅스에서 파일을 관리하는 명령에 대해 학습한다.

cat 명령은 파일 내용을 출력한다. 명령 형식은 다음과 같다.

cat [option] <file>

-n 옵션을 사용하면 행 번호가 파일 내용과 함께 출력되어 가독성을 높일 수 있다. 또한 <file>에 공백으로 구분하여 여러 파일을 입력하면, 파일 내용을 연속으로 출력한다.

```
openswe@tux:~$ cat -n /etc/hosts
     1  127.0.0.1       localhost
     2  127.0.1.1       tux
     3
     4  # The following lines are desirable for IPv6 capable hosts
     5  ::1     ip6-localhost ip6-loopback
     6  fe00::0 ip6-localnet
     7  ff00::0 ip6-mcastprefix
     8  ff02::1 ip6-allnodes
     9  ff02::2 ip6-allrouters
openswe@tux:~$
```

more 명령은 cat 명령과는 다르게 파일 내용을 화면 단위로 출력하는 명령이다(그림 4.10). 명령 형식은 다음과 같다.

more [option] <file>

출력할 파일 내용이 터미널 화면을 넘어갈 때 사용한다. 그래서 분량이 많은 파일을 출력한다면 가독성을 위해 cat 명령보다 more 명령을 이용하는 것이 좋다. 만약 파일 내용을 특정 행부터 출력하고 싶다면 [option]에 +<num> 옵션을 사용하면 된다.

```
openswe@tux:~$ more /etc/services
```

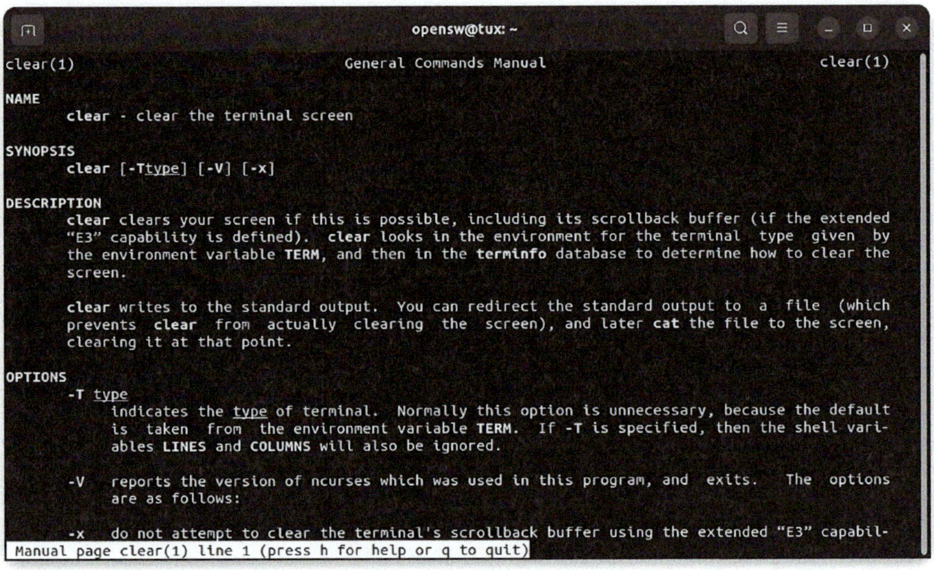

그림 4.10 more /etc/services 명령 실행 화면

more 명령을 실행하면, 그림 4.10처럼 터미널 하단에 --More--(6%)이 표시된다. 이는 현재 파일을 몇 퍼센트까지 읽었는지 알려준다. 내부 커맨드를 실행하여 나머지 파일 내용을 확인하거나 문자열을 검색할 수 있다(테이블 4.04).

테이블 4.04 more 내부에서 사용 가능한 다양한 커맨드

커맨드	기능
[Space Bar]	다음 화면 출력
[Enter]	화면을 한 줄씩 스크롤
/<string>	파일 내에서 <string>를 찾아서 이동
q	종료

less 명령도 more 명령처럼 파일 내용을 화면 단위로 출력한다(그림 4.11). 명령 형식은 다음과 같다.

less <file>

```
openswu@tux:~$ less /etc/services
```

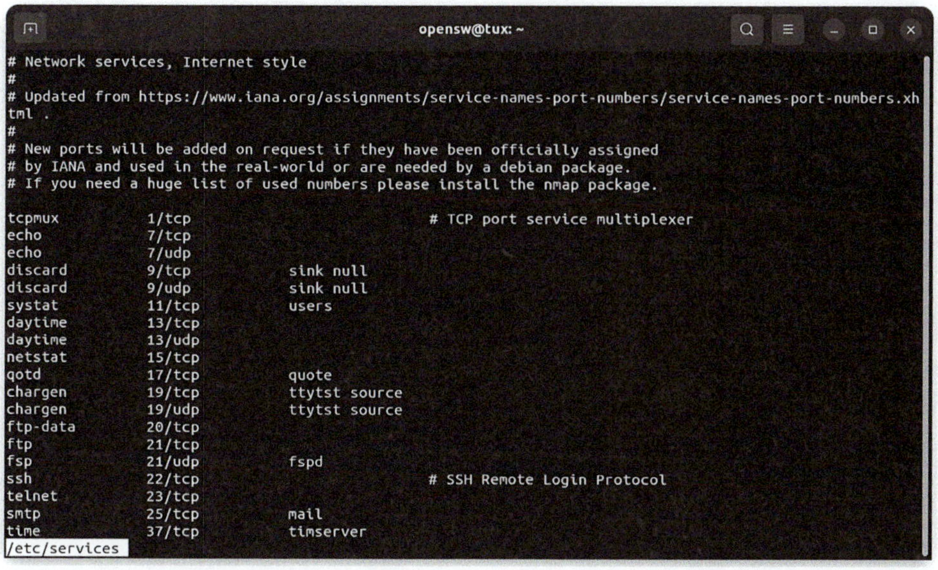

그림 4.11 less /etc/services 명령 실행 화면

그림 4.11과 같이 less 명령 또한 more 명령과 비슷한 형태로 파일 내용을 보여주며, 내부에서 실행할 수 있는 커맨드가 존재한다(테이블 4.05). 다만 more 명령과 달리 현재 파일을 얼마나 읽었는지 알려주지 않지만, 이전 화면으로 이동할 수 있는 기능이 지원되기에 more 명령보다 편의성이 높은 명령이다.

테이블 4.05 less 내부에서 사용 가능한 다양한 커맨드

커맨드	기능
j	한 줄 씩 다음 행으로 스크롤
k	한 줄씩 이전 행으로 스크롤
[Space Bar], [Ctrl]+f	다음 화면으로 이동
[Ctrl]+b	이전 화면으로 이동

tail 명령은 파일 끝부분을 출력할 때 사용한다. 명령 형식은 다음과 같다.

```
tail [option] <file>
```

옵션을 통해 출력 방식을 지정할 수 있다(테이블 4.06).

테이블 4.06 tail 명령의 다양한 옵션

커맨드	기능
+<num>	지정한 행 번호부터 끝까지 출력
-<num>	화면에 출력할 행의 수를 지정
-f	파일 출력이 종료되지 않고, 주기적으로 계속 출력

테이블 4.06을 참고하여 tail 명령으로 /etc/services 파일의 끝부분을 출력한다.

```
opensw@tux:~$ tail /etc/services
sgi-cad         17004/tcp                       # Cluster Admin daemon
binkp           24554/tcp                       # binkp fidonet protocol
asp             27374/tcp                       # Address Search Protocol
asp             27374/udp
csync2          30865/tcp                       # cluster synchronization tool
dircproxy       57000/tcp                       # Detachable IRC Proxy
tfido           60177/tcp                       # fidonet EMSI over telnet
fido            60179/tcp                       # fidonet EMSI over TCP

# Local services
opensw@tux:~$
```

cp(copy) 명령은 파일과 디렉터리를 복사 또는 덮어쓴다. 명령 형식은 다음과 같다.

cp [option] <src> <dest>

<src>에는 원본 파일이나 디렉터리를 작성하고, <dest>에는 목적지 파일 또는 디렉터리를 작성한다. <dest>를 .로 작성하면, 원본 파일과 동일한 이름으로 현재 디렉터리에 복사된다. [option]으로는 파일 복사 방식을 결정한다(테이블 4.07).

테이블 4.07 cp 명령의 다양한 옵션

옵션	기능
-i	목적지 파일명이 존재하면 덮어쓸 것인지 확인 질문(Interactive)
-r	디렉터리를 복사할 때 사용
-p	원본 파일의 소유자, 그룹, 권한의 정보까지 복사

cp 명령으로 /etc/hosts 파일을 현재 작업 디렉터리에 복사한다.

```
openswr@tux:~$ ls
Desktop    Downloads  non-empty-dir  Pictures  snap  Templates
Documents  Music      Public         Videos
opensw@tux:~$
opensw@tux:~$ cp /etc/hosts .
opensw@tux:~$
opensw@tux:~$ ls
Desktop    Downloads  Music          Public    Videos
Documents  hosts      non-empty-dir  Pictures  snap    Templates
opensw@tux:~$
```

cp 명령은 작성된 <src>와 <dest>가 파일인지 디렉터리인지에 따라 실행 결과가 조금씩 달라진다.

- **cp file1 file2** : file1을 file2로 복사한다. file2가 기존에 없던 파일이면 새로운 file2을 생성해 내용을 복사하고, 기존에 있던 파일이면 덮어쓴다.
- **cp file1 dir1** : dir1 아래에 file1을 복사한다. 이 경우에 dir1은 미리 생성되어 있어야 한다.
- **cp file1 file2 ... fileN dir1** : 마지막에 지정된 디렉터리에 파일들을 복사한다. 이때 마지막 인자는 필히 디렉터리이어야 한다.
- **cp -r dir1 dir2** : dir1의 내용이 dir2로 복사된다. 만일 내용이 동일한 경우에는 dir1의 내용을 dir2에 덮어쓴다.

mv(move) 명령은 파일을 이동 또는 덮어쓴다. 명령 형식은 다음과 같다.

```
mv [option] <src> <dest>
```

cp 명령과 마찬가지로 <src>와 <dest>에는 파일과 디렉터리 모두 사용 가능하다. -i 옵션을 사용하면 <dest>가 이미 존재할 때 덮어쓸 것인지 확인하는 메세지가 출력된다. cp 명령은 파일을 복사하여 시스템에 파일을 중복으로 가지고 있도록 하고, mv 명령은 파일을 다른 위치로 이동시킨다는 차이점이 있다.

```
opensw@tux:~$ ls
Desktop Documents Downloads hosts Music non-empty-dir Pictures Public snap Templates
Videos
opensw@tux:~$ mv hosts Documents/
opensw@tux:~$ ls Documents/
hosts
opensw@tux:~$
```

mv 명령 또한 <src>와 <dest>에 따라 실행 결과가 조금씩 달라진다.

- **mv file1 file2** : file2가 이미 존재하는 파일이라면 file1의 내용으로 덮어쓰고 기존 내용을 삭제한다. 하지만 file2가 없는 경우에는 file1의 파일명이 file2로 바뀌며, 이는 이름 바꾸기와 동일하다.
- **mv file1 dir1** : file1을 dir1 아래로 이동한다.
- **mv file1 file2 ... fileN dir1** : 마지막에 지정된 디렉터리에 파일들을 이동시킨다. 이때 마지막 인자는 필히 디렉터리이어야 한다.
- **mv dir1 dir2** : dir1을 dir2로 이동 시킨다. 만약 dir2가 없으면 dir1의 디렉터리명을 dir2로 바꾼다.

rm(remove) 명령은 파일을 삭제할 때 사용하고, 명령 형식은 다음과 같다.

```
rm [option] <file>
```

<file>에는 삭제하고자 하는 파일이나 디렉터리를 작성하고, 여러 개 입력 시에는 공백으로 구분한다. [option]으로는 파일 삭제 방식을 결정한다(테이블 4.08).

테이블 4.08 rm 명령의 다양한 옵션

옵션	기능
-i	인자로 입력한 파일을 삭제할 것인지 안내 메세지를 출력
-r	디렉터리를 삭제할 때 사용
-f	파일, 디렉터리가 비어 있지 않아도 강제로 삭제

rm 명령으로 앞서 Documents 디렉터리로 옮긴 hosts 파일을 삭제한다.

```
opensw@tux:~$ ls Documents/
hosts
opensw@tux:~$
opensw@tux:~$ rm Documents/hosts
opensw@tux:~$ ls Documents/
opensw@tux:~$
```

ln(link) 명령은 하드 링크를 생성한다. 명령 형식은 다음과 같다.

ln [option] <src> <link>

-s 옵션을 사용하게 되면 소프트 링크를 생성하게 된다. 실습을 위해 홈 디렉터리에 /etc/hosts를 다시 복사한다.

```
openswr@tux:~$ ls
Desktop  Documents  Downloads  Music  non-empty-dir  Pictures  Public  snap  Templates  Videos
opensw@tux:~$
opensw@tux:~$ cp /etc/hosts hosts
opensw@tux:~$ ls
Desktop  Documents  Downloads  hosts  Music  non-empty-dir  Pictures  Public  snap  Templates
Videos
opensw@tux:~$
```

이제 hosts 파일의 하드 링크를 생성한다. 하드 링크 이름은 'hardlink'로 지정한다. ln 명령을 실행한 후에는 hosts 파일의 하드 링크 수가 2개로 변한 것을 알 수 있다.

```
opensw@tux:~$ ln hosts hardlink
opensw@tux:~$
opensw@tux:~$ ls -l
total 48
drwxr-xr-x 3 opensw opensw 4096 May  2 20:49 Desktop
drwxr-xr-x 2 opensw opensw 4096 May  2 21:09 Documents
drwxr-xr-x 2 opensw opensw 4096 May  1 20:57 Downloads
-rw-r--r-- 2 opensw opensw  218 May  2 21:12 hardlink
-rw-r--r-- 2 opensw opensw  218 May  2 21:12 hosts
drwxr-xr-x 2 opensw opensw 4096 Apr 15 20:32 Music
drwxrwxr-x 2 opensw opensw 4096 May  2 20:10 non-empty-dir
drwxrwx--- 1 root   vboxsf 4096 May  2 09:35 Pictures
drwxr-xr-x 2 opensw opensw 4096 Apr 15 20:32 Public
drwx------ 5 opensw opensw 4096 May  1 20:58 snap
drwxr-xr-x 2 opensw opensw 4096 Apr 15 20:32 Templates
drwxr-xr-x 2 opensw opensw 4096 Apr 15 20:32 Videos
opensw@tux:~$
```

한 가지 알아 둘 사항은 디렉터리에 대한 하드 링크는 생성하지 못 한다는 점이다. 그러나 -d 옵션을 root 권한으로 입력하면 디렉터리도 하드 링크 생성이 가능해진다. 하지만 이는 파일 계층 구조가 변형될 수 있기에 시도하지 않는 것이 좋다.

또한, hosts와 hardlink의 inode 번호가 1455171로 동일한 것을 보아, hardlink는 하드 링크로 생성된 것을 확인할 수 있다.

```
opensw@tux:~$ ls -i
1448075 Desktop        1448076 Downloads  1455171 hosts
1450323 non-empty-dir  1448078 Public     1448077 Templates
1448079 Documents      1455171 hardlink   1448080 Music
? Pictures             1448017 snap       1448082 Videos
opensw@tux:~$
```

다음으로 -s 옵션을 통해 hosts 파일의 소프트 링크를 생성한다. 소프트 링크가 생성되면 hosts 파일의 하드 링크 개수에는 변화는 없다.

```
opensw@tux:~$ ln -s hosts softlink
opensw@tux:~$
opensw@tux:~$ ls -l
...
-rw-r--r-- 2 opensw opensw  218 May  2 21:12 hosts
drwxr-xr-x 2 opensw opensw 4096 Apr 15 20:32 Music
drwxrwxr-x 2 opensw opensw 4096 May  2 20:10 non-empty-dir
drwxrwx--- 1 root   vboxsf 4096 May  2 09:35 Pictures
drwxr-xr-x 2 opensw opensw 4096 Apr 15 20:32 Public
drwx------ 5 opensw opensw 4096 May  1 20:58 snap
lrwxrwxrwx 1 opensw opensw    5 May  2 21:17 softlink -> hosts
drwxr-xr-x 2 opensw opensw 4096 Apr 15 20:32 Templates
drwxr-xr-x 2 opensw opensw 4096 Apr 15 20:32 Videos
opensw@tux:~$
```

inode 번호 또한 1455171(hosts)과 1456201(softlink)로 서로 다른 것을 보아, softlink는 소프트 링크로 생성된 것임을 확인할 수 있다.

```
opensw@tux:~$ ls -i
1448075 Desktop    1455171 hardlink   1450323 non-empty-dir
1448017 snap       1448082 Videos     1448079 Documents
1455171 hosts      ? Pictures         1456201 softlink
1448076 Downloads  1448080 Music      1448078 Public
1448077 Templates
opensw@tux:~$
```

앞선 실습을 통해 하드 링크는 원본 파일의 데이터를 직접 가리키고, 소프트 링크는 원본 파일의 데이

터를 직접 가리키지 않고 원본 파일을 통해 접근한다는 것을 알 수 있다(그림 4.12).[39]

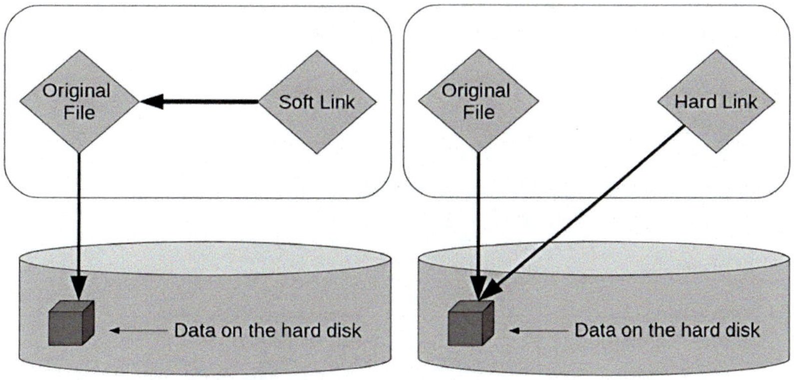

그림 4.12 원본 파일, 하드 링크, 소프트 링크와의 관계

touch 명령은 빈 파일을 생성한다. 명령 형식은 다음과 같다.

```
touch [option] <file>
```

<file>에는 생성할 파일명을 입력하고, 옵션을 통해 타임 스탬프 업데이트 방식을 선택할 수 있다(테이블 4.09).

테이블 4.09 touch 명령의 다양한 옵션

옵션	기능
-c	인자로 입력한 파일의 타임스탬프(마지막 수정날짜)를 현재 시간으로 업데이트
-t YYYYMMDDhhmm	원하는 시간으로 타임스탬프를 업데이트(YYYY : 년도, MM : 월, DD : 일, hh : 시간, mm : 분)

touch 명령으로 새로운 파일인 newfile을 생성하면 크기가 0인 것을 알 수 있다. 이는 touch 명령을 실행하면 빈 파일을 생성한다는 것을 의미한다. 또한 touch -c 명령을 통해 파일 수정 없이도 파일의 타임스탬프 업데이트가 가능하다는 것을 확인할 수 있다.

39 https://miro.medium.com/v2/resize:fit:828/format:webp/0*yxXzEUDKTzDBcDuX.jpeg

```
opensw@tux:~$ touch newfile
opensw@tux:~$ ls -l
-rw-r--r-- 2 opensw opensw  218 May  2 21:12 hosts
-rw-rw-r-- 1 opensw opensw    0 May  2 21:31 newfile
...
opensw@tux:~$
opensw@tux:~$ touch -c hosts
opensw@tux:~$ ls -l
-rw-r--r-- 2 opensw opensw  218 May  2 21:32 hosts
-rw-rw-r-- 1 opensw opensw    0 May  2 21:31 newfile
...
opensw@tux:~$
```

grep 명령은 지정한 파일의 내용 중 검색어가 포함된 행을 출력한다. 명령 형식은 다음과 같다.

grep [option] <string> <file>

<string>에는 검색어를 작성하고, [option]으로는 검색 방법 및 출력 형태를 지정한다(테이블 4.10).

테이블 4.10 grep 명령의 다양한 옵션

옵션	기능
-i	대소문자 구분 없이 검색
-v	지정한 패턴과 일치하지 않는 행을 출력
-n	문자열이 검색된 행 번호 출력

grep 명령으로 /etc/hosts 파일에서 'localhost' 검색어가 포함된 행을 출력하고, 출력결과에 행 번호를 표시한다.

```
opensw@tux:~$ grep localhost /etc/hosts
127.0.0.1       localhost
::1     ip6-localhost ip6-loopback
opensw@tux:~$
opensw@tux:~$ grep -n localhost /etc/hosts
1:127.0.0.1     localhost
5:::1     ip6-localhost ip6-loopback
opensw@tux:~$
```

find 명령은 조건에 맞는 파일을 검색한다. 명령 형식은 다음과 같다.

```
find <path> <file> [option]
```

<path>에는 검색 시작점으로 사용할 경로를 작성하고, <file>에는 검색할 파일명을 작성한다. find 명령은 다양한 조건을 파일을 검색할 수 있도록 다양한 옵션을 제공한다(테이블 4.11).

테이블 4.11 find 명령의 다양한 옵션

옵션	기능
-name <file>	파일명으로 검색
-mtime <num>	최근 <num>×24시간 이전에 변경된 적이 있는 파일 검색
-user <user>	지정한 사용자가 소유 중인 파일 검색
-perm <permit>	지정한 엑세스 권한과 동일한 파일 검색
-exec <cmd> {} \;	검색된 파일에 지정한 명령을 실행
-ls	검색 결과를 목록 형식으로 출력

테이블 4.11을 참고하여 파일의 다양한 정보를 검색 기준으로 사용하여, 원하는 파일을 검색한다. 다음의 방법 모두 검색 결과가 길게 출력되므로, more 또는 less 명령을 사용하여 화면 단위로 검색된 파일을 확인하면 된다.

```
opensw@tux:~$ find /usr/bin -name grep
/usr/bin/grep
opensw@tux:~$ find . -mtime 6
opensw@tux:~$ find . -user opensw
opensw@tux:~$ find . -perm 777
opensw@tux:~$ find . -type d
opensw@tux:~$
```

테이블 4.11 중 -exec 옵션은 검색된 파일을 활용하여 명령의 인수로 활용할 수 있도록 한다. 만약 검색된 파일을 확인하고 싶다면 -exec ls -al {} \;을, 파일 내용을 보고싶다면 -exec cat {} \;을 함께 사용하면 된다. 해당 옵션에서 사용되는 {}는 검색된 파일을 의미한다.

```
opensw@tux:~$ find /home/opensw -name hosts -exec ls -al {} \;
-rw-r--r-- 2 opensw opensw 218 May  2 21:32 /home/opensw/hosts
opensw@tux:~$
opensw@tux:~$ find /home/opensw -name hosts -exec cat {} \;
127.0.0.1       localhost
127.0.1.1       tux

# The following lines are desirable for IPv6 capable hosts
::1     ip6-localhost ip6-loopback
fe00::0 ip6-localnet
ff00::0 ip6-mcastprefix
ff02::1 ip6-allnodes
ff02::2 ip6-allrouters
opensw@tux:~$
```

4.2 리눅스의 구조

리눅스의 구조는 크게 커널과 쉘, 응용 프로그램으로 나뉜다(그림 4.13).[40]

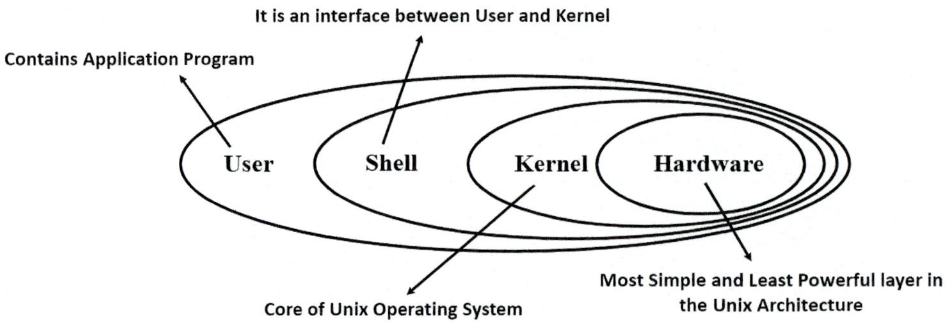

그림 4.13 리눅스 구조

그림 4.13처럼 User 즉 응용 프로그램이 가장 상단에 위치하며, 사용자가 운영체제 사용 시 가장 많이 접하는 부분이다. 그 아래로는 쉘, 커널, 하드웨어 순으로 위치하고 하드웨어에 가까워질수록 일반 사

40 https://www.shiksha.com/online-courses/articles/unix-vs-linux/

용자에게 드러나지 않고 접근하기 어려워진다. 각 요소에 대한 설명은 다음에서 정의한다.

- **커널(Kernel)** : 하드웨어를 제어하는 코드를 통해 시스템의 모든 자원을 통제 및 관리한다.
- **쉘(Shell)** : 사용자가 명령을 입력하면 이를 해석하여 커널에게 전달해 주고 명령어 해석기 역할을 하고 있다.
- **응용 프로그램(Application)** : 사용자가 리눅스에서 사용하는 문서 편집 프로그램, 웹 브라우저와 같은 다양한 프로그램을 말한다.

쉘에는 크게 명령어 해석기 기능, 프로그래밍 기능, 사용자 환경 설정의 기능을 가지고 있으며 각 기능이 어떠한 역할을 하는지 알아본다.

- **명령어 해석** : 사용자가 커널에게 명령을 내리기 위해 쉘을 사용하며, 쉘이 중간에서 입력된 명령을 커널이 인식할 수 있게 번역을 해주는 역할을 한다. 추가로 쉘에서 입력을 받아들일 준비가 되어서 기다리고 있다고 알려주는 메시지를 띄우는데 이를 **프롬프트**라고 한다. 이는 현재 우분투에서 사용하는 배시 쉘 환경에서는 `opensw@tux:~$`를 의미한다.
- **프로그래밍 기능** : 쉘은 자체적으로 프로그래밍 기능이 가지고 있는데, 이를 이용해서 반복적으로 수행하는 작업을 하나의 프로그램으로 제작할 수 있다. 이러한 기능을 **쉘 프로그래밍**(Shell programming)이라고 하고, 제작한 프로그램을 **쉘 스크립트**(Shell script)라고 한다.
- **사용자 환경 설정의 기능** : 초기화 파일을 이용해서 사용자의 환경을 설정할 수 있다. 사용자가 로그인할 때 이 초기화 파일이 실행되어 사용자의 초기 환경이 설정된다. 초기화 파일에는 사용자의 홈 디렉터리에 숨김 파일로 존재하는 `.bashrc`나 `.bash_profile` 파일 등이 해당한다.

리눅스의 쉘은 다양한 쉘이 상호작용하는 구조로 이루어져 있고, 쉘 간의 이동이 가능하다(그림 4.14). 크게 로그인 쉘과 서브 쉘로 나눌 수 있다. **로그인 쉘**은 사용자가 로그인하면 자동으로 생성되는 기본적인 쉘이고, 마지막으로 `exit`(로그아웃) 할 때의 쉘이기도 하다. **서브 쉘**은 사용자가 로그인 쉘에서 실행시킨 또 다른 쉘을 의미한다.

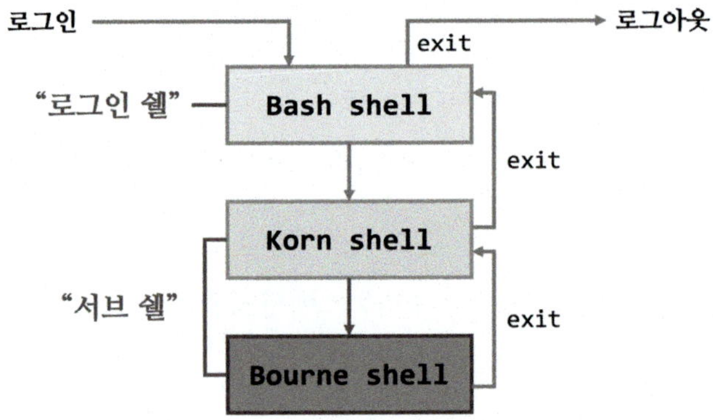

그림 4.14 리눅스 쉘의 구조

그림 4.14처럼 리눅스에서는 쉘을 2가지로 분류할 수 있으며, 쉘 종류도 다양하다는 것을 확인할 수 있다. 아래에서 다양한 쉘의 종류에 대해서 알아본다(그림 4.15).

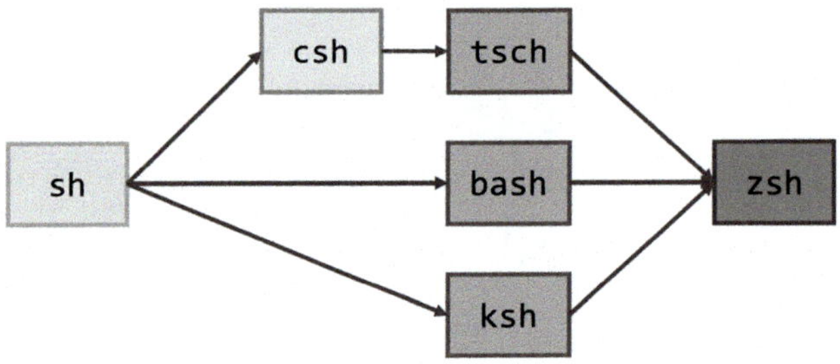

그림 4.15 다양한 쉘 종류

- **본 쉘(Bourne shell)** : 스티븐 본(Stephen Bourne)이 개발한 이 쉘은 가장 기본적이며 최초의 쉘로 유닉스의 초기부터 사용되어온 쉘이다. 현재 시스템 관리 작업을 수행하는 많은 쉘 스크립트는 본 쉘을 기반으로 한다. 하지만 `history`, `alias`, 작업 제어 등 사용자 편의를 위한 기능을 제공하지 못해 이후 다른 쉘들이 등장하였다. 본 쉘을 실행하는 명령은 sh이다.
- **C 쉘(C shell)** : 캘리포니아 대학교에서 빌 조이(Bill Job)가 개발한 쉘로, BSD 유닉스에 포함되어 발표되었다. 본 쉘을 확장하여 `history`, `alias`, 작업 제어 등과 같은 사용자 편의 기능을 제공한다. 쉘 스크립트 작성을 위한 구문 형식이 C 언어와 같아 C 쉘이라고 이름을 지은 것이다. C 쉘의 실행 명령은 csh이다.[41]

41 https://en.wikipedia.org/wiki/C_shell

- **콘 쉘(Korn Shell)** : 1980년대 중반 AT&T 벨 연구소에서 데이비드 콘(David Korn)이 개발한 쉘로, 유닉스 SVR 4에 포함되어 발표되었다. 본 쉘의 호환성을 유지하고, 사용자 편의 기능을 제공하는 C 쉘의 특징도 제공하면서 빠른 처리 속도를 가지는 것이 특징이다. 우분투에서는 별도로 콘 쉘을 설치하여 사용할 수 있다. 콘 쉘의 실행 명령은 ksh이다.
- **배시 쉘(Bash shell)** : 1988년 브레인 폭스(Brain Fox)가 본 쉘을 기반으로 개발한 쉘이다. 리눅스에서 가장 많이 사용 중인 쉘이며, 우분투에서는 배시 쉘을 기본 쉘로 사용하고 있다. 본 쉘 기반으로 만들어져서 본 쉘과 호환성을 유지하면서도 C 쉘과 콘 쉘의 편리한 기능도 포함하고 있다. 배시 쉘의 모든 버전은 GPL 라이선스에 의거하여 자유롭게 사용이 가능하다. 배시 쉘의 실행 명령은 bash이다.
- **대시 쉘(Dash shell)** : 본 쉘을 기반으로 개발된 쉘로, 포직스(POSIX) 표준[42]을 준수하면서 보다 작은 크기로 개발되었다. 암키스트 쉘(Almquist Shell, ash)의 NetBSD 버전으로 1997년 초반 허버트 슈(Herbert Xu)에 의해 리눅스로 이식되었다. 이후에 우분투 6.10 릴리스에 `/bin/sh`로 배포되어 본 쉘을 대시 쉘로 대체하게 되었다. 터미널에서 `ls -l /bin/sh` 명령으로 확인해보면 sh가 dash로 소프트 링크가 되어있는 것을 알 수 있다.
- **티시 쉘(tcsh)** : C 쉘 기반이면서 C 쉘과 호환이 가능한 쉘로, `tcsh`의 T는 `tcsh` 개발자인 켄 그리어(Ken Greer)가 영감을 받은 운영체제 TENEX의 T이다. 다른 쉘들과 달리 `tcsh` 스크립트 안에 함수를 정의할 수 없다.
- **Z 쉘(zsh)** : bash, ksh, `tcsh`의 일부 기능을 포함한 확장형 본 셀로, Paul Falstad가 개발하였다. macOS에서 Z 쉘을 기본 쉘로 사용하고 있다.

이러한 다양한 종류의 쉘은 리눅스 구조 중 Shell 영역에 속하게 된다(그림 4.16).[43]

---

[42] POSIX란 IEEE Computer Society에서 운영체제 간 호환성을 유지하기 위해 정의한 표준이다.

[43] https://levelup.gitconnected.com/what-happens-where-you-type-ls-l-in-a-linux-shell-98ad95430cbf

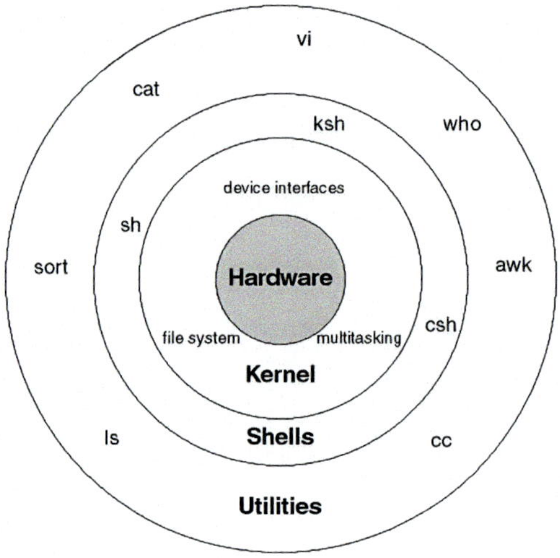

그림 4.16 구조와 다양한 쉘과의 관계

4.3 리눅스 쉘 명령어

4.3.1. 쉘 기본 명령어

이제 쉘에서 사용하는 기본적인 명령에 대해 학습한다. 쉘의 기본 명령을 알고 있어야 원하는 결과를 도출하기 수월해지며, 쉘이 지원하는 사용자 편의 기능을 이용하여 텍스트 기반의 터미널을 보다 편리하게 이용할 수 있다.

먼저, chsh(change login shell) 명령은 사용자가 현재 사용하고 있는 로그인 쉘을 바꾼다. 명령 형식은 다음과 같다.

```
chsh [option] [user]
```

옵션을 통해 변경할 쉘을 선택하거나 선택 가능한 쉘을 확인할 수 있다(테이블 4.12).

테이블 4.12 chsh 명령의 다양한 옵션

옵션	기능
-s <path>	지정하는 쉘을 앞으로 사용할 로그인 쉘로 변경(<path>: 쉘의 절대 경로)
-l	/etc/shells 파일 안에 지정된 쉘을 나열하여, 현재 바꿀 수 있는 쉘을 확인

chsh 명령으로 로그인 쉘을 본 쉘로 변경한 후, 사용자의 로그인 쉘을 확인해보면 /bin/sh로 변경되었음을 알 수 있다.

```
openswsw@tux:~$ chsh -s /bin/sh opensw
Password:
opensw@tux:~$ grep opensw /etc/passwd
opensw:x:1000:1000:opensw,,,:/home/opensw:/bin/sh
opensw@tux:~$
```

다만 교재에서는 배시 쉘로 진행하기에, 다시 로그인 쉘을 배시 쉘로 변경한다.

```
opensw@tux:~$ chsh -s /bin/bash opensw
Password:
opensw@tux:~$ grep opensw /etc/passwd
opensw:x:1000:1000:opensw,,,:/home/opensw:/bin/bash
opensw@tux:~$
```

echo 명령은 터미널에 텍스트를 출력한다. 명령 형식은 다음과 같다.

echo [option] <string>

-n 옵션은 마지막에 줄 바꿈을 하지 않는다. 보통 echo 명령은 쉘 프로그래밍 시 변수나 터미널에 메시지를 출력하기 위해 사용한다.

```
opensw@tux:~$ echo hello
hello
opensw@tux:~$ echo -n hello
helloopensw@tux:~$
```

이와 비슷하게 printf 명령도 존재하는데, 이는 C 언어에서 사용하는 printf() 기능을 가져온 것이다.

```
opensw@tux:~$ printf 'hello'
helloopensw@tux:~$
opensw@tux:~$ printf 'hello\n'
hello
opensw@tux:~$ printf '%d\n' 1
1
opensw@tux:~$
```

4.3.2. 쉘 특수 문자

쉘은 다양한 기능을 지닌 특수 문자를 지원한다. 쉘에서 주로 사용되는 특수 문자에 대해서 알아보자.

(별표) 특수 문자는 임의의 문자열을 나타내는 특수 문자로, 쉘에서 ''는 0개 이상의 문자로 대체된다. 주로 여러 파일의 이름을 하나하나 작성하기 힘들때 이름을 간단하게 표시하기 위해 사용한다. 명령을 작성할 때 파일명이 들어가야 하는 부분에 '*'를 단독으로 사용하면 모든 파일을 나타낸다.

```
opensw@tux:~$ ls h*
hardlink  hosts
opensw@tux:~$
opensw@tux:~$ ls -F
Desktop/    Downloads/  hosts     newfile   Pictures/       snap/
Templates/  Documents/  hardlink  Music/    non-empty-dir/  Public/
softlink@   Videos/
opensw@tux:~$
```

ls 명령에서 -F 옵션을 사용하면 각 파일의 종류를 확인할 수 있다. 파일 유형을 나타내는 다양한 특수 문자는 다음과 같다.

- **디렉터리** : '/'(슬래시)로 표시한다.
- **실행 파일** : '*'(별표)로 표시한다.
- **심볼릭 링크** : '@'(At sign)으로 표시한다.
- **소켓** : '='(등호)로 표시한다.
- **파이프** : '¦'(파이프)로 표시한다.
- **일반 파일** : 파일 이름 뒤에 아무것도 붙지 않는다.

?(물음표)와 [](대괄호)는 모두 한 문자를 나타낼 때 사용된다. '?'는 길이가 1인 임의의 한 문자를 의미하고, '[]'는 괄호 안에 포함된 문자를 나타내며 [0-9]나 [a-z]같이 범위를 지정할 수도 있다. ls -F [a-z]* 명령은 파일명이 알파벳 소문자로 시작하는 파일을 출력한다.

```
opensw@tux:~$ ls -F host?
hosts
opensw@tux:~$ ls -F [a-z]*
hardlink  hosts  newfile  softlink@

non-empty-dir:
file.txt

snap:
firefox/  snapd-desktop-integration/  snap-store/
opensw@tux:~$
```

~와 - 문자는 모두 디렉터리를 나타낸다. '~'는 홈 디렉터리를, '-'는 이전 작업 디렉터리를 의미한다.

```
opensw@tux:~$ cd /etc/
opensw@tux:/etc$
opensw@tux:/etc$ cd ~
opensw@tux:~$
opensw@tux:~$ cd -
/etc
opensw@tux:/etc$
```

cd /etc/ 명령을 실행하면 작업 디렉터리가 /etc로 변경된다. cd ~ 명령을 실행한 후에는 현재 작업 디렉터리는 /home/opensw, 이전 작업 디렉터리는 /etc/이다. 이 상태에서 cd - 명령이 실행되면 이전 작업 디렉터리는 /etc/로 이동하는 것이다.

¦(파이프)와 ;(세미콜론)은 명령과 명령을 연결하는 역할을 한다. '¦'는 왼쪽 명령의 실행 결과를 오른쪽 명령의 입력으로 전달한다. ';'는 연결된 명령을 왼쪽부터 차례로 실행한다. 이 둘의 차이점은 이전 명령의 실행 결과가 특수 문자 다음의 명령에 영향을 미치는지로 구분된다. 실행 결과를 통해 차이점을 직접 확인해본다.

```
opensw@tux:~$ ls ; cd /etc
Desktop  Documents  Downloads  hardlink  hosts  Music  newfile  non-empty-dir
Pictures  Public  snap  softlink  Templates  Videos
opensw@tux:/etc$ pwd
/etc
opensw@tux:/etc$
opensw@tux:/etc$ cat /etc/hosts | grep local
```

```
127.0.0.1       localhost
::1     ip6-localhost ip6-loopback
fe00::0 ip6-localnet
opensw@tux:/etc$
```

ls ; cd /etc 명령은 ls 명령을 실행한 후 /etc 디렉터리를 이동한다. 이는 ls 명령의 결과가 cd 명령에 영향을 주지 않음을 의미한다. cat /etc/hosts ¦ grep local 명령은 /etc/hosts 파일 내용을 출력한 후 출력 결과 중 'local'이 포함된 행만 출력하는 것이다. 즉 cat 명령의 결과가 grep 명령의 결과에 영향을 미친다. 이를 통해 '¦'와 ';'는 이전 명령의 결과가 다음 명령 실행에 영향을 주는지를 기준으로 구분할 수 있음을 알 수 있다.

''(작은따옴표)와 ""(큰따옴표) 특수 문자는 쉘 특수문자의 기능을 제거한다. ''는 문자를 감싸 모든 특수문자의 기능을 없앤다. ""는 작은따옴표의 기능과 동일하나 $, ", \을 제외한 모든 특수 문자의 기능을 없앤다. 즉 ""를 문자로 표현하고 싶다면 '"<string>"'로 표기하면 된다.

```
opensw@tux:~$ echo '$SHELL'
$SHELL
opensw@tux:~$
opensw@tux:~$ echo "$SHELL"
/bin/bash
opensw@tux:~$
opensw@tux:~$ echo '"$SHELL"'
"$SHELL"
opensw@tux:~$
```

`(백 쿼터) 특수 문자는 [Esc]키 아래에 위치한 키로, ``로 감싸진 문자열을 명령으로 해석하며, 주로 명령 내에서 또 다른 명령을 실행해야 할 때 사용한다.

```
opensw@tux:~$ echo "Today is `date`"
Today is Fri May  3 11:38:02 AM KST 2024
opensw@tux:~$
```

\(역슬래시) 특수 문자는 특수 문자 앞에 있으면 해당 특수 문자의 효과를 없애고 일반 문자처럼 취급하도록 한다. 앞서 ''와 달리 $SHELL의 결과를 유지하면서 ""로 감싼 형태로 출력하고 싶다면 \"$SHELL\"로 표기한다.

```
openswᵒtux:~$ echo \$SHELL
$SHELL
opensw@tux:~$
opensw@tux:~$ echo \"$SHELL\"
"/bin/bash"
opensw@tux:~$
```

지금까지 알아본 특수문자 이외에도, 쉘에서 명령이나 파일의 출력 방향을 바꾸는 특수 문자도 사용할 수 있다(테이블 4.13).

테이블 4.13 기타 특수 문자

특수 문자	기능
>	명령 수행 결과를 파일에 덮어쓰면서 저장 (출력 리다이렉션)
>>	>과 다르게 명령 수행 결과를 파일 끝에 추가
<	파일의 내용을 명령의 입력 값을 받음 (입력 리다이렉션)

테이블 4.13의 다양한 특수문자를 사용하여, echo 명령으로 출력하는 내용을 shell-result 파일에 저장한다. 처음 '>'를 사용하여 $SHELL 값을 shell-result 파일에 저장한다.

```
opensw@tux:~$ echo $SHELL
/bin/bash
opensw@tux:~$ echo $SHELL > shell-result
opensw@tux:~$ cat shell-result
/bin/bash
opensw@tux:~$
```

이후에 '>>'를 통해 'Appendix' 문자열을 shell-result 파일의 마지막에 추가한다.

```
opensw@tux:~$ echo "Appendix" >> shell-result
opensw@tux:~$ cat shell-result
/bin/bash
Appendix
opensw@tux:~$
```

'<'로 shell-result 파일의 내용을 cat 명령의 인자로 전달하여 출력한다.

```
opensw@tux:~$ cat < shell-result
/bin/bash
Appendix
opensw@tux:~$
```

‘>’를 다시 사용하여 $SHELL 값을 shell-result 파일에 추가하면, 기존의 파일 내용의 존재 여부와 상관없이 덮어쓰게 된다. 이를 통해 ‘>’와 ‘>>’는 명령의 결과를 파일에 덮어쓰는지의 여부로 구분이 가능하다.

```
opensw@tux:~$ echo $SHELL > shell-result
opensw@tux:~$ cat shell-result
/bin/bash
opensw@tux:~$
```

4.3.3. 환경 변수

쉘에서 사용하는 몇 가지 용어에 대해서 살펴보자. **변수**는 시스템이나 사용자에 의해 사용되는 정보를 저장하기 위한 저장소이다. 변수는 크게 쉘 변수와 환경 변수로 나눌 수 있다. **쉘 변수**는 현재 쉘에서만 확인 가능한 변수이다. 관례적으로 대문자를 사용하고, 쉘 변수를 확인하는 명령은 set이다. **환경 변수**는 모든 쉘에서 공통으로 사용하는 변수이며, 환경 변수를 확인할 때는 env 명령을 사용한다.

쉘에서 사용되는 주요 환경 변수는 다음과 같다.

- **HISTSIZE** : 히스토리 저장 크기이다.
- **HOME** : 사용자 홈 디렉터리의 절대 경로이다.
- **LANG** : 사용하는 언어이다.
- **LONGNAME** : 사용자 계정 이름이다.
- **PATH** : 명령을 탐색할 경로이다.
- **PWD** : 작업 디렉터리 절대 경로이다.
- **SHELL** : 로그인 쉘이다.

리눅스에 정의된 변수를 출력하기 위해서는 echo $<var> 명령을 실행하면 된다. <var>은 variable의 약자로, 출력할 변수명을 작성한다.

```
opensw@tux:~$ echo $HISTSIZE
1000
opensw@tux:~$ echo $HOME
/home/opensw
opensw@tux:~$ echo $PATH
/usr/local/sbin:/usr/local/bin:/usr/sbin:/usr/bin:/sbin:/bin:/usr/games:/usr/local/game
s:/snap/bin
opensw@tux:~$
opensw@tux:~$ echo $PWD
/home/opensw
opensw@tux:~$ echo $SHELL
/bin/bash
opensw@tux:~$
```

이제 변수를 설정하는 방법에 대해서 알아보자. 쉘 변수와 환경 변수를 설정하는 방법에는 조금의 차이가 있다. 쉘 변수를 먼저 정의한 후, 추가 명령을 통해 특정 쉘 변수를 환경 변수로 설정하는 방식이다.

- **쉘 변수** : <var>=<value> 형태로 설정하며, 변수명, '=', 값 사이에는 공백이 있어서는 안 된다.
- **환경 변수** : export <var> 명령으로 쉘 변수를 환경 변수로 전환한다.

위 방식으로 'CBNU'라는 쉘 변수를 정의한 후 export 명령으로 환경 변수로 전환한다. export CBNU 명령을 실행하기 전에는 CBNU가 쉘 변수이기에, 환경 변수를 출력하는 env 명령으로는 CBNU 변수를 찾을 수 없다. 그 후에는 CBNU가 환경 변수로 전환되었기에 export ¦ grep CBNU 명령의 검색 결과로 CBNU 변수가 출력된 것이다.

```
opensw@tux:~$ CBNU=SOFTWARE
opensw@tux:~$ echo $CBNU
SOFTWARE
opensw@tux:~$ set | grep CBNU
CBNU=SOFTWARE
opensw@tux:~$
opensw@tux:~$ env | grep CBNU
opensw@tux:~$
opensw@tux:~$ export CBNU
opensw@tux:~$ env | grep CBNU
CBNU=SOFTWARE
opensw@tux:~$
```

설정한 변수를 해제하는 방법은 unset <var> 명령을 사용하는 것이다. unset 명령을 사용하여 CBNU 환경 변수를 해제한다.

```
opensw@tux:~$ unset CBNU
opensw@tux:~$ env | grep CBNU
opensw@tux:~$
```

4.3.4. 에일리어스(alias)

에일리어스(alias)는 명령에 별명을 붙여 사용하는 기능을 의미한다. 이를 활용하면 긴 명령이나 자주 사용하는 명령을 짧게 지정해 편하게 사용할 수 있다. 에일리어스 지정 및 해제를 위해 alias 명령과 unalias 명령을 사용한다.

alias 명령은 에일리어스를 생성할 때 사용하고, 명령 형식은 다음과 같다.

alias <name>='<cmd>'

alias 명령은 인자 사용 여부에 따라 실행 결과가 달라진다.

- **alias** : 현재 설정된 에일리어스 목록을 출력한다.
- **alias <name>='<cmd>'** : <cmd>를 <name>이라는 새로운 에일리어스로 생성한다.
- **alias <name>='<cmd1>;<cmd2>'** : 2개 명령을 하나의 에일리어스로 정의한다.

에일리어스는 기존 명령과 동일한 이름으로 정의할 수 있다. 이는 해당 명령을 특정 옵션이 항상 함께 실행되도록 설정할 때 사용된다. rm -i 명령에 대한 rm 에일리어스를 생성한다.

```
opensw@tux:~$ alias rm='rm -i'
opensw@tux:~$ touch ex
opensw@tux:~$ rm ex
rm: remove regular empty file 'ex'? y
opensw@tux:~$
opensw@tux:~$ alias | grep rm
alias rm='rm -i'
opensw@tux:~$
```

alias rm='rm -i' 명령으로 설정한 rm 에일리어스는 rm 명령을 실행할 때 항상 -i 옵션이 설정된 상태로 실행 되도록 한다.

리눅스에는 미리 정의된 에일리어스가 존재한다. 특히 ls와 grep 명령에 대한 에일리어스가 리눅스에 의해 제공되고 있다. ls과 grep 에일리어스 덕분에 지금까지 해당 명령의 실행 결과가 가독성이 좋은 형태로 출력되고 있었다.

```
opensw@tux:~$ alias
...
alias grep='grep --color=auto'
alias l='ls -CF'
alias la='ls -A'
alias ll='ls -alF'
alias ls='ls --color=auto'
alias rm='rm -i'
opensw@tux:~$
```

unalias 명령은 정의한 에일리어스를 해제한다. 명령 형식은 다음과 같다.

unalias <alias>

unalias 명령으로 앞서 정의한 rm 에일리어스를 해제한다. 해제 후에는 rm 명령 실행 시 -i 옵션이 없는 일반적인 rm 명령이 실행되고, 에일리어스 목록에서 삭제한 rm이 보이지 않는다.

```
opensw@tux:~$ unalias rm
opensw@tux:~$ touch ex
opensw@tux:~$ rm ex
opensw@tux:~$
opensw@tux:~$ alias | grep rm
opensw@tux:~$
```

4.3.5. 히스토리(history)

터미널을 사용하다 보면 이전에 사용했던 명령을 확인하고 싶은 순간이 있다. 이 경우에는 history 명령을 통해 이전 명령들의 리스트를 확인 및 실행할 수 있다.

history 명령은 지금까지 터미널에서 실행된 명령들(히스토리)을 출력하고, 인자 없이 사용한다.

```
opensw@tux:~$ history
    1  sudo apt install openssh-server
    2  pwd
    3  sudo adduser opensw vboxsf
  ...
  311  alias
  312  unalias rm
  313  touch ex
  314  rm ex
  315  alias | grep rm
  316  history
opensw@tux:~$
```

history 명령 결과를 참고하여 기록된 명령을 재실행할 수 있다. 이를 위해 '!!', '!' 특수문자를 사용한다(테이블 4.14).

테이블 4.14 명령 재실행 방법

형식	기능
!!	바로 직전에 실행한(마지막에 수행한) 명령 재실행
!<num>	히스토리에서 해당하는 번호의 명령을 재실행
!<string>	히스토리에서 해당 문자열로 시작하는 마지막 명령을 실행

테이블 4.14를 참고하여 history 명령으로 확인한 명령을 다양한 방법으로 재실행 한다. history 명령에 표시되는 숫자는 명령 실행 이력에 따라 다를 수 있다.

```
opensw@tux:~$ ls
Desktop    Downloads  hosts  newfile        Pictures  shell-result  softlink   Videos
Documents  hardlink   Music  non-empty-dir  Public    snap          Templates
opensw@tux:~$
opensw@tux:~$ !!
ls
Desktop    Downloads  hosts  newfile        Pictures  shell-result  softlink   Videos
Documents  hardlink   Music  non-empty-dir  Public    snap          Templates
opensw@tux:~$
opensw@tux:~$ history | tail -5
  319  clear
  320  history
  321  ls
  322  history | tail
```

```
  323  history ¦ tail -5
opensw@tux:~$
opensw@tux:~$ !321
ls
Desktop    Downloads  hosts  newfile        Pictures  shell-result  softlink   Videos
Documents  hardlink   Music  non-empty-dir  Public    snap          Templates
opensw@tux:~$
opensw@tux:~$ !l
ls
Desktop    Downloads  hosts  newfile        Pictures  shell-result  softlink   Videos
Documents  hardlink   Music  non-empty-dir  Public    snap          Templates
opensw@tux:~$
```

이처럼 쉘에서는 실행된 명령을 기록해두기 때문에 이전에 실행했던 명령을 찾아서 재실행할 수 있다. 다만 특정 명령을 다시 실행하기 위해, 항상 히스토리를 확인하는 건 번거롭다. 그래서 프롬프트에서 [up]과 [down] 방향키를 이용하여 쉽게 명령 기록을 확인할 수 있다.

```
opensw@tux:~$ history
..324  ls
  325  history
opensw@tux:~$
opensw@tux:~$ history   # enter the up key
opensw@tux:~$ ls        # enter the up key
opensw@tux:~$ history   # enter the down key
```

4.3.6. 배시 쉘 환경 설정 파일

명령으로 설정한 쉘 변수와 환경 변수는 재부팅하면 설정했던 변수가 유지되지 않는다. 이는 쉘 변수를 매번 설정해야 하는 번거로움이 존재한다. 그래서 재부팅 되어도 변수 설정을 유지하기 위해 **설정 파일**을 사용한다.

환경 설정 파일은 사용자가 로그인할 때마다 자동으로 적용할 설정을 저장한 것이다. 환경 설정 파일에는 두 종류가 있고, **시스템 환경 설정 파일과 사용자 환경 설정 파일**로 구분된다. 각종 설정 파일들은 보통 /etc 디렉터리나 홈 디렉터리 아래의 '.'으로 시작하는 파일들이 해당된다.

먼저 다양한 시스템 환경 설정 파일의 종류와 역할을 설명한다.

- **/etc/profile** : 사용자가 로그인할 때, 시스템 전체적으로 공통된 초기화를 하기 위해 설정하

는 파일이며, 시스템에 존재하는 모든 사용자에게 적용된다.

- **/etc/bash_bashrc** : 쉘 실행 시 수행되며, 리눅스 부팅 시 설정해둔 함수나 에일리어스 환경 변수를 적용하는 파일이다.
- **/etc/profile.d/*.sh** : 필요시 설정 파일을 추가할 때 사용한다. /etc/profile 파일을 통해 로드되기 때문에 /etc/profile의 일부이다.

다음으로 다양한 사용자 환경 설정 파일의 종류와 역할을 설명한다.

- **~/.profile** : 경로 추가 등과 같은 사용자가 정의하는 환경을 설정하며 로그인 시 실행된다.
- **~/.bashrc** : 쉘 실행 시에 수행된다. 쉘 사용을 위한 필수 에일리어스와 함수 등을 설정한다.
- **~/.bash_logout** : 로그아웃 시 실행해야 하는 함수 등을 설정한다.

사용자 환경 설정 파일을 이용하여 로그인 시 출력되는 메세지를 수정하고, 재부팅 시에도 수정한 메세지가 유지되도록 한다. 새로운 로그인 메세지인 "Welcome to Ubuntu"를 로그인 시 실행되는 ~/.profile 파일에 저장한다. 수정 후에는 exit 명령으로 로그아웃 한다.

```
opensw@tux:~$ echo "echo \"Welcome to Ubuntu.\"" >> .profile
opensw@tux:~$
opensw@tux:~$ tail .profile
...
echo "Welcome to Ubuntu."
opensw@tux:~$
opensw@tux:~$ exit
```

다시 로그인을 진행하면, 마지막 로그인 메세지에 "Welcome to Ubuntu" 가 출력되는 것을 확인할 수 있다. 이 설정은 가상머신 재부팅 후에도 유지된다.

```
opensw.geek@ubuntu:~$ ssh opensw@192.168.56.101
opensw@192.168.56.101's password:
...

Last login: Fri May  3 09:45:05 2024 from 192.168.56.1
Welcome to Ubuntu.
opensw@tux:~$
```

이제 같은 방법으로 로그아웃 시의 메세지로 수정해본다.

```
openswiptux:~$ echo "echo \"Good Bye~ See You Again.\"" >> .bash_logout
opensw@tux:~$
opensw@tux:~$ tail .bash_logout
# ~/.bash_logout: executed by bash(1) when login shell exits.

# when leaving the console clear the screen to increase privacy

if [ "$SHLVL" = 1 ]; then
    [ -x /usr/bin/clear_console ] && /usr/bin/clear_console -q
fi
echo "Good Bye~ See You Again."
opensw@tux:~$
opensw@tux:~$ exit
logout
Good Bye~ See You Again.
Connection to 192.168.56.101 closed.

opensw.geek@ubuntu:~$
```

CHAPTER 4 연습문제

01. 리눅스에서 파일의 기본 구성 요소에는 어떤 것들이 있는지 설명하라.

02. 리눅스 시스템에서 파일의 종류를 나열하고 각각에 대해 설명하라.

03. 1개의 데이터 블럭(block)의 크기가 4KB이고 데이터 블럭을 가리키는 포인터의 크기가 1024 bit일 경우, `inode`에 15개의 블럭 포인터를 저장할 수 있다. 1번부터 12번 inode는 Direct Data Blocks, 13번 inode는 Indirect Data Blocks, 14번과 15번 inode는 Double Indirect Data Blocks에 대한 포인터를 저장한다. 최대 파일 크기를 계산하라.

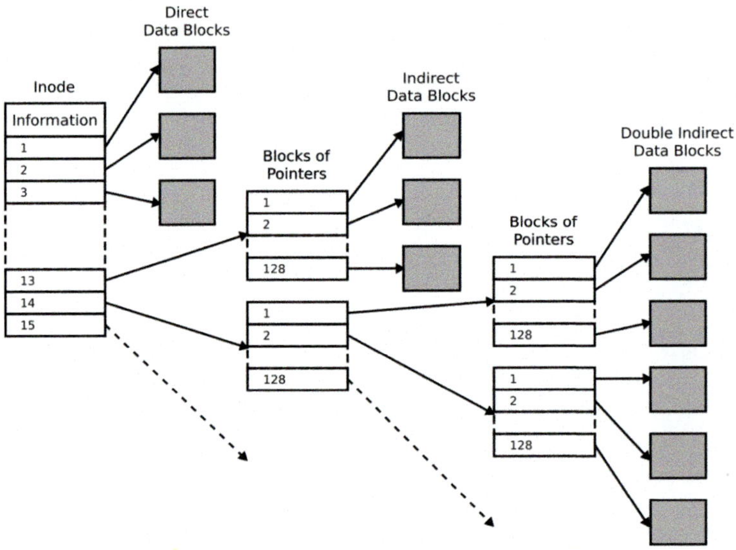

04. 하드 링크와 소프트(심볼릭) 링크의 차이점은 무엇인가?

05. 파일 크기가 0인 a.txt, b.txt, c.txt 파일을 etest 디렉터리에 생성한 후, find 명령으로 etest 디렉터리 내 파일 크기가 0인 파일을 모두 찾는 명령을 수행하고 결과를 보여라.

06. history의 출력을 페이지 단위로 볼 수 있도록 하라.

07. 다음과 같은 결과가 나오도록 디렉터리와 alias를 설정하고, 결과를 보인 후 설정을 해제하라.

```
opensw@tux:~$ cdcs
opensw@tux:~/cbnu/eece/cs$ pwd
/home/opensw/cbnu/eece/cs
opensw@tux:~/cbnu/eece/cs$
```

08. 다음과 같은 결과가 나오도록 echo, ls, 리다이렉션(>, >>, <)을 이용하여 lsdir.txt를 생성하라. (ls 명령은 디렉터리만 출력되어야 한다.)

```
opensw@tux:~$ cat < lsdir.txt
the list of directories
Desktop/
Documents/
Downloads/
Music/
Pictures/
Public/
temp/
Templates/
Videos/
opensw@tux:~$
```

09. find 명령을 이용하여 /etc/ 디렉터리에 존재하는 g로 시작하는(g*) 모든 디렉터리를 찾아 파일 gfile.txt에 저장하라. 그리고 gfile.txt의 결과를 보여라.

10. touch 명령을 사용하여 임의의 5개 .txt 파일(ex: a.txt, b.txt, ...)을 del 디렉터리에 생성한 후 find 명령을 이용하여 *.txt 파일을 찾아 삭제하라.

11. 다음은 dd 명령으로 NULL로 채워진 11MB 크기의 bigfile.dat을 생성하는 것을 보여주고 있다. find 명령으로 파일 크기가 10MB 이상인 파일을 찾아 삭제하라.

```
opensw@tux:~/del$ dd if=/dev/zero of=bigdata.dat  bs=1M  count=11
11+0 records in
11+0 records out
11534336 bytes (12 MB, 11 MiB) copied, 0.0207437 s, 556 MB/s
opensw@tux:~/del$
opensw@tux:~/del$ ls -lh
total 11M
-rw-rw-r-- 1 opensw opensw 11M Oct  5 19:23 bigdata.dat
opensw@tux:~/del$
```

12. 쉘에서 echo $PATH 명령을 실행했을 때 출력되는 내용은 무엇을 의미하는지 설명하라.

05 리눅스 파일 및 패키지 관리

CHAPTER

이번 장에서는 리눅스의 파일 관리와 관련된 기본적인 개념을 학습한다. 리눅스에서 파일이 가지고 있는 속성을 통해 파일 접근 권한의 개념을 설명하고 이를 변경하는 방법에 대해 알아본다. 이어서 리눅스 패키지 관리 방법을 소개하고, 마지막으로 파일 아카이브 및 압축의 정의, 방법, 필요성에 대해 다룬다.

5.1 리눅스 액세스 관리

리눅스는 다중 사용자 환경이기에, 모든 파일에는 파일 소유자가 존재한다. 사용자가 어떤 파일을 소유하고 있는지에 따라 파일에 대한 접근 권한이 다르기에, 파일의 속성 관리에 대한 명령을 알아보자.

5.1.1. 리눅스 파일의 속성

파일의 속성을 확인하는 가장 간단한 방법은 `ls -l` 명령을 사용하는 것으로, 실행 결과는 다음과 같다.

```
opensw@tux:~$ ls -l /etc/hosts
-rw-r--r-- 1 root root 230 Apr 9 17:00 /etc/hosts
opensw@tux:~$
```

`ls -l` 명령으로 파일 속성을 확인하면 각 속성이 공백으로 구분되어 있다(그림 5.01).

```
-rw-r--r--   1   root  root   230   Apr 9 17:00    /etc/hosts
❶    ❷      ❸    ❹     ❺     ❻         ❼              ❽
```

그림 5.01 ls -l 명령으로 확인할 수 있는 파일 속성

`ls` 명령으로 확인할 수 있는 속성에 대한 설명은 다음과 같다.

- ❶ - : 파일 종류를 표현한 기호이다.

- ❷ `rw-r--r--` : 파일을 읽고 쓰고 실행할 수 있는 접근 권한을 의미한다.
- ❸ `1` : 하드 링크의 개수이다.
- ❹ `root` : 파일 소유자의 로그인 ID이다.
- ❺ `root` : 파일 소유자의 그룹 이름이다.
- ❻ `230` : 바이트(Byte)로 표시한 파일의 크기이다.
- ❼ `Apr 9 17:00` : 파일이 마지막으로 수정된 날짜이다.
- ❽ `/etc/hosts` : 파일명이다.

이제는 ls 명령으로 확인 가능한 파일의 각 속성에 대해 자세히 알아본다.

그림 5.01의 첫 번째 항목인(❶) 파일 종류는 '해당 파일의 종류'를 나타낸다(그림 5.02).

```
-rw-r--r--   1  root root   230  Apr 9 17:00    /etc/hosts
❶
```

그림 5.02 파일 종류 속성 위치

리눅스에는 다양한 파일 유형이 존재하기에, 각 유형에 대응되는 문자로 표현한다(테이블 5.01).

테이블 5.01 리눅스 시스템에서의 각 파일 유형별 문자

문자	파일 유형
-	일반(정규) 파일
d	디렉터리 파일
l	심볼릭 링크 파일
b	블록 단위로 읽고 쓰는 블록 장치 파일
c	섹터 단위로 읽고 쓰는 문자 장치 파일
p	파이프 파일 (프로세스 간 통신에 사용되는 특수 파일)
s	소켓 (네트워크 통신에 사용되는 특수 파일)

ls 명령 외에도 file 명령으로 파일 종류를 확인할 수 있다. 아래는 file 명령으로 /etx/services 파일의 유형을 확인한다. 'ASCII Text'는 일반적인 텍스트 파일을 의미한다.

```
openswu@tux:~$ file /etc/services
/etc/services:    ASCII text
openswu@tux:~$
```

그림 5.01의 두 번째 항목(❷)은 해당 파일에 대한 '접근 권한'으로 파일 소유자, 소유 그룹, 기타 사용자에 대한 파일 접근 권한을 나타낸다(그림 5.03).

```
-rw-r--r--   1   root root   230   Apr 9 17:00    /etc/hosts
     ❷
```

그림 5.03 파일의 접근 권한 속성 위치

접근 권한은 파일 소유자가 chmod 명령을 사용하여 변경할 수 있다. chmod 명령을 사용하여 파일의 권한을 관리하는 방법은 뒤에서 학습한다.

그림 5.01의 세 번째 항목(❸)은 '하드 링크의 수'를 나타낸다(그림 5.04).

```
-rw-r--r--   1   root root   230   Apr 9 17:00    /etc/hosts
             ❸
```

그림 5.04 하드 링크 수 항목 위치

해당 파일의 하드 링크 개수를 의미하며, 4장에서 학습한 하드 링크가 이 항목과 연관이 있다. 간단한 실습을 통해 하드 링크와 소프트 링크의 생성 및 삭제가 해당 항목에 어떠한 영향을 미치는지 알아본다.

```
openswu@tux:~$ cp /etc/hosts .
openswu@tux:~$
openswu@tux:~$ ln hosts hardlink
openswu@tux:~$
openswu@tux:~$ ls -l
total 8
-rw-r--r-- 2 opensw opensw 221 Oct 12 20:43 hardlink
-rw-r--r-- 2 opensw opensw 221 Oct 12 20:43 hosts
openswu@tux:~$
openswu@tux:~$ rm hosts
openswu@tux:~$
openswu@tux:~$ cat hardlink
127.0.0.1 localhost
```

```
127.0.1.1 opensw
# The following lines are desirable for IPv6 capable hosts
::1 ip6-localhost ip6-loopback
fe00::0 ip6-localnet
ff00::0 ip6-mcastprefix
ff02::1 ip6-allnodes
ff02::2 ip6-allrouters
opensw@tux:~$
```

/etc/hosts 파일을 현재 작업 디렉터리에 복사한 후, 복사한 파일에 대한 하드 링크를 생성한다. 파일은 자기 자신도 하드 링크이기에 기본적으로 1개의 하드 링크를 가지고 있는 상태이다. hosts 파일에는 1개의 하드 링크가 생성되었기에, ls -l 명령으로 확인하면 각 파일의 하드 링크 개수가 2개인 것을 볼 수 있다. rm hosts 명령으로 hosts 파일을 삭제하면 하드 링크 수는 1개로 줄어든다.

다시 /etc/hosts 파일을 동일한 이름으로 복사하고 소프트 링크를 생성해도, 하드 링크가 생성된 것이 아니므로 hosts 파일의 하드 링크 수는 증가하지 않는다.

```
opensw@tux:~$ cp /etc/hosts .
opensw@tux:~$ ls -l
total 4
-rw-r--r-- 1 opensw opensw 221 Oct 12 20:46 hosts
opensw@tux:~$
opensw@tux:~$ ln -s hosts softlink
opensw@tux:~$
opensw@tux:~$ ls -l
total 4
-rw-r--r-- 1 opensw opensw 221 Oct 12 20:46 hosts
lrwxrwxrwx 1 opensw opensw   5 Oct 12 20:46 softlink -> hosts
opensw@tux:~$
```

단 원본 파일인 hosts 파일을 삭제하면, 소프트 링크는 가리키고 있던 파일이 없어졌기에 정상적으로 동작하지 않는다.

```
opensw@tux:~$ rm hosts
opensw@tux:~$
opensw@tux:~$ ls -l
total 0
lrwxrwxrwx 1 opensw opensw 5 Oct 12 20:46 softlink -> hosts
opensw@tux:~$
```

```
opensw@tux:~$ cat softlink
cat: softlink: No such file or directory
opensw@tux:~$
```

그림 5.01의 네 번째(❹)와 다섯 번째 항목(❺)은 '파일 소유자 ID'와 '소유 그룹'을 나타낸다(그림 5.05).

```
-rw-r--r--  1  root root  230  Apr 9 17:00    /etc/hosts
                ❹    ❺
```

그림 5.05 파일 소유자 및 소유 그룹 항목 위치

리눅스의 모든 파일은 소유자가 필히 존재한다. 시스템과 관련된 파일은 root 계정이 소유자이고 일반 파일은 그 파일을 생성한 사용자가 소유자이다. 사용자는 하나 이상의 그룹에 속하게 된다. 소유 그룹은 보통 파일 소유자가 속한 그룹으로 지정되며, 소유 그룹에 속한 사용자에게 지정된 권한이 부여된다.

사용자는 특정 파일의 소유 그룹에 본인이 속하는지 확인해야 할 때가 있는데, 이때 groups 명령을 사용하여 확인할 수 있다.

```
groups <user>
```

groups 명령으로 출력되는 그룹은 각 사용자의 그룹을 정의하는 /etc/group 파일을 기반으로 한다. /etc/group 파일은 시스템 관리자만 수정할 수 있다.

```
opensw@tux:~$ groups
opensw adm cdrom sudo dip plugdev lpadmin lxd sambashare
opensw@tux:~$
opensw@tux:~$ groups root
root : root
opensw@tux:~$
```

groups 명령을 인자없이 사용하면, 현재 로그인한 사용자가 속한 그룹을 표시한다. 즉 opensw 사용자가 속한 그룹이 출력된다. 인자로 다른 사용자명을 지정하면 지정한 사용자가 속한 그룹을 표시한다. groups root 명령의 결과는 root 사용자가 속한 그룹을 의미하며, ':' 기준으로 왼쪽은 사용자명, 오른쪽은 해당 사용자가 속한 그룹은 의미한다.

그림 5.01의 여섯 번째 항목(❻)은 '파일 크기'로 바이트 단위로 표시된다. 일곱 번째 항목(❼)은 '파일이 마지막으로 수정된 날짜 및 시간'을 의미한다. 파일 수정 날짜에서 연도가 표시되지 않으면 올해를

의미한다. 마지막으로 여덟 번째 항목(❽)은 '파일명'이다(그림 5.06).

```
-rw-r--r--   1  root root  230  Apr 9 17:00    /etc/hosts
                            ❻        ❼               ❽
```

그림 5.06 파일 크기, 수정 날짜, 파일명 항목 위치

5.1.2. 리눅스 파일의 접근 권한

접근 권한에는 크게 읽기, 쓰기, 실행 권한이 있다. 이 권한들은 파일과 디렉터리에 따라 다른 의미로 해석된다. **읽기 권한**은 파일에서는 읽거나 복사할 수 있음을, 디렉터리에서는 ls 명령을 사용하여 디렉터리 내부 목록을 확인할 수 있음을 의미한다. **쓰기 권한**은 파일을 대상으로는 수정, 이동, 삭제할 수 있음을, 디렉터리에서는 파일 생성 또는 삭제할 수 있음을 뜻한다. **실행 권한**은 파일을 실행할 수 있음을, 디렉터리에서는 해당 디렉터리로 이동할 수 있음을 말한다.

접근 권한은 ls -l 명령으로 확인할 수 있는데, '소유자/그룹/기타 사용자' 순으로 각 3자리씩 총 9자리로 표기된다(그림 5.07). 접근 권한은 읽기는 'r', 쓰기는 'w', 실행은 'x'로 나타내며 권한이 없으면 '-'로 표기한다. 사용자, 그룹, 기타 사용자별로 3가지 권한을 묶어서 표기한다.

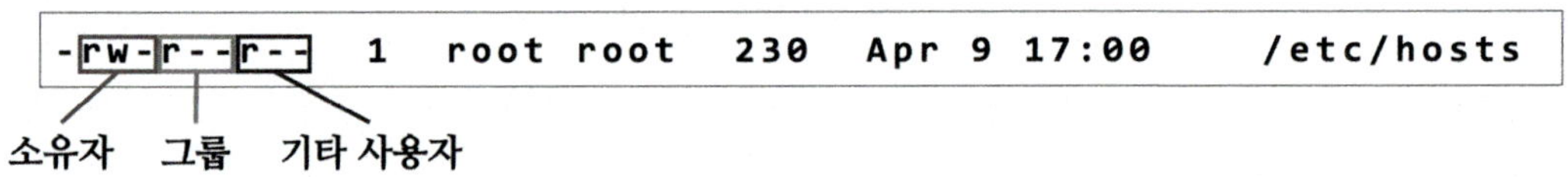

그림 5.07 소유자, 그룹, 기타 사용자의 접근 권한 표기법

5.1.3. 리눅스 파일의 일반 접근 권한 변경

앞서 파일 접근 권한을 바꿀 수 있는 명령으로 chmod 명령이 있음을 언급했다. 이번 절에서는 chmod 명령을 사용하여 파일의 접근 권한을 변경하는 방법을 학습한다.

chmod 명령은 파일과 디렉터리의 접근 권한을 변경하며, 명령 형식은 다음과 같다.

```
chmod [option] <mode> <file¦dir>
```

-R 옵션을 사용하면 하위 디렉터리까지 접근 권한을 변경할 수 있다. chmod 명령에서는 <[mode]>를 기호모드 또는 숫자모드로 표현하여 접근 권한을 변경한다.

- **기호모드** : 변경할 접근 권한을 문자와 기호를 사용하여 표시한다. 이전 절에서 언급한 'r', 'w', 'x', '-'를 사용하여 변경할 접근 권한을 나타낸다.
- **숫자모드** : 접근 권한을 변경하기 위해 숫자를 사용한다. 'rwxrwxrwx'부터 '---------'의 기호 표현을 3자리의 8진수로 나타낸다.

우선 **기호모드**로 파일 접근 권한을 변경하는 방법을 익힌다. 기호모드를 사용하려면 기호모드에서 <mode>를 어떻게 표현하는지 알아야 한다. 기호모드에서는 사용자 카테고리 문자, 연산자 기호, 접근 권한을 조합하여 <mode>를 표시한다(그림 5.08).

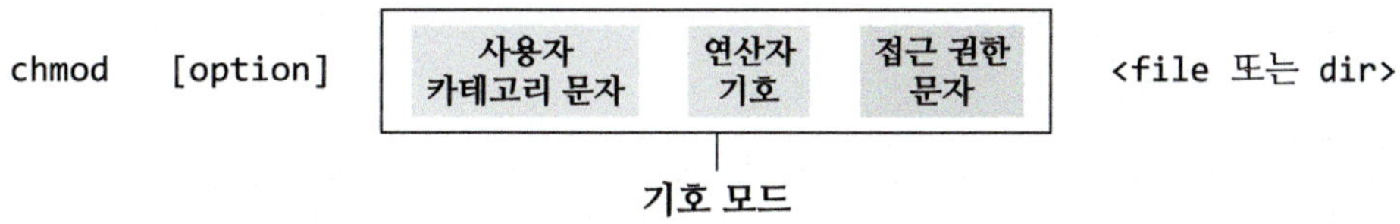

그림 5.08 기호모드에서의 chmod 명령 사용법

기호모드로 접근 권한을 표시하기 위해 사용자 카테고리 문자, 연산자 기호, 접근 권한 문자에 어떤 것이 지원되는지 확인한다(테이블 5.02).

테이블 5.02 기호모드에서 사용하는 다양한 문자와 기호

구분	문자/기호	의미
사용자 카테고리 문자	u	파일 소유자
	g	소유 그룹
	o	기타 사용자
	a	전체 사용자
연산자 기호	+	권한 추가 부여
	-	권한 제거
	=	접근 권한 설정
접근 권한 문자	r	읽기 권한
	w	쓰기 권한
	x	실행 권한

기호모드를 사용하여 소유자, 그룹, 기타 사용자에 대한 접근 권한을 변경한다.

```
opensw@tux:~$ mkdir ex
opensw@tux:~$ cd ex
opensw@tux:~/ex$ cp /etc/hosts test.txt
opensw@tux:~/ex$ ls -l
total 4
-rw-r--r-- 1 opensw opensw 218 Sep 22 13:09 test.txt
opensw@tux:~/ex$
opensw@tux:~/ex$ chmod u-w test.txt
opensw@tux:~/ex$ ls -l
total 4
-r--r--r-- 1 opensw opensw 218 Sep 22 13:09 test.txt
opensw@tux:~/ex$
opensw@tux:~/ex$ chmod g+wx test.txt
opensw@tux:~/ex$ ls -l
total 4
-r--rwxr-- 1 opensw opensw 218 Sep 22 13:09 test.txt
opensw@tux:~/ex$
opensw@tux:~/ex$ chmod o+x test.txt
opensw@tux:~/ex$ ls -l
total 4
-r--rwxr-x 1 opensw opensw 218 Sep 22 13:09 test.txt
opensw@tux:~/ex$
```

파일 소유자, 그룹, 기타 사용자 순으로 text.txt 파일의 접근 권한을 변경했다. 접근 권한은 한 번에 여러 권한을 추가하거나 제거할 수 있다. 각 명령별 <mode>의 의미는 다음과 같다.

- **u-w** : 명시된 파일에 부여된 소유자 권한(u) 중 쓰기 권한(w)을 제거(-)한다.
- **g+wx** : 파일에 부여된 그룹 권한(g) 중 쓰기(w)와 실행 권한(x)을 추가(+)한다.
- **o+x** : 파일에 부여된 기타 사용자 권한(o) 중 실행 권한(x)을 추가(+)한다.

이제 여러 사용자 카테고리에 대한 파일 접근 권한을 부여한다.

```
opensw@tux:~/ex$ ls -l
total 4
-r--rwxr-x 1 opensw opensw 218 Sep 22 13:09 test.txt
opensw@tux:~/ex$
opensw@tux:~/ex$ chmod go-x test.txt
opensw@tux:~/ex$ ls -l
```

```
total 4
-r--rw-r-- 1 opensw opensw 218 Sep 22 13:09 test.txt
opensw@tux:~/ex$
opensw@tux:~/ex$ chmod a+x test.txt
opensw@tux:~/ex$ ls -l
total 4
-r-xrwxr-x 1 opensw opensw 218 Sep 22 13:09 test.txt
opensw@tux:~/ex$
opensw@tux:~/ex$ chmod u+w, g-w test.txt
chmod: invalid mode: 'u+w,'
Try 'chmod--help' for more information.
opensw@tux:~/ex$
opensw@tux:~/ex$ chmod u+w,g-w test.txt
opensw@tux:~/ex$ ls -l
total 4
-rwxr-xr-x 1 opensw opensw 218 Sep 22 13:09 test.txt
opensw@tux:~/ex$
```

동일한 접근 권한을 한 번에 여러 사용자 카테고리에 부여하려면 원하는 카테고리에 해당하는 문자를 나열하면 된다. 각 카테고리마다 다른 권한을 부여할 경우에는 카테고리별 권한 모드를 공백 없이 콤마(,)로 구분하여 작성한다. 각 명령에 작성된 모드는 다음과 같은 의미는 가지고 있다.

- **go-x** : 파일의 그룹과 기타 사용자 권한(go)에서 실행 권한(x)을 제거(-)한다.
- **a+x** : 파일의 모든 사용자 카테고리(a)에 실행 권한(x)을 추가(+)한다.
- **u+w,g-w** : 소유자 권한(u)에는 쓰기 권한(w)을 추가(+)하고, 그룹 권한(g)에는 쓰기 권한(w)을 제거(-)한다. 단, 두 'u+w, g-w'처럼 모드 사이에 공백이 포함되면 'chmod: invalid mode: 'u+w,''라는 오류가 발생한다.

기호모드 외에 **숫자모드**로도 접근 권한을 변경할 수 있다. 기호모드와 동일하게 사용자 카테고리별 3개의 권한을 표현한다. 읽기, 쓰기, 실행 권한을 부여하면 1, 부여하지 않으면 0으로 표시하여, 3자리의 2진수로 표현한 후 8진수로 변환하여 <mode>를 작성한다.

예를 들어 r--라는 권한을 부여한다고 하자. 각 자릿수를 2진수로 변환하면 100이고 이를 다시 8진수로 변환하면 $1 \times 2^2 + 0 \times 2^1 + 0 \times 2^0 = 4$이다. 따라서 r--는 4로 표현한다. 이렇게 나온 소유자, 그룹, 기타 사용자 권한의 세 숫자를 연결하면 전체 접근 권한을 표시할 수 있다(테이블 5.03).

테이블 5.03 숫자모드로 표현한 다양한 접근 권한

접근 권한	2진수	8진수	의미
rwx	111	7	읽기, 쓰기, 실행 권한 부여
rw-	110	6	읽기, 쓰기 권한 부여
r-x	101	5	읽기, 실행 권한 부여
r--	100	4	읽기 권한 부여
-wx	011	3	쓰기, 실행 권한 부여
-w-	010	2	쓰기 권한 부여
--x	001	1	실행 권한 부여
---	000	0	권한 없음

숫자모드를 사용하여 파일의 접근 권한을 변경한다. 기존 접근 권한에서 새로운 권한을 추가하거나 제거하는 기호모드와 달리, 숫자모드는 작성된 8진수에 해당하는 권한으로 설정된다. 이는 권한 수정 시 소유자, 그룹, 기타 사용자의 권한을 모두 표기해야 된다는 것을 의미한다.

```
opensw@tux:~/ex$ rm test.txt
opensw@tux:~/ex$ touch test.txt
opensw@tux:~/ex$ ls -l test.txt
-rw-rw-r-- 1 opensw opensw 0 Dec 27 12:34 test.txt
opensw@tux:~/ex$
opensw@tux:~/ex$ chmod 444 test.txt
opensw@tux:~/ex$ ls -l test.txt
-r--r--r-- 1 opensw opensw 0 Dec 27 12:34 test.txt
opensw@tux:~/ex$
opensw@tux:~/ex$ chmod 474 test.txt
opensw@tux:~/ex$ ls -l test.txt
-r--rwxr-- 1 opensw opensw 0 Dec 27 12:34 test.txt
opensw@tux:~/ex$
opensw@tux:~/ex$ chmod 755 test.txt
opensw@tux:~/ex$ ls -l test.txt
-rwxr-xr-x 1 opensw opensw 0 Dec 27 12:34 test.txt
opensw@tux:~/ex$
opensw@tux:~/ex$ chmod 777 test.txt
opensw@tux:~/ex$ ls -l test.txt
-rwxrwxrwx 1 opensw opensw 0 Dec 27 12:34 test.txt
opensw@tux:~/ex$
```

숫자모드에서는 특정 사용자 카테고리의 권한을 변경하지 않아도 기존에 설정된 접근 권한을 명시해야 한다는 특징이 있다. 그래서 파일의 접근 권한을 변경하기 전, 변경하지 않을 사용자 카테고리의 권한에 해당하는 8진수 표현을 알아야 한다.

5.1.4. 리눅스 파일의 기본 접근 권한 변경

지금까지 파일이나 디렉터리를 생성하면 기본적으로 접근 권한이 설정된 채로 생성되었다. 이는 리눅스에 설정된 기본 접근 권한이 존재하기 때문이다.

기본 접근 권한이란 파일이나 디렉터리를 생성 시에 기본으로 적용되는 접근 권한이다. 일반 파일의 경우에는 소유자와 그룹의 권한은 'rw-', 기타 사용자의 권한은 'r--'로 설정된다. 디렉터리의 경우에는 소유자와 그룹은 'rwx', 기타 사용자는 'r-x'로 설정된다. 이러한 기본 접근 권한은 umask 명령으로 설정이 가능하다.

umask 명령은 현재 설정된 기본 접근 권한을 보여주거나 설정된 기본 접근 권한을 변경하여, 명령 형식은 다음과 같다.

umask [option] [mask]

우선 umask 명령을 실행하여 현재 시스템에 적용된 기본 접근 권한을 확인한다.

```
opensw@tux:~/ex$ umask
0002
opensw@tux:~/ex$
```

umask 명령 결과에서 0002 중 맨 앞의 '0'은 특수 권한 접근을 나타낼 때 사용하며, 특수 권한은 뒷 절에서 자세히 다룰 예정이다. 해당 위치가 0이면 일반 접근 권한을 의미한다.

umask 명령으로 기본 접근 권한을 설정할 때는 마스크 값을 이용한다. 마스크(mask) 값은 파일이나 디렉터리 생성 시 파일에 부여하지 않을 권한을 지정한 값이다. 마스크처럼 지정한 값에 해당하는 권한을 가린다는 의미이다. 예를 들어 mask 값이 002인 경우 -------w-를 의미하며, 이는 기타 사용자에게 쓰기 권한을 부여하지 않겠다는 의미이다. umask 명령에 -S 옵션을 지정하면 기본 접근 권한을 문자 형태로 확인 가능하다.

```
opensw@tux:~/ex$ umask -S
u=rwx,g=rwx,o=rx
opensw@tux:~/ex$
```

umask -S 명령으로 확인한 결과, 새로운 파일을 생성할 때 사용자와 그룹에게는 읽기, 쓰기, 실행 권한을 부여하고, 기타 사용자에게는 읽기와 실행 권한을 부여한다는 것을 의미한다.

umask 명령으로 마스크 값을 변경하는 실습을 진행한다. 마스크 값을 077로 설정한 후 새로운 파일을 생성하면 파일의 접근 권한이 어떻게 설정되는지 확인한다.

```
opensw@tux:~/ex$ umask 077
opensw@tux:~/ex$ umask
0077
opensw@tux:~/ex$ touch linux.txt
opensw@tux:~/ex$ ls -l
total 4
-rw------- 1 opensw opensw   0 Sep 22 13:33 linux.txt
-rwxr-xr-x 1 opensw opensw 218 Sep 22 13:09 test.txt
opensw@tux:~/ex$
```

마스크 값이 '077'라는 것은 ---rwxrwx를 의미하므로, 그룹과 기타 사용자에게 모든 권한을 부여하지 않는다. 그 결과로 마스크 값 변경 이후 새로 생성한 linux.txt 파일의 접근 권한에는 그룹과 기타 사용자에 부여된 권한이 없다. 여기에 소유자의 권한이 rwx가 아닌 rw인 이유는 파일의 최대 접근 권한이 제한되어 있기 때문이다.

최대 접근 권한이란 기본 접근 권한으로 설정할 수 있는 접근 권한의 최대치이다. 일반 파일은 666, 실행 파일과 디렉터리는 777이 최대 접근 권한이다. 마스크 값은 각 파일 유형의 최대 접근 권한에서 마스킹을 진행한다(그림 5.09).

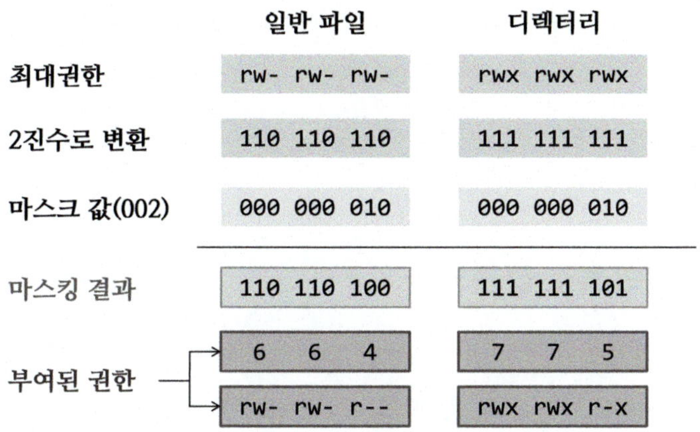

그림 5.09 파일과 디렉터리별 최대 접근 권한 마스킹 결과

그림 5.09에서 알 수 있듯이 최대 접근 권한에 마스크 값을 적용하여 기본 접근 권한이 부여된다.마스킹 결과로 기본 접근 권한은 umask 진리표를 참고하면 이해하기 쉽다(테이블 5.04).

테이블 5.04 umask 진리표

최대 권한	mask값	부여된 기본 권한
1	1	0
1	0	1
0	1	0
0	0	0

umask 명령으로 마스크 값을 설정한 다음, 마스크 값을 변경한 이후에 생성된 파일과 디렉터리에 부여되는 접근 권한을 확인한다.

```
opensw@tux:~/ex$ umask 002
opensw@tux:~/ex$ touch masktest.txt
opensw@tux:~/ex$ ls -l masktest.txt
-rw-rw-r-- 1 opensw opensw 0 Dec 27 12:49 masktest.txt
opensw@tux:~/ex$
opensw@tux:~/ex$ mkdir maskdir
opensw@tux:~/ex$ ls -ld maskdir
drwxrwxr-x 2 opensw opensw 4096 Dec 27 12:49 maskdir
opensw@tux:~/ex$
```

일반 파일은 666에서 002라는 마스크 값이 적용되어 664에 해당하는 rw-rw-r--권한이 부여된다. 디렉터리는 777에서 마스크 값이 적용되어 775인 rwxrwxr-x 권한이 부여된다. 이러한 차이점으로 인해, 같은 마스크 값이어도 파일 유형에 따라 권한이 다르게 적용된다는 것을 인지한 상태에서 umask 명령을 사용해야 한다.

5.1.5. 리눅스 파일의 특수 접근 권한

리눅스 시스템에서는 일반 접근 권한 외에 특별한 접근 권한을 제공한다. 앞서 umask 명령으로 확인한 마스크 값은 4자리로 구성되었는데, 이 중 맨 앞자리 숫자가 특수 접근 권한을 나타낸다. 해당 자리가 0이면 부여되는 특수 접근 권한이 없음을 의미하고, 1, 2, 4 중 하나이면 **특수 접근 권한**을 의미한다. 특수 접근 권한의 종류는 다음과 같다.

- **1** : 스티키 비트(Sticky bit)
- **2** : SetGID
- **4** : SetUID

SetUID가 설정된 파일을 실행하면, 해당 파일이 실행되는 동안에는 파일을 실행한 사용자의 권한이 아니라 파일 소유자의 권한이 적용된다.

```
opensw@tux:~/ex$ touch set
opensw@tux:~/ex$ chmod 775 set
opensw@tux:~/ex$ ls -l
total 0
-rwxrwxr-x 1 opensw opensw 0 Sep 22 14:28 set
opensw@tux:~/ex$ chmod 4755 set
opensw@tux:~/ex$ ls -l
total 0
-rwsr-xr-x 1 opensw opensw 0 Sep 22 14:28 set
opensw@tux:~/ex$
```

chmod 4755 set 명령을 실행하면 '4'라는 SetUID 특수 권한과 '755'에 해당하는 접근 권한을 set 파일에 부여한다. chmod 명령에서 특수 권한을 표시하지 않으면 일반 접근 권한으로 설정된다. SetUID가 적용되면 -rwsr-xr-x처럼 소유자의 실행 권한에 's'가 표시되는 것을 확인할 수 있다. 이는 set 파일이 실행하면 항상 파일 소유자인 opensw 사용자 권한으로 실행됨을 의미한다.

SetUID는 언제 필요할까? 사용자 계정의 비밀번호를 변경하는 상황을 생각해보자. passwd 명령은 사용자 계정의 암호를 변경하는데, 해당 명령의 실행파일인 /usr/bin/passwd은 소유자와 그룹 모두 root이므로 root 사용자만 이용 가능하다. 따라서 일반 사용자가 passwd 명령으로 본인 계정의 암호 변경을 시도한다면, 파일 소유자가 아니기에 변경이 불가능할 것이다. passwd에는 일반 사용자가 실행하더라도 소유자인 root 권한으로 실행되도록 SetUID(rws)가 설정되어 있기에, 암호 변경이 가능한 것이다.

```
openswd@tux:~/ex$ which passwd
/usr/bin/passwd
openswd@tux:~/ex$
openswd@tux:~/ex$ ls -l /usr/bin/passwd
-rwsr-xr-x 1 root root 68208 May 28 15:37 /usr/bin/passwd
openswd@tux:~/ex$
```

SetGID는 일시적으로 소유 그룹의 권한을 얻어 실행하는 권한이다. 접근 권한의 첫 번째 자리를 2로 설정하면 SetGID 특수 권한이 부여된다.

```
openswd@tux:~/ex$ touch set
openswd@tux:~/ex$ ls -l
total 0
-rw-rw-r-- 1 opensw opensw 0 Sep 22 14:48 set
openswd@tux:~/ex$ chmod 2755 set
openswd@tux:~/ex$ ls -l
total 0
-rwxr-sr-x 1 opensw opensw 0 Sep 22 14:48 set
openswd@tux:~/ex$
```

chmod 2755 set 명령으로 set 파일의 권한을 2755로 변경한 후 ls -l 명령으로 확인하면, 소유 그룹의 실행 권한에 's'가 표시된 것을 알 수 있다.

마지막으로 **스티키 비트**는 디렉터리에만 설정 가능한 특수 권한이며, 접근 권한의 맨 앞자리를 1로 설정하여 부여할 수 있다. temp 디렉터리를 1755로 권한 변경 후 ls 명령으로 확인해보면 기타 사용자의 실행 권한에 't'가 표시된 것을 알 수 있다.

```
openswd@tux:~/ex$ mkdir temp
openswd@tux:~/ex$ chmod 1755 temp/
openswd@tux:~/ex$ ls -ld temp/
```

```
drwxr-xr-t 2 opensw opensw 4096 Sep 22 15:00 temp/
opensw@tux:~/ex$
```

스티키 비트가 설정된 디렉터리에는 누구나 파일 생성이 가능하다. 생성한 파일은 파일을 생성한 계정이 소유자로 설정되고, 다른 사용자가 생성한 파일을 삭제할 수 없다. 대표적으로 /tmp 디렉터리가 스티키 비트를 가진 디렉터리이다.

```
opensw@tux:~/ex$ ls -ld /tmp/
drwxrwxrwt 16 root root 4096 Sep 22 13:17 /tmp/
opensw@tux:~/ex$
opensw@tux:~/ex$ touch /tmp/hello
opensw@tux:~/ex$ ls -l /tmp/hello
-rw-rw-r-- 1 opensw opensw 0 Sep 22 14:59 /tmp/hello
opensw@tux:~/ex$
```

/tmp 디렉터리에서 hello 파일을 생성하면, 해당 파일을 생성한 opensw 사용자가 소유자로 설정되고, opensw 사용자만이 hello 파일을 관리할 수 있게 된다. 이처럼 여러 사용자와 공유하는 디렉터리를 생성할 때 유용한 특수 권한이다.

지금까지 소개한 모든 특수 권한은 특수 권한을 설정하는 파일에 실행 권한이 부여되어 있어야 한다. 실행 권한이 없는 파일에 SetUID, SetGID를 설정하면 's'가 아니라 'S'로 표시된다. 또한 디렉터리에 실행 권한이 없는데 스티키 비트를 설정하면 'T'로 표시된다. 즉 'S'나 'T'로 표시되면 특수 접근 권한을 잘못 설정한 상태임을 의미한다.

```
opensw@tux:~/ex$ touch set
opensw@tux:~/ex$ chmod 4644 set
opensw@tux:~/ex$ ls -l set
-rwSr--r--1 opensw opensw 0 Sep 22 15:11 set
opensw@tux:~/ex$
opensw@tux:~/ex$ chmod 744 set
opensw@tux:~/ex$ ls -l set
-rwxr--r--1 opensw opensw 0 Sep 22 15:11 set
opensw@tux:~/ex$ chmod 4744 set
opensw@tux:~/ex$ ls -l set
-rwsr--r--1 opensw opensw 0 Sep 22 15:11 set
opensw@tux:~/ex$
```

4를 사용하여 SetUID를 설정할 때 실행 권한을 부여하지 않으면, 소유자 실행 권한이 'S'로 표시되는 것을 확인할 수 있다. 644에는 소유자의 실행 권한이 포함되지 않아 발생한 문제이다. 다시 4744로 실행 권한을 부여한 상태에서 SetUID를 설정하니 's'로 표기되었다.

SetGID와 스티키 비트도 동일한 결과를 보인다.

```
openswe@tux:~/ex$ chmod 2744 set
openswe@tux:~/ex$ ls -l set
-rwxr-Sr-- 1 opensw opensw 0 Dec 27 15:03 set
openswe@tux:~/ex$
openswe@tux:~/ex$ chmod 2754 set
openswe@tux:~/ex$ ls -l set
-rwxr-sr-- 1 opensw opensw 0 Dec 27 15:03 set
openswe@tux:~/ex$
openswe@tux:~/ex$ chmod 1754 temp/
openswe@tux:~/ex$ ls -ld temp
drwxr-xr-T 2 opensw opensw 4096 Dec 27 15:01 temp
openswe@tux:~/ex$
```

관리자는 다양한 상황을 고려하여 일반 권한과 특수 권한을 이용해 사용자의 파일 접근을 제한할 수 있다. 파일 접근 권한은 보안을 위한 핵심 요소 중 하나이므로 접근 권한에 대해 정확하게 숙지한 후 사용하는 것이 중요하다.

5.2 패키지 관리하기

리눅스에서는 소프트웨어를 소스코드 형식이나 바로 설치하여 사용할 수 있는 패키지 형태로 배포한다. 소스코드 형태로 배포하는 경우는 대부분 하나의 아카이브 파일로 묶은 후 압축하여 배포한다. 패키지 관리 툴을 통해 패키지는 배포되고 지속적으로 관리되며, 리눅스 소프트웨어의 주된 배포 방식이다. 리눅스는 다양한 패키지를 사용하기에 패키지를 효율적으로 관리하는 방법에 대해 알아본다.

5.2.1. 리눅스 패키지 구성

리눅스의 패키지는 계열에 따라 형식이 조금씩 다르다(그림 5.10). RedHat 계열인 RedHat Enterprise

Linux(RHEL), Fedora Linux, CentOS는 rpm 패키지를 사용하고, Debian 계열인 Ubuntu는 deb 패키지를 사용한다. snap 패키지는 리눅스 계열에 상관없이 작동되도록 설계되었다(그림 5.10).[44]

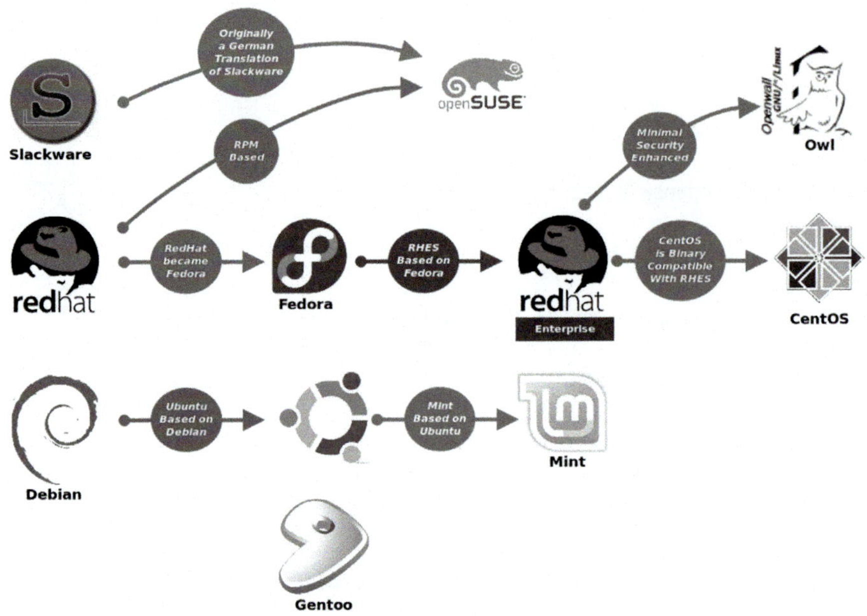

그림 5.10 리눅스 계열 별 사용하는 패키지 형식

우분투는 기본적으로 Debian 계열의 표준 패키지인 deb 패키지를 사용하며, 구조가 단순하여 설치와 제거가 쉽다. 우분투 패키지가 가지는 여러 특징이 존재한다.

- 바이너리 파일로 구성되어 있어 컴파일이 불필요하다.
- 패키지의 파일이 관련 디렉터리에 바로 설치할 수 있다.
- 패키지를 삭제할 때 관련된 파일의 일괄 삭제가 가능하다.
- 기존에 설치한 패키지를 삭제하지 않고 바로 업그레이드 가능하다.
- 패키지의 설치 상태를 검증할 수 있다.
- 패키지에 대한 정보를 제공한다.
- 해당 패키지와 의존성을 가지고 있는 패키지를 알려준다.

44 https://medium.com/ntust-aivc/common-sense-about-linux-for-newbie-bd21501db573

Debian 배포판에 포함된 모든 패키지는 자유 소프트웨어 지침에 따른다. 그래서 자유롭게 사용하고 배포할 수 있고, 4개의 카테고리로 나누어 소프트웨어를 제공한다. 카테고리 종류와 설명은 아래와 같다.

- **main** : 우분투에 의해 공식적으로 지원되며 자유롭게 배포가 가능한 소프트웨어가 포함된 카테고리이다.
- **restricted** : 우분투에 의해 지원되나 완전한 자유 라이선스 소프트웨어는 아닌 소프트웨어가 포함된 카테고리이다.
- **universe** : 리눅스에서 사용할 수 있는 거의 대부분의 소프트웨어로 자유 소프트웨어일 수 있고 아닐 수도 있으며, 기술적 지원을 보장하지 않는다.
- **multiverse** : 자유 소프트웨어가 아닌 소프트웨어가 포함되어 있으며, 개인이 직접 라이선스를 확인해야 한다.

우분투 패키지는 다음과 같은 형식의 이름을 가진다(그림 5.11).

```
file_version-revision_arch.deb
 ❶     ❷        ❸       ❹   ❺
```

그림 5.11 우분투 패키지 이름 형식

각 필드에 대한 설명은 아래와 같다.

- ❶ **file** : 패키지 성격을 나타내는 파일명이다.
- ❷ **version** : 패키지 버전을 의미한다.
- ❸ **revision** : 리비전은 원래 소스의 버전이 업그레이드되지는 않았지만 패키지의 보안 문제나 의존성 변화, 스크립트의 변화 등이 있음을 의미한다.
- ❹ **arch** : 사용하는 시스템 아키텍처로 i386은 Intel, all은 시스템과 상관없는 문서나 스크립트 등을 의미한다.
- ❺ **확장자** : 확장자는 .deb을 고정으로 사용한다.

예를 들어 'netcat_1.10-41.1_all.deb'는 파일명은 netcat, 버전은 1.10, 리비전은 41.1이며 아키텍처

가 all이므로 문서 또는 스크립트 형태인 패키지임을 의미한다. 'gnome-shell_3.26.1-0ubuntu5_amd64.deb'는 파일명이 gnome-shell, 버전은 3.26.1, 리버전은 0ubuntu5, 아키텍처는 amd64로 64bit용 패키지이다. 이처럼 우분투 패키지의 이름만으로도 이름, 버전, 사용 가능한 아키텍처를 알 수 있다.

이러한 리눅스 패키지들이 저장되는 서버가 존재하고, 우분투 패키지 저장소라고 부른다. **우분투 패키지 저장소**는 패키지와 그에 대한 정보를 저장하는 서버로, 기능 추가나 보안 등 지속적인 업그레이드를 통해 집중적으로 패키지를 관리한다. 사용자는 저장소에서 최신 버전의 패키지를 내려 받아 설치할 수 있다(그림 5.12).[45]

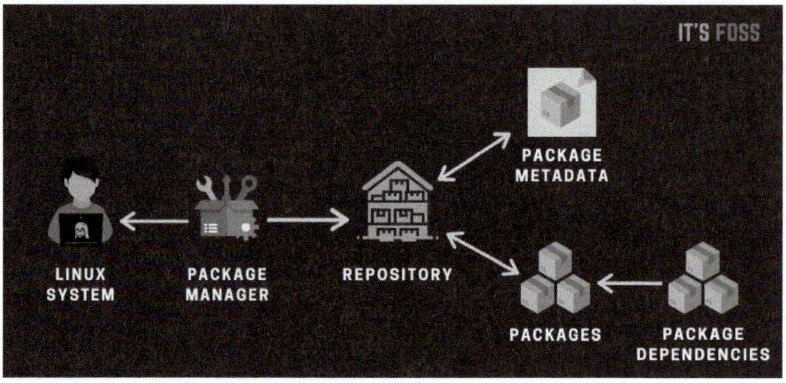

그림 5.12 저장소와 패키지 매니저의 관계

사용자가 우분투 패키지를 설치하기 위해서는 패키지를 저장하고 있는 우분투 패키지 저장소를 알아야 한다. 우분투에서 사용하는 패키지 저장소 정보는 /etc/apt/sources.list 파일에 있다. 원하는 패키지 저장소를 사용하기 위해서는 해당 파일에 저장소 정보를 추가 또는 삭제해야 한다.

우분투는 캐노니컬(Canonical)에서 관리 및 릴리스를 한다. 우분투는 버전 별로 '형용사+동물이름'으로 구성된 코드명이 존재한다. 22.04 버전은 Jammy Jellyfish이고, 그 다음 버전인 24.04은 Noble Numbat이라는 코드명을 가지고 있다. 우분투는 코드명에 해당하는 동물 일러스트가 배경화면으로 설정되어 있다(그림 5.13).[46] 그림 5.13의 배경화면은 22.10 버전의 Kinetic Kudu 버전의 배경화면이다.

45 https://itsfoss.com/content/images/wordpress/2020/10/linux-package-manager-explanation.png

46 https://canonical.com/blog/canonical-releases-ubuntu-22-10-kinetic-kudu

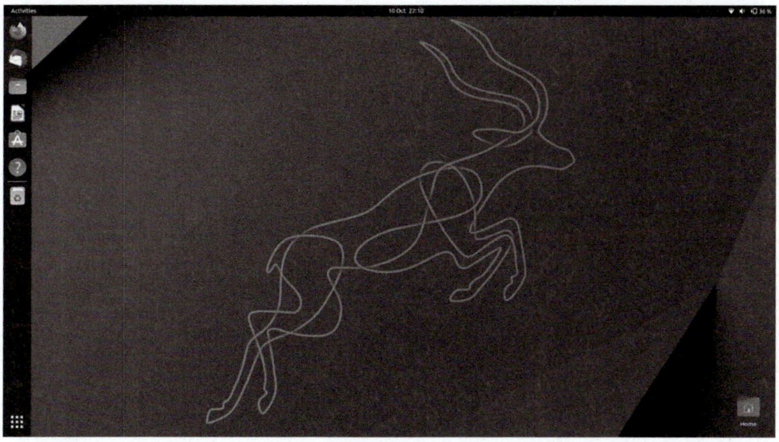

그림 5.13 Ubuntu 22.10 버전의 기본 배경화면

패키지를 설치하기 전에 /etc/apt/sources.list 파일을 확인하여, 저장소 정보가 어떻게 구성되어 있는지 확인한다.

```
openswd@tux:~$ cat /etc/apt/sources.list
#deb cdrom:[Ubuntu 22.04.1 LTS _Jammy Jellyfish_ - Release amd64
(20220809.1)]/ jammy main restricted

deb http://kr.archive.ubuntu.com/ubuntu/ jammy main restricted
# deb-src http://kr.archive.ubuntu.com/ubuntu/ jammy main restricted
openswd@tux:~$
```

각 저장소에 대한 정보는 한 줄씩 나열되어 있고, 각 항목이 공백으로 구분되어 있다. 각 항목에 대한 설명은 다음과 같다.

- **패키지 유형** : deb는 바이너리 패키지 저장소를 의미하고, deb-src는 패키지의 소스 저장소임을 의미한다.
- **저장소 주소** : http 프로토콜을 사용하는 URL 주소를 사용한다.
- **우분투 버전 정보** : 버전은 숫자가 아니라 버전의 코드명을 사용한다.
- **카테고리** : 저장소가 가지고 있는 소프트웨어 카테고리(main, restricted 등)을 표시한다.

'#'은 주석이므로 해당 저장소는 주석 처리가 되었기에, 우분투에서 사용하지 않는다. 현재 우분투는

http://kr.archive.ubuntu.com/ubuntu/서버에 저장된 jammy 버전의 바이너리 패키지 저장소를 사용하며 main과 restricted에 해당하는 소프트웨어를 지원한다.

5.2.2. 리눅스 패키지 설치

이제 /etc/apt/sources.list 파일에 정의된 패키지 저장소를 통해 패키지를 설치한다. 우분투에서 패키지를 설치하는 방법은 다양하게 존재한다.

- APT(Advanced Package Tool) 명령을 사용하는 방법
- dpkg 명령을 사용하는 방법
- aptitude 명령을 사용하는 방법
- 우분투 소프트웨어 센터에서 패키지를 선택하여 설치하는 방법

일반적으로 APT 명령을 사용하는 방법을 많이 사용하므로, APT 명령으로 우분투 패키지를 설치하는 방법에 대해 학습한다.

apt-cache 명령은 APT 캐시(패키지 데이터베이스)에서 정보를 검색하고, 다음의 명령 형식을 사용한다.

```
apt-cache [option] <command>
```

apt-cache 명령에는 다양한 옵션과 서브 명령이 존재하므로, 적절히 사용하여 패키지의 원하는 정보를 출력할 수 있다(테이블 5.05).

테이블 5.05 apt-cache 명령의 다양한 옵션과 서브 명령

종류	형식	의미
옵션 (<option>)	-f	검색 결과로 패키지에 대한 전체 기록 출력
	-h	간단한 도움말 출력
서브 명령 (<command>)	stats	캐시에 대한 통계 정보 출력
	dump	캐시에 있는 모든 패키지의 정보를 간략히 출력
	search <keyword>	캐시에서 키워드로 검색
	showpkg <pkg>	패키지에 대한 의존성 정보와 역의존성 정보를 검색하여 출력
	show <pkg>	패키지에 대한 간단한 정보 출력
	pkgnames	사용 가능한 모든 패키지의 이름 출력

apt-cache 명령에 대한 다양한 사용법을 알아보자. 우선 APT 캐시 통계 정보를 출력하려면 아래와 같이 stats 서브 명령을 사용한다.

```
opensw@tux:~$ apt-cache stats
Total package names: 99138 (2,776 k)
Total package structures: 96032 (4,225 k)
  Normal packages: 63268
  Pure virtual packages: 1656
  Single virtual packages: 17203
  Mixed virtual packages: 2269
  Missing: 11636
Total distinct versions: 67969 (5,981 k)
...
Total buckets in GrpHashTable: 50503
  Unused: 7018
  Used: 43485
  Utilization: 86.1038%
  Average entries: 2.27982
  Longest: 10
  Shortest: 1
opensw@tux:~$
```

stats 옵션으로 확인 가능한 통계는 매우 다양하며, 설치된 모든 패키지, 고유 버전, 해시테이블에서 사용되는 버킷 등에 대한 통계를 확인할 수 있다.

사용 가능한 패키지 목록은 pkgnames 서브 명령으로 검색할 수 있다.

```
opensw@tux:~$ apt-cache pkgnames
libgkarrays
libdatrie-doc
libfstrcmp0-dbg
librime-data-sampheng
zabbix
fonts-georgewilliams
python3-aptdaemon.test
python3-doc8
r-bioc-hypergraph
...
```

패키지를 검색하려면 search <keyword> 서브 명령을 사용한다. search 서브 명령은 APT 캐시에서 키워드를 검색하고, <keyword>에 패키지명을 입력하면 원하는 패키지를 검색할 수 있다. 다음은 리눅스에 FTP(File Transfer Protocol) 서버를 구축하는 소프트웨어인 **vsfptd**를 검색하는 예이다.

```
opensw@tux:~$ apt-cache search vsftpd
resource-agents -Cluster Resource Agents
vsftpd -lightweight, efficient FTP server written for security
vsftpd-dbg -lightweight, efficient FTP server written for security (debug)
ccze -robust, modular log coloriser
ftpd -File Transfer Protocol (FTP) server
yasat -simple stupid audit tool
opensw@tux:~$
```

vsftpd는 VSFTPD(Very Secure FTP Daemon)의 패키지로, 사용자의 PC를 네트워크로 파일을 공유할 수 있는 FTP 서버로 만들어 줄 수 있는 소프트웨어이다.

특정 패키지 정보는 show <pkg> 서브 명령으로 확인할 수 있다. 이를 통해 버전, 패키지 크기, 체크섬(checksum) 등 패키지에 관한 정보를 확인 가능하다.

```
opensw@tux:~$ apt-cache show vsftpd
Package: vsftpd
Architecture: amd64
Version: 3.0.3-12
Priority: extra
Section: net
Origin: Ubuntu
Maintainer: Ubuntu Developers <ubuntu-devel-discuss@lists.ubuntu.com>
Original-Maintainer: Keng-Yu Lin <kengyu@lexical.tw>
Bugs: https://bugs.launchpad.net/ubuntu/+filebug
Installed-Size: 330
Provides: ftp-server
Depends: debconf (>= 0.5) | debconf-2.0, libc6 (>= 2.28), libcap2 (>=
1:2.10), libpam0g (>= 0.99.7.1), libssl1.1 (>= 1.1.0), libwrap0 (>=
7.6-4~), adduser, libpam-modules, lsb-base (>= 3.0-6), netbase, procps
Recommends: logrotate, ssl-cert
Conflicts: ftp-server
...
```

특정 패키지의 의존성을 검색하려면 showpkg <pkg> 서브 명령을 사용한다. 패키지 의존성은 'Dependencies:'로 표시되며, 해당 패키지를 사용하기 위해 함께 설치되어야 하는 패키지들을 의미한다. 즉 의존성 있는 패키지를 함께 설치하지 않으면 해당 패키지를 사용할 수 없다는 의미이다. 해당 의존성 패키지들은 추후 소프트웨어를 설치할 때 자동으로 설치된다.

```
openswu@tux:~$ apt-cache showpkg vsftpd
Package: vsftpd
Versions:
3.0.3-12 (/var/lib/apt/lists/kr.archive.ubuntu.com_ubuntu_dists_focal_
main_binary-amd64_Packages)
...
Dependencies:
3.0.3-12 - debconf (18 0.5) debconf-2.0 (0 (null)) libc6 (2 2.28)
libcap2 (2 1:2.10) libpam0g (2 0.99.7.1)
libssl1.1 (2 1.1.0) libwrap0 (2 7.6-4~) adduser (0 (null)) libpam-modules (0 (null))
lsb-base (2 3.0-6)
netbase (0 (null)) procps (0 (null)) ftp-server (0 (null)) logrotate (0 (null))
ssl-cert (0 (null)) ftp
server (0 (null)) ftp-server:i386 (0 (null)) ftp-server:i386 (0 (null))
Provides:
3.0.3-12 - ftp-server (= )
Reverse Provides:
openswu@tux:~$
```

apt-get 명령은 패키지 저장소 업데이트 및 패키지를 설치하거나 제거한다. 명령 형식은 다음과 같다.

apt-get [option] <command>

다양한 서브 명령을 통해 저장소와 패키지를 관리한다(테이블 5.06).

테이블 5.06 apt-get 명령의 다양한 옵션과 서브 명령

종류	형식	의미
옵션 (<option>)	-f	의존성이 깨진 패키지를 수정하려고 시도
	-h	간단한 도움말 출력
서브 명령 (<command>)	update	패키지 저장소에서 새로운 패키지 정보를 가져옴
	upgrade	현재 설치되어 있는 패키지를 업그레이드
	install <pkg>	지정한 패키지 설치
	remove <pkg>	지정한 패키지 삭제
	download <pkg>	패키지를 파일 형태로 현재 디렉터리에 내려받음
	autoclean	불완전하게 내려 받았거나 오래된 패키지 삭제
	clean	/var/cache/apt/archives에 캐시 되어 있는 모든 패키지를 삭제하여 디스크 공간을 확보
	check	의존성이 깨진 패키지 확인

update 서브 명령은 패키지 정보를 동기화하기 위해, 파일의 저장소로부터 새로운 패키지 정보를 가져와 APT 캐시를 수정한다. 소프트웨어 패키지의 저장소 위치를 정의하는 파일인 /etc/apt/sources.list 파일을 수정했다면 update 서브 명령을 반드시 실행해야 한다.

```
openswrd@tux:~$ sudo apt-get update
Hit:1 http://security.ubuntu.com/ubuntu focal-security InRelease
Hit:2 http://kr.archive.ubuntu.com/ubuntu focal InRelease
Hit:3 http://kr.archive.ubuntu.com/ubuntu focal-updates InRelease
Hit:4 http://kr.archive.ubuntu.com/ubuntu focal-backports InRelease Reading package lists
... Done
opensw@tux:~$
```

upgrade 서브 명령은 설치된 패키지 중에서 새로운 버전이 있는 패키지를 모두 최근 버전으로 업그레이드한다. 마지막 물음에 'y'를 입력하면 업그레이드를 진행한다. 업그레이드할 패키지가 많을수록 시간이 많이 걸린다. 명령 실습 시에는 'n'을 입력하면 실제 업그레이드를 진행하지 않을 수 있다.

```
opensw@tux:~$ sudo apt-get upgrade
Reading package lists... Done
Building dependency tree
Reading state information... Done
Calculating upgrade... Done
...
The following packages will be upgraded:
  accountsservice adwaita-icon-theme alsa-ucm-conf apparmor apport
  apport-gtk apt apt-utils aptdaemon aptdaemon-data base-files bash
  bind9-dnsutils bind9-host bind9-libs bsdutils busybox-initramfs
  busybox-static ca-certificates command-not-found cups cups-bsd cups-
  client cups-common cups-core-drivers
```

install <pkg> 서브 명령은 특정 패키지 설치 또는 업그레이드한다. 하나 이상의 패키지를 설치하거나 업그레이드할 때, install 서브 명령을 사용하며, 여러 패키지를 나열하고 싶다면 공백으로 구분하여 작성한다.

```
opensw@tux:~$ sudo apt-get install netcat
Reading package lists... Done
Building dependency tree
Reading state information... Done
```

```
The following NEW packages will be installed:
  netcat
0 upgraded, 1 newly installed, 0 to remove and 362 not upgraded.
Need to get 0 B/2,172 B of archives.
After this operation, 15.4 kB of additional disk space will be used. Selecting previously
unselected package netcat.
(Reading database ... 181682 files and directories currently installed.)
```

netcat는 TCP나 UDP 프로토콜을 사용하는 네트워크에서 데이터를 읽고 쓰는 간단한 유틸리티 프로그램이고, cat 명령과 비슷한 사용법을 가지고 있다. 기존에 설치된 패키지를 다시 설치하는 경우에는 기본적으로 업그레이드를 진행한다. 이를 옵션을 사용하여 업그레이드 여부를 제한할 수 있다. --no-upgrade 옵션은 해당 패키지가 이미 설치되어 있을 경우 업그레이드를 하지 않는다. 반대로 --only-upgrade 옵션은 이미 패키지가 설치된 경우 업그레이드만 진행한다.

특정 패키지를 삭제하려면 remove <pkg> 서브 명령을 사용한다.

```
opensw@tux:~$ sudo apt-get remove netcat
Reading package lists... Done
Building dependency tree
Reading state information... Done
The following packages will be REMOVED:
  netcat
0 upgraded, 0 newly installed, 1 to remove and 362 not upgraded.
After this operation, 15.4 kB disk space will be freed.
Do you want to continue? [Y/n] y
(Reading database ... 181685 files and directories currently installed.) Removing netcat (1.20
6-1ubuntu1) ...
opensw@tux:~$
```

remove 서브 명령은 패키지를 삭제할 때 해당 패키지의 설정 파일은 남겨둔다. 설정 파일을 포함하여 패키지를 삭제하려면 purge 서브 명령 또는 remove 서브 명령과 함께 --purge 옵션을 사용하면 된다.

autoremove 서브 명령은 패키지 자동 정리 및 삭제할 때 사용한다. 이전에 설치했지만 의존성이 깨져 더이상 사용되지 않거나, 새 버전의 출시로 인해 이전 버전의 패키지가 필요없는 경우에 autoremove 서브 명령으로 정리한다.

```
opensw@tux:~$ sudo apt-get autoremove
Reading package lists... Done
Building dependency tree... Done
Reading state information... Done
The following packages will be REMOVED:
  ieee-data python-babel-localedata python3-argcomplete python3-
0 upgraded, 0 newly installed, 21 to remove and 141 not upgraded.
After this operation, 68.2 MB disk space will be freed.
opensw@tux:~$
```

'The following packages will be REMOVED:'라는 메세지를 확인하면 어떠한 패키지들이 삭제되는지 알 수 있다. autoremove 서브 명령으로 삭제되는 패키지는 우분투에서 더이상 사용되지 않거나 설치 상태가 불안정한 패키지에 해당한다.

autoremove 서브 명령의 또 다른 사용법으로, 특정 패키지 삭제 후 그와 의존성을 갖는 패키지까지 삭제하는 경우가 있다. mc 패키지를 설치한 후 mc 패키지 및 의존성 패키지까지 삭제해본다.

```
opensw@tux:~$ sudo apt-get install mc
...
The following additional packages will be installed:
  libssh2-1 mc-data
...
The following NEW packages will be installed:
  libssh2-1 mc mc-data
0 upgraded, 3 newly installed, 0 to remove and 158 not upgraded.
opensw@tux:~$
```

mc 패키지는 이전에 설치한 적이 없으므로 새로 설치가 되는데, 'The following' 부분을 보면 추가적으로 libssh2-1와 mc-data 패키지가 함께 설치되는 것을 볼 수 있다. 이들이 mc 패키지와 의존성을 가지는 패키지임을 의미한다.

설치 후 mc 패키지를 삭제하면 'The following packages were automatically installed and are no longer required:'라는 문구가 출력된다. 해당 문구 아래에 명시된 libssh2-1와 mc-data는 mc 패키지를 설치할 때 자동으로 설치된 패키지이며, 더 이상 필요하지 않기에, 우분투에서 'Use 'sudo apt autoremove' to remove them' 메세지를 통해 sudo apt autoremove 명령을 사용하여 삭제하라고 알려준다.

```
openswu@tux:~$ sudo apt-get remove mc
  The following packages were automatically installed and are no longer required:
libssh2-1 mc-data
Use 'sudo apt autoremove' to remove them.
openswu@tux:~$
```

이후 apt-get autoremove 명령을 실행하면 libssh2-1와 mc-data 패키지가 삭제되는 것을 볼 수 있다.

```
openswu@tux:~$ sudo apt-get autoremove
The following packages will be REMOVED:
  libssh2-1 mc-data
...
openswu@tux:~$
```

clean 서브 명령을 사용하여 디스크 공간을 정리할 수 있다. clean 서브 명령은 검색했거나 내려받은 패키지 파일을 삭제하여 디스크 공간을 정리한다.

```
openswu@tux:~$ sudo apt-get clean
```

패키지를 파일 형태로 다운로드하려면 apt-get download <pkg> 명령을 실행한다.

```
openswu@tux:~$ sudo apt-get download netcat
Get:1 http://kr.archive.ubuntu.com/ubuntu focal/universe amd64 netcat all 1.206-1ubuntu1 [2,
172 B]
Fetched 2,172 B in 1s (2,593 B/s)
W: Download is performed unsandboxed as root as file
'/home/openswu/netcat_1.206-1ubuntu1_all.deb' couldn't be accessed by
user '_apt'. - pkgAcquire::Run (13: Permission denied)
openswu@tux:~$
openswu@tux:~$ ls | grep netcat
netcat_1.206-1ubuntu1_all.deb
openswu@tux:~$
```

지금까지 apt-cache 명령과 apt-get 명령을 사용하여 우분투 패키지를 관리하는 방법을 학습했다. 우분투에는 apt 명령도 존재하는데, 이는 apt-get 명령, apt-cache 명령, dpkg 명령을 통합한 인터페이스이다(그림 5.14). 이는 앞서 학습한 apt-get, apt-cache 명령의 기능을 apt 명령으로 수행할 수 있음을 의미한다.

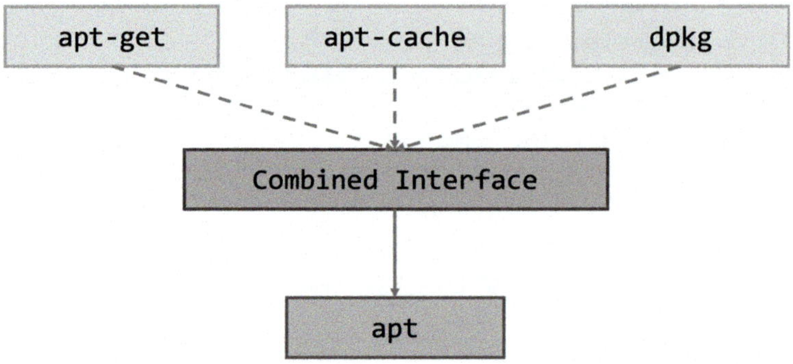

그림 5.14 apt-get, apt-cache, dpkg, apt와의 관계

이러한 관계로, apt 명령과 apt-get과 apt-cache 명령의 서브 명령을 사용하면 동일한 실행 결과가 나온다. apt 명령은 기존의 apt-get와 apt-cache 대신 apt를 작성하여 사용하면 된다(테이블 5.07).

테이블 5.07 apt 명령과 apt-get, apt-cache 명령 사용법

기능	apt 형식	apt-get 또는 apt-cache 형식
패키지검색	apt search <pkg>	apt-cache search <pkg>
패키지 정보 검색	apt show <pkg>	apt-cache show <pkg>
패키지 정보 업데이트	apt update	apt-get update
패키지 업그레이드	apt upgrade	apt-get upgrade
패키지 설치 및 업그레이드	apt install <pkg>	apt-get install <pkg>
패키지 삭제	apt remove <pkg>	apt-get remove <pkg>
패키지 자동 정리 및 삭제	apt autoremove	apt-get autoremove
패키지 다운로드	apt download <pkg>	apt-get download <pkg>

5.3 파일 아카이브 및 압축

파일 아카이브는 여러 파일들을 묶어서 하나로 만드는 것으로, 파일을 하나로 묶는 작업을 아카이빙이라고 한다(그림 5.15). 아카이빙은 tar 명령으로 진행할 수 있다.

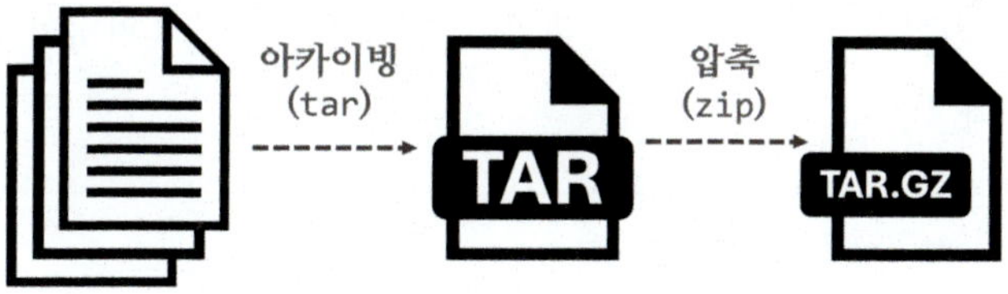

그림 5.15 파일 아카이브 및 압축 과정

tar(tape archive) 명령은 원래 여러 파일이나 디렉터리를 묶어서 마그네틱 테이프와 같이 이동식 저장 장치에 보관하기 위해 사용한 명령이다. 현재는 다른 시스템과 파일을 주고 받거나 백업을 하기 위해 여러 파일이나 디렉터리를 하나의 아카이브 파일로 생성하거나, 기존 아카이브에서 파일을 추출하기 위해 사용한다. 아카이브는 파일을 압축하는 개념이 아니기에, 파일 크기를 줄이기 위해서는 별도로 압축 과정을 거쳐야 한다.

tar 명령은 파일과 디렉터리를 묶어 하나의 아카이브 파일을 생성하며, 명령 형식은 다음과 같다.

```
tar <func>[option] <tar-file> [file]
```

<tar-file>은 생성할 tar 파일 이름이나 기존의 tar 파일을, [flie]은 tar 파일에 추가할 파일을 의미한다. tar 명령에서는 다양한 아카이빙 관련 기능과 옵션을 제공한다(테이블 5.08). <func>과 [option] 사이에는 공백 없이 작성해야 한다.

테이블 5.08 tar 명령의 다양한 기능과 옵션

종류	형태	의미
기능 (<func>)	c	새로운 tar 파일을 생성
	t	tar 파일의 내용 출력
	x	tar 파일에서 원본 파일을 추출
	r	새로운 파일을 추가
	u	수정된 파일을 업데이트
옵션 ([option])	f	아카이브 파일이나 테이프 장치를 지정
	v	처리하고 있는 파일의 정보를 추출
	h	심볼릭 링크의 원본 파일을 포함
	p	파일 복구 시 원래의 접근 권한을 유지
	j	bzip2로 압축하거나 해제
	z	gzip으로 압축하거나 해제

실습을 위해 tree를 설치한다. tree 명령은 디렉터리 내부 구조를 쉽게 파악할 수 있도록 계층적으로 출력하는 유틸리티이다.

```
openswu@tux:~$ sudo apt install tree
```

여러 파일을 묶어 하나의 아카이브를 생성하려면 cvf를 사용하면 된다. vf 옵션을 함께 사용하는 이유는 아카이빙되는 파일 목록을 확인하고 아카이브 파일의 이름을 지정하기 위함이다.

```
opensw@tux:~$ tree ex
ex
├── hosts
├── linux.txt
├── set
├── temp
└── test.txt
1 directory, 4 files
opensw@tux:~$
opensw@tux:~$ tar cvf ex.tar ex
ex/
ex/hosts
ex/set
ex/temp/
ex/linux.txt
ex/test.txt
opensw@tux:~$
```

tar cvf 명령을 이용하여 ex 디렉터리를 ex.tar이라는 아카이브 파일로 묶었다.

아카이브 파일을 확인하려면 tvf를 사용한다. 아카이브 파일 내용을 확인할 때는 t(table of contents) 기능을 사용한다. v 옵션은 아카이브 파일의 상세 정보를 보기위해 지정하는데, 만약 v 옵션을 지정하지 않으면 파일 이름만 출력된다.

```
opensw@tux:~$ tar tvf ex.tar
drwxrwxr-x opensw/opensw    0 2020-10-03 14:49 ex/
-rw-r--r-- opensw/opensw  218 2020-10-03 14:49 ex/hosts
-rw-r--r-- opensw/opensw  218 2020-10-03 14:49 ex/set
drwxrwxr-x opensw/opensw    0 2020-10-03 14:49 ex/temp/
-rw-r--r-- opensw/opensw  218 2020-10-03 14:49 ex/linux.txt
-rw-r--r-- opensw/opensw  218 2020-10-03 14:49 ex/test.txt
opensw@tux:~$
```

아카이브 파일을 원래 파일 구조로 추출하기 위해서는 xvf 옵션을 사용한다. x(extract) 기능은 압축 해제처럼 tar 파일에 포함된 파일을 추출한다. 하나의 예로 ex.tar 파일을 exdir 디렉터리로 복사 후 파일을 추출해본다.

```
opensw@tux:~$ mkdir exdir
opensw@tux:~$ cp ex.tar exdir/
opensw@tux:~$
opensw@tux:~$ cd exdir/
opensw@tux:~/exdir$ ls
ex.tar
opensw@tux:~/exdir$ tar xvf ex.tar
ex/
ex/hosts
ex/set
ex/temp/
ex/linux.txt
ex/test.txt
opensw@tux:~/exdir$
opensw@tux:~/exdir$ tree
.
├── ex
│ ├── hosts
│ ├── linux.txt
│ ├── set
│ ├── temp
│ └── test.txt
└── ex.tar
2 directories, 5 files
opensw@tux:~/exdir$
```

아카이브를 업데이트하려면 uvf를 사용한다. u(update) 기능은 지정한 파일이 아카이브에 없는 파일이거나, 아카이브에 있는 파일이지만 수정된 파일인 경우 아카이브의 마지막에 추가한다. 먼저 아카이브에 없는 파일을 추가해본다.

```
opensw@tux:~$ tar tvf ex.tar
drwxrwxr-x opensw/opensw     0 2020-10-03 14:49 ex/
-rw-r--r-- opensw/opensw   218 2020-10-03 14:49 ex/hosts
-rw-r--r-- opensw/opensw   218 2020-10-03 14:49 ex/set
drwxrwxr-x opensw/opensw     0 2020-10-03 14:49 ex/temp/
-rw-r--r-- opensw/opensw   218 2020-10-03 14:49 ex/linux.txt
-rw-r--r-- opensw/opensw   218 2020-10-03 14:49 ex/test.txt
```

```
opensw@tux:~$
opensw@tux:~$ touch ex/data
opensw@tux:~$ tar uvf ex.tar ex
ex/data
opensw@tux:~$ tar tvf ex.tar
drwxrwxr-x opensw/opensw     0 2020-10-03 14:49 ex/
-rw-r--r-- opensw/opensw   218 2020-10-03 14:49 ex/hosts
-rw-r--r-- opensw/opensw   218 2020-10-03 14:49 ex/set
drwxrwxr-x opensw/opensw     0 2020-10-03 14:49 ex/temp/
-rw-r--r-- opensw/opensw   218 2020-10-03 14:49 ex/linux.txt
-rw-r--r-- opensw/opensw   218 2020-10-03 14:49 ex/test.txt
-rw-rw-r-- opensw/opensw     0 2020-10-03 15:00 ex/data
opensw@tux:~$
```

이제 아카이브에 포함된 파일 중 하나를 수정한 후 동일한 아카이브에 추가해본다. 먼저 hello.txt 파일이 포함된 update-file.tar 파일을 생성한다.

```
opensw@tux:~$ mkdir tartest
opensw@tux:~$ cd tartest/
opensw@tux:~/tartest$
opensw@tux:~/tartest$ mkdir dir1 dir2
opensw@tux:~/tartest$ touch hello.txt
opensw@tux:~/tartest$ ls
dir1  dir2  hello.txt
opensw@tux:~/tartest$ tar cvf update-file.tar *
dir1/
dir2/
hello.txt
opensw@tux:~/tartest$ tar tvf update-file.tar
drwxrwxr-x opensw/opensw     0 2022-10-14 22:17 dir1/
drwxrwxr-x opensw/opensw     0 2022-10-14 22:17 dir2/
-rw-rw-r-- opensw/opensw     0 2022-10-14 22:17 hello.txt
opensw@tux:~/tartest$
```

hello.txt 파일을 수정하지 않고 해당 아카이브 파일에 추가하면 변화가 없다. 이는 동일한 파일이기에 포함되지 않은 것이다.

```
opensw@tux:~/tartest$ tar uvf update-file.tar hello.txt
opensw@tux:~/tartest$
opensw@tux:~/tartest$ tar tvf update-file.tar
drwxrwxr-x opensw/opensw    0 2022-10-14 22:17 dir1/
drwxrwxr-x opensw/opensw    0 2022-10-14 22:17 dir2/
-rw-rw-r-- opensw/opensw    0 2022-10-14 22:17 hello.txt
opensw@tux:~/tartest$
```

이후 hello.txt 파일을 수정하고 아카이브 파일에 추가하면, 기존 hello.txt 파일과 이름은 동일하지만 다른 내용을 저장하고 있어 새롭게 추가된다.

```
opensw@tux:~/tartest$ echo "HELLO" > hello.txt
opensw@tux:~/tartest$ cat hello.txt
HELLO
opensw@tux:~/tartest$ tar uvf update-file.tar hello.txt
hello.txt
opensw@tux:~/tartest$ tar tvf update-file.tar
drwxrwxr-x opensw/opensw    0 2022-10-14 22:17 dir1/
drwxrwxr-x opensw/opensw    0 2022-10-14 22:17 dir2/
-rw-rw-r-- opensw/opensw    0 2022-10-14 22:17 hello.txt
-rw-rw-r-- opensw/opensw    6 2022-10-14 22:18 hello.txt
opensw@tux:~/tartest$
```

아카이브에 파일을 추가할 때는 rvf를 사용한다. r(append) 기능은 이미 생성된 아카이브에 파일을 추가한다. 아카이브 파일에 지정한 파일이 이미 있는지 확인하고 추가하는 u 기능과 달리 r 기능은 지정한 파일을 무조건 아카이브 파일의 마지막에 추가한다.

```
opensw@tux:~/tartest$ tar rvf update-file.tar hello.txt
hello.txt
opensw@tux:~/tartest$ tar tvf update-file.tar
drwxrwxr-x opensw/opensw    0 2022-10-14 22:17 dir1/
drwxrwxr-x opensw/opensw    0 2022-10-14 22:17 dir2/
-rw-rw-r-- opensw/opensw    0 2022-10-14 22:17 hello.txt
-rw-rw-r-- opensw/opensw    6 2022-10-14 22:18 hello.txt
-rw-rw-r-- opensw/opensw    6 2022-10-14 22:18 hello.txt
opensw@tux:~/tartest$
```

z 옵션을 사용하면 아카이브를 생성함과 동시에 압축을 진행한다. z 옵션은 gzip으로 압축을 수행한다.

```
opensw@tux:~$ tar cvzf ex.tar.gz ex
ex/
ex/hosts
ex/set
ex/temp/
ex/linux.txt
ex/test.txt
ex/data
opensw@tux:~$ ls -l ex.*
-rw-rw-r-- 1 opensw opensw 10240 Oct  3 15:04 ex.tar
-rw-rw-r-- 1 opensw opensw   395 Oct  3 15:06 ex.tar.gz
opensw@tux:~$
```

bzip2로 압축하려면 j 옵션을 사용한다.

```
opensw@tux:~$ tar cvjf ex.tar.bz2 ex
ex/
ex/hosts
ex/set
ex/temp/
ex/linux.txt
ex/test.txt
ex/data
opensw@tux:~$ ls -l ex.*
-rw-rw-r--1 opensw opensw  10240 Oct  3 15:04 ex.tar
-rw-rw-r--1 opensw opensw    461 Oct  3 15:09 ex.tar.bz2
-rw-rw-r--1 opensw opensw    395 Oct  3 15:06 ex.tar.gz
opensw@tux:~$
```

압축된 파일을 압축 해제할 때는 xvf를 사용한다.

```
opensw@tux:~$ mkdir extract
opensw@tux:~$ cp ex.tar.bz2 extract/
opensw@tux:~$ cd extract/
opensw@tux:~/extract$ ls
ex.tar.bz2
opensw@tux:~/extract$ tar xvf ex.tar.bz2
ex/
ex/hosts
ex/set
```

```
ex/temp/
ex/linux.txt
ex/test.txt
ex/data
opensw@tux:~/extract$ ls
ex  ex.tar.bz2
opensw@tux:~/extract$
opensw@tux:~/extract$ tree ex
ex
├── data
├── hosts
├── linux.txt
├── set
├── temp
└── test.txt
1 directory, 5 files
opensw@tux:~/extract$
```

tar 명령으로 파일을 압축하는 방법 외에 압축 도구인 gzip, bzip2를 사용하는 방법도 존재한다. 파일 압축은 사용하지 않은 파일이나 용량이 큰 파일을 효율적인 데이터 관리를 위해 파일 크기를 줄여야 할 때 수행한다. 리눅스에서는 파일 압축을 위해 오픈소스인 gzip, bzip2를 일반적으로 사용한다.

gzip 명령은 파일을 압축하고, 명령 형식은 다음과 같다.

```
gzip [option] <file>
```

gzip 명령에서 사용 가능한 옵션은 아래와 같다.

- **-d** : 압축을 해제한다.
- **-9** : 최대한 압축한다.
- **-l** : 압축된 파일의 정보를 보여준다.

gzip 명령을 사용하여 파일을 압축 및 해제한다. 먼저 터미널에서 gzip 명령을 실행하여 hosts.gz라는 압축파일을 생성한다.

```
opensw@tux:~$ gzip hosts
opensw@tux:~$ ls -l hosts*
-rw-r--r-- 1 opensw opensw 168 Oct  3 15:18 hosts.gz
opensw@tux:~$
```

압축 파일인 hosts.gz를 gunzip <file> 명령으로 압축 해제한다.

```
opensw@tux:~$ gunzip hosts.gz
opensw@tux:~$
opensw@tux:~$ ls -l hosts
-rw-r--r-- 1 opensw opensw 218 Oct  3 15:18 hosts
opensw@tux:~$
```

또 다른 압축 도구인 bzip2 명령은 다음과 같은 명령 형식을 사용한다.

bzip2 [option] <file>

bzip2 명령에서 사용하는 옵션은 아래와 같으며, gzip 명령과 비슷하다.

- **-d** : 압축을 해제 한다.
- **--best** : 최대한 압축한다.
- **-l** : 압축된 파일의 내용을 출력한다.

gzip과 동일한 방식으로 bzip2와 bunzip2 명령을 사용하여 hosts 파일을 압축 및 해제한다.

```
opensw@tux:~$ bzip2 hosts
opensw@tux:~$ ls -l hosts.bz2
-rw-r--r-- 1 opensw opensw 180 Oct  3 15:18 hosts.bz2
opensw@tux:~$
opensw@tux:~$ bunzip2 hosts.bz2
opensw@tux:~$ ls -l hosts
-rw-r--r-- 1 opensw opensw 218 Oct  3 15:18 hosts
opensw@tux:~$
```

파일 아카이빙 및 압축을 활용하면 파일 관리 및 전송이나 디스크 공간 절약과 같은 이점이 있다. 대부분의 오픈소스는 소스코드를 tar.gz 파일로 제공하기에 tar 명령을 자유롭게 다룰 수 있으면 좋다.

CHAPTER 5 연습문제

01. rw-r--r--라는 접근 권한은 어떤 의미를 가지는지 설명하라.

02. 하드 링크와 수가 의미하는 바가 무엇인지 설명하라

03. mkdir 명령으로 ex/ 디렉터리를 만들었다. 다음과 같이 cd 명령이 안되도록 설정을 변경하라.

```
opensw@tux:~$ mkdir ex
opensw@tux:~$ ls -ld ex/
drwxrwxr-x 2 opensw opensw 4096 Sep 27 11:05 ex/
opensw@tux:~$ <Your Commands>
opensw@tux:~$ cd ex
-bash: cd: ex: Permission denied
opensw@tux:~$
```

04. chmodtest 파일을 생성하고 다음과 같이 속성을 변경하라.

```
opensw@tux:~$ ls -al chmodtest
---x-w-r-- 1 opensw opensw 0 Sep 27 11:10 chmodtest
opensw@tux:~$
```

05. myfile 파일을 생성할 때 다음과 같은 속성이 되도록 환경을 설정하라. (myfile 파일을 생성하여 속성을 직접 변경하지 않는다.)

```
opensw@tux:~$ touch myfile
opensw@tux:~$ ls -al
----r---w- 1 opensw opensw 0 Sep 27 11:23 myfile
opensw@tux:~$
```

06. chmodtest 파일의 속성을 다음과 같이 단계적으로 변경하라.

```
opensw@tux:~$ ls -al chmodtest
---x-w-r-- 1 opensw opensw 0 Sep 27 11:10 chmodtest
opensw@tux:~$
opensw@tux:~$ <Your Commands>
opensw@tux:~$ ls -al chmodtest
---x-wSr-- 1 opensw opensw 0 Sep 27 11:10 chmodtest
opensw@tux:~$
opensw@tux:~$ <Your Commands>
opensw@tux:~$ ls -al chmodtest
---x-w-r-T 1 opensw opensw 0 Sep 27 11:10 chmodtest
opensw@tux:~$
opensw@tux:~$ <Your Commands>
opensw@tux:~$ ls -al chmodtest
---s-w-r-- 1 opensw opensw 0 Sep 27 11:10 chmodtest
opensw@tux:~$
```

07. 문제 6번에서 잘못된 속성은 무엇이고 그 이유를 설명하라.

08. file 명령으로 다음과 같은 결과가 나오도록 하라. (file 명령을 각각 수행한 결과이다.)

```
opensw@tux:~$ <Your Commands>
ASCII text

opensw@tux:~$ <Your Commands>
ELF 64-bit LSB shared object

opensw@tux:~$ <Your Commands>
symbolic link

opensw@tux:~$ <Your Commands>
directory

opensw@tux:~$ <Your Commands>
character special

opensw@tux:~$ <Your Commands>
block special
```

09. Apache Web 서버인 apache2와 MySQL 서버인 `mysql-server` 패키지를 설치하라.

10. apache2, `mysql-server`를 설치할 때 추가적으로 설치되는 패키지를 보여라.

11. apache2, `mysql-server`가 필요한(의존성) 패키지들을 검색해보라.

12. apache2, `mysql-server` 패키지를 삭제한 결과를 보여라.

13. apache2와 `mysql-server`를 설치할 때 추가적으로 설치되는 패키지를 삭제하라.

14. apache2, `mysql-server` 패키지 버전, 카테고리, 체크섬 등을 확인하라.

15. `/boot` 디렉터리의 모든 컨텐츠를 `boot.tar`로 묶고 `boot.tar`의 내용물을 출력하라. (Error가 발생할 경우, 해결하라.)

16. `gzip`, `bzip2`로 `boot.tar`을 압축하고 크기가 얼마나 줄었는지 비교하라.

06 리눅스 텍스트 에디터 활용

CHAPTER

이번 장에서는 리눅스 텍스트 편집기의 종류에 대해 알아보고, 터미널 환경에서 가장 많이 쓰이는 텍스트 편집기인 vi, vim 사용법을 학습한다.

6.1 리눅스 텍스트 편집기 종류

리눅스에서 사용하는 텍스트 편집기는 행 단위 편집기, 화면 단위 편집기, GUI (Graphic User Interface) 편집기로 구분할 수 있다. 행 단위 편집기에는 ed, ex, sed 가 포함되고, 화면 단위 편집기에는 vi, emacs 가 포함되며 GUI 편집기에는 gedit가 있다.

리눅스에는 ed, ex, emacs와 같은 전통적인 에디터들이 여전히 존재하지만, 사용자의 편의성과 기능성 측면에서 vi가 더 많이 사용되고 있다. vi는 강력한 텍스트 편집 기능과 다양한 플러그인을 제공하여 효율적인 작업이 가능하게 하며, 커뮤니티의 활발한 지원과 학습 자료의 풍부함으로 인해 새로운 사용자가 쉽게 접근할 수 있기 때문이다. 이러한 이유로 인해 많은 리눅스 사용자는 vi를 선호하고 있다.

리눅스에서는 일반적인 텍스트 편집기 외에도 터미널을 통해 사용 가능한 스트림 편집기도 존재한다. sed가 이에 해당하며 사용자가 지시하는 명령에 따라 파일 내용을 일괄적으로 수정하는 편집기이다.

일반적으로 리눅스에서 사용되는 편집기는 gedit과 vi이며, 각 편집기에 대해 자세히 알아본다.

6.1.1. gedit

리눅스에서 기본적으로 제공되는 gedit는 Windows의 메모장과 동일한 텍스트 편집기로, GUI 환경에서만 사용이 가능하다. 우선 우분투에 설치된 모든 프로그램을 확인한다(그림 6.01). gedit을 사용하기 위해 먼저 왼쪽 상단의 Activities나(❶), 왼쪽 하단의 버튼을 클릭한다(❷).

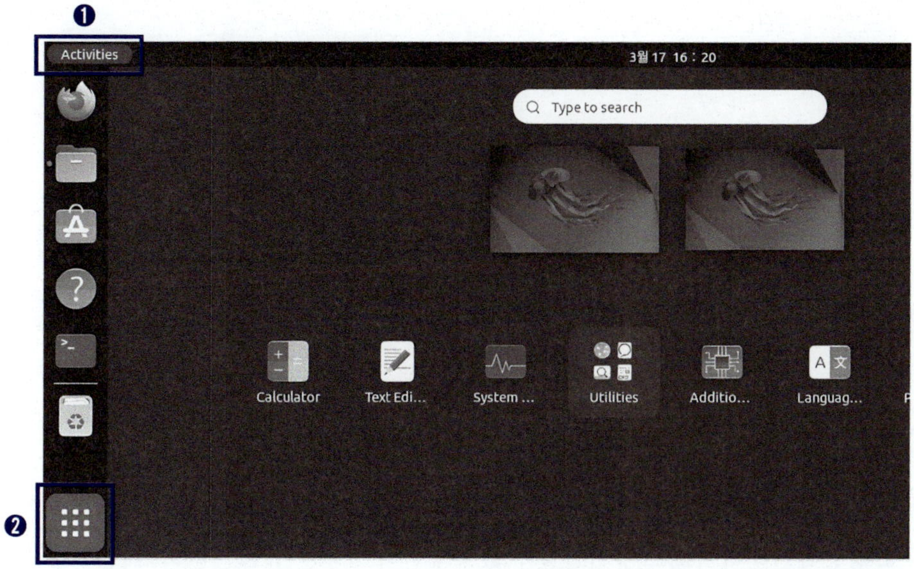

그림 6.01 우분투에 설치된 프로그램 리스트 화면

그림 6.01에서 상단을 보면 검색창이 있는 것을 확인할 수 있다. 검색창을 통해 실행하고자 하는 프로그램 이름을 검색하여 실행할 수 있다. 이는 Windows에서의 검색 기능과 동일하다. 이젠 'gedit'를 검색하여 실행한다(그림 6.02). 검색창에서 'gedit'을 입력한다(❶). 검색을 통해 나온 Text Editor 아이콘을 클릭하여 실행하면(❷), 텍스트 에디터를 사용할 수 있다.

그림 6.02 gedit 검색 화면

gedit은 Windows 메모장과 유사한 화면 구성을 가지고 있다(그림 6.03).

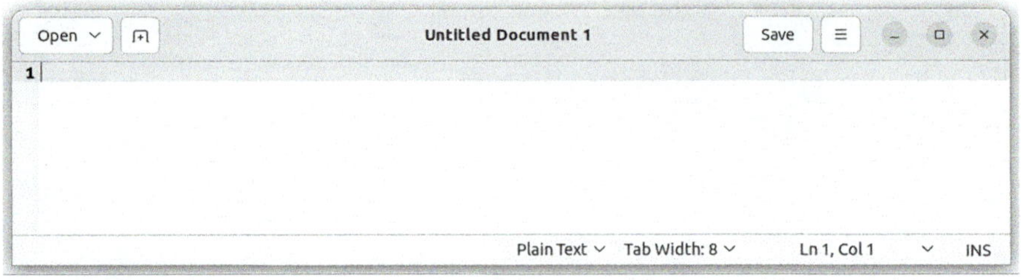

그림 6.03 gedit 실행 화면

6.1.2. vi

vi는 GUI 환경에서 사용되는 **gedit**과 달리 CLI(Command Line Interface)인 터미널에서 사용하는 텍스트 편집기로, 명령이 단순하여 빠르게 편집할 수 있기에 널리 사용한다. **vi**는 **gedit**처럼 프로그램을 실행하여 사용하는 것이 아닌 터미널에서 명령어를 입력하여 실행하는 편집기이다. 터미널에서 텍스트 파일이나 코드 등 파일 내용을 수정하고 싶으면 **vi**를 입력하여 편집기를 실행하여 수정할 수 있다.

```
opensw@tux:~$ vi
```

vi를 사용하려면 터미널을 실행해야 한다. 열린 터미널에 **vi**를 입력하면 **vi** 텍스트 편집기를 사용할 수 있다(그림 6.04). 어떤 파일을 **vi** 텍스트 편집기로 열지 명시하지 않으면 간단한 사용법을 보여준다.

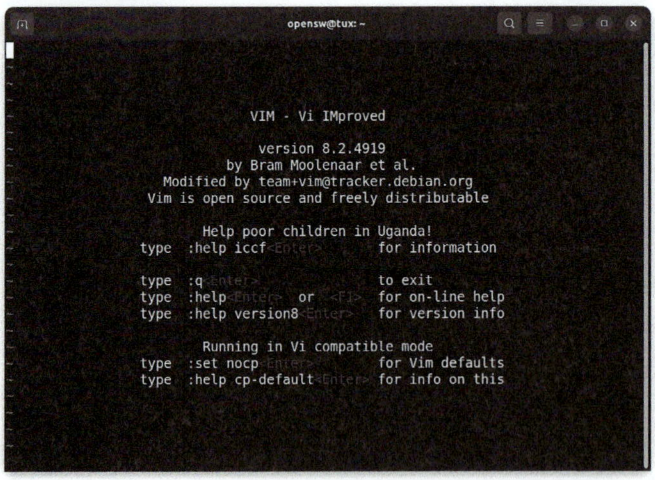

그림 6.04 vi 편집기 실행 화면

GUI보다 터미널의 커맨드 기반 학습이 중요한 이유는 주로 서버 관리와 관련된 작업이 대부분 터미널에서 이루어지기 때문이다. 터미널 명령어를 통해 서버를 효율적으로 제어하고 모니터링할 수 있으며, GUI가 없는 환경에서도 원격 접속을 통해 작업을 수행할 수 있다. 서버 운용을 위한 각종 환경설정과, 자동화 스크립트 작성과 같은 고급 기능 활용에 필수적이며, 리소스가 제한된 서버 환경에서 GUI를 사용할 경우 발생할 수 있는 불필요한 자원 낭비를 줄일 수 있다.

6.1.3. 모드형 편집기와 비모드형 편집기

리눅스에 존재하는 `gedit`과 `vi`와 같은 텍스트 편집기는 모드형 편집기와 비모드형 편집기로 분류할 수 있다(테이블 6.01).

테이블 6.01 모드형 편집과 비모드형 편집기에서의 입력

구분		모드형(vi)	비모드형(메모장)
입력 모드		텍스트 입력	
명령 모드의 예	복사	yy	[Ctrl]+c
	붙여넣기	p	[Ctrl]+v
	저장	:wq, ZZ	[Ctrl]+s
모드 전환		i, a, o, [ESC]	해당 없음

모드형 편집기는 입력 모드와 명령 모드를 구분하여 텍스트를 수정한다. 입력 모드는 텍스트를 입력할 수 있는 모드이고, 명령 모드는 텍스트를 수정하거나 삭제하고 복사와 붙여넣기 등의 편집을 하는 모드이다. 각 모드마다 입력한 키 값에 대한 수행이 다르므로, 같은 글자라도 입력 모드에서는 텍스트로 입력이 되고 명령 모드에서는 편집 명령으로 사용된다. `vi`가 대표적인 모드형 편집기에 해당한다.

비모드형 편집기는 입력 모드와 명령 모드가 구분되어 있지 않아, 모드 변경이 필요하지 않기에 텍스트 입력 및 수정이 자유롭다. 편집 기능을 `[Ctrl]`이나 `[Alt]`와 같은 특수키와 함께 사용할 수 있다. 대부분이 사용하는 Windows의 메모장이나 워드, 리눅스의 `gedit`가 비모드형 편집기에 해당한다.

6.2 vi 동작 모드

앞에서 다룬 gedit는 별도의 모드 없이 수정과 저장이 자유로운 것과 달리, vi는 명령 모드, 입력 모드, 마지막 행 모드를 가지고 있는 모드형 텍스트 편집기이다(그림 6.05).

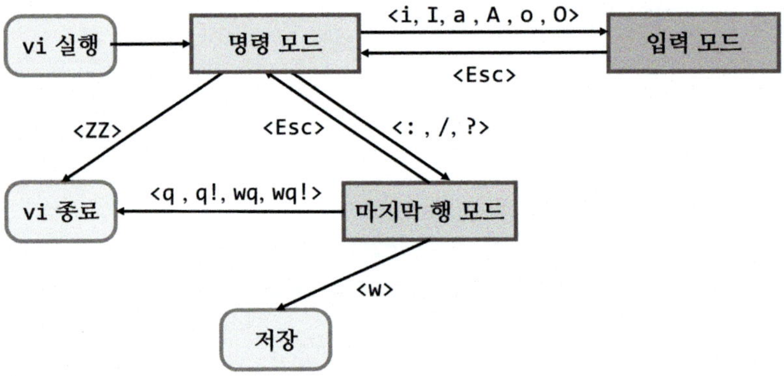

그림 6.05 vi의 다양한 모드

각 모드마다 실행할 수 있는 기능이 다르기에, 원하는 기능을 사용하기 위해서는 그 기능을 지원하는 모드로 전환하는 과정이 필요하다. vi를 처음 실행하게 되면 명령 모드로 진입하게 된다. 명령 모드에서는 입력한 키를 명령어로 해석하여 커서 이동, 페이지 이동, 텍스트 삭제, 행 삭제 등의 특정한 기능을 수행할 수 있다.

명령 모드 상태에서 i, I, a, A, o, O 중의 하나를 입력하면, 텍스트를 입력할 수 있는 입력 모드로 진입하게 된다. 이때 입력 모드에 진입할 때 입력한 i, I, a, A, o, O 에 따라 편집을 시작하는 위치가 달라진다. 명령 모드인 상태에서 :, /, ? 중의 하나를 입력하면 마지막 행 모드로 전환할 수 있다. 마지막 행 모드는 명령 모드와 비슷하게 특별한 명령들을 수행하며 텍스트 바꾸기, 텍스트 검색, 편집 내용 저장, vi 종료와 같은 기능을 수행할 수 있다.

각 모드에서 사용하는 명령어는 대소문자를 구분한다. 예를 들어, :q와 :Q는 서로 다른 명령어이고, :Q를 통해서 vi를 종료할 수 없다.

터미널에서 vi를 실행하고 종료하는 과정을 다룬다. 터미널을 열어서 vi 명령으로 test.txt 파일을 vi 편집기로 연다.

```
opensw@tux:~$ vi test.txt
```

vi 명령을 실행할 때 파일명을 함께 입력하면, 입력한 파일명을 가진 파일을 vi로 열 수 있다(그림 6.06). 단, 해당 파일이 없다면 빈 파일이 열리며, vi로 작성한 내용을 저장할 때 파일명을 지정하게 된다.

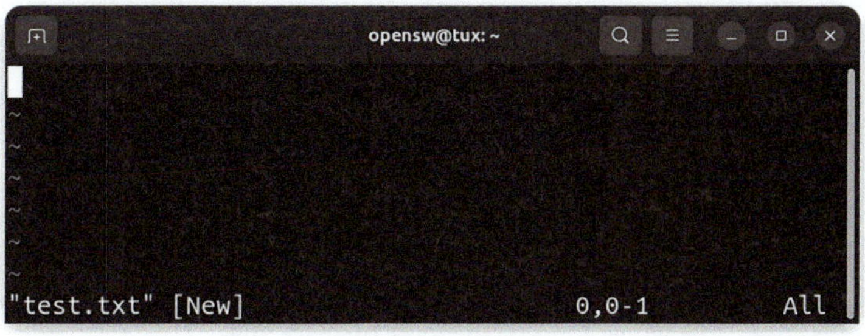

그림 6.06 터미널에서 vi test.txt 실행 결과

vi는 명령 모드나 마지막 행 모드에서 종료할 수 있다. 편집기에서 작업한 내용의 저장 여부는 입력하는 명령키에 따라 달라진다. 모드에 따라 vi를 종료하는 명령키가 다르다(테이블 6.02).

테이블 6.02 모드에 따른 vi 종료 명령키

모드	명령키	기능
마지막 행 모드	:q	vi에서 작업한 내용이 없을 때의 종료
	:q!	작업한 내용을 저장하지 않고 종료
	:w [file]	vi를 종료하지 않고 작업한 내용을 [file]로 저장
	:w	vi를 종료하지 않고 작업한 내용을 저장
	:wq, :wq!	작업한 내용을 저장하고 vi를 종료
명령 모드	ZZ	작업한 내용을 저장하고 vi를 종료

6.3 입력 모드 및 커서 이동

6.3.1. 입력 모드

vi에서 입력 모드로 전환하는 명령키에 따라 커서를 기준으로 어디서부터 입력을 시작할 것인지 결정한다. vi의 입력 모드로 전환할 수 있는 명령키는 다양하게 존재한다(테이블 6.03).

테이블 6.03 vi의 입력 모드 전환 명령키

명령키	기능
i	커서 앞에 입력 (현재 커서 자리에 입력)
a	커서 뒤에 입력 (현재 커서 다음에 입력)
o	커서가 위치한 행의 다음 행에 입력
I(대문자 i)	커서가 위치한 행의 첫 컬럼으로 이동하여 입력
A	커서가 위치한 행의 마지막 컬럼으로 이동하여 입력
O(대문자 O)	커서가 위치한 행의 이전 행에 입력

아래 명령을 실행하여 기존에 생성했던 test.txt 파일을 vi로 연다.

```
opensw@tux:~$ vi test.txt
```

vi를 처음 실행 시 명령 모드로 열리기 때문에, i를 입력하여 입력 모드로 전환한다(그림 6.07). 입력 모드로 전환되면 --INSERT--라는 문구가 터미널 왼쪽 하단에 표시된다(❶). 해당 문구를 통해 현재 모드가 입력 모드인 것을 확인할 수 있다.

그림 6.07 입력 모드로 전환된 vi

입력 모드 상태에서 'ubuntu linux study'와 'I like linux'를 입력한 뒤, [Esc]키를 눌러 명령 모드로 전환한다(그림 6.08). 입력 모드에서 명령 모드로 전환되면 터미널 왼쪽 하단에 --INSERT--가 사라진다.

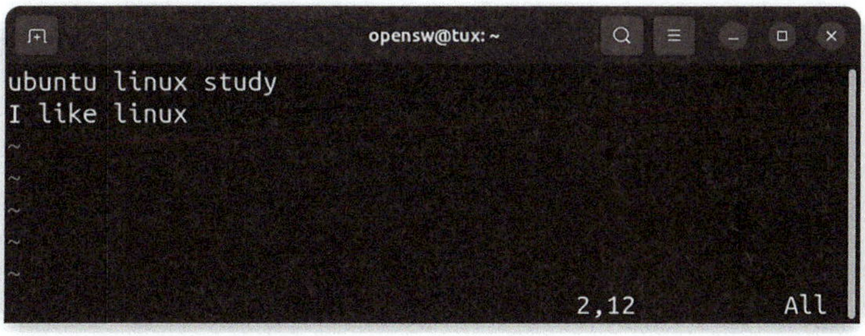

그림 6.08 텍스트 입력 후 명령 모드로 전환된 vi 화면

6.3.2. 커서 이동

vi에서 입력 모드와 명령 모드에서 방향키를 사용하여 커서를 이동할 수 있다. 명령 모드에서는 방향키 뿐만 아니라 k, j, l, h 키도 사용 가능하다. 이는 초기의 vi에서는 방향키로 커서 이동이 불가능했기에, 그에 대응되는 4개의 키로 커서를 이동했기 때문이다(테이블 6.04). 리눅스 vi에서는 방향키로 커서 이동이 가능하도록 개선된 것이다. 각 키에 대응되는 커서 이동 방향이 존재한다.

테이블 6.04 각 키에 대응된 커서 방향

키	대응되는 방향
k	위 화살표 키(↑)
j	아래 화살표(↓)
l	오른쪽 화살표 키(→)
h	왼쪽 화살표 키(←)
^, 0	[Home] 키
$	[End] 키

6.3.3. 화면 이동

편집할 텍스트가 많을 경우, 터미널 화면에 모든 내용이 표시될 수 없으므로 화면을 이동해야 한다. 메모장에서 내용이 길면 스크롤하는 것과 동일하다. 방향키로 커서를 이동할 경우에는 한 행단위로 움직이기에 화면 이동 명령키를 통해 화면 단위로 빠르게 이동할 수 있다(테이블 6.05).

테이블 6.05 명령 모드에서의 다양한 화면 이동 명령키

명령키	기능	추가 명령키
[Ctrl]+u	화면의 절반만큼 위로 이동	
[Ctrl]+d	화면의 절반만큼 아래로 이동	
[Ctrl]+b	한 화면만큼 위로 이동	[Page Up] 키
[Ctrl]+f	한 화면만큼 아래로 이동	[Page Down] 키

화면 단위 외에도 특정 행(row)으로 바로 이동하는 방법도 존재하는데, 각 모드에서 사용하는 행 이동 명령키가 다르다(테이블 6.06). 명령 모드에서 <row>G를 입력하거나 마지막 행 모드에서 :<row> 입력 후 [Enter]키를 입력하면 원하는 행으로 이동한다.

테이블 6.06 각 모드에서의 행 이동 명령키

모드	명령키	기능
명령 모드	G (대문자 g)	마지막 행으로 이동
	<row>G	지정한 행으로 이동
마지막 행 모드	:<row>	지정한 행으로 이동
	:$	마지막 행으로 이동

<row>는 행 번호를 의미하며, 만약 마지막 행 모드에서 20번 행으로 이동하는 경우 :20을 입력하고 [Enter]키를 입력한다.

6.4 내용 수정 및 삭제

6.4.1. 내용 수정

vi를 사용하다 보면, 커서를 기준으로 특정 위치의 내용을 수정하고 싶은 경우가 존재한다. 내용 수정 명령키를 사용하면 커서 인근의 글자나 행을 대체할 수 있다. 커서의 위치가 중요한 만큼, 이후 실습 그

림에서 커서가 어디에 위치하는지 확인하며 볼 것을 권장한다. 다양한 내용 수정 명령어는 명령 모드에서 사용할 수 있다(테이블 6.07).

테이블 6.07 명령 모드에서의 다양한 내용 수정 명령어

명령키	기능
r	커서가 위치한 글자 하나를 다른 글자로 수정 후 명령 모드 유지
cw	커서 위치부터 현재 단어의 끝까지 수정 후 입력 모드로 전환
cc	커서가 위치한 행의 내용을 모두 수정
C	커서 위치부터 행의 끝까지 수정
~	대소문자 전환 • 대문자 알파벳 → 소문자 알파벳 • 소문자 알파벳 → 대문자 알파벳

r 명령키는 커서가 위치한 글자 하나를 수정한다. r 키는 수정 후에도 명령 모드를 유지하므로 [Esc] 키를 누를 필요가 없다.

r을 사용하여 'linux'에서 'l'을 'w'로 수정한다(그림 6.09). 명령 모드에서 커서를 'l' 위치로 이동한다.

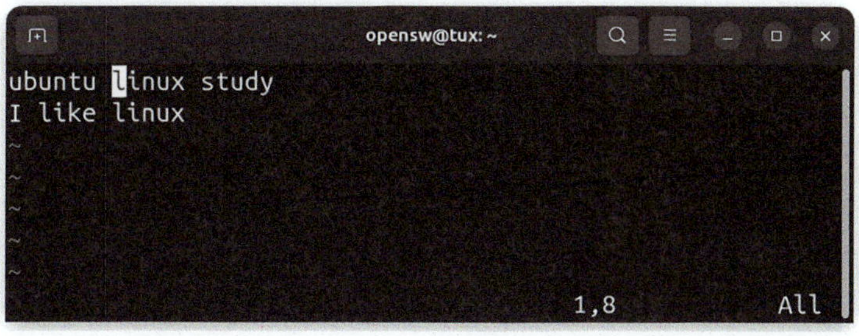

그림 6.09 'l'을 수정하기 위한 커서 위치

이후 r키를 입력하고 'w'를 입력한다(그림 6.10). 입력 즉시 커서에 있는 'l'이 'w'로 대체된다.

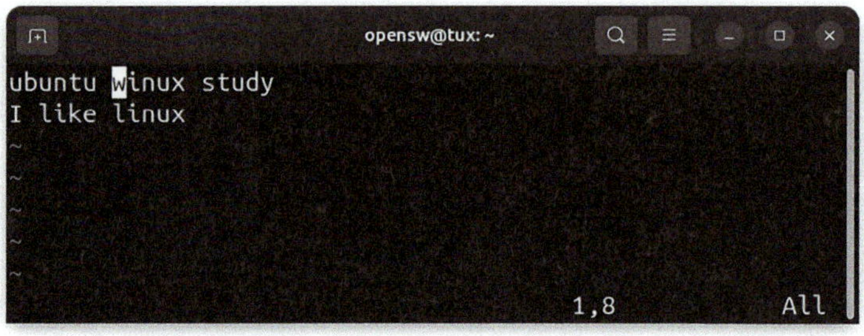

그림 6.10 r 명령키로 글자를 수정한 vi 화면

cw 명령키는 한 단어를 바꿀 때 사용한다. 이는 커서 위치부터 현재 단어의 끝까지 제거한 후 입력 모드로 전환하는 명령키이다. vi에서는 단어를 공백 문자나 특수 문자 단위로 구별한다.

cw를 사용하여 'winux'를 'editor'로 수정한다. 커서를 'winux'의 'w'로 이동한다(그림 6.11).

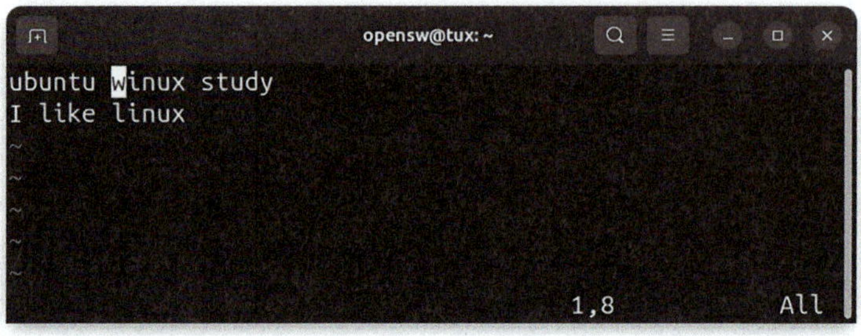

그림 6.11 'winux'를 수정하기 위한 커서 위치

cw를 입력하면 'winux'가 삭제되고 입력 모드로 전환된다(그림 6.12).

그림 6.12 cw를 입력하여 입력 모드로 전환된 vi 화면

그 상태에서 'editor'를 입력한 후 [Esc]키를 입력하여 명령 모드로 전환한다(그림 6.13). cw를 통해 'winux'를 단어 단위로 수정하였다.

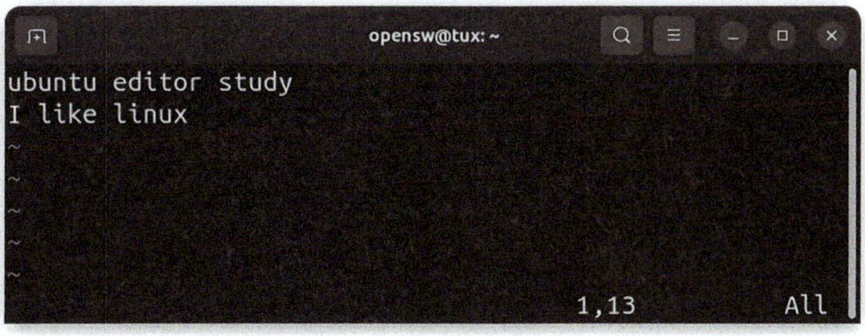

그림 6.13 cw 명령키를 통해 'winux'를 수정한 vi 화면

명령 모드에서는 입력하는 명령키가 vi상에 보이지 않기에, 본인이 무엇을 입력했는지 기억해야 한다.

C 명령키는 커서가 위치한 곳부터 행의 끝까지 수정할 때 사용한다. C를 입력하면 행의 맨 끝까지 삭제된 후 입력 모드로 전환된다.

C를 사용하여 첫 번째 행의 일부를 수정한다. 커서를 'editor'의 'r'로 이동한다(그림 6.14).

그림 6.14 1행의 일부 내용을 수정하기 위한 커서 위치

C를 입력하여 커서 위치부터 1행의 끝인 'r study'를 삭제하고 입력 모드로 전환한다(그림 6.15).

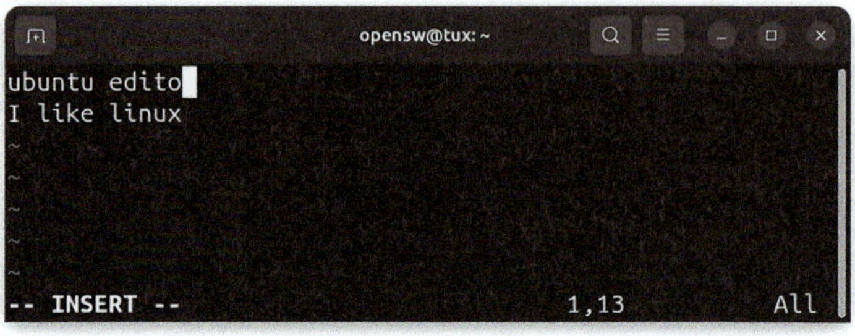

그림 6.15 C를 입력하여 입력 모드로 전환된 vi 화면

삭제된 자리에는 'r study'를 작성한다(그림 6.16). 수정이 완료되면 [Esc]키를 눌러 명령 모드로 전환하면, 첫 번째 행이 'ubuntu editor vi study'로 수정되었다.

그림 6.16 C 명령키로 첫 번째 행의 일부를 수정한 vi 화면

6.4.2. 내용 삭제

vi에서는 명령 모드에서 다양한 명령키를 사용하여 내용을 삭제할 수 있다(테이블 6.08). 내용 삭제 명령키로 글자, 단어, 행을 삭제할 수 있으며 보통 단어나 행을 한 번에 삭제할 때 많이 사용한다.

테이블 6.08 명령 모드에서의 다양한 내용 삭제 명령어

명령키	기능
x, #x	커서 위치의 글자를 삭제, #에는 삭제할 글자 수를 지정
dw, #dw	커서 위치의 단어 삭제, #에는 삭제할 단어의 수를 지정
dd, #dd	커서 위치의 행을 삭제, #에는 삭제할 행의 수를 지정
D	커서 위치부터 행의 끝까지 삭제

x 명령키는 커서에 위치한 글자 하나를 삭제한다. r 명령키와 달리 삭제만 하므로 입력 모드로 전환되지 않는다.

x를 통해 'linux'의 'l'를 삭제한다. 커서를 'linux'의 'l'로 이동한다(그림 6.17).

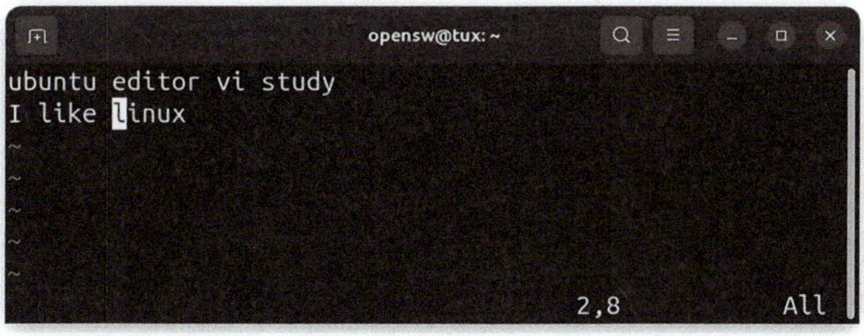

그림 6.17 'l' 글자를 삭제하기 위한 커서 위치

이후 x키를 입력하면, 명령키가 입력된 즉시 'l'가 삭제된다(그림 6.18).

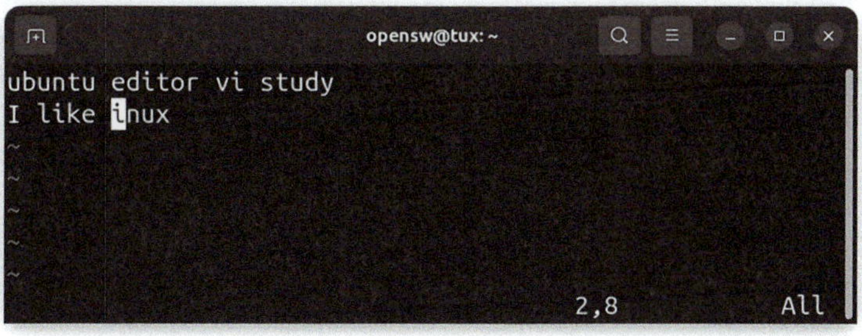

그림 6.18 x 명령키로 'l' 삭제한 vi 화면

dw 명령키는 커서에 위치한 단어 하나를 삭제한다. 명령어 앞에 숫자를 붙여 #dw로 사용할 수도 있는데, 커서를 기준으로 #개의 단어를 삭제한다는 의미이다.

dw 키로 'like'를 삭제하기 위해, 'like' 의 'l' 위로 커서를 이동한다(그림 6.19). dw는 커서부터 커서가 위치한 단어의 끝까지 삭제하기에, 한 단어를 삭제하려면 커서가 삭제하고자 하는 단어의 첫 글자에 있어야 한다.

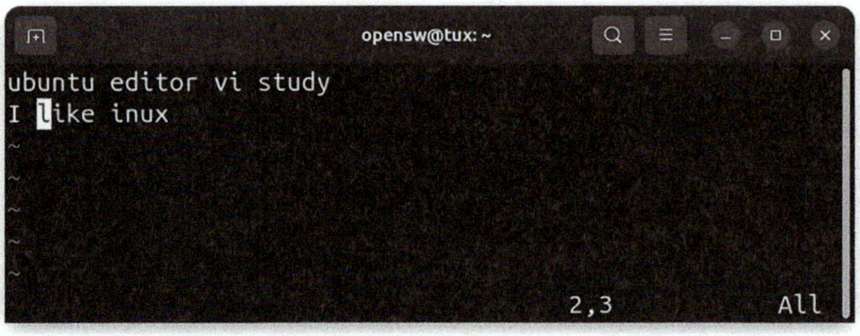

그림 6.19 'like'를 삭제하기 위한 커서 위치

dw를 입력하여 커서가 위치한 단어인 'like'를 삭제한다(그림 6.20).

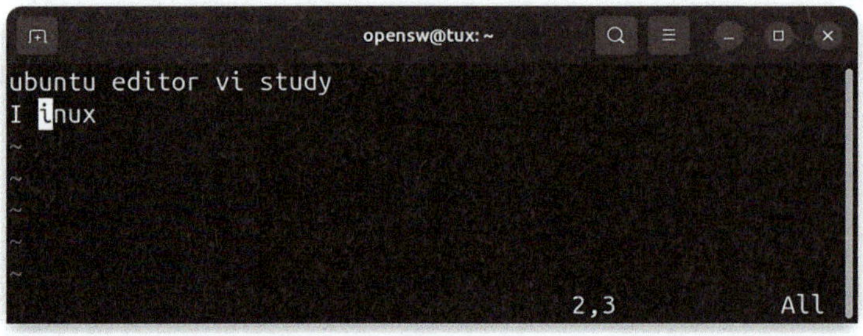

그림 6.20 dw 명령키로 'like'를 삭제한 후의 vi 화면

dd 명령키는 커서가 위치한 행을 삭제한다. #dd 명령키는 커서가 위치한 행을 포함하여 입력한 숫자만큼의 행을 삭제한다.

dd로 첫 번째 행을 삭제한다. 커서를 첫 번째 행 내 원하는 위치로 이동한다(그림 6.21).

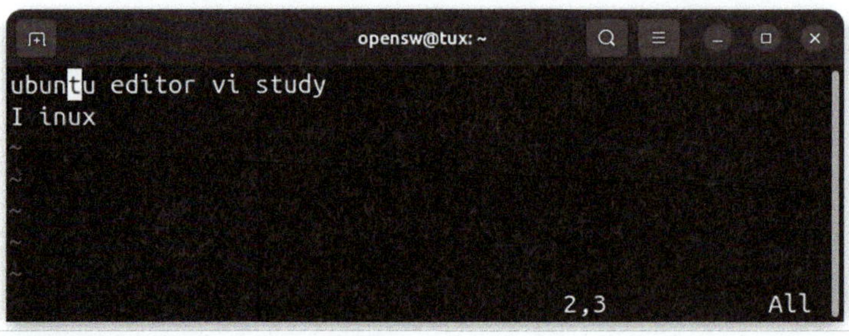

그림 6.21 첫 번째 행을 삭제하기 위한 커서 위치

그림 6.21에서 dd를 입력하여 첫 행의 모든 내용을 삭제한다(그림 6.22). vi에는 첫 번째 행인 'ubuntu editor vi study'가 삭제되어, 'I inux'만 남게 되었다.

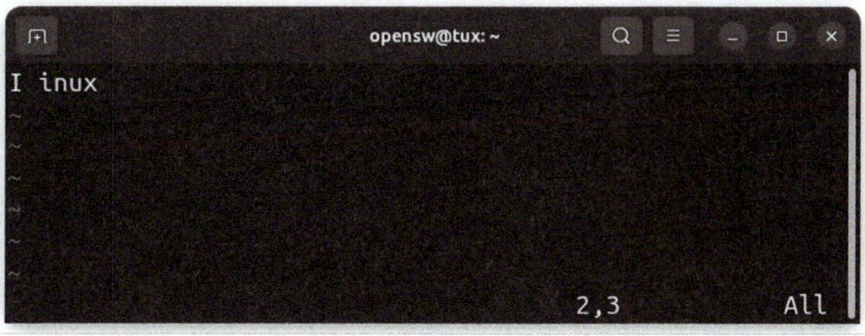

그림 6.22 dd 명령키를 통해 첫 번째 행을 삭제한 vi 화면

6.5 기타 기능

6.5.1. 명령 취소

Windows에서 중요한 내용을 실수로 지우거나 수정 이전으로 되돌리고 싶을 때 [Ctrl]+z 단축키를 사용한다. vi도 마찬가지로 실행했던 명령을 취소하는 방식으로 내용을 되돌릴 수 있다(테이블 6.09).

테이블 6.09 명령 모드에서의 다양한 명령 취소 명령어

명령키	기능
u	명령을 취소
U	해당 행에서 한 모든 명령을 취소
:e!	마지막으로 저장한 내용 이후의 것을 버리고 새로 작업

u 명령키는 직전에 수행한 명령을 취소한다(그림 6.23). 커서 위치에 상관없이 u를 입력하면, 마지막으로 수행했던 행 삭제 명령이 취소된다. u 키를 계속 누르면 이전에 수행했던 명령들이 순차적으로 취소된다. 여기서는 u를 두 번 입력한다.

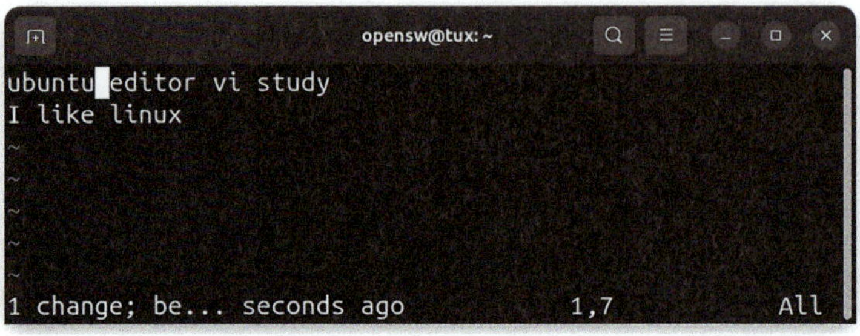

그림 6.23 u 명령키를 사용한 후의 vi 화면

6.5.2. 복사, 자르기, 붙여넣기

Windows 메모장에서 [Ctrl]+c와 [Ctrl]+v 단축키를 사용하여 텍스트 복사 및 붙여넣기를 지원하는 것처럼, vi에서는 다양한 명령키를 통해 복사 및 붙여넣기를 사용할 수 있다(테이블 6.10). Windows에서 두 단축키를 이용하여 복사·붙여넣기를 하는 것처럼 리눅스의 vi에서도 yy와 p키를 모두 사용해야 한다.

테이블 6.10 명령 모드에서의 복사·잘라내기·붙여넣기 명령키

명령키	기능
yy, #yy	커서가 위치한 행을 복사, #에는 복사할 행의 수를 지정
p	커서가 위치한 행의 아래쪽에 복사한 내용을 붙여넣음
P(대문자p)	커서가 위치한 행의 윗쪽에 복사한 내용을 붙여넣음
dd, #dd	커서가 위치한 행을 잘라둠(삭제와 같은 기능), #에는 잘라둘 행의 수를 지정

yy와 p 명령키를 이용하여 첫 번째 행을 복사한 후 마지막 행 아래에 붙여 넣는다. 먼저 첫 번째 행으로 커서를 이동한 후 yy를 입력한다(그림 6.24). 행 내에서의 커서 위치는 신경 쓸 필요 없다.

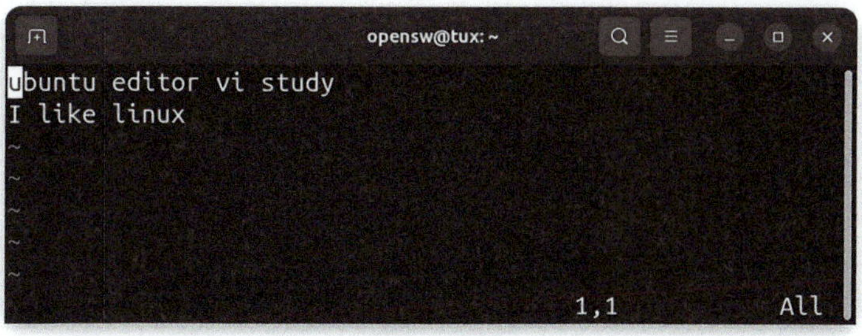

그림 6.24 첫 번째 행을 복사하기 위한 커서 위치

복사한 내용을 붙여넣기 위해 커서를 두 번째 행으로 이동한다(그림 6.25).

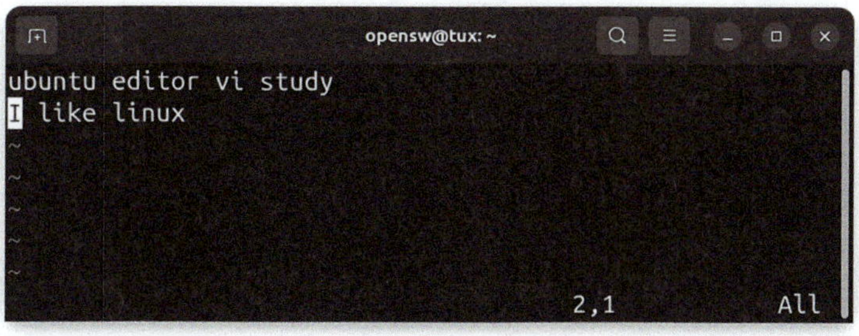

그림 6.25 붙여넣기를 위한 커서 위치

p를 입력하여 'ubuntu editor vi study'를 두 번째 행 아래로 붙여넣는다(그림 6.26).

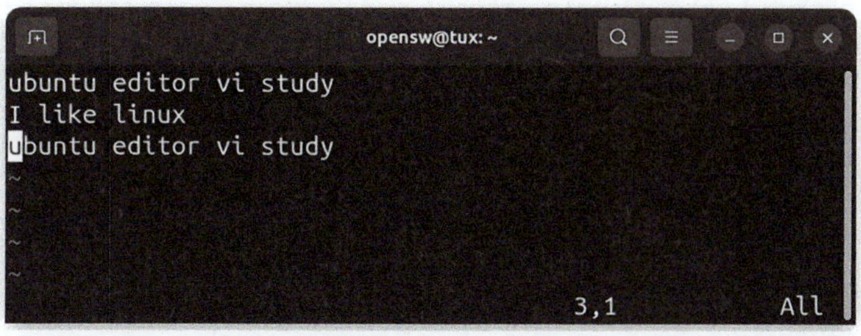

그림 6.26 yy와 p 명령키로 행 붙여넣기한 vi 화면

dd 명령키는 커서가 위치한 행을 자른다. Windows의 [Ctrl]+x 단축키와 동일한 기능이며, 여러 줄을 한 번에 잘라낼 때는 #dd 명령키를 사용한다. 잘라낸 내용은 p키나 P키를 이용하여 붙여 넣을 수 있다.

dd를 이용하여 두 번째 행을 세 번째 행으로 이동한다. 먼저 커서를 두 번째 행으로 이동한다(그림 6.27).

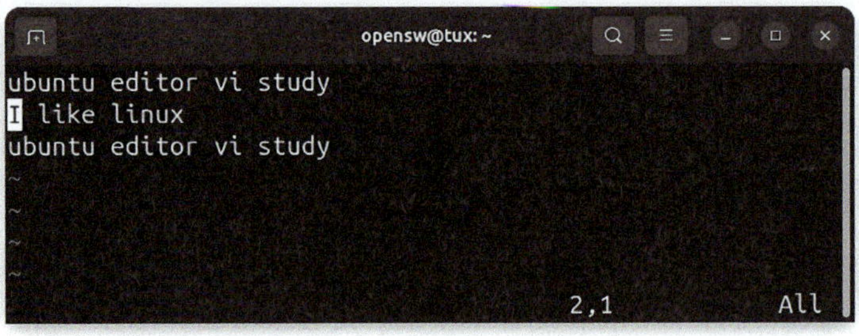

그림 6.27　두 번째 행 잘라내기를 위한 커서 위치

dd를 입력하여 두 번째 행을 잘라낸다(그림 6.28).

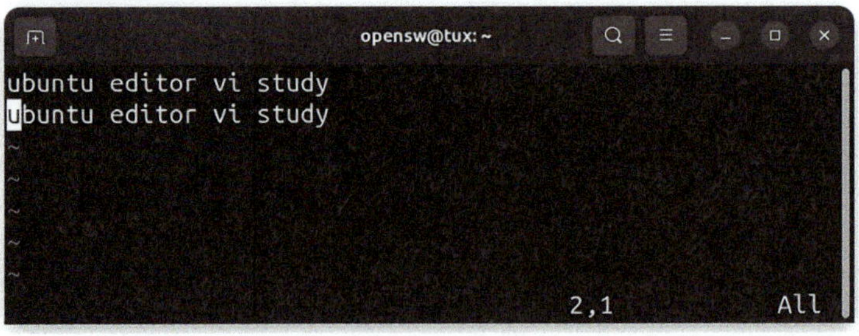

그림 6.28　dd로 두 번째 행을 잘라낸 후의 커서 위치

그림 6.28의 커서 위치에서 p키를 입력하면, 잘라낸 행인 'I like linux'가 붙여넣기 된다(그림 6.29).

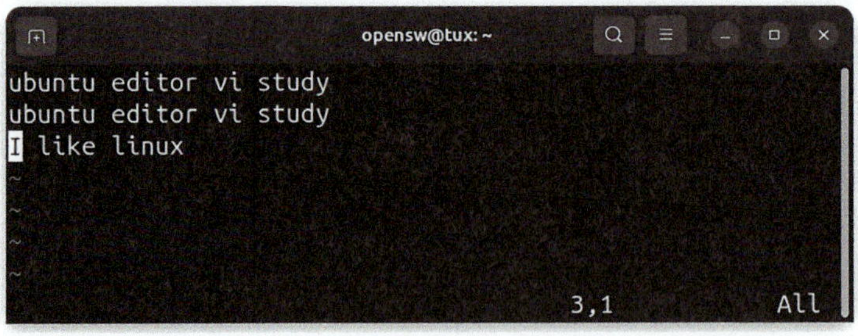

그림 6.29　dd와 p 명령키를 통한 행 삭제 및 붙여넣기 후의 vi 화면

yy나 dd 명령키로 행을 복사하거나 잘라낼 때 버퍼를 사용하게 된다. **버퍼**는 복사 또는 잘라낸 내용을 저장하는 수단으로, 클립보드와 동일한 역할이다. 복사한 내용을 다른 위치에 붙여넣기 위해서는 그 내용을 저장할 수 있는 공간이 필요하기에 버퍼를 사용하는 것이다.

버퍼는 언네임드 버퍼와 네임드 버퍼로 구분된다.

언네임드 버퍼(Unnamed buffer)는 이름을 붙이지 않은 버퍼로, 복사 또는 잘라내기한 내용을 한 개만 저장할 수 있다. 이미 복사한 내용이 있는 상태에서 또 다른 내용을 복사했다면, 첫 번째에 복사했던 내용은 사라지고 두 번째로 복사한 내용만 버퍼에 저장된다. 이러한 특징으로 언네임드 버퍼는 가장 최근에 복사하거나 잘라낸 내용만 저장된다. 앞서 복사 및 붙여넣기에 사용한 버퍼가 언네임드 버퍼이다.

네임드 버퍼는 이름을 붙여서 사용할 수 있는 버퍼로, 각자 이름을 가진 네임드 버퍼에 독립적으로 복사한 내용을 저장한다. 네임드 버퍼는 알파벳 이름을 사용하는 "a 부터 "z 버퍼와, 숫자 이름을 사용하는 "1 부터 "9 버퍼를 지원한다. 네임드 버퍼를 사용하면 각 버퍼마다 다른 내용을 저장할 수 있기에 원하는 버퍼를 선택하여 붙여 넣을 수 있다.

네임드 버퍼에 복사한 내용을 저장하려면 <buffer>+yy를, 네임드 버퍼의 내용을 붙여넣기 하려면 <buffer>+p를 입력한다.

네임드 버퍼를 이용하여 복사한 여러 행을 저장한다. "a 네임드 버퍼에 첫 번째 행을 복사한다(그림 6.30). 커서를 첫 번째 행으로 이동하고, "ayy를 입력하여 "a 버퍼에 첫 번째 행을 저장한다.

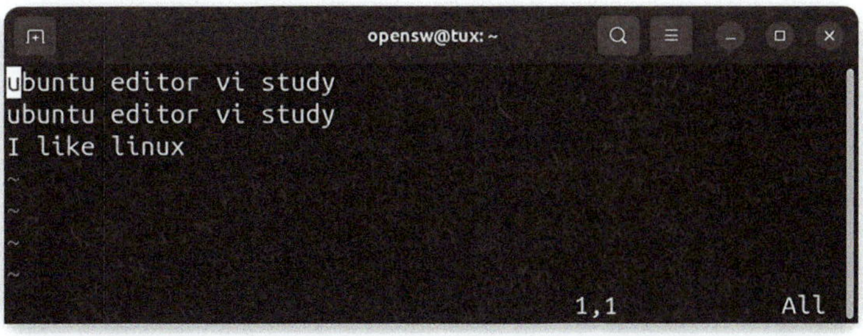

그림 6.30 "a 버퍼에 첫 번째 행 저장

그 후 "b 네임드 버퍼에 세 번째 행을 복사한다(그림 6.31). 이를 위해 세 번째 행으로 커서를 이동한 후, "byy를 입력하여 "b 버퍼에 세 번째 행을 저장한다.

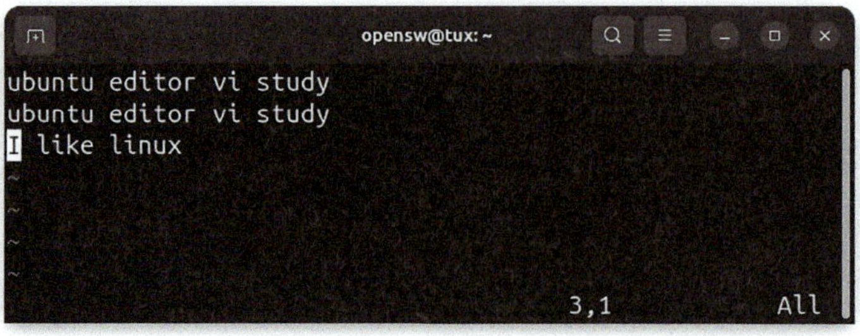

그림 6.31 "b 버퍼에 세 번째 행 저장

이제 두 네임드 버퍼에 저장된 내용을 붙여 넣는다. 먼저 "a 버퍼 내용을 붙여 넣는다(그림 6.32). 그림 6.31처럼 커서를 세 번째 행으로 이동한 후 "ap를 입력한다.

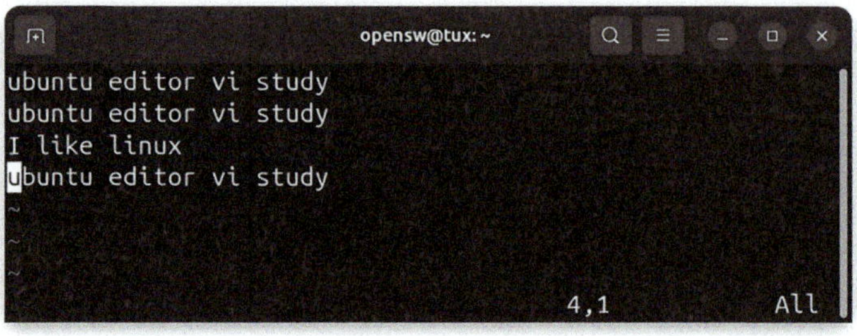

그림 6.32 "a 버퍼 내용을 네 번째 행에 붙여넣은 vi 화면

이후 "b 버퍼 내용을 붙여 넣는다(그림 6.33). 그림 6.32와 같이 커서를 네 번째 행에서 위치시킨 다음 "bp를 입력한다. 정상적으로 네임드 버퍼를 활용했다면 네 번째 행에 'ubuntu editor vi study', 다섯 번째 행에 'I like linux'가 존재하게 된다.

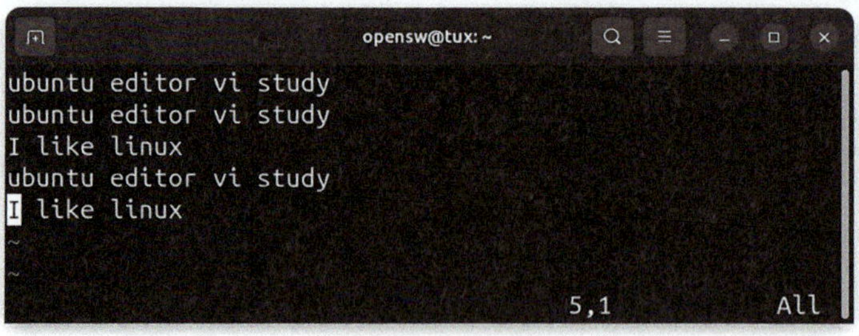

그림 6.33 "b 버퍼 내용을 다섯 번째 행에 붙여넣은 vi 화면

지금까지는 명령 모드에서 복사 - 잘라내기 - 붙여넣기를 진행했지만, 마지막 행 모드에서도 수행할

수 있다(테이블 6.11). 마지막 행 모드에서 행을 복사하거나 잘라낼 때 범위를 지정할 수 있다(테이블 6.12). 이러한 차이점으로 한 행에 대한 작업을 진행할 때는 명령 모드를 사용하고, 여러 행에 대한 작업할 때는 마지막 행 모드를 사용한다.

테이블 6.11 마지막 행 모드에서의 범위 지정 방법

범위 지정 방법	기능
1,$ 또는 %	1행부터 마지막 행까지 지정
1,.	1행부터 커서가 있는 행까지 지정
.,$	커서가 있는 행부터 마지막 행까지 지정
.,-#	현재 행과 이전 #행까지(총 #+1 행) 지정
<row1>,<row2>	<row1>행부터 <row2>행까지 지정

테이블 6.12 마지막 행 모드에서의 복사·잘라내기·붙여넣기 명령키

명령키	기능
:#y	#번째 행을 복사
:<범위>y	〈범위〉로 지정한 행을 복사 (테이블 6.12 참고)
:#d	#번째 행을 잘라냄
:<범위>d	〈범위〉로 지정한 행을 잘라냄(테이블 6.12 참고)
:pu	현재 행 다음에 버퍼의 내용을 붙임
:#pu	#번째 행 다음에 버퍼의 내용을 붙임

마지막 행 모드에서 범위를 지정하여 행을 복사하고 붙여넣는다. :1y를 작성한 후 [Enter]키를 입력하여 첫 번째 행을 복사한다(그림 6.34). 현재 버퍼에 복사된 내용은 'ubuntu editor vi study'이다.

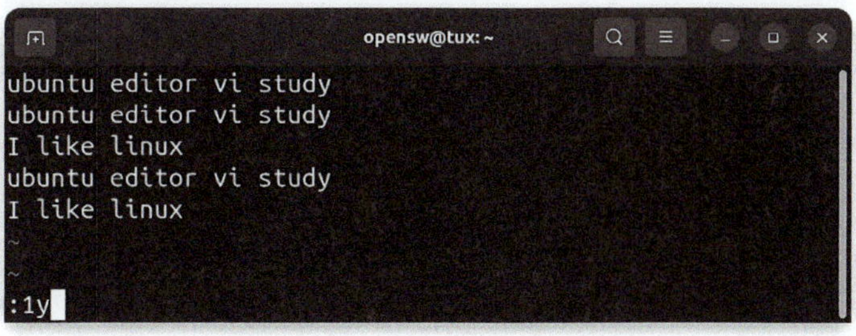

그림 6.34 :1y를 통해 첫 번째 행 복사

마지막 행 다음에 버퍼 내용을 붙여넣기 위해 :5pu를 실행한다(그림 6.35). 다섯 번째 행이 마지막 행이기에, 버퍼에 저장되어 있던 'ubuntu editor vi study'이 붙여넣기 된다.

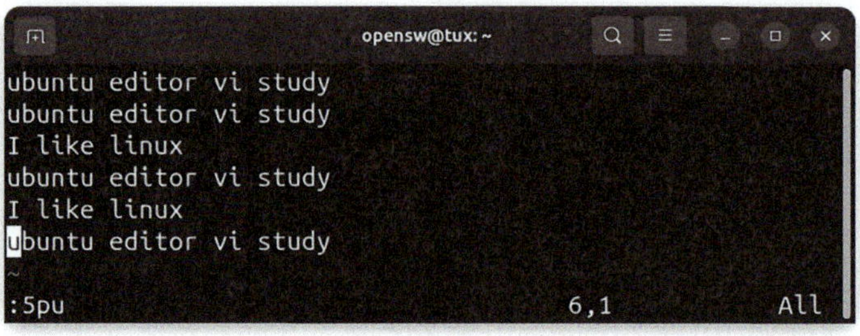

그림 6.35 :5pu로 마지막 행에 버퍼 내용을 붙여넣기

세 번째 행부터 다섯 번째 행을 복사한다. 이를 위해 :3,5y를 실행하면(그림 6.36), 터미널 하단에 '3 lines yanked' 문구가 보인다(그림 6.37). 이는 현재 3개의 행이 복사되었음을 알려주는 것이다(❶).

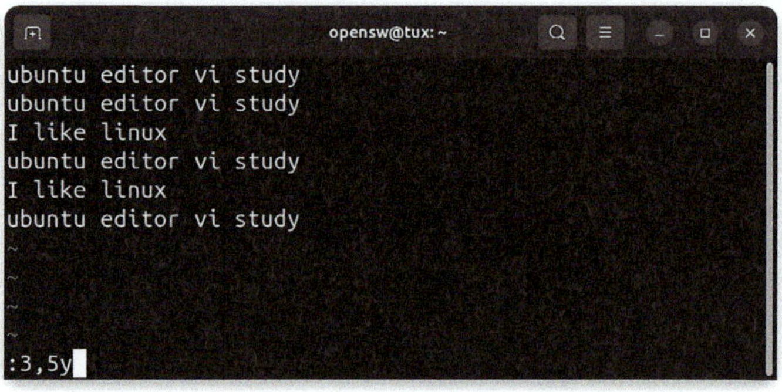

그림 6.36 범위를 지정한 복사 명령키 :3,5y 입력 화면

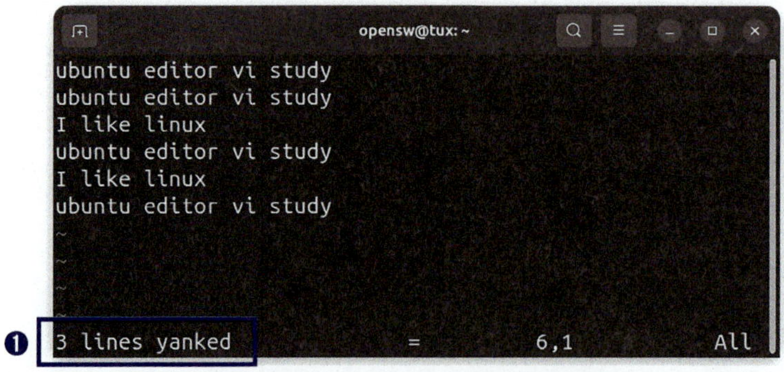

그림 6.37 여러 행 복사 시 출력되는 메시지

:6pu로 복사한 내용을 마지막 행에 붙여 넣는다(그림 6.38). 해당 명령키를 실행하면 '3 more lines' 문구가 보인다(그림 6.39). 이는 3개의 행이 추가되었음을 의미한다(❶).

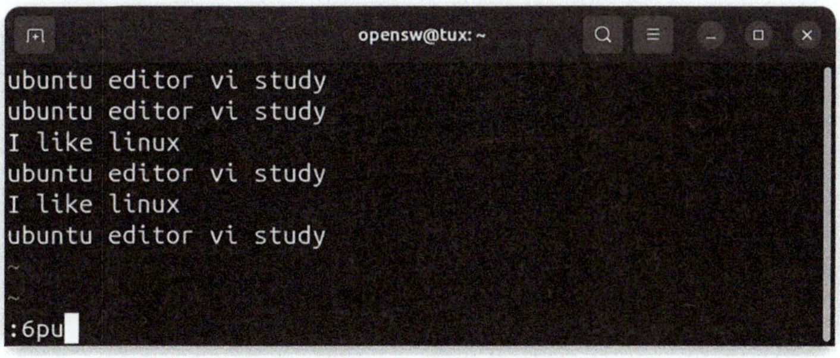

그림 6.38 6pu로 마지막 행에 버퍼 내용을 붙여넣기

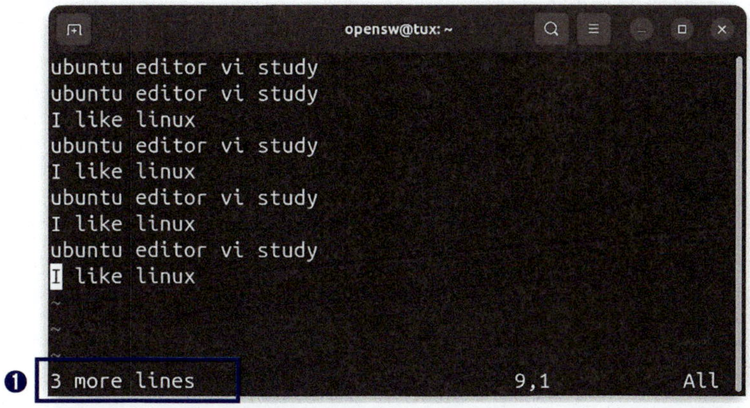

그림 6.39 여러 행 붙여넣기 시 출력되는 메시지

이제 :6,$d로 지금까지 붙여넣기한 내용을 삭제한다(그림 6.40). 여섯 번째 행부터 마지막 행이 새로 작업한 행에 해당되기에, 이를 범위 지정자로 표현하면 6,$가 된다.

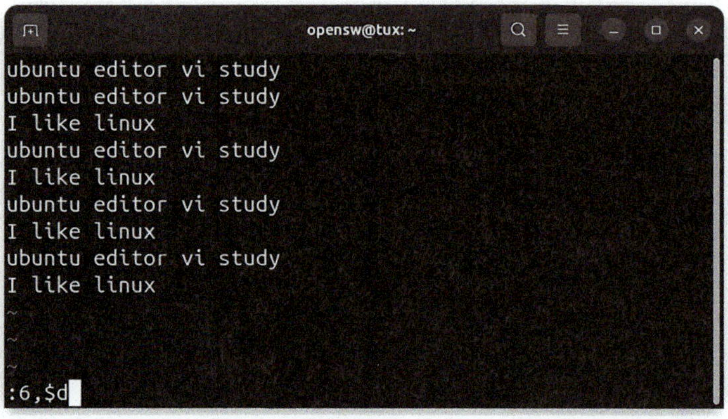

그림 6.40 범위 지정 삭제 명령키 :6,$d 입력 화면

삭제 명령키를 실행하면 4개의 행이 삭제되므로, '`4 fewer lines`' 문구가 출력된다(❶)(그림 6.41).

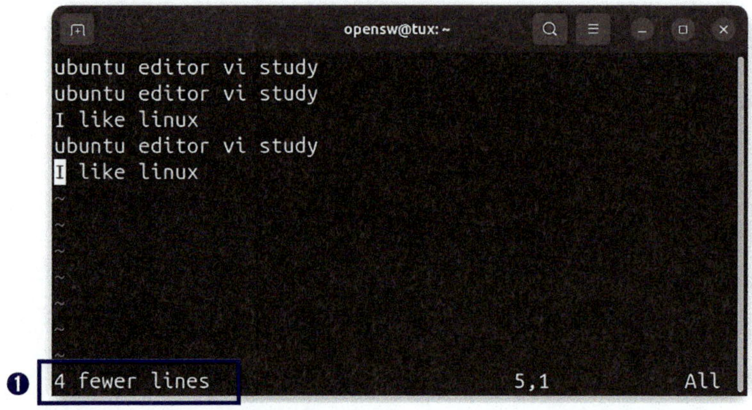

그림 6.41 여러 줄 삭제 시 출력되는 메시지

6.5.3. 내용 검색

vi에서의 문자 검색은 마지막 행 모드에서 진행할 수 있다. 문자를 검색할 때는 '/'나 '?'를 입력하여 마지막 행 모드에 진입한 후 단어를 검색하게 된다(테이블 6.13).

테이블 6.13 마지막 행 모드에서의 다양한 검색 명령키

명령키	기능
/<string>	문자열을 아래 방향으로 검색
?<string>	문자열을 위 방향으로 검색
n	원래 찾던 방향으로 다음 문자열을 검색
N	반대 방향으로 다음 문자열을 검색

vi에서 'ubuntu'라는 문자열을 찾는다(그림 6.42). '/'을 입력하여 마지막 행 모드로 진입한 후, 'ubuntu'를 작성한다(❶). 검색된 단어는 하이라이트로 표시된다(❷).

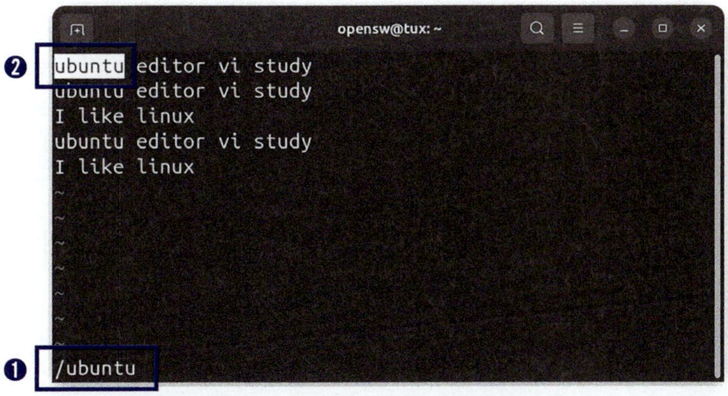

그림 6.42 /ubuntu를 통한 'ubuntu' 검색 결과

이 상태에서 다음 검색 단어로 이동하려면 n키를 입력한다(그림 6.43). '/'로 검색을 진행했으므로, n 입력 시 검색 순서는 아래 방향으로 진행된다. 현재 검색 방향의 역순으로 찾아가려면 N키를 입력한다.

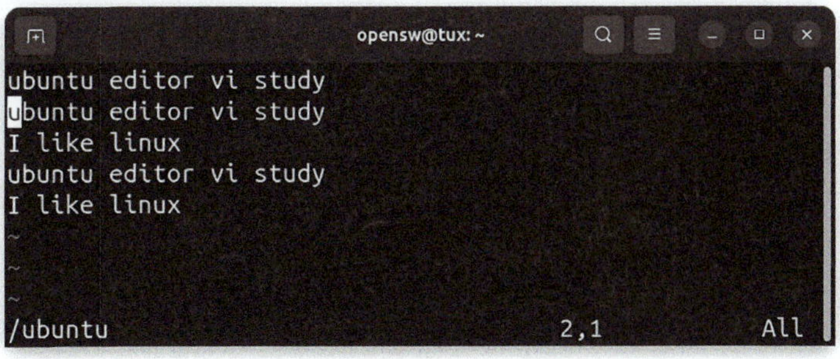

그림 6.43 검색어와 일치하는 다음 단어 검색

6.5.4. 내용 바꾸기

검색을 통해 수정할 부분을 일일이 찾아낸 뒤 수정할 수도 있지만, 한 번에 여러 단어나 문장을 바꿔야 할 때는 바꾸기 기능을 사용하여 일괄적으로 바꿀 수 있다. 바꾸기 기능은 ':'을 입력하여 마지막 행 모드로 전환한 후에 사용 가능하다(테이블 6.14). 이는 일반적인 문서 프로그램에서 지원하는 단어 교체 기능과 동일하다.

테이블 6.14 마지막 행 모드에서의 다양한 바꾸기 명령키

명령키	기능
:s/<str1>/<str2>/	커서가 위치한 행에서 첫 번째로 나오는 <str1>을 <str2>로 바꿈
:%s/<str1>/<str2>/g	파일 전체에서 모든 <str1>을 <str2>로 바꿈
:<범위>s/<str1>/<str2>/	범위 내 모든 각 행에서 첫 번째로 나오는 <str1>을 <str2>로 바꿈
:<범위>s/<str1>/<str2>/g	범위 내 모든 행에서 <str1>을 <str2>로 바꿈
:<범위>/<str1>/<str2>/gc	범위 내 모든 행에서 <str1>을 <str2>로 바꿀 때 수정할 지 여부를 물음

바꾸기 기능으로 모든 'ubuntu' 단어를 'linux'로 일괄적으로 수정하기 위해, 마지막 행 모드에서 :%s/ubuntu/linux/g을 입력한다(그림 6.44).

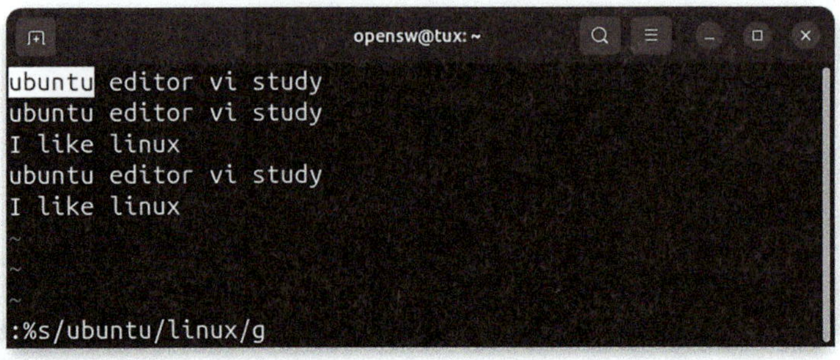

그림 6.44 바꾸기 명령키를 입력한 화면

바꾸기 명령키를 사용할 때 <str1>에는 검색하고자 하는 단어 즉 바꾸고자 하는 단어를 입력하고, <str2>에는 대체할 단어를 입력한다. 여기서는 'ubuntu'(<str1>)를 'linux'(<str2>)로 교체하기 위해 그림 6.44처럼 작성한다. 또한 파일 전체가 적용 대상이기에 전 범위를 의미하는 '%'를 범위 지정자로 사용한다.

[Enter]키로 :%s/ubuntu/linux/g를 실행한다(그림 6.45). 하단에는 몇 번의 교체가 발생하였는지 알려주는 문구가 출력된다. '3 substitutions on 3 lines'는 총 3행에서 3개의 검색어가 교체되었음을 의미한다. 실제로 첫 번째, 두 번째, 네 번째 행의 'ubuntu'가 'linux'로 바뀐 것을 확인할 수 있다(❶).

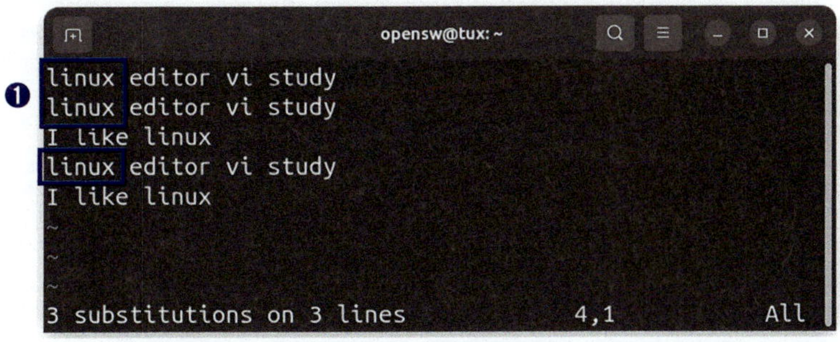

그림 6.45 검색된 'ubuntu'를 'linux'로 바꾼 vi 화면

6.6 vi 환경설정

vi를 기본 환경 설정으로 사용하다 보면, 행 번호가 보이지 않거나, 들여쓰기 크기가 너무 크거나, 들여쓰기 위치가 자동으로 맞춰지지 않아 불편한 부분이 있다. 앞서 범위를 지정한 바꾸기 기능을 사용하려면 행 번호를 알아야 한다. vi은 기본적으로 행 번호가 보이지 않도록 설정되어 있기에, 범위 지정에 어려움이 발생한다. 이러한 문제를 해결하기 위해 vi 환경 설정을 변경하는 여러 가지 방법이 있다.

vi 환경 설정을 변경하는 방법은 다음의 2가지가 있다.

- vi의 마지막 행 모드에서 set 명령으로 설정한다.
- 사용자의 홈 디렉터리에 .exrc 파일을 수정한다.

사용하는 방법에 상관없이 vi 환경 설정을 진행할 때는 set 명령을 사용해야 한다(테이블 6.15).

테이블 6.15 vi 환경 설정 명령

set 옵션	기능
set nu	파일 내용의 각 행에 행 번호를 표시
set nonu	행 번호를 감춤
set list	눈에 보이지 않는 특수 문자 표시(tab: ^I, eol: $ 등)
set nolist	특수 문자를 감춤
set showmode	현재 모드를 표시
set noshowmode	현재 모드를 감춤
set	set으로 설정한 모든 vi 환경 설정 값을 출력
set all	모든 vi 환경 변수와 현재 값을 출력

6.6.1. vi 내에서 명령으로 설정

vi 자체에서 vi 환경 설정을 진행할 수 있다. vi에서 set 명령을 사용하여 행 번호를 표시한다(그림 6.46). 마지막 행 모드로 전환하는 ':'와 set nu 명령을 입력한다(❶).

❶

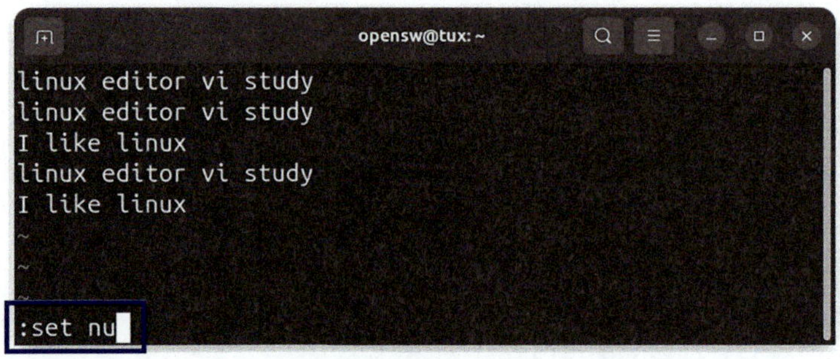

그림 6.46 vi 내에서 :set nu 명령 입력

명령 입력 후 [Enter]키를 누르면 화면 왼쪽에 행 번호가 생긴다(그림 6.47). 이 방법으로 생긴 행 번호는 현재 실행하고 있는 vi에만 적용된다. 실행 중인 vi를 종료한 후 새로운 vi를 열면, 해당 vi에는 행 번호가 표기되지 않는다.

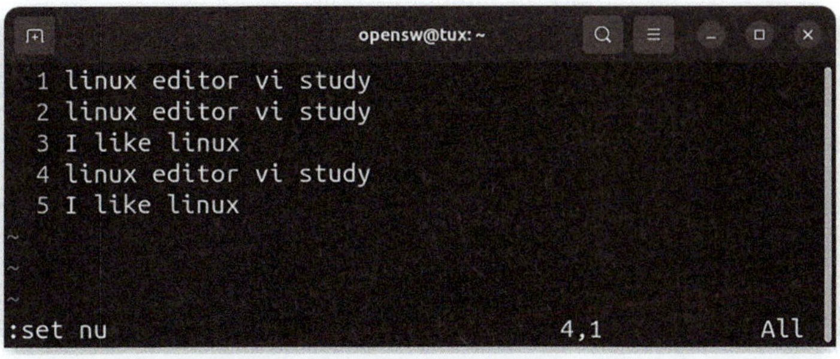

그림 6.47 :set nu로 행 번호를 표시한 vi 화면

다음 방법으로 vi 설정을 진행하려면 vi를 종료해야 한다. 그래서 지금까지 작업한 내용을 저장한 후 종료한다(❶)(그림 6.48).

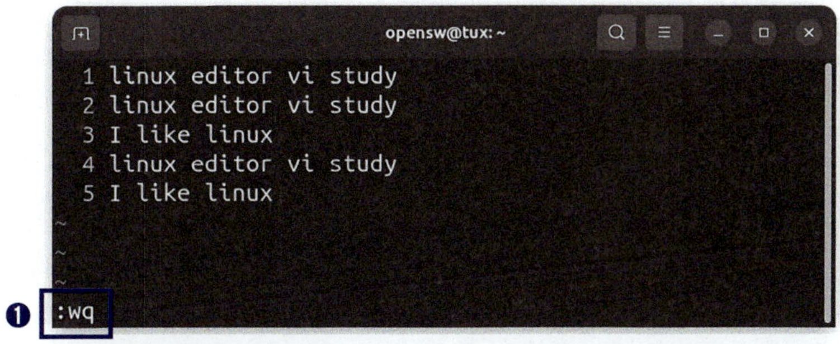

그림 6.48 vi를 종료하는 :wq 명령키 입력

6.6.2. .exrc 파일에 설정

.exrc 파일은 생성되어 있는 파일이 아니기에 사용자가 직접 만들어야 한다. 파일 이름 앞에 '.'은 숨김 파일이라는 의미로, 이름이 '.'로 시작하는 파일은 일반적인 방법으로 파일 탐색기에서 확인할 수 없는 파일임을 의미한다. .exrc 파일을 사용하면 vi 환경 설정 값을 영구적으로 적용할 수 있다.

먼저 터미널로 홈 디렉터리에 .exrc 파일을 생성하고 vi로 연다.

```
opensw@tux:~$ cd ~ ; touch .exrc
opensw@tux:~$ vi .exrc
```

행 번호, 특수문자 및 현재 모드를 표시하도록 vi 환경 설정을 진행한다(그림 6.49). 행마다 하나의 설정 값만 작성해야 하므로, 'set nu', 'set list', 'set showmode'를 각 행마다 작성해야 한다.

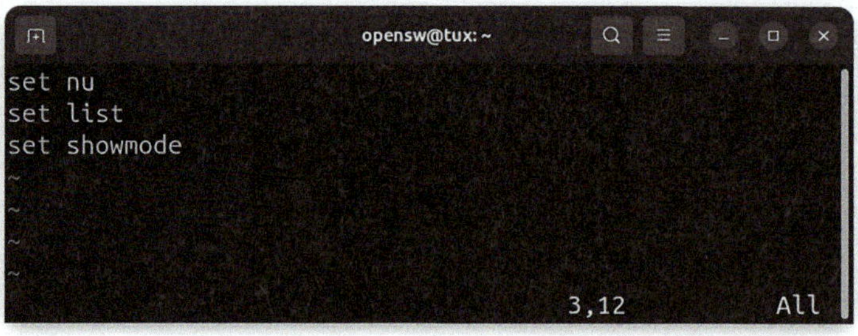

그림 6.49 vi 환경설정 값을 작성한 .exrc 파일

이후 .exrc 파일의 변경점을 저장하고 vi를 종료한다(그림 6.50). .exrc 파일에 작성한 set 옵션을 저장하지 않고 종료하면, 설정 내용이 사라지기에 필히 저장한 후 종료해야 한다(❶).

그림 6.50 .exrc 파일을 저장 및 종료하기 위한 :wq 입력 화면

이제 vi test.txt 명령으로 test.txt 파일을 열어, .exrc 파일에서 설정한 내용이 vi에 적용되었는지 확인한다(그림 6.51). set nu에 의해 행 번호가 생겼으며(❶), set list로 '~'이나 '$' 등의 특수문자를 확인할 수 있다(❷). set showmode는 현재 모드를 나타내주기에 입력 모드일 때 --INSERT--가 나타나는 것이다.

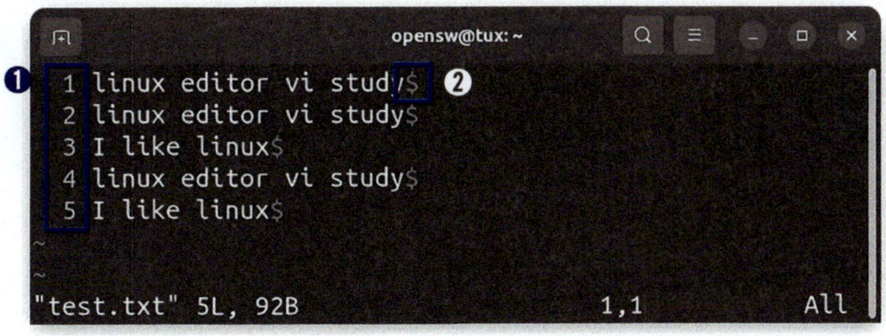

그림 6.51 .exrc 파일의 설정값이 적용된 vi 화면

해당 방법으로 vi 설정을 진행하면, 앞선 두 방법과 달리 현재 열려있는 vi에는 적용되지 않는다. 단 이후에 열리는 vi에 영구적으로 적용된다. vi는 자주 사용하기 때문에 본인이 선호하는 설정이 지속적으로 유지되는 방법을 사용하는 것이 좋다. 그래서 파일을 통해 vi 환경 설정을 하는 경우가 대부분이다.

CHAPTER 6 연습문제

01. ssh를 통해 우분투에 접속하여 수행하라(Windows 사용자는 PuTTY를 활용 하라).

02. vim 패키지를 설치하고 결과를 보여라.

03. 아래 텍스트를 vim 에디터로 작성하여 `linuxhistory.txt` 파일을 생성하라. 파일을 작성할 때 여러 행이 생기도록 작성하고 vim 에디터에서 파일을 저장하는 명령을 수행하라.

> Linux began in 1991 as a personal project by Finnish student Linus Torvalds: to create a new free operating system kernel. The resulting Linux kernel has been marked by constant growth throughout its history. Since the initial release of its source code in 1991, it has grown from a small number of C files under a license prohibiting commercial distribution to the 4.15 version in 2018 with more than 23.3 million lines of source code, not counting comments, under the GNU General Public License v2
>
> After AT&T had dropped out of the Multics project, the Unix operating system was conceived and implemented by Ken Thompson and Dennis Ritchie (both of AT&T Bell Laboratories) in 1969 and first released in 1970. Later they rewrote it in a new programming language, C, to make it portable. The availability and portability of Unix caused it to be widely adopted, copied and modified by academic institutions and businesses

04. 라인번호가 보이도록 vim 환경설정 파일을 만들고 `linuxhistory.txt` 파일을 vim으로 오픈했을 때 라인번호가 보이도록 하라.

05. `linuxhistory.txt` 파일의 모든 Linux 단어를 LINUX로 변경하고 저장하라.

06. `linuxhistory.txt` 파일에서 모든 it 문자열을 삭제하고 저장하라.

07. `linuxhistory.txt` 파일의 끝에 본인의 학번을 추가하고, 추가된 라인을 한 번에 10개 복사하는 명령을 수행하고 저장하라.

08. apache2 Web Server를 설치하고 다음을 수행하라.

a) `/var/www/html/index.html` 파일 이름을 `index.html.old`로 변경하라.

b) 새로운 `index.html` 파일을 `vim` 에디터로 생성하라.

c) `index.html`에 자신의 학부, 학번, 이름 등을 HTML로 작성하라.

d) Web Browser를 통해 변경된 `index.html` 내용을 보여라.

e) HTML 문법은 `https://www.w3schools.com/html/`을 참조하라.

f) 다양한 내용을 `index.html`에 포함하도록 하라.

09. SSH로 로그인할 때, Welcome message로 아래와 같이 출력되도록 하라 (today 이후에 출력되는 시간은 현재시간이 되어야 한다).

```
rsyoung@kant:~$ ssh opensw@192.168.56.102
.... <omitted>
Powerful Editor VIM...from today, Wed Oct 18 10:49:03 AM KST 2024
opensw@tux:~$
```

10. 파일을 삭제할 때(rm) 항상 한번 더 확인하는 메시지를 출력하도록 환경 설정을 하라(매번 로그인 시 동일한 설정이 되도록).

```
opensw@tux:~$ rm a
rm: remove regular empty file 'a'? y
opensw@tux:~$
```

PART 03

내 리눅스 관리자 커리어는 여기부터

07 CHAPTER 리눅스 운영을 위한 프로세스 및 사용자 관리

리눅스 컴퓨터에서 실행되는 모든 프로그램은 프로세스 단위로 구동된다. 이번 장에서는 컴퓨터에서 프로그램을 구동하기 위한 핵심 개념 중 하나인 프로세스에 대해 알아보고, 프로세스를 관리하는 다양한 방법에 대해 알아볼 것이다.

7.1 프로세스

7.1.1. 프로세스의 개념

프로세스(Process)란 현재 메모리에 프로그램이 적재되어 실행 중인 프로그램을 말한다. 리눅스는 다중 프로세스 시스템이므로 여러 개의 프로세스가 동시에 실행되고, 리눅스의 모든 프로세스는 부모-자식 관계를 가진다. 리눅스에는 최상위 프로세스 라고 불리는 systemd와 kthreadd가 존재한다. 두 프로세스는 머신이 처음 부팅될 때 실행되는 프로세스로 부모 프로세스가 없어 최상위 프로세스라고 부른다.

```
opensw@tux:~$ ls -al /sbin/init
lrwxrwxrwx 1 root root 20 Apr 1 11:28 /sbin/init->/lib/systemd/systemd
```

systemd는 컴퓨터 부팅 시 가장 먼저 실행되는 프로세스로, 이전에 존재하던 init 프로세스를 보완하여 나온 프로세스다. `ls -al /sbin/init` 명령을 실행하면 기존의 init 프로세스 실행 파일이 systemd 프로세스 실행 파일과 소프트 링크로 연결되어 있음을 확인할 수 있다.

프로세스의 부모-자식 관계에서 부모에 해당하는 프로세스는 **부모 프로세스**(Parent process)라고, 자식에 해당하는 프로세스는 **자식 프로세스**(Child process)라고 부른다. 부모 프로세스는 프로세스를 복제하는 fork() 등의 시스템 함수를 통해 자식 프로세스를 생성하고, 자식 프로세스도 또 다른 자식 프로세스 생성이 가능하다. 자식 프로세스는 할 일이 끝나면 부모 프로세스에게 결과를 반환 후 종료한다 (그림 7.01).

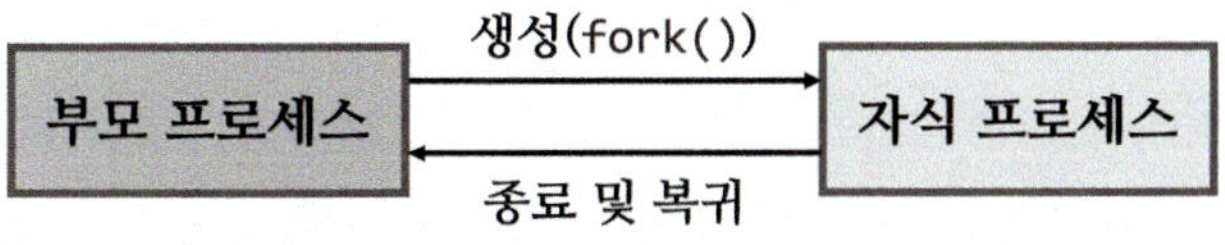

그림 7.01 부모 프로세스와 자식 프로세스 관계

각 프로세스는 PID(Process Identification Number)라는 고유 번호를 가진다. PID는 1번부터 시작하며, 프로세스가 실행되면서 하나씩 증가되면서 부여된다. 머신이 부팅될 때 첫 프로세스로 실행되는 systemd 프로세스와 kthreadd 프로세스는 각각 PID 1번과 2번을 부여받는다. systemd 프로세스는 모든 시스템 프로세스의 부모 프로세스가 되고, kthreadd 프로세스는 모든 커널 스레드(Kernel thread)의 부모 프로세스가 된다. 운영체제 내에서 프로세스와 스레드는 밀접한 관계가 있다(그림 7.02).[47]

스레드(Thread)는 프로세의 실행 흐름을 구성하는 단위로, 프로세스의 자원을 사용하는 작업 단위를 의미한다. 그림 7.02처럼 프로세스는 여러 개의 스레드로 구성되며, 동일한 프로세스 내에 존재하는 스레드는 서로 프로세스의 자원을 공유하여 사용한다.

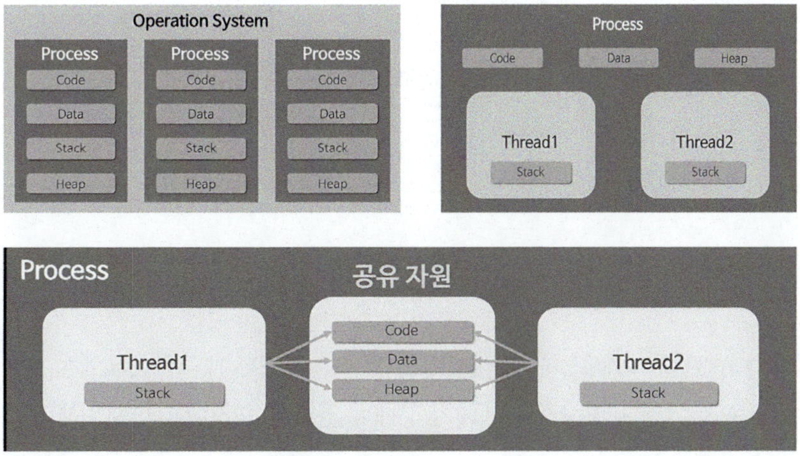

그림 7.02 운영체제 내의 프로세스와 스레드 관계

47 https://gmlwjd9405.GitHub.io/2018/09/14/process-vs-thread.html

7.1.2. 프로세스 종류

프로세스는 사용 목적과 실행 상태에 따라 종류를 구분한다. 사용자가 일반적으로 실행하는 프로세스 이외에도 아래와 같은 다양한 프로세스가 존재한다.

일반 프로세스는 사용사가 실행한 일반적인 프로세스이다. 일반 프로세스의 대표적 예시는 터미널에서 실행한 리눅스 명령어가 해당한다(그림 7.03).[48] 최상위 프로세스에 의해 일반 프로세스가 생성되고, 경우에 따라 일반 프로세스의 자식 프로세스가 생성되기도 한다. 만약, 자식 프로세스가 필요하다면 fork()를 통해 부모 프로세스로부터 복제된 후 실행한다. 부모 프로세스는 자식 프로세스가 종료할 때까지 대기 상태가 되고, 자식 프로세스 종료 이후 부모 프로세스가 다시 실행된다. 이러한 생성 단계로 인해 프로세스끼리는 계층 구조를 가지게 된다.

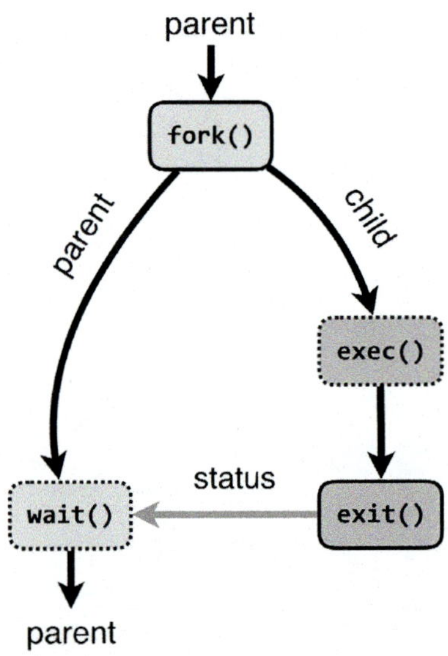

그림 7.03 프로세스 생성 단계

데몬 프로세스(Daemon process)는 특정 서비스를 제공하기 위해 백그라운드에서 상시 실행되는 프로세스이다. 데몬 프로세스는 평상시에는 대기 상태에 있다가 요청이 들어오면 서비스를 제공한다. 리눅스에서는 다양한 서비스를 제공하는 데몬이 동작 중이며, 예를 들면 원격 접속을 위해 설치한 sshd가 있다. sshd처럼 보통 이름 끝에 d가 붙어있다. 데몬 프로세스의 부모는 보통 PID 1번 프로세스

48 https://www.it.uu.se/education/course/homepage/os/vt18/module-2/process-management/

(systemd)인 경우가 많다.

고아 프로세스(Orphan process)는 부모 프로세스가 먼저 종료된 자식 프로세스를 의미한다. 자식 프로세스가 종료되면 부모 프로세스로 돌아가야 하지만, 종종 부모 프로세스가 먼저 종료되는 경우가 있다. 이때의 자식 프로세스를 고아 프로세스라고 부른다. 고아 프로세스가 발생하면 1번 프로세스가 새로운 부모 프로세스가 되어, 고아 프로세스가 작업을 마치고 종료할 수 있도록 한다.

좀비 프로세스(Zombie process)는 자식 프로세스가 종료했음에도 프로세스 테이블 목록에 남아있는 자식 프로세스를 의미한다. 자식 프로세스가 종료되면 부모 프로세스로 종료 상태(exit status)를 보내고, 부모 프로세스가 이 정보를 받으면 프로세스 테이블에서 자식 프로세스가 삭제되어야 한다. 이때 부모 프로세스가 자식 프로세스의 종료 정보를 정상적으로 처리하지 못했을 경우, 좀비 프로세스가 발생한다. 좀비 프로세스는 실제 실행 상태가 아니지만 프로세스 테이블 목록을 차지하기에, 좀비 프로세스가 증가하면 프로세스 테이블 용량이 부족해지기에, 정상적인 프로세스가 실행되지 않을 수 있다. 좀비 프로세스는 부모 프로세스가 특정 신호를 전달하여 자식 프로세스를 정리하거나 부모 프로세스 자체를 종료하는 방법을 사용하여 제거한다. 부모 프로세스를 종료하는 방법을 사용하면 좀비 프로세스는 고아 프로세스가 되고, 새로운 부모인 1번 프로세스가 좀비 프로세스를 정리할 수 있다(그림 7.04).[49]

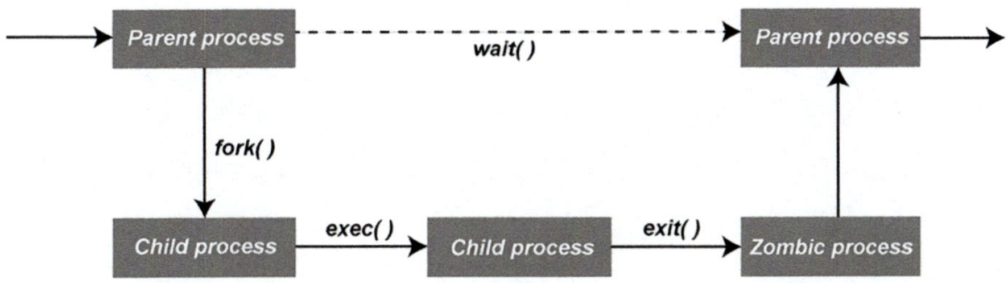

그림 7.04 좀비 프로세스의 흐름도

프로세스 주기를 통해 프로세스가 어떠한 상태를 가질 수 있고, 어떠한 상황에서 고아 프로세스나 좀비 프로세스가 발생하는지 확인할 수 있다(그림 7.05).[50]

49 https://static.javatpoint.com/operating-system/images/what-is-zombie-process.png

50 https://www.andrew.cmu.edu/course/15-440-sp10/applications/ln/proclife.gif

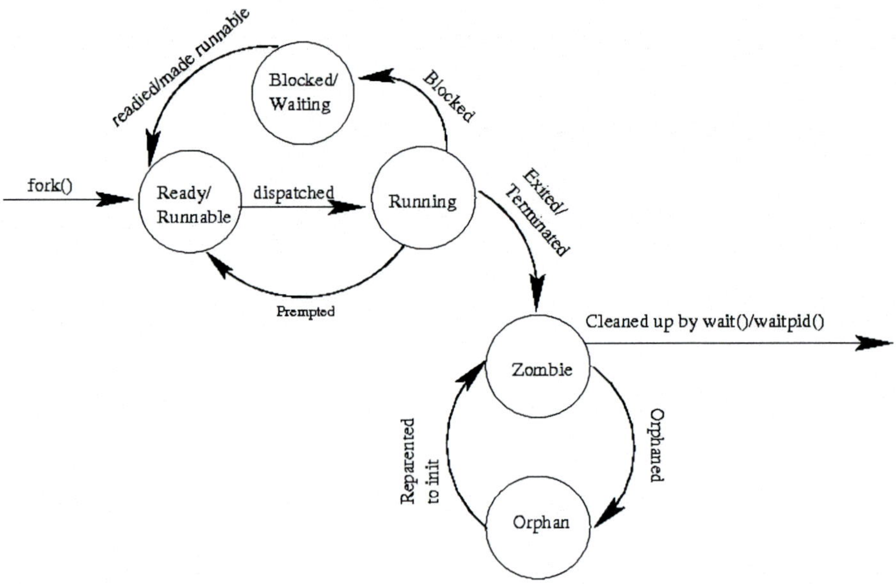

그림 7.05 프로세스 생성주기

7.2 프로세스 관리 명령

프로세스를 관리하는데 사용되는 여러 명령어들이 존재하는데 많이 쓰이는 명령은 ps, pgrep, kill 명령이 있다. ps 명령은 현재 실행 중인 프로세스의 목록을 확인하는 명령이다. pgrep 명령은 실행 중인 특정 프로세스를 검색하는 명령이다. kill 명령은 프로세스를 종료하는 명령이다. 각 명령은 사용 목적에 따라 적용할 수 있는 옵션이 다양하다.

터미널에서 프로세스 관리 명령을 사용하는 방법을 간단히 살펴본다. 앞서 소개한 명령을 사용하여 root 사용자가 실행한 프로세스 중 'sshd'라는 이름을 가지는 프로세스를 찾아본다. pgrep 명령으로는 sshd 프로세스의 PID를 확인한 것이고, ps 명령으로는 sshd 프로세스의 자세한 정보를 확인한 것이다.

```
opensw@tux:~$ pgrep -u root sshd
763
opensw@tux:~$ ps -ef | grep sshd
root      763     1  0 17:20 ?        00:00:00 sshd: /usr/sbin/sshd -D [listener] 0 of 10-100
startups
```

```
opensw   7903  7841  0 21:45 pts/0    00:00:00 grep --color=auto sshd
opensw@tux:~$
```

7.2.1. ps 명령어

ps 명령은 실행 중인 프로세스 목록을 출력한다. 명령 형식은 다음과 같다.

`ps [option]`

[option]은 UNIX, BSD, GNU 옵션으로 구분된다(테이블 7.01). UNIX 옵션은 '-'이 선행되며 그룹화가 가능하다. GNU 옵션은 '--' 로 시작한다. BSD 옵션은 '-'나 '--'로 시작되지 않지만 그룹화가 가능하다.

테이블 7.01 ps 명령어의 다양한 옵션

옵션		기능
UNIX 옵션	-e	시스템에서 실행 중인 모든 프로세스의 정보 출력
	-f	프로세스의 자세한 정보 출력
	-u <uid>	특정 사용자가 실행한 모든 프로세스의 정보 출력
	-p <pid>	<pid>로 지정한 프로세스의 정보 출력
BSD 옵션	a	터미널에서 실행한 프로세스의 정보를 출력
	u	프로세스 소유자 이름, CPU 사용량, 메모리 사용량 등 상세 정보 출력
	x	시스템에서 실행 중인 모든 프로세스의 정보 출력
GNU 옵션	--pid <pid>	특정 PID의 정보 출력

테이블 7.01을 참고하여 다양한 상황에서 ps 명령을 사용해본다.

옵션 없이 ps 명령을 사용하면 현재 터미널에서 사용자가 실행한 프로세스의 정보를 출력한다.

```
opensw@tux:~$ ps
    PID TTY          TIME CMD
   7841 pts/0    00:00:00 bash
   7904 pts/0    00:00:00 ps
```

ps 명령을 실행하면 opensw가 실행한 프로세스인 bash와 ps가 출력된다. 'bash'는 로그인 시 기본적으로 실행되는 프로세스이며, 'ps'는 ps 명령 실행 시 생성된 프로세스이다. ps 명령을 실행하면 PID, TTY,

TIME, CMD 항목이 출력되는데, 각 항목별 의미하는 바는 다음과 같다.

- **PID** : 프로세스 번호를 의미한다.
- **TTY** : 프로세스가 연결된 터미널이다. 연결된 터미널이 없으면 '?'로 표시된다.
- **TIME** : 프로세스가 사용한 CPU 시간을 의미이다.
- **CMD** : 프로세스 이름을 의미한다.

ps -e 명령은 리눅스에서 실행 중인 전체 프로세스 목록을 출력한다.

```
opensw@tux:~$ ps -e | more
PIDTTY          TIME CMD
      1 ?        00:00:02 systemd
      2 ?        00:00:00 kthreadd
...
     25 ?        00:00:00 oom_reaper
     27 ?        00:00:00 writeback
--More--
```

-e 옵션은 시스템에서 실행 중인 모든 프로세스를 출력하므로, 1번 프로세스부터 마지막 프로세스까지 모두 출력된다. 리눅스에는 눈에 보이지 않지만 굉장히 많은 프로세스가 백그라운드에서 구동되기에, ps -e 명령의 실행 결과는 굉장히 길다. 이를 화면 단위로 끊어서 보기 위해 more나 less 명령을 함께 사용한다.

ps -f 명령은 사용자가 실행한 프로세스에 대한 상세한 정보를 출력한다. 아래는 ps -f 명령을 통해 opensw 사용자가 실행한 bash와 ps -f 프로세스의 자세한 정보가 출력된 것이다.

```
opensw@tux:~$ ps -f
UID          PID    PPID  C STIME TTY          TIME CMD
opensw      7841    7823  0 21:44 pts/0    00:00:00 bash
opensw      7906    7841  0 21:47 pts/0    00:00:00 ps -f
opensw@tux:~$
```

프로세스의 상세 정보로는 UID, PID, PPID, C, STIME, TTY, TIME, CMD가 출력되고 각 항목별 의미하는 바는 다음과 같다.

- **UID** : 프로세스를 실행한 사용자의 아이디이다.
- **PPID** : 부모 프로세스의 아이디다.
- **C** : 퍼센트로 표시한 CPU 사용량이다.
- **STIME** : 프로세스의 시작 날짜 또는 시간이다.
- **TIME** : 프로세스가 사용한 CPU 시간이다.
- **CMD** : 프로세스의 실행 명령어다.

ps -u <user> 명령은 특정 사용자가 실행한 프로세스 목록을 출력한다. 해당 명령을 사용하여 리눅스 프로세스 중 root 사용자가 실행한 프로세스만 출력한다.

```
opensw@tux:~$ ps -u root | more
    PID TTY          TIME CMD
      1 ?        00:00:03 systemd
      2 ?        00:00:00 kthreadd
      3 ?        00:00:00 pool_workqueue_release
      4 ?        00:00:00 kworker/R-rcu_g
      5 ?        00:00:00 kworker/R-rcu_p
--More--
```

일반 사용자 권한으로 실행된 프로세스 외에는 관리자 권한을 가진 root 사용자의 권한으로 프로세스가 실행된다. 대부분 시스템적으로 중요한 프로세스는 모두 root 사용자 권한으로 실행되기에, systemd나 kthreadd 등 시스템에 중요한 프로세스는 root 사용자가 실행한 프로세스로 출력된다.

ps 명령으로 리눅스에 실행 중인 모든 프로세스 목록과 각각에 대한 자세한 정보를 출력하는 옵션이 UNIX 옵션과 BSD 옵션에 모두 존재한다. 다만 어떤 정보가 출력되는지에 대한 차이점이 존재한다. UNIX 옵션보다 BSD 옵션을 사용할 때 프로세스 상태나 메모리 사용량 등 훨씬 더 자세한 프로세스 정보를 확인할 수 있다.

먼저 UNIX 옵션을 활용한 ps -ef 명령으로 전체 프로세스의 자세한 정보를 출력한다. ps -e 명령에서 자세한 정보를 출력해주는 -f 옵션을 함께 사용한 것이다. UNIX 옵션을 사용한 경우에는 CPU 사용량, 프로세스 시작 시간 정도만 확인할 수 있다.

```
openswtux:~$ ps -ef | more
UID        PID    PPID  C STIME TTY          TIME CMD
root         1       0  0 19:47 ?        00:00:01 /sbin/init splash
root         2       0  0 19:47 ?        00:00:00 [kthreadd]
root         3       2  0 19:47 ?        00:00:00 [pool_workqueue_release]
root         4       2  0 19:47 ?        00:00:00 [kworker/R-rcu_g]
root         5       2  0 19:47 ?        00:00:00 [kworker/R-rcu_p]
--More--
```

BSD 옵션을 사용하면 ps aux 명령으로 시스템의 전체 프로세스에 대해 자세한 정보를 알 수 있다. ps -f 명령과 동일하게 상세 정보를 출력하지만, 프로세스에 대해 더 많은 상세 정보를 알 수 있는 옵션이다.

```
opensw@tux:~$ ps aux
USER   PID  %CPU %MEM VSZ   RSS   TTY   STAT START TIME COMMAND
root   1    0.2  0.1  23744 14460 ?     Ss   22:14 0:03 /sbin/init splash
root   2    0.0  0.0  0     0     ?     S    22:14 0:00 [kthreadd]
root   3    0.0  0.0  0     0     ?     S    22:14 0:00 [pool_workque
...
opensw 7841 0.3  0.0  12588 5548 pts/0 Ss    22:34 0:00 bash
opensw 7906 0.1  0.0  15064 4824 pts/0 R+    22:34 0:00 ps aux
opensw@tux:~$
```

ps -ef 명령의 실행 결과 중 앞서 나오지 않았던 %CPU, %MEM, VSZ, RSS, STAT, START는 프로세스가 컴퓨터 자원을 얼마나 사용하고 있고 실행 상태가 어떠한지 확인할 수 있는 중요한 지표이다. 각 항목별 의미하는 바는 다음과 같다.

- **%CPU** : 퍼센트로 표현한 CPU 사용량이다.
- **%MEM** : 퍼센트로 표현한 메모리 사용량이다.
- **VSZ** : 가상 메모리 사용량(Kbytes 단위)이다.
- **RSS** : Resident Set Size의 약자로, 실제 메모리 사용량(Kbytes 단위)이다.
- **STAT** : 기호로 나타낸 현재 프로세스의 상태이다. 각 기호별 의미하는 상태는 다음과 같다.
    - **R** : 실행 중(running)인 상태이다.
    - **S** : 인터럽트가 가능한 대기(sleep) 상태이다.
    - **T** : 작업 제어에 의해 정지된(stopped) 상태이다.

- **Z** : 좀비 프로세스(defunct)를 의미한다.
- **s** : 세션 리더 프로세스를 의미한다. 세션(Session)은 1개 이상의 프로세스 그룹을 의하며, 세션 리더 프로세스는 새로운 세션을 생성한 프로세스이다.
- **+** : 포그라운드 프로세스를 의미한다. 프로세스의 실행을 터미널에서 확인할 수 있는 프로세스를 말한다.
- **l** : 해당 프로세스가 여러 개의 스레드를 가진다는 것으로 해석할 수 있다.

■ **START** : 프로세스가 실행된 시간이다.

7.2.2. pgrep 명령어

pgrep 명령은 지정한 패턴과 일치하는 프로세스의 정보를 검색한다. 명령 형식은 다음과 같다.

```
pgrep [option] <pattern>
```

[option]은 검색된 프로세스의 어떤 정보를 출력할 것인지 결정한다(테이블 7.02).

테이블 7.02 pgrep 명령어의 다양한 옵션

옵션	기능
-x	패턴과 정확히 일치하는 프로세스의 정보 출력
-n	패턴을 포함하고 있는 가장 최근 프로세스의 정보 출력
-u <user>	특정 사용자에 대한 모든 프로세스를 출력
-l	PID와 프로세스 이름 출력
-t <term>	특정 단말기와 관련된 프로세스의 정보 출력

테이블 7.02를 참고하여 pgrep 명령의 각 옵션마다 어떠한 내용이 출력되는지 알아본다.

pgrep -x 명령은 패턴과 정확히 일치하는 이름(CMD)를 가진 프로세스를 출력한다. -x 옵션으로 프로세스의 CMD가 정확히 bash와 일치하는 프로세스의 PID를 출력한다.

```
openswtux:~$ pgrep -x bash
7841
openswtux:~$
```

여기서 정확히 일치한다는 것은 'bash' 외의 'abash', 'bashss'등 앞뒤로 다른 문자열이 붙은 것은 다르다고 보는 것이다. -x 옵션은 단순하고 짧은 CMD로 실행된 프로세스를 검색할 때 사용한다.

pgrep -l 명령은 패턴과 정확히 일치하는 프로세스의 PID와 이름을 출력한다. -l 옵션으로 프로세스 이름이 정확히 bash와 일치하는 프로세스의 이름과 PID를 출력한다.

```
opensw@tux:~$ pgrep -l bash
7841  bash
opensw@tux:~$
```

-x 옵션과의 차이점은 프로세스 이름이 함께 표시되어, 프로세스 간의 식별이 쉽다는 것이다. -x 옵션과 -l 옵션은 프로세스 이름 출력 여부만 다르기에, 상황에 따라 원하는 옵션을 선택하면 된다.

pgrep 명령으로 프로세스를 검색하면, 단순하게 프로세스 이름과 PID만 출력된다. 리눅스를 사용하다 보면 찾고자 하는 프로세스의 상세 정보 확인이 필요한 경우가 발생하는데, 이 경우에는 pgrep 명령과 ps 명령을 함께 사용하여 검색된 프로세스의 자세한 정보를 확인할 수 있도록 한다.

예를 들어, 리눅스에서 동시에 여러 사용자가 접속하고 있을 경우, ps -fp $(pgrep -x bash) 명령을 실행하면 다른 사용자가 실행한 모든 bash가 검색된다.

```
opensw@tux:~$ ps -fp $(pgrep -x bash)
UID          PID    PPID  C STIME TTY          TIME CMD
opensw      7841    7823  0 21:44 pts/0    00:00:00 bash
opensw@tux:~$
```

ps -fp 명령에서 -p 옵션은 프로세스 PID와 함께 사용해야 하므로, ps -fp 명령 다음에는 검색하고자 하는 bash의 PID를 작성해야 한다. 이때 pgrep 명령을 통해 bash의 PID를 검색한 후, 해당 검색 결과를 -p 옵션의 인자로 사용하는 방법이 존재한다. 해당 방법은 ps 명령의 인자에 작성할 값이 많은 경우에 사용한다. 이는 검색된 프로세스 개수가 많을 경우, 일일이 -p 옵션의 인자로 PID를 작성하는 것이 번거롭기 때문에 사용하는 것이다. ps 명령뿐만 아니라, 다른 리눅스 명령에서도 인자가 많을 경우 $()를 사용할 수 있다.

$() 구문은 '()'안의 명령 결과를 인자로 사용하도록 한다. ps -fp $(pgrep -x bash) 명령은 pgrep -x bash 명령으로 검색된 각 PID에 해당하는 프로세스의 자세한 정보를 출력한다. pgrep과 ps 명령을 $()

을 통해 연결하는 방식을 사용하면 원하는 프로세스 정보를 좀 더 쉽게 확인할 수 있다.

ps -fp $(pgrep -x bash) 명령 결과에서 특정 사용자의 bash 프로세스 정보를 검색 하려면 -x 옵션 대신 -u 옵션을 사용한다. 다음은 opensw 사용자가 실행한 bash 프로세스의 자세한 정보를 확인한다.

```
opensw@tux:~$ ps -fp $(pgrep -u opensw bash)
UID         PID    PPID  C STIME TTY          TIME CMD
opensw     7841    7823  0 21:44 pts/0    00:00:00 bash
opensw@tux:~$
```

7.2.3. kill 명령어

응답이 없는 프로세스나 불필요한 프로세스를 종료하기 위해서는 해당 프로세스의 PID를 알아야 한다. 보통 ps나 pgrep 명령으로 종료하고자 하는 프로세스 PID를 알아낸 후, kill이나 pkill 명령을 사용하여 종료한다. kill과 pkill 명령은 프로세스에 시그널을 보내는 방식으로 프로세스를 종료한다.

시그널(Signal)은 프로세스에 무엇인가가 발생했음을 알리는 간단한 메시지로, 미리 정의된 상수를 사용한다. 각 시그널은 이름을 가지고 있으며, 번호로도 구분할 수 있다. 종료 시그널을 받은 프로세스는 기본적으로 종료된다. 리눅스에서 지원하는 다양한 시그널의 목록은 kill -l 명령으로 볼 수 있다.

```
opensw@tux:~$ kill -l
 1) SIGHUP       2) SIGINT       3) SIGQUIT      4) SIGILL       5) SIGTRAP
 6) SIGABRT      7) SIGBUS       8) SIGFPE       9) SIGKILL     10) SIGUSR1
...
63) SIGRTMAX-1   64) SIGRTMAX
opensw@tux:~$
```

확인 결과 리눅스에서 사용하는 시그널의 종류는 많지만, 리눅스에서 자주 사용하는 시그널은 한정되어 있다. 리눅스에서 자주 사용하는 시그널은 크게 여섯 개가 있다 (테이블 7.03).

테이블 7.03 리눅스에서 자주 사용하는 시그널

시그널	번호	기본 처리	의미
SIGHUP	1	종료	터미널과의 연결이 끊어졌을 때 발생
SIGINT	2	종료	인터럽트로 사용자가 [Ctrl]+c를 입력하면 발생
SIGQUIT	3	종료, 코어덤프	종료 신호로 사용자가 [Ctrl]+\를 입력하면 발생
SIGKILL	9	종료	프로세스가 무시할 수 없는 강제 종료 시그널
SIGALRM	14	종료	알람에 의해 발생
SIGTERM	15	종료	kill 명령이 보내는 기본 시그널

kill 명령은 프로세스를 종료하도록 지시하기 위해 지정한 시그널을 프로세스에게 보낸다. 명령 형식은 다음과 같다.

```
kill [-<signal>] <pid>
```

<signal>에는 테이블 7.03의 시그널을 숫자로 작성하며, kill 명령은 <signal>에 작성한 시그널이 가진 처리 방식에 따라 프로세스를 종료한다(테이블 7.04).

테이블 7.04 kill 명령에서 사용하는 시그널

시그널	의미
2	인터럽트 신호를 보냄(SIGINT)
9	프로세스를 강제 종료(SIGKILL)
15	프로세스와 관련된 파일을 정리한 후 종료(SIGTERM)

kill 명령을 실습하기 위해 두 개의 터미널을 열고 각 터미널을 Terminal 1, Terminal 2로 지칭한다. Terminal 2에서 man ps 명령을 실행한다.

```
# Terminal 2
opensw@tux:~$ man ps
```

Terminal 1에서 ps -fp $(pgrep -x man) 명령을 입력하여, Terminal 2에서 실행한 man 프로세스의 PID를 확인한다. 리눅스에서는 다른 터미널에서 실행한 프로세스를 자유롭게 확인할 수 있다.

```
# Terminal 1
opensw@tux:~$ ps -fp $(pgrep -x man)
UID          PID    PPID  C STIME TTY          TIME CMD
opensw      7946    7939  0 21:55 pts/1    00:00:00 man ps
opensw@tux:~$
```

Terminal 2에서 실행한 man 프로세스는 계속 실행 중이기에, Terminal 1에서 해당 프로세스를 검색할 수 있다. Terminal 1에서 검색한 man 프로세스의 PID는 '7946'이다.

Terminal 1에서 man 프로세스의 PID인 7946를 이용하여 man 프로세스를 종료한다. 프로세스 PID는 시스템마다 전부 다르므로, ps 명령으로 검색한 PID를 사용해야 한다.

```
# Terminal 1
opensw@tux:~$ kill 7946
opensw@tux:~$
```

kill 명령을 실행한 후에는, man 프로세스가 시그널을 전달받음에 따라 Terminal 2에서 실행 중이던 man 페이지가 종료된다.

```
# Terminal 2
...
 Manual page ps(1) line 1 (press h for help or q to quit)Terminated
opensw@tux:~$
```

man 페이지는 원래 q키를 입력하여 종료하지만, 앞선 상황은 kill 명령으로 인해 갑자기 종료된 상황이다. 이처럼 예기치 못한 시그널로 종료된 경우에는 페이지 끝에 'Terminated' 라는 문구가 출력된다.

이제 kill 명령이 보내는 일반 시그널로 종료되지 않는 프로세스를 강제 종료하는 방법을 알아본다. 앞선 실습과 동일하게 두 개의 터미널을 연다. Terminal 2에서는 sh 명령을 실행하여 sh 쉘로 전환한다.

```
# Terminal 2
opensw@tux:~$ sh
$
```

Terminal 1에서 Terminal 2에 실행 중인 sh의 PID를 확인하면 '7973'인 것을 알 수 있다.

```
# Terminal 1
opensw@tux:~$ ps -fp $(pgrep -x sh)
UID          PID    PPID  C STIME TTY        STAT   TIME CMD
opensw      7973    7939  0 21:56 pts/1      S+     0:00 sh
opensw@tux:~$
```

Terminal 1에서 kill 명령으로 Terminal 2의 sh 프로세스를 종료한다.

```
# Terminal 1
opensw@tux:~$ kill 7973
opensw@tux:~$ ps -fp $(pgrep -x sh)
UID          PID    PPID  C STIME TTY        STAT   TIME CMD
opensw      7973    7939  0 21:56 pts/1      S+     0:00 sh
opensw@tux:~$
```

kill 명령을 실행한 후 ps 명령으로 sh 프로세스를 검색하면, sh 프로세스 정보가 출력된다. 이는 kill 명령의 시그널로는 sh가 종료되지 않았다는 것을 의미한다. 그 이유는 sh가 kill 명령이 보내는 기본 시그널인 15번 시그널(SIGTERM)을 무시하도록 되어있기 때문이다.

이러한 상황에서는 강제 종료 시그널(SIGKILL)을 사용해야 한다. 강제 종료 시그널을 사용할 것임을 명시하는 kill 명령을 실행한 후에는 sh가 종료된 것을 볼 수 있다.

```
# Terminal 1
opensw@tux:~$ kill -9 7973
opensw@tux:~$ pgrep -x sh
opensw@tux:~$
```

9번 시그널은 프로세스를 강제 종료하는 SIGKILL 시그널이다. kill -9 7973 명령을 실행하면 sh 프로세스로 SIGKILL 시그널을 보내 강제 종료를 한다. sh 프로세스가 강제 종료되면 pgrep -x sh 명령으로 sh 프로세스가 더이상 검색되지 않는다.

이때 Terminal 2의 상황은 다음과 같다. SIGKILL 시그널을 받은 sh 프로세스는 'Killed' 문구가 출력된 후 강제 종료되어, 원래의 bash 프롬프트로 돌아온다.

```
# Terminal 2
$ Killed
openswdtux:~$
```

pkill 명령도 kill 명령과 마찬가지로 시그널을 보내지만, 프로세스 이름으로 프로세스를 종료한다. pkill 명령은 같은 이름을 가지는 프로세스가 여러 개 검색될 경우, 검색된 프로세스가 모두 종료된다. 단 자신이 소유한 프로세스만 종료가 가능하다.

터미널 두 개를 준비한 후 Terminal 2에서 man ps 명령을 실행한다.

```
# Terminal 2
openswdtux:~$ man ps
```

Terminal 1에서 pkill 명령을 사용하여 Terminal 2의 man 프로세스를 종료한다.

```
# Terminal 1
openswdtux:~$ pgrep -x man
7981
openswdtux:~$ pkill man
openswdtux:~$ pgrep -x man
openswdtux:~$
```

pgrep -x man 명령을 통해 1개의 man 프로세스가 구동 중임을 알 수 있다. 검색된 man 프로세스는 Terminal 2에서 실행 중인 man 프로세스이다. pkill man 명령을 실행하면 Terminal 2의 man 명령이 종료된다.

7.3 프로세스 작업 제어

7.3.1. 포그라운드 및 백그라운드 작업

일반적으로 사용자가 터미널에 명령을 입력하면 쉘이 그 명령을 해석하여 실행하고, 그 결과를 화면에 출력한다. 이러한 명령 실행 결과가 화면에 출력되기를 기다려야 하는지에 따라 포그라운드 프로세스와 백그라운드 프로세스로 나뉜다.

입력한 명령의 결과가 출력될 때까지 기다리는 방식을 **포그라운드 프로세스(Foreground process)**라고 하며, 작업 제어에서는 **포그라운드 작업(Foreground job)**이라고 한다. 포그라운드 작업은 일반적으로 사용자가 명령을 실행하는 방식으로, 포그라운드 프로세스가 실행되면 프롬프트가 출력되지 않아 다른 명령을 입력할 수 없기에 작업이 완료될 때까지 기다려야 한다.

sleep 명령은 지정한 시간만큼 프로세스 실행을 지연시킨다. sleep 명령을 통해 포그라운드 작업의 특징을 확인해보자.

```
openswl@tux:~$ sleep 10
```

sleep 10 명령은 10초 동안 프로세스 실행을 지연시키므로, 10초 뒤 sleep이 종료되기 전에는 프롬프트는 다른 명령을 받을 수 없다. 이는 사용자가 터미널에서 하나의 포그라운드 프로세스만 실행할 수 있음을 의미한다. 포그라운드 프로세스는 sleep 명령처럼 해당 프로세스의 실행시간이 길어지면 다른 작업을 수행할 수 없다는 특징이 있다.

백그라운드 프로세스(Background process)는 프로세스가 실행되는 동안 다른 프로세스를 실행할 수 있는 프로세스이다. 작업 제어에서는 **백그라운드 작업(Background job)**이라고 부른다. 백그라운드 방식으로 명령을 실행하면 곧바로 다른 명령을 실행하는 것이 가능하며, 여러 프로세스를 동시에 실행할 수 있다. 백그라운드 방식으로 프로세스를 실행하라면 명령 마지막에 '&'기호를 추가하면 된다.

마찬가지로 sleep 명령을 백그라운드에서 실행하여, 백그라운드 작업의 특징을 확인한다.

```
openswl@tux:~$ sleep 10 &
[1] 6585
openswl@tux:~$
```

sleep 10 & 명령은 백그라운드에서 sleep 10 명령을 실행한다. 백그라운드 프로세스로 실행하면 '[1] 6585'와 같이 작업 번호와 PID가 출력된 후, 프롬프트가 사용자의 입력을 기다린다. 이렇듯 프롬프트로의 입력이 제한되지 않기에 바로 다른 명령을 실행할 수 있게 된다.

job 명령은 실행 중인 백그라운드 프로세스 목록을 보여준다. 이를 통해 sleep 명령이 정상적으로 동작 중인지 확인한다.

```
openswd@tux:~$ jobs
[1]+  Running                 sleep 10 &
openswd@tux:~$
```

sleep 명령이 종료되면 위와 같은 결과가 나오지 않는다. sleep 명령이 종료 되었다면, 다시 sleep 10 & 명령을 실행한 후 10초 내로 jobs 명령을 실행해야 한다.

이처럼 백그라운드 작업이 실행돼도 터미널에서 다른 작업을 수행할 수 있다. 백그라운드 작업에는 한 가지 단점이 존재한다. 백그라운드 작업의 실행이 끝나면 현재 터미널의 상황과 관계없이 해당 작업의 결과가 터미널에 바로 출력된다. 이는 여러 백그라운드 작업 결과가 뒤섞여 출력될 수 있기에, 각 작업의 결과 확인이 어려워질 수 있다.

리눅스에서는 작업의 실행 결과를 확인하는 것이 굉장히 중요하기에, 백그라운드 작업을 실행할 때 결과를 출력하는 방향을 터미널에서 파일로 전환하는 방식을 주로 이용한다. 이를 **출력 리다이렉션(Redirection)**이라고 부른다.

백그라운드 작업 실행 시 리다이렉션 기능을 사용하여 실행 결과와 오류 메시지 출력 위치를 터미널에서 파일로 전환한다.

```
openswd@tux:~$ find / -name passwd > out
openswd@tux:~$ find / -name passwd > out2 2>&1 &
```

find / -name passwd > out 명령은 / 디렉터리 아래 모든 하위 경로에서 이름이 'passwd'인 파일을 검색한 결과를 out 파일에 저장한다. '>'은 파일로의 표준 출력 리다이렉션을 의미한다. 이는 터미널에 출력되는 결과를 파일에 저장한다는 것이다.

find 명령의 특성 상 opensw 사용자가 접근할 수 없는 파일을 탐색할 수도 있다. 이때 'Permission denied' 같은 에러가 발생한다. 이러한 에러도 터미널에 출력하지 않고 파일에 저장하려면 별도로 리다이렉션을 지정해야 한다. '> out'은 실행 결과만 out 파일에 저장하고, 에러 문구는 터미널에 출력되도록 한다. 이때 지정한 파일이 존재하지 않는 경우 현재 경로에 out 파일이 생성된다.

find / -name passwd > out2 2>&1 & 명령은 find 명령 결과와 에러 문구 모두 out2 파일에 저장한다. 앞서 실행한 명령과의 차이점은 '2>&1'에 의해 명령 실행 시 발생한 에러도 파일에 저장한다는 것이다. '>' 사이에 2와 1은 **파일 디스크립터(File descriptor)**로 아래와 같이 정의된다.

- **0** : 표준 입력(standard in, stdin)
- **1** : 표준 출력(standard output, stdout)
- **2** : 표준 에러(standard error, stderr)

앞서 표준 입력을 의미하는 파일 디스크립터를 '&1'로 작성한 이유는 '&'이 없으면 파일 디스크립터가 아닌 파일로 인식하기 때문이다. 2>&1은 표준 에러의(2) 출력 방향을 표준 출력(&1)으로 리다이렉션(>)한 것을 의미한다. 해당 명령에서 표준 출력은 out2 파일로 리다이렉션이 되었기에, 그에 따라 표준 에러도 out2 파일로의 리다이렉션이 되어 out2 파일에 저장되는 것이다.

다음은 파일 디스크립터가(2>&1) 아닌, 파일로 잘못 사용하는 경우(2>1)의 예이다.

```
opensw@tux:~$ find / -name passwd > out3 2>1
opensw@tux:~$ ls
1 out3
```

2>1 중 1은 파일 이름으로 인식한다. find 명령을 실행하면 두개의 파일(out3 파일, 1 파일)이 생성된다. out3 파일에는 find 명령의 실행 결과가 저장되고, 1 파일에는 find 명령의 에러 메시지가 저장된다.

7.3.2. 작업 제어

리눅스에서의 작업은 명령으로 제어할 수 있다. 보통 작업 전환, 작업 일시 중지, 작업 종료와 같은 제어가 가능하며, 각 제어 방식은 다음과 같이 정의된다.

- **작업 전환** : 포그라운드 작업을 백그라운드 작업으로, 백그라운드 작업을 포그라운드 작업으로 전환한다.
- **작업 일시 중지** : 작업을 잠시 중단한다.
- **작업 종료** : 프로세스를 종료하는 것처럼 작업을 종료한다.

프로세스를 제어하기 위한 기본적인 제어 명령어에 대해서 알아본다. 먼저 작업 정보를 확인할 수 있는 명령에 대해 살펴본다.

jobs 명령은 현재 백그라운드에서 실행 중인 작업 목록을 출력하며 다음과 같은 형식으로 사용한다.

```
jobs [%id]
```

[%id]에는 jobs 명령으로 확인한 작업 번호를 작성한다. sleep 명령과 find 명령을 백그라운드 작업으로 실행한 후, jobs 명령으로 백그라운드 작업 상태를 파악한다.

```
opensw@tux:~$ sleep 100 &
[1] 6856
opensw@tux:~$ find / -name passwd > out2 2>&1 &
[2] 6889
opensw@tux:~$ jobs
[1]-  Running                 sleep 100 &
[2]+  Running                 find / -name passwd > out2 2>&1 &
opensw@tux:~$ jobs %1
[1]-  Running                 sleep 100 &
opensw@tux:~$ jobs %2
[2]+  Exit 1                  find / -name passwd > out2 2>&1 &
opensw@tux:~$
```

sleep 명령과 find 명령 모두 Running 상태임을 확인할 수 있다. sleep 명령은 작업번호 1번을, find 명령은 작업번호 2번을 할당 받았다. jobs %1 명령은 작업번호 1번에 해당하는 sleep 명령 정보만, jobs %2 명령은 작업번호 2번에 해당하는 find 명령 정보만 출력한다. jobs %2 명령 실행 시 find 명령 상태가 Exit로 바뀐 것으로 확인할 수 있다. 이는 명령이 종료되었음을 의미한다.

jobs 명령의 결과는 단순하지만 각 항목의 의미를 알아야 정확한 해석이 가능하다. '[1]- Running sleep 100 &'를 예로 들어 의미를 확인한다(테이블 7.05).

테이블 7.05 jobs 명령의 항목별 출력 정보

항목	출력 예	의미
작업번호	[1]	작업번호로서 백그라운드로 실행할 때마다 순차적으로 증가
작업순서	+	작업순서 표시 • + : 가장 최근에 접근한 작업 • - : + 작업보다 바로 전에 접근한 작업 • 공백 : 그 외의 작업
상태	Running	작업상태 표시 • Running : 실행 중 • Done : 작업이 정상적으로 종료 • Exit : 작업이 비정상적으로 종료 • Stopped : 잠시 작업이 중단됨
명령	sleep 100 &	백그라운드로 실행 중인 명령

먼저, 작업 중지 명령에 대해 알아보자. sleep 100 명령을 포그라운드로 실행한 후, ^Z([Ctrl]+z 단축키)를 사용하여 해당 포그라운드 작업을 정지한다.

```
opensw@tux:~$ sleep 100
^Z
[1]+  Stopped                 sleep 100
opensw@tux:~$
```

[Ctrl]+z 단축키는 현재 포그라운드에 실행되는 작업을 Stopped 상태로 바꾸어 잠시 정지시킨다. 정지된 작업을 bg나 fg 명령으로 다시 실행할 수 있다.

다음으로 작업 전환 명령에 대해 알아본다. 대표적으로 bg, fg 명령이 존재한다(테이블 7.06).

테이블 7.06 다양한 작업 전환 명령

명령	의미
bg [%id]	작업번호의 작업을 백그라운드 작업으로 전화
fg [%id]	작업번호의 작업을 포그라운드 작업으로 전환

bg [%id] 명령은 포그라운드 작업을 백그라운드 작업으로 전환시킨다. [%id]에 작업번호를 작성하여 전환할 작업을 명시할 수 있고, 만약 작업번호 없이 사용하게 되면 + 순서의 작업을 백그라운드로 전환시킨다. bg 명령으로 앞서 정지한 sleep 명령을 백그라운드 작업으로 전환하여 실행한다.

```
opensw@tux:~$ bg %1
[1]+ sleep 100 &
opensw@tux:~$ jobs
[1]+  Running                 sleep 100 &
opensw@tux:~$
```

sleep 명령이 작업 번호 1번이므로 따라서 bg %1 명령을 사용해도 되지만, 동시에 + 순서이므로 bg 명령만 입력하여 전환할 수도 있다.

fg [%id] 명령은 백그라운드 작업을 포그라운드 작업으로 전환시킨다. bg 명령과 마찬가지로 전환할 작업은 작업 번호로 명시하고, 인자 없이 사용하면 + 순서의 작업을 백그라운드로 전환한다. fg 명령으로 백그라운드 작업인 sleep 명령을 포그라운드 작업으로 전환한다.

```
openswω@tux:~$ jobs
[1]+  running                   sleep 100 &
openswω@tux:~$ fg %1
sleep 100
```

마지막으로 작업 종료 명령인 [Ctrl]+c 단축키와 kill 명령에 대해 알아보다. [Ctrl]+c 단축키는 현재 실행중인 포그라운드 작업에 시그널을 전달하여 종료한다. 해당 단축키를 입력하면 터미널에 ^C로 표시된다. [Ctrl]+c 단축키로 sleep 명령을 종료할 경우, 프롬프트 입력 지연 현상이 사라짐과 동시에 프롬프트가 보이게 된다.

```
openswω@tux:~$ sleep 100
^C
openswω@tux:~$
```

kill 명령으로 백그라운드 작업을 종료한다. 해당 명령으로 백그라운드 sleep 명령을 종료할 시, 작업 상태가 종료 상태임을 알리는 'Terminated'로 바뀐다.

```
openswω@tux:~$ sleep 100 &
[1] 7049
openswω@tux:~$ jobs
[1]+  Running                   sleep 100 &
openswω@tux:~$ kill %1
openswω@tux:~$ jobs
[1]+  Terminated                sleep 100
openswω@tux:~$ jobs
openswω@tux:~$
```

[Ctrl]+c 단축키는 kill -2 명령과 동일하기에, 현재 실행 중인 포그라운드 작업을 종료하기 위해 SIGINT 시그널을 보낸다. kill 명령은 특정 시그널을 지정하지 않고 사용하면 kill -15 명령과 동일하며, 백그라운드 작업을 종료할 수 있다. 앞서 학습한 kill <pid> 형식 외에도 kill %1 명령처럼 작업 번호를 통해서도 종료가 가능하다.

7.3.3. 시스템 모니터링

리눅스는 시스템 모니터링을 위해 다양한 프로그램이나 명령을 지원하지만, 일반적으로 시스템 모니터링을 한다고 하면 top을 많이 사용한다.

top은 터미널에서 실행하며, 시스템 모니터링 화면이 텍스트로만 출력돼서 가독성이 낮다. 그래서 top에서 시각적인 요소를 추가하여 가독성을 높인 htop이 있다. 다만 htop은 리눅스에 기본적으로 설치되어 있지 않기에 apt 명령을 사용하여 별도로 설치해야 한다. 이제 시스템 모니터링을 위해 많이 사용하는 top과 htop에 대해 알아본다.

top은 시스템에서 실행 중인 모든 프로세스를 모니터링하며 다음과 같은 형식으로 사용한다.

```
top [option]
```

[option]으로 현황 업데이트 주기나 프로세스의 경로를 표시하는 등 top 화면을 원하는 형태로 구성할 수 있다(테이블 7.07).

테이블 7.07 top 명령의 다양한 옵션

옵션	의미
-d	지정한 초마다 시스템 상황 업데이트(기본값 5초)
-c	프로세스 경로 표시
-p <pid>	해당 PID 상황만 출력

top을 실행하려면 top 명령을 사용하면 된다. 그럼 터미널이 top 화면으로 전환되어 시스템 상황을 확인할 수 있다(그림 7.06).

```
openswd@tux:~$ top
```

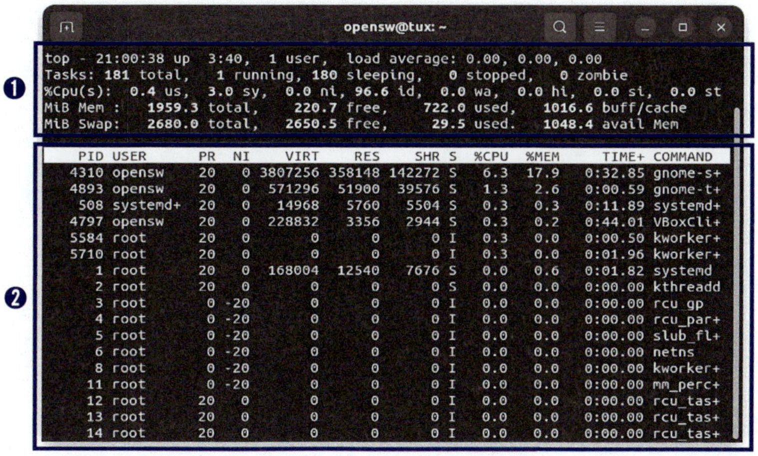

그림 7.06 top 명령 실행 화면

top는 모니터링 정보가 텍스트로만 출력되고, 상단과 하단에 나타나는 정보가 구분된다. 상단에는 실행 중인 모든 프로세스에 대한 요약 정보가 출력되고(❶), 하단에는 각 프로세스의 정보가 출력된다(❷). top은 한 번 실행되면 종료 커맨드 입력 없이는 종료되지 않고 매 주기마다 정보가 업데이트된다.

top에서는 실행 중인 프로세스의 정보가 항목별로 출력되는데, 각 항목별 의미는 아래와 같다.

- **PID** : 프로세스 ID이다.
- **USER** : 프로세스를 실행한 사용자 계정이다.
- **PR** : 프로세스를 실행하는 우선순위이다.
- **NI** : nice값을 의미하여, -20~19 사이의 값을 가진다. 낮은 숫자가 높은 우선순위를 가진다.
- **VIRT** : 프로세스가 사용하는 가상 메모리 크기이다.
- **RES** : 프로세스가 사용하는 메모리 크기이다.
- **SHR** : 프로세스가 사용하는 공유 메모리 총량이다.
- **%CPU** : %로 나타낸 CPU 사용량이다.
- **%MEM** : %로 나타낸 메모리 사용량이다.
- **TIME+** : CPU 누적 사용 시간을 나타낸다.
- **COMMAND** : 명령 이름을 나타낸다.

top은 내부에서 사용 가능한 명령이 존재하는데, 이는 모니터링 정보를 사용자가 원하는 포맷으로 볼 수 있도록 지원한다(테이블 7.08). 다만 대소문자를 구분하므로 이 점을 유의하여 사용해야 한다.

테이블 7.08 다양한 top 내부 명령

옵션	의미
[Enter], [Space Bar]	화면을 즉시 업데이트
h, ?	도움말 화면 출력
k <pid>	특정 프로세스 종료, pid 없이 실행하면 어떤 프로세스를 종료할지 질문
n	출력할 프로세스의 개수 변경
u <user>	해당 사용자가 실행시킨 프로세스 출력, <user> 없이 실행 시 어떤 사용자를 출력할지 질문
P	CPU 사용량이 많은 순서로 프로세스 정렬
M	메모리 사용량이 많은 순서로 프로세스 정렬
q	top 종료

top은 그림 7.06에서 알 수 있듯이 텍스트로만 출력되기에 가시성이 떨어진다. 이를 보완한 버전인 htop이 존재한다. 가시성이 좋아야 시스템 상태 파악이 빠르기에 주로 htop을 많이 사용한다.

htop은 기본적으로 설치되어 있지 않으므로 apt 명령으로 설치해야 한다. sudo apt install htop 명령으로 htop 설치가 완료된 후, htop 실행을 위해 터미널에서 htop 명령을 실행한다(그림 7.07).

```
opensw@tux:~$ sudo apt install htop
opensw@tux:~$ htop
```

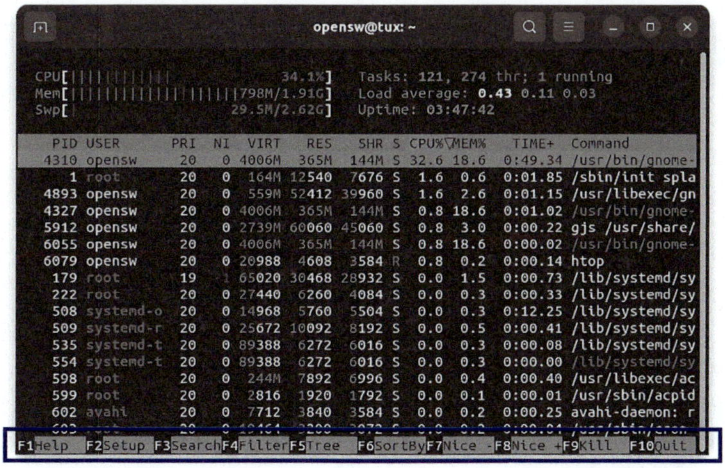

그림 7.07 htop 실행 화면

top과 마찬가지로 시스템에서 실행 중인 프로세스 정보가 출력되며 주기마다 정보가 업데이트된다. 시각적 표현을 통한 깔끔한 정보 표현이 top과의 큰 차이점이다. 또한 그림 7.07에서 확인할 수 있듯이 htop 내에서 사용 가능한 명령이 하단에 표시되어 있다(❶).

top, htop과 동일한 기능을 수행하는 GUI 소프트웨어도 존재한다. 우분투에서 기본으로 제공하는 도구 중 **시스템 감시(System Monitor)**가 이에 해당한다(그림 7.08).

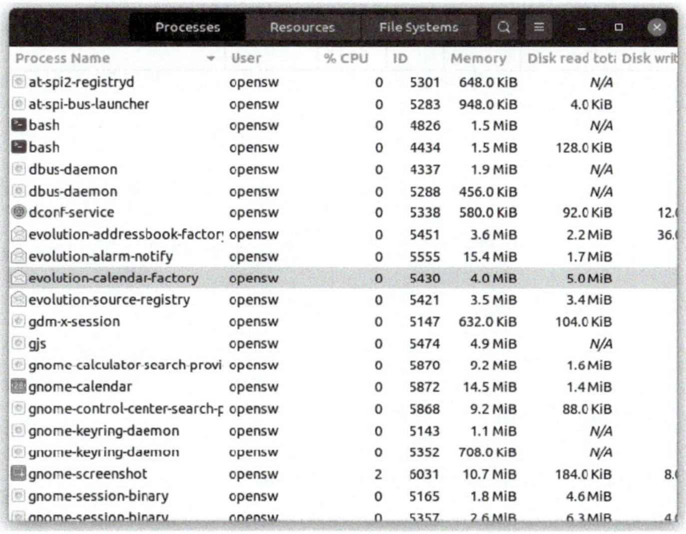

그림 7.08 시스템 감시 프로그램 실행 화면

7.4 시스템 사용자 관리

7.4.1. 런레벨

런레벨(Run level)이란 시스템 관리의 용이함을 위하여 서비스의 실행을 단계별로 구분하여 적용하는 것을 말하며, 런레벨마다 다른 의미를 가진다(테이블 7.09).

테이블 7.09 런레벨에 따른 의미

런레벨	의미	관련 스크립트 위치
0	시스템 종료	/etc/rc0.d
1,S,s	단일 사용자 모드	/etc/rc1.d, /etc/rcS.d
2	다중 사용자 모드 + 네트워킹 미사용	/etc/rc2.d
3	다중 사용자 모드 + 네트워크 사용	/etc/rc3.d
4	사용자 정의 모드	/etc/rc4.d
5	그래피컬 다중 사용자 모드 (디폴트)	/etc/rc5.d
6	시스템 재시작	/etc/rc6.d

7.4.2. 사용자 계정 관련 파일

리눅스에는 사용자 계정에 대한 정보가 파일로 관리되는데, 한 파일에 모두 저장되어 관리되는 것이 아니라 여러 파일에 분산되어 관리된다. 이번 절에서는 사용자 계정 관련 파일에 대해서 알아본다.

첫 번째로 /etc/passwd 파일은 리눅스에 생성되어 있는 모든 사용자 계정의 간단한 정보를 저장한다. 이 파일에서 알 수 있는 정보는 '**사용자 계정이름, 비밀번호 설정 여부, UID(User ID), 기본 GID(Group ID), 이름, 홈 디렉터리, 로그인 쉘**' 순으로 나열된다.

```
openswⓐtux:~$ sudo cat /etc/passwd
root:x:0:0:root:/root:/bin/bash
...
opensw:x:1000:1000:opensw,,,:/home/opensw:/bin/bash
opensw@tux:~$
```

/etc/passwd 파일은 행마다 하나의 계정에 대한 정보가 기록되어 있고, 정보의 각 항목은 ':'으로 구분된다. 그래서 앞서 설명한 7가지 정보는 '**로그인 계정이름 : 비밀번호 : UID : 기본 GID : 정보(GECOS) : 홈 디렉터리 : 로그인 쉘**' 형식으로 구성되어 있다. 비밀번호 항목의 경우 실제 설정된 비밀번호가 표시되지 않고 'x'로 표시된다. 실제 비밀번호가 표기되지 않는 것은 파일 유출 시에도 계정의 비밀번호를 알지 못하도록 하기 위함이다.

/etc/passwd 파일은 계정의 구체적인 정보를 파악하기 위한 시작점으로 사용된다. 해당 파일로 특정 계정의 GID를 확인한 후, 해당 계정이 속한 그룹의 정보를 다른 계정 정보 파일에서 확인하는 경우를 예로 들 수 있다.

/etc/shadow 파일은 사용자 암호에 대한 정보를 별도로 관리하는 파일이다. /etc/shadow 파일에는 각 계정마다 '**계정이름, 암호화된 비밀번호, 암호 최종 수정일, 암호 최소 유지기간, 암호 최대 유지기간, 암호 만료 경고 기간, 암호 파기 기간, 계정 만료 기간, 예약 필드**'라는 총 9가지 항목에 대한 정보가 존재한다.

```
opensw@tux:~$ sudo cat /etc/shadow
root:!:19814:0:99999:7:::
daemon:*:19773:0:99999:7:::
...
opensw:$y$j9T$bBW4KZXdPcc.DdRIrlyCY0$Tv8qDc6rzppZS2GmtzKwwxxOqWZJtY2dT1bqqZW9LlC:19814:
0:99999:7:::
opensw@tux:~$
```

각 항목은 /etc/passwd 파일과 동일하게 ':'으로 구분되어 있다. 기간에 해당하는 항목은 1970년 1월 1일 0시부터 설정한 날짜까지 경과된 일수로 표현한다. /etc/shadow 파일은 보안을 위해 주기적으로 비밀번호를 바꿀 수 있도록 비밀번호 재설정 기간을 부여할 때 많이 사용된다.

앞서 말한 항목에서 암호화된 비밀번호 항목에 대해 자세히 알아본다. opensw 계정의 암호화된 비밀번호 항목을 보면 'yj9T$bBW4KZXdPcc.DdRIrlyCY0$Tv8qDc6rzppZ S2GmtzKwwxxOqWZJtY2dT1bqqZW9LlC:19814'로 작성되어 있다. /etc/shadow 파일에는 설정된 비밀번호를 암호화한 형태로 저장한다.

해당 값을 자세히 보면 '**$**' 문자가 여러 번 사용된 것을 알 수 있다. '**$**' 문자는 암호화된 비밀번호에 대한 정보를 항목별로 구분하기 위해 사용된 것으로, ':'와 같은 역할을 한다. 즉 암호화된 비밀번호 항목 또한 내부적으로 여러 필드로 구성되어 있고, '**$암호화에 사용된 알고리즘 ID$salt$암호화된 비밀번호**'의 형태를 띤다. 각 필드에 대한 설명은 다음과 같다.

- **암호화에 사용된 알고리즘 ID** : 계정의 비밀번호 암호화 시 사용한 암호화 알고리즘의 식별자이다. 암호화 알고리즘은 고유 번호로 식별하여 암호화에 사용한 알고리즘을 간결한 방법으로 표시한 필드이다.
  - **1** : MD5 알고리즘을 의미한다.
  - **2** : BlowFish 알고리즘을 의미한다.
  - **5** : SHA-256 알고리즘을 의미한다.
  - **6** : SHA-512 알고리즘을 의미한다.
- **salt** : 각 해시에 첨가할 랜덤 값이다. 이 값에 따라서 해시의 값이 바뀐다.
- **암호화된 비밀번호** : 암호화 알고리즘과 salt로 암호화한 비밀번호이다.

암호화된 비밀번호 항목에는 앞서 언급한 3가지 필드 외에 다른 문자가 들어가는 경우도 있다.

```
root:!:19814:0:99999:7:::
daemon:*:19773:0:99999:7:::
```

예를 들어 root 계정에는 '!', daemon 계정에는 '*' 문자가 있다. 각 문자가 의미하는 바는 다음과 같다.

- **!** : 계정이 잠긴 상태이며 로그인이 불가능하다는 것을 의미한다. 암호화된 비밀번호 맨 앞에 '!'표시가 있는 경우에 해당하며, 비밀번호 필드에 '!'만 표시 되어있는 경우는 계정은 생성되었으나 비밀번호가 설정되지 않는 상태를 의미한다.
- *****: 계정이 비활성화된 상태로 시스템 계정이나, 서비스 계정의 경우 일반적인 패스워드 입력 방식으로 로그인이 불가능 하다.

'!'와 '*' 모두 로그인 시도를 무효화하지만 '!'는 기존 계정을 잠그는 형태이고, '*'는 계정 자체를 비활성화하는 형태로 차이가 있다.

/etc/login.defs 파일은 계정에 필요한 기본값을 정의한 파일이다. 계정이 생성될 때 umask, 환경변수, 비밀번호 만료 기간, UID 범위 등 생성된 계정에 필수로 지정되어야 하는 기본 설정값을 정의한 파일이라고 생각하면 된다. 만약, 새로운 사용자가 생성되면 /etc/login.defs 파일을 참고하여 계정 설

정이 진행된다.

```
opensw@tux:~$ cat /etc/login.defs
...
ENV_PATH    PATH=/usr/local/bin:/usr/bin:/bin:/usr/local/games:/usr/games
UMASK            022
PASS_MAX_DAYS    99999
PASS_MIN_DAYS    0
PASS_WARN_AGE    7

UID_MIN          1000
UID_MAX          60000
```

/etc/login.defs 파일에는 다양한 값이 정의되어 있고, 이는 시스템 관리자가 시스템 특성에 부합하도록 수정할 수 있다. /etc/login.defs 파일을 수정하려면 각 속성이 무엇을 의미하는지 알아야 하는데, 이에 대한 설명은 다음과 같다.

- **MAIL_DIR** : 기본 메일 디렉터리이다.
- **PASS_MAX_DAYS** : 비밀번호가 유효한 최대 일수이다. 이 기간을 넘으면 비밀번호가 만료되어 새로운 비밀번호를 발급하지 않는 한 기존의 비밀번호를 사용할 수 없다.
- **PASS_MIN_DAYS** : 비밀번호가 유효한 최소 일수이다. 비밀번호 변경 후 최소 며칠이 지나야 새 비밀번호로 변경할 수 있는지를 설정한다.
- **PASS_WARN_AGE** : 비밀번호를 변경해야 하는 시점까지 남은 일수이다. 해당 기간 내에 사용자에게 경고 메시지가 표시된다.
- **UID_MIN, UID_MAX** : 사용자 계정에 부여할 수 있는 UID 범위이다
- **SYS_UID_MIN, SYS_UID_MAX** : 시스템 계정에 부여할 수 있는 UID 범위이다.
- **GID_MIN, GID_MAX** : 사용자 계정에 부여할 수 있는 GID 범위이다.
- **SYS_GID_MIN, SYS_GID_MAX** : 시스템 계정에 부여할 수 있는 GID 범위이다.
- **UMASK** : 기본 umask 설정 값이다.
- **USERGROUPS_ENAP** : 사용자 계정 삭제 시 그룹도 함께 삭제할 지 결정한다.
- **ENCRYPT_METHOD** : 사용할 암호화 기법이다.

/etc/login.defs 파일에서 위 속성에 해당하는 값을 수정하면, 사용자의 비밀번호 변경 주기나 파일의 기본 접근 권한 등을 조정할 수 있다. 수정한 설정 값은 수정 후에 생성된 모든 계정에게 공통적으로 적용된다.

/etc/group 파일은 시스템에 생성된 그룹 정보가 저장된 파일이다. 리눅스에서 **그룹**이란 사용자가 소속될 수 있는 집단을 의미하며, 각 그룹별로 권한을 다르게 부여할 수 있다. 이는 그룹마다 실행 가능한 명령과 접근 가능한 파일을 다르게 설정할 수 있음을 의미한다. 이러한 특징으로 시스템에 대한 다양한 접근 권한을 그룹별로 관리한다.

예시로 학교 계정을 생성한다고 가정해보자. 학생, 교수, 교직원 모두 각자의 계정으로 동일한 학교 시스템에 로그인하지만 이용할 수 있는 기능이 서로 다르다. 이는 각자의 계정마다 특정 그룹에 속해 있어, 속한 그룹에 부여되어 있는 허용된 접근 범위까지만 이용할 수 있는 것이다.

/etc/group 파일에는 그룹에 대해 어떠한 정보가 정의되어 있는지 확인한다.

```
opensw@tux:~$ cat /etc/group
root:x:0:
daemon:x:1:
bin:x:2:
sys:x:3:
...
opensw:x:1000:
sambashare:x:136:opensw
vboxsf:x:999:opensw
vboxdrmipc:x:998:
```

/etc/group 파일에서 그룹 정보는 '**그룹명:그룹 암호:GID:그룹원 목록**' 형태로 정의되어 있다. 앞선 파일들과 마찬가지로 각 항목을 ':'으로 구분한 것을 확인할 수 있다. /etc/group 파일에서 확인 가능한 4가지 항목의 의미는 다음과 같다.

- **그룹명** : 그룹의 이름이다.
- **그룹 암호** : 그룹 비밀번호를 저장하는 부분이지만 실제 비밀번호가 저장되지 않고 'x'문자로 저장된다. 실제로 그룹 비밀번호는 거의 설정하지 않는다.
- **GID** : 그룹을 식별하는 번호로, GID는 500부터 시작하여 오름차순 방식으로 부여된다.

- **그룹원 목록** : 해당 그룹에 속한 사용자가 ','로 구분되어 작성되어 있다.

/etc/group 파일은 시스템에 생성된 그룹과 그 그룹에 속한 사용자를 파악할 때 이용한다. 그 외에도 새로운 그룹 생성 시 GID 중복을 방지하기 위해 확인하기도 한다.

/etc/gshadow 파일은 그룹 암호가 저장된 파일이고, 그룹 비밀번호가 설정되면 해당 파일에 저장된다. 그룹 비밀번호가 없더라도 파일에 그 정보가 저장된다.

```
opensw@tux:~$ sudo cat /etc/gshadow
root:*::
...
opensw:!::
sambashare:!::opensw
vboxsf:!::opensw
vboxdrmipc:!::
```

/etc/gshadow 파일은 각 그룹에 대한 비밀번호 정보를 '**그룹명:그룹 암호:관리자:그룹 멤버**'로 나타내며 각 항목을 ':'로 구분한다. 각 필드에 대한 설명은 다음과 같다.

- **그룹명** : 그룹의 이름이다.
- **그룹 암호** : 암호화된 그룹의 암호로, 보통 '!', '*' 중 하나로 설정되어 있다.
    - **!** : 그룹 비밀번호가 지정되어 있지 않음을 의미한다.
    - ***** : 그룹 비밀번호가 잠겨 있음을 의미한다.
- **관리자** : 그룹 암호나 그룹원을 바꿀 수 있는 사용자로, 관리자가 하나 이상일 경우 ','로 구분한다.
- **그룹 멤버** : 그룹에 속한 사용자이며, 그룹원이 여러 명이면 ','로 구분한다.

/etc/skel 디렉터리는 사용자 홈 디렉터리에 공통으로 배포해야 하는 파일을 가지고 있다. 이는 계정이 생성될 때 사용되며, 계정이 생성되면 자동으로 skel 디렉터리 내의 파일이 생성된 계정의 홈 디렉터리에 복사된다. 시스템 운영 정책에 따라 사용자 홈 디렉터리에 공통으로 배포해야 하는 파일들을 배치하면 된다.

```
opensw@tux:~$ ls -al /etc/skel
total 28
drwxr-xr-x   2 root root  4096 Apr  1 12:12 .
drwxr-xr-x 130 root root 12288 Apr  9 21:07 ..
-rw-r--r--   1 root root   220 Jan  7  2022 .bash_logout
-rw-r--r--   1 root root  3771 Jan  7  2022 .bashrc
-rw-r--r--   1 root root   807 Jan  7  2022 .profile
opensw@tux:~$
```

/etc/skel 디렉터리에는 .bash_logout, .bashrc, .profile 파일이 저장되어 있다. 이는 새로운 사용자가 생성되면 해당 파일들이 사용자의 홈 디렉터리에 생성된다. 보통 사용자가 기본으로 사용하는 bash와 관련된 파일을 저장한다. 특별한 경우가 아니라면 대부분 사용자는 bash를 사용하기 때문이다. /etc/skel 디렉터리에 원하는 파일이나 디렉터리를 추가할 때, 위 파일들은 삭제하지 않도록 주의해야 한다.

7.4.3. 사용자 관리 명령어

이번 절에서는 계정 생성, 수정, 삭제 등의 사용자 계정 관리 명령어에 대해 알아본다. 먼저 사용자를 생성할 때 사용하는 명령부터 알아본다.

useradd 명령은 사용자 계정을 생성한다. 명령 형식은 다음과 같다.

```
useradd [options] <user>
```

useradd 명령으로 계정을 생성하면 sh 쉘을 사용하고, 사용자명과 동일한 이름의 그룹에 속하며, 홈 디렉터리가 없는 상태를 기본값으로 가진 새로운 계정이 생성된다. [options]로 사용자의 다양한 정보를 설정할 수 있으며, 여러 옵션을 혼합하여 사용할 수 있다(테이블 7.10).

테이블 7.10 useradd 명령의 다양한 옵션

옵션	의미
-u <uid>	사용자 계정의 UID 지정
-g <gid>	사용자 계정의 GID 지정
-G <gid>	사용자 계정의 보조 그룹의 GID 지정
-d <dir>	사용자의 홈 디렉터리 지정
-e YYYY-MM-DD	사용자의 계정 만기일(EXPIRE 항목 설정) 지정
-f <inactive>	사용자 계정의 유효일(INACTIVE 항목 설정) 지정
-s <shell>	로그인 시 사용할 기본 쉘 지정
-m	사용자의 홈 디렉터리 생성
-c <comment>	사용자의 이름 등 부가적인 설명 지정

사용자를 생성할 때는 -m 옵션을 사용하여 홈 디렉터리가 생성되도록 설정해야 한다. 홈 디렉터리는 기본적으로 본인 이외의 다른 사용자가 접근할 수 없기에, 사용자마다 본인의 홈 디렉터리가 있어야 자유롭게 사용할 수 있는 개인 공간이 제공된다.

다음은 계정을 생성하는 실습을 통해 useradd 명령의 사용법을 알아보자.

홈 디렉터리를 가지고 있는 bill 사용자를 생성한다.

```
opensw@tux:~$ sudo useradd -m bill
opensw@tux:~$ sudo ls -a /home/bill/
.  ..  .bash_logout  .bashrc  .kshrc  .profile
opensw@tux:~$
```

-m 옵션에 의해 bill의 홈 디렉터리인 /home/bill이 생성된다. 해당 계정의 홈 디렉터리 아래에는 /etc/skel 디렉터리에 있던 3개의 파일이 복사된 것을 확인할 수 있다. 시스템에 대한 변경이 발생하는 명령을 실행하기 위해서는 root 권한이 필요하기에 sudo 명령과 함께 사용한다.

새로운 사용자가 생성되었으니 앞서 언급한 시스템 관리 파일 중에 사용자 계정 정보 및 비밀번호 정보가 저장되는 /etc/passwd와 /etc/shadow 파일을 확인하여, bill에 대한 정보가 추가되었는지 확인한다.

```
openswr@tux:~$ cat /etc/passwd | grep bill
bill:x:1001:1001::/home/bill:/bin/sh
openswr@tux:~$
openswr@tux:~$ sudo cat /etc/shadow | grep bill
bill:!:19822:0:99999:7:::
openswr@tux:~$
```

두 파일을 확인하면, bill에 대한 정보가 추가된 것을 확인할 수 있다. cat과 grep 명령을 함께 사용한 이유는 /etc/passwd와 /etc/shadow 파일 내용에서 bill의 정보만 확인하기 위함이다.

위에서 확인한 /etc/shadow 파일을 보면 bill의 비밀번호 항목이 '!'임을 확인할 수 있다. 이는 bill에 설정된 비밀번호가 없다는 의미로, bill의 비밀번호를 설정하는 작업이 필요하다.

passwd 명령은 해당 계정의 새로운 비밀번호를 설정한다. 명령 형식은 다음과 같다.

passwd <user>

<user>로 비밀번호를 변경할 사용자를 지정하지 않으면, 현재 로그인한 계정의 비밀번호를 변경한다.

```
openswr@tux:~$ sudo passwd
New password:
Retype new password:
passwd: password updated successfully
openswr@tux:~$
```

'New paasword:'에 사용하려는 비밀번호를 입력한 후 [Enter]키를 입력한다. 'Retype new password:'에는 앞서 입력한 비밀번호를 작성한다. 이는 비밀번호 확인을 위함이다.

입력한 두 비밀번호가 동일하면 'Password updated successfully' 문구가 출력된다. 비밀번호는 리눅스에 설정되어 있는 비밀번호 규칙을 따라야 하는데, 보통 8자리 이상의 새로운 비밀번호를 입력하지 않으면 비밀번호 변경이 불가능하다.

지금까지는 간단한 방법으로 사용자를 생성했다. 이제 다양한 옵션을 사용하여 linus 사용자를 생성한다.

```
openswr@tux:~$ sudo useradd -m -G sudo -s /bin/bash -c "Power User" linus
openswr@tux:~$
openswr@tux:~$ cat /etc/passwd | grep linus
linus:x:1002:1002:Power User:/home/linus:/bin/bash
openswr@tux:~$
```

useradd 명령의 각 옵션은 다음의 역할을 수행한다. -m 옵션은 앞서 설명했으므로 이를 제외한 나머지 옵션에 대해 설명한다.

- **-G sudo** : 기본 그룹 외에 'sudo' 그룹에 사용자를 추가한다. 기본 그룹은 해당 사용자의 이름으로 생성된 그룹으로, linus는 'linus'와 'sudo' 그룹에 속하게 된다.
- **-s /bin/bash** : 로그인 시 기본적으로 bash 쉘을 사용하도록 지정한다. 리눅스에서 사용 가능한 쉘은 sh, bash 등이 존재하고, 기본 쉘로 지정하고자 하는 쉘의 경로를 작성하면 된다.
- **-c "Power User"** : linus 사용자에 대한 설명을 "Power User"로 작성한다.

다음으로 생성한 linus의 정보를 확인하고, 비밀번호를 변경한다. 이후 linus로 로그인하여 패키지를 설치한다.

```
opensw@tux:~$ groups linus
linus : linus sudo
opensw@tux:~$
opensw@tux:~$ sudo passwd linus
New password:
Retype new password:
passwd: password updated successfully
opensw@tux:~$
opensw@tux:~$ su - linus
Password:
linus@tux:~$ sudo apt install mc
[sudo] password for linus:
Reading package lists... Done
Building dependency tree... Done
Reading state information... Done
...
Do you want to continue? [Y/n]
```

현재 linus는 'linus'와 'sudo' 그룹에 속한 것을 확인할 수 있다. -G 옵션으로 추가한 'sudo' 그룹은 sudo 명령을 사용할 수 있는 사용자가 속한 그룹이다. 즉 linus는 sudo 명령을 사용할 수 있는 권한을 가지게 된다. 그렇기에 apt 명령으로 패키지를 설치할 수 있는 것이다.

su 명령은 현재 계정을 로그아웃 하지 않고 다른 계정으로 전환한다. 명령 형식은 다음과 같다.

```
su [option] <user>
```

계정 전환 시 로그인 쉘과 작업 디렉터리는 현재 계정의 것을 사용한다. '-' 옵션은 사용자 전환 시 전환할 사용자의 환경변수를 적용한다. su - 명령은 su 명령과 달리 전환한 계정의 기본 쉘과 홈 디렉터리로 로그인 된다는 차이점이 있다.

su 명령과 su - 명령을 통해 linus으로 전환하여 두 명령의 차이점을 확인한다.

```
opensw@tux:~/Desktop$ su linus
Password:
linus@tux:/home/opensw/Desktop$ exit
exit
opensw@tux:~/Desktop$ su - linus
Password:
linus@tux:~$
```

su linus 명령은 opensw의 현재 작업 디렉터리인 /home/opensw/Desktop으로 로그인 되는 반면, su - linus 명령은 linus의 홈 디렉터리로 로그인 하는 것을 확인할 수 있다. 로그아웃 하여 원래 사용자로 돌아오려면 exit 명령을 실행하면 된다.

usermod 명령은 계정 정보를 수정한다. 명령 형식은 다음과 같다.

usermod [options] <user>

[options]으로 수정할 정보를 지정할 수 있고, 여러 옵션을 함께 사용 가능하다(테이블 7.11).

테이블 7.11 usermod 명령의 다양한 옵션

옵션	의미
-d, -home	사용자의 홈 디렉터리 변경
-m	사용자의 홈 디렉터리 변경 시 기존 파일 및 디렉터리를 새로운 홈 디렉터리로 이동
-u <uid>	사용자 UID 변경
-g <gid>	사용자의 그룹 변경
-s <shell>	사용자의 쉘 변경
-l	사용자의 아이디 변경
-e YYYY-MM-DD	계정 만기일 변경

테이블 7.11에서 소개한 옵션들을 사용하여 usermod 명령을 통해 bill의 UID를 수정한다.

```
opensw@tux:~$ grep bill /etc/passwd
bill:x:1001:1001::/home/bill:/bin/sh
opensw@tux:~$
opensw@tux:~$ sudo usermod -u 1008 bill
opensw@tux:~$
opensw@tux:~$ grep bill /etc/passwd
bill:x:1008:1001::/home/bill:/bin/sh
opensw@tux:~$
```

UID를 수정하려면 -u 옵션을 사용해야 하므로, usermod -u 1008 bill 명령을 실행한다. 이후 /etc/passwd 파일에서 bill의 UID가 '1008'로 수정된 것을 확인할 수 있다.

userdel 명령은 계정을 삭제하며, 다음과 같은 형식으로 사용한다.

userdel [option] <user>

기본적으로 옵션 없이 명령을 실행하면, 계정만 삭제되고 홈 디렉터리는 삭제되지 않는다. userdel 명령에서 사용하는 옵션은 다음과 같다.

- **-r** : 사용자의 홈 디렉터리까지 삭제한다.

userdel 명령으로 bill과 홈 디렉터리를 함께 삭제한다.

```
opensw@tux:~$ sudo ls -al /home/bill
...
-rw-r--r-- 1 bill bill  807 Jan  7  2022 .profile
opensw@tux:~$
opensw@tux:~$ sudo userdel -r bill
userdel: bill mail spool (/var/mail/bill) not found
opensw@tux:~$
```

삭제 후에는 bill의 홈 디렉터리를 찾을 수 없고, /etc/passwd와 /etc/shadow 파일에서는 bill 정보가 지워졌음을 알 수 있다.

```
opensw@tux:~$ sudo ls -al /home/bill
ls: cannot access '/home/bill': No such file or directory
```

```
openswu@tux:~$
openswu@tux:~$ grep bill /etc/passwd
openswu@tux:~$ grep bill /etc/shadow
```

7.4.4. 그룹 관리 명령어

이번 절에서는 그룹 관리 명령어에 대해 알아본다. 그룹 관리도 사용자 계정 관리와 마찬가지로 그룹 생성, 수정, 그룹원 변경 명령을 알아본다.

groupadd 명령은 새로운 그룹을 생성한다. 명령 형식은 다음과 같다.

groupadd [options] <groupname>

옵션 없이 <groupname>만 지정한다면 해당 그룹의 GID가 자동으로 할당된다. groupadd 명령에서 사용할 수 있는 옵션은 다음과 같다.

- **-g <gid>** : 생성할 그룹의 GID를 지정한다.

이제 groupadd 명령을 사용하여 itgeeks라는 새로운 그룹을 생성한다. 그룹 생성 전에는 생성하고자 하는 그룹이 이미 시스템에 존재하는지 먼저 확인한다.

```
openswu@tux:~$ grep itgeeks /etc/group
openswu@tux:~$ sudo groupadd itgeeks
openswu@tux:~$ grep itgeeks /etc/group
itgeeks:x:1003:
openswu@tux:~$
```

itgeeks 그룹을 생성하면, -g 옵션을 사용하지 않았기에 GID는 자동으로 부여된다. 이후 /etc/group 파일에 itgeeks 그룹 정보가 추가된 것을 확인할 수 있다. 이를 통해 GID가 '1003'으로 부여된 것을 알 수 있다. 그룹을 생성했다면 그룹원을 추가해야 하는데, 그룹원 추가 명령은 뒤에서 다룰 예정이다.

groudmod 명령은 GID와 그룹명을 수정한다. 명령 형식은 다음과 같다.

groupmod [options] <group>

[options]에는 수정할 정보를 명시한다(테이블 7.12).

테이블 7.12 groupmod 명령의 다양한 옵션

옵션	의미
-g <gid>	그룹의 GID 수정
-o	다른 그룹의 GID와의 중복 허용
-n <group>	그룹명 변경

GID를 수정하거나 그룹명 변경이 필요할 때 사용한다. 다만 GID는 시스템에 생성된 그룹을 식별하기 위한 식별자로, 특수한 상황이 아니라면 GID 중복을 허용하는 -o 옵션을 사용하지 않는 것을 권장한다.

이제 groupmod 명령으로 itgeeks 그룹의 GID를 1008로 변경한다. UID 변경과 마찬가지로 /etc/group 파일을 통해 다른 GID와 중복되지 않는지 먼저 확인한다.

```
opensw@tux:~$ grep 1008 /etc/group
opensw@tux:~$ sudo groupmod -g 1008 itgeeks
opensw@tux:~$ grep itgeeks /etc/group
itgeeks:x:1008:
opensw@tux:~$
```

먼저 리눅스에 생성된 그룹 중 GID를 1008번을 가지는 그룹이 있는지 확인한다. grep 명령으로 검색되는 그룹이 없으므로, 해당 GID는 중복되지 않음을 의미한다. 이후 GID 변경을 위해 -g 1008 옵션을 사용하였고, 정상적으로 변경되었음을 /etc/group 파일로 확인하였다.

gpasswd 명령은 그룹 비밀번호를 관리한다. 명령 형식은 다음과 같다.

gpasswd [option] <group>

옵션 없이 사용할 경우 지정한 그룹의 비밀번호를 재설정하게 된다. gpasswd 명령은 옵션을 지정하면 그룹원 추가 및 삭제도 가능하다(테이블 7.13).

테이블 7.13 gpasswd 명령의 다양한 옵션

옵션	의미
-a <user>	그룹원에 지정한 사용자 추가
-d <user>	그룹원에 지정한 사용자 삭제
-r	그룹 비밀번호 삭제, 보통 그룹 비밀번호를 설정하기 않기에 자주 사용하진 않음

앞서 groupadd 명령에서 언급했던 명령어를 통해 그룹원을 관리하는 방법이 gpasswd 명령을 사용하는 방법을 말한 것이다.

이제 gpasswd 명령을 이용한 그룹 비밀번호 및 그룹원 관리 방법을 알아보자. gpasswd 명령으로 it-geeks 그룹의 비밀번호를 설정한다.

```
opensw@tux:~$ sudo gpasswd itgeeks
Changing the password for group itgeeks
New Password:
Re-enter new password:
opensw@tux:~$
opensw@tux:~$ sudo grep itgeeks /etc/gshadow
itgeeks:$6$Xdqzi/QHJF9xms1W$UMTm6nkduqWbSDYj/XXvtSlqdxh8Mn9.IpP9CiOqoJc/ww7CZoquCU3B429
eBEbe6hGzIaxgBT17B6kFOniqZ1::
opensw@tux:~$
```

/etc/gshadow 파일을 확인해보면, 그룹 비밀번호 설정 이후 itgeeks의 2번째 항목이 'x'표시에서 3개의 필드로 구성된 값으로 변경되었다. 이는 설정한 비밀번호의 정보가 추가되었음을 알 수 있다.

이후 itgeeks 그룹의 그룹원으로 linus 사용자를 추가한다.

```
opensw@tux:~$ sudo gpasswd -a linus itgeeks
Adding user linus to group itgeeks
opensw@tux:~$
opensw@tux:~$ grep linus /etc/group
sudo:x:27:opensw,linus
linus:x:1002:
itgeeks:x:1008:linus
opensw@tux:~$
```

itgeeks 그룹에 그룹원을 추가하기 위해 -a 옵션을 사용한다. 그룹원 추가가 성공적으로 이루어지면 'Adding user linus to group itgeeks' 문구가 출력된다. /etc/group 파일을 확인하면 itgeeks의 4번째 필드에 'linus'가 추가된 것을 알 수 있다.

newgrp 명령은 현재 사용자의 기본 그룹을 변경한다. 명령 형식은 다음과 같다.

```
newgrp <group>
```

newgrp 명령으로 opensw의 기본 그룹을 itgeeks로 변경해보자.

```
opensw@tux:~$ id
uid=1000(opensw) gid=1000(opensw) groups=1000(opensw),4(adm),24(cdrom),27(sudo),30(dip),4
6(plugdev),122(lpadmin),135(lxd),136(sambashare),999(vboxsf)
opensw@tux:~$
opensw@tux:~$ newgrp itgeeks
Password:

opensw@tux:~$ id
uid=1000(opensw)  gid=1008(itgeeks)  groups=1008(itgeeks),4(adm),24(cdrom),27(sudo),30(di
p),46(plugdev),122(lpadmin),135(lxd),136(sambashare),999(vboxsf),1000(opensw)
opensw@tux:~$
```

우선 id 명령을 실행하여 opensw의 UID, GID, 그룹을 확인한다. gid 항목은 기본 그룹을 의미하며, '1000(opensw)'로 표시되어 있다. newgrp 명령을 실행한 후 id 명령을 다시 실행하면, gid 부분이 '1008(itgeeks)'로 변경된 것을 확인할 수 있다. 또한 기본 그룹으로 설정되어 있던 '1000(opensw)'가 groups 부분의 가장 뒷자리에 추가되어 있다. 이는 기본 그룹이 변경되면 기존의 기본 그룹으로 설정되었던 그룹은 보조 그룹으로 설정됨을 알 수 있다.

마지막으로 groupdel 명령은 시스템에 존재하는 그룹을 삭제한다. 명령 형식은 다음과 같다.

```
groupdel <group>
```

groupdel 명령은 보통 더 이상 시스템 상에서 사용하지 않는 그룹을 삭제할 때 사용하며, 별도로 사용하는 옵션이 없다.

실습은 itgeeks 그룹을 삭제하는 것으로 진행한다. 그룹 삭제 후 /etc/group 파일을 보면, itgeeks 그룹 정보가 삭제되어 'itgeeks'에 대한 검색결과가 출력되지 않는다.

```
opensw@tux:~$ grep itgeeks /etc/group
itgeeks:x:1008:linus
opensw@tux:~$
opensw@tux:~$ sudo groupdel itgeeks
opensw@tux:~$ grep itgeeks /etc/group
opensw@tux:~$
```

7.4.5. 사용자 식별 명령어

리눅스에서 사용자의 신원을 식별하고, 파일 시스템 및 프로세스 권한을 관리하는 데 UID, RUID, EUID 세 가지 주요 식별자를 사용한다. 각 식별자는 시스템에서 다양한 역할을 수행하며, 그 의미와 기능은 다음과 같다.

- **UID(User ID)** : 사용자의 고유 식별 번호이다.
- **RUID(Real User ID)** : 프로세스를 시작한 실제 사용자의 UID이다.
- **EUID(Effective User ID)** : 프로세스가 현재 수행 중인 작업에 대해 실제로 적용되는 UID이다.

UID와 RUID는 일반적으로 동일하지만, SetUID가 설정된 파일을 실행할 때는 EUID가 UID 또는 RUID와 다를 수 있다. 예를 들어, 사용자가 passwd 명령을 실행할 때 UID, RUID, EUID는 아래와 같다.

- UID, RUID = 사용자의 UID
- EUID = root(0 UID)

passwd 명령을 일반 사용자가 실행하더라도 EUID가 root 사용자의 UID인 0으로 설정되어, 사용자가 비밀번호를 변경할 수 있도록 권한이 상승되는 것이다.

다음은 su 명령을 사용하여 사용자 전환을 진행한 후, RUID와 EUID가 달라지는지 직접 알아본다. 이를 위해 su 명령 실행 후 whoami와 who am i 명령을 사용하여 RUID와 EUID를 확인한다.

```
opensw@tux:~$ sudo su bill
$ whoami
bill
$ who am i
opensw   pts/2        2024-04-09 22:23
$
```

whoami 명령은 EUID를 확인하기 위한 명령이고, who am i 명령은 RUID를 확인하기 위한 명령이다. whoami 명령은 bill 권한으로 실행했으므로 bill이 출력 된다. su 명령은 사용자 전환을 하는 명령이라, 기존 계정은 여전히 시스템에 로그인 되어 있는 상태이다. 그래서 RUID는 opensw의 UID라는 것을 알 수 있다. 위 명령은 실제 명령할 때 어떤 사용자의 권한으로 실행되는지 파악하기 위해 많이 사용된다.

앞선 상황처럼 현재 사용 중인 사용자를 알고 있어야 하는 경우가 많다. 이런 경우에 사용하는 명령어가 사용자 정보 관리 명령이다. 이제 다양한 사용자 정보 관리 명령에 대해 알아본다.

who 명령은 현재 시스템을 사용하고 있는 사용자의 정보를 출력한다. 명령 형식은 다음과 같다.

```
who [option]
```

who 명령을 옵션 없이 실행할 경우 시스템이 사용하는 사용자 정보를 출력하고, 옵션과 함께 사용하면 출력 형식을 바꾸거나 시스템 정보를 출력한다(테이블 7.14).

테이블 7.14 who 명령의 다양한 옵션

옵션	의미
-q	사용자의 이름만 출력
-H	출력 항목의 제목도 함께 출력
-b	마지막으로 시스템을 재시작한 날짜와 시간 출력
-r	런 레벨 확인

다음은 who 명령을 사용하여 현재 사용자의 다양한 정보를 출력한다.

```
opensw@tux:~$ who
opensw   tty2         2024-04-09 21:43 (tty2)
opensw@tux:~$ who -H
NAME     LINE         TIME             COMMENT
opensw   tty2         2024-04-09 21:43 (tty2)
opensw@tux:~$ who -b
         system boot  2024-04-09 17:20
opensw@tux:~$ who -r
         run-level 5  2024-04-09 17:20
opensw@tux:~$
```

who 명령은 시스템을 사용 중인 사용자의 정보는 사용자 이름, 터미널 번호, 현재 시간, IP 주소 순으로 출력된다. 각 항목이 어떤 정보인지 정확히 알고 싶다면 -H 옵션을 사용하면 된다. -b 옵션은 시스템이 마지막을 재부팅 된 날짜를 출력한다. -r 옵션으로 확인한 런레벨은 5이다. 이렇게 who 명령을 이용하여 시스템 정보와 시스템을 사용 중인 사용자를 확인할 수 있다.

w 명령은 현재 시스템을 사용하는 사용자와 작업 정보를 출력하며 다음과 같은 형식으로 사용한다.

w [option] [user]

여러 사용자가 접속하는 시스템에서 관리자가 현재 로그인한 사용자를 확인하기 위해 사용하며, 사용자들이 시스템에 로그인한 시간과 현재 실행 중인 작업을 확인할 수 있다. 옵션 없이 사용하면 시스템을 사용 중인 모든 사용자의 정보가 출력된다. w 명령에서 사용하는 옵션은 대부분 출력 정보를 조정하는데 사용된다(테이블 7.15).

테이블 7.15 w 명령의 다양한 옵션

옵션	의미
-s, --short	JCPU, PCPU, LOGIN@ 필드 미출력
-f, --from	FROM 필드 미출력

w 명령을 사용하여 현재 시스템을 사용하는 모든 사용자의 정보를 출력한다.

```
opensw@tux:~$ w
 22:24:54 up  5:04,  1 user,  load average: 0.03, 0.06, 0.07
USER     TTY    FROM  LOGIN@  IDLE   JCPU   PCPU  WHAT
opensw  tty2  tty2  21:43   5:04m  0.02s  0.02s /usr/libexec/{exec name}
opensw@tux:~$
```

w 명령 결과에서 첫 줄은 헤더 정보라고 한다. 헤더 정보는 현재 시간, 시스템 구동 시간, 시스템에 로그인한 사용자 수, 시스템 부하상황을 의미한다. 시스템 부하상황은 '0.03, 0.06, 0.07'로 출력되는데, 이는 순서대로 1분, 5분, 15분동안의 평균 로드를 의미한다. 헤더 정보 아래에는 다음 8가지 항목에 해당하는 정보가 순서대로 출력된다.

- **USER** : 사용자 이름을 의미한다.
- **TTY** : 터미널 번호를 의미한다.
- **FROM** : 시스템에 접속하기 위해 사용한 네트워크 주소를 의미한다.
- **LOGIN@** : 로그인한 시간을 의미한다.
- **IDLE** : 시스템을 사용하지 않는 시간을 초로 표현한 것을 의미한다.
- **JCPU** : TTY 필드에 나타나는 터미널이 사용한 시간을 의미한다.

- **PCPU** : WHAT 필드에 나타나는 프로세스가 사용한 총 CPU 시간을 의미한다.
- **WHAT** : 현재 프로세스의 명령어를 의미한다.

last 명령은 시스템에 사용자들이 로그인/로그아웃한 로그를 출력하며 다음과 같은 형식으로 사용한다.

last [user]

사용자의 로그인 및 로그아웃 로그를 통해 계정 해킹이나 시스템에 수상한 접근이 없었는지 확인하기 위해 사용할 수 있다.

last 명령으로 모든 계정에 대한 시스템 로그인/로그아웃 정보를 출력해보자.

```
openswf@tux:~$ last
opensw  tty2         192.168.56.1      Tue Apr  9 17:24   still logged in
reboot  system boot  6.5.0-26-generic Tue Apr  9 17:20   still running
opensw  pts/1        192.168.56.1      Thu Apr  4 20:08 - 21:28  (01:19)
opensw  tty2         tty2              Thu Apr  4 16:08 - down   (05:34)
...
opensw@tux:~$
```

last 명령 결과는 가장 최근에 기록된 로그인 로그부터 역순으로 출력되며, 각 항목이 의미하는 바는 'opensw tty2 192.168.56.1 Tue Apr 9 17:24 still logged in'을 예로 들어 설명한다.

- **opensw** : 시스템에 로그인한 사용자 이름이다. reboot는 시스템이 재부팅 되었음을 의미하는 특수 사용자이다.
- **tty2** : 사용한 터미널 번호를 의미한다.
- **192.168.56.1** : 로그인한 사용자의 IP 주소 또는 호스트 네임이 표시된다.
- **Tue Apr 9 17:24 still logged in** : 사용자가 로그인한 날짜와 기간을 의미한다. 이미 로그아웃 상태라면 로그아웃 시간과 총 로그인 시간이 출력되고, 아직 로그인 중이라면 'still logged in'이 출력된다.

groups 명령은 사용자가 속한 그룹을 출력한다. 명령 형식은 다음과 같다.

groups [user]

사용자명 없이 사용하면 현재 로그인한 사용자가 속한 그룹을 출력한다. 앞서 '그룹 관리 명령어'절에서 bill, linus 사용자가 속한 그룹을 확인하기 위해 사용한 적이 있다.

opensw가 속한 그룹을 알아보기 위해 groups 명령을 사용해보자.

```
opensw@tux:~$ groups opensw
opensw : opensw adm cdrom sudo dip plugdev lpadmin lxd sambashare vboxsf
opensw@tux:~$
```

가장 앞쪽에 사용자 이름(opensw)이 출력되고 ':' 뒤에는 기본 그룹(opensw), 기본 그룹 뒤에는 보조 그룹들(adm cdrom ...)이 출력된다.

이전에 그룹을 이용하여 root 권한을 부여할 수 있는 방법을 언급하였다. 그 예로 linus을 sudo 그룹에 추가하면 sudo 명령을 사용할 수 있었다. 이번에는 파일을 사용하여 sudo 명령 권한을 부여하는 방법을 알아본다.

이는 /etc/sudoers 파일에 권한을 설정하는 방법으로, 사용자에게 sudo 권한을 부여해야 하는 경우에 사용된다. /etc/sudoers 파일은 다음과 같다.

```
opensw@tux:~$ sudo cat /etc/sudoers
...
# User privilege specification
root    ALL=(ALL:ALL) ALL

# Members of the admin group may gain root privileges
%admin ALL=(ALL) ALL

# Allow members of group sudo to execute any command
%sudo   ALL=(ALL:ALL) ALL

# See sudoers(5) for more information on "#include" directives:

#includedir /etc/sudoers.d
opensw@tux:~$
```

/etc/sudoers 파일을 보면 크게 사용자에게 권한을 부여하는 부분과 그룹에 권한을 부여하는 부분으로 나뉜다. 'root ALL=(ALL:ALL) ALL' 라인은 root 계정에 모든 권한을 부여한다는 것을 의미한다.

/etc/sudoers 파일에서 사용자 권한은 다음과 같은 형식을 따른다.

```
<users> <hosts>=(<user>:<group>) <commands>
```

이는 사용자(<users>)에게 특정 호스트(<hosts>)의 사용자 또는 그룹(<user>: <group>)을 통해 어느 명령 (<commands>)을 실행할 수 있도록 허용할 지 설정하는 것이다. 즉 다음과 같이 작성하여 opensw에게 root 권한을 부여할 수 있다.

```
opensw ALL=(ALL:ALL) ALL
```

만약 root 권한 설정을 위의 예처럼 /etc/sudoers 파일을 통해 사용자별로 부여한다면 사용자가 많아질수록 작성할 내용이 많아지고, 또한 계정 정보가 변동되는 위험이 발생할 수 있다. 이 경우 root 권한이 필요한 사용자를 sudo 그룹에 소속되도록 관리한다면 유지보수에 용이할 뿐만 아니라 계정정보가 변동되는 위험도 방지할 수 있다.

sudo 그룹으로 sudo 명령 권한을 관리하려면 다음과 같은 형식으로 작성하면 된다.

```
%sudo   ALL=(ALL:ALL) ALL
```

chown 명령은 파일 소유자나 소유 그룹을 변경한다. 명령 형식은 다음과 같다.

```
chown [option] <user> <file>
```

파일이나 디렉터리에 접근할 수 있는 사용자나 그룹을 제한하기 위해 많이 사용된다. 대표적인 예시로 /etc나 /var와 같은 시스템과 밀접한 연관이 있는 디렉터리나 파일은 소유자와 소유 그룹 모두 root이다. 그래서 소유자인 root 계정 외에는 sudo 명령 없이 /etc 아래의 파일을 수정할 수 없던 것이 있다.

소유자와 소유 그룹을 모두 수정하고 싶을 때는 <user> 대신에 <user>.<group> 또는 <user>:<group> 형식을 사용한다. chown 명령은 디렉터리 소유권도 변경하기 때문에 그에 따라 하위 디렉터리의 소유권도 바꿀 수 있도록 지원이다. 이 기능은 -R 옵션으로 제공된다.

먼저 ~/gnu 디렉터리를 생성한 후 gnu 디렉터리의 소유권을 opensw에서 stallman으로 변경한다. 소유자 변경 후 소유권 필드가 'stallman opensw'로 수정된 것을 볼 수 있다.

```
opensw@tux:~$ mkdir gnu
opensw@tux:~$ ls -ald gnu
drwxrwxr-x 2 opensw opensw 1008 4096 Apr  9 22:27 gnu
opensw@tux:~$
```

```
openswg@tux:~$ sudo useradd -m stallman
openswg@tux:~$ sudo chown stallman gnu
openswg@tux:~$
openswg@tux:~$ ls -ald stallman gnu
drwxrwxr-x 2 stallman opensw 1008 4096 Apr  9 22:27 gnu
openswg@tux:~$
```

다음으로 소유 그룹까지 stallman으로 변경한다. ls 명령으로 확인하면 소유 그룹까지 stallman으로 변경된 것을 알 수 있다.

```
openswg@tux:~$ sudo chown stallman.stallman gnu
openswg@tux:~$ ls -ald gnu
drwxrwxr-x 2 stallman stallman 4096 Apr  9 22:27 gnu
openswg@tux:~$
```

이렇게 chown 명령을 사용하면 파일의 소유자와 그룹 소유자를 설정하여, 시스템 사용자가 무분별하게 파일에 접근할 수 없도록 파일 접근 권한을 제한할 수 있다.

CHAPTER 7 연습문제

01. 프로세스(Process)와 스레드(Thread)에 대해 설명하라.

02. 리눅스 시스템에서 최상위 프로세스는 무엇이며, 그 역할을 설명하라.

03. 데몬 프로세스(Daemon process)란 무엇이며, 그 예시를 제시하라.

04. 좀비 프로세스(Zombie process)가 발생하는 이유와 이를 해결하는 방법을 설명하라.

05. 리눅스에서 프로세스의 고유 번호는 무엇이라고 부르는지 작성하라.

06. 모든 프로세스들을 계층형태(hierarchy or forest) 포맷으로 보여라.

07. 포그라운드 프로세스와 백그라운드 프로세스의 차이점을 설명하라.

08. ps 명령을 이용하여 메모리를 많이 사용하는 순서대로 프로세스들을 리스트하라.

09. watch 명령을 이용하여 매초마다 메모리를 많이 사용하는 순서대로 프로세스들을 리스트하라. (watch 명령어에 대해서는 man watch 활용)

10. top이 보여주는 정보를 매 5.3초마다 업데이트하도록 하라.

11. nice 명령에 대해 조사하고 현재 nice 값을 보여라. 현재 값이 의미하는 바를 설명하라.

12. 사용자 openpower에 sudo 권한을 부여하여 생성하고, 적절한 패스워드를 설정한 후, openpower로 전환하여 mysql-server를 root 권한으로 설치하라. openpower사용자로 ssh로 접속해보라.

13. visudo의 디폴트 에디터를 update-alternatives -config editor를 통해 /bin/nano에서 /usr/bin/vim.basic으로 변경하라. 이후 사용자 minority를 생성하고, 모든 호스트에서 모든 사용자, 그룹의 권한을 갖고 모든 명령을 수행할 수 있도록 권한을 부여하라.

08 리눅스 파일 시스템

CHAPTER

이번 장에서는 리눅스 파일 시스템의 구조를 살펴보고 파일 시스템 종류와 생성 방법에 대해 알아본다. 이후 이러한 파일 시스템을 제어하고 정보를 얻어오는 다양한 명령어의 사용법에 대해 살펴본다.

8.1 파일 시스템

이번 절에서 파일 시스템의 개념을 이해하고, 리눅스 외에 다른 운영체제에서는 어떤 파일 시스템을 사용하는지 비교하여 알아본다.

8.1.1. 파일 시스템 개념

파일이란 데이터의 모임으로, 보조기억장치에 일정한 형식을 가지고 저장된 것을 말한다. 즉 문서, 음성, 그림, 동영상 등이 해당한다. 파일은 크게 프로그램 파일과 데이터 파일로 나뉜다. **프로그램 파일**은 어셈블리 언어나 고급 언어로 작성된 원시 파일과 기계어 코드로 이루어진 목적 파일이 있다. 파일은 눈으로 볼 수 있는지에 따라 텍스트(text) 파일과 이진(binary) 파일로 나눌 수 있다. **텍스트 파일**은 문자나 숫자 등으로 이루어진 파일이며, 이진 파일은 대부분 프로그램 파일이다. 각 파일은 이름이 있고 확장자로 종류를 구분한다.

파일 시스템은 파일이나 자료를 쉽게 검색 및 접근할 수 있도록 조직하는 체제로, 운영체제마다 다르게 설계되어 있으며 성능 또한 다르다. 파일 시스템은 파일의 내용, 파일에 대한 정보를 의미하는 메타데이터에 대한 모든 관리를 담당하며, 안정성과 효율성이 중요하다. 파일 시스템의 아키텍처는 두 개 또는 세 개의 계층으로 구성되며 아키텍처에 사용되는 각 계층은 다음과 같다.

- **논리 파일 시스템(Logical file system)** : 사용자 애플리케이션과 상호 작용을 담당하는 계층으로, 사용자에게 파일 작업을 위한 기능을 제공한다. 논리 파일 시스템은 디스크에 저장된 파일

을 직접적으로 관리할 수 없기에 파일을 다루는 파일 디스크립터와 파일 테이블을 활용하여 사용자가 파일을 다룰 때 사용하는 open, close, read 등의 명령을 아래 계층으로 전달한다. 또한 파일 액세스, 디렉터리 작업, 보안 및 보호를 제공한다.

- **가상 파일 시스템(Virtual file system)** : 다양한 파일 시스템을 일관된 방식으로 접근할 수 있도록 하는 추상화 계층이다. 운영체제가 여러 종류의 파일 시스템을 지원할 수 있게 하며, 사용자와 응용 프로그램이 파일 시스템의 종류와 상관없이 파일 작업을 수행할 수 있도록 한다.
- **물리 파일 시스템(Physical file system)** : 스토리지 장치의 물리적 작동에 관여하고, 메모리의 관리와 장치 드라이버와의 상호작용을 한다.

8.1.2. 파일 시스템 유형

파일 시스템 유형은 디스크/테이프 파일 시스템, 네트워크 파일 시스템 및 특수 목적 파일 시스템으로 분류할 수 있다. 다양한 파일 시스템 유형을 살펴보자.

- **디스크 파일 시스템(Disk file systems)** : 광학 디스크인 콤팩트 디스크(CD-ROM), DVD, 블루레이(Blu-ray)등 디스크를 대상으로 나온 파일 시스템이다. 이에 포함되는 파일 시스템 포맷 규격은 ISO9660, UDF(Universal Disk Format) 등이 있다.
- **플래시 메모리 시스템(Flash file systems)** : 플래시 메모리 장치의 성능 및 제한에 대한 처리를 위해 나온 파일 시스템으로, 리눅스에서 해당 파일 시스템은 JFFS, JFFS2 and YAFFS, UBIFS, LogFS, F2FS 등이 있다.
- **네트워크 파일 시스템(Network file systems)** : 서버의 파일에 대한 액세스를 제공하는 원격 파일 액세스 프로토콜의 클라이언트 역할을 하는 파일 시스템이다. 로컬 인터페이스를 사용하는 프로그램은 원격 네트워크로 연결된 컴퓨터의 디렉터리 및 파일을 투명하게 생성, 관리 및 액세스할 수 있다. NFS 클라이언트, FTP 등이 있다.
- **공유 파일 시스템(Shared file systems)** : 여러 사용자나 시스템이 네트워크를 통해 동시에 파일을 접근하고 사용할 수 있도록 지원하는 파일 시스템이다. 파일 시스템은 동시에 접근한 여러 사용자의 액세스를 관리하여 쓰기 충돌을 방지한다. RedHat의 GFS2, IBM의 GPFS, DataPlow의 SFS, SGI의 CXFS, Quantum Corporation의 StorNext 등이 있다.

- **특수 파일 시스템(Special file system)** : 일반적인 데이터 저장 외에 특정 목적을 위해 설계된 파일 시스템으로 주로 가상 파일 시스템으로 파일 시스템 API를 사용하여 정보를 다룬다. 커널과 프로세스에 대한 정보를 다루는 procfs(/proc)와, 시스템 하드웨어 관련 정보와 장치 트리 구조 정보를 다루는 sysfs(/sys)등이 대표적이다.

8.1.3. 운영체제별 파일 시스템

저장 장치마다 사용하는 파일 시스템이 다른 것처럼, 운영체제마다 사용하는 파일 시스템도 차이가 있다. 운영체제마다 사용하는 파일 시스템은 다음과 같다.

- **Unix – Linux** : ext 제품군, XFS, JFS, andrfs, UBIFS, JFFS2, YaFFS, SquashFS
- **Unix – macOS** : APFS, HFSPlus
- **Windows** : FAT, NYFS, exFAT, ReFS

운영체제별로 사용하는 파일 시스템이 다르기에, 해당 운영체제에서 지원되지 않는 파일 시스템을 사용한다면 시스템이 파일을 읽지 못하는 문제가 발생한다. 만약 머신에 설치된 운영체제가 지원하지 않는 파일 시스템을 가진 USB가 있다면 해당 머신에서는 USB에 저장된 파일을 확인할 수 없게 된다.

8.2 리눅스 파일 시스템

리눅스 파일 시스템 명령어를 사용하기 위해서는 먼저 리눅스 파일 시스템과 관련된 용어와 기본 개념에 대해 이해하고 있어야 하며, 어떤 종류의 파일 시스템이 있는지 알고 있어야 한다.

8.2.1. 리눅스 파일 시스템 종류

리눅스에서 **장치명**은 드라이브 문자이며, 리눅스에서는 디스크가 추가될 때마다 알파벳순으로 장치명이 부여된다. 리눅스 시스템은 장치가 추가된다면 /dev/sda, /dev/sdb, /dev/sdc, /dev/sdd처럼 장치명이 부여된다.

파티션(Partition)은 하나의 물리 디스크를 여러 개의 공간(논리 디스크)으로 나눈 것이다. 파티션 이름이 /dev/sda1, /dev/sda2, /dev/sdb3, /dev/sdd4 라고 하자. 순서대로 sda 디스크의 1번 파티션, sda 디스크의 2번 파티션, sdb 디스크의 3번 파티션, sdd 디스크의 4번 파티션임을 의미한다. 이처럼 파티션은 본인이 생성된 디스크의 이름을 따라가며, 맨 마지막에 해당 디스크의 몇 번째 파티션인지 번호가 붙는다고 보면 된다.

리눅스 파티션은 주(Primary) 파티션과 확장(Extended) 파티션, 논리(Logical) 파티션으로 구성할 수 있다. **주 파티션**은 디스크에서 직접 생성할 수 있는 기본 파티션으로 운영체제나 부트로더가 부팅할 수 있는 독립적인 파티션이다. **확장 파티션**은 주 파티션의 제한을 극복하기 위해 고안된 특수한 유형의 파티션으로, 확장 파티션 자체에는 데이터를 직접 저장할 수 없으며, 논리 파티션을 포함하는 컨테이너 역할을 한다. 확장 파티션은 파일 시스템 생성, 마운트가 불가하다. **논리 파티션**은 확장 파티션 내에 생성되는 파티션으로, 독립적으로 데이터를 저장하고, 운영체제나 다른 프로그램에서 사용할 수 있다. 각 디스크별로 최대 4개의 주 파티션을 생성할 수 있다. 4개 이상의 파티션이 필요할 경우에는 확장 파티션과 논리 파티션을 사용해야 하며, 디스크당 최대 12개까지 생성이 가능하다.

리눅스 파일 시스템 종류는 ext, ext2, ext3, ext4, XFS, JFS, NFS, iso9660, swap 등이 있고, 각 파일 시스템의 특징은 아래와 같다.

- **ext** : ext(EXTended file system) 시리즈의 초기형으로, 비트맵(여유 공간), 테이블(메타데이터)의 구조를 가지고 있고 암호화가 지원되지 않아 현재는 사용되지 않는다.
- **ext2** : ext의 후속 버전으로 성능과 안정성이 개선되었다. 디렉터리 구조는 테이블 형식이며, 파일 구조는 비트맵과 테이블의 구조이다. 최대 파일 크기는 2TB이고 최대 파일 수는 이다. 그리고 최대 파일 이름 길이는 255B, 최대 볼륨 크기는 32TB이다. ext와 마찬가지로 암호화가 지원되지 않는다.
- **ext3** : ext2에 저널링 기능이 추가되어 데이터 무결성과 복구 성능이 향상 되었다. 파일 시스템을 온라인 상태에서 관리할 수 있는 여러 기능을 제공하고, 디렉터리 인덱싱을 위해 트리 구조와 해시테이블의 장점을 결합한 H-tree[51]를 사용한다. 다만, JFS, XFS에 비해 낮은 처리 속력, 비효율적인 인덱싱 방식, 보안 등의 단점이 존재한다.
- **ext4** : ext3의 성능과 기능을 개선한 파일 시스템으로 저널링 외에도 연속 할당(extents), 지연

51 https://en.wikipedia.org/wiki/HTree

할당(delayed allocation), 빠른 fsck, 저널 체크섬 등 확장된 기능을 제공한다. 최대 1EB 볼륨과 최대 16TB 파일 크기의 대용량 파일 시스템 지원한다. 64000개의 서브 디렉터리 지원이 가능하며, 40억 개의 파일 저장이 가능하다. 대용량 파일의 메타데이터를 줄이고 성능을 향상시키기 위해 Extents 기법을 사용한다. Extents를 사용하면 파일 시스템이 파일의 데이터 를 연속된 블록에 할당할 수 있어, 파일 접근 시 성능이 향상된다. 큰 파일을 처리할 때, Extents를 사용하여 하나의 엔트리로 많은 블록을 관리할 수 있으므로 메타데이터 오버헤드가 줄어든다.

- **NFS** : 네트워크 상에서 파일을 공유할 수 있도록 설계된 분산 파일 시스템으로 사용자가 원격 컴퓨터에 위치한 파일을 액세스할 수 있고, 마운트를 통해 해당 파일이 로컬에 있는 것처럼 사용할 수 있게 해준다.
- **iso9660** : CD-ROM/ DVD등 광학 디스크 매체에 사용되는 파일 시스템으로, 읽기만 가능하다.
- **swap** : 디스크의 특정 영역을 swap 공간으로 할당하여, 물리적 메모리(RAM)가 부족할 때 데이터를 일시적으로 저장하여 성능을 유지하기 위한 파일 시스템이다.

8.2.2. 리눅스 파일 시스템 생성

지금까지 리눅스 파일 시스템의 용어, 종류와 특성에 대해 알아보았다. 실습을 통해 리눅스 파일 시스템의 생성 및 포맷하는 방법을 학습한다.

먼저 새로운 디스크를 추가한다. 가상머신이기에 실제 디스크를 부착하는 것이 아니라, 가상의 디스크를 추가하는 것이다. 우선 실행 중인 가상머신을 종료하고, 해당 가상머신을 클릭한 후(❶), Settings 메뉴를 클릭한다(❷)(그림 8.01).

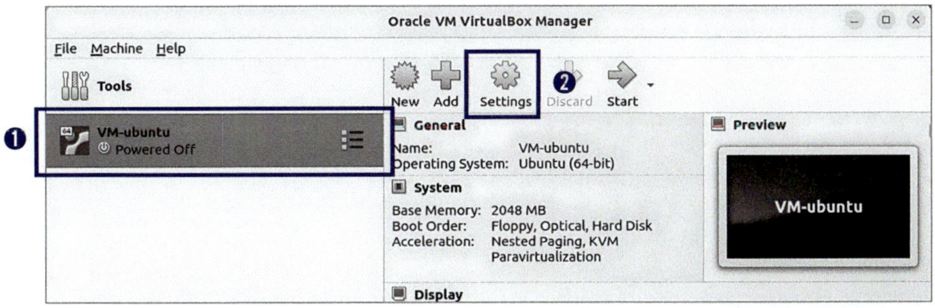

그림 8.01 VM-ubuntu 가상머신의 Settings 위치

이후 Storage 메뉴를 클릭하여(❸), VM-ubuntu의 디스크 설정 페이지로 이동한다(그림 8.02). 'Controller: SATA'를 클릭하면 오른쪽에 두 가지 버튼을 볼 수 있다. 그 중 Adds hard disk 버튼을 클릭하여(❹), 새로운 가상 하드 디스크를 추가하는 단계를 진행한다.

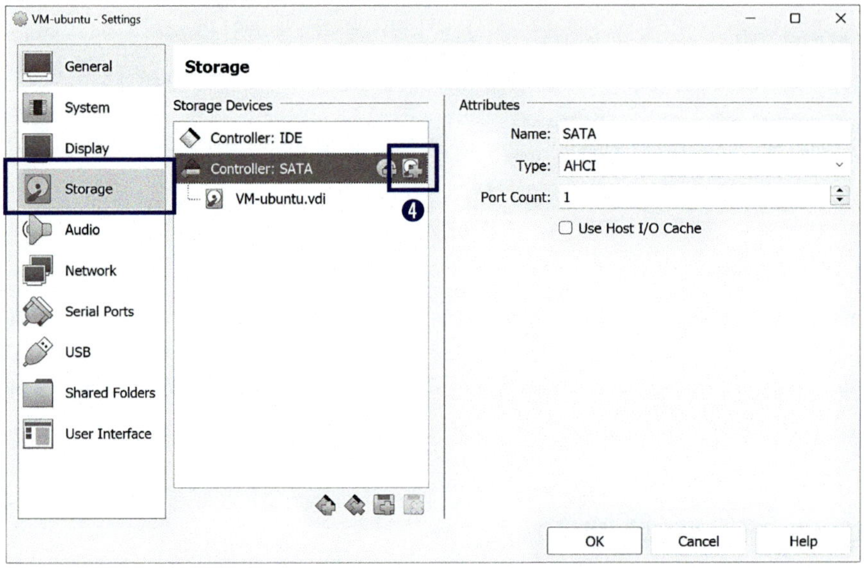

그림 8.02 가상머신의 Storage 설정 화면

VM-ubuntu 가상머신의 Medium Selector 화면이 보인다(그림 8.03). Attached 영역에는 현재 가상머신에 부착된 가상 하드 디스크가 보인다(❶). 새로운 가상 하드 디스크를 생성하기 위해 Create 버튼을 클릭한다(❷). Add 버튼은 기존의 가상 하드 디스크를 부착하는 것이고, Create 버튼은 새로운 가상 하드 디스크를 생성하여 가상머신에 부착하는 것이다.

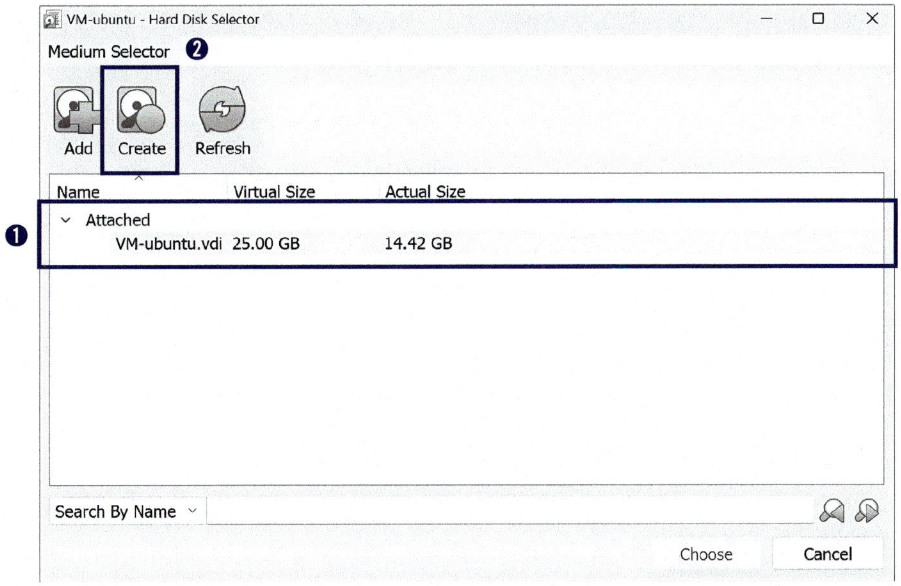

그림 8.03 가상머신의 Medium Selector 화면

VirtualBox에서 지원하는 하드 디스크 타입을 선택하는 화면이 보인다(그림 8.04). VDI(VirtualBox Disk Image)를 선택한 후(❶), Next 버튼을 누른다(❷).

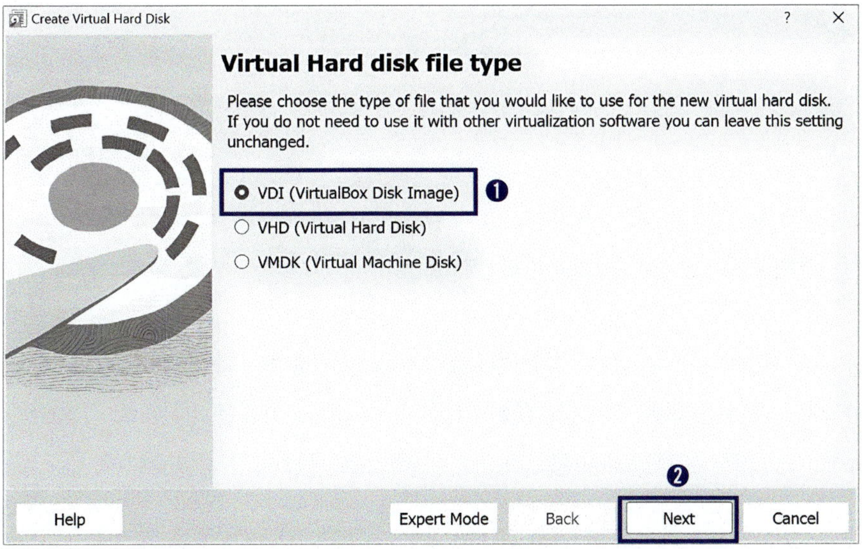

그림 8.04 가상 하드 디스크 타입 선택 화면

가상 하드 디스크 타입에는 VDI, VHD, VMDK가 있고, 실습에서는 VDI를 사용한다. VDI는 VirtualBox에서만 사용 가능한 가상 하드 디스크이다. 이는 해당 가상 하드 디스크를 다른 시스템으로 이동시켜도 그 시스템에서 생성된 VirtualBox 가상머신에서만 사용할 수 있다. VHD는 VirtualBox, Hyper-V, Xen에서 사용 가능한 가상 하드 디스크이다. VMDK는 VirtualBox와 Vmware Player에서 사용할 수 있는 가상 하드 디스크이다. 이러한 가상 하드 디스크 타입은 다른 하이퍼바이저와의 호환성을 위한 기능이다.

다음으로 생성할 가상 하드 디스크 사이즈 할당 방식을 선택한다(그림 8.05). 미리 지정된 크기만큼의 디스크 공간을 할당하여 조각화를 방지하고, I/O 성능을 향상시킬 수 있는 `Pre-allocate Full Size` 체크박스를 선택한다(❶). 디스크 조각화는 파일의 데이터 블록이 연속적으로 쓰이지 않고 디스크의 여러 위치에 흩어질 수 있는데, 이는 파일 접근 속도를 저하시킨다.

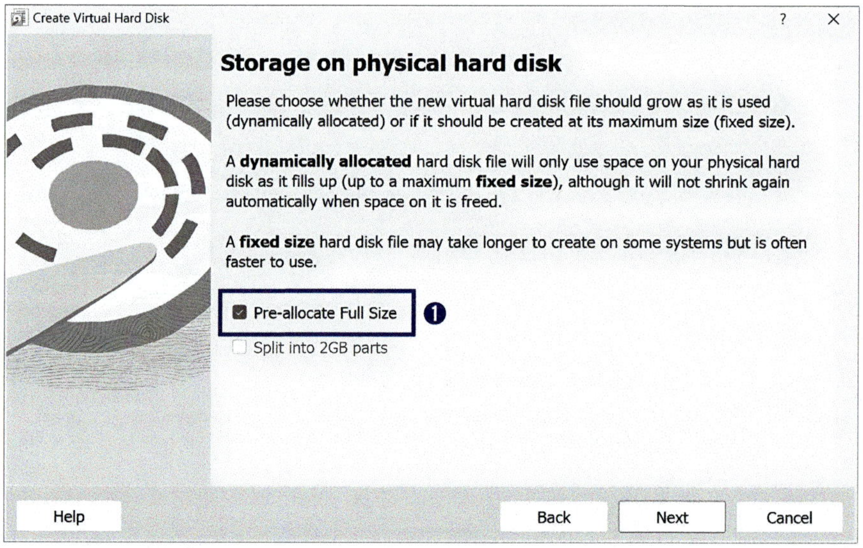

그림 8.05 가상 하드 디스크 공간 할당 방식 선택 화면

가상 하드 디스크의 타입과 크기를 지정한다(그림 8.06). 실습에서는 큰 용량의 데이터를 사용하지 않기 때문에 디스크 크기는 1GB로 지정한다(❶). 가상 하드 디스크 이름은 기본으로 설정되는 이름을 사용한다(❷). `Finish` 버튼을 클릭하여(❸), 가상 하드 디스크 생성 과정을 완료한다.

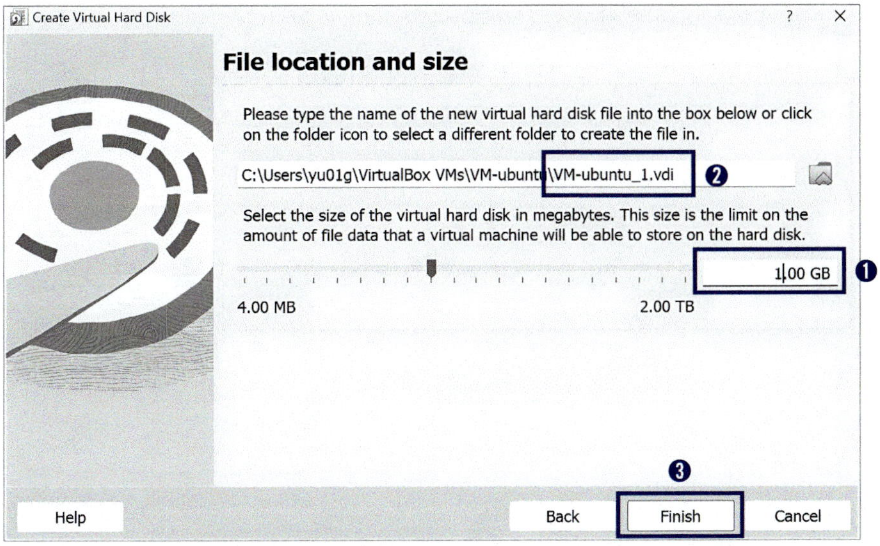

그림 8.06 가상 하드 디스크 크기 설정 화면

VM-ubuntu_1.vdi 가상 하드 디스크가 생성된 것을 볼 수 있다(그림 8.07). 생성한 VM-ubuntu_1.vdi가 Not Attached 영역에 있다(❶). 그 이유는 해당 가상 디스크를 생성만 하고 가상머신에 부착하지 않았기 때문이다. 부착을 위해 VM-ubuntu_1.vdi를 선택한 후 Choose 버튼을 클릭한다(❷).

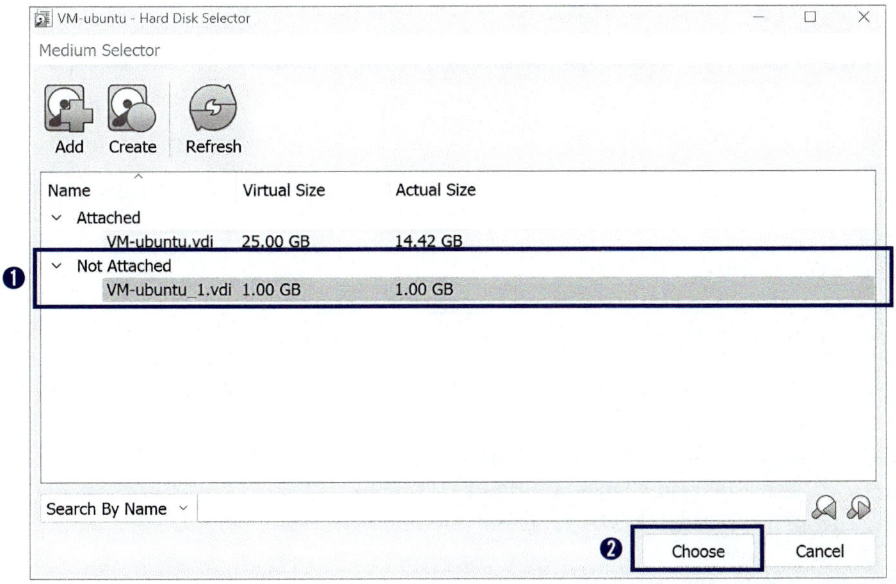

그림 8.07 생성된 VM-ubuntu_1.vdi 가상 하드 디스크

가상 하드 디스크가 가상머신에 정상적으로 부착되었는지 확인한다(그림 8.08). `VM-ubuntu_1.vdi` 디스크가 `Controller: SATA` 아래에 추가된 것을 확인한 후(❶), OK 버튼을 클릭한다(❷).

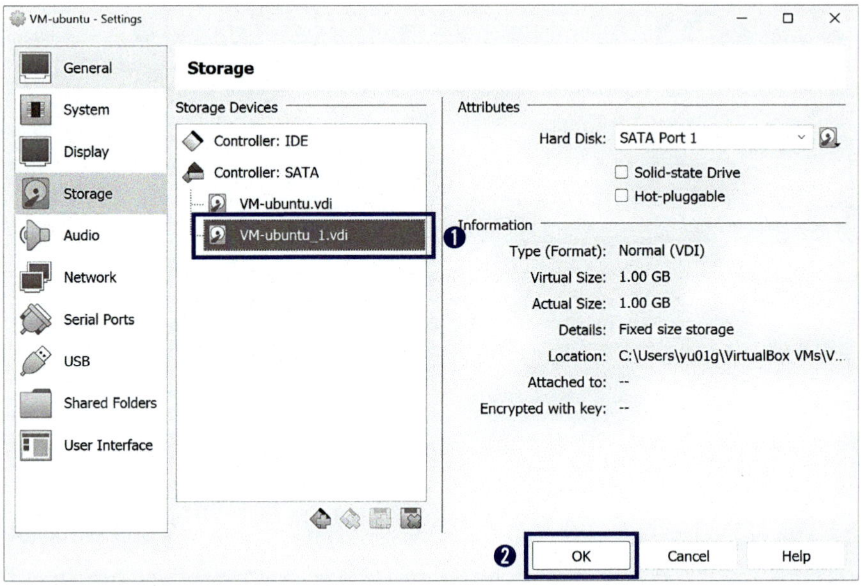

그림 8.08 가상머신에 새로운 가상 하드 디스크 부착

그 후 디스크를 추가한 가상머신을 실행한 후, 터미널에서 시스템의 디스크 및 파티션 상태를 확인한다. 명령 형식은 다음과 같으며, 시스템의 정보 조회 권한을 위해 sudo와 함께 사용한다.

```
sudo fdisk -l
```

위 명령을 입력하면 아래와 같이 다양한 시스템의 디스크와 파티션 정보를 확인할 수 있다.

```
openswr@tux:~$ sudo fdisk -l
Disk /dev/sda: 25 GiB, 26843545600 bytes, 52428800 sectors
Disk model: VBOX HARDDISK
...

Device       Start      End  Sectors  Size Type
/dev/sda1     2048     4095     2048    1M BIOS boot
/dev/sda2     4096  1054719  1050624  513M EFI System
/dev/sda3  1054720 52426751 51372032 24.5G Linux filesystem

Disk /dev/sdb: 1 GiB, 1073741824 bytes, 2097152 sectors
```

```
Disk model: VBOX HARDDISK
Units: sectors of 1 * 512 = 512 bytes
Sector size (logical/physical): 512 bytes / 512 bytes
I/O size (minimum/optimal): 512 bytes / 512 bytes
```

25GiB 크기의 /dev/sda와 1GiB 크기의 /dev/sdb라는 디스크가 존재하고, /dev/sda 디스크는 총 3개의 파티션을 가지고 있다. /dev/sda는 가상머신을 처음 생성할 때 부착한 디스크이고, /dev/sdb는 가상 하드 디스크 추가 과정에서 새로 만든 디스크이다.

fdisk 명령은 디스크 유틸리티에 접속하며, 지정한 디스크를 관리할 수 있는 프롬프트로 전환한다. 명령 형식은 다음과 같다.

```
fdisk [options] <disk>
```

fdisk 명령을 사용하여 새로 부착한 가상 하드 디스크인 /dev/sdb에 파티션을 생성해보자.

```
openswe@tux:~$ sudo fdisk /dev/sdb

Command (m for help): p
Disk /dev/sdb: 1 GiB, 1073741824 bytes, 2097152 sectors
Disk model: VBOX HARDDISK
Units: sectors of 1 * 512 = 512 bytes
Sector size (logical/physical): 512 bytes / 512 bytes
I/O size (minimum/optimal): 512 bytes / 512 bytes
Disklabel type: dos
Disk identifier: 0xe0d72260

Command (m for help):
```

fdisk 명령을 실행하면 커맨드 프롬프트 'Command (m for help):'가 나타난다. 이곳에 디스크 유틸리티 커맨드를 입력하여, 디스크를 관리할 수 있다. 커맨드 프롬프트에 p 커맨드를 입력하면 해당 디스크의 파티션이 할당되었는지 확인할 수 있다. 파티션 정보가 출력되지 않는 것으로 보아, 현재 파티션이 없는 상태인 것을 알 수 있다.

프롬프트에 m 커맨드를 입력하면 사용 가능한 디스크 유틸리티 명령을 확인할 수 있다.

```
Command (m for help): m

Help:
...

  Generic
   d   delete a partition
   F   list free unpartitioned space
   l   list known partition types
   n   add a new partition
   p   print the partition table
   t   change a partition type
   v   verify the partition table
   i   print information about a partition

  Save & Exit
   w   write table to disk and exit
   q   quit without saving changes

...

Command (m for help):
```

n 커맨드는 새로운 파티션을 추가한다. 해당 커맨드를 통해 /dev/sdb 디스크에 새로운 주 파티션을 추가해보자. 마지막에 'Created a new partition' 문구가 출력되면 정상적으로 파티션이 생성되었음을 의미한다.

```
Command (m for help): n
Partition type
   p   primary (0 primary, 0 extended, 4 free)
   e   extended (container for logical partitions)
Select (default p): p
Partition number (1-4, default 1): 1
First sector (2048-2097151, default 2048):
Last sector, +/-sectors or +/-size{K,M,G,T,P} (2048-2097151, default 2097151):

Created a new partition 1 of type 'Linux' and of size 1023 MiB.

Command (m for help):
```

생성할 파티션 타입은 주 파티션, 확장 파티션, 논리 파티션으로, 각각 'p', 'e', 'l'로 선택한다. 파티션 타입을 선택하는 프롬프트인 'Select (default p):'에서는 주 파티션을 의미하는 'p'를 입력한다.

파티션 번호는 1부터 4까지 선택 가능하며, 여기서는 '1'을 선택한다. First sector와 Last sector는 [Enter]키를 입력하여 기본 값으로 주었다. 파티션 크기는 Last sector로 결정하고, Last sector를 지정하지 않으면 디스크의 남은 공간을 파티션 크기로 할당한다. '+sectors or +size{K,M,G,T,P}'부분에서 알 수 있듯이 파티션 크기는 +100m와 같은 방식으로도 지정이 가능하다.

p 커맨드로 파티션이 생성되었는지 확인해보자.

```
Command (m for help): p
Disk /dev/sdb: 1 GiB, 1073741824 bytes, 2097152 sectors
...

Device     Boot Start     End Sectors  Size Id Type
/dev/sdb1        2048 2097151 2095104 1023M 83 Linux

Command (m for help):
```

p 커맨드로 확인할 수 있는 파티션 정보는 다음과 같다.

- **Device** : 파티션의 디바이스 이름이다. (예: /dev/sdb1).
- **Boot Start, End** : 부팅 가능한 파티션의 시작과 끝 섹터 번호이다.
- **Sectors** : 파티션에 포함된 총 섹터 수이다.
- **Size** : 파티션의 크기이다. (예: 1023M)
- **Id** : 파티션 유형 식별자이다. (예: 83은 Linux 파일 시스템)
- **Type** : 파티션 유형의 이름이다. (예: Linux, Linux swap)

새로 만든 파티션은 /dev/sdb1으로, 1GiB인 /dev/sdb 디스크 중 1023MiB 공간을 할당 받았다. 1023MiB는 거의 1GiB로 디스크 전체 공간을 하나의 파티션 공간을 만든 것이다.

생성한 파티션 타입을 Linux에서 다른 타입으로 바꾼다. 파티션 타입 변경을 위해 t 커맨드를 입력한다. 이후 l(L의 소문자) 입력하여, fdisk에서 지원하는 파티션 타입과 그에 해당하는 코드 목록을 확인한다. fdisk에서 지원하는 파티션 타입을 자세히 알지 못할 때는 l 커맨드로 확인하면 된다.

```
Command (m for help): t
Selected partition 1
Hex code or alias (type L to list all): l

...
02 XENIX root 39 Plan 9          83 Linux      c4 DRDOS/sec (FAT-
...
08 AIX        4e QNX4.x 2nd part 8e Linux LVM  df BootIt

Hex code or alias (type L to list all):
```

이제 Linux LVM으로 파티션 타입을 변경해보자. 'Hex code or alias (type L to list all):' 프롬프트에 앞서 확인한 Linux LVM의 코드 값 '8e'를 입력한다. 파티션 타입 변경이 완료되면 'Changed type of partition 'Linux' to 'Linux LVM'' 문구가 출력된다.

```
Hex code or alias (type L to list all): 8e
Changed type of partition 'Linux' to 'Linux LVM'.

Command (m for help):
```

w 커맨드를 입력하여 지금까지 진행했던 파티션 설정을 저장하고 fdisk 유틸리티를 종료해보자.

```
Command (m for help): w
The partition table has been altered.
Calling ioctl() to re-read partition table.
Syncing disks.

opensw@tux:~$
```

fdisk 유틸리티에서 작업한 내용은 w 커맨드로 저장하지 않으면 디스크에 반영되지 않기 때문에, 설정을 완료했다면 반드시 w 커맨드로 저장해야 한다는 것을 기억하자.

이제 파티션에 데이터를 저장할 수 있도록 파일 시스템을 적용해보자. mkfs 명령은 디스크나 파티션을 특정 파일 시스템으로 포맷한다. 명령 형식은 다음과 같다.

```
mkfs -t <fs> <device>
```

-t 옵션은 파일 시스템(<fs>)을 지정한다는 옵션으로, -t 옵션을 사용하지 않으면 디폴트 파일 시스템

인 ext2로 포맷된다. mkfs 명령을 사용하여 /dev/sdb1 파티션의 파일 시스템을 ext4로 포맷한다. 여기서 포맷(Format)이란 파일 시스템을 적용한다는 의미이다.

```
openswm@tux:~$ sudo mkfs -t ext4 /dev/sdb1
mke2fs 1.46.5 (30-Dec-2021)
Creating filesystem with 261888 4k blocks and 65536 inodes
...

Allocating group tables: done
Writing inode tables: done
Creating journal (4096 blocks): done
Writing superblocks and filesystem accounting information: done

openswm@tux:~$
```

8.2.3. 리눅스 파일 시스템 명령어

이제 리눅스의 파일 시스템을 다룰 때 사용하는 다양한 명령어를 학습한다.

dd 명령은 지정한 파일을 복사하거나 변환한다. 명령 형식은 다음과 같다(테이블 8.01).

```
dd if=<file> of=<file> bs=<bytes>
```

테이블 8.01 dd 명령의 if, of, bs 옵션 의미

옵션	의미
if=<file>	표준 입력을 대신하여 dd 명령이 읽을 파일
of=<file>	표준 출력을 대신하여 dd 명령이 쓰여질 파일
bs=<bytes>	한 번에 읽거나 쓸 수 있는 최대 바이트 크기 (기본 512B)

dd 명령은 주로 디스크의 읽기/쓰기 성능 테스트, 파일 복사, 부팅 디스크 제작 시 사용된다. 성능 테스트는 디스크의 데이터 읽기/쓰기 속도를 측정하는 테스트를 의미한다. 부팅 디스크 제작은 새로운 컴퓨터에 운영체제를 설치하기 위해 USB와 같은 장치를 운영체제 설치 디스크로 만드는 것을 의미한다.

dd 명령을 사용하여 /var/log/syslog.1 파일에 대한 디스크의 읽기 성능 테스트를 진행한다. if 옵션에는 dd 명령이 읽을 파일을, of 옵션에는 빈 경로를 작성한다. 보통 of 옵션에 빈 경로보다 /deb/zero를 사용한다.

```
openswc@tux:~$ sudo dd if=/var/log/syslog.1 of=/dev/zero bs=1440
1128+1 records in
1128+1 records out
1625174 bytes (1.6 MB, 1.5 MiB) copied, 0.037425 s, 43.4 MB/s
```

마지막 출력 라인을 확인하면 성능 테스트의 결과를 파악할 수 있다. 총 1.6MB 크기의 파일(1625174 bytes (1.6 MB, 1.5 MiB) copied)을 1440 바이트로 읽었을 때(bs=1440), 43.4MB/s 속도를 내는 것(43.4 MB/s)을 확인할 수 있다.

du 명령은 디스크 사용 현황을 출력한다. 명령 형식은 다음과 같다.

du [options] [file]

[file]을 지정하지 않으면 현재 작업 디렉터리가 사용하는 디스크 사용 현황을 출력한다. [option]은 디스크 사용량 출력 범위를 결정하거나 출력 형식을 변경한다(테이블 8.02).

테이블 8.02 du 명령의 다양한 옵션

옵션	의미
-a	지정한 디렉터리 아래에 있는 모든 파일의 디스크 사용량을 출력
-h	사용 현황을 사람이 읽기 쉬운 표기 방식으로 출력
-s	지정한 디렉터리가 사용한 디스크 사용량만 출력

du 명령을 사용하는 방법을 간단하게 실습한다. 먼저 각 옵션 별 차이점을 확인하기 위해, 파일이 많이 저장되어 있는 /var 디렉터리로 이동한다.

```
openswc@tux:/var$ cd /var
```

-ah 옵션을 이용하여 현재 디렉터리에 있는 각 파일이 차지하는 디스크 사용량을 출력하고, 마지막에는 각 파일의 사용량의 총 합이 보여진다.

```
openswm@tux:/var$ sudo du -ah
...
36K ./spool
4.0K    ./local
3.5G    .
openswm@tux:/var$
```

-hs 옵션을 사용하면 현재 디렉터리가 사용한 총 디스크 사용량만 출력된다.

```
openswm@tux:~$ sudo du -hs
3.5G    .
openswm@tux:/var$
```

시스템을 운영하다 보면 작업 경로 외에 다른 디렉터리가 사용한 디스크 사용량을 확인하고 싶을 때가 있다. 이런 상황에서는 -hs 옵션과 특정 디렉터리 경로를 함께 사용하여 확인할 수 있다.

```
openswm@tux:/var$ sudo du -hs /home
157M    /home
openswm@tux:/var$
```

df 명령은 시스템에 마운트된 파일 시스템과 디스크 사용량을 출력한다. 사용량은 1024 바이트의 블록 단위로 출력되어 볼 수 있다. 명령 형식은 다음과 같다.

df [options] [fs]

-h 옵션은 df 명령에서 자주 사용하는 옵션으로, 디스크 사용 현황을 사람이 읽기 쉬운 표기 방식으로 출력한다. df 명령을 옵션 없이 사용하면 블록 단위로 파일 시스템의 사용 정보를 출력한다. 출력되는 정보를 통해 각 파일 시스템에 할당된 디스크 공간, 사용한 용량과 남은 용량을 파악할 수 있다.

```
openswm@tux:~$ sudo df
Filesystem     1K-blocks      Used Available Use% Mounted on
tmpfs             200628      1472    199156   1% /run
/dev/sda3       25106692  12305788  11500220  52% /
tmpfs            1003136         0   1003136   0% /dev/shm
tmpfs               5120         4      5116   1% /run/lock
/dev/sda2         524252      6220    518032   2% /boot/efi
vm-share       627100668 116722424 510378244  19% /media/sf_vm-share
```

```
tmpfs              200624      104    200520    1% /run/user/1000
opensw@tux:/var$
```

df 명령으로 확인할 수 있는 항목은 다음과 같다.

- **Filesystem** : 파일 시스템의 이름이다.
- **1K-blocks** : 해당 파일 시스템에 할당된 디스크 공간을 블록 단위로 표현한 것이다.
- **Used** : 바이트로 표현한 디스크 사용량이다.
- **Available** : 바이트로 표현한 남은 디스크 용량이다.
- **Use%** : 퍼센트로 표현한 디스크 사용량이다.
- **Mounted on** : 해당 파일 시스템과 연결된 디렉터리(마운팅 포인트)이다.

-h 옵션을 함께 사용하지 않으면, 파일 시스템에 할당된 디스크 공간(1K-blocks)과 디스크 사용량(Used)을 한 눈에 알아볼 수 없는 문제가 존재한다.

앞서 확인한 디스크 현황을 -h 옵션을 사용하여 사람이 읽기 쉬운 단위로 변환하여 정보를 출력한다.

```
opensw@tux:~$ sudo df -h
Filesystem      Size  Used Avail Use% Mounted on
tmpfs           196M  1.5M  195M   1% /run
/dev/sda3        24G   12G   11G  52% /
tmpfs           980M     0  980M   0% /dev/shm
tmpfs           5.0M  4.0K  5.0M   1% /run/lock
/dev/sda2       512M  6.1M  506M   2% /boot/efi
vm-share        599G  112G  487G  19% /media/sf_vm-share
tmpfs           196M  104K  196M   1% /run/user/1000
opensw@tux:/var$
```

fsck 명령은 파일 시스템을 검사하고 발생한 오류를 수정하는 데 사용되는 파일 시스템 검사 도구이다. 명령 형식은 다음과 같다.

```
fsck [option] <file-system>
```

리눅스는 부팅 시 자동으로 파일 시스템을 검사한다. 이는 머신이 부팅될 때 실행되는 부팅 스크립트에 fsck 명령을 실행하도록 설정되어 있기 때문이다. 만일 복구 중에 디렉터리가 참조하지 않는 inode

나 손상된 파일이 있으면, /lost+found 디렉터리에 보관한다.

fsck 명령을 사용하여 /dev/sdb1의 파일 시스템을 검사해보자. -V 옵션을 사용하면 검사 결과를 상세하게 확인할 수 있다.

```
opensw@tux:~$ sudo fsck -V /dev/sdb1
fsck from util-linux 2.37.2
[/usr/sbin/fsck.ext4 -- /dev/sdb1] fsck.ext4 /dev/sdb1
e2fsck 1.46.5 (30-Dec-2021)
/dev/sdb1: clean, 11/65536 files, 8859/261888 blocks
opensw@tux:~$
```

/dev/sdb1의 파일 시스템을 확인하고(/usr/sbin/fsck.ext4), 해당 파일 시스템을 검사할 수 있는 시스템 검사 도구(fsdk.ext4)로 검사하는 것을 확인할 수 있다.

8.2.4. 리눅스 파일 시스템 마운트

리눅스에서 디스크를 추가하면 해당 파일 시스템을 특정 디렉터리에 연결하여 접근할 수 있도록 하는 **마운트**(mount) 과정을 수행해야 한다. 새로운 디스크를 추가하고, mkfs 명령으로 디스크의 파일 시스템을 포맷한 후에, 디스크와 디렉터리를 마운트 해야만 데이터를 저장할 수 있다.

mount 명령으로 지정한 디스크 공간과 리눅스의 디렉터리를 마운트 한다. 명령 형식은 다음과 같다.

```
mount [option] <disk> <mountpoint>
```

<disk>는 컴퓨터에 부착된 디스크를, <mountpoint>는 해당 디스크를 사용할 파일시스템을 의미한다. mount 명령에서 기본 옵션 외에 -o 옵션을 사용하여 세부적인 마운트 설정이 가능하다(테이블 8.03, 테이블 8.04). -o 옵션에서는 부팅 시 마운트 여부, read-only 여부 등의 추가 설정 기능을 지원한다.

테이블 8.03 mount 명령의 다양한 옵션

옵션	의미
-a	fstab 파일에 언급된 모든 파일 시스템을 마운트
-v	자세한 출력 모드
-t <fs>	마운트할 파일 시스템 유형을 명시적으로 지정
-o <option>	세부적인 옵션을 ‘,’로 분리하여 작성

테이블 8.04 -o 옵션에 사용 가능한 다양한 추가 옵션

옵션	의미
auto	부팅 시 자동으로 마운트
noauto	부팅 시 자동으로 마운트하지 않음
ro	마운트한 디렉터리는 read-only만 가능
rw	마운트한 디렉터리는 read/write 모두 가능
user	일반 계정도 마운트할 수 있도록 허용
nouser	root만 마운트 가능하도록 설정
noatime	파일 접근시간 업데이터 해제, 메일 spool이나 로그와 같이 I/O가 많은 파일 시스템에서 유용
remount	이미 마운트된 파일 시스템을 다시 마운트

/dev/sdb1 파티션 공간을 service1, service2, service3라는 서비스를 실행했을 때를 가정하여 이들의 로그 저장소로 만들어 보자. 먼저 로그를 저장할 /home/opensw/log 디렉터리를 생성한 후, service1.log라는 새로운 파일을 생성해보자.

```
opensw@tux:~$ mkdir log
opensw@tux:~$ cd log
opensw@tux:~/log$ touch service1.log
opensw@tux:~/log$ ls -l
total 0
-rw-rw-r-- 1 opensw opensw 0 Apr 12 19:47 service1.log
opensw@tux:~$
```

이제 /dev/sdb1을 /home/opensw/log 디렉터리로 마운트 해보자. /dev/sdb1의 파일 시스템은 현재 ext4으로 포맷되어 있다.

```
opensw@tux:~/log$ sudo mount /dev/sdb1 ~/log
opensw@tux:~/log$ touch service2.log
opensw@tux:~/log$ ls -l
total 0
-rw-rw-r-- 1 opensw opensw 0 Apr 12 19:47 service1.log
-rw-rw-r-- 1 opensw opensw 0 Apr 12 19:48 service2.log
opensw@tux:~/log$
```

mount 명령에서 <disk>에는 /home/opensw/log 디렉터리가 사용할 디스크 공간인 '/dev/sdb1'을 작성한다. <mountpoint>에는 /dev/sdb1 디스크 공간을 사용할 디렉터리를 지정해야 하므로, '/home/opensw/log'를 작성한다.

df -h 명령을 사용하여 마운트가 정상적으로 이루어졌는지 확인해보자.

```
opensw@tux:~/log$ sudo df -h
Filesystem      Size  Used Avail Use% Mounted on
...
vm-share        599G  112G  487G  19% /media/sf_vm-share
tmpfs           196M  104K  196M   1% /run/user/1000
/dev/sdb1       989M  8.0K  922M   1% /home/opensw/log
opensw@tux:~/log$
```

출력된 결과를 보면 'Filesystem' 항목에 /dev/sdb1이 새롭게 생성된 것을 확인할 수 있다. 'Mounted on' 항목에는 /home/opensw/log 디렉터리가 마운트 포인트로 지정된 것을 확인할 수 있다. 결과적으로 /home/opensw/log 디렉터리에 파일을 쓰면 /dev/sdb1 파티션에 저장된다는 것을 알 수 있다.

실제로 /home/opensw/log 디렉터리가 /dev/sdb1 공간을 사용하는지 확인해보자. service3.log 파일에 로그를 생성한 후, df -h 명령을 통해 'Used' 항목에 변화가 생겼는지 확인해보자.

```
opensw@tux:~/log$ cp ~/.bash_history service3.log
opensw@tux:~/log$ ls -l
total 4
-rw-rw-r-- 1 opensw opensw    0 Apr 12 19:47 service1.log
-rw-rw-r-- 1 opensw opensw    0 Apr 12 19:48 service2.log
-rw------- 1 opensw opensw 3783 Apr 12 19:51 service3.log
opensw@tux:~/log$
opensw@tux:~/log$ df -h
Filesystem      Size  Used Avail Use% Mounted on
...
/dev/sdb1       989M   12K  922M   1% /home/opensw/log
opensw@tux:~/log$
```

service3.log 파일을 생성하기 전에는 /dev/sdb1을 8.0K만큼 사용했고, 파일 생성 후에는 12K만큼 사용했다. 이는 생성된 service3.log 파일이 /dev/sdb1의 디스크 공간에 저장되었음을 의미한다. 이로써 해당 파일 시스템에 새로운 데이터가 생성되면, 그 데이터는 파일 시스템과 마운트된 디스크에 저장된다는 것을 확인하였다.

Windows 기반의 데스크탑 환경에서 USB를 사용하는 것을 상상해보자. USB를 PC에 연결하여 파일탐색기에 USB 드라이브 폴더를 통해 내용을 확인할 수 있는 것이 리눅스에서 마운트라고 한다면, 안전하게 제거하기 기능을 사용하여 파일 시스템을 해제하는 것은 **언마운트(Unmount)**라고 할 수 있다.

언마운트는 마운트된 파일 시스템을 분리하여 더 이상 해당 파일 시스템에 접근하지 않도록 하는 과정이다. 이 작업은 리눅스에서 umount 명령을 사용하여 수행된다. 언마운트는 파일 시스템을 안전하게 제거하고 데이터 손상을 방지하기 위해 중요하다. 명령 형식은 다음과 같다.

```
umount <disk>
```

/dev/sdb1가 마운트된 /home/opensw/log 디렉터리에서 작업 중이라면 다른 디렉터리로 이동 후 umount 명령을 실행하고 정상적으로 해제되는지 확인해보자.

```
opensw@tux:~/log$ cd
opensw@tux:~$ sudo umount /dev/sdb1
opensw@tux:~$ df -h
Filesystem      Size  Used Avail Use% Mounted on
...
tmpfs           196M  104K  196M   1% /run/user/1000
opensw@tux:~$
```

/deb/sdb1에 대한 마운트를 해제한 후 df -h 명령으로 확인하면, /dev/sdb1가 삭제된 것을 알 수 있다. 이는 마운트가 정상적으로 해제되었음을 의미한다.

리눅스에서는 mount 명령으로 마운트된 디스크는 시스템 재부팅 시 마운트가 해제된다. 재부팅 후에도 마운트를 유지하는 방법에 대해 알아보자. 먼저, 재부팅 후에도 마운트를 유지하는 두 가지 방법은 아래와 같다.

1. umount 명령으로 마운트 해제 후, -o auto 옵션을 사용하여 다시 마운트.
2. /etc/fstab 파일에 mount 명령으로 생성한 마운트의 정보를 삽입.

첫 번째 방법은 mount 명령 수행 시 <option> 위치에 -o auto를 추가하면 된다. unmount 실습을 통해 /dev/sdb1이 언마운트된 상태이므로 다음과 같이 mount 명령을 수행하여 재부팅 후에도 마운트 상태를 유지할 수 있다.

```
openswd@tux:~/log$ sudo mount -o auto /dev/sdb1 ~/log
```

두 번째 방법은 mount 명령의 옵션이 아니라 /etc/fstab 파일을 사용한다. /etc/fstab 파일은 파일 시스템의 자동 마운트 설정을 관리하는 구성 파일이다. 시스템이 부팅될 때 이 파일에 지정된 파일 시스템이 자동으로 마운트 된다.

먼저 /dev/sdb1 마운트를 해제하고, 별도의 옵션 없이 일반적인 마운트를 진행한다.

```
opensw@tux:~/log$ sudo umount /dev/sdb1
opensw@tux:~/log$ sudo mount /dev/sdb1 ~/log
```

이후 vi로 /etc/fstab 파일을 연다.

```
opensw@tux:~/log$ sudo vi /etc/fstab
```

UUID 행 아래에 '/dev/sdb1 /home/opensw/log ext4 defaults 0 0'을 삽입한다.

```
# <file system> <mount point> <type> <options> <dump> <pass>
...

UUID=cd9b86b5-5fba-45b9-83dc-fe048f36f776   /   ext4   errors=remount-ro   0   1

/dev/sdb1  /home/opensw/log  ext4  defaults   0  0
```

/etc/fstab 파일 내 주석 중 '# <file system> <mount point> <type> <options> <dump> <pass>'을 통해 각 항목이 무엇을 의미하는지 알 수 있다.

만약 /etc/fstab 파일에 설정한 마운트를 해제해야 한다면, /etc/fstab 파일에 작성한 내용도 반드시 삭제해야 한다. /etc/fstab 파일에서 해당 내용을 삭제하지 않고 언마운트를 수행하면 'target is busy' 문구가 출력되면서 언마운트에 실패하게 된다.

```
opensw@tux:~/log$ sudo umount /dev/sdb1
umount: /home/opensw/log: target is busy.
opensw@tux:~/log$
```

이는 해당 디렉터리가 사용 중인 상태라서 마운트 해제가 불가능하다는 것을 보여준다.

8.3 LVM 설정과 관리

이번 절에서는 물리적 스토리지를 효율적으로 관리하기 위한 LVM에 대해서 알아본다. LVM의 정의와 이를 위해 사용되는 다양한 용어 및 명령어를 학습한다.

8.3.1. LVM의 정의

LVM(Logical Volume Manager)는 논리 볼륨 관리자라는 뜻으로, 이름에서 알 수 있듯이 저장 장치를 파티션이 아닌 논리 볼륨으로 할당한다. 이를 통해 파티션으로 할당하는 것보다 디스크를 유연하게 사용할 수 있도록 관리한다.

LVM을 활용하면 기존에 활용하지 못하고 있던 스토리지 내의 남는 공간을 모아 연결하여 하나의 볼륨처럼 사용할 수 있어 저장 공간을 보다 효율적으로 다룰 수 있도록 도와준다(그림 8.09).

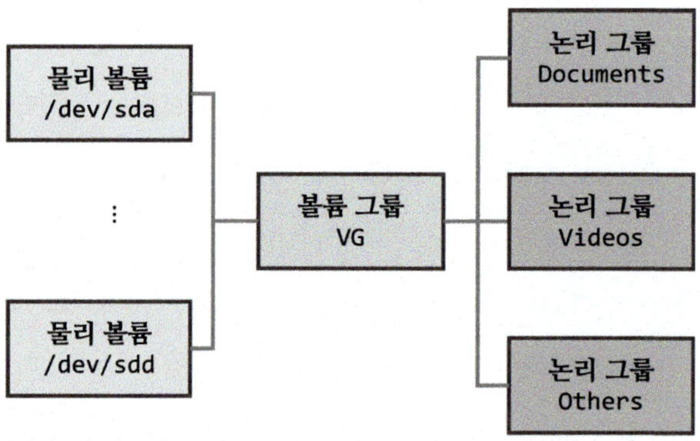

그림 8.09 물리 볼륨과 논리 볼륨

LVM에서 사용하는 5가지 용어로는 PV, PE, VG, LV, LE가 있다. 하나의 VG를 2개의 LV로 나눈 예제를 통해 각 LVM 용어 및 관계를 이해한다(그림 8.10).

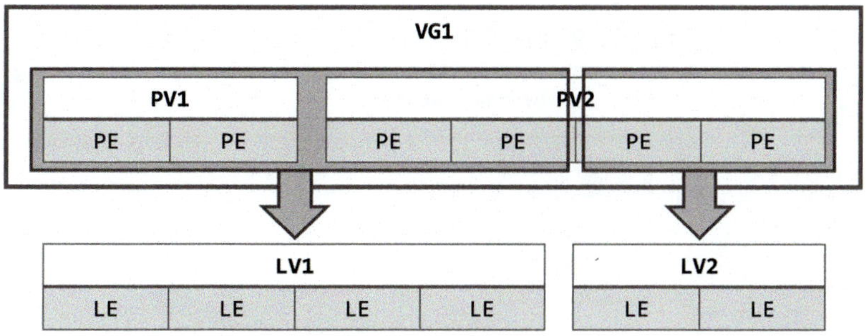

그림 8.10 VG에서 구성된 2개의 LV

그림 8.10에서 사용된 각 용어에 대한 설명은 다음과 같다.

- **PV(Physical Volume)** : 하드 디스크와 같은 블록 장치(블록 단위로 접근 하는 스토리지)를 LVM에서 사용할 수 있게 변환한 것을 말하며, PV는 최소단위인 PE로 구성되어 있다.
- **PE(Physical Extent)** : PV를 구성하는 일정한 블록이다. LVM에서는 기본 PE 크기가 4MB이다.
- **VG(Volume Group)** : PV를 합쳐서 만든 그룹이다.
- **LV(Logical Volume)** : 사용자가 최종적으로 다루게 되는 논리 볼륨이다.
- **LE(Logical Extent)** : LV를 구성하는 일정한 블록이다. LVM에서 PE와 동일하게 기본 크기가 4MB이다.

8.3.2. LVM 생성

LV을 시스템에서 파일 시스템처럼 사용하기 위해 PV 생성부터 LV를 마운트하는 일련의 과정이 필요하다(그림 8.11). LVM 생성 과정에 해당하는 실습을 진행하면서 각 과정에서 어떤 명령을 사용하는지 알아보자.

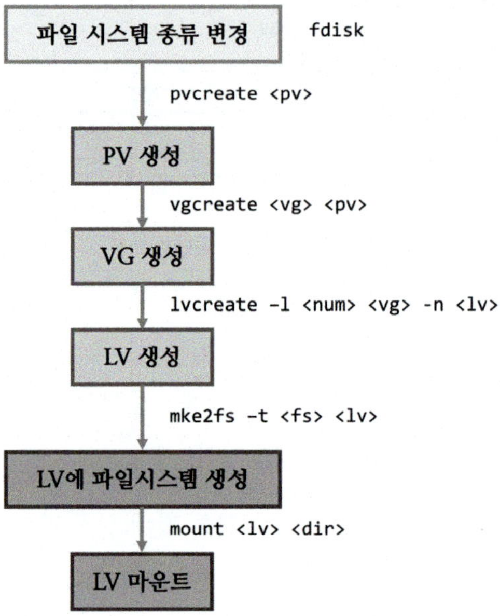

그림 8.11 LV 생성 과정

LVM 작업을 통해 1GB 크기의 /dev/sdb와 /dev/sdc 디스크를 하나의 논리 볼륨으로 설정한다(그림 8.12). 이는 독립적인 2개의 디스크를 1개의 디스크처럼 사용할 수 있도록 한다.

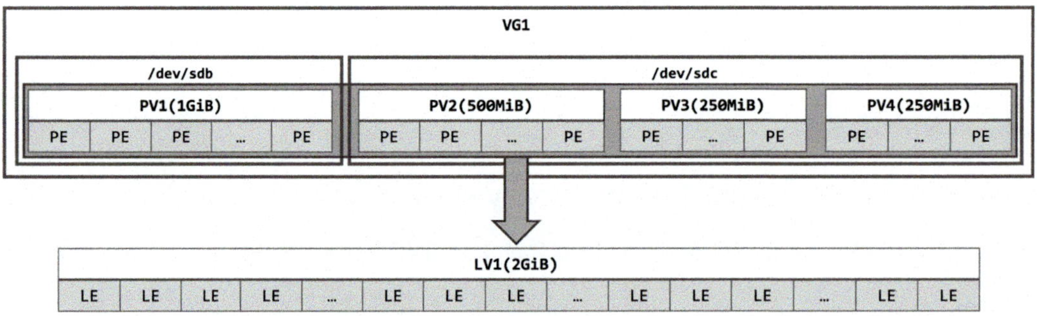

그림 8.12 /dev/sdb와 /dev/sdc 디스크를 이용한 LV 생성

예를 들어 2GB의 데이터를 저장한다고 할 때, LV를 생성 이전에는 1GB씩 나누어 각 디스크에 저장하는 방법을 사용해야 한다. 각 디스크의 공간을 합쳐 하나의 논리 볼륨을 생성한 이후에는 데이터 분할 작업 없이 2GB 데이터를 바로 저장할 수 있다. 이렇듯 LVM은 서로 분리된 디스크 공간을 논리적으로 하나의 공간으로 만들어 효율적인 데이터 저장이 가능하도록 하는 기술이다.

우선 LVM 작업을 위해 필요한 lvm2 패키지를 설치한다. lvm2는 LMV 작업에 필요한 기능을 지원한다.

```
opensw@tux:~$ sudo apt install -y lvm2
```

LVM 설정 중 잘못된 조작으로 인한 해당 디스크 내 데이터 유실이 발생할 수 있다. 만일의 상황을 대비하여 시스템 구동의 핵심 디스크인 /dev/sda에서 작업하지 않고, 새로운 가상 하드 디스크를 추가하여 LVM 실습을 진행한다.

LVM 실습을 위해 가상머신에 1GB 크기의 VM-ubntu_2.vdi 가상 하드 디스크를 생성한 후 부착한다(❶)(그림 8.13).

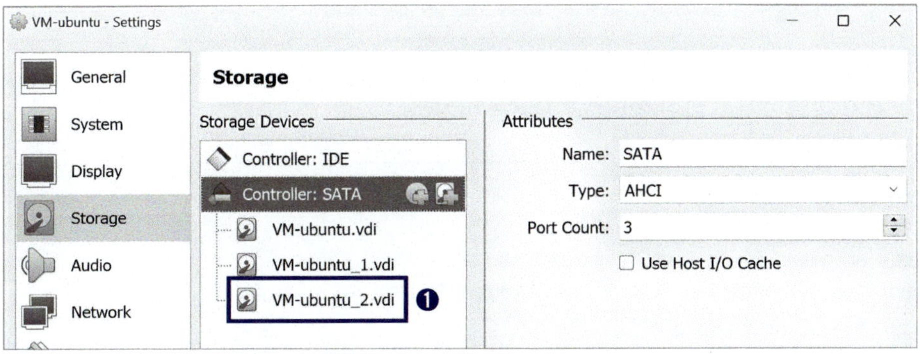

그림 8.13 1GB의 새로운 가상 하드 디스크 추가

가상머신을 실행하고 터미널을 연다. /dev 디렉터리에서 그림 8.13에서 추가한 가상 하드 디스크의 이름을 확인한다. 기존에 /dev/sda와 /dev/sdb가 부착되어 있었으므로, 알파벳 순으로 /dev/sdc로 이름이 지어진 것을 확인할 수 있다.

```
opensw@tux:~$ ls /dev/sd*
/dev/sda  /dev/sda1  /dev/sda2  /dev/sda3  /dev/sdb  /dev/sdb1  /dev/sdc
opensw@tux:~$
```

이제 fdisk 유틸리티를 사용하여 /dev/sdc에 첫 번째 파티션을 생성한다. 크기는 500M으로 할당한다.

```
opensw@tux:~$ sudo fdisk /dev/sdc

Command (m for help): n
Partition type
   p   primary (0 primary, 0 extended, 4 free)
   e   extended (container for logical partitions)
Select (default p): p
Partition number (1-4, default 1): 1
First sector (2048-2097151, default 2048):
Last sector, +/-sectors or +/-size{K,M,G,T,P} (2048-2097151, default 2097151): +500M

Created a new partition 1 of type 'Linux' and of size 500 MiB.

Command (m for help):
```

다음으로 생성한 파티션의 타입을 Linux LVM로 변경한다.

```
Command (m for help): t
Selected partition 1
Hex code or alias (type L to list all): 8e
Changed type of partition 'Linux' to 'Linux LVM'.

Command (m for help):
```

다시 n 커맨드를 실행하여 250M 크기의 Linux LVM 타입 파티션을 2개 더 생성한다. 다음은 두 번째 파티션 생성 과정이다.

```
Command (m for help): n

Partition type
   p   primary (1 primary, 0 extended, 3 free)
   e   extended (container for logical partitions)
Select (default p): p
Partition number (2-4, default 2): 2
First sector (1026048-2097151, default 1026048):
Last sector, +/-sectors or +/-size{K,M,G,T,P} (1026048-2097151, default 2097151): +250M

Created a new partition 2 of type 'Linux' and of size 250 MiB.
```

```
Command (m for help): t
Partition number (1,2, default 2): 2
Hex code or alias (type L to list all): 8e

Changed type of partition 'Linux' to 'Linux LVM'.

Command (m for help):
```

다음은 세 번째 파티션 생성 과정이다.

```
Command (m for help): n
Partition type
   p   primary (2 primary, 0 extended, 2 free)
   e   extended (container for logical partitions)
Select (default p): p
Partition number (3,4, default 3): 3
First sector (1538048-2097151, default 1538048):
Last sector, +/-sectors or +/-size{K,M,G,T,P} (1538048-2097151, default 2097151): +250M

Created a new partition 3 of type 'Linux' and of size 250 MiB.

Command (m for help): t
Partition number (1-3, default 3): 3
Hex code or alias (type L to list all): 8e

Changed type of partition 'Linux' to 'Linux LVM'.

Command (m for help):
```

각 파티션의 크기가 500M, 250M, 250M인지 확인하고, 모든 파티션 타입이 Linux LVM인지 확인한다.

```
Command (m for help): p
Disk /dev/sdc: 1 GiB, 1073741824 bytes, 2097152 sectors
Disk model: VBOX HARDDISK
...

Device     Boot   Start     End Sectors  Size Id Type
/dev/sdc1          2048 1026047 1024000  500M 8e Linux LVM
/dev/sdc2       1026048 1538047  512000  250M 8e Linux LVM
/dev/sdc3       1538048 2050047  512000  250M 8e Linux LVM

Command (m for help):
```

w 커맨드로 지금까지의 디스크 설정을 저장하여 fdisk 유틸리티를 종료한다.

```
Command (m for help): w
The partition table has been altered.
Calling ioctl() to re-read partition table.
Syncing disks.

opensw@tux:~$
```

fdisk -l 명령으로 /dev/sdc에 대한 3개 파티션이 정상적으로 생성되었는지 다시 한 번 확인한다.

```
opensw@tux:~$ sudo fdisk -l /dev/sdc
Device     Boot   Start     End Sectors  Size Id Type
/dev/sdc1          2048 1026047 1024000  500M 8e Linux LVM
/dev/sdc2       1026048 1538047  512000  250M 8e Linux LVM
/dev/sdc3       1538048 2050047  512000  250M 8e Linux LVM
opensw@tux:~$
```

이제 각 파티션의 파일 시스템 종류를 변경하는 과정을 진행한다. mkfs -t 명령을 사용하여, /dev/sdc의 모든 파티션을 ext4으로 포맷한다.

```
opensw@tux:~$ sudo mkfs -t ext4 /dev/sdc1
opensw@tux:~$ sudo mkfs -t ext4 /dev/sdc2
opensw@tux:~$ sudo mkfs -t ext4 /dev/sdc3
```

LVM에 사용할 또 다른 디스크는 /dev/sdb이다. 해당 디스크는 앞서 fdisk 명령 실습 시 1GB 크기의 Linux LVM 파티션을 생성하였다. 해당 파티션 크기 및 타입을 다시 한 번 확인한다. 그 후 /dev/sdb1의 파일 시스템을 ext4로 포맷한다.

```
opensw@tux:~$ sudo fdisk -l /dev/sdb
Device     Boot Start     End Sectors  Size Id Type
/dev/sdb1        2048 2097151 2095104 1023M 8e Linux LVM
opensw@tux:~$
opensw@tux:~$ sudo mkfs -t ext4 /dev/sdb1
mke2fs 1.46.5 (30-Dec-2021)
/dev/sdb1 contains a ext4 file system
    last mounted on /home/opensw/log on Fri Apr 12 19:35:24 2024
```

```
Proceed anyway? (y,N) y
opensw@tux:~$
```

'Proceed anyway?'는 포맷 시 이미 존재하는 파일 시스템이 있음에도 계속 진행할 것인지 시스템에서 확인하는 문구이다. 이는 사용자의 의도치 않은 포맷으로 인한 데이터 유실을 방지하기 위함이다.

이제 LV를 생성하는 과정을 진행해보자. 먼저, pvcreate 명령으로 파티션을 LVM에서 사용할 수 있도록 PV로 변환하는 작업을 진행한다. 이 과정을 통해 특정 디스크 공간을 PV로 변환된다. 명령 형식은 다음과 같다.

```
pvcreate <partition>
```

<partition>에는 PV로 변환할 파티션을 작성한다. 앞서 언급한 파티션 모두 LVM 에서 사용할 것이므로 /dev/sdb1, /dev/sdc1, /dev/sdc2, /dev/sdc3 파티션을 모두 PV로 변환한다.

```
opensw@tux:~$ sudo pvcreate /dev/sdb1
  Physical volume "/dev/sdb1" successfully created.
opensw@tux:~$ sudo pvcreate /dev/sdc1
  Physical volume "/dev/sdc1" successfully created.
opensw@tux:~$ sudo pvcreate /dev/sdc2
  Physical volume "/dev/sdc2" successfully created.
opensw@tux:~$ sudo pvcreate /dev/sdc3
  Physical volume "/dev/sdc3" successfully created.
opensw@tux:~$
```

'Physical volume "/dev/sdc3" successfully created.' 문구가 출력되면, 성공적으로 PV로의 변경환이 완료되었다는 것을 의미한다.

pvscan 명령은 생성된 PV를 확인한다.

```
opensw@tux:~$ sudo pvscan
  PV /dev/sdb1                    lvm2 [1023.00 MiB]
  PV /dev/sdc1                    lvm2 [508.00 MiB]
  PV /dev/sdc2                    lvm2 [258.00 MiB]
  PV /dev/sdc3                    lvm2 [258.00 MiB]
  Total: 4 [<1.98 GiB] / in use: 0 [0   ] / in no VG: 4 [<1.98 GiB]
opensw@tux:~$
```

PV로 변환된 파티션과 PV의 크기를 알 수 있다. PV 크기는 PV로 변환된 파티션 크기를 따라간다. 각 PV 별 정보가 출력된 다음에는 시스템에 생성된 PV의 통계 정보를 볼 수 있다. 'Total: 4 [<1.98 GiB] / in use: 0 [0   ] / in no VG: 4 [<1.98 GiB]'의 의미는 다음과 같다.

- **Total : 4 [<1.98GiB]** : 생성된 PV의 총 개수와 크기이다. 현재 리눅스 시스템에 4개의 PV가 생성되었고 총 1.98GiB 크기임을 의미한다.
- **in use : 0 [0   ]** : 사용된 PV의 개수와 크기이다. 현재는 리눅스에서 사용 중인 PV가 없음을 의미한다.
- **in no VG : 4 [<1.98GiB]** : 사용되지 않은 PV로 생성 가능한 최대 VG 개수를 의미한다. 이는 각 PV를 서로 다른 VG로 만드는 경우를 기준으로 한다.

4개의 파티션을 LVM에서 사용 가능하도록 PV로 변환하였으니, PV들을 하나의 그룹으로 묶어 관리할 수 있도록 하나의 VG로 만든다. vgcreate 명령은 새로운 VG를 생성한다. 명령 구조는 다음과 같다.

```
vgcreate <vg> <pv>
```

<vg>는 새로 생성할 VG의 이름을 지정한다. <pv>에는 생성할 VG에 포함할 PV를 작성한다. 실습에서는 /dev/sdb1, /dev/sdc1, /dev/sdc2, /dev/sdc3를 merge_VG 라는 하나의 VG로 생성한다.

```
opensw@tux:~$ sudo vgcreate merge_VG /dev/sdb1 /dev/sdc1 /dev/sdc2 /dev/sdc3
  Volume group "merge_VG" successfully created
opensw@tux:~$
```

vgdisplay 명령으로 시스템에 생성된 VG를 확인한다. 명령 형식은 다음과 같다.

```
vgdisplay [option] [vg]
```

옵션 없이 사용하면 생성된 모든 VG를 확인한다. [vg]는 확인하려는 VG 이름을 작성한다. -v 옵션까지 사용하면 더 자세한 정보를 볼 수 있다. vgdisplay -v 명령으로 merge_VG의 정보와 해당 VG에 속한 PV 정보를 확인한다.

```
opensww@tux:~$ sudo vgdisplay -v merge_VG
  --- Volume group ---
  VG Name               merge_VG
  Format                lvm2
  VG Size               1.96 GiB
  PE Size               4.00 MiB
  Total PE              503
  Alloc PE / Size       0 / 0
  Free  PE / Size       503 / 1.96 GiB
  VG UUID               6nN8ld-3HTn-g03Y-srN0-CleX-AP6x-ipfJmC

  --- Physical volumes ---
  PV Name               /dev/sdb1
  PV UUID               h4tX08-BdOV-KqrN-UjmU-81vo-KQ0n-YCbgnA
  PV Status             allocatable
  Total PE / Free PE    255 / 255
...

  PV Name               /dev/sdc3
  PV UUID               LRDRpx-cGGh-1rrq-wOHx-lbqy-dQdn-k1uqzA
  PV Status             allocatable
  Total PE / Free PE    62 / 62
openswe@tux:~$
```

merge_VG의 정보는 'Volume group'에서 확인할 수 있다. VG 크기는 1.96GiB이고(VG Size), PE 크기는 4.00MiB에(PE Size), merge_VG에 포함된 PE 개수는 503개(Total PE)이다. 앞서 PE는 기본적으로 4MB로 구성된다고 하였다. VG가 1.96GiB 대략 2GiB(=2000MiB)이므로, 4MiB 크기의 PE가 약 500개가 필요한 것을 알 수 있다. 실제 디스크 공간에는 사용자에게 보여지는 공간 외에 디스크 사용에 필요한 공간 등이 할당되어 있어, 오차가 발생할 수 있다.

이제 lvcreate 명령으로 새로운 LV를 생성한다. 명령 형식은 다음과 같다.

```
lvcreate [option] <vg>
```

<vg>에는 하나의 LV로 묶을 한 개 이상의 VG를 작성한다. 보통 생성할 LV 이름을 지정하는 -n 옵션을 많이 사용한다(테이블 8.05).

테이블 8.05 lvcreate 명령의 다양한 옵션

옵션	의미
-l <num>	PE 개수로 LV 크기 설정(4MiB*<num>으로 계산)
-n <name>	생성할 LV의 이름 설정

merge_VG의 250개의 PE를 사용하여 1GiB 크기의 half-vg-LV라는 LV를 생성한다.

```
opensw@tux:~$ sudo lvcreate -l 250 merge_VG -n half-vg-LV
  Logical volume "half-vg-LV" created.
opensw@tux:~$
```

-l 옵션에는 merge_VG의 총 PE 개수 내에서 정의해야 한다. vgdisplay 명령으로 확인한 PE 개수인 503개 중 1GiB에 해당하는 250개를 입력한다. -n 옵션에는 새로운 LV의 이름인 half-vg-LV를 입력한다.

lvscan 명령으로 생성한 LV를 확인한다.

```
opensw@tux:~$ sudo lvscan
  ACTIVE            '/dev/merge_VG/half-vg-LV' [1008.00 MiB] inherit
opensw@tux:~$
```

'ACTIVE' 문구가 출력되면 해당 LV가 정상적으로 생성되었다는 것을 의미한다. 이때 생성된 LV의 용량을 자세히 살펴보자. 앞서 250개의 PE를 생성했으므로 예상되는 용량은 다음과 같다.

$$250 \times 4\text{MiB} = 1{,}000\text{MiB} = 1\text{GiB}$$

하지만 실제로는 1,008MiB의 LV가 생성된 것을 알 수 있다. 앞서 언급했듯이 LV의 크기는 시스템의 상황에 따라 용량이 약간 다를 수 있는데, 메타데이터와 디스크 배치 최적화 등 여러 요인으로 인해 발생한다. 하지만 이는 LVM의 동작 방식에 따른 자연스러운 결과이다.

이제 lvdisplay 명령으로 생성한 LV의 정보를 확인해보자.

```
openswt@tux:~$ sudo lvdisplay
  --- Logical volume ---
  LV Path                /dev/merge_VG/half-vg-LV (❶)
  LV Name                1gb_LV
  VG Name                merge_VG (❷)
  LV UUID                pyLYxQ-RQyl-IAXU-c8YT-qjh7-42MH-k3bEM3
  LV Write Access        read/write
  LV Creation host, time tux, 2024-04-12 20:49:13 +0900
  LV Status              available
  # open                 0
  LV Size                1008.00 MiB (❸)
  Current LE             250 (❹)
  Segments               1
  Allocation             inherit
  Read ahead sectors     auto
  - currently set to     256
  Block device           252:0

openswt@tux:~$
```

해당 LV의 경로는 /dev/merge_VG/half-vg-LV에 위치하고(❶), merge_VG를 기반으로 생성되었다는 것을 확인할 수 있다(❷). LV 크기는 1.00GiB이며(❸), LE 개수는 250개임을 알 수 있다(❹). LE와 PE 크기 모두 동일하게 4MiB이기에, lvcreate 명령의 -l 옵션에서 지정한 PE 개수와 같은 것이다.

이제 생성한 LV에 파일 시스템을 적용하여 데이터를 저장할 수 있도록 설정해보자. 먼저, mkfs 명령으로 사용하기 위해 LV의 경로를 확인한다. 보통 /dev/<vg> 디렉터리 아래에 위치한다.

```
openswt@tux:~$ ls -al /dev/merge_VG/
total 0
drwxr-xr-x  2 root root   60 Apr 12 20:49 .
drwxr-xr-x 20 root root 4280 Apr 12 20:49 ..
lrwxrwxrwx  1 root root    7 Apr 12 20:49 half-vg-LV -> ../dm-0
openswt@tux:~$
```

다음으로 mke2fs 명령을 사용하여 /dev/merge_VG/half-vg-LV를 ext4로 포맷해보자.

```
openswu@tux:~$ sudo mke2fs -t ext4 /dev/merge_VG/half-vg-LV
mke2fs 1.46.5 (30-Dec-2021)
...

Allocating group tables: done
Writing inode tables: done
Creating journal (4096 blocks): done
Writing superblocks and filesystem accounting information: done

openswu@tux:~$
```

LV에 파일 시스템을 적용했으니 LV 공간을 사용할 디렉터리로 ~/mnt/lvm 디렉터리를 생성한다.

```
openswu@tux:~$ mkdir -p ~/mnt/lvm
```

다음으로 half-vg-LV와 ~/mnt/lvm 디렉터리를 마운트해보자. 마운트 후 df -h 명령으로 정상적으로 마운트 되었는지 확인한다. 마운트 이후 ~/mnt/lvm 디렉터리는 약 1GiB의 half-vg-LV를 사용할 수 있도록 되었음을 알 수 있다.

```
openswu@tux:~$ sudo mount /dev/merge_VG/half-vg-LV ~/mnt/lvm
openswu@tux:~$
openswu@tux:~$ df -h ~/mnt/lvm
Filesystem                          Size  Used Avail Use% Mounted on
/dev/mapper/merge_VG-half-vg-LV  966M   24K  900M   1% /home/opensw/mnt/lvm
openswu@tux:~$
```

LVM을 통해 여러 디스크를 논리적으로 합친 공간을 생성하여 실제 디스크처럼 사용하는 방법에 대해 알아보았다. 다음으로 파티션과의 차이점으로 언급했던 공간 유연성에 대한 명령을 알아본다.

8.3.3. LVM 확장

lvextend 명령은 LV 크기를 재정의한다. 명령 형식은 다음과 같다.

```
lvextend -L <size> <lv>
```

<size>에는 확장하려는 LV 크기를 작성하며, 500M과 같은 형태로 작성한다. lvextend 명령으로 확장할 수 있는 최대 크기는 VG 크기와 동일하다.

원래 목표였던 모든 파티션을 하나의 LV로 만들기 위해 총 merge_VG 크기인 1.96GiB로 half-vg-LV 크기를 확장해보자.

```
openswd@tux:~$ sudo lvextend -L 1.96G /dev/merge_VG/half-vg-LV
  Rounding size to boundary between physical extents: 1.96 GiB.
  Size of logical volume merge_VG/half-vg-LV changed from 1008.00 MiB (250 extents) to 1.96
GiB (502 extents).
  Logical volume merge_VG/half-vg-LV successfully resized.
openswd@tux:~$
```

출력 라인 별 의미는 다음과 같다.

- **'Rounding size to boundary between physical extents: 1.96 GiB'** : 물리적으로 확인 가능한 크기를 알려준다. 여기서는 merge_VG 크기인 1.96GiB이다.
- **'Size of logical volume merge_VG/half-vg-LV changed from 1008.00 MiB (250 extents) to 1.96 GiB (502 extents)'** : LV 크기가 얼마만큼 확장되었는지 알려준다. 현재 half-vg-LV는 1008MiB에서 1.96GiB로 확장 되었다.
- **'Logical volume merge_VG/half-vg-LV successfully resized'** : LV 크기가 정상적으로 변경되었다는 것을 의미한다.

LV 확장 후 df -h 명령으로 확인하면, ~/mnt/lvm 디렉터리에 할당된 디스크 공간이 아직 1GB이다. 이는 ext4 파일 시스템이 확장한 LV 공간까지 사용할 수 있도록 추가적인 설정을 진행해야 한다.

```
openswd@tux:~$ df -h ~/mnt/lvm
Filesystem                     Size  Used Avail Use% Mounted on
/dev/mapper/merge_VG-half-vg-LV  966M   24K  900M   1% /home/opensw/mnt/lvm
openswd@tux:~$
```

4개 파티션을 하나의 공간을 사용하기 위한 마지막 단계로, resize2fs 명령을 통해 ~/mnt/lvm 디렉터리의 ext4이 확장된 LV 공간까지 모두 사용하도록 재정의해보자.

```
opensw@tux:~$ sudo resize2fs /dev/merge_VG/half-vg-LV
resize2fs 1.46.5 (30-Dec-2021)
Filesystem at /dev/merge_VG/half-vg-LV is mounted on /home/opensw/mnt/lvm; on-line resizing
required
old_desc_blocks = 1, new_desc_blocks = 1
The filesystem on /dev/merge_VG/half-vg-LV is now 514048 (4k) blocks long.

opensw@tux:~$
```

이후 df -h 명령으로 Size가 2.0G로 확장된 것을 확인해보자.

```
opensw@tux:~$ df -h ~/mnt/lvm
Filesystem                       Size  Used Avail Use% Mounted on
/dev/mapper/merge_VG-half-vg-LV  2.0G   24K  1.9G   1% /home/opensw/mnt/lvm
opensw@tux:~$
```

남은 디스크 공간을 효율적으로 사용할 수 있는 LV를 생성하는 방법과 각 단계별로 사용하는 명령에 대해 알아보았다. 이제 생성한 PV, VG, LV를 삭제하는 방법을 알아보자.

8.3.4. LVM 제거

시스템에 존재하는 LVM를 제거하려면, 먼저 LV 마운트를 해제한 후 LV, VG, PV 순으로 제거해야 한다. 이 순서는 그림 8.10에서 역순으로 진행하면 된다(그림 8.14).

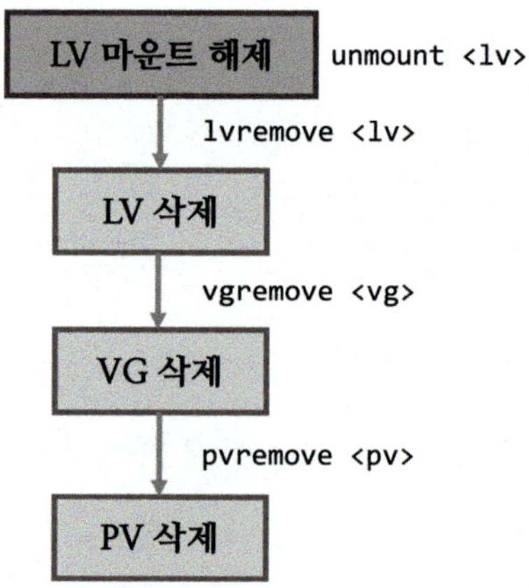

그림 8.14 LV 삭제 과정

~/mnt/lvm 디렉터리의 마운트를 해제하여, 디렉터리와 LV의 연결을 제거한다.

```
openswu@tux:~$ sudo umount ~/mnt/lvm
```

lvremove 명령은 LV를 삭제한다. 명령 형식은 다음과 같다.

lvremove <lv>

<lv>에는 삭제하고자 하는 LV를 작성한다. 이제 lvremove 명령으로 half-vg-LV를 제거해보자. 삭제할 것인지 묻는 문구가 나오면 y를 입력한다.

```
openswu@tux:~$ sudo lvremove /dev/merge_VG/half-vg-LV
Do you really want to remove and DISCARD active logical volume merge_VG/half-vg-LV? [y/n]: y
  Logical volume "half-vg-LV" successfully removed
openswu@tux:~$
```

삭제 후에는 lvscan 명령으로 정상적으로 LV가 지워졌는지 확인해보자. lvscan 명령으로 삭제한 LV 정보가 출력되지 않으면 해당 LV는 삭제되었음을 의미한다.

```
openswu@tux:~$ sudo lvscan
openswu@tux:~$
```

vgremove 명령은 VG를 삭제한다 명령 형식은 다음과 같다.

vgremove <vg>

<vg>에는 삭제하고자 하는 VG를 작성한다. 이를 이용하여 merge_VG를 제거해보자. 삭제하기 전에 vgscan 명령으로 merge_VG가 존재하는지 확인한다. LV와 마찬가지로 vgremove 명령으로 VG가 정상 삭제가 되었다면 vgscan 명령 실행 시 삭제한 VG 정보가 출력되지 않는다.

```
openswu@tux:~$ sudo vgscan
  Found volume group "merge_VG" using metadata type lvm2
openswu@tux:~$ sudo vgremove merge_VG
  Volume group "merge_VG" successfully removed
openswu@tux:~$ sudo vgscan
openswu@tux:~$
```

pvremove 명령은 지정한 PV를 삭제한다. 명령 형식은 다음과 가다.

```
pvremove <pv>
```

<pv>에는 삭제하려는 PV를 작성하고, 여러 개를 삭제할 때는 공백으로 구분하여 작성한다. pvscan 명령으로 생성된 PV의 목록을 확인하고, 해당 명령으로 지금까지 사용했던 모든 PV를 삭제해보자.

```
opensw@tux:~$ sudo pvscan
  PV /dev/sdb1                      lvm2 [1023.00 MiB
  PV /dev/sdc1                      lvm2 [508.00 MiB]
  PV /dev/sdc2                      lvm2 [258.00 MiB]
  PV /dev/sdc3                      lvm2 [258.00 MiB]
  Total: 4 [<1.98 GiB] / in use: 0 [0   ] / in no VG: 4 [<1.98 GiB]
opensw@tux:~$ sudo pvremove /dev/sdb1 /dev/sdc1 /dev/sdc2 /dev/sdc3
  Labels on physical volume "/dev/sdb1" successfully wiped.
  Labels on physical volume "/dev/sdc1" successfully wiped.
  Labels on physical volume "/dev/sdc2" successfully wiped.
  Labels on physical volume "/dev/sdc3" successfully wiped.
opensw@tux:~$ sudo pvscan
  No matching physical volumes found
opensw@tux:~$
```

삭제 후 pvscan 명령으로 삭제한 PV 정보가 출력되지 않으면 모든 PV가 삭제되었음을 의미한다.

PV 삭제 실습으로 LVM 제거 과정을 모두 수행해 보았다. 이제 각 파티션은 논리 볼륨 생성을 위한 PV가 아닌 일반적인 볼륨으로 사용할 수 있게 된다.

8.3.5. LVM 관리 명령어

LVM 생성 및 제거 과정에 있어 다양한 LVM 관리 명령을 사용하였고, 그 외의 명령도 다수 존재한다(테이블 8.06). 테이블 8.06에서 VG 축소 명령과 LV 축소 명령은 데이터 손상 위험이 있기 때문에, 내부에 데이터가 있다면 데이터 백업 없이 적용하지 않는 것이 좋다.

테이블 8.06 다양한 LVM 관리 명령어

구분	명령어	기능	사용 예시
PV	pvcreate	PV 생성	pvcreate <partition>
	pvscan	PV 상태 확인	pvscan
VG	vgcreate	VG 생성	vgcreate <vg> <pv>
	vgchange	VG 활성화 설정	vgchange -a y <vg> (VG activating)
	vgremove	VG 제거	vgremove <vg>
	vgdisplay	VG 정보 확인	vgdisplay -v <vg>
	vgextend	VG 확장(PV 추가)	vgextend <vg> <pv>
	vgreduce	VG 축소(PV 제거)	vgreduce <vg> <pv>
LV	lvcreate	VG 생성	lvcreate -l <num> <vg> -n <lv>
	lvremove	VG 삭제	lvremove <lv>
	lvscan	VG 상태 확인	lvscan
	lvextend	VG 확장	lvextend -l +<num> <lv>
	lvreduce	VG 용량 축소	lvreduce -l -<num> <lv>

CHAPTER 8

연습문제

01. 리눅스 부팅 과정에서 BIOS 단계와 부트로더 단계의 역할을 설명하라.

02. 리눅스 시스템에서 디스크 파티션을 나누는 이유를 설명하라.

03. LVM이란 무엇이며, LVM을 사용하는 이유는 무엇인지 설명하라.

04. LVM의 주요 용어(PV, PE, VG, LV, LE)에 대해 설명하라.

05. 다음과 같은 구성을 갖도록 디스크를 추가하고 파티션 과정을 수행하라. 마지막 파티션의 크기는 상황에 따라 정확하게 맞지 않을 수 있다.

```
opensw@tux:~$ ls /dev/sdb*,c*,d*
/dev/sdb  /dev/sdb1  /dev/sdb2  /dev/sdc  /dev/sdc1  /dev/sdd
/dev/sdd1
opensw@tux:~$
opensw@tux:~$ sudo fdisk -l

<-- removed -->

Disk /dev/sdb: 500 MiB, 524288000 bytes, 1024000 sectors
Disk model: VBOX HARDDISK
Units: sectors of 1 * 512 = 512 bytes
Sector size (logical/physical): 512 bytes / 512 bytes
I/O size (minimum/optimal): 512 bytes / 512 bytes
Disklabel type: dos
Disk identifier: 0xa23b8ebc

Device     Boot  Start    End Sectors  Size Id Type
/dev/sdb1         2048 514047  512000  250M 83 Linux
```

```
/dev/sdb2       514048 1023999  509952  249M 83 Linux


Disk /dev/sdc: 250 MiB, 262144000 bytes, 512000 sectors
Disk model: VBOX HARDDISK
Units: sectors of 1 * 512 = 512 bytes
Sector size (logical/physical): 512 bytes / 512 bytes
I/O size (minimum/optimal): 512 bytes / 512 bytes
Disklabel type: dos
Disk identifier: 0xc82ae5da

Device     Boot Start    End Sectors  Size Id Type
/dev/sdc1        2048 511999  509952  249M 83 Linux


Disk /dev/sdd: 250 MiB, 262144000 bytes, 512000 sectors
Disk model: VBOX HARDDISK
Units: sectors of 1 * 512 = 512 bytes
Sector size (logical/physical): 512 bytes / 512 bytes
I/O size (minimum/optimal): 512 bytes / 512 bytes
Disklabel type: dos
Disk identifier: 0x693977e2

Device     Boot Start    End Sectors  Size Id Type
/dev/sdd1        2048 511999  509952  249M 83 Linux

opensw@tux:~$
```

06. /dev/sdb1을 ext4로 포맷 후 /mnt/disk1 디렉터리를 생성하여 마운트 하라. /mnt/disk1 디렉터리의 소유권을 로그인 사용자로 변경하라. 하위 디렉터리까지 모두 변경하는 옵션을 사용하라.

```
opensw@tux:~$ df -h /mnt/disk1/
Filesystem      Size  Used Avail Use% Mounted on
/dev/sdb1       227M  272K  209M   1% /mnt/disk1
opensw@tux:~$
opensw@tux:~$ ls -al /mnt/disk1/
total 24
drwxr-xr-x 3 opensw  opensw 4096  Apr 8 18:58  .
drwxr-xr-x 4 root    root   4096  Apr 8 19:23  ..
drwx------ 2 opensw  opensw 16384 Apr 8 18:58  lost+found
opensw@tux:~$
```

07. /dev/sdb2, /dev/sdc1, /dev/sdd1의 파티션 타입을 Linux LVM으로 변경하라.

08. 다음과 같이 Volume Group my_vg를 생성하라.

```
opensw@tux:~$ sudo vgdisplay -v my_vg
  --- Volume group ---
  VG Name               my_vg
  System ID
  Format                lvm2
  Metadata Areas        3
  Metadata Sequence No  1
  VG Access             read/write
  VG Status             resizable
  MAX LV                0
  Cur LV                0
  Open LV               0
  Max PV                0
  Cur PV                3
  Act PV                3
  VG Size               744. MiB
  PE Size               4.00 MiB
  Total PE              186
  Alloc PE              0 / 0
  Free  PE / Size       186 / 744.00 MiB
  VG UUID               ENL0j1-TiTh-00pf-QwhN-nFnW-ueZU-YKJbsn

  --- Physical volumes ---
  PV Name               /dev/sdb2
  PV UUID               8kqvOr-6HRn-7zFa-a8mK-vxqX-w7Hu-clLpT2
  PV Status             allocatable
  Total PE / Free PE    62 / 62

  PV Name               /dev/sdc1
  PV UUID               fBnGtP-vYn1-FbBH-gYWE-bA84-53UV-OrUdSb
  PV Status             allocatable
  Total PE / Free PE    62 / 62

  PV Name               /dev/sdd1
  PV UUID               CqKUCG-wlUZ-kGVa-UQtJ-aL5C-XSgV-Wn5Xjc
  PV Status             allocatable
  Total PE / Free PE    62 / 62
opensw@tux:~$
```

09. 다음과 같이 Logical Volume **bigdata**를 생성하라.

```
openswo@tux:~$ sudo lvdisplay
  --- Logical volume ---
  LV Path                /dev/my_vg/bigdata
  LV Name                bigdata
  VG Name                my_vg
  LV UUID                2oGeS1-TmbP-qqfs-l9K6-kXXS-gXdp-mzF82R
  LV Write Access        read/write
  LV Creation host, time tux, 2020-11-08 19:21:40 +0900
  LV Status              available
  # open                 0
  LV Size                744.00 MiB
  Current LE             186
  Segments               3
  Allocation             inherit
  Read ahead sectors     auto
  - currently set to     256
  Block device           253:0
```

10. /dev/my_vg/bigdata를 ext4로 포맷한 후, /mnt/mydata에 마운트하라. /mnt/mydata의 소유권을 사용자 계정으로 변경하라.

```
opensw@tux:~$ df -h /mnt/mydata/
Filesystem                Size Used Avail Use% Mounted on
/dev/mapper/my_vg-bigdata 717M 1.5M 663M   1%   /mnt/mydata
opensw@tux:~$
opensw@tux:~$ ls -l/mnt/mydata
total16
drwx------ 2 opensw opensw 16384 Nov 8 19:23 last+found
opensw@tux:~$
```

11. /mnt/disk1과 /mnt/mydata가 부팅 시 자동으로 마운트되도록 /etc/fstab을 수정하라. /etc/fstab을 편집할 때 UUID, Option은 defaults로 설정하고 Dump, Pass는 각각 0으로 설정하라 (sudo blkid 명령으로 통해 UUID 확인)

```
opensw@tux:~$ df -h /dev/sdb1
Filesystem      Size  Used Avail Use% Mounted on
/dev/sdb1       227M  272K  209M   1% /mnt/disk1
opensw@tux:~$
opensw@tux:~$ df -h /dev/my_vg/bigdata
Filesystem                 Size  Used Avail Use% Mounted on
/dev/mapper/my_vg-bigdata  717M  1.5M  663M   1% /mnt/mydata
opensw@tux:~$
```

09 리눅스 네트워크와 보안

CHAPTER

이번 장에서는 네트워크에 관련된 용어, TCP/IP 프로토콜, 네트워크 주소 및 네트워크 주변장치에 대해 학습한다. 네트워크 관리를 위한 네트워크 관리 명령어와 네트워크 설정 및 네트워크 모니터링을 위한 리눅스 명령어 사용법에 대해 알아본다.

9.1 네트워크 기본 개념

네트워크 관리나 설정을 위한 명령어를 사용하기 위해서는 네트워크 용어 뿐만 아니라 TCP/IP 프로토콜 동작 원리에 대한 이해와 네트워크 주변장치의 기능에 대한 지식이 있어야 한다. 이를 위해 네트워크 기본 개념에 대해서 살펴본다.

9.1.1. 네트워크 기초

네트워크란 분산되어 있는 장치들을 통신망으로 연결한 것을 말하며, 통신을 위한 칩이 장착된 모든 장치들이 네트워크 대상이 될 수 있다. 이는 데스크톱, 노트북, 휴대폰 뿐만 아니라 최근 주목받고 있는 IoT 장치들도 네트워크 대상이 될 수 있다.

네트워크는 장치 간 통신 범위에 따라 LAN과 WAN으로 구분되는데, 각 용어에 대한 설명은 다음과 같다.

- LAN(Local Area Network) : 근거리 통신망으로 비교적 가까운 거리에서 통신하는 네트워크를 의미한다.
- WAN(World Area Network) : 원거리 통신망으로 여러 LAN이 모여 이루는 넓은 범위의 네트워크를 말한다. WAN을 연결할 때는 라우터라는 장치가 필요하다.

LAN과 WAN을 구성하기 위해 사용되는 다양한 네트워크 장비들이 존재하며, 각 장비에 대한 정의는 다음과 같다.

- **라우터(Router)** : 네트워크와 네트워크 간의 경로(Route)를 설정하고 가장 빠른 길로 통신을 이끌어주는 네트워크 장비다.
- **게이트웨이(Gateway)** : 다른 네트워크와 연결할 때 연결점이 되는 장치이다.
- **스위치(Switch)** : 네트워크 내에 설치되어 동일 네트워크에 속한 장치로 데이터를 전송하는 장비이다.

LAN이나 WAN과 같은 네트워크를 구성할 때는 라우터, 게이트웨이, 스위치 등의 다양한 네트워크 장비를 사용한다(그림 9.01). 이러한 네트워크 장비들을 네트워크 범위와 트래픽에 따라 적절하게 사용해야 사용자가 불편함 없이 네트워크를 이용할 수 있다.

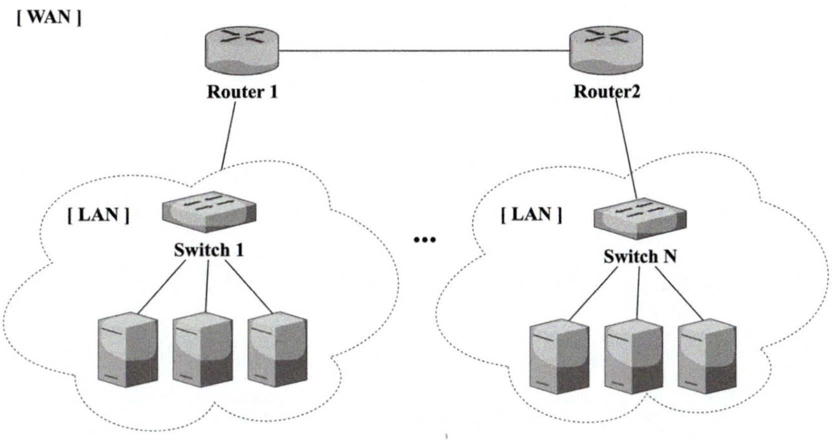

그림 9.01 네트워크 연결

이 외에도 네트워크에서 사용하는 다양한 기초 용어들이 존재한다. 각 용어의 정의는 다음과 같다.

- **인터페이스(Interface)** : 서로 다른 시스템을 연결하기 위한 표준화된 접근 방법이다.
- **시스템(System)** : 내부 규칙에 따라 능동적으로 동작하는 대상이다.
- **전송매체(Media)** : 시스템 간 데이터를 전달하기 위한 물리적인 전송 수단이다.
- **프로토콜(Protocol)** : 전송 매체를 통해 데이터를 교환하기 위한 특정 규칙이다.

- **인터넷(Internet)** : 전 세계 네트워크가 유기적으로 연결되어 동작하는 통합 네트워크이다.
- **인트라넷(Intranet)** : 인터넷 기술을 응용한 기업 내 전용 컴퓨터 네트워크이다.

장치 간 네트워크 통신을 위해 적절한 네트워크 장비를 설치하거나 네트워크 설정도 중요하지만, 각 장치 간 통신을 위해 사용하는 프로토콜이 동일해야 한다. 프로토콜은 장치 간 데이터를 주고받기 위한 규칙으로, 이 규칙이 서로 다르게 정의되어 있다면 통신이 정상적으로 이루어지지 않는다. 인터넷 사용을 위한 기본 네트워크 프로토콜은 **TCP/IP 프로토콜 모델**이다.

TCP(Transmission Control Protocol)는 데이터 전달을 관리하는 프로토콜이며, IP(Internet Protocol)는 인터넷상의 주소를 관리하는 규칙이다. **TCP/IP 모델**은 전송제어 프로토콜(TCP)과 인터넷 프로토콜(IP)을 중심으로 구성되는 일련의 프로토콜을 의미하고 총 5계층으로 이루어져 있다(그림 9.02).[52] TCP/IP를 통해 인터넷에서 서로 다른 시스템을 가진 컴퓨터들이 연결되어 데이터를 주고 받는다. 이처럼 장치 간 통신을 할 때는 TCP/IP의 5계층을 모두 사용한다.

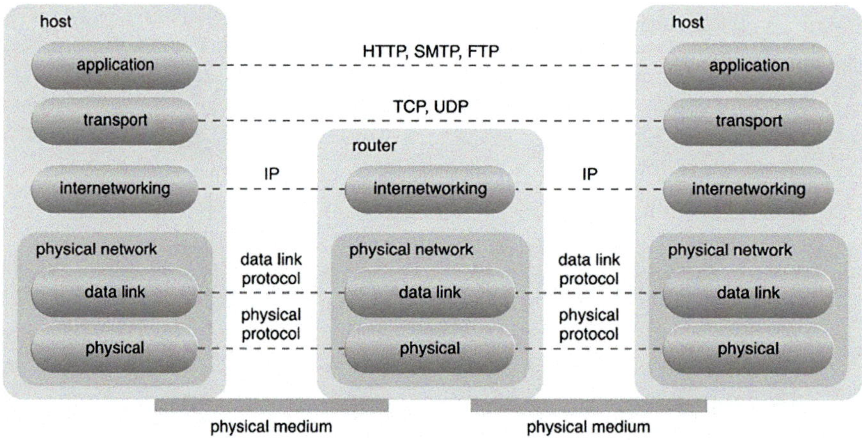

그림 9.02 TCP/IP 프로토콜 5계층

TCP/IP 모델은 각 계층마다 네트워크 통신을 위해 담당하는 역할이 다르다(테이블 9.01).

52 https://image4.slideserve.com/57700/internet-reference-model-5-layers-1.jpg

테이블 9.01 TCP/IP 계층별 역할

항목	의미	설명
5계층	응용 계층(Application layer)	데이터를 사용하는 프로그램
4계층	전송 계층(Transport layer)	포트를 통해 데이터를 사용할 프로그램 식별
3계층	네트워크 계층(Network layer)	송수신 장치의 IP 주소를 활용하여 통신 경로 지정
2계층	링크 계층(Link layer)	MAC 주소를 통해 데이터를 송수신할 장치 식별
1계층	물리 계층 (Physical layer)	케이블과 같은 물리적 전송 매체

송신 장치에서 수신 장치로 데이터를 전송하기 위해 5계층부터 1계층을 순서대로 지나면서 데이터를 전송할 수 있는 형태로 만들며, 수신 장치에서는 이를 받아 응용 계층에서 사용할 수 있는 데이터로 만들기 위해 1계층부터 5계층을 지나게 된다. 이러한 변환 과정을 거쳐 네트워크를 통해 장치 간에 데이터를 주고받을 수 있다.

보통 네트워크에서 **송신 장치**는 출발지(Source, src)라고 부르고, **수신 장치**는 도착지(Destination, dest)라고 부른다.

9.1.2. 네트워크 주소

네트워크를 사용하기 위해 네트워크를 사용하는 장치들을 구분할 수 있어야 하는데, 그 방법으로 네트워크 주소라는 식별자를 사용한다. **네트워크 주소**는 네트워크 상의 각 장치를 구별하기 위한 주소로 MAC 주소, IP 주소, 넷마스크, 브로드캐스트 주소, 호스트네임, 포트 번호 등이 있다.

- **MAC(Media Access Control) 주소** : LAN 카드에 내장되어 있는 고유 주소로, 하드웨어에 부여되는 고유 주소이기 때문에 하드웨어 주소 또는 물리 주소라고도 한다. MAC 주소는 네트워크 상에서 각 하드웨어를 구별하는 역할을 수행한다. 주소 체계는 ':' 또는 '-'로 구분되는 여섯 개의 8비트로 구성되며, 총 48비트이다. 실제로 `00:10:16:3e:5c:fe`와 같이 구성되어 있으며, 앞의 세 자리는 제조사 식별 번호이고 (`00:10:16`), 뒤의 세 자리는 일련번호로 제조사에서 지정한다(`3e:5c:fe`).
- **IP(Internet Protocol) 주소** : 네트워크 통신 시 장치를 구별하기 위해서 사용한다. IPv4 주소 체계의 IP 주소는 1바이트 크기의 네 자리 숫자로 구성되어 총 4바이트로 구성된다. IP 주소는 네트워크 주소와 호스트 주소로 구성되어 있고, 몇 비트를 네트워크 주소로 사용하는지에 따라 A,

B, C 클래스로 나뉜다. 일반적으로 C 클래스 주소를 많이 접하게 된다. C 클래스 주소는 앞의 3 바이트가 네트워크 주소이고, 나머지 1바이트가 호스트 주소로 구성된 IP 주소를 의미한다. 예를 들어 192.168.3.11라는 IP 주소가 C 클래스에 해당한다면, 192.168.3이 네트워크 주소, 11이 호스트 주소이다. C 클래스의 호스트 주소 범위는 1-255이지만 255는 브로드 캐스트 주소로 사용되므로, 1-254까지만 사용할 수 있다. 4바이트 크기를 가지는 IPv4 주소 체계는 인터넷 사용자의 폭발적인 증가와 IoT(사물 인터넷) 기기의 확산으로 인해 주소 공간이 빠르게 고갈되어 16바이트 크기의 IPv6가 개발되었다. IPv6는 3.4×10^{38}개의 주소를 제공할 수 있어, 거의 무한에 가까운 주소 공간을 제공한다.

- **넷마스크(Netmask)** : IP 주소의 네트워크 주소를 알려주는 역할을 한다. 넷마스크를 통해 IP 주소 중 네트워크 주소에 해당하는 부분을 명시하기 때문에, IP 주소와 동일한 체계를 가져야 한다. 이 특징으로 넷마스크는 IP 주소와 동일하게 4바이트로 구성되어 있다. IP 주소와 넷마스크를 2진수로 바꾼 후, AND 연산을 수행한 결과 중 0이 아닌 부분이 IP 주소의 네트워크 주소이다. 예를 들어 IP 주소가 192.168.3.11이고 넷마스크가 255:255:255:0라면 IP 주소의 네트워크 주소는 192.168.3에 해당한다.
- **브로드캐스트(Broadcast) 주소** : 이름에서 알 수 있듯이 같은 네트워크에 연결된 모든 컴퓨터에 메시지를 보낼 때 사용하는 주소이다. IP 주소의 호스트 부분을 전부 2진수 기준으로 1로 설정한다. 앞서 예를 든 네트워크 주소의 브로드 캐스트 주소는 192.168.3.255이다.
- **호스트네임(Hostname)** : 네트워크에 연결되는 장치들에게 부여되는 고유 이름이다. 터미널을 활용한 원격 접속이나 브라우저에서의 페이지 검색 시 IP 주소를 사용하면, 사용자가 IP 주소를 모두 기억하여 이를 틀리지 않고 작성해야 되기에 불편하다. 따라서 IP 주소 대신 해당 서버에 설정된 호스트네임인 www.google.com과 같은 주소를 사용하는데, www.google.com처럼 문자로 구성된 주소는 FQDN(Fully Qualified Domain Name) 라고 부른다.
- **포트(Port)** : 전송 계층에서 사용되며 호스트에서 실행되는 프로세스를 구분한다. 장치에서 사용하는 포트 번호는 통신에 사용할 프로토콜이나 프로세스에 따라 다르게 부여할 수 있다. 보통 웹사이트 구동을 위한 웹 서버 포트는 주로 80번이나 8080번을, SSH의 포트는 주로 22번을 사용한다. 브라우저에서 주소를 입력할 때나 SSH 접속을 진행할 때에 포트 번호를 입력하지 않았더라도 내부적으로 위와 같은 기본 포트 번호를 적용시킨다.

9.1.3. 네트워크 주변장치

네트워크 통신을 위해 프로토콜 뿐만 아니라 네트워크 장치 또한 다양하게 사용된다. 앞서 프로토콜은 장치와의 통신 규칙만 설정한 것으로, 실제 네트워크 장치 없이 다른 컴퓨터와 통신할 수 없다. 네트워크 장치는 다른 컴퓨터로 데이터를 전송하기 위한 핵심 요소로, 이번 절에서는 네트워크를 구성하는 다양한 네트워크 장치에 대해서 알아보자.

라우터는 데이터가 전달될 목적지를 추출한 다음 목적지에 대한 최적의 경로를 지정하여, 그 경로를 따라 데이터를 다음 장치로 전송하는 장치이다. 여기서 말하는 최적의 경로는 가까운 거리 뿐 아니라 가장 빠른 통신이 이루어지는 경로를 말한다. 라우터는 보통 각기 다른 네트워크를 연결하기 위해 배치된다(그림 9.03).

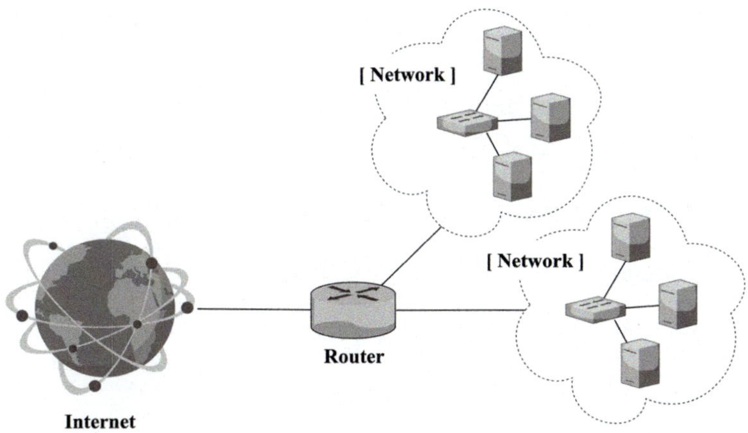

그림 9.03 네트워크 통신에서의 라우터 위치

그림 9.03처럼 라우터는 여러 네트워크를 이어주고 있다. 별다른 네트워크 장치가 없다면, 같은 네트워크에 속한 컴퓨터끼리만 통신이 가능하다. 다양한 네트워크로 구성된 지금의 인터넷을 사용하기 위해서는 다른 네트워크와의 통신이 가능해야 하므로, 다른 네트워크와 통신할 수 있는 라우터가 필수적이다.

게이트웨이는 한 네트워크에서 다른 네트워크로 이동하기 위하여 거쳐야 하는 지점이다. 하위계층(1~3계층)에서는 주로 라우터가 이러한 역할을 한다(그림 9.04). 게이트웨이는 특정 장비이기보다는 서로 다른 네트워크를 연결해주는 지점에 사용된 모든 장치를 통칭한다고 생각하면 된다.

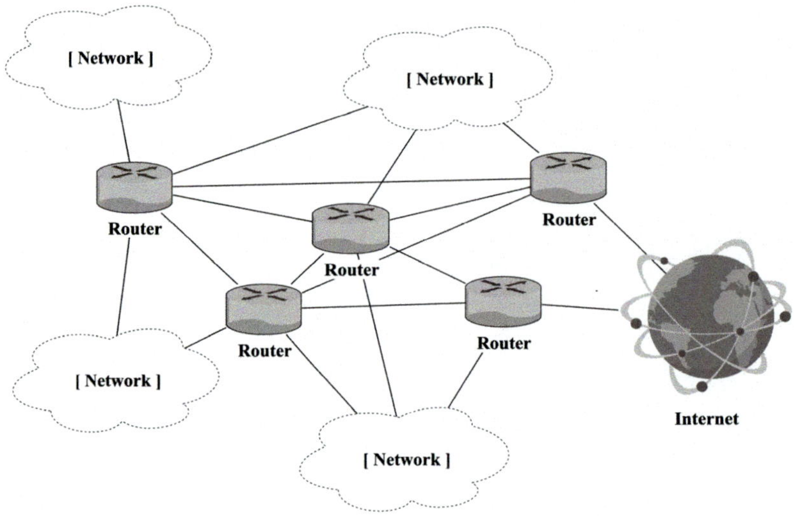

그림 9.04 인터넷 사용을 위한 게이트웨이 연결 구조

그림 9.04에서 보이듯이 인터넷에 연결하기 위해서 여러 게이트웨이를 통과한다는 것을 알 수 있다. 유무선 공유기를 게이트웨이라고 칭할 순 없지만, 게이트웨이의 역할을 하는 장비 중 하나이다. 이때 거치는 게이트웨이의 개수를 홉 수(Hop count)라고 한다.

스위치와 허브는 쉽게 말하면 네트워크 분배기이고, 스위치는 스위치 허브로, 허브는 더미 허브라고 불리기도 한다. 둘의 차이점은 대역폭의 분배 방식에서 드러난다(그림 9.05).

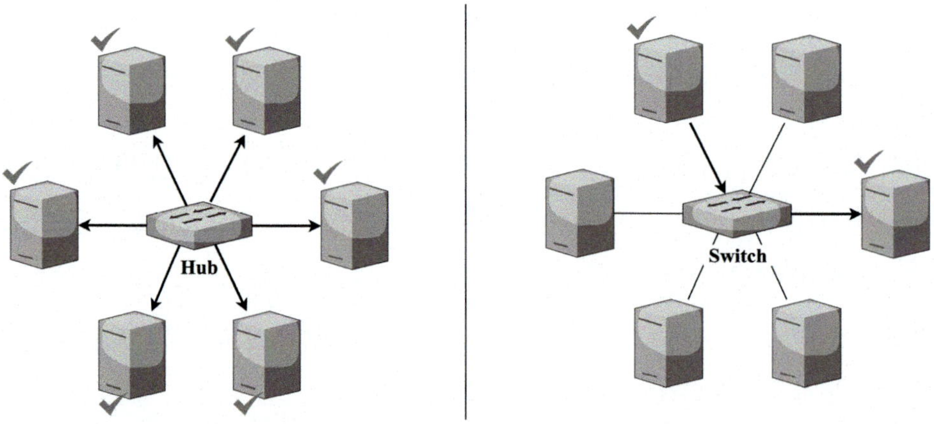

그림 9.05 스위치와 허브의 네트워크 연결 구조

허브는 한 장비에서 전송된 데이터가 허브에 연결된 모든 장비로 브로드캐스팅 된다는 특징이 있다. 만약 허브에 10Mbps인 네트워크를 연결하고 5대의 컴퓨터를 연결했다면, 각 컴퓨터의 네트워크 대역폭은 2Mbps에 불과하다. 스위치는 한 장비에서 전송된 데이터는 목적지로 설정된 장비로 전달해주는 특징이 있다. 이러한 특징으로 스위치는 10Mbps 속도를 5대에 모두 지원할 수 있다. 좀 더 쉬운 예로 설명하면 허브는 1차선 도로를 여러 대의 자동차가 달리는 것으로 볼 수 있고, 스위치는 차선이 여러 개라고 보면 차이점에 대한 이해가 빠르다.

9.2 네트워크 관리

이번 절에서는 네트워크 관리를 통해 네트워크를 제어하는 방법에 대해 살펴본다. 또한 네트워크 연결을 위한 라우팅, 게이트웨이 및 DNS 주소를 설정하는 방법과 네트워크를 모니터링하기 위한 명령어에 대해 살펴본다.

9.2.1. 네트워크 관리 기본

우분투에는 **네트워크 관리자**(NetworkManager)가 네트워크와 관련된 모든 설정을 관리하고 모니터링한다. 그로 인해 사용자는 GUI 도구나 명령을 사용해서 네트워크 설정을 관리할 수 있다. 네트워크 관리를 위해 필요한 NetworkManager는 `sudo apt` 명령을 통해 설치할 수 있다.

```
opensw@tux:~$ sudo apt install network-manager
```

`network-manager`을 설치한 후에는 `nmcli` 명령을 사용하여 네트워크 관리가 가능하다.

`nmcli` 명령은 명령 기반으로 네트워크를 관리할 때 사용한다. 명령 형식은 다음과 같다.

```
nmcli [option] <command> [subcommend]
```

`nmcli` 명령의 옵션을 먼저 설명한 후, 명령을 사용하는 방법을 설명한다(테이블 9.02, 테이블 9.03). 테이블 9.03에서 명령은 `<command>`를, 서브 명령은 `[subcommand]`를 의미한다.

테이블 9.02 nmcli 명령의 다양한 옵션

옵션	기능
-t, --terse	실행 결과를 간결하게 출력
-p, --pretty	사용자가 보기 좋게 출력
-h, --help	도움말 출력

테이블 9.03 nmcli 명령의 다양한 명령 및 서브 명령

명령	서브 명령	기능
general (gen)	status	네트워크 상태 출력
	hostname	머신의 호스트명 출력
networking (net)	on	네트워크 활성화
	off	네트워크 비활성화
	connectivity	네트워크의 연결상태 출력
connection (con)	modify	특정 네트워크의 설정을 수정
	add	새로운 네트워크 생성
	delete	특정 네트워크 삭제
	reload	모든 네트워크의 설정을 다시 로드

nmcli 명령을 이용하여 네트워크를 관리하는 실습을 진행한다. 우선 nmcli gen 명령은 일반적인 네트워크 상태를 보여준다. 명령 형식은 다음과 같다.

nmcli gen [subcommand]

[subcommand] 없이 사용하면, 네트워크와 관련된 리눅스의 전체적인 상태를 확인한다.

```
opensw@tux:~$ nmcli gen
STATE      CONNECTIVITY  WIFI-HW  WIFI     WWAN-HW  WWAN
connected  full          enabled  enabled  enabled  enabled
opensw@tux:~$
```

현재 리눅스는 네트워크에 연결된 상태이며, 네트워크 장치도 활성화되어 있다. 각 항목에 대한 의미는 다음과 같다.

- **STATE** : 네트워크 연결 여부를 나타낸다. connected는 네트워크에 연결되어 있음을 의미한다.
- **CONNECTIVITY** : 네트워크 연결 상태를 나타낸다. full은 네트워크에 연결되어 있으며, 인터넷에 자유롭게 접근할 수 있음을 의미한다. none은 연결된 네트워크가 없음을 의미한다.
- **WIFI-HW** : 와이파이 하드웨어 활성화 상태를 나타낸다. enabled는 해당 하드웨어가 활성화되어, 와이파이를 감지할 수 있음을 의미한다.
- **WIFI** : 와이파이 연결이 가능한 지를 나타낸다. enabled는 특정 와이파이에 연결될 수 있음을 의미한다.
- **WWAN-HW** : WWAN(Wireless WAN) 하드웨어 활성화 상태를 나타낸다. enabled는 해당 하드웨어가 활성화되어, 셀룰러(cellular) 네트워크를 잡을 수 있음을 의미한다.
- **WWAN** : 셀룰러 네트워크에 연결이 가능한 지를 나타낸다. enabled는 특정 셀룰러 네트워크에 연결할 수 있음을 의미한다.

nmcli net 명령은 네트워크 연결 상태를 관리한다. 명령 형식은 다음과 같다.

nmcli net [subcommand]

con 서브 명령으로 네트워크 연결 상태를 확인하고, off 서브 명령으로 네트워크를 비활성화 한다.

```
opensw@tux:~$ nmcli net con
full
opensw@tux:~$ nmcli net off
opensw@tux:~$ nmcli net con
none
Opensw@tux:~$ nmcli net on
```

con 서브 명령으로 확인한 리눅스의 네트워크 연결 상태가 full이면 현재 네트워크가 연결되어 있음을 의미한다. off 서브 명령으로 네트워크를 비활성화 한 후 con 서브 명령을 실행하면 'none'이라는 메시지를 확인할 수 있는데, none은 네트워크 연결이 끊겨 인터넷 사용이 불가능함을 의미한다. 다시 인터넷을 사용하기 위해 on 서브 명령으로 네트워크를 활성화한다.

nmcli con 명령은 연결된 네트워크에 대한 상태를 설정한다. 명령 형식은 다음과 같다.

nmcli con [subcommand]

show 서브 명령으로 리눅스에 연결된 모든 네트워크를 확인한다.

```
opensw@tux:~$ nmcli con show
NAME                UUID                               TYPE      DEVICE
Wired connection 1  4f1e67af-83c0-34da-9983-...    ethernet  enp0s3
Wired connection 2  a26bfa68-f4d2-3130-ae27-...    ethernet  enp0s8
opensw@tux:~$
```

리눅스에는 Wired connection 1와 Wired connection 2라는 네트워크가 각각 enp0s3과 enp0s8이라는 장치를 통해 이더넷(Ethernet)에 연결되어 있음을 알 수 있다.

down 서브 명령은 네트워크 연결을 비활성화한다. 명령 형식은 다음과 같다.

```
nmcli con down <id>
```

<id>에는 nmcli con down 명령으로 확인한 NAME 또는 UUID 항목의 내용을 작성하고, 작성할 인자에 공백이 포함된 경우에는 따옴표로 인자를 감싸줘야 한다. nmcli con down 명령으로 Wired connection 1 네트워크를 enp0s3 장치로부터 비활성화한다.

```
opensw@tux:~$ nmcli con down 'Wired connection 1'
Connection 'Wired connection 1' successfully deactivated (D-Bus active path: /org/freedesktop
/NetworkManager/ActiveConnection/3)
opensw@tux:~$
opensw@tux:~$ nmcli con show
NAME                UUID                               TYPE      DEVICE
Wired connection 2  a26bfa68-f4d2-3130-ae27-...  ethernet  enp0s8
Wired connection 1  4f1e67af-83c0-34da-9983-...  ethernet  --
opensw@tux:~$
```

DEVICE를 보면 앞선 nmcli con show 명령 결과와 달리 enp0s3의 연결이 끊겨있는 것을 알 수 있다.

up 서브 명령은 네트워크 연결을 활성화한다. 명령 형식은 다음과 같다.

```
nmcli con up <id>
```

<id>에는 nmcli con down 명령과 동일한 방법으로 작성한다. nmcli con up 'Wired connection 1' 명령 실행 후 네트워크 상태를 보면, 이전에 끊겨있던 enp0s3 장치와 다시 연결되었음을 알 수 있다.

```
opensw@tux:~$ nmcli con up 'Wired connection 1'
Connection successfully activated (D-Bus active path: /org/freedesktop/NetworkManager/Activ
eConnection/5)
opensw@tux:~$ nmcli con show
NAME                UUID                          TYPE      DEVICE
Wired connection 1  4f1e67af-83c0-34da-9983-...  ethernet  enp0s3
Wired connection 2  a26bfa68-f4d2-3130-ae27-...  ethernet  enp0s8
opensw@tux:~$
```

nmcli dev 명령은 네트워크 장치(네트워크 인터페이스)를 조작한다. 명령 형식은 다음과 같다.

nmcli dev [subcommand]

이제 네트워크 장치를 관리하기 전에, **status** 서브 명령으로 네트워크 장치의 상태를 확인한다.

```
opensw@tux:~$ nmcli dev status
DEVICE  TYPE      STATE      CONNECTION
enp0s3  ethernet  connected  Wired connection 1
enp0s8  ethernet  connected  Wired connection 2
lo      loopback  unmanaged  --
opensw@tux:~$
```

컴퓨터는 네트워크 장치와 호스트 간의 물리적인 연결만으로는 네트워크를 사용할 수 없다. 네트워크 장치를 활성화한 후 네트워크 장치와 네트워크 간의 연결이 connected 상태가 되어야 네트워크를 사용할 수 있다. enp0s3 장치는 활성화되어 인터넷 사용 시 필요한 Wired connection 1을 위해, enp0s8 장치는 활성화되어 호스트와의 통신에 필요한 Wired connection 2을 위해 사용중임을 확인할 수 있다.

show 서브 명령으로 리눅스에 연결된 모든 네트워크 장치의 상세 정보를 확인한다.

```
opensw@tux:~$ nmcli dev show
GENERAL.DEVICE:                         enp0s3
GENERAL.TYPE:                           ethernet
GENERAL.HWADDR:                         08:00:27:AD:7F:ED
GENERAL.MTU:                            1500
GENERAL.STATE:                          100 (connected)
GENERAL.CONNECTION:                     Wired connection 1
...

GENERAL.DEVICE:                         enp0s8
```

```
GENERAL.TYPE:                           ethernet
GENERAL.HWADDR:                         08:00:27:A0:15:A5
GENERAL.MTU:                            1500
GENERAL.STATE:                          100 (connected)
GENERAL.CONNECTION:                     Wired connection 2
...
opensw@tux:~$
```

show 명령으로 이름, 종류, 상태, 네트워크 이름 뿐만 아니라 장치의 하드웨어 주소와 최대 전송 크기(MTU) 등을 알 수 있다. 이러한 정보는 네트워크에 문제 발생 시 원인 분석을 위해 사용된다.

네트워크를 관리하기 위해 nmcli 명령 외에도 ip 명령을 사용할 수 있다.

ip 명령은 IP와 관련된 설정을 다루는 명령으로, 리눅스의 IP 주소 상태를 확인하고 관리할 수 있다. 네트워크를 사용하기 위해 네트워크나 장치의 상태를 파악하는 것도 중요하지만, 네트워크 내에서 시스템을 식별할 수 있는 IP 주소 또한 올바르게 설정되어야 한다.

이제 IP 주소를 관리하는 실습을 진행한다. 먼저 ip addr 명령으로 네트워크 장치에 설정된 IP 주소를 확인한다.

```
opensw@tux:~$ ip addr
...
2: enp0s3: <BROADCAST,MULTICAST,UP,LOWER_UP> mtu 1500 qdisc fq_codel state UP group default
qlen 1000
    link/ether 08:00:27:ad:7f:ed brd ff:ff:ff:ff:ff:ff
    inet 10.0.2.15/24 brd 10.0.2.255 scope global dynamic noprefixroute enp0s3
       valid_lft 86226sec preferred_lft 86226sec
    inet6 fe80::ae92:e43f:aa12:da9b/64 scope link noprefixroute
       valid_lft forever preferred_lft forever
3: enp0s8: <BROADCAST,MULTICAST,UP,LOWER_UP> mtu 1500 qdisc fq_codel state UP group default
qlen 1000
    link/ether 08:00:27:a0:15:a5 brd ff:ff:ff:ff:ff:ff
    inet 192.168.56.101/24 brd 192.168.56.255 scope global noprefixroute enp0s8
       valid_lft forever preferred_lft forever
    inet6 fe80::2537:94c3:57b:ea36/64 scope link noprefixroute
       valid_lft forever preferred_lft forever
opensw@tux:~$
```

IP 주소는 네트워크 장치에 연결된 네트워크 정보와 일치하도록 설정되어야 한다. enp0s3 장치에 부여된 IP 주소인 10.0.2.15/24를 예로 들면, 해당 장치에 연결된 네트워크가 10.0.2.1이라는 네트워크 주소를 가지고 있음을 의미한다. /24 부분이 넷마스크를 나타내는데, 24비트가 넷마스크로 설정되어 있음을 의미하여 255.255.255.0이라는 것을 알 수 있다. 보통 IP 주소 뒤에 /<bits>를 붙여 넷마스크를 간단하게 표현한다.

만약 사용자가 해당 네트워크 주소(10.0.2)로 시작하는 형태로 IP 주소를 설정하지 않는다면, 해당 네트워크를 사용할 수 없게 된다. 이렇듯 IP 주소 설정 시에는 각 네트워크가 어떤 네트워크 주소를 사용하는지 정확히 숙지해야 한다.

다음으로 ip addr add 명령은 네트워크 장치에 새로운 IP 주소를 부여한다. 명령 형식은 다음과 같다.

```
ip addr add <ip> dev <device>
```

<ip>에는 부여하고자 하는 새로운 IP 주소를 입력하고, <device>에는 새로운 주소를 부여할 네트워크 장치를 작성한다. enp0s3 장치에 새로운 IP 주소인 192.168.1.32/24를 추가한다.

```
openswu@tux:~$ sudo ip addr add 192.168.1.32/24 dev enp0s3
openswu@tux:~$
```

IP 주소 뒤에 /24는 앞서 언급한 것처럼 넷마스크를 의미하며, 24의 의미는 IP 주소를 구성하는 32개 비트 중 24개를 1로 표현한다는 의미다. 이를 10진수로 표현하면 255.255.255.0과 동일하여, 192.168.1이 네트워크 주소임을 표현한 것이다. 추가한 IP 주소는 'inet 192.168.1.32/24 scope global enp0s3' 부분에서 확인할 수 있다.

```
openswu@tux:~$ ip addr
...
2: enp0s3: <BROADCAST,MULTICAST,UP,LOWER_UP> mtu 1500 qdisc fq_codel state UP group default
qlen 1000
    link/ether 08:00:27:ad:7f:ed brd ff:ff:ff:ff:ff:ff
    inet 10.0.2.15/24 brd 10.0.2.255 scope global dynamic noprefixroute enp0s3
       valid_lft 86157sec preferred_lft 86157sec
    inet 192.168.1.32/24 scope global enp0s3
       valid_lft forever preferred_lft forever
    inet6 fe80::ae92:e43f:aa12:da9b/64 scope link noprefixroute
       valid_lft forever preferred_lft forever
...
openswu@tux:~$
```

ip addr del 명령은 장치에 부여된 IP 주소를 삭제한다. 명령 형식은 다음과 같다.

ip addr del <ip> dev <device>

<ip>에는 삭제하고자 하는 IP 주소를 입력하고, <device>에는 주소를 삭제할 장치를 작성한다. 네트워크 장치에 하나 이상의 IP 주소를 부여하면 네트워크 사용에 있어 문제가 발생할 수 있다. 그래서 이후 실습에서 네트워크 사용에 문제가 없도록 enp0s3에 앞서 추가한 IP 주소를 삭제한다.

```
openswu@tux:~$ sudo ip addr del 192.168.1.32/24 dev enp0s3
openswu@tux:~$
```

IP 주소를 삭제한 후에는 'inet 192.168.1.32/24 scope global enp0s3'이 없어진 것을 확인할 수 있다.

```
openswu@tux:~$ ip addr
...
2: enp0s3: <BROADCAST,MULTICAST,UP,LOWER_UP> mtu 1500 qdisc fq_codel state UP group default
qlen 1000
    link/ether 08:00:27:ad:7f:ed brd ff:ff:ff:ff:ff:ff
    inet 10.0.2.15/24 brd 10.0.2.255 scope global dynamic noprefixroute enp0s3
       valid_lft 86068sec preferred_lft 86068sec
    inet6 fe80::ae92:e43f:aa12:da9b/64 scope link noprefixroute
       valid_lft forever preferred_lft forever
...
openswu@tux:~$
```

9.2.2. 네트워크 설정

지금까지는 리눅스의 네트워크 상태나 IP 주소를 관리하는 명령에 대해 학습했다. 이는 다른 시스템과 통신하기 위해 본인 시스템의 네트워크를 설정하는 과정이었다. 이번 절에서는 다른 네트워크의 장비와 통신하기 위한 라우팅 설정 방법에 대해 학습한다.

라우팅은 네트워크를 통해 데이터를 목적지까지 잘 전달할 수 있도록 목적지에 대한 정보를 관리하는 것이다. 라우팅 설정을 위해 라우팅 테이블이 사용된다. **라우팅 테이블**은 데이터가 목적지까지 도달할 수 있도록 최적의 네트워크 경로를 결정하기 위해 사용되며, 특정 목적지로 데이터를 전송할 때 사용할 네트워크 정보를 가지고 있다.

ip route 명령은 라우팅 테이블과 게이트웨이 주소 관리를 할 수 있다. 명령 형식은 다음과 같다.

```
ip route <subcommand>
```

<subcommand>로는 show, add, del 등을 지원한다. 우선 show 서브 명령을 통해 리눅스에 설정된 라우팅 설정을 확인한다.

```
opensw@tux:~$ ip route show
default via 10.0.2.2 dev enp0s3 proto dhcp metric 102
default via 192.168.56.1 dev enp0s8 proto static metric 20101
10.0.2.0/24 dev enp0s3 proto kernel scope link src 10.0.2.15 metric 102
169.254.0.0/16 dev enp0s3 scope link metric 1000
192.168.56.0/24 dev enp0s8 proto kernel scope link src 192.168.56.101 metric 101
opensw@tux:~$
```

현재 리눅스는 두 개의 기본 경로를 가지고 있다. 이는 'default via' 문구로 작성되어 있는 라우팅 설정을 의미한다. 첫 번째와 두 번째 설정으로 인해 리눅스는 enp0s3을 통해 10.0.2.2와, enp0s8을 통해 192.168.56.1 게이트웨이를 사용하여 임의의 목적지로 라우팅하는 설정을 가지고 있다.

add 서브 명령은 라우팅 테이블에 기본 게이트웨이 경로를 추가한다. 명령 형식은 다음과 같다.

```
ip route add default via <ip> dev <device>
```

<ip>에는 라우팅 시 사용할 기본 게이트웨이 주소를, <device>는 <ip>와 통신할 때 사용할 장치를 작성한다. 이제 10.0.2.2가 목적지인 통신을 진행할 때 enp0s3을 사용하도록 라우팅 경로를 추가한다.

```
opensw@tux:~$ sudo ip route add default via 10.0.2.2 dev enp0s3
opensw@tux:~$ ip route show
default via 10.0.2.2 dev enp0s3
...
opensw@tux:~$
```

리눅스 시스템이 다른 네트워크와의 통신을 위해 기본 게이트웨이가 필요하다. **기본 게이트웨이(Default Gateway)**란 데이터의 목적지를 정확히 알지 못할 때 사용할 라우팅 경로로, 주로 데이터의 목적지를 정확히 알지 못하는 인터넷을 사용하기 위해 설정한다. 'default via 10.0.2.2 dev enp0s3'는 기본적으로 enp0s3로 10.0.2.2 게이트웨이를 통해 데이터를 주고받는다는 것을 의미한다.

다음으로 특정 목적지로 가는 라우팅 경로를 설정한다. 명령 형식은 다음과 같다.

```
ip route add <dest> via <ip> dev <device>
```

<dest>에는 목적지 주소를 작성한다. <ip>는 게이트웨이 주소이며, <device>에는 목적지와 통신할 때 사용할 장치를 의미한다. 즉 데이터를 <device>를 사용하여 <ip> 주소를 가진 게이트웨이를 통해 <dest>로 전달하는 라우팅 경로를 추가하는 것이다. 이제 enp0s3를 사용하여 10.0.2.2 게이트웨이를 거쳐 10.0.2.0/24 목적지로의 라우팅 경로를 설정한다.

```
opensw@tux:~$ sudo ip route add 10.0.2.0/24 via 10.0.2.2 dev enp0s3
opensw@tux:~$ ip route show
...
10.0.2.0/24 via 10.0.2.2 dev enp0s3
10.0.2.0/24 dev enp0s3 proto kernel scope link src 10.0.2.15 metric 102
169.254.0.0/16 dev enp0s3 scope link metric 1000
192.168.56.0/24 dev enp0s8 proto kernel scope link src 192.168.56.101 metric 101
opensw@tux:~$
```

del 서브 명령은 라우팅 경로를 삭제한다. 명령 형식은 다음과 같다.

```
ip route del <ip>
ip route del default via <ip> dev <device>
```

첫 번째 형식에서의 <ip>는 라우팅 테이블에 설정되어 있는 목적지 주소를, 두 번째 형식의 <ip>는 기본 게이트웨이 주소를 의미한다. 두 명령 형식을 사용하여 앞서 추가했던 라우팅 경로와 기본 게이트웨이 주소를 삭제한다.

```
opensw@tux:~$ sudo ip route del 10.0.2.0/24
opensw@tux:~$ sudo ip route del default via 10.0.2.2 dev enp0s3
opensw@tux:~$ ip route show
default via 10.0.2.2 dev enp0s3 proto dhcp metric 102
default via 192.168.56.1 dev enp0s8 proto static metric 20101
10.0.2.0/24 dev enp0s3 proto kernel scope link src 10.0.2.15 metric 102
169.254.0.0/16 dev enp0s3 scope link metric 1000
192.168.56.0/24 dev enp0s8 proto kernel scope link src 192.168.56.101 metric 101
opensw@tux:~$
```

목적지를 10.0.2.0/24로 설정했던 라우팅 경로와 기본 게이트웨이 주소를 10.0.2.2로 설정한 내용이 삭제되었다. 이제 10.0.2로 시작하는 IP 주소를 가진 목적지로 데이터를 전달할 때 기본 게이트웨이를 사용하게 된다.

ip route 명령 외에도 route 명령으로도 라우팅 경로를 관리할 수 있다. route 명령은 라우팅 테이블을 출력 또는 편집한다. 명령 형식은 다음과 같다.

route [subcommand]

[subcommand]로는 add, del을 지원하며, 앞서 ip route 명령처럼 라우팅 경로와 기본 게이트웨이 주소를 설정하기 위한 기능을 지원한다(테이블 9.04).

테이블 9.04 route 명령의 다양한 옵션

옵션	기능
add	라우팅 경로 혹은 기본 게이트웨이를 추가
del	라우팅 경로 혹은 기본 게이트웨이를 삭제

route 명령을 사용하여 라우팅 테이블을 관리하는 실습을 진행한다. 우선 route 명령이 없는 경우를 대비하여, net-tools를 설치한다.

```
opensw@tux:~$ sudo apt install net-tools
```

우선 옵션 없이 route 명령을 실행하여 리눅스 시스템에 설정되어 있는 라우팅 테이블을 확인한다.

```
opensw@tux:~$ route
Kernel IP routing table
Destination    Gateway     Genmask         Flags Metric Ref    Use Iface
default        _gateway    0.0.0.0         UG    102    0        0 enp0s3
default        _gateway    0.0.0.0         UG    20101  0        0 enp0s8
10.0.2.0       0.0.0.0     255.255.255.0   U     102    0        0 enp0s3
link-local     0.0.0.0     255.255.0.0     U     1000   0        0 enp0s3
192.168.56.0   0.0.0.0     255.255.255.0   U     101    0        0 enp0s8
opensw@tux:~$
```

라우팅 테이블을 관리하려면 라우팅 테이블의 각 항목에 대해 알아야 정확하게 설정할 수 있다. 각 항목에 대한 설명은 아래와 같다.

- **Destination** : 목적지 네트워크나 호스트의 주소이다.
- **Gateway** : 게이트웨이 주소이며, 설정되어 있지 않다면 '*'이 출력된다.

- **Genmask** : Destination 항목의 네트워크 넷마스크이다.
- **Flags** : 해당 라우팅 정보에 대한 상태를 기호(Flag, 플래그)로 표시한 것으로, 상태에 따라 여러 개가 표시되기도 한다.
  - **U** : 라우트 활성화를 의미한다.
  - **H** : 대상이 호스트임을 의미한다.
  - **G** : 게이트웨이로 사용한다는 것을 의미한다.
  - **R** : 동적 라우팅을 위한 경로를 재생성 했음을 의미한다.
  - **D** : 데몬 또는 리다이렉트에 의해 동적으로 재설치 했음을 의미한다.
  - **M** : 라우팅 데몬, 리다이렉트에 의해 경로가 수정된 것을 의미한다.
  - **A** : addrconf에 의해 설치된 것을 의미한다.
  - **C** : 캐시 항목임을 의미한다.
  - **!** : 경로가 거부되었음을 의미한다.
- **Metric** : 대상까지의 거리이다.
- **Ref** : 해당 경로에 대한 참조 수이다.
- **Use** : 경로를 탐색한 수이다.
- **Iface** : 패킷이 전달되는 인터페이스 이름이다.

add 서브 명령으로 기본 게이트웨이를 설정한다. 명령 형식은 다음과 같다.

```
route add default gw <ip>
```

<ip>는 설정할 기본 게이트웨이 주소를 의미한다. 이를 이용하여 10.0.2.2 기본 게이트웨이 주소를 추가한다.

```
opensw@tux:~$ sudo route add default gw 10.0.2.2
opensw@tux:~$ route
Kernel IP routing table
Destination  Gateway     Genmask         Flags Metric Ref    Use Iface
default      10.0.2.2    0.0.0.0         UG    0      0        0 enp0s3
```

```
default       _gateway   0.0.0.0         UG    102    0        0 enp0s3
default       _gateway   0.0.0.0         UG    20101  0        0 enp0s8
10.0.2.0      0.0.0.0    255.255.255.0   U     102    0        0 enp0s3
link-local    0.0.0.0    255.255.0.0     U     1000   0        0 enp0s3
192.168.56.0 0.0.0.0     255.255.255.0   U     101    0        0 enp0s8
opensw@tux:~$
```

라우팅 테이블을 잘못 설정하면 정상적으로 네트워크를 이용하는데 문제가 발생할 수도 있다. 그렇기에 명령을 입력할 시 정확하게 입력하고, 잘못 입력한 경우에는 route del 명령으로 잘못 설정한 경로를 삭제해야 한다. route add 명령을 통해 'default 10.0.2.2 0.0.0.0 UG 0 0 0 enp0s3'가 추가된 것을 확인할 수 있다.

del 서브 명령으로 설정한 기본 게이트웨이를 삭제한다. 명령 형식은 다음과 같다.

route del default gw <ip>

<ip>는 설정할 기본 게이트웨이 주소를 의미한다. 앞서 추가한 10.0.2.2 기본 게이트웨이를 삭제한다.

```
opensw@tux:~$ sudo route del default gw 10.0.2.2
opensw@tux:~$ route
Kernel IP routing table
Destination  Gateway      Genmask          Flags Metric Ref    Use Iface
default      _gateway     0.0.0.0          UG    102    0        0 enp0s3
default      _gateway     0.0.0.0          UG    20101  0        0 enp0s8
...
opensw@tux:~$
```

삭제 후 라우팅 테이블을 보면 'default 10.0.2.2 0.0.0.0 UG 0 0 0 enp0s3'이 삭제된 것을 알 수 있다. 이제 기존에 설정되어 있던 기본 게이트웨이를 이용하여 외부 네트워크와 통신하게 된다.

원활한 네트워크 통신을 위해 네트워크, IP 주소와 라우팅 테이블 관리 외에도 DNS 설정도 함께 진행해야 한다. DNS(Domain Name Service)란 www.google.com처럼 사람이 읽을 수 있는 주소를 입력하면 해당 도메인에 매핑된 IP 주소로 자동으로 변환되어 해당 IP 주소를 가진 장비와 통신할 수 있도록 지원하는 서비스이다.

DNS를 위해 사람이 읽을 수 있는 주소와 그에 해당하는 실제 IP 주소에 대한 매칭 정보를 가지고 있는 서버를 **DNS 서버**라고 한다. 외부에서 도메인 이름으로 본인의 시스템에 접근할 수 있도록 하려면 DNS

서버에 정보가 등록되어 있어야 한다.

리눅스에서 사용할 DNS 서버 주소는 /etc/resolv.conf 파일에서 관리한다.

```
opensw@tux:~$ cat /etc/resolv.conf
nameserver 127.0.0.53
options edns0 trust-ad
search .
opensw@tux:~$
```

/etc/resolve.conf 파일에서 nameserver 항목이 DNS 서버 주소이다. 즉 현재 리눅스에는 127.0.0.53을 IP 주소로 가지는 DNS 서버 정보가 저장되어 있다.

/etc/resolve.conf 파일에는 127.0.0.53이 설정되어 있지만, 이는 실제 DNS 주소는 아니다. DNS 서버의 실제 주소를 확인하기 위해 resolvectl status 명령을 사용한다.

```
opensw@tux:~$ resolvectl status
...

Link 2 (enp0s3)
    Current Scopes: DNS
        Protocols: +DefaultRoute +LLMNR -mDNS -DNSOverTLS DNSSEC=no/unsupported
Current DNS Server: 111.118.0.11
        DNS Servers: 111.118.0.11 111.118.0.1
...
opensw@tux:~$
```

확인 결과 127.0.0.53의 실제 주소는 111.118.0.1와 111.118.0.11이다. 하나의 DNS 서버만 사용한다면, 해당 DNS 서버에 문제가 발생할 시 정상적으로 DNS를 이용할 수 없게 된다. 이때 등록된 다른 DNS 서버가 존재한다면, 그 DNS 서버를 통해 DNS를 정상적으로 사용할 수 있다. 이로 인해 리눅스에서는 여러 DNS 서버 주소를 설정한다.

앞서 학습한 nmcli con 명령을 사용하여 새로운 DNS 서버 주소를 추가한다.

```
nmcli con mod <connection> ipv4.dns <ip>
```

mod는 지정한 네트워크에 대한 설정을 수정한다는 서브 명령이다. <connection>에는 DNS 서버 정보를 추가할 네트워크를 작성하고, <ip>에는 새로 추가할 DNS 서버 주소를 작성한다. 이제 구글이 제공하는 DNS 서버인 8.8.8.8과 8.8.4.4를 추가한다.

```
opensw@tux:~$ nmcli con mod 'Wired connection 1' ipv4.dns "8.8.8.8 8.8.4.4"
opensw@tux:~$
```

Wired connection 1 네트워크에 8.8.8.8와 8.8.4.4라는 DNS 서버 주소를 추가한다. 이는 Wired connection 1 네트워크를 이용할 때는 총 4개의 DNS 서버를 사용할 수 있음을 의미한다(111.118.0.11, 111.118.0.1, 8.8.8.8, 8.8.4.4).

이후 설정한 내용이 반영될 수 있도록 네트워크를 재활성화 한다.

```
opensw@tux:~$ nmcli con up 'Wired connection 1'
Connection successfully activated (D-Bus active path: /org/freedesktop/NetworkManager/Activ
eConnection/6)
opensw@tux:~$
```

resolvectl status 명령을 실행하여 추가한 DNS 서버가 정상적으로 반영되었는지 확인한다.

```
opensw@tux:~$ resolvectl status
...

Link 2 (enp0s3)
    Current Scopes: DNS
        Protocols: +DefaultRoute +LLMNR -mDNS -DNSOverTLS DNSSEC=no/unsupported
Current DNS Server: 111.118.0.11
        DNS Servers: 111.118.0.11 111.118.0.1 8.8.8.8 8.8.4.4
...
opensw@tux:~$
```

nslookup 명령은 DNS 서버와 대화식으로 질의응답을 진행하여, 도메인의 실제 IP 주소를 알아낼 수 있다. 이를 통해 www.google.com의 실제 IP 주소를 알아낸다.

```
opensw@tux:~$ nslookup
> www.google.com
Server:     127.0.0.53
Address:    127.0.0.53#53

Non-authoritative answer:
```

```
Name:   www.google.com
Address: 142.250.206.196
Name:   www.google.com
Address: 2404:6800:400a:813::2004
> exit
opensw@tux:~$
```

nslookup 명령을 실행하면 '>' 로 표시되는 프롬프트로 변한다. 해당 프롬프트에 IP 주소가 궁금한 도메인을 입력한 후 [Enter]키를 누른다. 그럼 입력한 도메인에 매칭되는 IP 주소를 DNS 서버에 요청한 후, DNS 서버로부터 전달받은 IP 주소를 반환한다. 현재는 www.google.com의 실제 IP 주소가 142.250.206.196이라는 것을 알아냈다. 해당 IP 주소를 실제로 브라우저에 검색하면, Google 홈페이지가 나온다(그림 9.06).

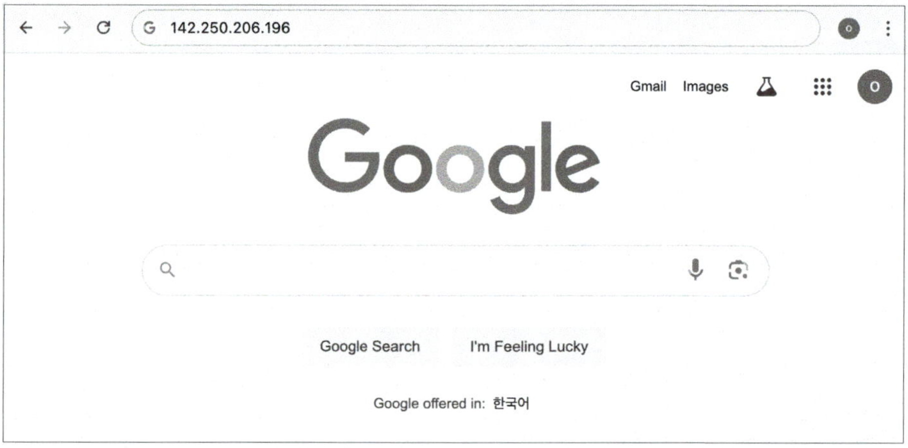

그림 9.06 nslookup 명령으로 알아낸 주소로 접속한 Google 페이지

resolvectl query 명령으로도 DNS 서버와의 질의가 가능하고, nslookup 명령과 동일하게 출력된다.

```
opensw@tux:~$ resolvectl query
www.google.com: 142.250.206.196                    -- link: enp0s3
                2404:6800:400a:80a::2004           -- link: enp0s3

-- Information acquired via protocol DNS in 3.2ms.
-- Data is authenticated: no; Data was acquired via local or encrypted transport: no
-- Data from: network
Global
       Protocols: -LLMNR -mDNS -DNSOverTLS DNSSEC=no/unsupported
```

```
resolv.conf mode: stub
opensw@tux:~$
```

9.2.3. 네트워크 모니터링

네트워크 모니터링 관련하여 사용되는 여러가지 명령이 존재한다. 이번 절에서는 네트워크 모니터링 명령에 대한 사용 방법을 알아본다.

ping 명령을 통해 특정 IP 주소를 가진 장치와 통신이 가능한지 확인할 때 사용한다. 네트워크 장비에 패킷으로 불리는 ECHO_REQUEST 신호를 전송하여 해당 장치와의 통신 여부를 판단하는 방식을 사용한다. 명령 형식은 다음과 같다.

ping [option] <dest>

<dest>는 통신 상태를 확인할 IP 주소이다. ping 명령의 옵션으로 전달할 신호 개수나 출력 형식을 바꿀 수 있다(테이블 9.05).

테이블 9.05 ping 명령의 다양한 옵션

옵션	기능
-q	테스트 결과를 지속적으로 보여주지 않고 종합 결과만 출력
-c <num>	보낼 패킷 수를 지정

ping 명령을 사용하여 호스트인 192.168.0.1와 문제없이 통신할 수 있는지 확인한다.

```
opensw@tux:~$ ping 192.168.0.1
PING 192.168.0.1 (192.168.0.1) 56(84) bytes of data.
64 bytes from 192.168.0.1: icmp_seq=1 ttl=63 time=1.44 ms
64 bytes from 192.168.0.1: icmp_seq=2 ttl=63 time=1.53 ms
^C

--- 192.168.0.1 ping statistics ---
4 packets transmitted, 4 received, 0% packet loss, time 3005ms
rtt min/avg/max/mdev = 1.127/1.579/2.218/0.398 ms
opensw@tux:~$
```

192.168.0.1과 통신이 가능한지 패킷을 지속적으로 보내면서 통신 상태를 실시간으로 확인한다. 종료를 원하면 [Ctrl]+c 단축키를 입력한다. ping 명령은 네트워크 설정 후 목적지까지 통신이 제대로 이루어지고 있는지 확인할 때 쓰인다. 단 ping 명령은 목적지 주소와의 통신 가능성만 확인 가능하다.

traceroute 명령은 패킷이 해당 목적지 주소로 도달하기까지 거치는 경로를 확인한다. 명령 형식은 다음과 같다.

```
traceroute <dest>
```

<dest>는 패킷이 전달될 목적지 주소를 의미한다. 리눅스에 기본적으로 설치되지 않으므로, apt 명령으로 설치를 진행한다.

```
opensw@tux:~$ apt install traceroute
```

이후 www.naver.com까지의 네트워크 경로를 추적하여, 패킷이 전달될 때 통신 상태에 문제가 없는지와 지나는 경로를 확인한다.

```
opensw@tux:~$ traceroute www.naver.com
traceroute to www.naver.com (125.209.222.142), 30 hops max,
60 byte packets
 1  _gateway (192.168.0.1)  1.093 ms  0.995 ms  1.736 ms
 2  49.143.8.1 (49.143.8.1)  8.549 ms  8.491 ms  8.437 ms
 3  * * *
 4  172.22.250.217 (172.22.250.217)  7.463 ms  7.398 ms
    172.22.0.5 (172.22.0.5)  7.151 ms
 5  111.118.20.185 (111.118.20.185)  9.028 ms 111.118.20.57
    (111.118.20.57)  11.731 ms  11.635 ms
 6  203.255.114.131 (203.255.114.131)  10.739 ms 203.255.115.131
    (203.255.115.131)  12.320 ms  12.243 ms
...
27  * * *
28  * * *
29  * * *
30  * * *
opensw@tux:~$
```

하지만 후반부에 '* * *'로 표시된 결과를 볼 수 있는데, 이는 목적지 시스템에서 traceroute 명령으로 경로가 노출되는 것을 거부했다는 의미이다. traceroute 명령은 네트워크에 문제가 발생했을 때 어디를 거치는지 확인하여, 패킷 전달에 구체적인 문제점을 파악하기 위해 사용한다.

netstat 명령은 네트워크의 상태 정보를 출력한다. 명령 형식은 다음과 같다.

```
netstat [option]
```

출력되는 정보는 네트워크 연결 상태, 라우팅 테이블, 통계 정보, 열려 있는 포트 등 다양한 네트워크 관련 정보이다. [option]으로는 원하는 정보만 출력되도록 지정할 수 있다(테이블 9.06).

테이블 9.06 netstat 명령의 다양한 옵션

옵션	기능
-a, --all	모든 소켓 정보를 출력
-t, --tcp	TCP 프로토콜에 대한 연결을 출력
-u, --udp	UDP 프로토콜에 대한 연결을 출력
-r, --route	라우팅 정보를 출력
-n, --numeric	호스트 이름 대신 IP 주소를 출력
-l, --listening	수신 대기 중인 소켓(서버 소켓)을 표시
-I, --interface	모든 네트워크 인터페이스 정보를 출력
-s, --statictice	프로토콜별로 네트워크 통계 정보를 출력
-p, --program	해당 소켓과 관련된 프로세스의 이름과 PID를 출력

netstat 명령을 이용한 다양한 네트워크의 상태 정보를 확인한다. netstat -a 명령으로 현재 시스템의 모든 소켓 정보를 출력한다. 소켓은 네트워크 상에서 프로세스의 데이터 송수신을 위해 프로세스가 가진 일종의 게이트이다.

```
opensw@tux:~$ netstat -a
Active Internet connections (servers and established)
Proto Recv-Q Send-Q Local Address          Foreign Address        State
tcp        0      0 localhost:domain       0.0.0.0:*              LISTEN
tcp        0      0 localhost:ipp          0.0.0.0:*              LISTEN
tcp        0      0 0.0.0.0:ssh            0.0.0.0:*              LISTEN
tcp6       0      0 ip6-localhost:ipp      [::]:*                 LISTEN
tcp6       0      0 [::]:ssh               [::]:*                 LISTEN
udp        0      0 localhost:domain       0.0.0.0:*
udp        0      0 tux:bootpc             _gateway:bootps        ESTABLISHED
opensw@tux:~$
```

netstat -a 명령은 리눅스의 모든 네트워크에 대한 IP 주소와 상태를 자세히 보여주고, 각 항목의 의미는 다음과 같다.

- **Proto** : 프로토콜 종류이다.
- **Recv-Q** : 해당 프로세스가 전송받은 데이터 양을 바이트로 표기한다.
- **Send-Q** : 해당 프로세스가 전송한 데이터 양을 바이트로 표기한다.
- **Local Address** : 해당 프로세스가 사용하는 주소 및 포트이다.
- **Foreign Address** : 해당 프로세스가 통신하는 목적지와 포트이다. 0.0.0.0:*는 특정 목적지와 포트를 지정하지 않고, 통신이 가능한 모든 목적지와 통신한다는 것을 의미한다.
- **State** : Local Address에 명시된 포트의 현재 상태이다.

netstat 명령은 테이블 9.06의 다양한 옵션을 조합하여 사용할 수 있다. -tnlp 옵션이 많이 사용되며, 프로세스가 어떤 네트워크를 사용하고 있는지 확인할 때 유용하다.

```
opensw@tux:~$ netstat -tnlp
Active Internet connections (only servers)
Proto Recv-Q Send-Q Local Address     Foreign Address   Stat    PID/Program
tcp        0      0 127.0.0.53:53     0.0.0.0:*         LISTEN  -
tcp        0      0 127.0.0.1:631     0.0.0.0:*         LISTEN  -
tcp        0      0 0.0.0.0:22        0.0.0.0:*         LISTEN  -
tcp6       0      0 ::1:631           :::*              LISTEN  -
tcp6       0      0 :::22             :::*              LISTEN  -
opensw@tux:~$
```

arp 명령은 ARP(Address Resolution Protocol) 캐시 정보를 관리한다. ARP는 주소 결정 프로토콜로, 네트워크 상에서 IP 주소를 물리적 네트워크 주소(MAC 주소)로 대응시키기 위해 사용되는 프로토콜이다.[53] 즉 시스템에 부여된 IP 주소를 컴퓨터에 물리적으로 부착되어 있는 여러 네트워크 카드 중 어느 카드가 사용하는지에 대한 정보를 출력한다.

```
opensw@tux:~$ arp
Address         HWtype  HWaddress           Flags Mask            Iface
```

53 https://en.wikipedia.org/wiki/Address_Resolution_Protocol

```
_gateway      ether   52:54:00:12:35:02   C                        enp0s3
_gateway      ether   0a:00:27:00:00:0c   C                        enp0s8
opensw@tux:~$
```

Address 항목이 시스템에서 사용하는 IP 주소이고, HWaddress 항목이 해당 IP 주소를 사용하는 장치의 MAC 주소이다. 현재 리눅스는 각 네트워크 인터페이스에서 사용하는 기본 게이트웨이가 각기 다른 네트워크 카드를 통해 그 역할을 수행하고 있음을 알 수 있다.

tcpdump 명령은 네트워크 상의 트래픽 덤프를 진행한다. 쉽게 설명하면 원하는 조건을 사용하여 주고받는 패킷에 대한 정보를 확인하는 명령이다. 명령 형식은 다음과 같다.

tcpdump [option] [cond]

[option]을 통해 패킷 개수나 사용할 인터페이스를 지정하거나 덤프 조건을 설정할 수 있다(테이블 9.07).

테이블 9.07 tcpdump 명령의 다양한 옵션과 조건부 표현방식

종류	옵션	기능
옵션 ([option])	-c <num>	지정한 패킷 수만큼 덤프를 받고 종료
	-I <interface>	인터페이스를 지정
	-n	IP 주소를 호스트 이름으로 바꾸지 않고 출력
조건부 ([cond])	host <hostname>¦<ip>	해당 호스트가 받거나 보낸 패킷만 덤프
	tcp <port>	지정한 포트 번호의 패킷만 덤프

tcpdump 명령으로 네트워크의 트래픽 덤프를 진행한다. 두 개의 터미널을 준비한 뒤, 먼저 Terminal 1에서 tcpdump 명령을 실행한다.

```
# Terminal 1
opensw@tux:~$ sudo tcpdump
tcpdump: verbose output suppressed, use -v[v]... for full protocol decode
listening on enp0s3, link-type EN10MB (Ethernet), snapshot length 262144 bytes
16:33:31.580991 IP tux.42532 > dns.google.domain: 32702+ [1au] AAAA? connectivity-check.ubun
tu.com. (58)
16:33:31.639651 IP dns.google.domain > tux.42532: 32702 12/0/1 AAAA 2001:67c:1562::23, AAAA
2620:2d:4000:1::2b, AAAA 2620:2d:4000:1::2a,
...
opensw@hello:~$
```

Terminal 2에서는 `ping www.google.com` 명령을 실행한다.

```
# Terminal 2
opensw@tux:~$ ping www.google.com
PING www.google.com (142.250.206.196) 56(84) bytes of data.
64 bytes from kix07s07-in-f4.1e100.net (142.250.206.196): icmp_seq=1 ttl=51 time=39.1 ms
64 bytes from kix07s07-in-f4.1e100.net (142.250.206.196): icmp_seq=2 ttl=51 time=40.5 ms
...
opensw@tux:~$
```

`ping` 명령은 시스템이 특정 목적지와 통신이 가능한 지 알아보기 위해 사용하며, `tcpdump` 명령은 도착지에서 패킷을 전송하지 못하는지 아니면 출발지에서 패킷을 받지 못하는 것인지 확인하기 위해 사용된다. 즉 `tcpdump` 명령은 통신 문제 발생 시 어느 쪽에서 문제가 발생한 것인지를 위한 원인 분석 시 유용하다.

9.2.4. GUI 환경에서 네트워크 설정

대부분의 GUI 기반 운영체제는 'Settings > Network' 메뉴에서 그래픽 환경으로 네트워크 설정을 변경할 수 있다. 보통 GUI 환경에서의 네트워크 설정은 IP 주소, 넷마스크, 게이트웨이, DNS 주소를 관리하는 목적으로 사용한다. 대표적으로 우분투에서 GUI 를 사용해 네트워크를 설정하는 방법에 대해 알아본다.

첫 번째로 네트워크 설정 메뉴를 이용하는 방법이다. 이는 앞선 3장에서 SSH를 위한 네트워크 설정 시 다룬 부분이다. 간단하게 우분투의 네트워크를 살펴본다(그림 9.07).

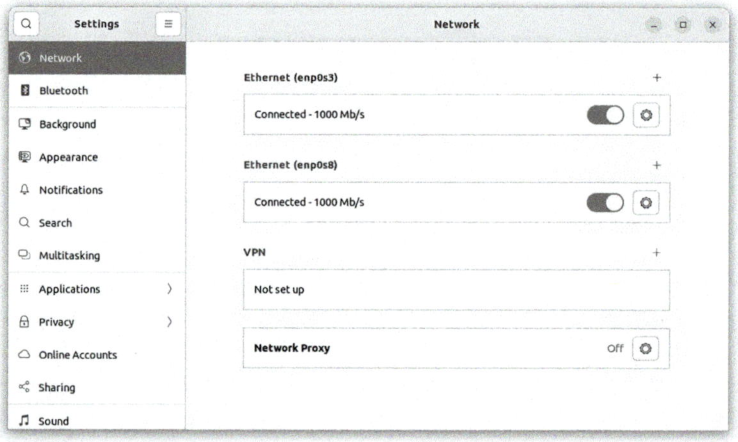

그림 9.07 우분투의 네트워크 설정 메뉴 화면

다음으로 터미널에서 사용 가능한 nmtui 유틸리티를 이용하는 방법을 알아본다. 우선 터미널에서 nmtui 명령을 실행한다.

```
opensw@tux:~$ nmtui
```

명령이 실행되었다면, nmtui 유틸리티가 실행된다(그림 9.08). 해당 유틸리티는 터미널 환경에서 구동되기에, 방향키와 [Enter]키로만 조작할 수 있다.

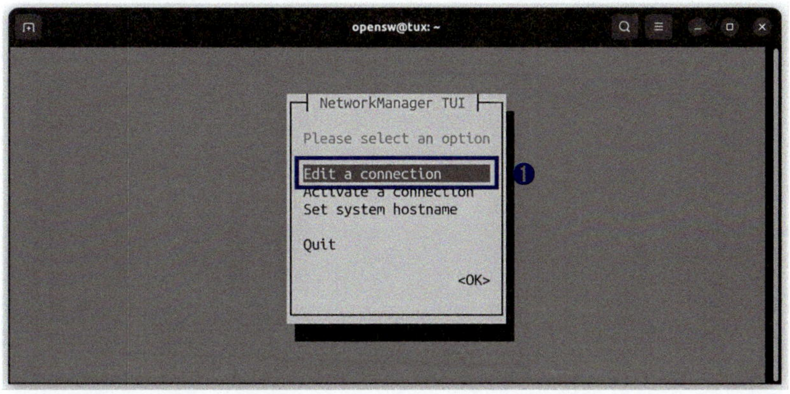

그림 9.08 nmtui 유틸리티 실행 화면

그림 9.08을 보면 3가지 기능을 제공한다. Edit a connection은 해당 네트워크의 정보를 수정하고, Activate a connection은 시스템에 연결된 네트워크 활성화 여부를 설정하고, Set system hostname은 시스템의 호스트네임을 설정하는 기능이다. 이 중 Edit a connection을 선택한다(❶).

Wired connection 2의 네트워크 설정을 확인한다(그림 9.09). 이를 위해 'Wired connection 2'를 선택한 후(❶), <Edit...>을 선택한다(❷).

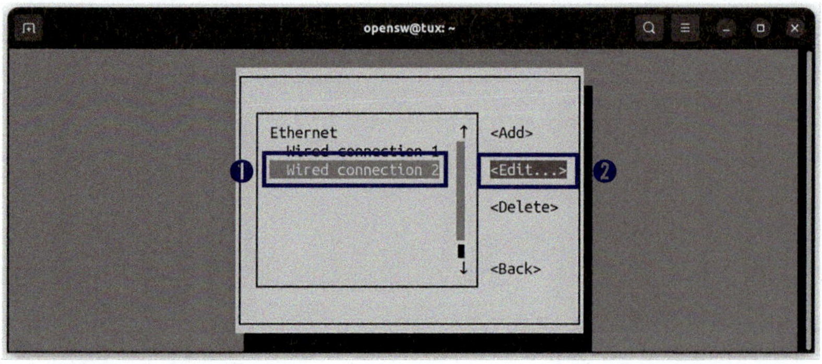

그림 9.09 Wired connection 2 선택 화면

Edit a connection을 통해 선택한 네트워크의 이름과 MAC 주소(❶), IP 주소와 넷마스크(❷), 게이트웨이와 DNS 서버(❸) 등을 설정할 수 있다(그림 9.10).

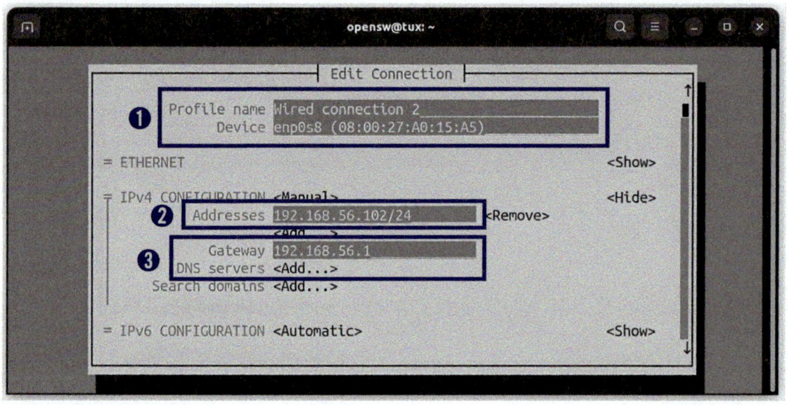

그림 9.10 Edit a connection 기능 화면

nmtui 유틸리티로 네트워크 설정을 완료했다면 Quit를 선택하여 (❶), nmtui를 종료한다(그림 9.11).

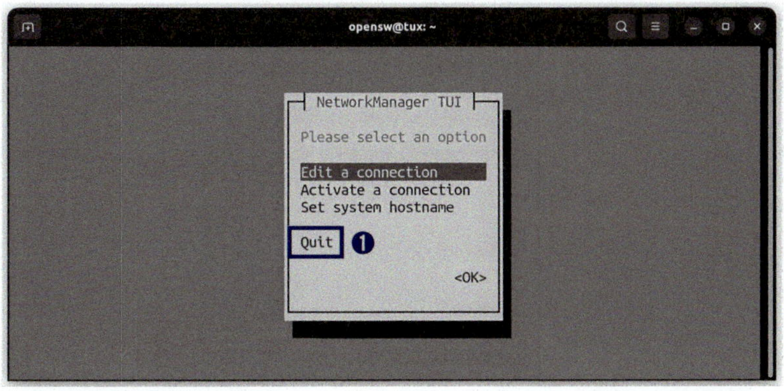

그림 9.11 nmtui 종료 버튼

교재에서는 GUI가 지원되는 리눅스를 사용하지만, 실제 서비스에 사용되는 대부분의 서버는 CLI 기반의 리눅스로 운영된다. 이로 인해 서버 운영을 위해서는 명령어만으로 네트워크를 관리할 수 있는 능력이 요구되기에, 네크워크의 기본 개념 및 관련 명령에 대해 정확히 이해하는 것이 중요하다.

9.3 Linux 보안 관리

보안은 시스템 종류에 상관없이 매우 중요하다. 보안이 적용되지 않은 시스템은 해킹이나 정보 탈취 등의 악의적인 공격에 취약하다. 이로 인해 발생하는 개인정보 유출이나 기업의 기밀정보 탈취는 큰 문제로 이어진다. 이러한 보안 위협을 방지하기 위해서는 보안 기술을 적용해야 한다.

리눅스는 주로 여러 사용자가 접근하는 서버로 많이 사용된다. 접속자가 많을수록 보안 위협에 노출되기 쉽기에, 각 사용자별로 접근을 통제하거나 특정 IP 주소를 가진 시스템에서만 접속하도록 제한하는 등의 기법이 적용되어야 한다. 리눅스에서 이러한 기법에 대한 정의와 시스템에 적용하는 방법에 대해 알아본다.

9.3.1. 정보 보안 기초

정보 보안이란 정보의 수집, 가공, 저장, 검색, 송신, 수신 도중에 정보의 훼손, 변조, 유출 등을 방지하기 위한 관리적, 기술적 방법을 의미한다. 정보 보안을 위한 3요소는 기밀성, 무결성, 가용성이며, 이러한 요소를 유지하는 것이 정보 보안이라고 할 수 있다. 각 요소에 대한 설명은 다음과 같다.

- **기밀성(Confidentiality)** : 인증된 사용자 또는 객체만 정보에 접근할 수 있는 것을 말한다.
- **무결성(Integrity)** : 인증되지 않은 사용자 또는 객체가 정보를 함부로 수정할 수 없는 것을 말한다.
- **가용성(Availability)** : 인증된 사용자 또는 객체가 정보에 접근하고자 할 때 방해받지 않도록 한다.

보안 수준을 높이기 위해서는 사용자가 가진 특징에 따라 시스템 접근 권한을 제한해야 한다. 제한되는 권한 없이 시스템에 마음대로 접근할 수 있도록 하면, 일반 사용자가 시스템의 중요한 정보나 프로세스 등을 조작하는 상황이 발생할 수 있다. 만약 악의적인 목적을 가진 사용자가 그러한 권한을 갖게 된 상황이면 치명적인 결과가 초래할 수 있다.

이러한 문제점을 방지하기 위해 접근 통제 모델이라는 것이 존재한다. **접근 통제 모델**은 사용자에게 시스템 접근 권한을 무엇을 기준으로 부여할 지에 대한 모델이다. 접근 통제 모델은 다양하게 존재한다.

- **임의적 접근 통제(Discretionary Access Control, DAC)** : 사용자 또는 그룹의 신분을 기준으로 시스템에 대한 접근을 제한하는 방법이다. 시스템 관리자가 직접 자신의 판단에 의해서 권한을 줄 수 있기 때문에 '임의적'이라는 표현이 붙었다. 만약 권한을 탈취 당하게 되면 해당 사용자의 모든 권한을 가질 수 있게 되며, 특히 `root` 계정을 탈취 당하게 되면 탈취자가 시스템을 장악할 수 있다는 취약점을 가지고 있다. 임의적 접근 통제 방법은 유닉스, 리눅스 등 전통적으로 여러 운영체제에서 사용되고 있다.
- **강제 접근 통제(Mandatory Access Control, MAC)** : 사용자가 가진 보안 태그와 보안 허가증을 비교하여 접근을 제어하는 방법으로, 낮은 보안 수준을 가진 사용자는 본인 보안 수준보다 높은 수준을 요하는 정보에 접근할 수 없다. 이는 정보 소유자나 `root`라 하더라도 적용이 된다. 예를 들어 취약점을 이용해 `httpd`의 권한을 획득하여도, `httpd`와 관련된 모든 파일에 접근할 수 없고 `/etc/httpd` 같은 사전에 허용된 폴더 및 포트에만 접근이 허용된다.
- **역할 기반 접근 통제(Role Based Access Control, RBAC)** : 사용자의 역할에 기반을 두고 접근을 통제하는 모델로서, 다중 프로그래밍 환경에서 적용하기 용이하도록 제안된 방식이다. 사용자들을 각자 역할을 부여 받고, 받은 역할에 허용된 권한만 사용할 수 있다. 만약 특정 사용자에게 또 다른 권한이 필요하다면, 사용자에게 해당 권한을 가진 역할을 추가적으로 부여하면 된다. 이 방법은 해당 역할에 필요한 권한을 부여하면, 그 역할에 속한 모든 사용자에게 자동으로 적용되기에 권한 관리에 용이하다는 장점이 있다.

9.3.2. SELinux

SELinux(Security Enhanced Linux)는 시스템 관리자가 시스템 접근 권한을 효과적으로 제어할 수 있게 하는 리눅스용 보안 아키텍처이며, 강제 접근 통제 방식을 이용한다. SELinux는 2000년도에 오픈소스 커뮤니티에 출시되었고 2003년도에 리눅스 커널에 통합되었다. SELinux는 임의적 접근 통제 규칙보다 먼저 동작하므로 SELinux의 보안 정책에 맞지 않으면 차단하게 된다.

SELinux는 시스템 전체에 적용되어, 프로세스 단위로 규칙이 적용되지 않는다는 특징이 있다. 이는 프로세스 단위로 새로운 보안 규칙을 적용할 수 없음을 의미한다. SELinux의 보안 정책은 기본적으로 모든 것을 차단하고 필요한 것만 허용하도록 구성되어 있기에, 잘못된 정책에 대한 피해를 최소화할 수 있다. 네트워크 방화벽이 동일한 접근 방식을 취하고 있다.

SELinux는 기존의 보안 솔루션을 대체하는 것이 아닌 강화하도록 설계되었다. 이는 SELinux에 의존하여 소프트웨어 업데이트, 복잡한 비밀번호 사용, 방화벽 등을 사용하지 않아도 된다는 것을 의미하진 않는다. 좀 더 확실한 보안을 위해 여러 조치를 함께 취하는 것이 좋다.

9.3.3. SELinux 설치 및 설정

SELinux는 Redhat 계열 리눅스에는 기본적으로 적용되어 있다. 우분투 같은 Debian 계열 리눅스에는 AppArmor를 사용하기에, 우분투에서 SELinux를 적용하기 위한 방법을 알아본다.

우분투에서 기본적으로 사용 중인 AppArmor를 제거한다.

```
openswu@tux:~$ sudo apt remove apparmor
```

이후 캐시 업데이트와 패키지 버전 업그레이드를 진행하고, 모두 완료되면 시스템 재부팅을 한다.

```
openswu@tux:~$ sudo apt update && sudo apt upgrade
openswu@tux:~$ sudo reboot
```

다음으로 우분투에서 SELinux를 사용하기 위해 필요한 패키지를 설치한다.

```
openswu@tux:~$ sudo apt install selinux-utils selinux-basics auditd audispd-plugins
```

설치한 패키지가 시스템에 정상적으로 구동되도록 하기 위해 재부팅한다.

```
opensw@tux:~$ sudo reboot
```

sestatus 명령으로 SELinux 동작모드를 확인한다.

```
opensw@tux:~$ sestatus
SELinux status:                 enabled
SELinuxfs mount:                /sys/fs/selinux
SELinux root directory:         /etc/selinux
Loaded policy name:             default
Current mode:                   permissive
Mode from config file:          permissive
Policy MLS status:              enabled
Policy deny_unknown status:     allowed
Memory protection checking:     actual (secure)
Max kernel policy version:      33
opensw@tux:~$
```

SELinux 동작모드는 Current mode 항목에서 확인할 수 있다. 현재 Permissive 모드로 구동중임을 알 수 있다. SELinux 동작모드는 총 3가지가 지원되며 각 모드에 대한 설명은 다음과 같다.

- **Enforcing** : SELinux가 정상적으로 작동하며, SELinux에 적용된 보안 정책이 시스템 전체에 대해 시행된다. 이는 정책에 반하는 동작이 있을 경우, 해당 동작이 실행되는 것을 제한한다. Enforcing 모드는 디폴트 모드이자 리눅스에서 권장하는 모드이다.
- **Permissive** : 시스템 내에서 정책에 어긋나는 동작이 있을 경우 로그를 남기지만, 실제로는 정책에 반하는 동작을 제한하지 않는다. 즉 보안 정책이 시행되는 것 같지만 실제로는 거부하지 않는다. 이러한 특성으로 SELinux 정책 개발 및 디버깅 시에 사용되는 모드이다.
- **Disabled** : SELinux 보안 정책이 실행되지 않는 모드이며, 리눅스에서는 Disabled 모드를 실행하는 것을 추천하지 않는다. 만약 SELinux로 인해 프로세스 동작에 문제가 발생했다면 Permissive 모드로 전환 후 프로세스 동작에 문제가 없도록 정책을 수정하는 것을 권장한다.

setenforce 명령은 SELinux의 Enforcing 모드를 설정한다. 명령 형식은 다음과 같다.

setenforce 0 또는 setenforce 1

setenforce 1 명령은 SELinux의 Enforcing 모드를 활성화하고, setenforce 0 명령은 Enforcing 모드를 비활성화한다. Permissive 모드는 정책에 어긋나는 동작을 막지 않기에, 보안을 위해 setenforce 명령을 사용하여 Enforcing 모드로 변경한다.

```
opensw@tux:~$ sudo setenforce 1
opensw@tux:~$ sudo sestatus
SELinux status:                 enabled
...
Loaded policy name:             default
Current mode:                   enforcing
Mode from config file:          permissive
...
opensw@tux:~$
```

모드 변경 후에는 SELinux의 모드가 'enforcing'으로 바뀐 것을 볼 수 있다. sestatus 명령 결과 중 Mode from config file 항목을 보면 SELinux에 설정된 기본 동작 모드를 의미한다. 이 과정은 기본 동작 모드에서 일시적으로 Enforcing 모드로 전환한 것이다. 즉 시스템이 재부팅되면 다시 기본 동작 모드인 Permissive 모드로 구동된다는 것을 의미한다.

이제 SELinux의 기본 모드를 Enforcing 모드로 설정한다. 이를 위해 SELinux 설정 파일인 /etc/selinux/config 파일을 수정해야 한다. vim으로 /etc/selinux/config 파일을 연다.

```
opensw@tux:~$ sudo vim /etc/selinux/config
```

다음으로 'SELINUX=permissive'에서 'SELINUX=enforcing'으로 수정한다. 이제 시스템이 재부팅되어도 Enforcing 모드로 실행된다.

```
opensw@tux:~$ cat /etc/selinux/config
SELINUX=enforcing
...
opensw@tux:~$
```

SELinux를 사용하면 시스템에 원하는 MAC 정책을 적용 가능하다. 이를 통해 사용자의 접근 통제를 하여 불특정 사용자에 의한 시스템 해킹 등의 보안 공격을 방지할 수 있다.

9.4 리눅스 방화벽 관리

컴퓨터에서 방화벽은 외부로부터 인가되지 않은 접근을 막을 때 사용된다. 기본적으로 운영체제에 상관없이 방화벽을 기본적으로 지원한다. 방화벽은 주로 IP 주소, 포트 번호를 기반으로 시스템에 대한 내/외부 접근을 통제한다. 방화벽이 없다면 해당 시스템에 접근 가능한 모든 사용자가 접근을 시도하여 정보 탈취나 악성 코드 감염 등의 위험이 발생할 가능성이 존재한다. 시스템의 보안을 높일 수 있는 방법 중 하나인 방화벽에 대해 자세히 알아본다.

9.4.1. 방화벽 정의

방화벽은 네트워크를 통해 외부의 침입을 막는 일종의 내부 네트워크 방어 도구이다. 내부망으로 접근하기 위해서는 반드시 방화벽을 통과해야만 진입할 수 있도록 하여 침입을 사전에 방어한다(그림 9.12).[54]

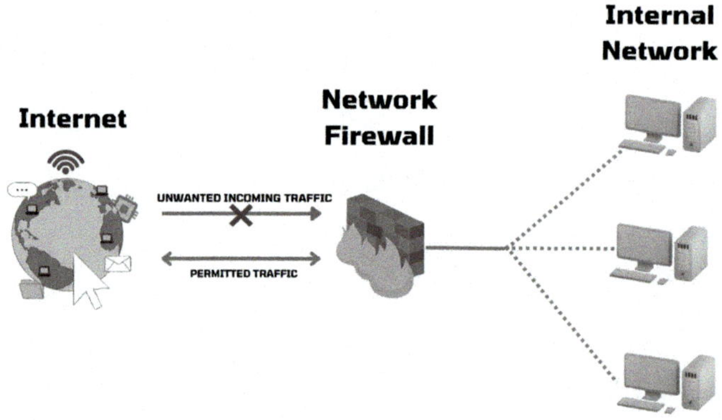

그림 9.12 방화벽 동작 방식

그림 9.12처럼 방화벽은 내부망(Private Network)과 외부망(The Internet) 사이에 위치한다. 내부망에 있는 시스템은 보통 제약없이 외부망에 접근이 가능하나, 외부에 있는 시스템은 허용된 일부 시스템만 내부망에 접근할 수 있다. 이러한 외부에서의 접근 통제를 방화벽이 담당한다. 방화벽에서 방화벽 규칙을 통해 특정 네트워크 주소, IP 주소, 포트 번호, 프로그램의 내부망 접근을 허용한다. **방화벽 규칙**이란 외부에서 내부망으로 접근이 가능하도록 허용할 특정 시스템 또는 프로그램 정보를 명시한 것이다. 이

54 https://www.enterprisenetworkingplanet.com/security/network-firewall/

규칙은 시스템 관리자가 정의하며, 방화벽 관리 명령어를 사용하여 관리한다.

9.4.2. 방화벽 사용 규칙

이번 절에서는 방화벽을 활성화하고 규칙을 관리하는 방법에 대해 알아보자.

우분투에서는 ufw(Uncomplicated Firewall)이라는 방화벽을 제공한다. 이전에 방화벽을 사용한 적이 없다면 기본적으로 비활성화되어 있다. 방화벽 활성화 여부는 sudo ufw status 명령으로 확인할 수 있다. 'Status : inactive' 문구를 통해 현재 방화벽이 비활성화 상태임을 알 수 있다.

```
opensw@tux:~$ sudo ufw status
Status : inactive
opensw@tux:~$
```

sudo ufw enable 명령으로 방화벽을 활성화할 수 있다.

```
opensw@tux:~$ sudo ufw enable
Firewall is active and enabled on system startup
opensw@tux:~$ sudo ufw status
Status: active
opensw@tux:~$
```

방화벽이 정상적으로 활성화되었다면 'Firewall is active and enabled on system startup'가 출력된다. 이는 방화벽이 활성화되어 설정된 방화벽 규칙이 적용되었음을 의미한다.

방화벽 규칙은 내부망 접근을 허용하는 특정 시스템 또는 프로그램을 명시하는 정보임을 언급했다. 방화벽 규칙은 IP 주소, 포트 번호, 서비스를 대상으로 내부망 접근을 허용 또는 거부할 지 결정한다.

방화벽 규칙 또한 ufw 명령으로 관리하며, 접근을 허용하는지에 따라 allow 또는 deny 서브 명령을 사용한다. 명령 형식은 다음과 같다.

```
ufw allow¦deny <target>
```

<target>에는 방화벽 규칙을 적용할 대상인 IP 주소, 포트 번호, 서비스를 작성할 수 있다. 먼저 서비스에 대한 규칙을 추가해보자. http 서비스에 대해 외부 접근을 허용하는 규칙을 추가한다. 규칙이 추가되었다면 'Rule added'가 출력된다.

```
opensw@tux:~$ sudo ufw allow http
Rule added
Rule added (v6)
opensw@tux:~$
```

ufw status 명령으로 추가된 방화벽 규칙을 확인해보자.

```
opensw@tux:~$ sudo ufw status
Status: active

To                         Action      From
--                         ------      ----
80/tcp                     ALLOW       Anywhere
80/tcp (v6)                ALLOW       Anywhere (v6)
opensw@tux:~$
```

http는 기본적으로 80 포트를 사용한다. 서비스에 대한 규칙 추가 시 포트 번호를 지정하지 않으면 자동으로 서비스가 사용하는 기본 포트 번호로 적용된다. 방화벽 규칙은 어느 출발지(From)에서 어느 도착지(To)로 향하는 접근에 대해 어떤 행동(Action)을 취하는 지에 대해 명시되어 있다.

첫 번째 규칙은 출발지에 상관없이(Anywhere), 80 포트를 사용하는 tcp 접근 즉 http(80/tcp)에 대해 허용(ALLOW) 한다는 의미이다. 두 번째 규칙은 동일한 의미로 IPv6에서 사용하는 규칙이다.

다음으로 ufw deny 명령으로 telnet 서비스에 대한 거부 규칙을 추가해보자.

```
opensw@tux:~$ sudo ufw deny telnet
Rule added
Rule added (v6)
opensw@tux:~$ sudo ufw status
Status: active

To                         Action      From
--                         ------      ----
80/tcp                     ALLOW       Anywhere
23/tcp                     DENY        Anywhere
80/tcp (v6)                ALLOW       Anywhere (v6)
23/tcp (v6)                DENY        Anywhere (v6)
opensw@tux:~$
```

telnet 서비스는 디폴트 포트가 23번이므로, 출발지와 상관없이 23번 포트에 대한 tcp 접근을 막는 규칙이 추가되었다.

다음으로 포트를 대상으로 한 방화벽 규칙에 대해 알아보자.

동일하게 ufw allow 명령을 사용하여 규칙을 추가해보자. <target>에는 <port>/<protocol> 형태로 작성한다. 프로토콜 종류는 대표적으로 tcp와 udp가 있다. 모든 출발지에서 5000번 포트를 통한 tcp 접근을 허용하는 규칙을 추가한다.

```
opensw@tux:~$ sudo ufw allow 5000/tcp
Rule added
Rule added (v6)
opensw@tux:~$ sudo ufw status
Status: active

To                         Action      From
--                         ------      ----
80/tcp                     ALLOW       Anywhere
23/tcp                     DENY        Anywhere
5000/tcp                   ALLOW       Anywhere
80/tcp (v6)                ALLOW       Anywhere (v6)
23/tcp (v6)                DENY        Anywhere (v6)
5000/tcp (v6)              ALLOW       Anywhere (v6)
opensw@tux:~$
```

특정 포트에 대한 tcp와 udp 접근 모두를 허용하고 싶다면 포트 번호만 작성한다.

```
opensw@tux:~$ sudo ufw allow 5000
Rule added
Rule added (v6)
opensw@tux:~$ sudo ufw status
Status: active

To                         Action      From
--                         ------      ----
80/tcp                     ALLOW       Anywhere
23/tcp                     DENY        Anywhere
5000                       ALLOW       Anywhere
80/tcp (v6)                ALLOW       Anywhere (v6)
23/tcp (v6)                DENY        Anywhere (v6)
5000 (v6)                  ALLOW       Anywhere (v6)
opensw@tux:~$
```

마지막으로 IP 주소를 대상으로 규칙을 추가해보자.

마찬가지로 `ufw allow` 또는 `ufw deny` 명령을 사용하지만 형식이 조금 복잡하다. IP 주소에 대한 규칙은 크게 3가지 경우로 나뉜다. 각 경우에 대한 명령 형식은 아래와 같다.

- **IP 주소, 포트, 프로토콜 설정** : `sudo ufw allow¦deny from <ip> to <protocol> port <port>`
- **IP 주소, 포트 설정** : `sudo ufw allow¦deny from <ip> to any port <port>`
- **IP 주소만 설정** : `sudo ufw allow¦deny from <ip>`

먼저 IP 주소와 포트 번호를 설정한 경우를 알아본다. 방화벽 규칙을 추가하기 전, 호스트에서 방화벽이 활성화된 가상머신에 원격 접속을 시도해본다.

```
opensw.geek@ubuntu:~$ ssh opensw@192.168.56.101
ssh: connect to host 192.168.56.101 port 22: Connection time out
opensw@tux:~$
```

'`Connection time out`'은 SSH 접속을 위한 대기시간이 지났음을 의미하여, 이는 원격 접속 시도에 실패한 것이다. 방화벽이 활성화되면 기본적으로 SSH 접속을 허용하는 방화벽 규칙이 없기에, 호스트에서 가상머신으로 접속하기 못한다. 이를 위해 SSH 접속이 가능하도록 하는 방화벽 규칙을 추가해야 한다.

`192.168.56.0/24`에서 22번 포트를 통해 접근하는 것을 허용하는 규칙을 추가한다. 해당 방화벽 규칙은 호스트에서 SSH를 통해 가상머신으로 접속하는 것을 허용하기 위함도 있다. 프로토콜의 제한은 없으므로 `<protocol>`에 any를 작성한다.

```
opensw@tux:~$ sudo ufw allow from 192.168.56.0/24 to any to port 22
Rule added
opensw@tux:~$ sudo ufw status
Status: active

To                         Action      From
--                         ------      ----
...
22                         ALLOW       192.168.56.0/24
...
opensw@tux:~$
```

규칙이 추가되면, IP 주소가 192.168.56로 시작하는 IP 주소를 가진 시스템은 프로토콜에 상관없이 22번 포트를 통해 내부망에 접근 가능하다. 이러한 경우는 SSH처럼 특정 IP 주소로 내부망에 접근할 때 사용하는 포트를 제한하기 위해 사용된다. 출발지에서 내부망에 접근하기 위한 포트가 제한되어 있지 않으면 보안에 취약할 수 있기에, 접근 포트를 제한하는 방법을 사용하기도 한다.

호스트의 IP 주소는 192.168.56.1/24이기에, 앞서 지정한 IP 주소 범위에 속한다. 방화벽 규칙을 추가한 후에 SSH 접속이 가능해진 것을 확인한다.

```
opensw.geek@ubuntu:~$ ip addr
...
3: vboxnet0: <BROADCAST,MULTICAST,UP,LOWER_UP> mtu 1500 qdisc pfifo_fast
...
    inet 192.168.56.1/24 brd 192.168.56.255 scope global vboxnet0
       valid_lft forever preferred_lft forever
    inet6 fe80::800:27ff:fe00:0/64 scope link
       valid_lft forever preferred_lft forever
opensw.geek@ubuntu:~$
opensw.geek@ubuntu:~$ ssh opensw@192.168.56.101
opensw@192.168.56.101's password:
Welcome to Ubuntu 22.04 LTS (GNU/Linux 6.5.0-41-generic x86_64)
...
opensw@tux:~$
```

다음은 IP 주소만 설정한 경우를 살펴본다. '192.168.1'로 시작하는 모든 IP 주소에 대한 내부망 접근을 허용하는 규칙을 추가한다.

```
opensw@tux:~$ sudo ufw allow from 192.168.1.0/24
Rule added
opensw@tux:~$ sudo ufw status
Status: active

To                         Action      From
--                         ------      ----
...
22                         ALLOW       192.168.56.0/24
Anywhere                   ALLOW       192.168.1.0/24
...
opensw@tux:~$
```

<ip>에는 특정 IP 주소나 네트워크 주소를 작성한다. 네트워크 주소를 작성하면 해당 네트워크 주소로

시작하는 모든 IP 주소에 방화벽 규칙을 적용할 수 있다. 포트를 설정하지 않았으므로 To 항목에는 'Anywhere'로 표시된다. 어느 포트를 사용하여도 내부망을 접근할 수 있음을 나타낸다.

ufw delete 명령은 방화벽 규칙을 삭제한다. 명령 형식은 다음과 같다.

ufw delete <role>

<role>에는 allow 또는 deny로 작성한 규칙을 명시해야 되는데, ufw 명령 형식 중 allow¦deny <target> 부분을 작성하면 된다. 방화벽을 사용하다 보면 기존의 규칙이 필요 없거나 잘못 작성된 규칙을 삭제해야 하는 상황이 발생한다. 규칙을 작성하는 방법을 알아보기 위해 telnet 서비스에 대한 방화벽 규칙을 삭제해보자.

```
opensw@tux:~$ sudo ufw delete deny telnet
Rule deleted
Rule deleted (v6)
opensw@tux:~$ sudo ufw status
Status: active

To                         Action      From
--                         ------      ----
80/tcp                     ALLOW       Anywhere
5000                       ALLOW       Anywhere
22                         ALLOW       192.168.56.0/24
Anywhere                   ALLOW       192.168.1.0/24
80/tcp (v6)                ALLOW       Anywhere (v6)
5000 (v6)                  ALLOW       Anywhere (v6)
opensw@tux:~$
```

telnet에 대한 규칙을 추가할 때 사용한 ufw deny telnet 명령 중 'deny telnet' 부분이 <role>에 해당한다. 다른 예시로 ufw allow from 192.168.1.0/24 명령에서는 'allow from 192.168.1.0/24' 부분이 규칙에 해당한다. 삭제 후에는 '23/tcp DENY Anywhere'와 '23/tcp DENY Anywhere(v6)'이 사라졌다.

9.4.3. GUI 환경에서의 방화벽

지금까지 방화벽을 CLI 환경에서 관리하는 방법을 알아보았다. ufw을 GUI 환경에서도 관리할 수 있는 도구로 gufw(GUI Uncomplicated Firewall)가 존재하고, apt install 명령으로 설치할 수 있다.

```
openswf@tux:~$ sudo apt install -y gufw
...
Processing triggers for man-db (2.10.2-1) ...
openswf@tux:~$
```

gufw 설치가 완료되면 검색창에서 gufw를 검색한다(❶)(그림 9.13). 실제 검 색된 프로그램의 이름은 'Firewall Configuration'이니 검색된 프로그램을 실행한다(❷).

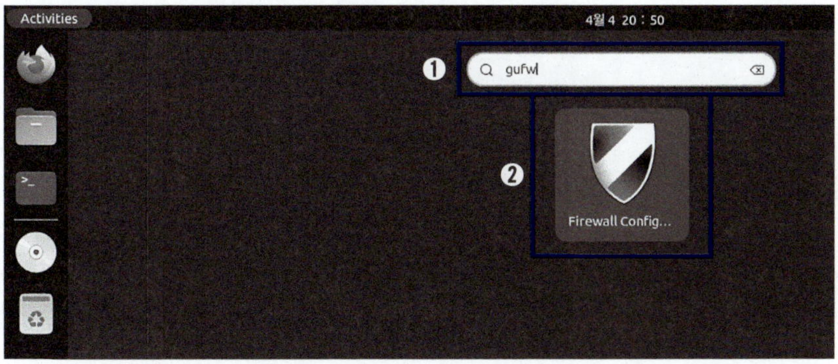

그림 9.13 gufw 검색 결과

gufw를 실행하려면 인증이 필요하다(그림 9.14). opensw의 비밀번호 입력 화면이 나오면 올바른 비밀번호를 입력한 후(❶), Authenticate 버튼을 클릭하거나(❷), [Enter]키를 입력한다.

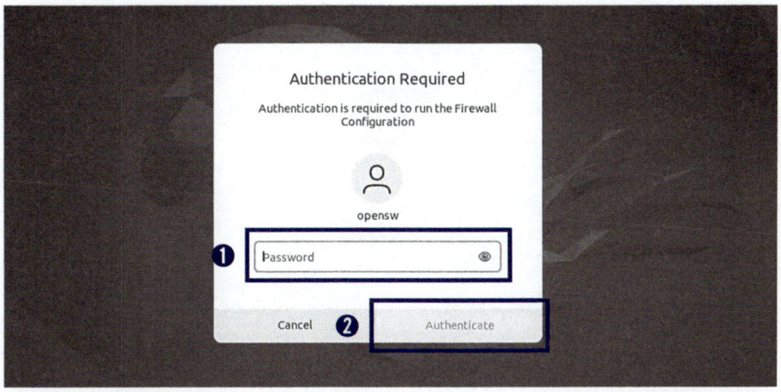

그림 9.14 gufw 사용을 위한 비밀번호 인증 화면

gufw가 실행되면 방화벽을 관리할 수 있는 화면이 나타난다(그림 9.15). 이를 통해 원하는 방화벽 규칙을 쉽게 추가하거나 삭제할 수 있고, 방화벽을 사용하는 환경을 선택하는 옵션을 통해 선택한 환경에 적합하게 방화벽 설정을 진행할 수 있다는 점을 알아두면 좋다.

그림 9.15 gufw 실행 화면

운영체제 종류에 상관없이 네트워크 장비, IP 주소, SELinux, 방화벽 등에 대한 이해는 필요하다. 이는 시스템의 보안성을 높여 보안 공격의 타겟이 될 위험성을 줄여줄 수 있다. 시스템은 안전하게 운영하기 위해 필수로 알아야 하는 지식이므로 이번 장의 내용이 도움이 될 것이다.

CHAPTER 9 연습문제

01. TCP/IP 프로토콜 5계층의 각 계층의 역할에 대해 설명하라.

02. LAN(Local Area Network)과 WAN(Wide Area Network)의 차이점을 설명하라.

03. 라우터의 역할은 무엇인지 설명하라.

04. chungbuk.ac.kr, mail.chungbuk.ac.kr의 IP 주소를 찾아보라.

05. 다음 ping -c 3 www.google.com 명령을 실행하고 실행 결과의 첫 번째 라인(예제의 굵은 부분)의 의미를 해석하라.

```
opensw@tux:~$ ping -c 3 www.google.com
PING www.google.com (142.250.178.196): 56 data bytes
64 bytes from 142.250.178.196: icmp_seq=0 ttl=115 time=9.458 ms
64 bytes from 142.250.178.196: icmp_seq=1 ttl=115 time=14.741 ms
64 bytes from 142.250.178.196: icmp_seq=2 ttl=115 time=14.203 ms

--- www.google.com ping statistics ---
3 packets transmitted, 3 packets received, 0.0% packet loss
round-trip min/avg/max/stddev = 9.458/12.801/14.741/2.374 ms
```

06. 호스트명을 cbnu-opensw로 변경하고 재부팅 시에도 호스트명이 변경한 이름으로 유지되도록 하라.

07. traceroute google.com의 수행결과의 IP 주소를 통해 라우터의 대략적인 지리적 위치를 추측해보라.

08. traceroute google.com의 수행결과 중 * * * 로 표기되는 이유는 무엇인가?

09. apache2 Web Server를 실행하고 80 포트로 수신되는 패킷을 LISTEN하고 있는 것을 보여라 (검색 활용).

10. apache2 Web Server의 포트를 8080으로 변경하고, netstat으로 8080 포트로 수신되는 패킷을 LISTEN하고 있는 것을 보여라. 또한 브라우저를 통해 80으로 접근하지 못하고 8080 포트로 접근함을 보여라. (검색 활용, apache2 서버는 재시작 되어야 한다.)

11. 정보 보안의 3요소(기밀성, 무결성, 가용성)에 대해 설명하라.

12. 임의적 접근 통제(DAC), 강제 접근 통제(MAC), 역할 기반 접근통제 (RBAC)에 대해 각각 설명하라.

13. 방화벽이란 무엇이며, 리눅스에서 방화벽을 관리하는 기본적인 방법에 대해 설명하라.

14. ufw 명령을 사용하여, 호스트에서 가상머신의 웹 서버에서 띄운 웹페이지에 접근하지 못하도록 IP 주소와 포트를 설정한 방화벽 규칙을 추가하라. 이후 호스트에서 접근 불가한지 확인한 후, 적용한 방화벽 규칙을 삭제하라.

PART

04

오픈소스 개발자 될 준비 끝

10 CHAPTER Git/GitHub를 활용한 소스코드 관리 및 개발 협업

이번 장에서는 GitHub를 활용한 소스코드 관리 방법에 대하여 알아보자.

10.1 소스코드 형상관리 시스템

10.1.1. 소스코드 형상관리란

소스코드 형상관리(Software Configuration Management, SCM)란 소프트웨어의 변경사항을 추적하고 통제하는 작업을 말하며, 소스 구성 관리 프로세스나 소프트웨어 변경 및 구성관리로도 불린다. 이는 소프트웨어 개발 및 유지 보수 과정에서 발생하는 소스코드, 문서, 인터페이스 등 각종 결과물에 대하여 형상(상태)를 보존하고, 형상에 대한 변경을 체계적으로 관리 및 제어하기 위한 활동이다. 다수의 개발자가 프로젝트에서 동일한 기능을 동시에 개발한다고 할 때, 작성된 소스코드와 변경사항을 확인하고 수정하는 협업을 도와주는 다양한 소스코드 형상관리 시스템이 존재한다.

10.1.2. 소스코드 형상관리 시스템 종류

IT 업계의 개발자들은 소스코드 형상관리 시스템을 필수로 사용한다. 새로운 소프트웨어나 툴을 개발할 때는 다른 사람들과 함께 진행하기에, 각자 구현한 코드를 여러 사람들과 공유하여 서로의 작업물이 서로의 작업 컴퓨터에 반영될 수 있어야 한다. 소스코드 형상관리 시스템을 사용하지 않으면, 각자의 작업 결과물에 대한 동기화가 제대로 이루어지지 않아 같은 코드파일에 대해 어떤 사람은 수정 전의 버전을 가지고 작업하고 어떤 사람은 수정 후의 버전을 가지고 작업하는 문제가 발생할 수 있다. 이는 코드 통합 시 충돌이 발생하여 이를 해결하기 위한 시간적 비용이 더 많이 발생하는 심각한 문제이다. 이러한 동기화 문제를 해결하기 위해 개발 프로젝트에서는 소스코드 형상관리 시스템이 필수적이다. 특히 오픈소스 소프트웨어 프로젝트는 다양한 사람들이 프로젝트에 쉽게 기여할 수 있도록 소스코드 형상관리 시스템을 필수로 사용한다.

다음은 다양한 소스코드 형상관리 시스템에 대한 소개이다. 대표적으로 Git, CVS, SVN 이 존재한다.

- **Git** : 분산형 버전 관리 시스템으로, 리누스 토발즈가 2005년 리눅스 커널의 개발을 위하여 만든 형상 관리 시스템이다(그림 10.01).[55] 개발자가 중앙 서버에 접속하지 않는 상태에서도 코딩 작업을 할 수 있도록 지원하는 시스템이다. Git의 특징은 아래와 같다.
  - 브랜칭(Branching) 모델로, 로컬에 브랜치(Branch)를 허용하고 생성, 병합, 삭제를 지원한다.
  - 원격 서버에 푸시(Push)하지 않은 채로 여러 브랜치 생성이 가능하다.
  - 팀 개발을 위한 분산 환경 코딩에 최적화되어 있다.
  - 스테이징(Staging) 영역을 통해 서버의 레포지토리(repository)로 업로드 할 수 있다.
  - 원격 서버의 장애에도 문제없이 버전 관리가 가능하다.

그림 10.01 Git 로고

- **CVS** : 서버와 클라이언트로 구분되어 있는 형상관리 시스템으로 1990년에 출시되었다(그림 10.02).[56] 개발과정에서 사용하는 파일의 변경 명세를 관리하기 위한 시스템이다. CVS의 특징은 다음과 같다.
  - 중앙에 위치한 레포지토리에 파일을 저장하고, 모든 사용자가 파일에 접근할 수 있다.
  - 파일의 히스토리를 보존하기 때문에 과거 이력을 확인할 수 있다.
  - 커밋(Commit) 중 오류가 발생하면 롤백(Rollback)되지 않는다.
  - 다른 개발자가 작업 중인 파일에 덮어쓰기가 방지되어 있다.

55 https://git-scm.com/downloads/logos

56 https://www.ask-solutions.org/articles/Installing-a-CVS-server-on-CentOS-8

그림 10.02 CVS 로고

- **SVN** : 제한적인 CVS 기능을 개선하고자 2000년부터 아파치 재단에서 개발한 형상 관리 시스템으로(그림 10.03)[57], CVS처럼 서버와 클라이언트로 구분되어 있다. SVN의 특징은 아래와 같다.
  - 최초 1회에 한해 파일 원본을 저장하고 이후에는 실제 파일이 아닌 원본과 차이점을 저장하는 방식이다.
  - 언제든지 원하는 시점으로 복구가 가능하다.
  - 트렁크(Trunk), 브랜치(Branches), 태그(Tags) 폴더로 구성하여 형상 관리를 수행한다.

그림 10.03 SVN 로고

10.2 GitHub 둘러보기

이번 절에서는 GitHub에 대하여 설명한다. 그리고 GitHub를 사용하기 위해 반드시 이해해야 될 로컬 저장소와 원격 저장소의 의미와 차이점에 대해 설명한다.

57 https://svn.apache.org/repos/asf/subversion/svn-logos/logo.html

GitHub는 버전 관리 도구인 Git으로 관리되는 소스코드 형상관리 정보를 웹으로 보여주는 웹 서비스이다(그림 10.04).[58] 프로젝트의 저장뿐만 아니라 다른 사용자들과 함께 코드를 공유하고 온라인으로 하나의 프로젝트를 같이 제작할 수 있도록 한다. 또한 대부분의 오픈소스 프로젝트는 GitHub를 사용하여 전 세계 코드 기여자들이 참여하여 제작하는 형태로 진행된다.

그림 10.04 GitHub 로고

GitHub을 사용하기 위해 저장소, 로컬 저장소와 원격 저장소의 의미를 꼭 알아야 한다. 이에 대한 정의는 다음과 같다.

- **저장소(레포지토리, Repository)** : 프로젝트에 필요한 파일이나 디렉터리를 저장하는 공간으로, 프로젝트를 구분하는 단위이다.
- **로컬 저장소(Local repository)** : 본인 PC에 파일이 저장되는 개인 저장소이다. 이는 원격 저장소를 복제(클론, Clone)한 저장소이거나, `git` 명령을 통해 로컬에서 생성한 저장소를 의미한다.
- **원격 저장소(Remote repository)** : 서버 등 네트워크 상에 있는 저장소로, GitHub에서 관리되고 있는 저장소를 의미한다. 클론을 통해 원격 저장소의 파일을 로컬에서 사용할 수 있다.

기본적으로 로컬 저장소에서 작업을 수행하고, 작업물을 원격 저장소에 업로드하는 방식을 많이 사용한다. 다른 방법으로는 GitHub 사이트를 이용하여 원격 저장소를 생성한 뒤, 이를 로컬 환경으로 클론한 로컬 저장소에서 작업하는 방법도 존재한다. 개발 프로젝트의 핵심은 최종적으로 다른 개발자와 공유되는 원격 저장소를 체계적으로 관리하는 것이다.

58 https://github.com/logos

10.3 Git 이해하기

Git을 직접 사용해보기 전에 버전 관리에 대해 조금 더 알아보자.

10.3.1. DVCS

DVCS(Distributed Version Control System)에서는 사용자가 파일의 최근 버전만 가져올 수 있도록 제한되어 있지 않다(그림 10.05). 사용자는 서버에 등록되어 있는 프로젝트의 버전 관리 정보를 모두 가져올 수 있는 것이 큰 특징이며, DVCS에는 대표적으로 Git이 속해 있다.

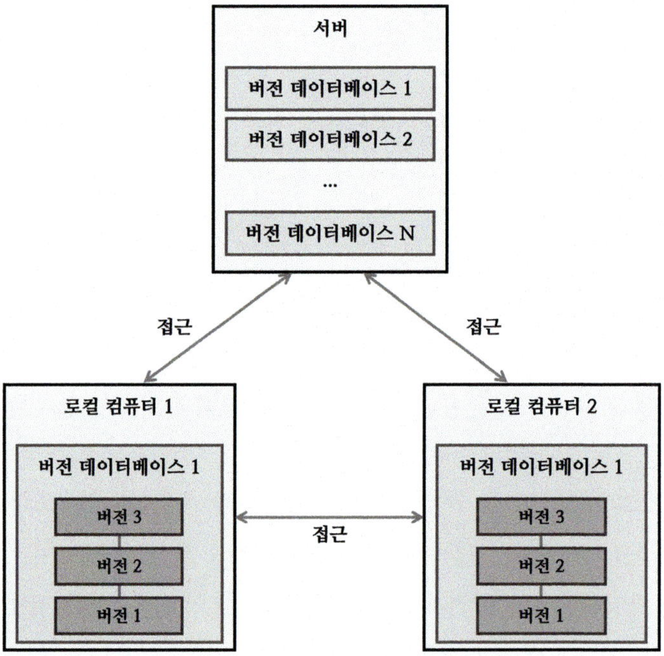

그림 10.05 DVCS 구조

이는 서버에 저장된 버전 데이터베이스를 그대로 복제하여 사용자의 컴퓨터에 저장할 수 있기에, 서버의 다운타임이 발생하여도 문제없이 협업을 진행할 수 있다. 또한, 사용자가 본인의 작업물을 서버에 저장하는 것도 가능하고, 또한 같은 프로젝트 내에서 여러 분기를 생성하여 프로젝트 자체를 여러 버전으로 관리할 수 있다.

현재는 대부분 DVCS를 프로젝트 협업을 위해 많이 사용하며, 다양한 DVCS 중에서도 Git이 가장 대중적으로 사용되고 있다.

10.3.2. Git 개념

Git은 리눅스 커널을 만들기 위해 개발되었다. 리눅스 커널의 시초부터 사용된 것은 아니고, 시간이 흐르면서 DVCS 개발이 필요하여 Git을 만들게 된 것이다. 처음 1991년도부터 2002년까지는 리눅스 커널을 압축 파일을 이용하여 단순하게 관리되었다. 이후 2002년부터는 BitKeeper라는 DVCS를 사용했으나, 2005년에 BitKeeper의 유료 사용 정책에 따라, 리눅스 커널을 위한 DVCS가 필요한 상황이 발생했다. 이를 위해 같은 년도에 리누스 토발즈가 자체 DVCS 도구인 Git을 개발했다.

리누스 토발즈에 의해 탄생한 Git의 목표는 다음과 같았다.

- 빠른 속도
- 단순한 구조
- 비선형적인 개발 (수천 개의 동시 다발적인 브랜치)
- 완벽한 분산
- 리눅스 커널과 같은 대형 프로젝트에 유용

Git은 위의 목표를 달성하기 위해 스냅샷 방식으로 파일의 형상을 관리한다. **스냅샷(Snapshot)**이란 특정 시점의 파일의 상태를 의미한다(그림 10.06).

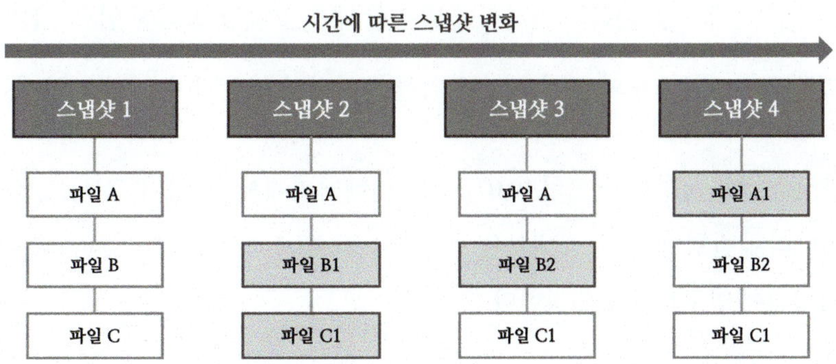

그림 10.06 스냅샷 방식의 버전 관리 방법

스냅샷 방식은 시간순으로 프로젝트의 스냅샷을 생성한다. 각 스냅샷별로 파일의 최종 상태를 저장하며, 수정되지 않은 파일이라면 이전 버전의 스냅샷을 그대로 참조한다. 스냅샷 방식을 사용하면, 원하는 버전의 파일을 변경점이 반영된 시간에 상관없이 쉽게 확인할 수 있다. 간단하게 파일 참조를 통해 버전 별 파일을 쉽게 관리할 수 있다. 이러한 특징으로 파일 크기가 크고 변경점이 많은 프로젝트에서도 유용하게 쓰일 수 있다.

Git으로 버전 관리를 하려면 터미널에서 `git` 명령을 사용해야 한다. Git을 사용하면 저장소에 기록된 모든 히스토리를 로컬 디스크에 저장하여 관리하므로, 네트워크에 연결되어 있을 필요가 없다. 이는 로컬 저장소 자체적으로 버전 관리를 할 수 있기 때문이다. 로컬 저장소에 있는 데이터를 원격 저장소에 업로드하려는 경우라면 네트워크가 필요하다.

Git은 데이터를 추가하기만 한다. 그래서 Git으로 무엇을 하든 저장소에 대한 다양한 정보를 저장하는 `.git` 디렉터리에 데이터가 추가되면 데이터 삭제가 불가하다. 즉, 스냅샷을 `.git` 디렉터리에 반영하면 데이터 유실이 발생하지 않는다. 이러한 특성으로 이전 버전의 파일도 자유자재로 확인할 수 있는 것이다.

10.3.3. Git 용어

이제 Git 이용 시 활용하는 영역에 대해 학습한다. 크게 작업 디렉터리, 스테이징 영역, `.git` 디렉터리를 사용하며 각 영역에 대한 설명은 아래와 같다.

- **작업 디렉터리(Working directory)** : 버전 관리가 필요한 파일이 저장되어 있는 디렉터리로, 작업한 내용은 `.git` 디렉터리에 반영한다.
- **스테이징 영역(Staging area)** : 곧 커밋할 파일에 대한 정보를 담은 영역이다. 이는 작업 디렉터리에서 작업한 내용 중 `.git` 디렉터리에 반영할 내용을 해당 영역에 업로드한다.
- **`.git` 디렉터리** : 이는 Git의 버전 관리를 위한 데이터가 저장되며, 저장소 안에 생성된다.

각 영역의 연관성을 쉽게 설명한다(그림 10.07). 작업 디렉터리에서 파일을 수정하고, 스테이징 영역에 올려 `.git` 디렉터리에 반영할(커밋) 스냅샷을 생성한다. 그 후 스테이징 영역의 파일을 커밋하여, 스냅샷을 `.git` 디렉터리에 영구적으로 저장한다.

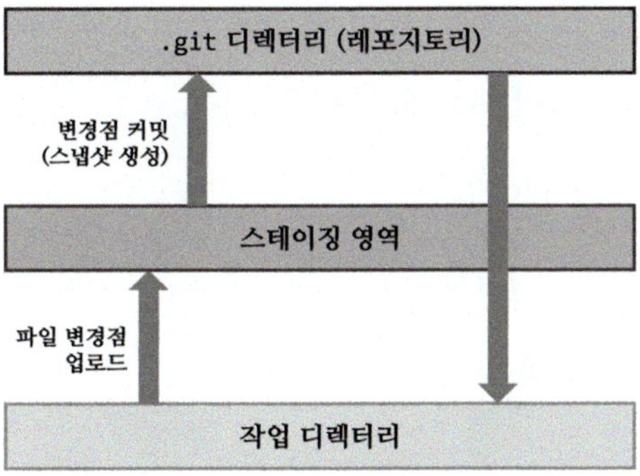

그림 10.07 작업 디렉터리, 스테이징 영역, .git 디렉터리와의 관계

10.4 Git 설치 및 설정

이번 절에서는 Git을 설치하고 Git 사용을 위해 사용자를 설정하는 방법을 학습한다.

터미널에서 Git을 사용하기 위해 git 패키지를 설치한다.

```
opensw@tux:~$ sudo apt install git
```

git을 설치하면 Git을 위한 설정 파일이 함께 생성된다. git에서 사용하는 설정 파일은 다음과 같다.

- **/etc/gitconfig**: 모든 사용자와 모든 저장소에 적용되는 설정 파일이다. git config --system 명령으로 /etc/gitconfig 파일을 수정할 수 있고, 여러 설정 파일 중 가장 낮은 우선순위를 가진다. 여기서 말하는 사용자는 opensw처럼 리눅스에서 생성된 사용자를 의미한다.
- **~/.gitconfig, ~/.config/git/config**: 현재 시스템에 로그인한 사용자에게만 적용되는 설정 파일이다. git config --global 명령으로 두 파일을 수정할 수 있다.
- **.git/config**: 저장소 내에 생성되는 파일로, 각 저장소에만 적용되는 설정 파일이다. 앞서 소개한 파일이 시스템에 모두 존재한다면 가장 높은 우선순위를 가지게 된다. git config --local 명령으로 파일을 수정할 수 있다.

설정이 적용되는 우선순위가 높은 순으로 정리하면 다음과 같다. 즉 중복된 설정이 존재한다면, 가장 우선적으로 로컬 저장소의 설정 값이 적용된다는 의미이다.

1. 로컬 저장소 설정(`.git/config`)
2. 사용자 설정(`~/.gitconfig`, `~/.config/git/config`)
3. 시스템 설정(`/etc/gitconfig`)

이제 위의 설정 파일을 관리하는 방법에 대해 알아보자.

`git config` 명령은 Git 설정을 관리할 때 사용한다. 명령 형식은 다음과 같다.

```
git config [option]
```

옵션 없이 사용하면 해당 명령의 사용법이 출력된다. 앞서 확인한 설정 파일을 수정하기 위해 사용되는 `--global`, `--system`, `--local` 등의 옵션이 지원되는 것을 알 수 있다.

```
opensw@tux:~$ git config
usage: git config [<options>]

Config file location
    --global              use global config file
    --system              use system config file
    --local               use repository config file
...
opensw@tux:~$
```

이제 커밋 시 사용할 사용자 정보를 설정한다. Git에서는 커밋하는 사람의 기본적인 정보를 공개한다. 이는 협업에 기여한 사람을 식별하기 위함이다.

사용자 이름은 `Open Source SW`로, 이메일은 각자 사용하는 실제 이메일 주소를, 사용 에디터는 `vim`로 설정한다. 보통 사용자 이름에는 본인의 이름을 작성한다.

```
opensw@tux:~$ git config --global user.name "Open Source SW"
opensw@tux:~$ git config --global user.email "opensw-geek@gmail.com"
opensw@tux:~$ git config --global core.editor vim
opensw@tux:~$
```

`--global` 옵션으로 설정하는 정보는 한번만 설정하면 된다. 앞에서 `git config --global` 명령으로 설정한 정보는 opensw 사용자에만 적용된다. 만약 시스템에서 프로젝트마다 다른 이름과 이메일을 사용하고 싶다면 `--global` 옵션을 제거한다.

```
opensw@tux:~$ git config --list
user.name=Open Source SW
user.email=opensw-geek@gmail.com
core.editor=vim
opensw@tux:~$ git config user.name
Open Source SW
opensw@tux:~$
```

10.5 Git 기초

이번 절에서는 Git을 사용하여 Git 저장소를 생성하고, 파일 생성, 수정, 제거 등의 작업을 진행하여 Git으로 형상 관리를 하는 방법을 학습한다.

10.5.1. Git 저장소 생성 방법

Git 저장소를 만드는 방법은 2가지가 존재한다. 기존 디렉터리를 Git 저장소로 생성하거나, 기존 Git 저장소를 클론(Clone)하여 생성할 수 있다. 이를 위해 원격 저장소와 로컬 저장소의 관계를 이해하는 것이 필요하다(그림 10.08).

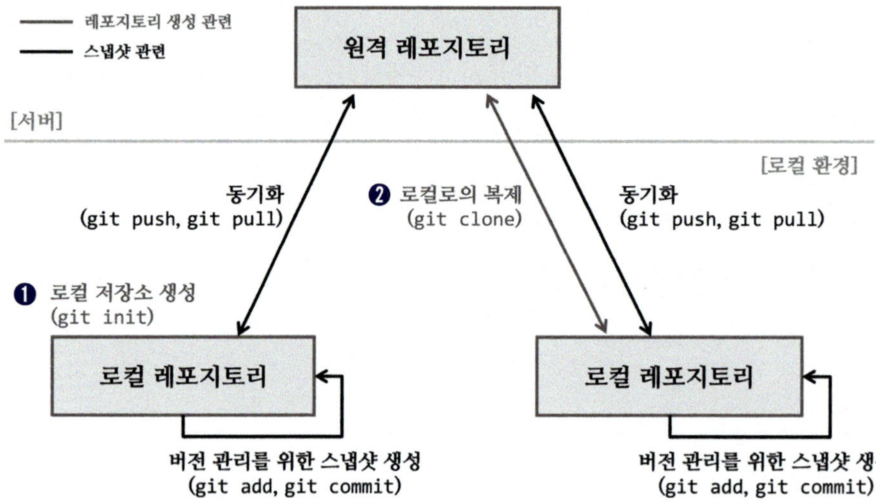

그림 10.08　원격 저장소와 로컬 저장소의 관계

첫 번째 방법은 시스템에 있는 일반적인 폴더를 `git` 명령으로 Git 저장소로 만드는 것이다(❶). 이 방법은 기존에 사용하던 폴더를 바로 Git 저장소로 사용할 수 있기에, 형상관리를 원하는 디렉터리를 원격 저장소 서버의 상태에 구애 받지 않고 언제든지 Git 저장소로 만들어 관리할 수 있다는 특징이 있다.

두 번째 방법은 서버에 생성되어 있는 원격 저장소를 복제하여 사용자의 로컬 환경에 저장하는 방법이다(❷). 이는 서버에 원격 저장소를 생성하는 과정이 선행되어야 한다. 만약 이미 원격 저장소에 생성되어 있다면 클론만 진행하면 된다. 보통 해당 방법으로 저장소를 생성한다. 다만 외부 네트워크에 연결되어 있지 않거나 원격 저장소 서버의 다운타임이 발생하면, 원격 저장소를 클론할 수 없다는 특징이 존재한다. 이때는 이전에 클론하여 가지고 있는 로컬 저장소만 사용할 수 있다.

10.5.2. 기존 디렉터리를 Git 저장소로 생성

이제 소개한 두 가지 방법으로 Git 저장소를 생성하는 방법을 익힌다. 첫 번째 방법인 일반적인 디렉터리를 Git 저장소로 생성해본다.

먼저 홈 디렉터리에서 `gitlab/localrepo` 디렉터리를 생성한 후 이동한다.

```
opensw@tux:~$ mkdir -p gitlab/localrepo
opensw@tux:~$ cd gitlab/localrepo
opensw@tux:~/gitlab/localrepo$
```

git init 명령을 사용하여 localrepo 디렉터리를 Git 로컬 저장소로 만든다. git init 명령은 일반 디렉터리를 Git 저장소로 만들 때 사용하는데, 필히 Git 저장소로 만들고 싶은 디렉터리로 이동한 후 명령을 실행해야 한다.

```
opensw@tux:~/gitlab/localrepo$ git init
...
hint: of your new repositories, which will suppress this warning, call:
hint:
hint:   git config --global init.defaultBranch <name>
hint:
hint: Names commonly chosen instead of 'master' are 'main', 'trunk' and
hint: 'development'. The just-created branch can be renamed via this command:
hint:
hint:   git branch -m <name>
Initialized empty Git repository in /home/opensw/gitlab/localrepo/.git/
opensw@tux:~/gitlab/localrepo$
```

git init 명령을 실행하면 다양한 메시지가 출력된다. git에서는 사용자에게 무언가 알려주는 메시지를 자주 볼 수 있는데, 이러한 메시지들을 지나치지 않고 확인해야 한다. 사용자가 원하는 방향으로 Git을 사용할 수 있도록 힌트를 주거나, git 명령의 실행결과, 오류 해결 방법 등을 알려주기에, 출력되는 메시지가 어떤 의미인지 파악하는 습관을 들이는 것이 좋다.

위의 메시지는 저장소 생성과 관련된 메시지로, 다음의 내용을 담고 있다.

- **1번째 ~ 5번째 hint** : master라는 브랜치는 기본적으로 생성되는 디폴트 브랜치로, 디폴트 브랜치의 이름을 바꾸길 원한다면 git config --global init.defaultBranch <name> 명령으로 변경할 수 있다는 의미이다. 변경된 디폴트 브랜치 이름은 변경 이후부터 새롭게 생성되는 모든 Git 레포지토리에 적용된다. 기존에 생성된 레포지토리에는 변경 이전의 디폴트 브랜치 이름으로 유지된다.
- **7번째 ~ 10번째 hint** : 보통 master[59]대신 디폴트 브랜치 이름으로 main, trunk, development을 사용하며, git branch -m <name> 명령으로 브랜치 이름을 변경할 수 있다는 의미이다.
- **마지막 hint** : localrepo 디렉터리를 Git 저장소로 만들기 위한 초기 설정이 /home/opensw/lo-

59 IT 업계에서는 다양한 차별적 표현을 없애기 위해 노력하고 있다. 기존 용어의 대안으로 "master/slave"는 "main/replica"로, "blacklist/whitelist"는 "blocklist/passlist" 로 바꾸는 IT관련 단체나 기업들이 늘어나고 있다.

calrepo/.git에 저장되어 있다는 의미이다. 해당 라인이 출력되었다면 localrepo 디렉터리가 정상적으로 Git 저장소로 변환되었음을 의미한다.

git init 명령의 실행결과를 통해 Git 저장소의 형상 관리 역할 수행을 위한 파일들이 /home/opensw/localrepo/.git 디렉터리에 생성되었다는 것을 의미한다. 해당 디렉터리에 어떤 파일들이 생성되었는지 직접 확인해보자

```
opensw@tux:~/gitlab/localrepo$ ls -al .git
total 40
drwxrwxr-x 7 opensw opensw 4096 May 10 10:19 .
drwxrwxr-x 3 opensw opensw 4096 May 10 10:19 ..
drwxrwxr-x 2 opensw opensw 4096 May 10 10:19 branches
-rw-rw-r-- 1 opensw opensw   92 May 10 10:19 config
-rw-rw-r-- 1 opensw opensw   73 May 10 10:19 description
-rw-rw-r-- 1 opensw opensw   23 May 10 10:19 HEAD
drwxrwxr-x 2 opensw opensw 4096 May 10 10:19 hooks
drwxrwxr-x 2 opensw opensw 4096 May 10 10:19 info
drwxrwxr-x 4 opensw opensw 4096 May 10 10:19 objects
drwxrwxr-x 4 opensw opensw 4096 May 10 10:19 refs
opensw@tux:~/gitlab/localrepo$
```

기존 디렉터리를 Git 저장소로 사용하기 위해서는 .git 디렉터리의 내용이 반드시 있어야 한다. Git 저장소에서 변경사항이 생기더라도 커밋을 통해 .git 디렉터리에 반영하지 않으면, 형상 관리가 되지 않는다는 것을 의미한다.

.git 아래에는 Git으로 형상관리를 하기 위해 필요한 정보를 저장하는 파일과 디렉터리가 존재한다. 파일과 디렉터리의 내용은 아래와 같다.

- **branches** : 브랜치를 추적하기 위해 사용되는 디렉터리이다. 현재는 거의 사용되지 않고, 대부분의 브랜치 관련 정보는 refs 디렉터리에 저장된다.
- **config** : 사용자 이름, 이메일, 리모트 등 저장소별 설정 파일이다.
- **description** : 저장소 설명 파일이다.
- **HEAD** : 현재 체크아웃 된 브랜치를 가리키는 포인터이다.
- **hooks** : 특정 Git 이벤트가 발생할 때 자동으로 실행되는 스크립트가 저장되는 디렉터리이다.

- `info` : Git의 추가 설정 파일이 포함된 디렉터리이다.
- `objects` : Git의 데이터 객체를 저장하는 디렉터리이다. (커밋, 트리, 블롭 등)
- `refs` : 브랜치, 태그, 리모트 참조 등을 저장하는 디렉터리이다.

10.5.3. 원격 저장소 Clone 방식으로 Git 저장소 생성

이번 절에서는 GitHub에서 리모트 저장소를 생성하고, 클론을 통해 로컬로 가져오는 과정을 학습한다.

10.5.3.1. GitHub 계정 생성

GitHub에서 원격 저장소를 생성하려면 GitHub 계정이 필요하다. GitHub 계정이 없다면 GitHub 홈페이지(`https://www.github.com`)에 접속한 후 `Sign up` 버튼을 클릭한다(❶)(그림 10.09).

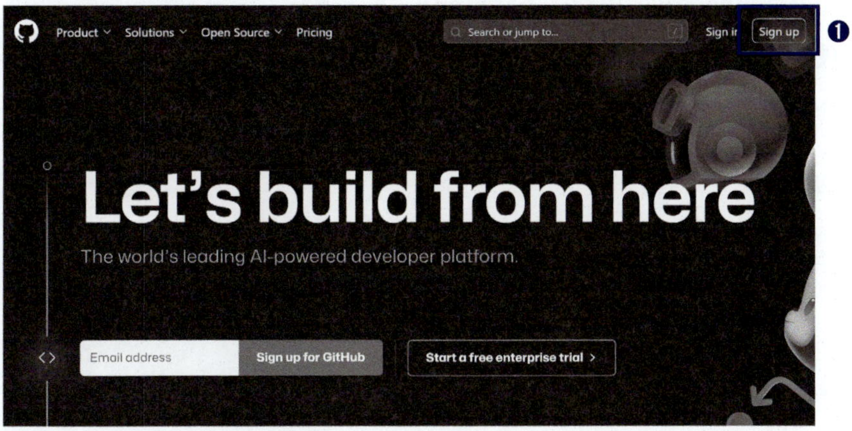

그림 10.09 GitHub 홈페이지

GitHub 계정 생성 페이지에서 각 절차에 따라 생성할 계정에 대한 이메일, 비밀번호, 닉네임 등을 작성하여 가입을 완료한다(그림 10.10).

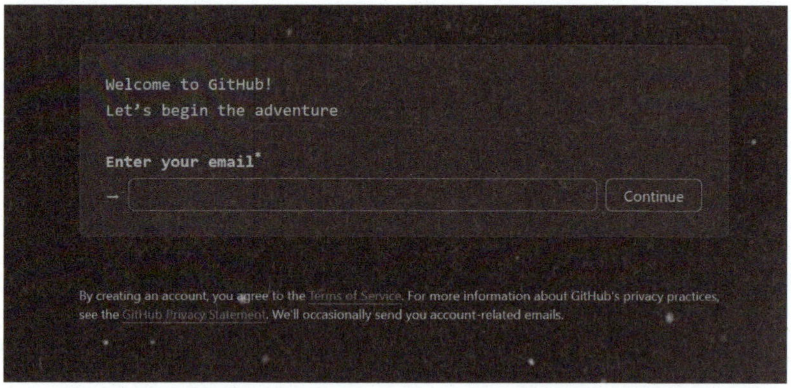

그림 10.10 GitHub 계정 생성 페이지

모든 절차를 수행한 후에는 바로 로그인 화면으로 이동하게 된다(그림 10.11). 생성한 계정의 이메일과 비밀번호를 입력하고(❶), `Sign in` 버튼을 클릭하여 로그인 한다(❷).

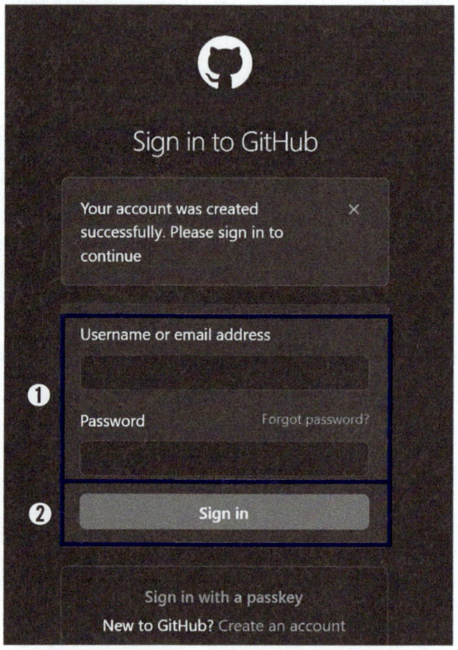

그림 10.11 GitHub 로그인 화면

10.5.3.2. GitHub Repository 생성

GitHub에 로그인을 하면 본인의 대시보드 페이지로 이동된다(그림 10.12). `Create repository` 버튼을 클릭하여(❶), 저장소 생성 페이지로 이동한다.

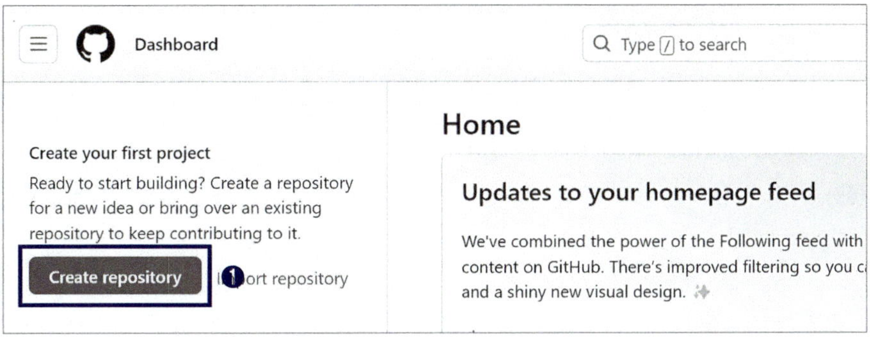

그림 10.12 로그인 계정의 대시보드 페이지

이제 새로운 원격 저장소를 생성한다(그림 10.13). Repository name 항목에는 'practicerepo'를(❶), Description 항목은 'my first github repository'로 (❷), 공개범위는 Public으로 설정한다(❸). 소개한 항목의 설정을 완료했으면 Create Repository 버튼을 클릭하여(❹), 새로운 저장소를 생성한다.

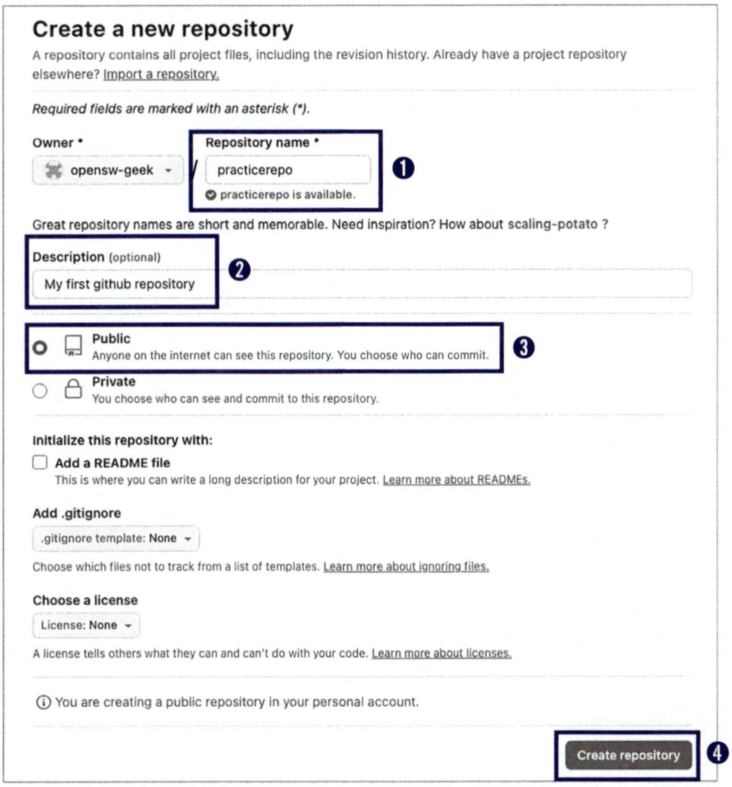

그림 10.13 practicerepo 원격 저장소 생성 페이지

10.5.3.3. 리모트 저장소 Clone

생성이 완료되면 리모트 저장소인 practicerepo로 이동한다(그림 10.14). 빈 리모트 저장소를 생성했기에 어떠한 파일도 보이지 않는다. Quick setup 하단에 'https://'로 시작하는 주소는 리모트 저장소의 주소로(❶), 원격 저장소를 로컬 환경으로 클론하기 위해 필요하다. 해당 주소를 Copy 버튼을 클릭하여 복사한다(❷).

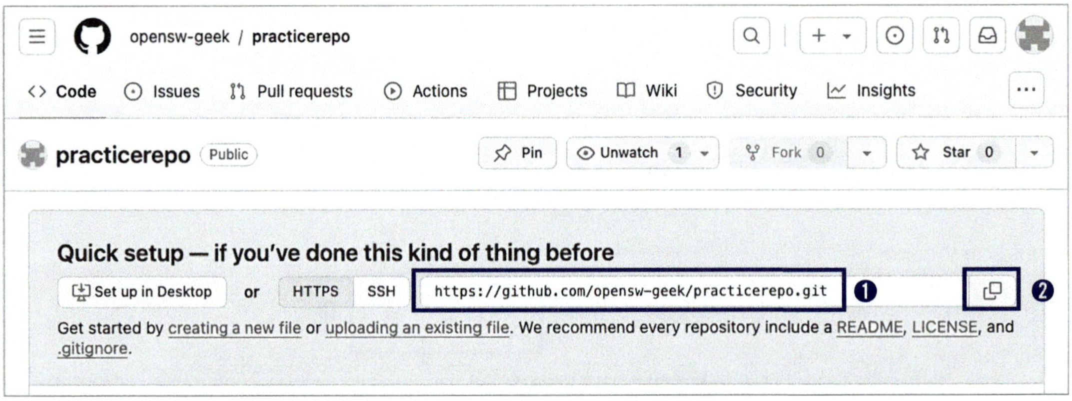

그림 10.14 practicerepo 리모트 저장소 페이지

이제 해당 원격 저장소를 클론하기 위해 터미널을 실행한 후, ~/gitlab 디렉터리로 이동한다. 클론 시 작업 디렉터리에 로컬 저장소가 생성되므로, 항상 클론 위치가 올바른지 pwd 명령으로 확인한다.

```
opensw@tux:~/gitlab/localrepo$ cd ..
opensw@tux:~/gitlab$ pwd
/home/opensw/gitlab
opensw@tux:~/gitlab$
```

git clone 명령은 지정한 원격 저장소를 클론하여 현재 위치에 복제한다. 명령 형식은 다음과 같다.

```
git clone <remote-repo-url> [name]
```

<remote-repo-url>는 로컬 환경에 복제할 원격 저장소 주소이다. [name]은 로컬 저장소 이름으로, 이를 지정하지 않으면 원격 저장소의 이름과 동일한 로컬 저장소가 생성된다. 이 명령으로 practicerepo 원격 저장소를 로컬 환경으로 클론한다.

```
opensw@tux:~/gitlab$ git clone https://github.com/opensw-geek/practicerepo.git
Cloning into 'practicerepo'...
warning: You appear to have cloned an empty repository.
opensw@tux:~/gitlab$ ls -al
...
drwxrwxr-x   3 opensw opensw 4096 May 10 11:25 practicerepo
opensw@tux:~/gitlab$
```

GitHub 저장소 주소는 `https://github.com/<username>/<repo-name>.git`의 형식을 가진다. 클론 시 로컬 저장소 이름을 지정하지 않았으므로, 리모트 저장소 이름과 동일한 practicerepo라는 로컬 저장소가 생성되었다.

로컬 저장소 이름을 지정한 클론도 진행한다. 동일하게 practicerepo 원격 저장소를 클론하지만, 로컬 저장소 이름을 openswproject로 지정한다.

```
opensw@tux:~/gitlab$ git clone https://github.com/opensw-geek/practicerepo.git openswproje
ct
Cloning into 'openswproject'...
warning: You appear to have cloned an empty repository.
opensw@tux:~/gitlab$ ls -al
...
drwxrwxr-x   3 opensw opensw 4096 May 10 11:27 openswproject
drwxrwxr-x   3 opensw opensw 4096 May 10 11:25 practicerepo
opensw@tux:~/gitlab$
```

git remote 명령은 원격 저장소 정보를 확인한다. 클론한 로컬 저장소는 원격 저장소의 정보를 가지고 있다. 이는 로컬 저장소의 변경사항을 원격 저장소로 전달하기 위해 필요하다. 명령 형식은 다음과 같다.

```
git remote [option]
```

옵션 없이 사용할 경우에는 원격 저장소의 별칭만 출력되고, -v 옵션을 사용하면 원격 저장소의 링크까지 함께 출력된다. practicerepo 로컬 저장소가 가지고 있는 원격 저장소 정보를 확인한다.

```
opensw@tux:~/gitlab$ cd practicerepo
opensw@tux:~/gitlab/practicerepo$ git remote
origin
opensw@tux:~/gitlab/practicerepo$ git remote -v
origin  https://github.com/opensw-geek/practicerepo.git (fetch)
```

```
origin  https://github.com/opensw-geek/practicerepo.git (push)
opensw@tux:~/gitlab/practicerepo$
```

practicerepo 로컬 저장소는 origin이라는 원격 저장소 정보를 가진다. practicerepo의 origin은 GitHub에서 생성한 practicerepo 원격 저장소이다. 사실 git remote 명령으로 확인한 원격 저장소 이름은 실제 저장소 이름이 아닌 별칭이다. 로컬 저장소는 여러 원격 저장소 정보를 가질 수 있기에, 각 정보를 별칭으로 관리하는 것이다. 기본적으로 origin으로 설정된 원격 저장소는 클론 대상이었던 원격 저장소이다. 보통 로컬 저장소의 커밋(변경사항)이 반영되어야 하는 원격 저장소 정보를 등록한다. origin은 클론 시 자동으로 설정되므로, 직접 origin을 설정하는 일은 거의 없다.

10.5.3.4. GitHub Personal Access Key 발급

로컬 저장소의 커밋을 리모트 저장소에 반영하려면 푸시(Push)를 진행해야 한다. Git에서 푸시는 로컬 저장소의 변경사항을 리모트 저장소로 밀어 넣는다는 의미로, 로컬 저장소에서 작업한 내용을 리모트 저장소에도 똑같이 적용하기 위해 사용한다. 리모트 저장소로 푸시하기 위해서는 GitHub Personal Access Key를 발급받는 과정이 필요하다.

GitHub 페이지를 보면 계정 프로필이 존재한다(그림 10.15). 프로필을 클릭하여(❶), Settings 메뉴를 클릭한다(❷).

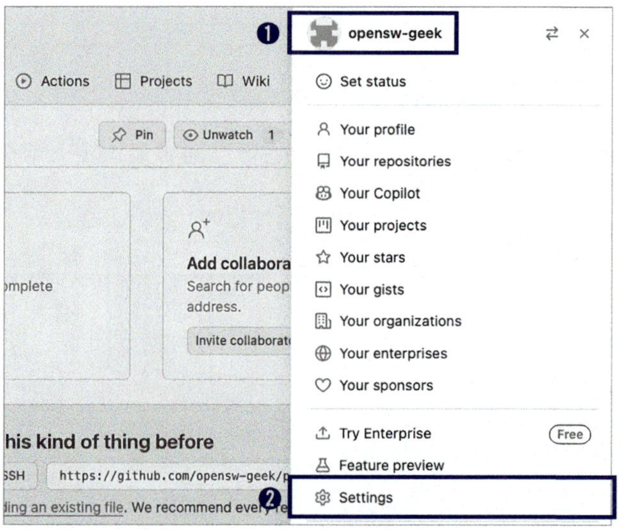

그림 10.15 GitHub 계정 메뉴 화면

Settings 페이지의 좌측에는 다양한 메뉴가 존재한다(그림 10.16). 이 중 아래로 스크롤하여 Developer settings 메뉴를 클릭한다(❶).

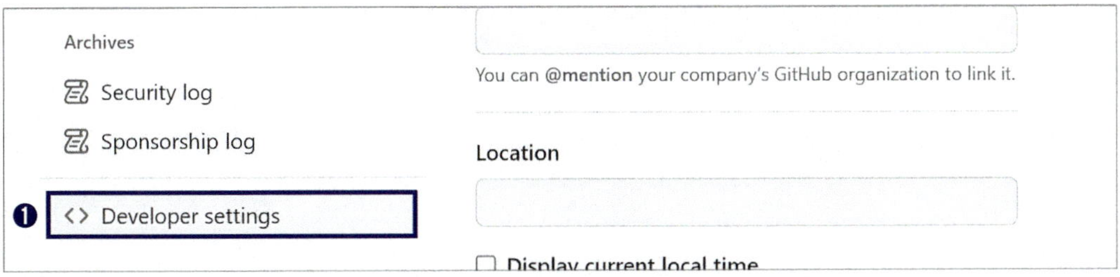

그림 10.16 Settings 페이지 내 Developer settings 메뉴 위치

Developer settings 페이지에서 토큰을 생성한다(그림 10.17). Personal access tokens 메뉴(❶)의 하위 항목 중 Tokens(classic) 항목을 선택한다(❷).

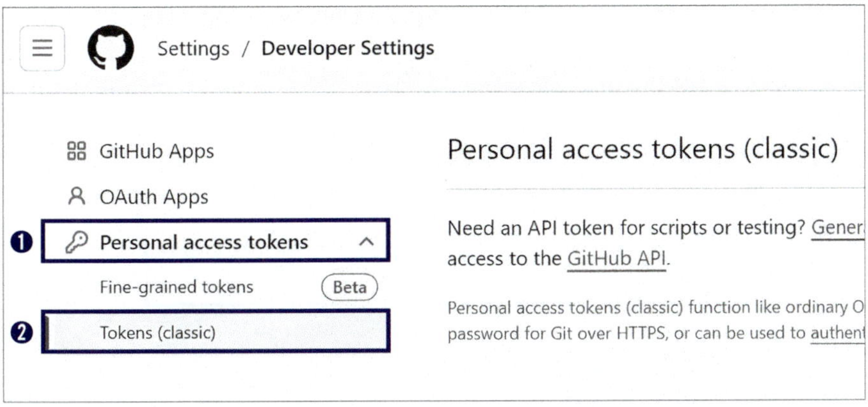

그림 10.17 Token(classic) 항목 위치

해당 토큰은 Git 비밀번호 인증 과정을 대체하여 보안성을 높인 인증을 진행하기 위해 필요하다. 푸시 시 사용자의 GitHub 이름과 비밀번호를 요구하는데, 이때 비밀번호 대신 토큰을 사용한다.

이제 새로운 토큰을 생성한다(그림 10.18). Generate new token 버튼을 클릭한 후(❶), Generate new token(classic)을 선택한다(❷).

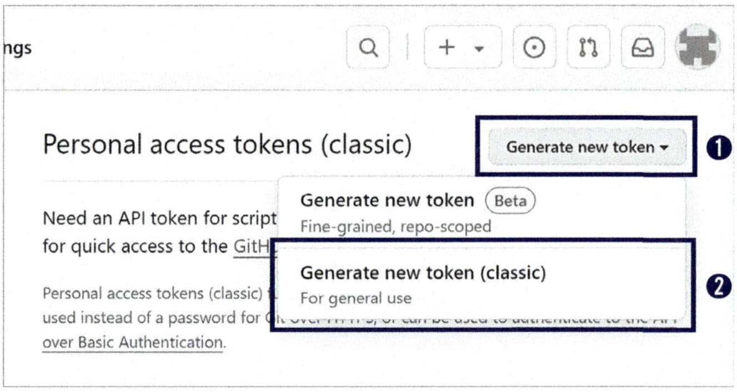

그림 10.18 Generate new token (classic) 메뉴 위치

Classic token 생성 페이지에서 생성할 토큰에 대한 설정을 진행한다(그림 10.19). Note 항목에는 'my token for git'이라고 작성한다(❶). Expiration 항목은 디폴트로 30 days로 설정되어 있다(❷). 즉 만료기간인 30일이 지나면 기존의 토큰을 사용할 수 없으므로 발급 과정을 다시 진행해야 한다.

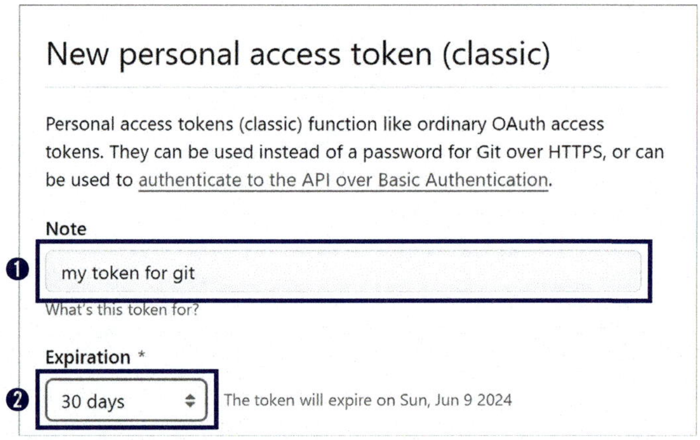

그림 10.19 새로운 토큰의 Note 및 Expiration 설정

토큰 설정을 이어서 진행한다(그림 10.20). Select scopes 항목은 repo를 체크한다(❶). 이 항목은 토큰의 사용 범위를 설정하는 부분이다. repo를 선택하지 않으면 저장소의 버전 관리가 불가능하니, GitHub를 사용할 것이라면 필히 선택한다.

그림 10.20 토큰의 Select scopes 설정

토큰 설정을 완료하면 Generate token 버튼을 클릭하여 토큰을 생성한다(❶)(그림 10.21).

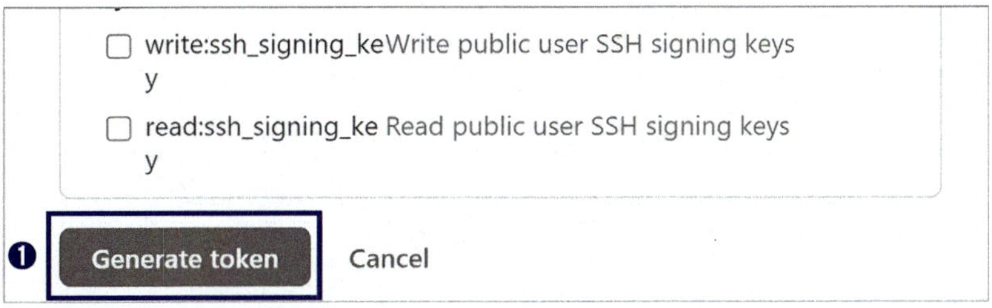

그림 10.21 Generate token 버튼

생성이 완료되면 Token(classic) 페이지에서 새로 생성한 토큰 값을 보관한다(그림 10.22). 이는 초록 박스에 있는 값으로(❶), Copy 버튼을 클릭한 후(❷), 안전한 파일에 붙여넣기하여 보관한다. 페이지를 벗어나면 토큰 값을 확인할 수 없다. 필히 복사하여 타인에게 개방되지 않도록 보관해야 한다.

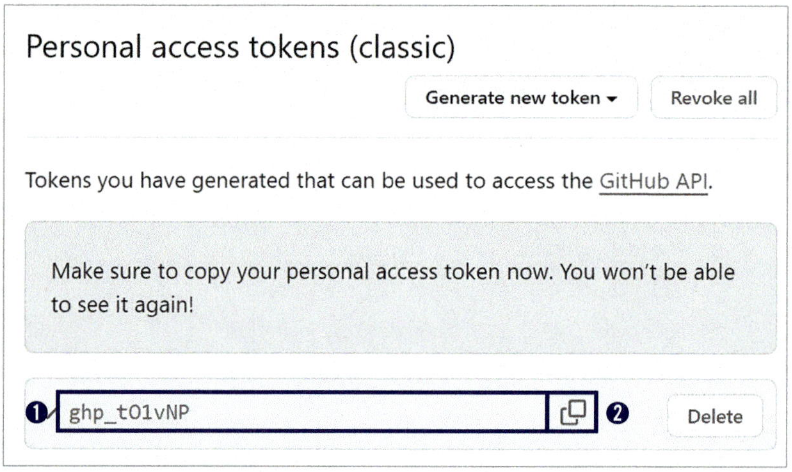

그림 10.22 생성한 토큰 확인 화면

10.5.4. 레포지토리에 변경점 반영

Git 저장소의 파일은 크게 Tracked 또는 Untracked 파일에 해당한다. 이는 Git으로 형상 관리가 되던 파일인지에 따라 결정된다. Tracked와 Untracked 파일에 대한 정의는 다음과 같다.

- **Tracked 파일** : 가장 최신의 스냅샷에 존재하는 파일을 의미한다. 즉 Git이 이미 알고 있는 파일을 Tracked 파일이라고 한다. Tracked 파일로 분류된 파일은 `Unmodified`, `Modified`, `Staged` 상태 중 하나를 가지게 된다.
- **Untracked 파일** : 가장 최신의 스냅샷에 존재하지 않는 파일이면서 스테이징 영역에 속하지 않는 파일을 의미한다. 즉, 마지막 커밋 이후에 새로 생성한 파일이 Untracked 상태를 가진다. 쉽게 말해 Git이 모르는 파일이다.

원격 레포지토리를 처음 클론하면, 로컬 레포지토리의 모든 파일은 Tracked 파일임과 동시에 Unmodified 상태가 된다(그림 10.23). 이는 Git이 원격 레포지토리를 복제하여 로컬 레포지토리를 생성했기에, 모든 파일에 대한 마지막 스냅샷이 로컬 저장소에 존재하기 때문이다. 또한 클론만 진행했기에 Unmodified 상태인 것이다.

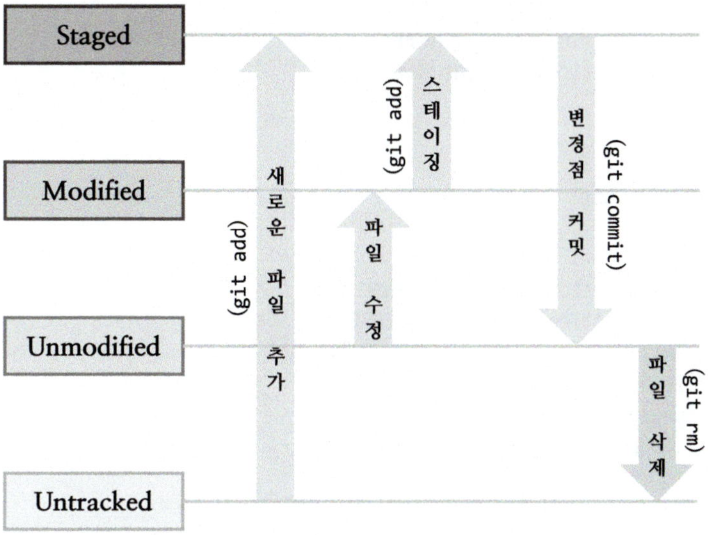

그림 10.23 Untracked, Unmodified, Modified, Staged 상태의 관계

Git으로 버전 관리를 하기 위한 흐름은 다음과 같다. Tracked 파일과 Untracked 파일에 상관없이 다음의 흐름대로 버전 관리가 가능하다.

1. 원격 레포지토리를 클론한다.
2. 클론으로 생성된 로컬 레포지토리로 이동한다.
3. 로컬 레포지토리에서 작업을 수행한다.
4. `git add` 명령으로 발생한 변경점을 스테이징 영역에 업로드한다.
5. `git commit` 명령으로 스테이징 영역에 있는 변경점을 커밋한다.
6. `git push` 명령으로 로컬 레포지토리의 커밋을 원격 레포지토리로 전달한다.

10.5.4.1. Untracked 파일의 형상관리

Git에서 다루는 다양한 영역과 파일 상태에 대한 실습을 진행해보자(그림 10.07, 그림 10.24 참고). 먼저 Untracked 파일의 형상 관리 과정에 대해 알아보자. 이를 위해 새로운 파일을 여러 개 생성한다. 이는 기존에 레포지토리에 없었던 파일이므로, Untracked 파일이 된다.

```
opensw@tux:~/gitlab/practicerepo$ vi hello.c
opensw@tux:~/gitlab/practicerepo$ cat hello.c
#include <stdio.h>

int main() {
        printf("Hello Git!");
        return 0;
}
opensw@tux:~/gitlab/practicerepo$ vi LICENSE.txt
opensw@tux:~/gitlab/practicerepo$ cat LICENSE.txt
The MIT License (MIT)
Copyright (c) 2024 opensw-geek
opensw@tux:~/gitlab/practicerepo$ vi README.md
opensw@tux:~/gitlab/practicerepo$ cat README.md
# practicerepo
opensw@tux:~/gitlab/practicerepo$
```

이 과정을 거치면 Git이 새로 생성된 파일을 감지하여, 생성 시점부터 해당 파일의 상태를 트래킹 한다. 다만 파일의 상태를 탐지만 할 뿐, 아직 레포지토리에 새로운 파일에 대한 정보가 반영되지 않았기에 Untracked 파일임을 기억해야 한다.

```
opensw@tux:~/gitlab/practicerepo$ git status
On branch main

No commits yet

Untracked files:
  (use "git add <file>..." to include in what will be committed)
        LICENSE.txt
        README.md
        hello.c

nothing added to commit but untracked files present (use "git add" to track)
opensw@tux:~/gitlab/practicerepo$
```

`Untracked files` 문구는 Untracked 파일이 발생했다는 의미로, 해당 문구 아래에 리스트되어 있는 파일이 Untracked 파일이다. Untracked 파일이 형상 관리되려면 Staged 상태가 되어야 하고, 이후 로컬 레포지토리에 커밋되어야 비로소 Tracked 파일이 된다.

다음으로 생성한 파일을 스테이징 영역에 업로드한다. `git add` 명령은 수정이 발생한 파일(Modified)

이나 새로 생성된 파일(Untracked)을 스테이징 영역에 추가한다. 명령 형식은 다음과 같다.

```
git add <file>
```

<file>에는 스테이징 영역에 올릴 파일을 작성한다. 여러 파일을 올릴 때는 <file1> <file2>처럼 파일을 공백으로 구분하면 된다. 이제 새로 생성한 hello.c, LICENSE.txt와 README.md 파일을 스테이징 영역에 추가한다.

```
openswⓔtux:~/gitlab/practicerepo$ git add hello.c
openswⓔtux:~/gitlab/practicerepo$ git add LICENSE.txt README.md
openswⓔtux:~/gitlab/practicerepo$
```

git status 명령은 로컬 저장소의 상태를 확인한다. 이를 통해 새로 생성·삭제·수정된 파일을 확인할 수 있으며, 이러한 변경점이 있는 파일에 대한 트랙킹 여부도 확인할 수 있다.

```
openswⓔtux:~/gitlab/practicerepo$ git status
On branch main

No commits yet

Changes to be committed:
  (use "git rm --cached <file>..." to unstage)
        new file:   LICENSE.txt
        new file:   README.md
        new file:   hello.c

openswⓔtux:~/gitlab/practicerepo$
```

git add 명령을 통해 3개의 파일이 Staged 상태가 되어 커밋이 가능한 상태가 되었다. 이처럼 git status 명령이 출력하는 메시지의 의미를 알고 있어야, 명시된 파일이 어떤 상태인지 정확히 파악할 수 있다. 다음은 각 메시지별로 내포된 의미를 설명한다.

- **On branch main** : 현재 위치한 브랜치는 main 브랜치라는 의미이다.
- **No commits yet** : 아직 해당 레포지토리에 커밋된 것이 없다는 의미이다.
- **Changes to be committed** : 해당 파일에 대해 커밋이 필요한 변경사항이 존재한다는 의미이다. 이는 스테이징 영역에 추가된 파일이 있음을 나타내며, git commit 명령을 실행해야 되는 대상

이다. 기존에 존재하지 않았던 Untracked 파일이 스테이징 영역이 추가된 경우일 때 'new file:' 로 표시된다.

- **use "git rm --cached <file>…" to unstage**: 리스트된 파일을 스테이징 영역에서 삭제하고 싶다면 git rm --cached <file> 명령을 실행하라는 의미이다. 이는 스테이징 영역에 잘못 올린 파일을 대상으로 실행하면 된다.

Untracked 파일의 형상 관리를 위해 커밋하는 방법을 알아보자. git commit 명령은 스테이징 영역에 있는 파일의 변경점을 커밋한다. 명령 구조는 다음과 같다.

```
git commit [option]
```

보통 -m 옵션과 함께 사용한다. -m 옵션은 커밋 메시지를 작성하는 옵션이다. 커밋 메시지는 해당 커밋은 어떤 의도로 진행한 커밋인지 설명하는 문구이다. 여기서는 새로 생성한 파일인 hello.c, LICENCE.txt, README.md 파일을 대상으로 커밋을 진행하기에, 'Create new files'라는 커밋 메시지를 작성한다.

```
opensw@tux:~/gitlab/practicerepo$ git commit -m "Create new files"
[main (root-commit) 21c3ed8] Created new files
 3 files changed, 10 insertions(+)
 create mode 100644 LICENSE.txt
 create mode 100644 README.md
 create mode 100644 hello.c
opensw@tux:~/gitlab/practicerepo$
```

메시지는 최대한 커밋과 연관된 내용으로 작성해야 한다. 여러 사람과 Git을 이용하여 협업을 진행하기 때문에, 다른 사람이 해당 메시지를 보고 어떤 작업을 수행한 커밋인지 예측할 수 있어야 한다.

다시 git status 명령으로 로컬 저장소 상태를 확인한다.

```
opensw@tux:~/gitlab/practicerepo$ git status
On branch main
nothing to commit, working tree clean
opensw@tux:~/gitlab/practicerepo$
```

'nothing to commit, working tree clean'는 로컬 저장소에 변경사항이 없어 커밋할 내용이 없다는 의미이다. 즉 현재 모든 변경사항이 모두 반영되었다는 것으로, 해당 커밋으로 반영된 파일들은 이제 Tracked 파일이 되었다.

10.5.4.2. Tracked 파일의 형상관리

이제 Tracked 파일의 버전 관리 과정을 알아보자. 각 과정에서 Untracked 파일의 형상관리 방식과 어떠한 차이점이 있는지 확인한다.

먼저 Tracked 파일인 README.md 파일을 수정한다.

```
opensw@tux:~/gitlab/practicerepo$ cat README.md
# practicerepo
opensw@tux:~/gitlab/practicerepo$ echo "## study git" >> README.md
opensw@tux:~/gitlab/practicerepo$ cat README.md
# practicerepo
## study git
opensw@tux:~/gitlab/practicerepo$
```

README.md 파일을 수정한 후 로컬 저장소의 상태를 확인한다.

```
opensw@tux:~/gitlab/practicerepo$ git status
On branch main
Changes not staged for commit:
  (use "git add <file>..." to update what will be committed)
  (use "git restore <file>..." to discard changes in working directory)
        modified:   README.md

no changes added to commit (use "git add" and/or "git commit -a")
opensw@tux:~/gitlab/practicerepo$
```

Tracked 파일에 변경 사항이 발생했기 때문에, 그와 관련된 상태를 알리는 메세지가 출력되었다. 각 메시지에 대한 해석은 다음과 같다.

- **Changes not staged for commit** : 이는 수정된 Tracked 파일 중 아직 스테이징 영역에 추가되지 않은 파일이 존재한다는 것이다.
- **use "git add <file>…" to update what will be committed** : Modified 파일을 Staged 상태로 전환하기 위해 git add <file> 명령을 실행하라는 의미이다. 이는 Tracked 파일을 커밋할 수 있

도록 스테이징 영역에 올리라는 것이다.

- **use "git restore <file>…" to discard changes in working directory** : 리스트에 있는 파일의 변경사항을 수정 이전 상태로 되돌리고 싶다면 git restore <file> 명령을 실행하라는 의미이다.

Tracked 파일의 변경점을 반영하고자 스테이징 영역에 업로드한 후 README.md 파일의 상태를 확인한다.

```
opensw@tux:~/gitlab/practicerepo$ git add README.md
opensw@tux:~/gitlab/practicerepo$ git status
On branch main
Changes to be committed:
  (use "git restore --staged <file>..." to unstage)
        modified:   README.md

opensw@tux:~/gitlab/practicerepo$
```

README.md 파일이 스테이징 영역에 업로드된 것을 확인할 수 있다. 'Changes to be committed' 문구는 Staged 파일이 존재할 때 출력된다. 이 상태에서 커밋하면, 스테이징 영역에 있는 파일이 커밋된다.

이제 로컬 레포지토리로 커밋하기 위해 git commit 명령을 실행한다.

```
opensw@tux:~/gitlab/practicerepo$ git commit
```

옵션없이 git commit 명령을 사용하면, 커밋 메시지를 에디터로 작성할 수 있다(그림 10.24). 이때 사용하는 에디터는 git config --global core.editor 명령으로 설정한 vim을 사용하게 된다.

그림 10.24 git commit 명령 실행 화면

에디터에서 커밋으로 반영될 파일을 확인하고 커밋 메시지를 작성할 수 있다는 특징이 있다. 커밋 메시지를 작성하지 않고 에디터를 종료하면 Git에서 자동으로 메시지를 채워넣은 후 커밋된다.

커밋 메시지는 에디터로 작성할 만큼의 긴 내용으로 작성하지 않는다. 그래서 `git commit` 명령 대신 `git commit -m` 명령을 사용하는 것이 일반적이다.

커밋을 진행하면 Staged 상태인 `README.md` 파일의 수정사항이 로컬 레포지토리에 반영된다. 커밋이 정상적으로 반영되었는지 확인하기 위해 `git status` 명령을 실행한다. 레포지토리에 존재하는 파일 수정사항이 없으므로 문제없이 커밋된 것을 알 수 있다.

```
opensw@tux:~/gitlab/practicerepo$ git status -s
opensw@tux:~/gitlab/practicerepo$
```

`-s` 옵션을 사용하면 레포지토리 상태를 간략하게(short) 표시하여, 한눈에 변경 사항을 빠르게 파악할 수 있다. 이 옵션은 레포지토리에 많은 변경 사항이 있을 때 유용하다.

마지막으로 로컬 레포지토리의 커밋을 원격 레포지토리로 전달해야한다. `git push` 명령은 원격 레포지토리로 로컬 레포지토리의 커밋을 전달한다. 명령 형식은 다음과 같다.

```
git push <remote> <branch>
```

`<remote>`는 커밋을 전달받을 원격 레포지토리의 별칭이고, `<branch>`는 원격 레포지토리의 브랜치를 의미한다. `origin`의 `main` 브랜치로 지금까지 로컬에서 작업한 내용을 전달한다.

```
opensw@tux:~/gitlab/practicerepo$ git push origin main
Username for 'https://github.com': opensw-geek
Password for 'https://opensw-geek@github.com':
Enumerating objects: 8, done.
Counting objects: 100% (8/8), done.
Delta compression using up to 2 threads
Compressing objects: 100% (6/6), done.
Writing objects: 100% (8/8), 768 bytes | 384.00 KiB/s, done.
Total 8 (delta 0), reused 0 (delta 0), pack-reused 0
To https://github.com/opensw-geek/practicerepo.git
 * [new branch]      main -> main
opensw@tux:~/gitlab/practicerepo$
```

푸시할 때는 GitHub 계정이 필요하다. ‘`Username for`’ 부분에는 GitHub 계정 이름을, ‘`Password for`’

부분에는 앞서 생성한 토큰 값을 붙여넣는다. 단 푸시할 때마다 사용자의 이름과 비밀번호를 묻는 메시지가 계속 출력되는데, 푸시를 자주 진행한다면 이 과정은 매우 번거로우므로 일정 시간동안 인증절차를 거치지 않도록 하는 설정이 존재한다. '* [new branch] main -> main'은 원격 레포지토리에 정상적으로 푸시되었다는 의미이다. 다시 말해 로컬 레포지토리에서 생성된 커밋을 통해 지금까지의 프로젝트 수정사항이 원격 레포지토리로 반영된 것이다.

단기간에 푸시를 여러 번 진행할 때 인증 절차를 건너뛰려면, 특정 시간동안 입력한 암호를 저장하도록 하는 설정을 적용하면 된다.

```
opensw@tux:~/gitlab/practicerepo$ git config --global credential.helper "cache --timeout=36
00"
opensw@tux:~/gitlab/practicerepo$ git push origin main
Username for 'https://github.com': opensw-geek
Password for 'https://opensw-geek@github.com':
Everything up-to-date
opensw@tux:~/gitlab/practicerepo$ git push origin main
Everything up-to-date
opensw@tux:~/gitlab/practicerepo$
```

credential.helper는 Git에서 인증을 요구할 때 호출되는 외부 헬퍼이며, "cache --timeout=3600"는 3600초 즉 1시간동안 입력한 암호를 저장한다는 의미이다. 즉 3600초 동안 암호를 저장하여, 계정 정보를 요구하는 메시지를 생략할 수 있도록 설정한다는 의미이다. git config 명령 실행 후 처음 실행된 git push 명령에서 입력한 비밀번호를 저장하여, 다음 git push 명령부터는 어떠한 정보도 요구하지 않음을 볼 수 있다.

git status 명령으로 지금까지 본 것처럼 각 파일의 상태를 상세하게 출력할 수도 있지만, 간단한 형식으로 확인할 수도 있다. 명령 형식은 다음과 같다.

git status -s¦--short

로컬 레포지토리에서 README.md, COMMIT.md, LICENSE.txt 파일을 각각 Staged, Untracked, Modified 상태로 수정한다.

```
opensw@tux:~/gitlab/practicerepo$ vi LICENSE.txt
opensw@tux:~/gitlab/practicerepo$ cat LICENSE.txt
The MIT License (MIT)
```

```
Copyright (c) 2024 opensw-geek

Permission is hereby granted,
opensw@tux:~/gitlab/practicerepo$ git add LICENSE.txt
opensw@tux:~/gitlab/practicerepo$ echo "# TYPE of COMMIT" > COMMIT.md
opensw@tux:~/gitlab/practicerepo$ vi README.md
opensw@tux:~/gitlab/practicerepo$ cat README.md
# practicerepo
## study git
GitHub is one of version control system.
opensw@tux:~/gitlab/practicerepo$ git status -s
 A LICENSE.txt
 M README.md
?? COMMIT.md
opensw@tux:~/gitlab/practicerepo$
```

이후 git status -s 나 git status --short 명령의 출력 결과를 확인한다.

```
opensw@tux:~/gitlab/practicerepo$ git status -s
 A LICENSE.txt
 M README.md
?? COMMIT.md
opensw@tux:~/gitlab/practicerepo$
```

오로지 파일 이름과 상태만 출력되며, 상태는 문자로 표시된다. 'A'는 Staged 파일, 'M'은 Modified 파일, '??'은 Untracked 파일을 의미한다.

10.5.5. 파일 무시

대부분은 레포지토리에서 발생하는 모든 변경사항을 Git으로 관리하지만, 타인에게 공유되면 안 되는 민감한 정보가 들어있는 파일이나 로그, 빌드 시 자동으로 생성되나 공유할 필요는 없는 파일(*.a, *.o 등) 등의 파일을 버전 관리 대상에서 제거할 수 있다.

.gitignore 파일은 Git 관리 대상에서 제외하려는 특정 파일 확장자나 파일을 지정하며, 저장소 내 최상단에 위치한다. 제외 대상을 파일에 입력하는 방식이기에 vim을 사용한다.

현재 로컬 레포지토리 파일 중 경로 상관없이 '~'로 시작하는 파일, .o와 .a 확장자를 가지는 파일을 관리 제외 대상으로 지정한다.

```
opensw@tux:~/gitlab/practicerepo$ vi .gitignore
opensw@tux:~/gitlab/practicerepo$ cat .gitignore
*.[oa]
*~
opensw@tux:~/gitlab/practicerepo$
```

실제로 관리 제외 대상에 해당하는 파일이 정상적으로 제외되는지 확인한다. `object.o` 파일을 생성한 후 `git status` 명령을 실행한다.

```
opensw@tux:~/gitlab/practicerepo$ touch object.o
opensw@tux:~/gitlab/practicerepo$ git status -s
 A LICENSE.txt
 M README.md
?? .gitignore
?? COMMIT.md
opensw@tux:~/gitlab/practicerepo$
```

출력 결과를 보면 `.gitignore` 파일로 지정한 관리 제외 대상 중 `*.o`에 해당하는 `object.o`가 없는 것을 확인할 수 있다. `.gitignore` 파일을 이용하면, Git의 관리 제외 대상에 해당하는 파일이 발생할 때마다 `git` 명령으로 수동 관리하지 않아도 된다. 즉 Git의 관리 대상에 속하지 않는 다양한 파일을 조건을 통해 쉽게 지정 가능 하다는 장점을 가진다.

10.5.6. 파일 삭제 및 이름 변경

Git에서는 파일을 삭제하고 이름을 변경하는 명령을 지원한다. 일반적인 시스템 명령을 이용하여 파일을 삭제하거나 파일 이름을 변경하게 되면, 파일 트랙킹 상태의 변동으로 인해 추가 작업을 진행해야 하는 상황이 발생한다. 그래서 Git에서는 파일 정보 변동에 따른 트랙킹 관리를 위한 명령을 제공한다.

먼저, `git` 명령으로 파일을 삭제하는 실습을 진행해보자. `git rm` 명령은 저장소 내의 파일을 삭제한다. 명령 형식은 다음과 같다.

```
git rm <name>
```

<name>에 삭제할 파일을 작성한다. 다만 수정하지 않은 Tracked 파일을 대상으로 사용할 수 있다. `git rm` 명령을 통해 파일을 저장소에서 삭제한 후 해당 변동사항을 바로 스테이징 영역에 추가한다. 먼저

현재 저장소 내 파일 중 hello.c 파일을 git rm 명령으로 삭제한다.

```
openswd@tux:~/gitlab/practicerepo$ ls
COMMIT.md  hello.c  LICENSE.txt  object.o  README.md
openswd@tux:~/gitlab/practicerepo$ git rm hello.c
rm 'hello.c'
openswd@tux:~/gitlab/practicerepo$
```

이후 hello.c 파일의 상태를 확인한다.

```
openswd@tux:~/gitlab/practicerepo$ git status -s
.A LICENSE.txt
 M README.md
 D hello.c
?? .gitignore
?? COMMIT.md
openswd@tux:~/gitlab/practicerepo$ ls
COMMIT.md LICENSE.txt  object.o  README.md
```

hello.c 파일이 Deleted(D) 상태가 되었음을 알 수 있다. 이 상태에서 커밋을 진행하면 파일이 완전히 삭제된다. 보통 프로젝트에서 더 이상 사용되지 않는 Tracked 파일을 제거할 때 사용한다.

로그나 바이너리 등 트랙킹하지 않아도 되는 파일을 실수로 .gitignore 파일에 추가하지 않고 커밋하는 경우가 발생할 수 있다. 이때 --cached 옵션을 사용하면 실제 파일을 그대로 두고, 해당 파일을 더 이상 트랙킹 하지 않는 상태로 만들 수 있다. 명령 형식은 다음과 같다.

```
git rm --cached <file>
```

--cached 옵션을 사용해 LICENSE.txt를 트래킹 하지 않는 상태로 변경해보자.

```
openswd@tux:~/gitlab/practicerepo$ git rm --cached LICENSE.txt
rm 'LICENSE.txt'
openswd@tux:~/gitlab/practicerepo$
```

명령 실행 후 LICENSE.txt 파일 상태를 확인하고, 해당 파일의 수정사항과 파일의 트랙킹을 중단하는 변동사항에 대한 커밋을 진행해보자.

```
openswl@tux:~/gitlab/practicerepo$ git status -s
D  LICENSE.txt
M  README.md
D  hello.c
?? .gitignore
?? COMMIT.md
?? LICENSE.txt
openswl@tux:~/gitlab/practicerepo$ git commit -m "Deleted files"
[main ad69ca0] Deleted files
 2 files changed, 9 deletions(-)
 delete mode 100644 LICENSE.txt
 delete mode 100644 hello.c
openswl@tux:~/gitlab/practicerepo$ ls
COMMIT.md LICENSE.txt  object.o  README.md
```

ls 명령으로 확인해보면 파일 트랙킹이 중지된 파일이 로컬 저장소에는 삭제되지 않고 남아있는 것을 확인할 수 있다.

다음 실습을 위해 지금까지 진행한 실습을 반영하는 커밋을 진행하자.

```
openswl@tux:~/gitlab/practicerepo$ rm object.o
openswl@tux:~/gitlab/practicerepo$ git add *
openswl@tux:~/gitlab/practicerepo$ git status -s
A  README.md
A  .gitignore
A  COMMIT.md
A  LICENSE.txt
openswl@tux:~/gitlab/practicerepo$ git commit -m "Create .gitignore and COMMIT.md"
[main f3b1eb3] Create .gitignore and COMMIT.md
 4 files changed, 8 insertions(+)
 create mode 100644 README.md
 create mode 100644 .gitignore
 create mode 100644 COMMIT.md
 create mode 100644 LICENSE.txt
openswl@tux:~/gitlab/practicerepo$
```

다음으로, git 명령으로 파일 이름을 변경하는 실습을 진행해보자.

리눅스 시스템 명령인 mv 명령을 사용해도 되지만, 레포지토리에 변경된 이름을 반영하기 위해 git 명령을 추가로 실행해야 하는 수고로움이 존재한다. 그래서 이름 변경에 따른 트랙킹 정보 전환을 한 번에 처리하기 위해 git 명령을 사용하는 것이다. 시스템 명령과 git 명령을 사용하여 파일 이름을 변경하는 실습을 통해 어떤 차이점이 존재하는지 확인한다.

git mv 명령은 파일 이름을 변경한다. 명령 형식은 다음과 같다.

git mv <oldname> <newname>

<oldname>에는 이름을 변경할 파일을, <newname>에는 새로 부여할 파일 이름을 작성한다. 해당 명령은 Tracked 파일을 대상으로 사용한다. 이제 git mv 명령으로 COMMIT.md 파일의 이름을 COMMIT.txt로 변경한다.

```
opensw@tux:~/gitlab/practicerepo$ git mv COMMIT.md COMMIT.txt
opensw@tux:~/gitlab/practicerepo$ git status -s
R  COMMIT.md -> COMMIT.txt
opensw@tux:~/gitlab/practicerepo$ ls
COMMIT.txt  LICENSE.txt  object.o  README.md
opensw@tux:~/gitlab/practicerepo$
```

git mv 명령은 파일 이름을 변경한 후 해당 변경점을 스테이징 영역에 바로 추가한다. 이는 'R COMMIT.md -> COMMIT.txt'라는 변경사항이 발생한 것을 통해 알 수 있다. 이후 커밋을 진행하면, 변경된 파일 이름이 레포지토리에 반영된다.

이제 리눅스의 mv 명령을 사용하여 파일 이름을 변경하여, git mv 명령과 어떠한 차이가 존재하는지 확인한다. COMMIT.txt 파일을 다시 COMMIT.md로 이름을 변경하는 작업을 진행한다.

```
opensw@tux:~/gitlab/practicerepo$ mv COMMIT.txt COMMIT.md
opensw@tux:~/gitlab/practicerepo$ git status
D  COMMIT.txt
?? COMMIT.md
opensw@tux:~/gitlab/practicerepo$
```

COMMIT.txt 파일 이름이 변경되면, Git은 COMMIT.txt 파일이 없어진 것(D)으로 판단한다. COMMIT.md 파일은 기존에 없던 파일로 간주되어 Untracked 파일(??)로 인식된다.

실제로 COMMIT.txt 파일은 COMMIT.md로 이름이 변경되었으므로, 원래 이름을 가진 파일 정보를 레포지토리에서 삭제하고자 git rm 명령을 사용한다. 또한 COMMIT.md 파일을 레포지토리에 추가하여 바뀐 이름으로 형상 관리가 되도록 git add 명령을 진행한다.

```
openswd@tux:~/gitlab/practicerepo$ git rm COMMIT.txt
rm 'COMMIT.txt'
openswd@tux:~/gitlab/practicerepo$ git add COMMIT.md
openswd@tux:~/gitlab/practicerepo$ git status
On branch main
nothing to commit, working tree clean
openswd@tux:~/gitlab/practicerepo$
```

이처럼 레포지토리의 파일 이름을 변경할 때, git 명령이 아닌 일반 시스템 명령을 사용하면 추가적인 절차를 진행해야 한다.

10.5.7. Staged와 Unstaged 상태의 변경 내용 확인

지금까지는 수정 상황에 따라 파일 상태가 어떻게 변하는지 확인하는 실습을 진행했다. Git을 이용하여 형상 관리를 수월하게 하려면, 파일의 어떤 부분이 변경되었는지 확인하는 과정이 필요할 때가 있다. Git을 사용하다 보면 스테이징 영역에 올라간 변경점과 작업 디렉터리 간의 차이점을 확인해야 할 상황이 발생한다. 그래서 커밋 전 의도했던 수정사항을 스테이징 영역에 올렸는지 검토하기 위한 명령을 지원한다.

git diff 명령은 동일한 파일을 대상으로 발생한 Staged와 Unstaged 상태가 가진 변경점을 비교한 결과를 보여준다. 정확한 이해를 위해 바로 실습으로 확인해보자.

우선 COMMIT.md 파일을 Untracked 상태로 만든다.

```
openswd@tux:~/gitlab/practicerepo$ git rm --cache COMMIT.md
rm 'COMMIT.md'
openswd@tux:~/gitlab/practicerepo$ git status -s
D  COMMIT.md
?? COMMIT.md
openswd@tux:~/gitlab/practicerepo$ git commit -m "make COMMIT.md untracked"
[main 73fa4aa] make COMMIT.md untracked
 1 file changed, 1 deletion(-)
 delete mode 100644 COMMIT.md
openswd@tux:~/gitlab/practicerepo$ git status -s
?? COMMIT.md
openswd@tux:~/gitlab/practicerepo$
```

이 상태에서 COMMIT.md 파일를 수정하고 스테이징 영역으로 업로드한다. 그럼 COMMIT.md 파일은 현재

1개의 Staged 상태인 변경점을 가지게 된다.

```
opensw@tux:~/gitlab/practicerepo$ vi COMMIT.md
opensw@tux:~/gitlab/practicerepo$ cat COMMIT.md
# TYPE of COMMIT
1. Add Untracked files
opensw@tux:~/gitlab/practicerepo$ git add COMMIT.md
opensw@tux:~/gitlab/practicerepo$ git status -s
A  COMMIT.md
opensw@tux:~/gitlab/practicerepo$
```

다음으로 이전 커밋 작업에서 빠트린 텍스트를 추가하기 위해 COMMIT.md 파일을 다시 수정한다. 이로 인해 COMMIT.md 파일은 추가적으로 1개의 Unstaged 상태인 변경점이 발생하여, Staged(A)와 Unstaged(M) 상태를 모두 가지게 된다.

```
opensw@tux:~/gitlab/practicerepo$ echo "2. Modify Tracked files" >> COMMIT.md
opensw@tux:~/gitlab/practicerepo$ git status -s
AM COMMIT.md
opensw@tux:~/gitlab/practicerepo$
```

이제 git diff 명령으로 COMMIT.md 파일에 대한 Staged와 Unstaged 상태 간의 차이점을 확인한다.

```
opensw@tux:~/gitlab/practicerepo$ git diff
diff --git a/COMMIT.md b/COMMIT.md
index c03cb7a..da15062 100644
--- a/COMMIT.md
+++ b/COMMIT.md
@@ -1,2 +1,3 @@
 # TYPE of COMMIT
 1. Add Untracked files
+2. Modify Tracked files
opensw@tux:~/gitlab/practicerepo$
```

비교 결과, 현재 COMMIT.md 파일 중 '2. Modify Tracked files'에서 차이점이 발생했음을 알 수 있다. git diff 명령의 출력결과에 대한 해석은 다음과 같다.

- **diff --git a/COMMIT.md b/COMMIT.md** : Staged 상태의 COMMIT.md(a/COMMIT.md) 파일과 Unstaged 상태의 COMMIT.md(b/COMMIT.md) 파일의 차이점을 비교했다는 의미이다.

- **--- a/COMMIT.md** : a/COMMIT.txt 파일은 ---로 표시할 것임을 의미한다.
- **+++ b/COMMIT.md** : b/COMMIT.txt 파일은 +++로 표시할 것임을 의미한다.
- **@@ -1,2 +1,3 @@** : --- 파일의 1번째 라인부터 2번째 라인에 대한 파일내용과 +++파일의 1번째 라인부터 3번째 라인에 대한 파일내용을 출력한 것임을 의미이다.
- **No symbol** : 두 파일에서 변경점이 없는 라인을 의미한다.
- **+2. Modify Tracked files** : +++ 파일에서 수정된 라인임을 의미한다.

이 실습에서는 COMMIT.md 파일만 해당되어 한 파일에 대한 변경점만 출력되지만, 두 상태 간의 변경점이 존재하는 파일이면 모두 출력된다.

이후 git add 명령으로 Unstaged 상태의 변경점을 스테이징 영역에 추가한 후, git diff 명령을 다시 실행하면 아무것도 출력되지 않는다. 이는 git add 명령으로 Unstaged 상태가 Staged 상태로 바뀌어서, 해당 파일에 대한 변경점이 모두 동일하게 Staged 상태가 되었기 때문이다.

```
opensw@tux:~/gitlab/practicerepo$ git add *
opensw@tux:~/gitlab/practicerepo$ git status -s
A  COMMIT.md
opensw@tux:~/gitlab/practicerepo$ git diff
opensw@tux:~/gitlab/practicerepo$
```

10.5.8. 스테이징 영역 생략

파일을 수정하고, 스테이징 영역에 업로드한 후, 커밋하는 방법이 버전 관리를 위한 정석적인 방법이다. 하지만, Tracked 파일에 한해서 스테이징 영역에 추가하는 과정을 생략하고 바로 커밋을 진행하는 방법도 존재한다.

git commit -a 명령은 수정된 Tracked 파일을 바로 커밋한다. 명령 형식은 다음과 같다.

```
git commit -a [option]
```

-a 옵션은 Tracked 파일의 수정사항을 자동으로 스테이징 영역에 추가한 후 커밋한다. [option]에는 주로 커밋 메시지를 작성하는 -m 옵션이 사용된다. Tracked 파일인 COMMIT.md 를 수정한 후 바로 커밋을 진행한다. git commit -a -m 명령 하나로 Tracked 파일인 COMMIT.md 파일을 git add 명령을 사용하

지 않고 커밋을 완료하였다.

```
openswn@tux:~/gitlab/practicerepo$ echo "3. Delete files" >> COMMIT.md
openswn@tux:~/gitlab/practicerepo$ git status -s
AM COMMIT.md
openswn@tux:~/gitlab/practicerepo$ git commit -a -m "Add a new commit type"
[main 01980fb] Add a new commit type
 1 file changed, 4 insertions(+)
 create mode 100644 COMMIT.md
openswn@tux:~/gitlab/practicerepo$ git status -s
openswn@tux:~/gitlab/practicerepo$
```

git commit -a 명령은 주로 레포지토리에 커밋하는게 확실한 작업을 대상으로 사용된다. 이 경우가 아니라면, 정석적인 방법으로 프로젝트의 형상 관리를 진행하는 것이 안전하다.

10.5.9. 커밋 히스토리 조회하기

커밋 히스토리는 Git 레포지토리가 생성된 순간부터 지금까지의 모든 커밋을 의미하며, 현재까지 레포지토리에 어떠한 변경사항이 반영되었는지 확인할 때 사용한다. 이를 확인하기 위해 Git에서는 명령을 제공한다.

git log 명령으로 커밋 히스토리를 확인할 수 있으며, 다양한 옵션을 사용하여 커밋 히스토리 출력 형식을 바꿀 수 있다. 명령 형식은 다음과 같다.

git log [option]

사용 가능한 옵션은 지금부터 하나씩 설명한다.

git log 명령을 옵션없이 실행해보자. 각 커밋의 기본 정보에 해당하는 커밋 ID, 작성자, 날짜, 커밋 메시지가 최근순으로 출력된다. 커밋 작성자를 의미하는 Author 항목에는 git config --global user.name과 git config --global user.email 명령으로 설정한 이름과 이메일이 표시된다.

```
openswn@tux:~/gitlab/practicerepo$ git log
commit 01980fb25c3c79bf718ae7e78181e608b4c510fb (HEAD -> main)
Author: Open Source SW <opensw-geek@gmail.com>
Date:   Fri May 10 13:18:47 2024 +0900

    Add a new commit type
```

```
commit 73fa4aa013cd17a825715a8392d2564ca9c7e8a1
Author: Open Source SW <opensw-geek@gmail.com>
Date:   Fri May 10 13:04:25 2024 +0900

    make COMMIT.md untracked

commit f3b1eb3951608542fe2224a972040566bc16327f
...

:q      # exit
```

-p 옵션은 커밋에 의해 발생한 변경사항을 보여준다.

주로 커밋으로 어떤 파일에서 어느 부분에서 변경점이 발생했는지 확인하기 위해 사용한다. -<num> 옵션은 최근 <num>개의 커밋 정보를 출력하도록 설정한다. 두 옵션은 따로 사용할 수 있으며, 함께 사용하면 최근 N개의 커밋에 대한 diff 결과를 출력한다는 의미를 가진다.

```
opensw@tux:~/gitlab/practicerepo$ git log -p -2
commit 01980fb25c3c79bf718ae7e78181e608b4c510fb (HEAD -> main)
Author: Open Source SW <opensw-geek@gmail.com>
Date:   Fri May 10 13:18:47 2024 +0900

    Add a new commit type

diff --git a/COMMIT.md b/COMMIT.md
new file mode 100644
index 0000000..8f657de
--- /dev/null
+++ b/COMMIT.md
@@ -0,0 +1,4 @@
+# TYPE of COMMIT
+1. Add Untracked files
+2. Modify Tracked files
+3. Delete files
...
:q      # exit
```

--stat 옵션은 각 커밋에 대한 통계정보를 조회한다.

-p 옵션처럼 자세한 내용을 조회하는 것이 아닌, 변경 사항이 발생한 파일별 통계정보를 출력한다.

--stat 옵션은 커밋마다 어떤 파일에서 어떠한 변경점이 발생했는지를 수치적으로 간단하게 확인하고 싶을 때 많이 사용한다.

```
openswd@tux:~/gitlab/practicerepo$ git log --stat
commit 01980fb25c3c79bf718ae7e78181e608b4c510fb (HEAD -> main)
Author: Open Source SW <opensw-geek@gmail.com>
Date:   Fri May 10 13:18:47 2024 +0900

    Add a new commit type

 COMMIT.md ¦ 4 ++++
 1 file changed, 4 insertions(+)
...
```

각 커밋 메시지 하단에 'COMMIT.md ¦ 4 ++++'와 같이 출력된 부분이 커밋의 통계정보이다. 통계정보 중 insertion과 deletion은 파일에서 추가된 내용이 있는 라인(+)과 기존의 내용이 삭제된 라인(-)을 의미한다. 이를 기반으로 통계정보의 각 라인에 대한 의미는 다음과 같다.

- **COMMIT.md ¦ 4 ++++** : COMMIT.md 파일에서 4개의 행에 내용이 추가 되었음을 의미한다.
- **1 files changed, 4 insertions(+)** : 해당 커밋에서는 1개의 파일에서 총 4개의 내용 추가가 발생했음을 의미한다.

--pretty 옵션을 통해 커밋 히스토리를 사용자가 원하는 포맷에 맞게 정돈하여 출력할 수 있다. 명령 형식은 다음과 같다.

```
git log --pretty=format:<format>
```

<format>에 "%h -%an, %ar" 내용을 입력하여 커밋 히스토리를 출력해보자.

```
opensw@tux:~/gitlab/practicerepo$ git log --pretty=format:"%h -%an, %ar"
01980fb -Open Source SW, 3 minutes ago
73fa4aa -Open Source SW, 18 minutes ago
f3b1eb3 -Open Source SW, 38 minutes ago
...
opensw@tux:~/gitlab/practicerepo$
```

%h, %an, %ar, %s는 placeholder라고 불리며, 각 placeholder가 내포하는 커밋 정보는 다음과 같다.

- **%h** : 짧은 길이의 커밋 해시를 의미한다. 커밋 해시는 여러 커밋을 구분하는 식별자이다. 첫번째 커밋으로 예를 들면, 해당 커밋의 해시는 cfd5af292a1 4406942c7e740d1d43cf6e749b8ce이며, 이를 짧은 길이의 해시로 출력한 값이 cfd5af2이다.
- **%an** : Author를 의미한다. 해당 커밋을 실행한 사용자가 git config 명령으로 작성한 user.name이 출력된다. 실습 환경에서는 user.name로 지정한 'Open Source SW'가 이에 해당된다.
- **%ar** : 상대적인 커밋 시간으로, 해당 커밋이 현재를 기점으로 얼마 이전에 발생하였는가를 출력한다. 첫 번째 커밋에서는 '38 minutes age'가 해당한다.
- **%s** : 커밋 메시지를 의미한다. 첫 번째 커밋에서는 'Deleted files'가 해당한다.

큰 따옴표(" ") 내부에는 placeholder와 문자열을 이용하여 다양한 출력 형식을 지정할 수 있다. 다른 포맷의 예로 "**%h** made by **%an**"을 작성하면, 다음과 같이 커밋 히스토리를 조회할 수 있다.

```
opensw@tux:~/gitlab/practicerepo$ git log --pretty=format:"%h made by %an"
01980fb made by Open Source SW
73fa4aa made by Open Source SW
f3b1eb3 made by Open Source SW
...
opensw@tux:~/gitlab/practicerepo$
```

<format>에 사용할 수 있는 다양한 placeholder는 man git-log 명령으로 확인할 수 있다. 커밋 히스토리에서 확인하고픈 정보만 보여지도록 출력 형식을 다양하게 커스터마이징할 때 placeholder가 유용하게 활용된다.

```
opensw@tux:~/gitlab/practicerepo$ man git-log
...
•   Placeholders that expand to information extracted from the commit:

            %H
                commit hash
            %h
                abbreviated commit hash
            %T
                tree hash
...
opensw@tux:~/gitlab/practicerepo$
```

10.5.10. 되돌리기

Git을 사용하다보면, 완료한 커밋을 수정해야 하는 경우가 발생하기도 한다. 커밋 시 특정 파일을 누락했거나 커밋 메시지를 잘못 작성한 경우가 이에 해당한다. 이러한 경우에는 git commit 명령의 --amend 옵션을 사용하면 된다.

git commit --amend [option]

--amend 옵션은 바로 이전의 커밋을 수정한다. 실제로는 수정할 내용으로 새로운 커밋을 생성한 후, 이를 바로 이전 커밋과 병합하는 것이다.

첫 번째로 완료된 커밋에 누락된 파일을 추가하는 과정을 실습해보자. README.md 커밋 시, references.txt 파일을 누락한 상황이라고 가정한다. 먼저 README.md 파일을 생성하고 커밋을 진행하자.

```
opensw@tux:~/gitlab/practicerepo$ echo "Git is a tool about version control for github" >>
README.md
opensw@tux:~/gitlab/practicerepo$ git commit -a -m "Modify README.md"
[main a18570c] Modify README.md
 1 file changed, 1 insertion(+)
opensw@tux:~/gitlab/practicerepo$
```

이후 references.txt 파일을 생성해보자.

```
opensw@tux:~/gitlab/practicerepo$ echo "https://git-scm.com/" >> references.txt
opensw@tux:~/gitlab/practicerepo$ git status -s
?? references.txt
opensw@tux:~/gitlab/practicerepo$
```

이제 누락된 파일을 스테이징 영역에 올린 후, 'Modify README.md' 커밋에 누락된 references.txt 파일을 추가하기 위해 git commit --amend 명령을 실행한다.

```
opensw@tux:~/gitlab/practicerepo$ git add references.txt
opensw@tux:~/gitlab/practicerepo$ git commit --amend
[main 76ef19c] Modify README.md
 Date: Fri May 10 13:29:20 2024 +0900
 2 files changed, 2 insertions(+)
 create mode 100644 references.txt
```

```
opensw@tux:~/gitlab/practicerepo$
```

git log 명령으로 references.txt 파일이 추가되었는지 확인한다.

```
opensw@tux:~/gitlab/practicerepo$ git log --stat
commit 76ef19cc6c563706172b1e53a07615596e03fbcf (HEAD -> main)
Author: Open Source SW <opensw-geek@gmail.com>
Date:   Fri May 10 13:29:20 2024 +0900

    Modify README.md

 README.md      | 1 +
 references.txt | 1 +
 2 files changed, 2 insertions(+)
```

'Modify README.md' 커밋에 README.md 파일뿐만 아니라 references.txt 파일도 포함된 것을 확인할 수 있다. 완료된 커밋에 누락된 파일을 추가하여도 커밋 날짜는 수정되지 않는다.

두 번째로 완료된 커밋의 메시지를 변경해보자. 이미 완료된 커밋 메시지를 수정할 때는 --amend와 -m 옵션을 같이 사용하면 된다. 이때 커밋 가능한 파일이 존재하지 않아도 실행 가능하다.

```
opensw@tux:~/gitlab/practicerepo$ git commit --amend -m "Introduction of Git on README.md"
[main b47c208] Introduction of Git on README.md
 Date: Fri May 10 13:29:20 2024 +0900
 2 files changed, 2 insertions(+)
 create mode 100644 references.txt
opensw@tux:~/gitlab/practicerepo$
```

앞선 상황과 동일하게 메시지 수정을 진행하여도 커밋 날짜는 기존 날짜를 유지한다.

```
opensw@tux:~/gitlab/practicerepo$ git log -1
commit b47c20828f6d239bdb9bc63974aeab016675683d (HEAD -> main)
Author: Open Source SW <opensw-geek@gmail.com>
Date:   Fri May 10 13:29:20 2024 +0900

    Introduction of Git on README.md
opensw@tux:~/gitlab/practicerepo$
```

10.5.11. 파일 상태를 Unstaged로 변경

git commit 명령을 실행하면 모든 Staged 파일이 하나의 커밋이 된다. 이때 Staged 파일 중 추가 수정이 필요하거나 나중에 다른 파일과 커밋하기 위해, 현재 커밋 대상에서 제외할 파일이 발생하기도 한다.

git restore 명령은 레포지토리 내 파일 상태를 복원한다. 이를 이용하여 Staged 파일을 Unstaged 상태로 전환할 수 있다. 명령 형식은 다음과 같다.

```
git restore --staged <file>
```

--staged 옵션이 Unstaged로의 상태 변경을 가능하게 한다. 이때 <file>에는 Unstaged 상태로 변경할 Staged 파일 이름을 작성한다. 먼저 상태 변경의 대상이 될 파일을 생성한다.

```
openswtux:~/gitlab/practicerepo$ echo "To unstaged" > unstaged1.txt
openswtux:~/gitlab/practicerepo$ echo "To unstaged" > unstaged2.txt
openswtux:~/gitlab/practicerepo$
```

unstaged1.txt과 unstaged2.txt 파일을 스테이징 영역에 추가한 후, git status 명령을 실행한다.

```
openswtux:~/gitlab/practicerepo$ git add *
openswtux:~/gitlab/practicerepo$ git status
On branch main
Changes to be committed:
  (use "git restore --staged <file>..." to unstage)
        new file:   unstaged1.txt
        new file:   unstaged2.txt

openswtux:~/gitlab/practicerepo$
```

'use "git restore --staged <file>..." to unstage' 메시지가 출력되었다. 이는 Staged 파일을 Unstaged 상태로 되돌리려면 git restore --staged 명령을 사용하라는 의미이다. 즉 git status 명령으로도 스테이징 영역에 올라간 변경점을 Unstaged 상태로 전환하는 방법을 알 수 있다.

그럼 git restore --staged 명령으로 2개의 Staged 파일을 Unstaged 상태로 전환한다.

```
opensw@tux:~/gitlab/practicerepo$ git restore --staged unstaged*.txt
opensw@tux:~/gitlab/practicerepo$ git status -s
?? unstaged1.txt
?? unstaged2.txt
opensw@tux:~/gitlab/practicerepo$
```

이렇듯 Git은 메시지를 통해 상황에 따른 해결법을 알려주기에, Git이 출력하는 메시지를 꼼꼼하게 확인할 필요가 있다.

10.6 Git 브랜치

10.6.1. 브랜치란

소프트웨어를 개발할 때 개발자들은 동일한 소스코드를 공유하고 다루게 된다. 어떤 개발자는 버그를 수정할 수도 있고, 또 다른 개발자는 새로운 기능을 만들 수도 있다. 이와 같이 동일한 소스코드를 기반으로 서로 다른 작업을 할 때 각각 다른 버전의 코드가 만들어지게 된다.

이때, 개발자들이 동일한 코드를 가지고 여러 버전으로 작업할 수 있게 만들어주는 기능이 **브랜치**(Branch)이다. 각자의 독립적인 브랜치 안에서 소스코드를 변경할 수 있기 때문에 각 브랜치 내 코드간에 직접적인 영향을 주지 않고 개발 작업을 동시에 진행할 수 있다.

각각의 브랜치를 합치는 머지(Merge) 작업을 통해 브랜치별로 진행한 개발 사항을 저장소에 반영하는 과정을 거치며 프로젝트를 완성시켜 나간다. 브랜치를 합치는 과정에서 문제가 생겨도 브랜치를 합치는 과정이 기록에 남기 때문에 문제를 찾고 대책을 세우기 쉬워진다. 현업에서 주로 사용되는 브랜치의 종류에는 5가지가 있다(그림 10.25).[60]

60 https://wac-cdn.atlassian.com/dam/jcr:cc0b526e-adb7-4d45-874e-9bcea9898b4a/04%20Hotfix%20branches.svg?cdnVersion=1719

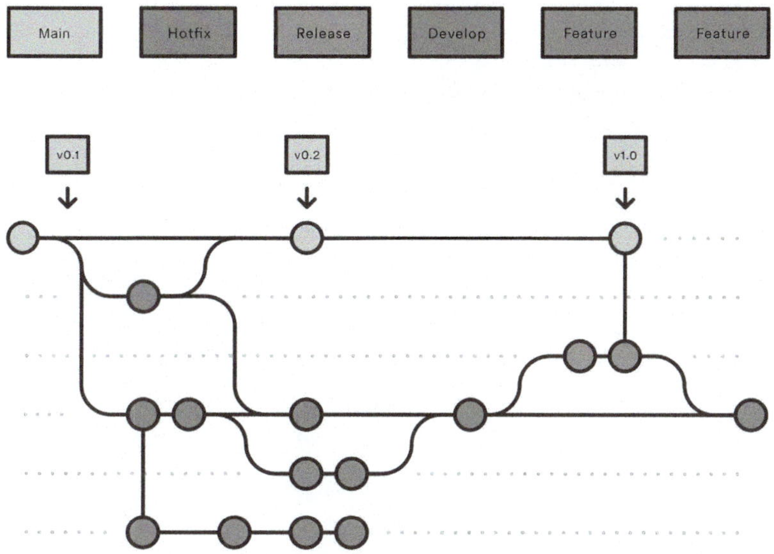

그림 10.25 브랜치 종류 및 관계

- **Master 브랜치** : 제품으로 출시될 수 있는 브랜치에 해당한다. 배포(Release) 이력을 관리하기 위해 사용하며, 배포 가능한 상태만을 관리한다. 저장소를 처음 만들었을 때 자동으로 생성되는 `main` 브랜치를 사용한다.
- **Develop 브랜치** : 다음 출시 버전을 개발하는 브랜치이다. 기능 개발을 위한 브랜치들을 병합하기 위해 사용한다. 모든 기능이 추가되고 버그가 수정되어 배포 가능한 안정적인 상태라면, `develop` 브랜치를 `main` 브랜치에 병합한다. 보통 해당 브랜치를 기반으로 개발을 진행한다.
- **Feature 브랜치** : 제품의 기능을 개발하는 브랜치이다. 새로운 기능 개발 및 버그 수정이 필요할 때마다 `develop` 브랜치로부터 분기한다. 개발이 완료되면 `develop` 브랜치로 병합하여 다른 개발자와 공유한다.
- **Release 브랜치** : 이번 출시 버전의 배포를 준비하는 브랜치이다. `Release` 브랜치를 사용하여 한 팀이 배포를 준비하는 동안 다른 팀은 배포를 위한 기능 개발을 계속 진행할 수 있다.
- **Hotfix 브랜치** : 출시 버전에서 발생한 버그를 수정하는 브랜치이다. 배포한 버전에 긴급하게 수정이 필요한 경우 `main` 브랜치에서 분기된다.

10.6.2. 브랜치 생성

커밋은 커밋 작성자, 날짜, 해당 커밋에 포함된 변경점 등의 정보와 함께 이전 커밋에 대한 포인터를 저장한다(그림 10.26).

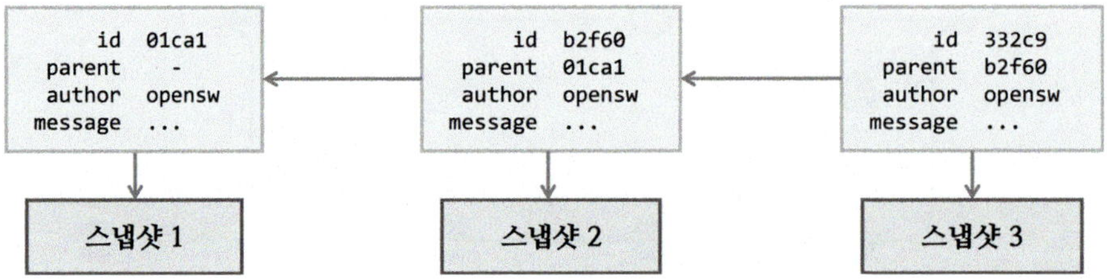

그림 10.26 커밋간의 관계

이렇게 이전 커밋 포인터가 존재하기에, 특정 커밋이 무엇을 기준으로 변경되었는지 알 수 있다. 즉 커밋하면 이전 커밋이 무엇인지도 저장한다는 의미이다. 첫 커밋을 제외한 모든 커밋은 이전 커밋 포인터를 적어도 하나는 가진다. 브랜치를 합치는 Merge 커밋은 이전 커밋 포인터가 여러 개이다. 그리고 커밋이 스냅샷을 의미한다.

Git **브랜치**는 커밋 사이를 이동할 수 있는 포인터와 같다(그림 10.27).

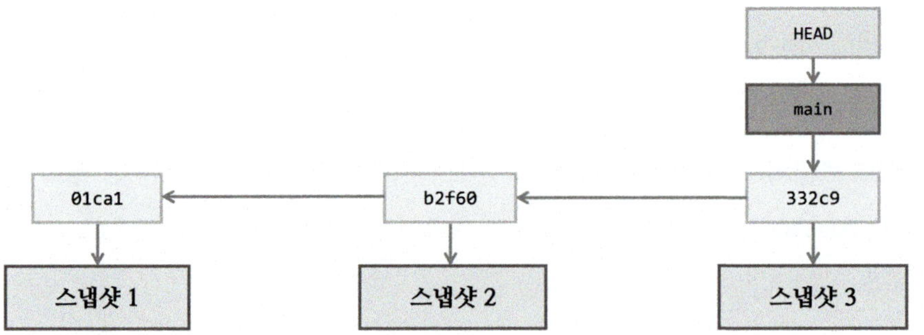

그림 10.27 브랜치와 커밋 관계

기본적으로 저장소에는 main 브랜치라는 기본 브랜치가 생성되어있다. 처음 커밋이 발생하면 main 브랜치가 생성된 커밋을 가리킨다. 이후 커밋을 만들면 main 브랜치는 자동으로 가장 마지막 커밋을 가리킨다. 또한 Git에는 HEAD라는 특수 포인터가 존재한다. **HEAD 포인터**는 현재 위치한 브랜치를 가리킨다. Git에서 여러 브랜치를 만들 수 있기에, 커밋은 HEAD 포인터가 가리키는 브랜치에만 반영된다.

이제 브랜치로 프로젝트의 형상 관리를 더 체계적으로 진행하는 방법을 알아보자. 앞서 확인한 브랜치 중 개발 시 핵심 브랜치인 develop 브랜치를 생성한다.

먼저 git clone 명령으로 이름을 지정하여 생성했던 openswproject 로컬 저장소로 이동한다.

```
openswetux:~/gitlab$ cd openswproject/
```

앞서 practicerepo 원격 저장소로 푸시를 진행했었기에, openswproject의 클론 이후 새로운 커밋을 전달받은 원격 저장소와의 동기화를 위해 git fetch와 git merge 명령을 실행한다.

```
opensw@tux:~/gitlab/openswproject$ git fetch
remote: Enumerating objects: 8, done.
remote: Counting objects: 100% (8/8), done.
remote: Compressing objects: 100% (6/6), done.
remote: Total 8 (delta 0), reused 8 (delta 0), pack-reused 0
Unpacking objects: 100% (8/8), 748 bytes | 124.00 KiB/s, done.
From https://github.com/opensw-geek/practicerepo
 * [new branch]      main       -> origin/main
opensw@tux:~/gitlab/openswproject$ git merge
opensw@tux:~/gitlab/openswproject$ ls
hello.c  LICENSE.txt  README.md
opensw@tux:~/gitlab/openswproject$
```

그 후 newfeature.c 파일을 생성하고 커밋한다. 해당 커밋을 기점으로 브랜치를 사용하여 분기를 진행할 것이다.

```
opensw@tux:~/gitlab/openswproject$ vi newfeature.c
opensw@tux:~/gitlab/openswproject$ cat newfeature.c
#include <stdio.h>

void main() {
  // need to print current working dir.
  // please develop this function.
}
opensw@tux:~/gitlab/openswproject$ git add *
opensw@tux:~/gitlab/openswproject$ git commit -m "Need to a new function"
[main b2f6043] Need to a new function
 1 file changed, 5 insertions(+)
 create mode 100644 newfeature.c
opensw@tux:~/gitlab/openswproject$
```

git branch 명령은 브랜치를 관리한다. 명령 형식은 다음과 같다.

git branch [new-branch]

[new-branch] 없이 명령을 사용하면 레포지토리에 생성된 모든 브랜치를 출력한다. [new-branch]를 지정하면 해당 이름을 가진 새로운 브랜치가 생성된다. 먼저 현재 브랜치 현황을 확인한 후, develop이라는 새로운 브랜치를 생성한다. 현재 위치한 브랜치는 이름 왼쪽에 *표시로 나타낸다.

```
opensw@tux:~/gitlab/openswproject$ git branch
* main
opensw@tux:~/gitlab/openswproject$ git branch develop
opensw@tux:~/gitlab/openswproject$ git branch
  develop
* main
opensw@tux:~/gitlab/openswproject$
```

브랜치가 생성되어도 생성한 브랜치로 바로 이동하지 않으므로, develop 브랜치 생성 후에도 main 브랜치에 머무르고 있는 것을 알 수 있다. 새로운 브랜치가 생성되면 현재 위치한 브랜치의 가장 마지막 커밋을 가리키게 되므로, main과 develop 브랜치는 모두 동일한 커밋을 가리키고 있다(그림 10.28).

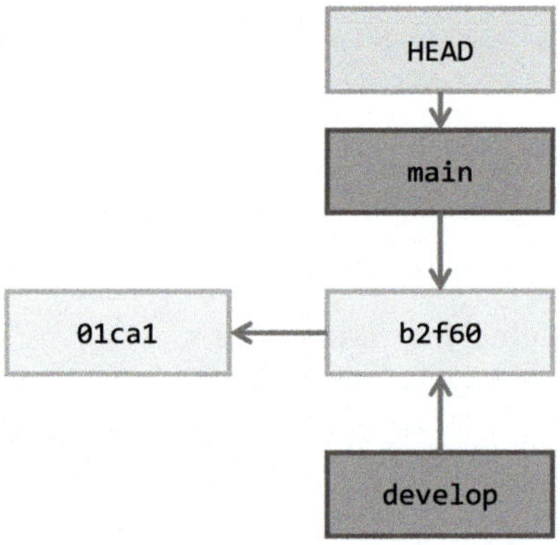

그림 10.28 동일한 커밋을 가리키는 main과 develop 브랜치

git checkout 명령은 지정한 브랜치로 이동한다. 명령 형식은 다음과 같다.

git checkout <branch>

<branch>에는 이동하려는 브랜치 이름을 작성한다. 이제 새로 생성한 develop 브랜치로 이동해보자.

```
openswa@tux:~/gitlab/openswproject$ git checkout develop
Switched to branch 'develop'
opensw@tux:~/gitlab/openswproject$ git branch
* develop
  main
opensw@tux:~/gitlab/openswproject$
```

이때 HEAD는 현재 위치한 브랜치를 가리키므로, develop를 가리키게 된다(그림 10.29).

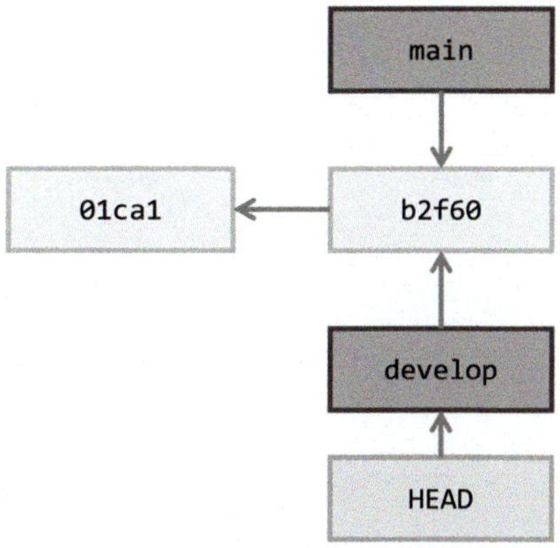

그림 10.29 main에서 develop 브랜치로의 HEAD 이동

두 개의 브랜치가 생성된 상황에서 커밋을 진행하면 어떤 일이 발생하는지 알아보자.

develop 브랜치에 위치한 상태에서 newfeature.c 파일을 수정한 후 커밋을 진행하자.

```
opensw@tux:~/gitlab/openswproject$ vi newfeature.c
opensw@tux:~/gitlab/openswproject$ cat newfeature.c
#include <stdio.h>
#include <unistd.h>

void main()
{
    char pwd[1024];
    getcwd(pwd, sizeof(pwd));
    printf("%s\n",pwd);
}
opensw@tux:~/gitlab/openswproject$ git commit -a -m "New feature's code"
[develop 332c95b] a new feature's code
```

```
 1 file changed, 6 insertions(+), 1 deletion(-)
openswp@tux:~/gitlab/openswproject$
```

새로운 커밋은 항상 현재 위치한 브랜치에 자동으로 반영된다. 따라서 develop 브랜치는 마지막으로 커밋한 'New feature's code' 커밋을 가리키게 되고, 이에 따라 현재 브랜치를 가리키는 HEAD는 develop 브랜치를 따라간다(그림 10.30).

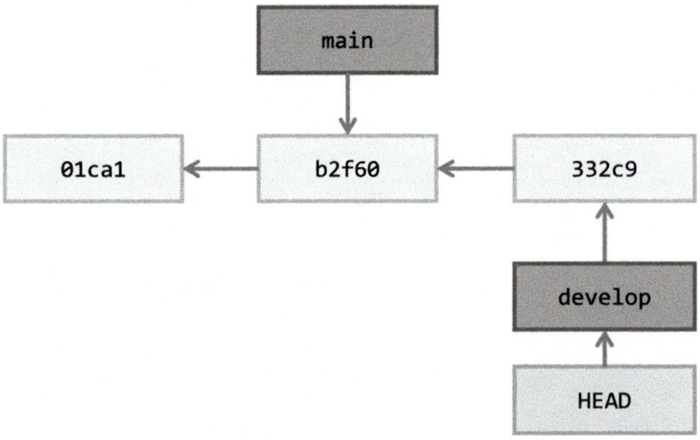

그림 10.30 커밋 후 main와 develop 브랜치 위치

실제로 Git 브랜치는 커밋을 가리키는 파일에 불과하기에 생성과 삭제가 쉽다. 브랜치 파일은 41바이트이다. 이는 40자와 줄바꿈 문자 하나가 포함된 파일과 동일한 크기라는 의미이다. 브랜치 생성과 삭제가 쉬운 이유는 브랜치 파일 크기가 굉장히 작다는 특징 때문이다. 이러한 특징으로 Git사용자는 원하는 브랜치를 언제든지 만들 수 있고, 여러 커밋 히스토리를 생성하며 프로젝트를 관리할 수 있다.

10.6.3. 브랜치와 Merge

개발과정에서의 일반적인 브랜치 머지 과정에 대해 알아보자(그림 10.31).[61]

[61] https://medium.com/devsondevs/gitflow-workflow-continuous-integration-continuousdelivery-7f4643abb64f

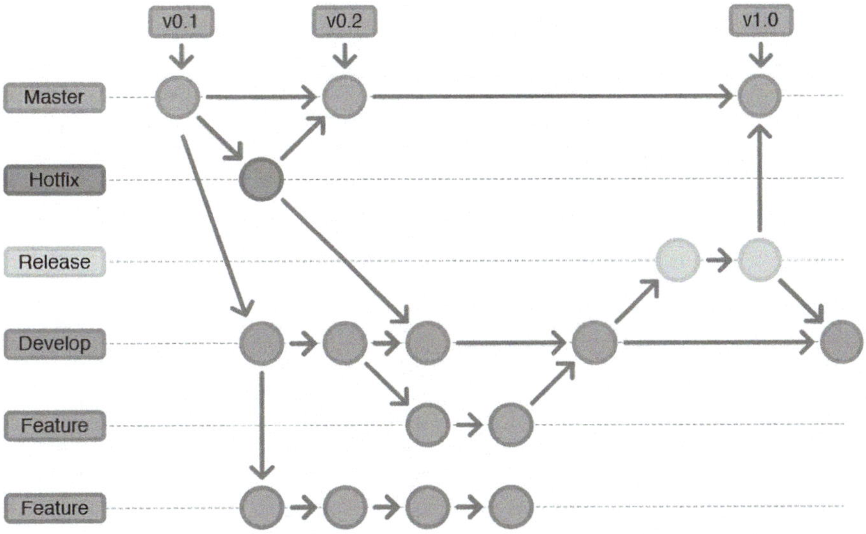

그림 10.31 개발과정 중의 브랜치 사용 흐름

배포된 서비스를 운영하면서 새로운 버전을 출시하기 위한 개발작업을 develop 브랜치에서 진행한다. develop 브랜치에서 개발한 내용을 출시하고자 할 때는 release 브랜치로 병합시킨다. 그 후 몇 가지 수정을 거쳐 배포 가능한 상태가 되면, main 브랜치에 적용한다.

앞서 설명한 개발과정을 따라 브랜치 생성, 관리 및 병합을 진행해보자. main 브랜치에서 프로젝트의 새로운 버전 출시를 준비하는 release 브랜치를 생성 및 이동한다(그림 10.32).

```
opensw@tux:~/gitlab/openswproject$ git checkout main
Switched to branch 'main'
Your branch is ahead of 'origin/main' by 1 commit.
  (use "git push" to publish your local commits)
opensw@tux:~/gitlab/openswproject$ git checkout -b release
Switched to a new branch 'release'
opensw@tux:~/gitlab/openswproject$ git branch
  develop
  main
* release
opensw@tux:~/gitlab/openswproject$
```

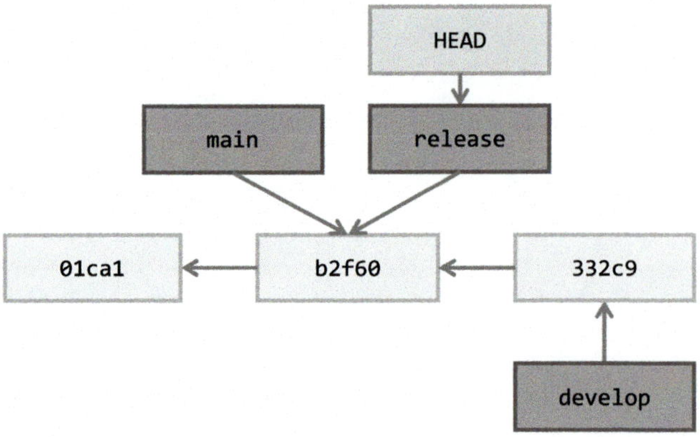

그림 10.32 새로 생성한 release 브랜치의 위치

release 브랜치에서 VER1-1.md 파일을 생성한 후 커밋을 진행한다.

```
openswr@tux:~/gitlab/openswproject$ vi VER1-1.md
openswr@tux:~/gitlab/openswproject$ cat VER1-1.md
# CHANGES compare to ver1.0
- A new function added for printing and logging pwd command
openswr@tux:~/gitlab/openswproject$ git add VER1-1.md
openswr@tux:~/gitlab/openswproject$ git commit -m "Create introduction file about new version"
[release b88648d] Create introduction file about new version
 1 file changed, 1 insertion(+)
 create mode 100644 VER1-1.md
openswr@tux:~/gitlab/openswproject$
```

커밋 후에는 develop과 release가 서로 다른 커밋 히스토리를 가지게 된다(그림 10.33).

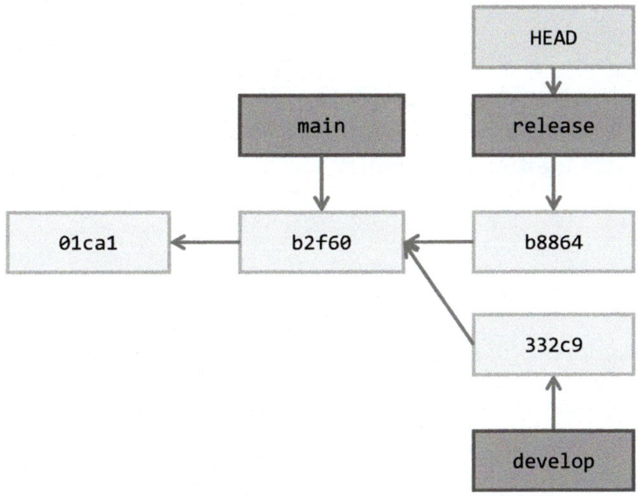

그림 10.33 커밋 후 release 브랜치 위치

브랜치에 따라 분리된 커밋 히스토리는 git log 명령으로 확인할 수 있다. 각 브랜치가 어떤 커밋을 가리키고 있고 어느 커밋이 분기점이 되었는지 시각적으로 쉽게 알아볼 수 있다는 특징이 있다. 커밋 히스토리를 확인하면, 'Need to a new function' 커밋이 분기점인 것을 알 수 있다.

```
openswj@tux:~/gitlab/openswproject$ git log --oneline --decorate --graph --all
* b88648d (HEAD -> release) Create introduction file about new version
| * 332c95b (develop) New feature's code
|/
* b2f6043 (main) Need to a new function
* 01ca146 (origin/main, origin/HEAD) Modify README.md
* 21c3ed8 Created new files
opensw@tux:~/gitlab/openswproject$
```

이제 develop 브랜치로 이동하여 버전1.1에 출시할 새로운 기능을 다시 개발한다.

```
opensw@tux:~/gitlab/openswproject$ git checkout develop
Switched to branch 'develop'
opensw@tux:~/gitlab/openswproject$ vi newfeature.c
opensw@tux:~/gitlab/openswproject$ cat newfeature.c
#include <stdio.h>
#include <unistd.h>

void main()
```

```
{
    char pwd[1024];
    FILE *f = fopen("pwd-log.log", 'w');
    getcwd(pwd, sizeof(pwd));
    printf("print working dir: %s\n",pwd);
    fputs("%s\n",f);
    fclose(f);
}
opensw@tux:~/gitlab/openswproject$ git status -s
 M newfeature.c
opensw@tux:~/gitlab/openswproject$ git commit -a -m "New line about log"
[develop 4cfe584] New line about log
 1 file changed, 4 insertions(+), 1 deletion(-)
opensw@tux:~/gitlab/openswproject$
```

브랜치끼리는 영향을 주지 않기에, develop 브랜치의 newfeature.c 파일은 이전에 작업하던 내용이 그대로 보존되어 있다. develop 브랜치는 새로운 커밋이 생겨서 main 브랜치와 별개로 진행되는 커밋 히스토리를 가지게 되었다(그림 10.34). 이 상태에서 main 브랜치에 develop 브랜치를 병합하면, develop 브랜치의 내용이 main 브랜치에 적용된다.

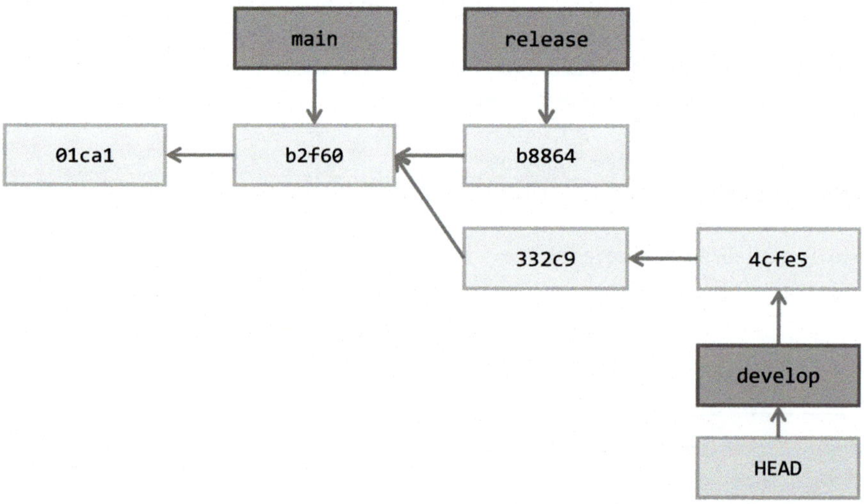

그림 10.34 커밋 후 develop 브랜치의 위치

git merge 명령은 현재 위치한 브랜치와 다른 브랜치를 병합한다. 명령 형식은 다음과 같다.

```
git merge <branch>
```

<branch>에는 병합할 다른 브랜치를 작성한다. 버전 1.1 배포를 위해 새로운 기능 개발이 완료된 develop 브랜치를 release 브랜치에 병합해보자.

```
openswtux:~/gitlab/openswproject$ git checkout release
openswtux:~/gitlab/openswproject$ git merge develop
Auto-merging newfeature.c
CONFLICT (content): Merge conflict in newfeature.c
Automatic merge failed; fix conflicts and then commit the result.
openswtux:~/gitlab/openswproject$
```

release 브랜치와 develop 브랜치를 병합하면 newfeature.c 파일 내용이 브랜치마다 달라 충돌이 발생한다. 브랜치 병합 시 충돌이 발생하면 'CONFLICT (content): Merge conflict in newfeature.'와 같은 메시지가 출력된다. 충돌 시 발생하는 메시지를 자세히 살펴보면 원인을 알아낼 수 있으니, 각 메시지가 의미하는 바를 살펴본다.

- **CONFLICT (content): Merge conflict in newfeature.c**: newfeature.c 파일에서 충돌이 발생했음을 의미한다. newfeature.c 파일을 수정하여 충돌을 해결해야만 브랜치 병합을 완료할 수 있다.
- **Automatic merge failed; fix conflicts and then commit the result**: Automatic merge에 실패했기에, 충돌된 파일의 수정을 통해 해결한 후 그 결과를 커밋하라는 의미이다.

충돌 발생 시 확인 가능한 메시지 중 Automatic merge라는 표현이 있다. 해당 용어를 이해하기 위해 release과 develop 브랜치의 병합과정을 자세히 살펴보자.

그림 10.34를 보면 release 브랜치의 병합 대상이 해당 브랜치의 부모인 main 브랜치인 경우에는 브랜치 병합을 문제없이 진행할 수 있다. release 브랜치의 b8864 커밋은 b2f60 커밋에 기반하였기에, main 브랜치 포인터를 단순히 최신 커밋으로 이동하면 되기 때문이다. 이러한 병합 방식을 **Fast forward 방식**이라고 부른다.

이제 충돌이 발생한 release과 develop 브랜치의 구조를 다시 확인해보자(그림 10.35).

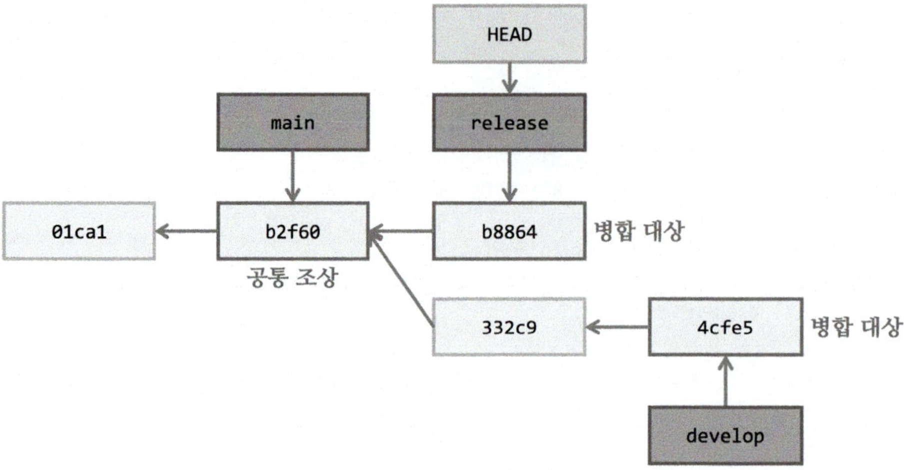

그림 10.35 release과 develop 브랜치의 커밋 구조

`release` 브랜치의 부모는 `develop` 브랜치의 부모가 아니므로, Fast forward 방식을 사용할 수 없다. `release`과 `develop` 브랜치의 공통 조상인 `b2f60` 커밋을 이용하여 **3-way Merge**를 진행해야 한다. Fast forward 방식처럼 단순히 브랜치를 최신 커밋인 `4cfe5`로 옮기는 게 아니라, 병합 결과에 대한 별도의 커밋을 생성한다. 이 커밋을 **Merge 커밋**이라고 부르며, 부모가 여러 개인 특징이 있다. `release` 브랜치가 Merge 커밋을 가리키도록 하여 최종적으로 병합한다(그림 10.36).

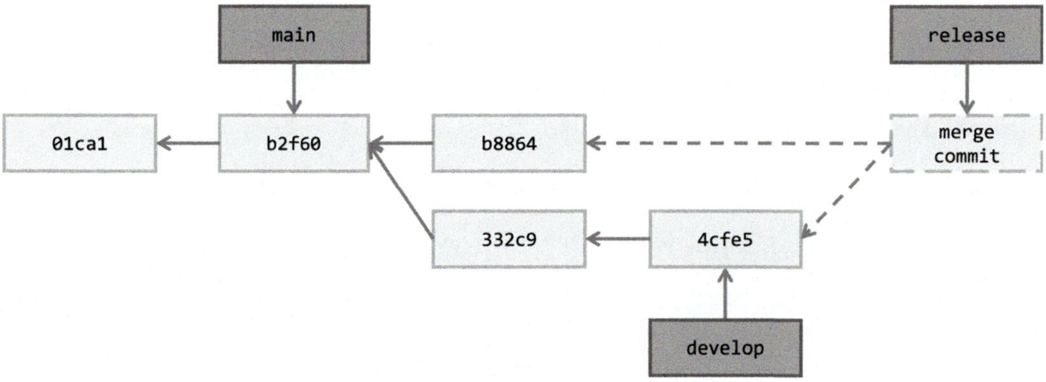

그림 10.36 release과 develop 브랜치의 3-way Merge 방식

충돌이 발생하는 상황은 두 브랜치에서 같은 파일을 수정한 경우에 발생한다. 충돌이 발생한 파일은 Unmerged 상태가 된다. 앞서 브랜치 병합으로 충돌이 발생한 `newfeature.c` 파일 상태를 다시 확인한다.

```
openswccotux:~/gitlab/openswproject$ cat newfeature.c
#include <stdio.h>
#include <unistd.h>

void main()
{
<<<<<<< HEAD
        // need to print current working dir.
        // please develop this function.
=======
    char pwd[1024];
    FILE *f = fopen("pwd-log.log", 'w');
    getcwd(pwd, sizeof(pwd));
    printf("print working dir: %s\n",pwd);
    fputs("%s\n",f);
    fclose(f);
>>>>>>> develop
}
openswccotux:~/gitlab/openswproject$ git status
On branch release
You have unmerged paths.
  (fix conflicts and run "git commit")
  (use "git merge --abort" to abort the merge)

Unmerged paths:
  (use "git add <file>..." to mark resolution)
        both modified:   newfeature.c

openswccotux:~/gitlab/openswproject$
```

충돌이 발생한 newfeature.c 파일을 확인하면 <<<<<<< HEAD, ==========, >>>>>>> develop과 같은 표시가 생긴 것을 확인할 수 있다. 이는 release와 develop 브랜치가 같은 부분을 수정하여 충돌이 발생했음을 의미한다.

- **<<<<<<< HEAD ~ ======= 구간** : HEAD가 가리키는 브랜치 즉 release 브랜치의 newfeature.c 파일 내용을 의미한다.
- **======= ~ >>>>>>> develop 구간** : develop 브랜치의 newfeature.c 파일 내용을 의미한다. 충돌이 발생한 파일은 편집기를 이용하여 release 브랜치의 내용을 수정한 후 병합해야 한다.

충돌을 처리하기 위해 newfeature.c 파일을 vi로 연다. 병합 시 두 브랜치의 변경점 중 원하는 사항이 반영되도록 수정한다. 여기서는 충돌 구간을 표시한 라인과 '//please develop this function.' 주석을 삭제한다. 수정이 완료되면 충돌을 해결했다는 커밋을 작성한 후 git merge develop 명령을 다시 실행한다.

```
openswg@tux:~/gitlab/openswproject$ vi newfeature.c
openswg@tux:~/gitlab/openswproject$ cat newfeature.c
#include <stdio.h>
#include <unistd.h>

void main()
{
    // need to print current working dir.
    char pwd[1024];
    FILE *f = fopen("pwd-log.log", 'w');
    getcwd(pwd, sizeof(pwd));
    printf("print working dir: %s\n",pwd);
    fputs("%s\n",f);
    fclose(f);
}

openswg@tux:~/gitlab/openswproject$ git commit -a -m "Resolve conflict"
[release c3dc21d] Resolve conflict
openswg@tux:~/gitlab/openswproject$ git merge develop
```

실제로 release 브랜치와 develop 브랜치가 어떻게 병합되었는지 git log 명령으로 확인한다.

```
openswg@tux:~/gitlab/openswproject$ git log --oneline --decorate --graph --all
*   c3dc21d (HEAD -> release) Resolve conflict
|\
| * 4cfe584 (develop) New line about log
| * 332c95b New feature's code
* | b88648d Create introduction file about new version
|/
* b2f6043 (main) Need to a new function
* 01ca146 (origin/main, origin/HEAD) Modify README.md
* 21c3ed8 Created new files
openswg@tux:~/gitlab/openswproject$
```

브랜치 병합을 위해 새로운 Merge 커밋이 발생하였으며, release 브랜치 위치가 Merge 커밋으로 이동하였음을 알 수 있다(그림 10.37).

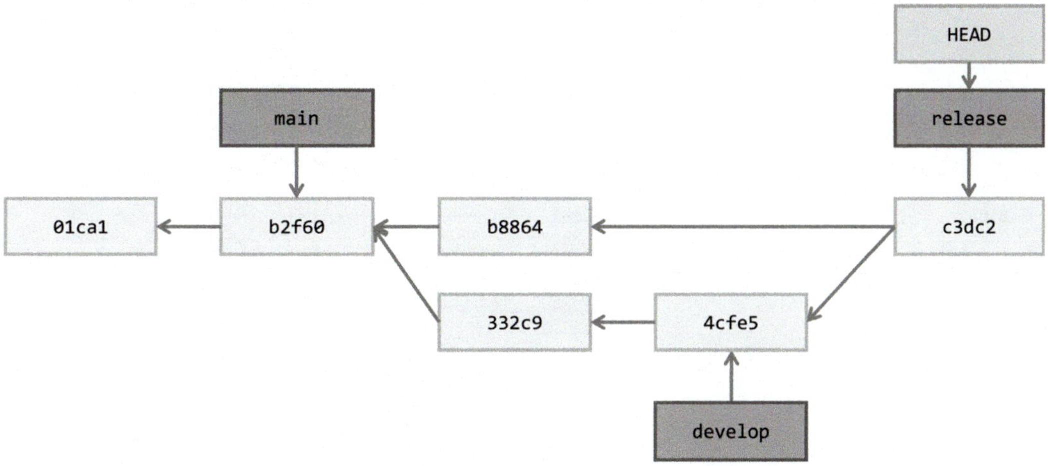

그림 10.37 브랜치 병합 후 release와 develop 브랜치 위치

이제 **release** 브랜치에 있는 버전1.1을 최종적으로 출시하기 위해, **main** 브랜치로 이동한 후 **release** 브랜치와 병합한다. 즉 **main** 브랜치가 **release** 브랜치의 마지막 커밋으로 이동한다.

```
opensw@tux:~/gitlab/openswproject$ git checkout main
opensw@tux:~/gitlab/openswproject$ git merge release
Updating b2f6043..c3dc21d
Fast-forward
 VER1-1.md     | 2 ++
 newfeature.c | 11 ++++++++++-
 2 files changed, 12 insertions(+), 1 deletion(-)
 create mode 100644 VER1-1.md
opensw@tux:~/gitlab/openswproject$ ls
hello.c  LICENSE.txt  newfeature.c  README.md  VER1-1.md
opensw@tux:~/gitlab/openswproject$
```

git merge release 명령은 **main** 브랜치를 단순히 **release** 브랜치가 가리키는 c3dc2 커밋으로 이동시킨다. 해당 명령의 실행 결과를 보면 '**Fast-forward**'가 출력된 것을 확인할 수 있다(그림 10.38).

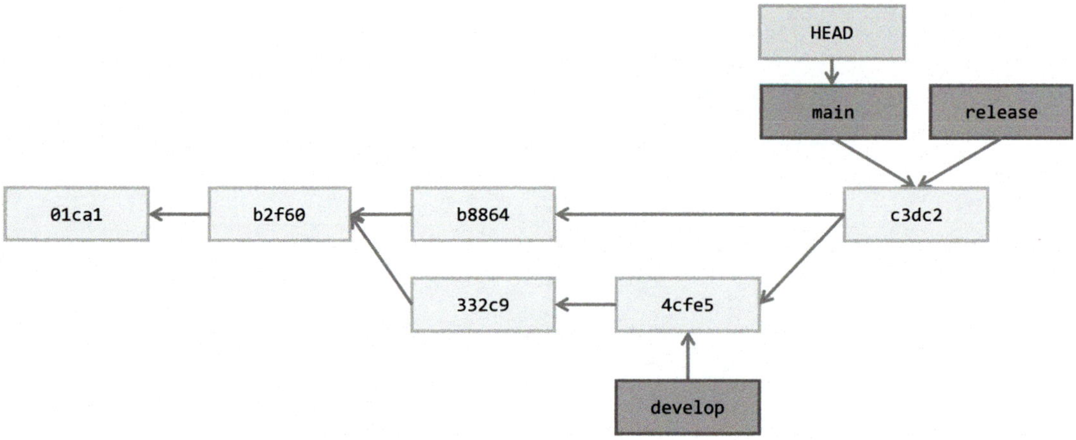

그림 10.38 브랜치 병합 후의 release와 main 브랜치 위치

마지막으로 다음 버전의 출시를 준비할 시점에 브랜치를 사용하기 위해, 지금의 release 브랜치를 삭제한다(그림 10.39).

```
openswtux:~/gitlab/openswproject$ git branch -d release
Deleted branch release (was c3dc21d).
openswtux:~/gitlab/openswproject$ git branch
  develop
* main
openswtux:~/gitlab/openswproject$
```

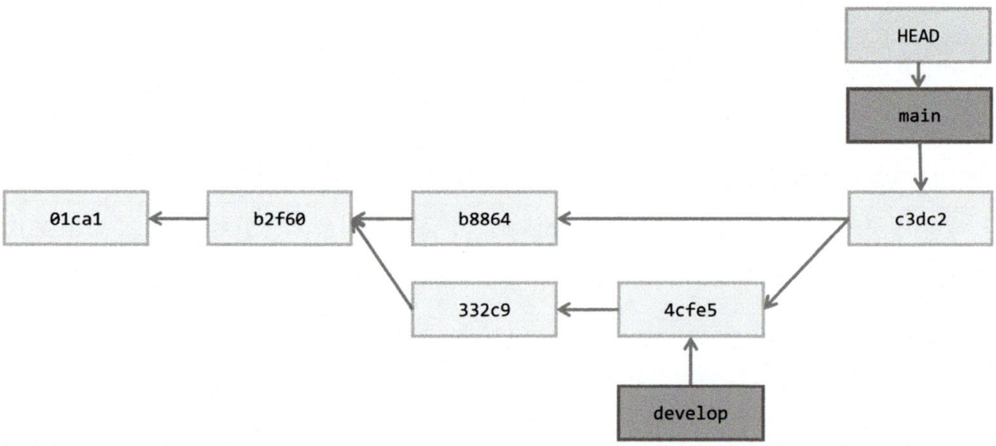

그림 10.39 release 브랜치 삭제

Git을 활용하는 개발 프로젝트임을 가정하여, release와 develop 브랜치를 이용해 새로운 버전을 위한 개발을 진행한 후 배포를 위해 main 브랜치에 병합하는 과정을 실습을 통해 알아보았다.

브랜치는 개발과정에서 배포 서비스에 영향을 미치지 않고 발생한 이슈를 해결하거나 새로운 기능을 구현할 수 있도록 지원한다. 이러한 Git 브랜치 특징은 서비스 개발과 유지보수 측면에서 강력한 기능을 제공하기에 개발 분야에서 대부분 Git을 사용한다.

10.6.4. 리모트 브랜치

지금까지 사용한 브랜치는 로컬 저장소의 브랜치를 이용한 것이다. **리모트 브랜치**는 리모트 저장소에 존재하는 브랜치로, 로컬 저장소에서는 리모트 트래킹 브랜치를 통해 리모트 브랜치의 위치를 알 수 있다. 다소 헷갈릴 수 있는 개념이니 예시를 들어 리모트 브랜치에 대해 알아보자(그림 10.40).

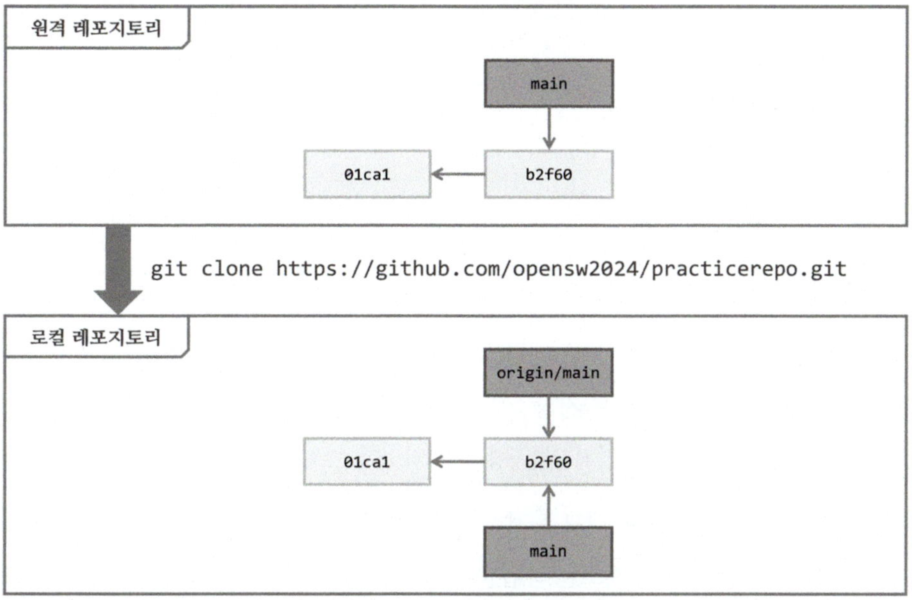

그림 10.40 로컬 저장소와 리모트 저장소의 main 브랜치 위치

practicerepo 리모트 저장소와 이를 클론한 로컬 저장소인 openswproject로 가정해본다. 로컬 저장소는 리모트 저장소를 origin이라는 별칭으로 저장하고, 리모트 저장소의 main 브랜치를 가리키는 포인터를 만든다. 이 브랜치를 **리모트 트래킹 브랜치**라고 부르며, 원격 저장소(origin)의 main 브랜치라는 의미로 origin/main이라고 명칭한다. 리모트 트래킹 브랜치는 리모트 저장소의 브랜치를 추적하는 브랜

치이다. 실질적으로 리모트 저장소의 브랜치이기에 로컬 저장소에서 마음대로 이동시킬 수 없다.

같이 개발을 진행하는 팀원이 여러 커밋을 푸시하여, 리모트 저장소의 main 브랜치 위치가 바뀌었다고 가정하다. 또한 로컬 저장소에서도 2개의 커밋을 진행했다고 하자(그림 10.41).

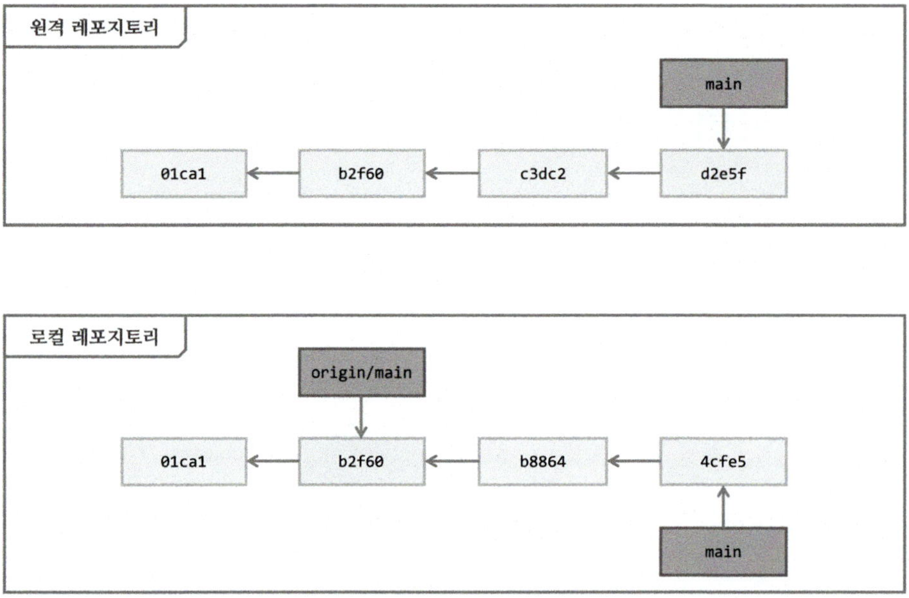

그림 10.41 커밋 생성 후 저장소의 main 브랜치 위치

동일한 개수의 커밋을 진행했지만 리모트 저장소와 로컬 저장소는 서로 다른 커밋이기에, 각기 다른 커밋 히스토리를 가지게 된다. 즉 리모트 저장소의 커밋은 로컬 저장소에 반영되지 않았고, 로컬 저장소의 변경점도 리모트 저장소에 반영되지 않는 상태가 되었다.

`git fetch origin` 명령을 사용하여 리모트 저장소와 로컬 저장소를 동기화할 수 있다. 이는 리모트 저장소의 데이터를 로컬 저장소로 가져오는 작업을 진행하는 명령이다. 해당 명령이 실행되면 로컬 저장소로 리모트 저장소의 데이터를 가져오고, `origin/main` 위치를 조정한다(그림 10.42).

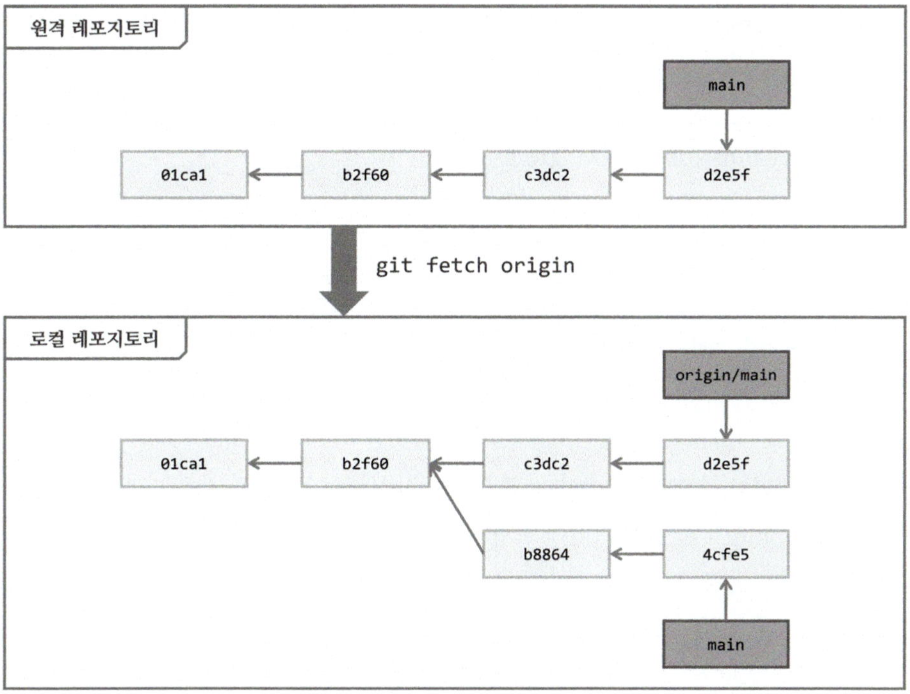

그림 10.42 git fetch 명령 이후의 리모트와 로컬 저장소의 브랜치 위치

리모트 브랜치와리모트 트래킹 브랜치의 용도를 알아보았다. 이제 리모트 저장소와의 동기화하는 다양한 방식에 대해 알아보자.

먼저 `git ls-remote` 명령으로 로컬 저장소가 정보를 가지고 있는 리모트 저장소의 브랜치를 확인할 수 있다. 해당 명령으로 확인한 리모트 브랜치는 `origin`이라는 별칭으로 저장된 `practicerepo` 원격 저장소의 것임을 알 수 있다.

```
opensw@tux:~/gitlab/openswproject$ git ls-remote
From https://github.com/opensw-geek/practicerepo
01ca14638e82aad53cf3c1ce25c37e216c7ada81        HEAD
01ca14638e82aad53cf3c1ce25c37e216c7ada81        refs/heads/main
opensw@tux:~/gitlab/openswproject$ git remote
origin
opensw@tux:~/gitlab/openswproject$
```

`openswproject` 로컬 저장소에서 현재 리모트 저장소의 가장 마지막 커밋을 가리키는 `HEAD`와 리모트 브랜치인 `main`을 확인할 수 있다.

로컬 저장소에 연결된 리모트 저장소와 그에 대한 브랜치를 확인하였으니, `git push origin` 명령으로 `openswproject` 로컬 저장소의 `main` 브랜치 커밋을 리모트 저장소인 `origin`으로 푸시해보자.

```
openswa@tux:~/gitlab/openswproject$ git branch
  develop
* main
openswa@tux:~/gitlab/openswproject$ git push origin
...
To https://github.com/opensw-geek/practicerepo
   01ca146..c3dc21d  main -> main
openswa@tux:~/gitlab/openswproject$
```

원래 `git push <remote> <remote branch>` 형식으로 작성해야 하나, 리모트 브랜치 이름을 작성하지 않으면 기본적으로 `origin/main` 브랜치로 푸시된다. '`main -> main`' 에서는 왼쪽이 로컬, 오른쪽이 리모트 저장소의 브랜치를 의미한다. 즉, 로컬 저장소의 `main` 브랜치 내용이 리모트 저장소의 `main` 브랜치로 전달되었음을 알 수 있다(그림 10.43).

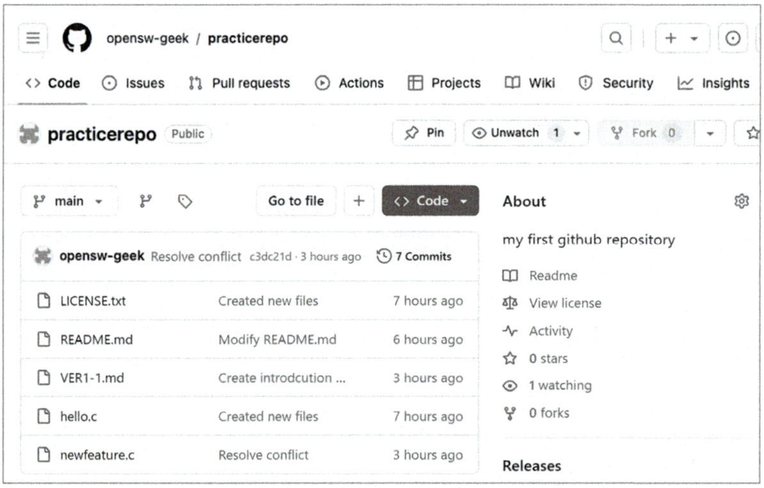

그림 10.43 origin인 practicerepo 원격 레포지토리

또한 로컬 저장소에서 생성한 브랜치는 자동으로 리모트 저장소로 전송되지 않는다. 로컬 저장소에서 해당 브랜치로 푸시된 기록이 있어야, 원격 저장소에도 반영된다(그림 10.44). 앞서 다양한 브랜치에서 커밋하고 병합을 진행했지만, 변경점에 대해 `main` 외의 브랜치에 푸시된 적이 없어, 원격 레포지토리에는 `main` 브랜치만 있다(❶).

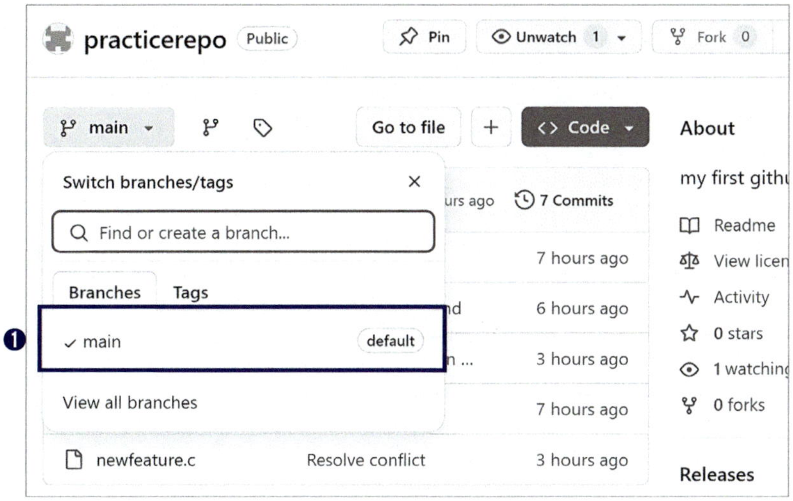

그림 10.44 main 브랜치만 가지고 있는 praticerepo 저장소

즉 명시적으로 브랜치를 푸시해야만 리모트 저장소로 전달된다는 것을 알 수 있다. 앞서 사용한 develop 브랜치는 푸시가 되어야만 리모트 저장소에서 확인할 수 있다.

이제 리모트 저장소에 반영하지 못한 로컬 저장소의 develop 브랜치에서 푸시를 진행해보자.

```
opensw@tux:~/gitlab/openswproject$ git checkout develop
Switched to branch 'develop'
opensw@tux:~/gitlab/openswproject$ git push origin develop
Total 0 (delta 0), reused 0 (delta 0), pack-reused 0
remote:
remote: Create a pull request for 'develop' on GitHub by visiting:
remote:      https://github.com/opensw-geek/practicerepo/pull/new/develop
remote:
To https://github.com/opensw-geek/practicerepo
 * [new branch]      develop -> develop
opensw@tux:~/gitlab/openswproject$
```

리모트 저장소에는 develop 브랜치를 생성한 적이 없지만, 로컬 저장소의 develop 브랜치가 리모트 저장소에도 생성된 것을 '* [new branch] develop -> develop' 메시지를 통해 알 수 있다.

실제 GitHub에서 practicerepo 레포지토리를 확인한다(그림 10.45). 브랜치 리스트에 develop 브랜치가 생성된 것을 확인할 수 있다(❶).

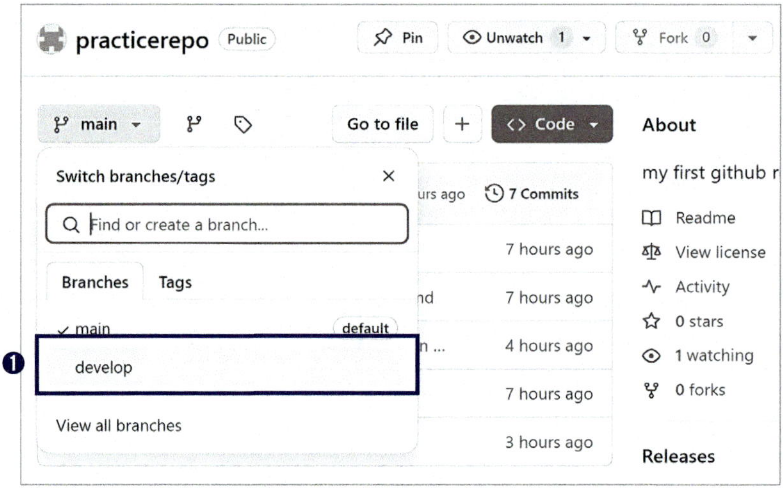

그림 10.45 develop 브랜치가 생성된 practicerepo 저장소

리모트 트래킹 브랜치는 리모트 브랜치와 직접적인 연결고리가 있는 로컬 브랜치이다. 트래킹 대상 브랜치를 Upstream 브랜치라고도 한다. 이를 통해 로컬 저장소는 생성한 커밋을 전송하는 역할만 하지 않고, 리모트 저장소의 브랜치를 추적하고 원하는 브랜치를 푸시할 수 있는 등의 리모트 저장소의 관리 역할도 함께 수행할 수 있다는 점을 알 수 있다.

10.7 Forking Workflow

Forking Workflow란 프로젝트의 원격 저장소를 기여자의 원격 저장소로 복제한 후 기여하는 방식으로, 오픈소스 개발에서 많이 사용된다. 저장소를 복제하는 것을 Fork라고 부르는데, 이는 다른 접시에 있는 음식을 포크로 찍어서 본인 접시로 가져오는 것과 동일한 개념이다. 모든 코드 기여자가 중앙 저장소에 푸시하는 것이 아니라, 이를 Fork한 각자의 원격 저장소에 푸시하고, 이 내용을 중앙 원격 저장소에 Pull Request 한다. 프로젝트 관리자가 다른 개발자들의 기여분을 중앙 원격 저장소에 병합할 것인지를 결정한다. 즉, 기여자들이 프로젝트 저장소에 직접 관여하는 것이 아닌 프로젝트 관리자의 검토를 받은 후 프로젝트에 적용되도록 하는 과정을 추가로 진행하는 것이다.

10.7.1. 저장소 Fork

GitHub에 로그인한 후, `https://github.com/opensw-geek/contribution.git`으로 이동한다(그림 10.46). `Fork` 버튼을 클릭하여 해당 저장소를 본인의 계정으로 퍼간다(❶).

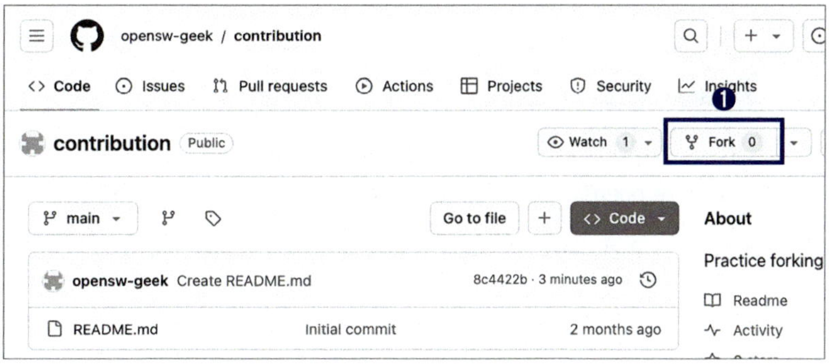

그림 10.46 opensw-geek/contribtuion 레포지토리의 Fork 버튼

Fork되는 레포지토리의 정보를 수정할 수 있다(그림 10.47). 여기서는 수정없이 `Create fork` 버튼을 클릭한다(❶).

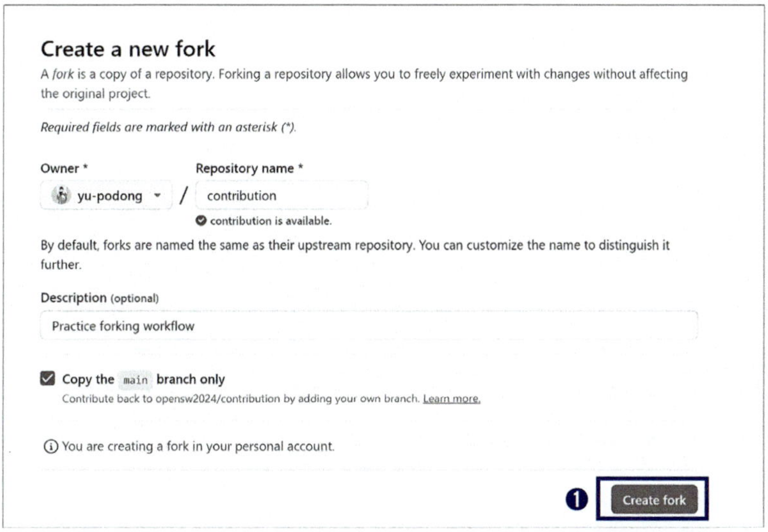

그림 10.47 Fork할 레포지토리 설정

이후 저장소 목록을 확인하면 `contribution` 저장소가 복제된 것을 볼 수 있다(❶)(그림 10.48).

그림 10.48 Fork된 contribution 저장소

그림 10.48에서 'forked from opensw-geek/contribution' 이라는 문구를 확인할 수 있다(❶). 이는 어떤 레포지토리를 Fork한 것인지 표시해주는 부분이다. 해당 링크를 클릭하면 원본 레포지토리로 이동할 수 있다.

10.7.2. Pull Request

Pull Request는 프로젝트 관리자에게 자신의 코드 기여를 반영해달라고 요청하는 것이다. Pull Request를 요청하기 위해 Fork한 레포지토리에서 변경점을 만든다(그림 10.49). `sum.c` 파일을 추가하고(❶), 이후 `Pull requests` 메뉴를 클릭하여(❷), Pull request 관리 페이지로 이동한다.

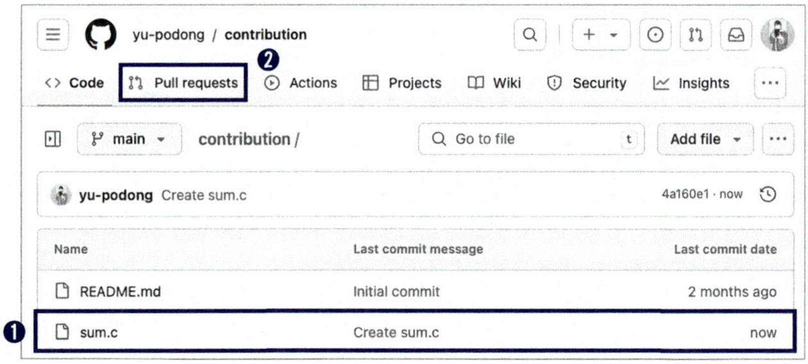

그림 10.49 본인의 contribution 저장소에 변경점 생성

이제 새로운 Pull request를 생성하기 위해 `New pull request` 버튼을 클릭한다(❶)(그림 10.50).

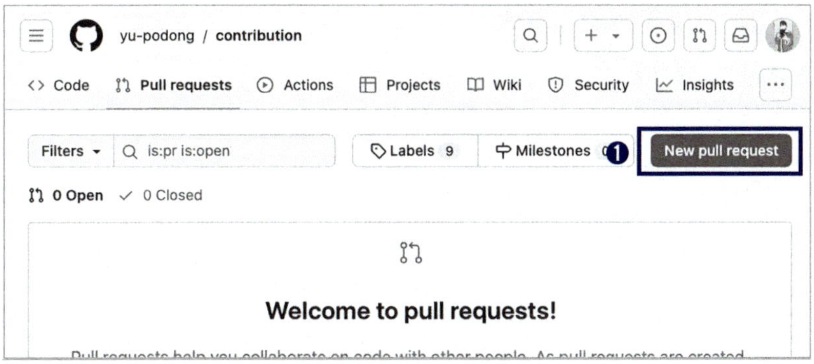

그림 10.50 contribution 저장소의 Pull requests 관리 페이지

이제 Pull request 하기 전, Fork된 레포지토리에서 발생한 변경점과 원본 레포지토리를 비교했을 때 어떠한 차이점이 존재하는지 확인할 수 있다(❶)(그림 10.51). 확인한 후 `Create pull request` 버튼을 클릭한다(❷).

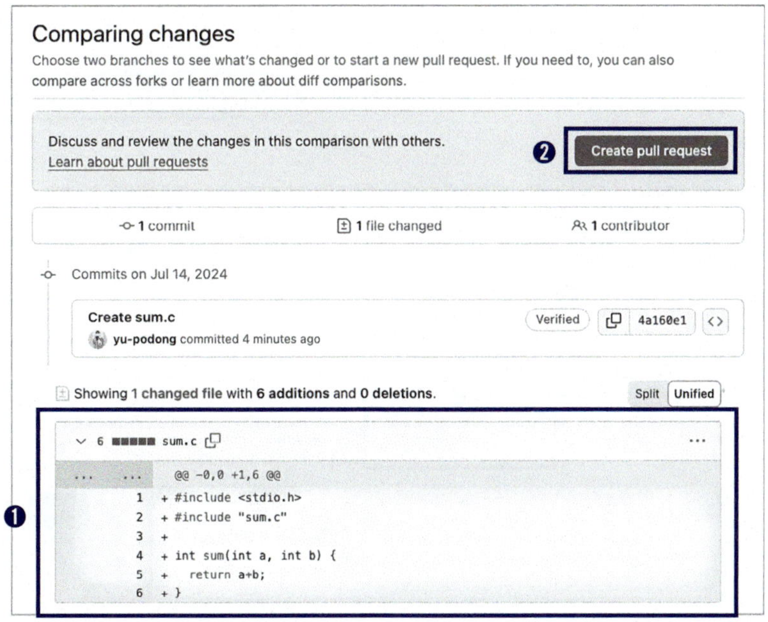

그림 10.51 Pull request를 위한 정보 확인

본인이 개발하거나 수정한 사항에 대하여 요약하여 글을 입력한다(그림 10.52). 먼저 Pull request의 제목을 작성하고(❶), 작업한 내용에 대해 작성한다(❷). 내용을 모두 작성했다면 `Create pull request` 버튼을 클릭하여(❸), 프로젝트 관리자에게 Pull request를 보낸다. Pull request를 보내게 되면, fork한 레

포지토리에서 생성한 커밋을 opensw-geek 사용자가 소유한 원본 contribution 레포지토리에 반영해 달라는 의사를 표현하게 된다.

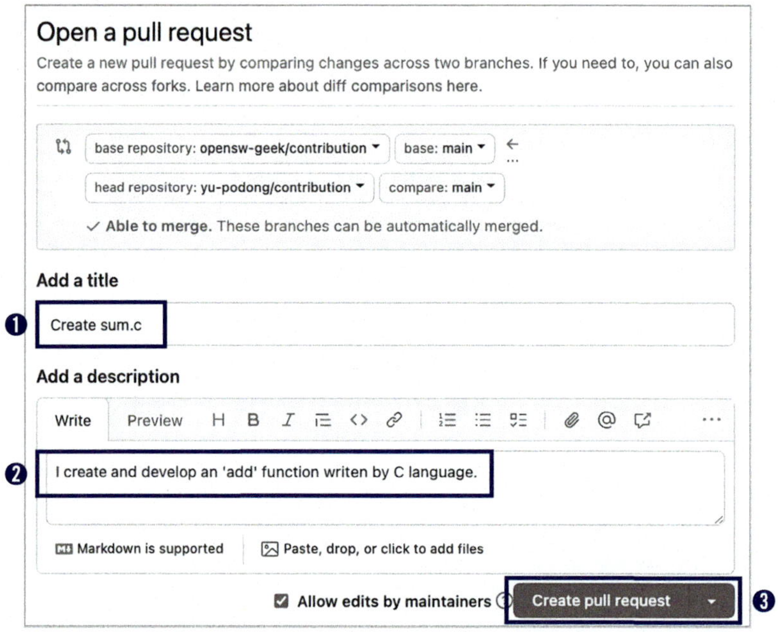

그림 10.52 Pull request 내용 작성

Pull request를 받은 관리자는 Pull requests에서 이를 확인할 수 있으며(❶), 자세한 내용을 확인하기 위해 Create sum.c를 클릭한다(❷)(그림 10.53).

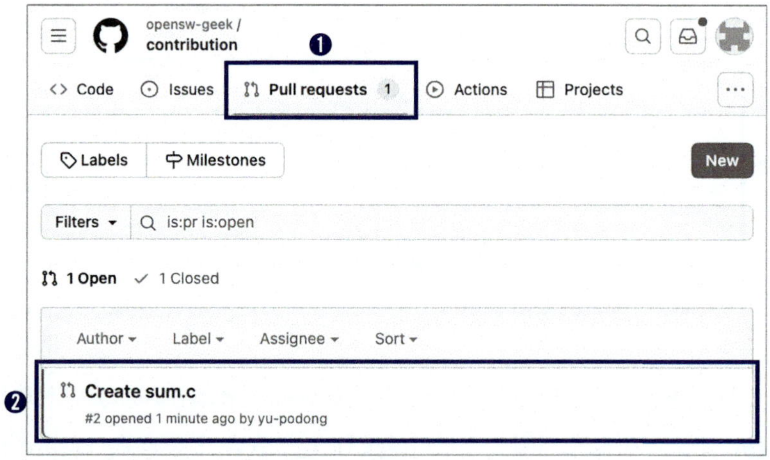

그림 10.53 Pull request를 전달받은 프로젝트 관리자 화면

해당 Pull request를 확인하게 되면 개발자가 작성한 요약(❶)과 커밋(❷)을 볼 수 있다(그림 10.54). 해당 개발자가 진행한 개발내용을 레포지토리에 반영하려면 `Merge pull request` 버튼을 클릭한다(❸).

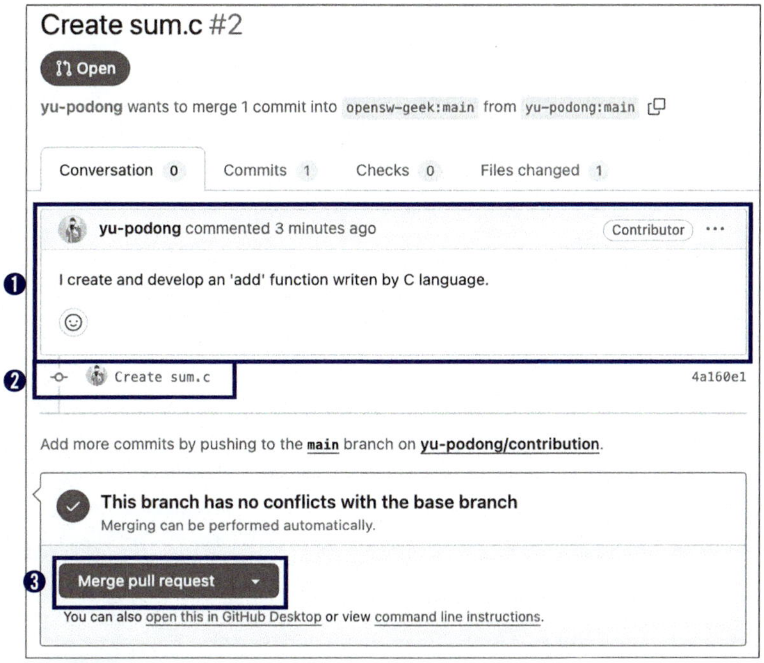

그림 10.54 전달받은 Pull request 확인

원본 레포지토리에 Pull request 내용이 반영되면, 해당 요청은 `Merged` 상태가 되고(❶)(그림 10.55), 원본 레포지토리에 본인의 작업이 반영된다(❷)(그림 10.56).

그림 10.55 Merged 상태가 된 Pull request

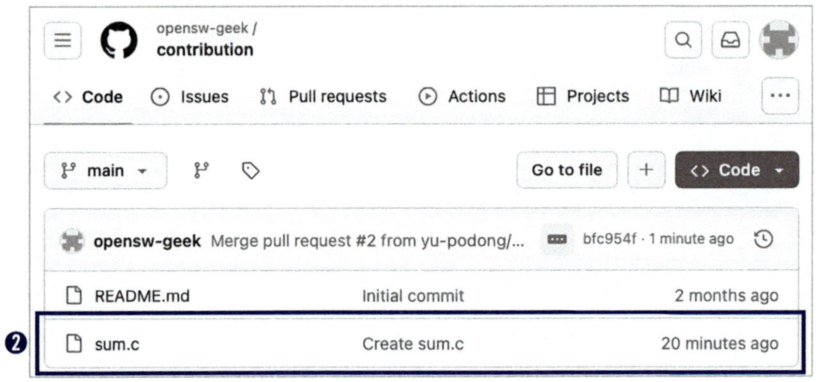

그림 10.56 Pull request의 내용이 반영된 원본 레포지토리

CHAPTER 10 연습문제

01. Git과 GitHub에 대해 설명하라.

02. Git의 로컬 저장소와 원격 저장소에 대해 설명하라.

03. `git config --global` 명령을 사용하여 `user.name`은 GitHub 계정 이름으로, `user.email`은 GitHub 계정의 이메일로 설정하라.

04. `firstproject` 리모트 저장소를 클론하라. 이후 리모트 저장소에서 `LICENSE` 파일을 생성한 후 해당 파일을 `git` 명령을 사용하여 로컬 저장소로 가져와라.

```
opensw@tux:~/gitlab/firstproject$ ls
README.md

(After creating new file in a remote repo...)

opensw@tux:~/gitlab/firstproject$ ls
LICENSE  README.md
```

05. `firstproject` 로컬 저장소의 상태를 다음과 같이 구성하라.

```
opensw@tux:~/gitlab/firstproject$ git status -s
 M LICENSE
?? index.html
```

06. LICENSE와 index.html 파일에 대한 커밋을 각각 생성하라. 커밋을 생성할 때는 vim을 사용하지 않는다.

```
opensw@tux:~/gitlab/firstproject$ git log --stat
commit 5a93d7f238eee4aff0bec85172c038dccf754b58 (HEAD -> main)

    Create index.html

 index.html | 0
 1 file changed, 0 insertions(+), 0 deletions(-)

commit 1ff6f9ac64bbb3561116409968205799344612a3

    Modify LICENSE

 LICENSE | 25 +------------------------
 1 file changed, 1 insertion(+), 24 deletions(-)
```

07. Git이 *.log 파일을 형상관리 대상에서 제외할 수 있도록 .gitignore 파일을 작성하라.

08. /var/log/syslog 파일을 sys.log로 복사한 후, git add 명령을 실행하라. 명령 실행 후 sys.log 파일의 Staged 상태 여부와 그 이유를 설명하라.

09. Git 저장소에서만 index.html 파일이 삭제되도록 하고, index.html 파일이 삭제되었다는 커밋을 생성하라. Staging 영역에 index.html 파일 외에 다른 파일이 존재한다면 Unstaged 상태로 전환하라.

```
commit 0733dfafa955196a33726642cd83e27c7c6fe1c6 (HEAD -> main)
Author: Open Source SW <opensw-geek@gmail.com>
Date:   Mon May 20 16:14:55 2024 +0900

    Delete index.html

 index.html | 0
 1 file changed, 0 insertions(+), 0 deletions(-)
```

10. .gitignore 파일을 커밋하라. 커밋 후 .gitignore에 */log와 *log를 추가한 후 이러한 변경점을 Staging 영역으로의 업로드 과정 없이 바로 이전 커밋에 반영하라. 이때 커밋 메시지도 함께 수정하라.

```
opensw@tux:~/gitlab/firstproject$ git log -1
commit 6e8a8be4abc2fc887925adab88761da4b6314de8 (HEAD -> main)
Author: Open Source SW <opensw-geek@gmail.com>
Date:   Mon May 20 16:20:27 2024 +0900

    Create .gitignore
opensw@tux:~/gitlab/firstproject$ <Your Command>
opensw@tux:~/gitlab/firstproject$
opensw@tux:~/gitlab/firstproject$ git log -1
commit cbd9bb1c72604ba104bd2d10147aa992fa253089 (HEAD -> main)
Author: Open Source SW <opensw-geek@gmail.com>
Date:   Mon May 20 16:20:27 2024 +0900

    Modify .gitignore
```

11. main 브랜치를 기반으로 feature1, feature2 브랜치를 생성하고, 다음과 같은 커밋 히스토리를 구성하라. 각 브랜치에서 생성하는 파일은 features 디렉터리 아래에 위치하도록 하라.

```
opensw@tux:~/gitlab/firstproject$ git log --oneline --decorate --graph --all

* 7f73c0a (HEAD -> feature1) Merge branch 'feature2' into feature1
|\
| * 072245a (feature2) Implement multiply.c
* | 4466b0b Implement sum.c
|/
* cbd9bb1 (main) Modify .gitignore
...
opensw@tux:~/gitlab/firstproject$
```

12. 11번에서 feature1과 feature2 브랜치 병합 시 충돌이 일어나지 않은 이유를 설명하라.

13. main 브랜치를 기반으로 release 브랜치를 생성한 후 새로운 커밋을 생성하라. 커밋 후 feature1 브랜치를 release 브랜치로 병합하라. 이후 .gitignore 파일에 대해 커밋하라.

```
opensw@tux:~/gitlab/firstproject$ git log --oneline --decorate --graph --all

* ce2ef85 (HEAD -> release) Add *.[ao] in .gitignore
*   d0a792d Merge branch 'feature1' into release
|\
| *   7f73c0a (feature1) Merge branch 'feature2' into feature1
| |\
| | * 072245a (feature2) Implement multiply.c
| * | 4466b0b Implement sum.c
| |/
* / 5609d10 Add the message of the new version
|/
* cbd9bb1 (main) Modify .gitignore
```

14. main 브랜치를 release 브랜치와 병합하여 가장 최신의 커밋으로 이동하라.

```
opensw@tux:~/gitlab/firstproject$ git log --oneline --decorate --graph --all

* ce2ef85 (HEAD -> main, release) Add *.[ao] in .gitignore
*   d0a792d Merge branch 'feature1' into release
|\
| *   7f73c0a (feature1) Merge branch 'feature2' into feature1
| |\
| | * 072245a (feature2) Implement multiply.c
| * | 4466b0b Implement sum.c
| |/
* / 5609d10 Add the message of the new version
|/
* cbd9bb1 Modify .gitignore
```

15. feature1, feature2, release 브랜치를 git branch -d 명령으로 한 번에 삭제하라. 삭제되지 않는다면 Git 메시지를 참고하여 해결하라.

```
openswtux:~/gitlab/firstproject$ git branch
  feature1
  feature2
* main
  release
openswtux:~/gitlab/firstproject$ (your code)
openswtux:~/gitlab/firstproject$
openswtux:~/gitlab/firstproject$ git branch
* main
```

16. git log 명령으로 확인한 리모트 트래킹 브랜치의 위치를 로컬 브랜치의 위치 와 비교하여 설명하라.

17. 리모트 브랜치와 로컬 브랜치의 동기화가 필요한지 설명하라. 필요하다면 리모트 브랜치의 최신화를 진행하라.

```
openswtux:~/gitlab/firstproject$ git log --oneline --decorate --graph --all

* ce2ef85 (HEAD -> main, origin/main, origin/HEAD) Add *.[ao] in .gitignore
*   d0a792d Merge branch 'feature1' into release
|\
...
openswtux:~/gitlab/firstproject$
```

11 VSCode 기반 개발환경 구축

CHAPTER

프로그램 개발은 단순히 코드를 작성하는 것 이상의 과정을 포함한다. 이 과정에는 코드 편집, 디버깅, 빌드 및 배포와 같은 여러 단계가 있으며, 이러한 작업을 보다 효율적으로 수행하기 위해서는 강력하고 신뢰할 수 있는 도구가 필요하다. 통합 개발 환경은 이러한 요구를 충족시키는 핵심 도구 중 하나로, 개발자가 코드를 더 빠르고, 쉽고, 효과적으로 작성할 수 있도록 지원한다. 이번 장에서는 프로그램 개발에 필요한 도구와 함께, 많은 개발자들에게 사랑받는 대표적인 통합 개발 환경인 VSCode의 설치 및 기능 설정 방법을 소개한다.

11.1 다양한 오픈소스 IDE

통합 개발 환경(Integrated Development Environment, IDE)은 소프트웨어 개발 과정을 지원하기 위해 설계된 소프트웨어 어플리케이션으로, 개발자가 코드를 효율적으로 작성, 테스트, 디버깅하고 애플리케이션을 빌드 및 배포할 수 있도록 다양한 기능을 제공하는 복합 도구이다. IDE는 개발자가 프로젝트의 생산성과 효율성을 대폭 향상시킬 수 있도록 돕는다.

통합 개발 환경 이전의 소프트웨어 개발에서는 별도의 텍스트 편집기로 코드를 작성한 후에 콘솔 환경에서 컴파일러에 옵션을 넣어 컴파일을 시켰다. 이후 디버거 등을 이용해 디버깅을 하는 등 코드 작성, 컴파일, 테스팅, 디버깅 과정이 분리되어 있었지만, 이들을 하나로 연결하여 개발자에게 대화형 인터페이스로 제공하는 것이 통합 개발 환경이다. IDE의 주요 구성요소와 용도는 다음과 같다.

- **소스코드 편집기** : 개발자가 소스코드를 작성하고 편집할 수 있는 텍스트 에디터이다. 구문 강조 표시, 자동 완성, 코드 리팩토링 같은 기능을 제공한다.
- **컴파일러 및 인터프리터** : 소스코드를 실행 가능한 프로그램으로 변환하는 도구이다. 일부 IDE는 여러 언어를 지원하기 위해 다수의 컴파일러와 인터프리터를 내장한다.

- **디버거** : 프로그램 실행 중 발생하는 오류를 식별하고 수정할 수 있도록 돕는 도구이다. 중단점 설정, 변수 검사, 실행 흐름 제어 등의 기능을 포함한다.
- **빌드 자동화 도구** : 소스코드에서 실행 가능한 애플리케이션까지의 빌드 과정을 자동화하는 도구이다. 종속성 관리, 라이브러리 연동, 패키징 등의 작업을 처리한다.

오픈소스로 다양한 IDE가 제공되고 있으며, 다음의 IDE가 개발자 사이에서 폭넓게 사용되고 있다.

- Eclipse : 대표적인 프로그래밍 통합 개발환경으로 자바(Java)를 개발하기 위해 사용하지만, C/C++, 파이썬(Python) 등 다양한 언어를 지원한다.
- VSCode(Visual Studio Code) : 마이크로소프트에서 개발한 Windows, macOS, 리눅스를 지원하는 소스코드 편집기이다. 디버깅 지원과 Git 클라이언트, 구문 강조 기능과 같은 여러가지 기능이 포함되어 있다. 마켓플레이스에서 사용자가 원하는 기능을 받아서 사용할 수도 있고 직접 기능을 개발해서 사용할 수 있기 때문에 자유도가 매우 높다.
- Dev-C++ : GNU 라이선스로 배포되는 Windows용 C/C++ 통합 개발 환경이다. 오픈소스 컴파일러인 MinGW와 함께 배포되어 다른 추가적인 프로그램을 설치하지 않고 C/C++ 프로그램을 개발할 수 있다.
- Atom : MIT 라이선스로 배포되는 Windows, macOS, 리눅스용 개발 환경이다. Node.js로 작성된 플러그인을 사용하고, Git 관리 지원을 포함하고 있다. Eclipse, VSCode와 마찬가지로 다양한 언어를 지원한다.

위 IDE 중 가장 많이 사용되고 있는 VSCode의 설치 및 기능 설정 방법을 소개한다.

11.2 VSCode 개발환경 구축하기

VSCode는 Microsoft에서 개발한 소드 편집기로서 Windows, 리눅스, macOS를 지원하며 대부분의 프로그래밍 언어를 지원한다. 이번 절에서는 VSCode를 설치하는 방법에 대해 알아본다. 또한 C 언어 개발 환경으로 구축하기 위해 GCC 컴파일러를 사용할 수 있도록 설정하는 방법을 익힌다.

11.2.1. 리눅스 환경에서 VSCode 설정

먼저 리눅스 환경에서 VSCode와 GCC 컴파일러를 설치하는 과정을 알아본다. VSCode 홈페이지(`https://code.visualstudio.com/`)에서 VSCode 설치 파일을 다운로드한다(그림 11.01). 우분투 환경에서 deb 파일 형식을 사용하므로 `.deb` 버튼을 선택한다(❶).

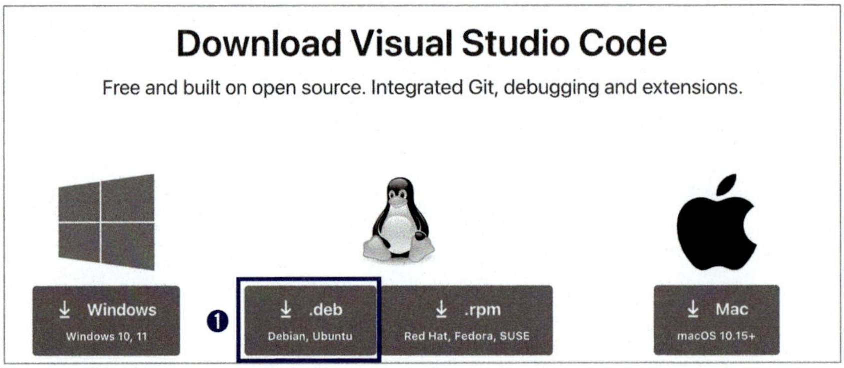

그림 11.01 VSCode 공식 홈페이지

다운로드가 완료되면 파일탐색기의 `Downloads` 폴더에서 VSCode 설치 파일을 확인한다(그림 11.02).

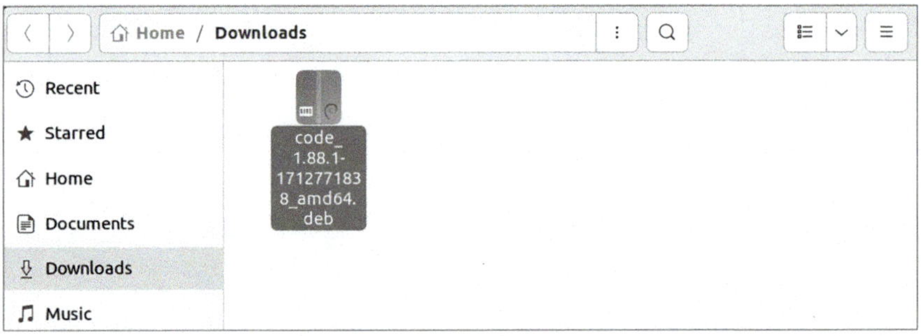

그림 11.02 다운로드한 VSCode 설치 파일

deb 파일을 이용하여 VSCode를 설치한다(그림 11.03). Windows처럼 더블 클릭으로 설치되지 않는다. 우선 파일 위에서 우클릭을 한 후, `Open With Other Appllication`을 클릭한다(❶). 이는 해당 파일을 어떤 어플리케이션으로 열 지 선택하는 메뉴이다.

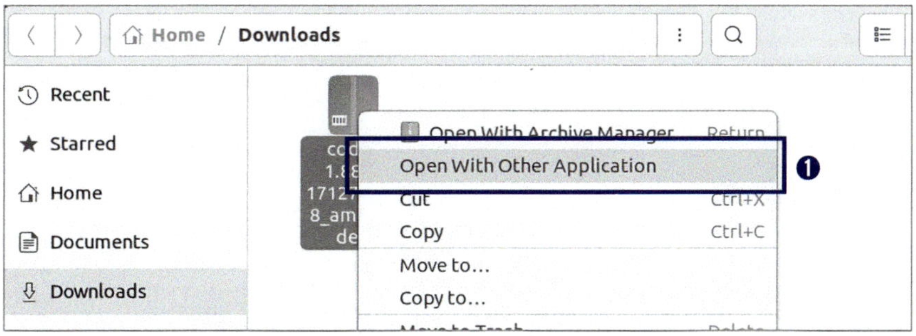

그림 11.03 우클릭 시 보이는 다양한 메뉴

사용할 어플리케이션을 선택하는 창이 나온다(그림 11.04). deb 파일로 소프트웨어를 설치할 때는 `Software Install`을 선택한다(❶).

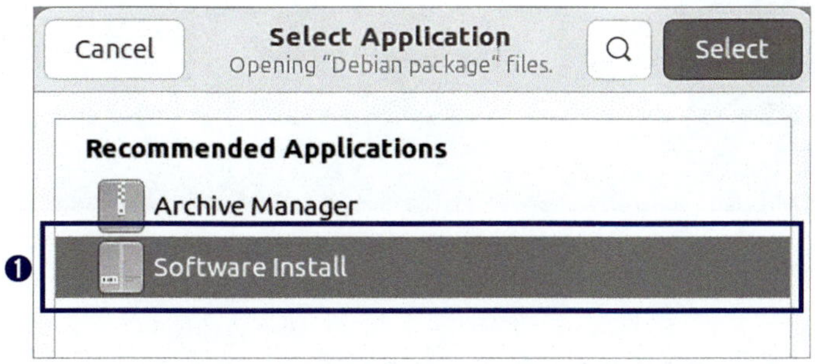

그림 11.04 Select Application 화면

VSCode를 설치하는 화면이 나타나면, `Install` 버튼을 눌러 설치를 진행한다(❶)(그림 11.05). 만약 계정의 비밀번호를 입력받는 화면이 나오면, 올바른 비밀번호를 입력한 후 `[Enter]`키를 입력한다.

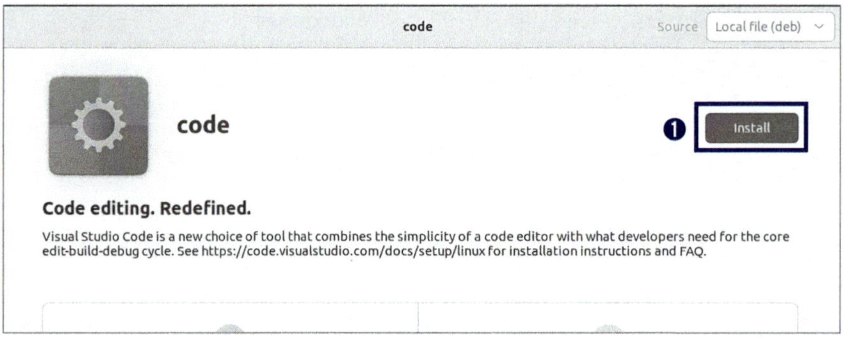

그림 11.05 VSCode 설치 화면

이후 Applications에서 VSCode가 설치된 것을 확인할 수 있다(❶)(그림 11.06).

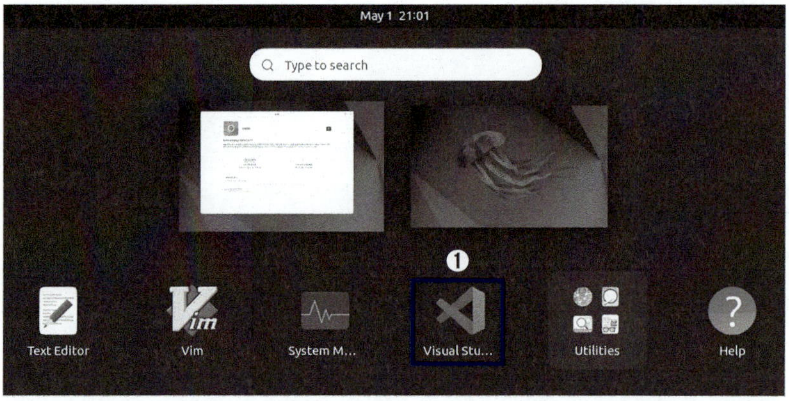

그림 11.06 VSCode 설치 완료

리눅스의 터미널에서 GCC 컴파일러를 사용하기 위해 위해 필요한 패키지인 build-essential을 설치한다. 설치가 완료되면 gcc 명령을 실행하여 문제없이 설치되었는지 확인한다.

```
opensw@tux:~$ sudo apt install build-essential
opensw@tux:~$
opensw@tux:~$ gcc
gcc: fatal error: no input files
compilation terminated.
```

'complication terminated'라는 문구가 출력되면, GCC 컴파일러를 사용할 준비가 되었다는 의미이다.

11.2.2. Windows 환경에서 VSCode 설정

이제 Windows 환경에서의 VSCode와 GCC 컴파일러 설치 과정을 알아본다. 동일하게 VSCode 페이지(`https://code.visualstudio.com/`)에서 `Download for Windows` 버튼을 클릭하여(❶), VSCode 설치 파일을 다운로드한다(그림 11.07).

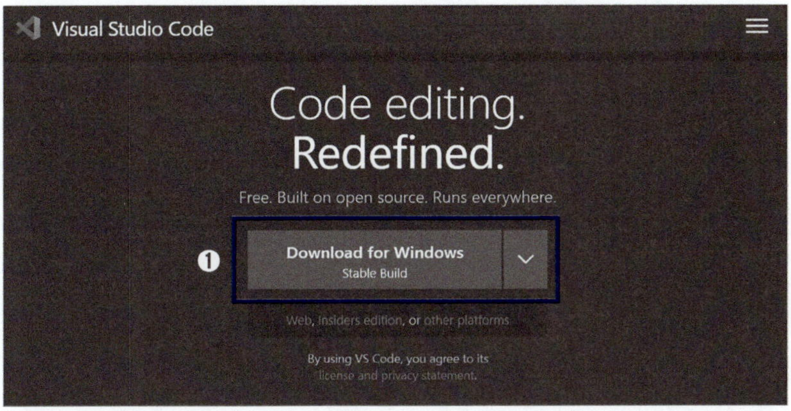

그림 11.07 Windows 환경에서의 VSCode 홈페이지

다운로드된 VSCode 설치 파일을 확인하고(❶), 더블클릭으로 실행한다(그림 11.08).

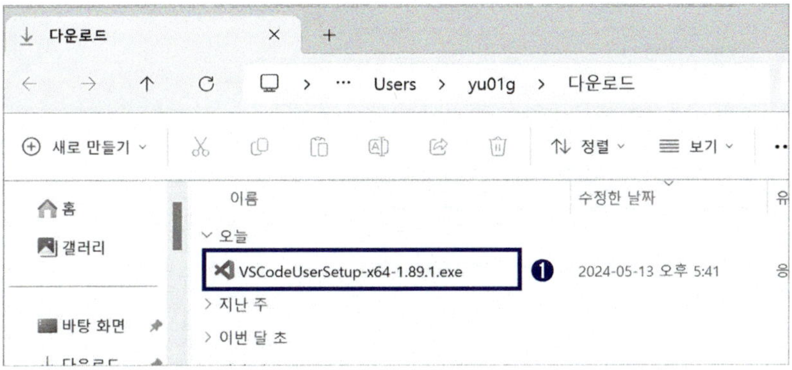

그림 11.08 다운로드된 VSCode 설치 파일

설치 파일을 실행하면 라이선스 계약 동의 화면이 보인다(그림 11.09). 동의하지 않으면 설치가 불가능하므로 '**동의합니다**'를 클릭한다(❶).

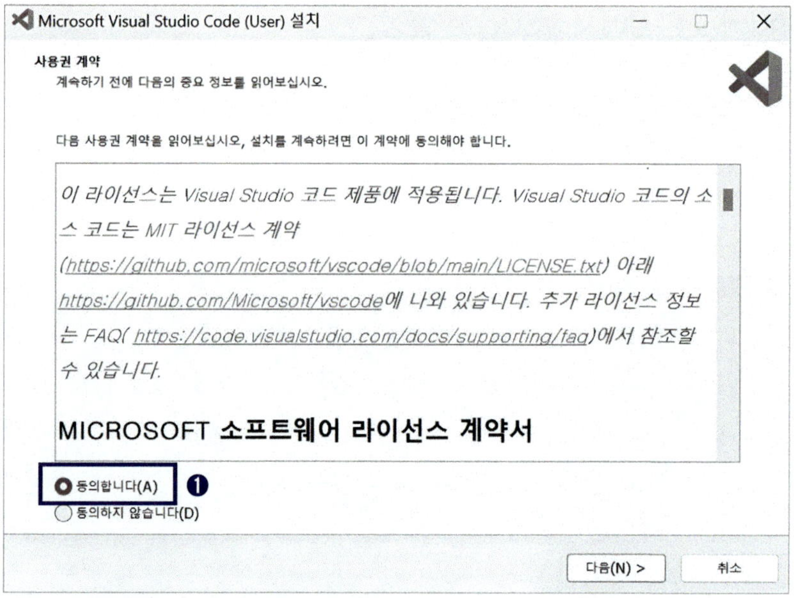

그림 11.09 VSCode 설치를 위한 라이선스 계약 동의서

다음으로 VSCode를 설치할 위치를 선택한다(그림 11.10). 디스크 용량 문제 등의 특별한 사유가 없다면, 기본값으로 지정된 위치로 진행한다(❶).

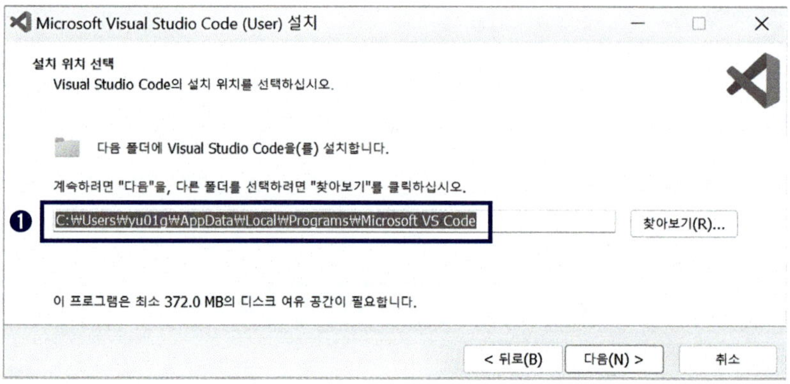

그림 11.10 VSCode 설치 위치 설정

프로그램 바로가기 위치를 결정한다(그림 11.11). 이 또한 별도로 원하는 위치가 없다면 기본으로 정해진 시작 메뉴 폴더로 설정한다(❶).

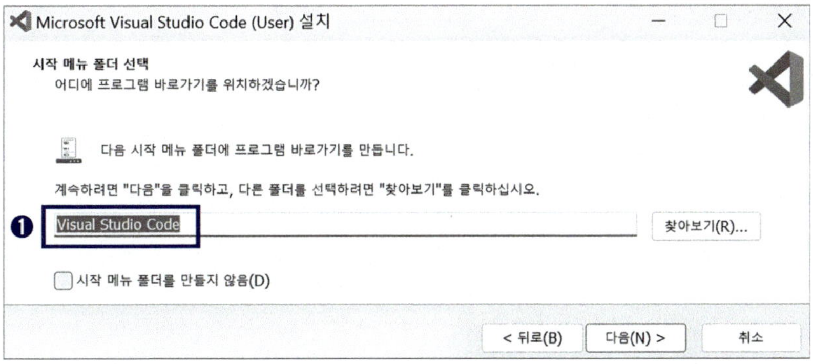

그림 11.11 VSCode 바로가기 위치 설정

VSCode 설치 과정에 포함할 추가 작업을 선택한다(그림 11.12). 기본으로 3가지 작업이 선택된다.

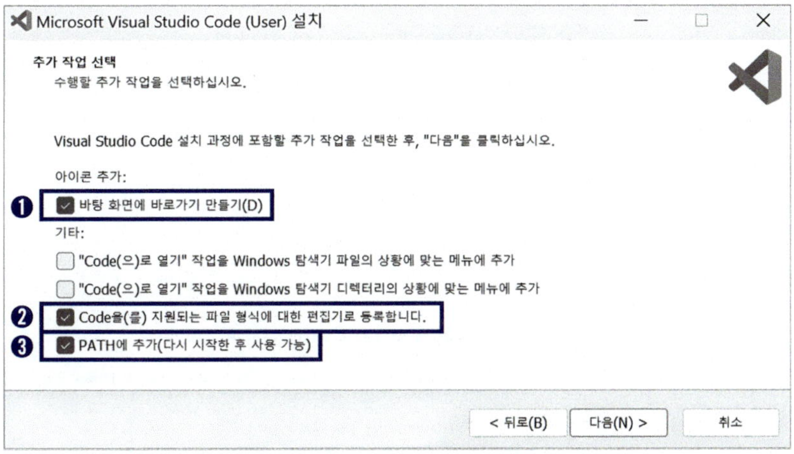

그림 11.12 VSCode 설치 시 진행할 추가 작업 선택

'바탕화면에 바로가기 만들기'는 VSCode 프로그램을 실행하기 위한 바로가기를 바탕화면에 생성하는 작업이다(❶). **'Code를 지원하는 파일 형식에 대한 편집기로 등록'**은 VSCode로 열 수 있는 파일을 VSCode로 열도록 설정하는 작업이다(❷). **'PATH에 추가'**는 프로그램을 원활하게 사용할 수 있도록 환경변수로 설정하는 작업이다(❸). 보통 3가지는 기본으로 설정하며, 사용하는 환경에 따라 원하는 작

업을 선택하면 된다.

VSCode를 설치할 준비가 완료되었다(그림 11.13). 이제 '**설치**' 버튼으로 설치를 진행한다(❶).

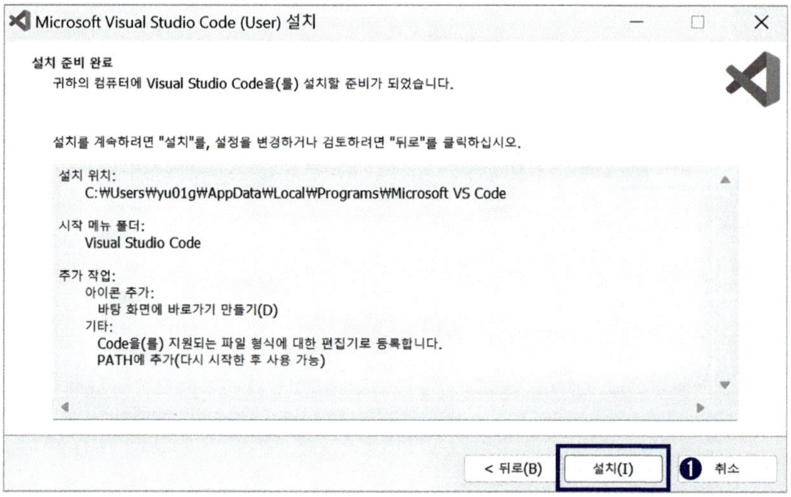

그림 11.13 VSCode 설치 준비 완료

설치작업이 모두 완료되면 VSCode가 설치가 완료되었다는 화면이 보인다(그림 11.14). 'Visual Studio Code 실행'이 체크된 상태에서(❶), '**종료**' 버튼을 클릭한다(❷). 그럼 화면을 종료함과 동시에 VSCode를 바로 실행한다.

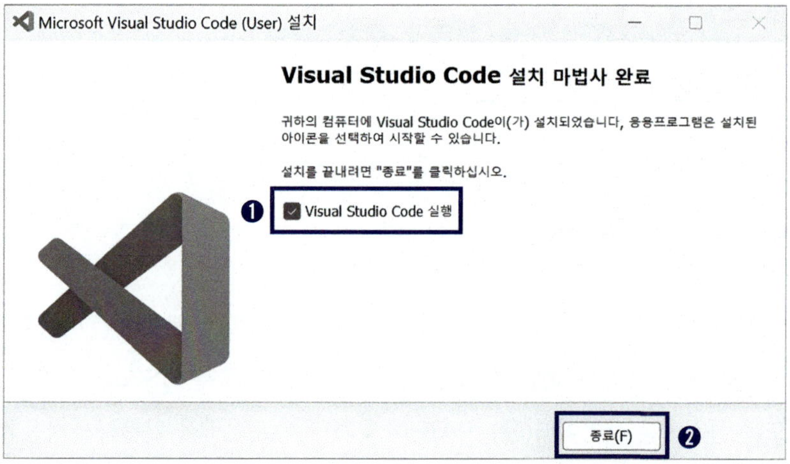

그림 11.14 VSCode 설치 완료 화면

VSCode가 실행되면 `Welcome` 페이지가 보인다(그림 11.15). 해당 페이지를 통해 테마나 사용할 언어 등을 설정할 수 있다.

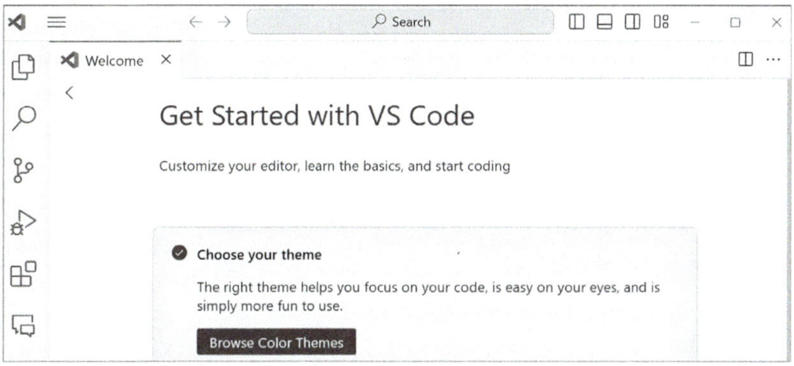

그림 11.15 VSCode 시작 화면

이제 Windows용 GCC 컴파일러인 `MinGW`를 설치한다(그림 11.16). MinGW 설치 홈페이지 (`https://sourceforge.net/projects/mingw/`) 에서 `Download Latest Version` 버튼을 클릭하여(❶), 설치 파일을 다운로드한다.

그림 11.16 MinGW 설치 홈페이지

GCC 컴파일러는 리눅스에서만 지원되기에, Windows에서 해당 컴파일러를 사용하려면 Windows에서 지원되는 GCC 컴파일러를 설치해야 한다.

MinGW 설치 파일 다운로드가 완료되면, 파일탐색기에서 해당 설치 파일을 확인한다(❶)(그림 11.17).

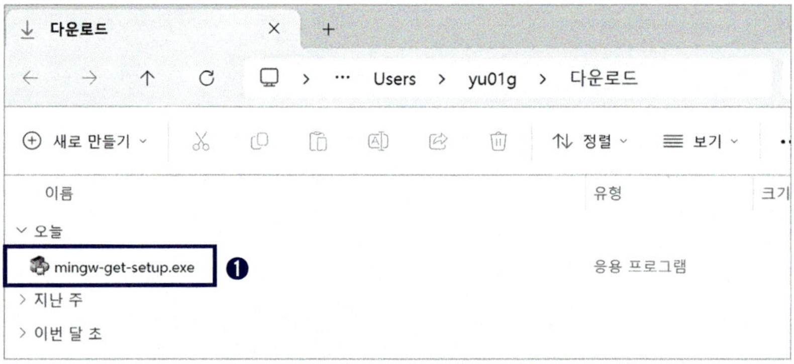

그림 11.17 다운로드된 MinGW 설치 파일

MinGW 설치 파일을 실행하여 GCC 컴파일러 설치를 시작한다(그림 11.18). 설치 과정을 진행하기 위해 `Install` 버튼을 클릭한다(❶).

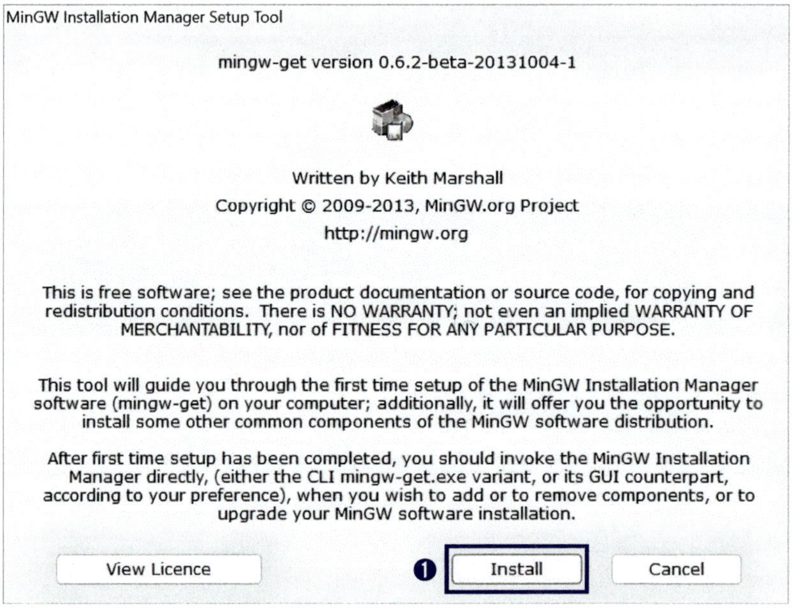

그림 11.18 MinGW 설치 진행 화면

MinGW를 설치하기 위한 설정을 진행한다(그림 11.19). 설치 위치, GUI 설치 여부, 바로가기 생성 여부를 결정할 수 있다. 기본값으로 설치할 예정이므로, 변경 없이 `Continue` 버튼을 클릭한다(❶).

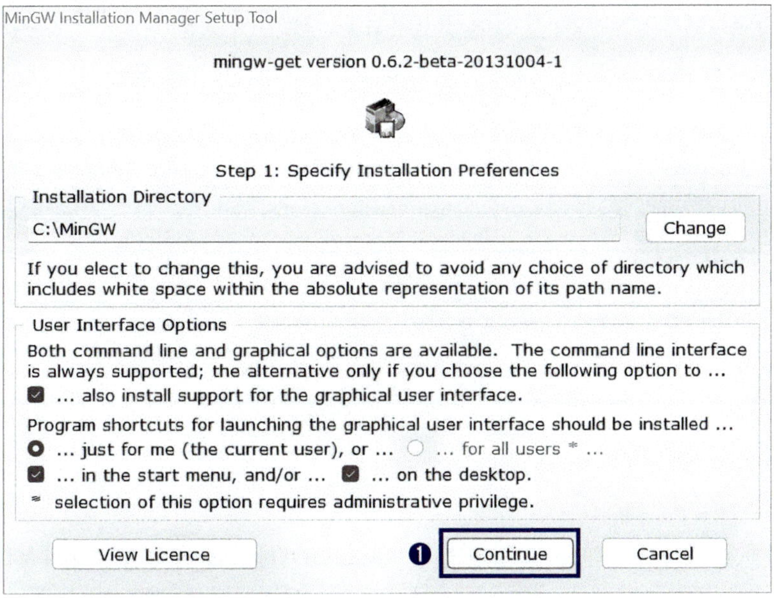

그림 11.19 MinGW 설치 옵션 선택

MinGW 설치가 진행된다(그림 11.20).

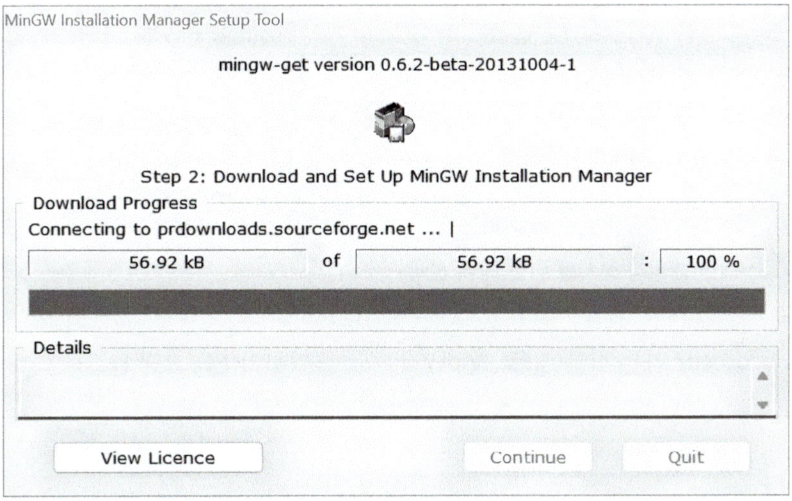

그림 11.20 MinGW 설치 과정

이후 MinGW Installation Manager가 실행된다(그림 11.21). 설치 가능한 패키지 중, mingw32-gcc-ada와 mingw32-gcc-fortran을 제외한 나머지 패키지를 모두 선택한다(❶, ❷).

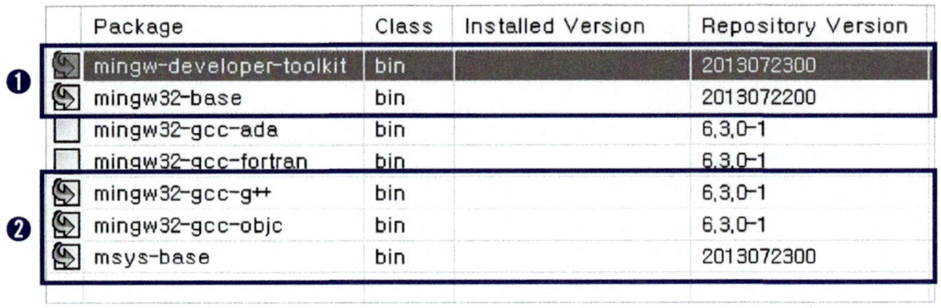

그림 11.21 설치 가능한 MinGW 패키지 목록

선택한 패키지를 설치하기 위해, 좌측 상단의 Installation 메뉴를 클릭한 후(❶), Apply Changes를 선택한다(❷)(그림 11.22).

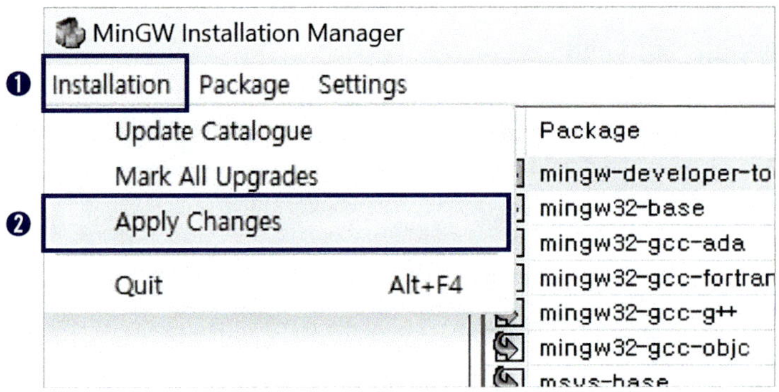

그림 11.22 선택한 패키지 설치를 위한 메뉴 선택

이후 Okay to proceed? 라는 질문에(❶), Apply 버튼을 클릭한다(❷)(그림 11.23).

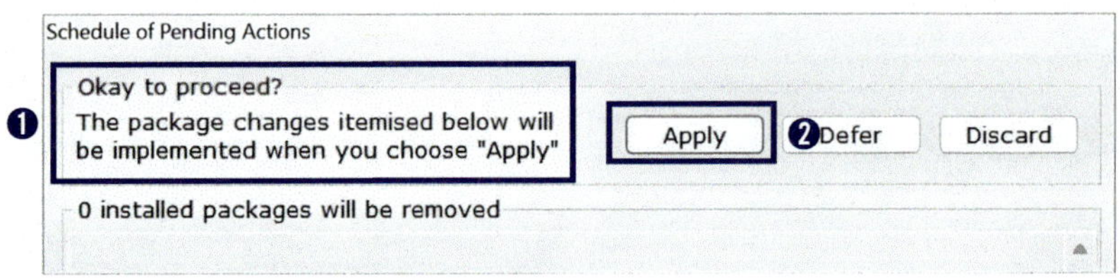

그림 11.23 패키지 설치 과정 진행 여부 결정

Apply Change 과정이 진행되면 완료될 때까지 기다린다(그림 11.24). 해당 과정이 완료되어 종료해도 된다는 문구가 출력되면(❶), Close 버튼을 클릭하여(❷), MinGW Installation Manager을 종료한다.

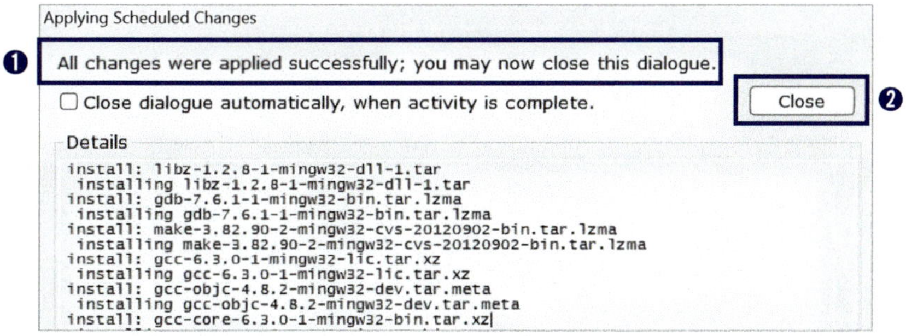

그림 11.24 Apply Changes 과정

GCC 컴파일러를 사용하기 위한 환경 변수를 편집한다(그림 11.25). Windows 검색창에서 '**환경 변수**'를 검색한 후(❶), 검색 결과에서 '**시스템 환경 변수 편집**'를 클릭한다(❷).

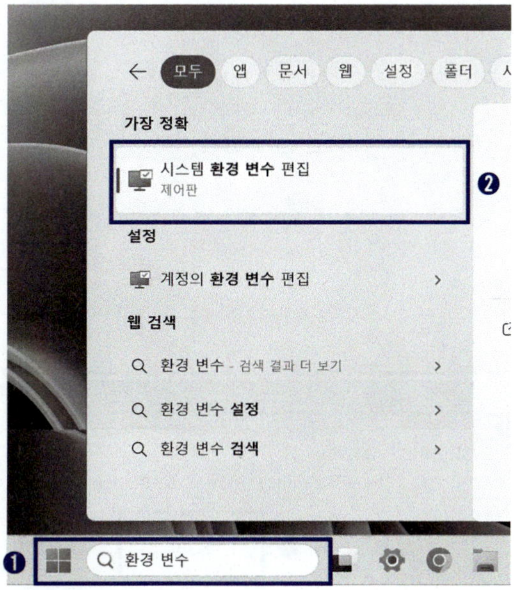

그림 11.25 '환경 변수' 검색 결과

시스템 속성을 설정하는 창을 확인한다(그림 11.26). 페이지에서 '**환경 변수**' 버튼을 클릭하여(❶), 환경 변수 편집 페이지로 이동한다.

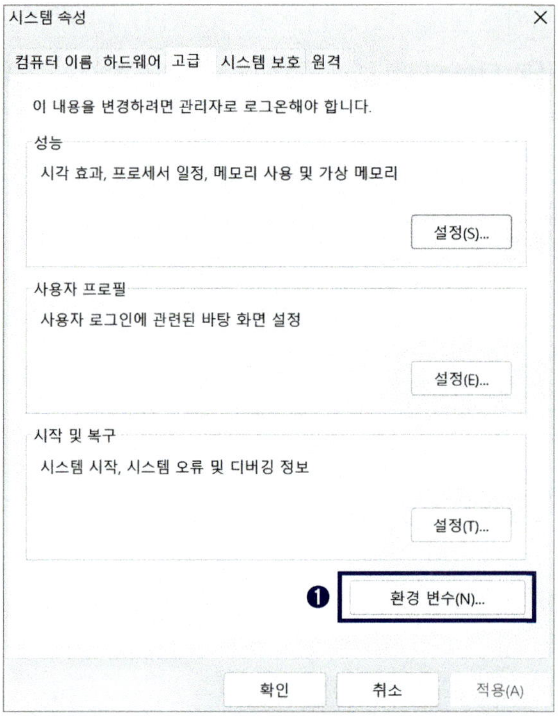

그림 11.26 시스템 속성 설정창

GCC 컴파일러를 사용하기 위해 Path 환경 변수의 값을 수정한다(그림 11.27). Path를 선택하여(❶), '**편집**' 버튼을 클릭한다(❷).

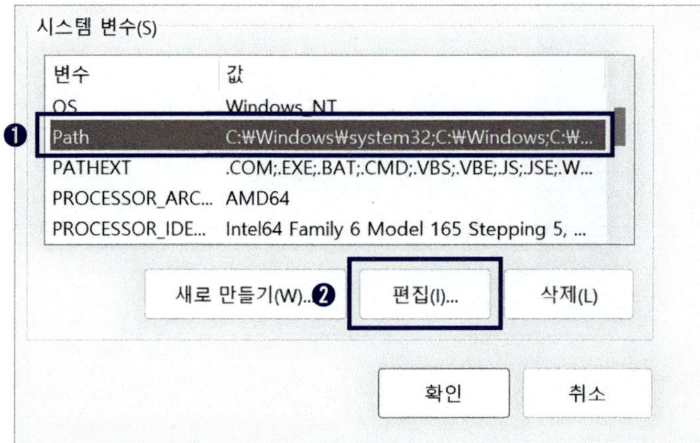

그림 11.27 Windows 시스템에 설정된 환경 변수 목록

Path 환경 변수 편집창에서 '**새로 만들기**' 버튼을 클릭하여(❶), 활성화된 빈칸에 MinGW 경로인 'C:\MinGW\bin'을 입력한다(❷)(그림 11.28). 작성이 완료되면 '**확인**' 버튼으로(❸), 환경 변수 설정과 시스템 속성 창을 종료한다.

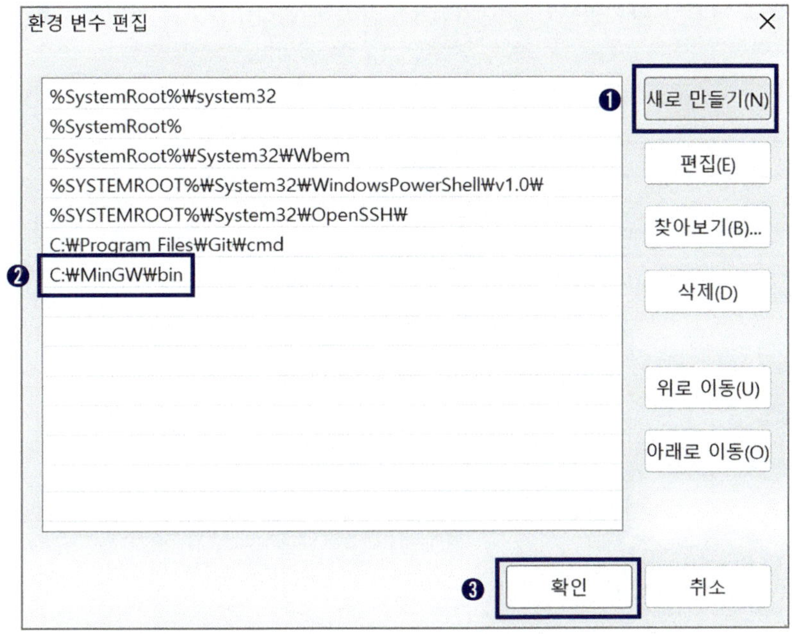

그림 11.28 Path 환경 변수 내 MinGW 경로 작성

터미널을 실행하여 gcc 명령을 입력한다(그림 11.29). 'compilation terminated'가 출력되면 MinGW가 정상적으로 설치되었음을 의미한다(❶).

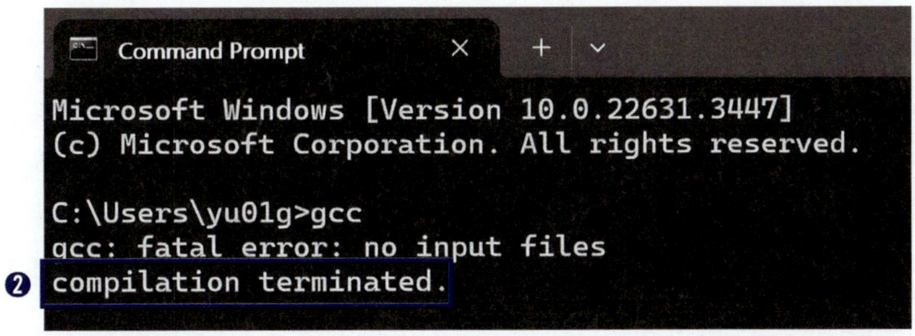

그림 11.29 터미널에서의 gcc 명령 실행 결과

11.2.3. VSCode에서의 GCC 설정

이제 VSCode에서 C 프로그램 컴파일 시 GCC 컴파일러를 사용하기 위한 절차를 진행한다(그림 11.30). VSCode에서 `Extensions`를 클릭한 후(❶), 검색창에 '`c/c++`'을 검색한다(❷). 검색 결과 중 `C/C++` 확장팩을 클릭한다(❸). `install` 버튼을 클릭하여 `C/C++` 확장팩을 설치한다(❹).

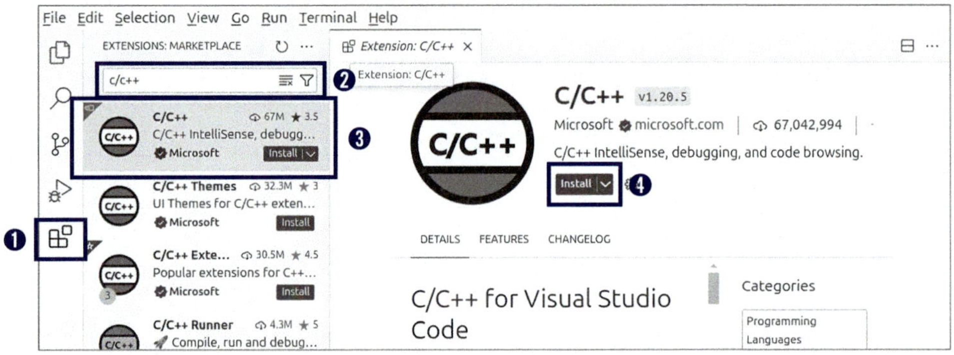

그림 11.30 VSCode의 C/C++ 확장팩

설치가 완료되면 `Disable`, `Uninstall` 등의 버튼이 활성화된다(❶)(그림 11.31).

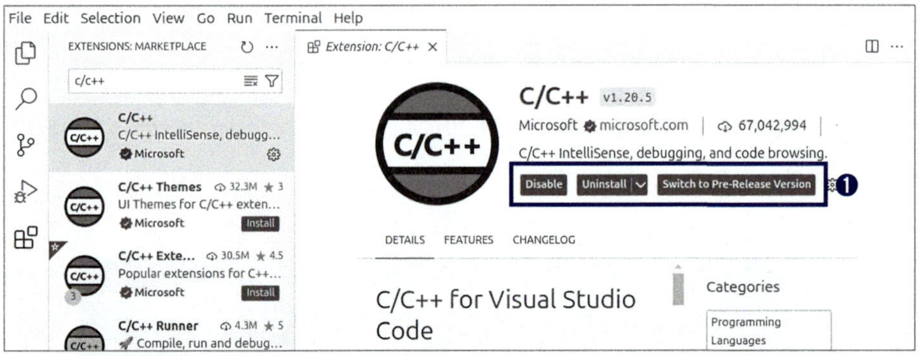

그림 11.31 C/C++ 확장팩 설치 완료

VSCode에서 사용할 워크스페이스를 생성한다(그림 11.32). VSCode로 작업하는 폴더를 **워크스페이스**라고 부른다. 우분투 바탕화면에서 우클릭한 후, `New Folder` 메뉴를 클릭한다(❶).

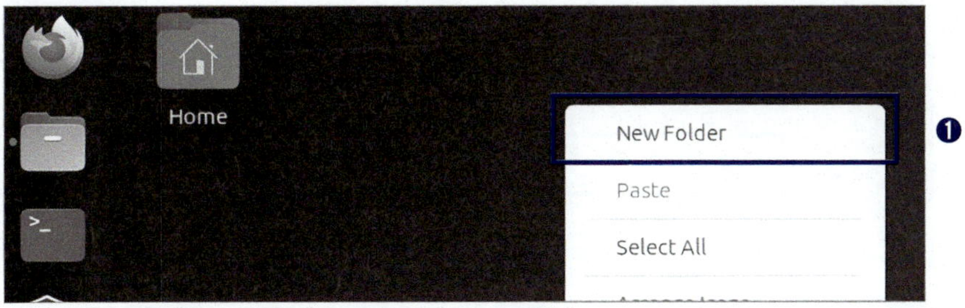

그림 11.32 폴더 생성을 위한 New Folder 메뉴

폴더 이름은 'oss-vscode'로 지정한 후(❶), OK 버튼을 클릭한다(❷)(그림 11.33).

그림 11.33 생성할 폴더 이름 지정

oss-vscode 폴더를 VSCode의 워크스페이스로 연다(그림 11.34). VSCode에서 좌측의 Explorer를 클릭한 후(❶), Open Folder 버튼을 클릭한다(❷).

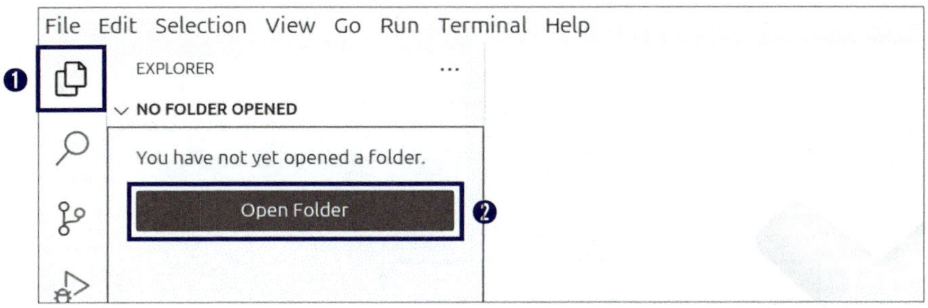

그림 11.34 VSCode의 Explorer 화면

이후 파일탐색기에서 바탕화면의 oss-vscode 폴더를 선택한 후(❶), Select 버튼을 클릭한다(❷)(그림 11.35).

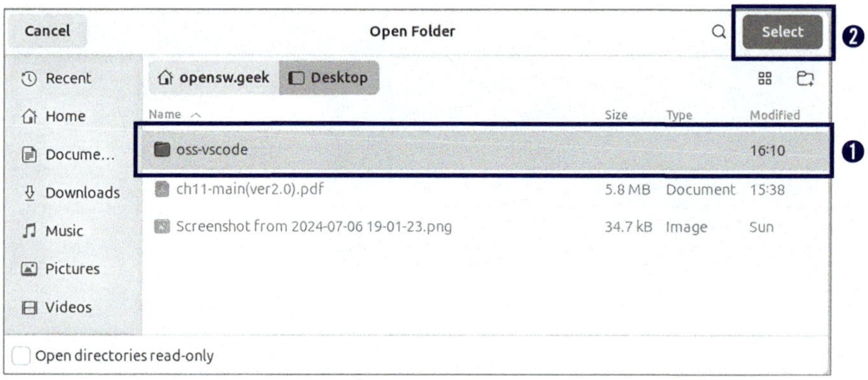

그림 11.35 VSCode에서 사용할 워크스페이스 선택

이후 선택한 oss-vscode 폴더가 VSCode 워크스페이스로 열린 것을 확인하고(❶), 해당 워크스페이스 내의 구조도 살펴본다(그림 11.36). 현재 oss-vscode 내에서 파일을 생성한 적이 없기에 비어있다.

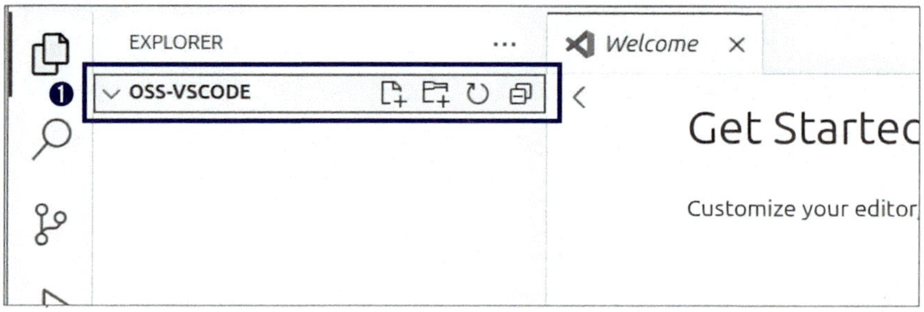

그림 11.36 VSCode의 워크스페이스인 oss-vscode

이제 oss-vscode 폴더 안에 새로운 파일을 생성한다(그림 11.37). 워크스페이스 이름 옆의 New File 버튼을 클릭한 후(❶), 파일명은 hello.c로 작성한다(❷). 파일명 작성 시 확장자까지 적어야 한다.

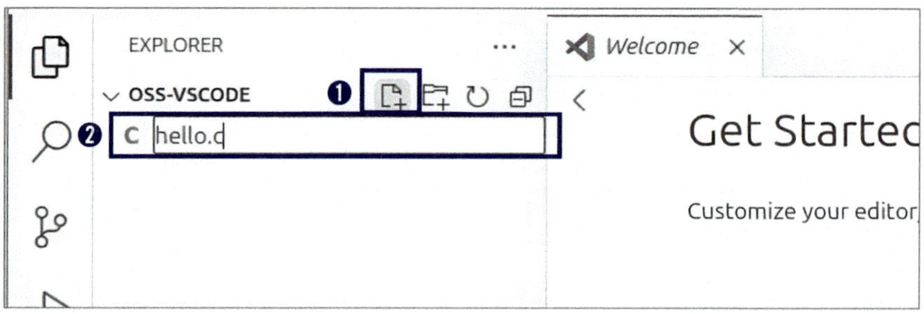

그림 11.37 새로운 파일 생성 버튼 위치

hello.c 파일에는 간단한 메세지를 출력하는 C 언어로 소스코드를 작성한다(그림 11.38).[62]

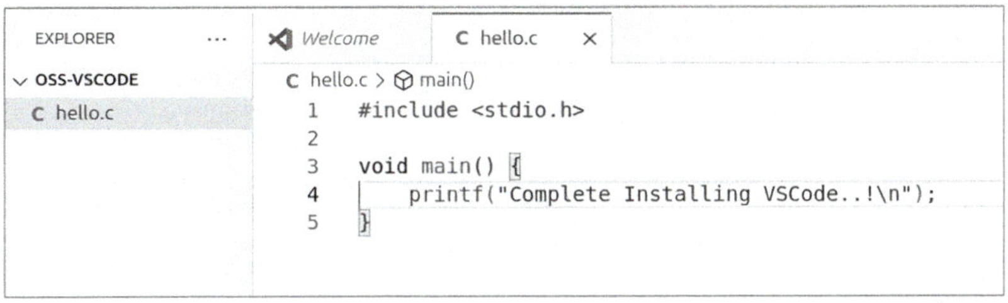

그림 11.38 hello.c 생성 및 소스코드 작성

코드가 작성된 hello.c 파일의 빌드를 진행한다(그림 11.39). 빌드 단축키인 [Ctrl]+[Shift]+b를 입력한 후, 상단에 'C/C++: gcc.exe build active file'를 클릭 한다(❶).

그림 11.39 hello.c 파일 빌드 진행

빌드가 정상적으로 진행되었는지 확인한다(그림 11.40). 빌드 과정에 문제가 없었다면 'Build finished successfully' 메세지가 출력된다(❶). 또한 oss-vscode 워크스페이스에 hello 라는 실행 파일이 생성된 것을 확인할 수 있다(❷).

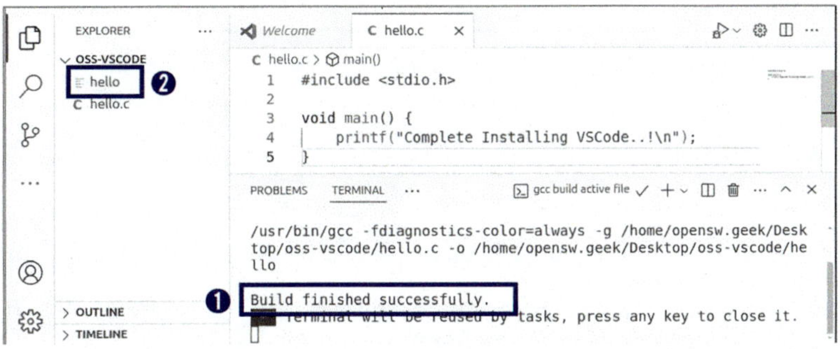

그림 11.40 빌드가 완료된 hello.c 파일

62 hello.c파일은 https://github.com/opensw-geek/oss-book/blob/main/ch11/hello-original.c에서 확인할 수 있다.

빌드된 실행파일을 실행하는 단축키를 설정한다(그림 11.41). 하단의 톱니바퀴 버튼을 클릭한 후(❶), Keyboard Shortcuts 메뉴를 클릭한다(❷).

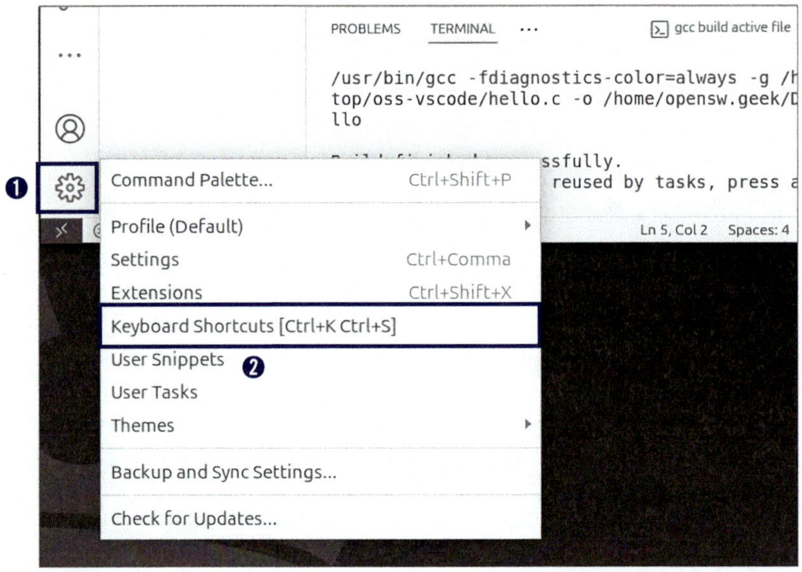

그림 11.41 단축기 설정을 위한 Keyboard Shortcuts 메뉴

해당 워크스페이스에서 사용할 단축키를 설정하는 파일을 생성하기 위해, Open Keyboard Shortcuts (JSON) 버튼을 클릭한다(❶)(그림 11.42).

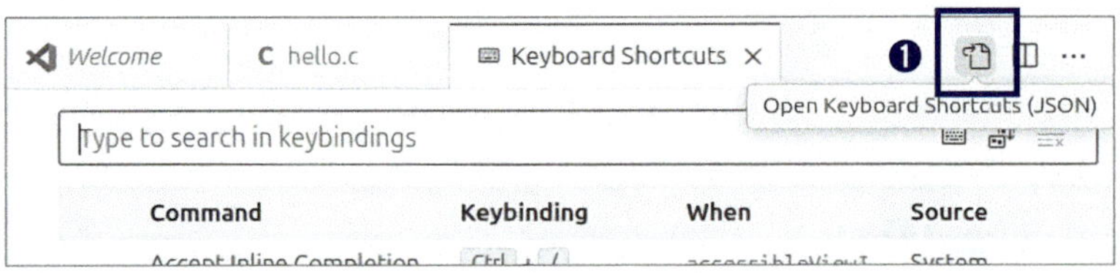

그림 11.42 Keyboard Shortcuts 설정 화면

생성된 keybindings.json 파일에 파일 실행 단축키를 정의한다(그림 11.43). 해당 파일에 {"key" : "ctrl+ shift+c", "command" :"workbench.action.tasks.test"}를 작성한 후 저장한다(❶). 파일 이름 옆의 동그라미 표시가 사라지면(❷), 파일의 수정내용이 저장되었다는 의미이다.

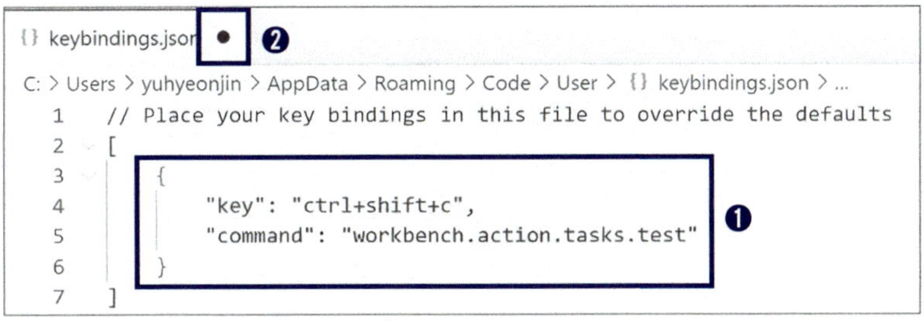

그림 11.43 keybindings.json 파일 내용

hello.c 파일에서 [Ctrl]+[Shift]+c 단축키를 입력한다(그림 11.44). 이후 상단에 뜨는 'No test task to run found. Configure Tasks...'를 클릭한다(❶).

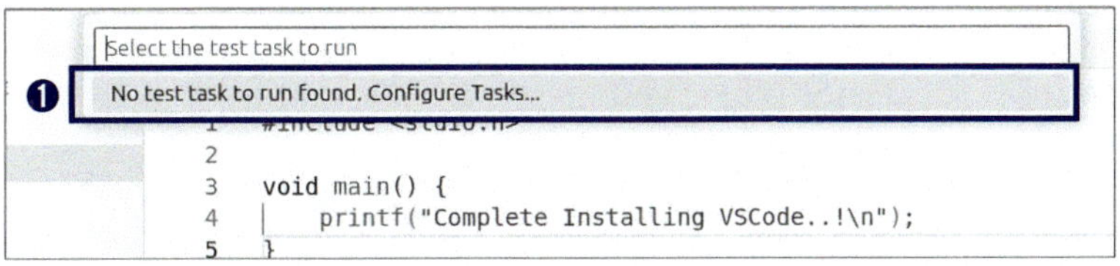

그림 11.44 단축키로 컴파일 시 발생한 에러

Task에는 단축키 입력 시 수행되는 동작을 정의한다. 동작은 실제 터미널에서 실행하는 명령을 사용해 정의하며, 여기서는 GCC 컴파일러를 통한 빌드 및 프로그램 실행 과정을 정의한다. 이러한 Task 는 tasks.json 파일에 작성한다.

이후 'C/C++: gcc.exe build active file'을 클릭한다(❶)(그림 11.45).

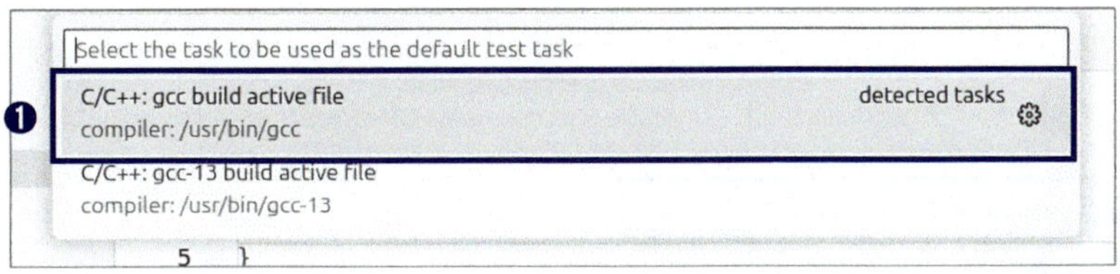

그림 11.45 새로운 tasks.json 파일 생성 절차

생성된 tasks.json 파일에 C/C++ 파일을 대상으로 수행할 동작을 JSON 형식으로 작성한 후 저장한다.[63] 작성한 tasks.json 파일은 다음과 같다(그림 11.46).

그림 11.46 수행할 Task를 정의한 tasks.json 파일

이후 hello.c 파일에서 [Ctrl]+[Shift]+c 단축키를 입력한 후, execute를 클릭한다(❶)(그림 11.47).

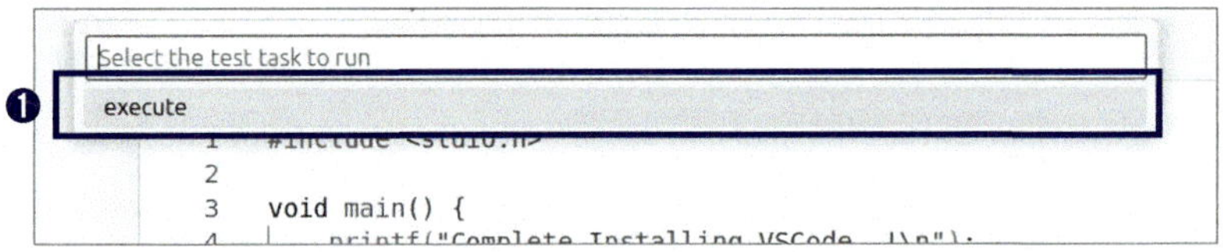

그림 11.47 [Ctrl]+[Shift]+c 단축키 입력 결과

컴파일을 통해 생성된 실행파일이 실행된다(그림 11.48). 이를 통해 터미널에 hello.c 파일에서 작성한 printf() 함수의 실행 결과인 'Complete Installing VSCode..!'가 출력된다(❶).

그림 11.48 단축키로 실행한 hello 실행 결과

63 tasks.json 내용은 https://github.com/opensw-geek/oss-book/blob/main/ch11/tasks.json에서 확인할 수 있다.

11.3 VSCode와 GitHub 연동

VSCode에서 GitHub와 연동하는 방법이 존재한다. 첫 번째 방법은 새로운 로컬 레포지토리를 생성한 후 GitHub에 업로드하는 것이고, 두 번째는 원격 레포지토리를 가져와서 VSCode로 오픈하는 방법이다.

11.3.1. VSCode와 레포지토리 연결

`git`이 설치되어 있다면, VSCode에서 `Source Control` 패널을 통해 `Git`을 이용한 레포지토리 관리가 가능하다. 이를 기반으로 하여 첫 번째 방법으로 GitHub와 연동한다.

Git 레포지토리로 쓸 폴더를 생성한 후 VSCode로 연다. 교재에서는 앞서 생성한 `oss-vscode` 폴더를 사용한다. 그 후 `Source Control`에서(❶), `Publish to GitHub` 버튼을 클릭한다(❷)(그림 11.49).

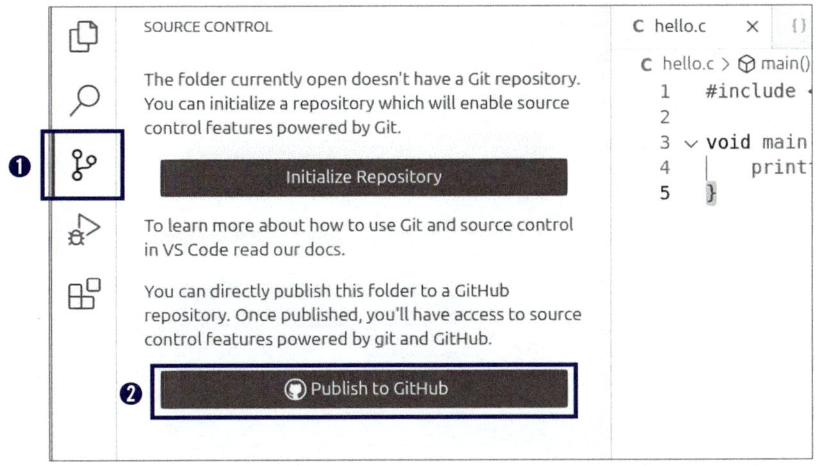

그림 11.49 VSCode의 `Source Control` 화면

`git`을 설치하지 않았거나 `git` 설치가 완료되기 전에 해당 패널을 열었다면, '`Download Git for ...`' 라는 문구가 보일 것이다. 이는 `git`를 설치하라는 의미로, `git` 설치가 되었음에도 해당 문구가 보인다면 `reload`로 새로고침을 진행한다.

GitHub에 로그인해야 한다는 팝업창이 뜬다(그림 11.50). 안내에 따라 로그인을 진행하기 위해 `Allow` 버튼을 클릭한다(❶).

그림 11.50 VSCode를 위한 GitHub 계정 로그인

VSCode에서 GitHub를 사용할 수 있도록 승인하는 페이지가 보인다(그림 11.51). `Authorize Visual-Studio-Code` 버튼을 클릭하여(❶), 10장에서 생성한 GitHub 계정의 비밀번호를 입력한다.

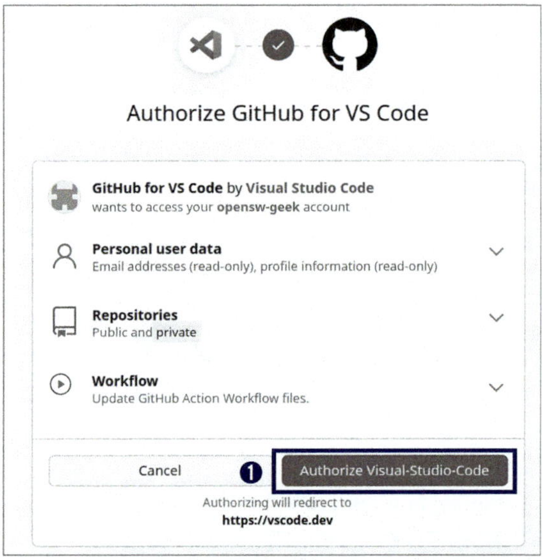

그림 11.51 Authorize GitHub for VSCode 페이지

이후 시스템이 VSCode을 열 것을 요청한다(그림 11.52). 이를 허용하기 위해 `Open link` 버튼을 클릭한다(❶). Windows는 '**Visual Studio Code 열기**' 버튼을 클릭한다.

그림 11.52 시스템의 VSCode 오픈 요청 팝업창

GitHub 로그인에 성공하면 VSCode로 돌아온다. oss-vscode 폴더를 새 레포지토리로 업로드하기 위해, Publish to GitHub public repository를 선택한다(❶)(그림 11.53).

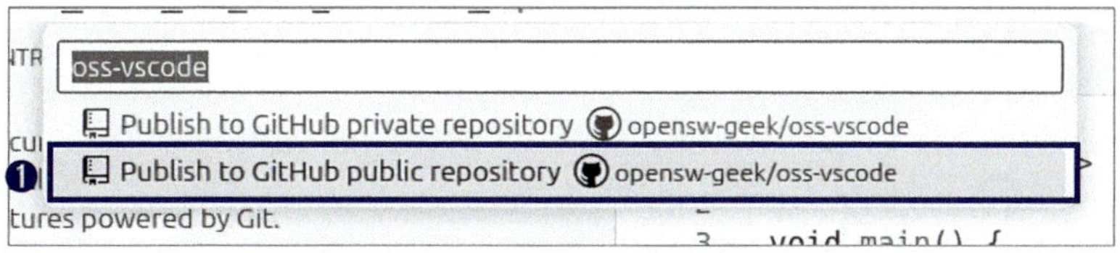

그림 11.53 새로운 레포지토리의 개방 범위 결정

Public 레포지토리는 타인에게 공개되는 레포지토리이고, **Private 레포지토리**는 본인만 볼 수 있는 레포지토리이다. 만약 타인에게 공개되면 안되는 레포지토리라면, Private 레포지토리를 선택한다.

다음으로 레포지토리 업로드 시 어떤 파일을 함께 올릴지 선택한다(그림 11.54). 모두 체크한 후(❶), OK 버튼을 클릭하여(❷), 제외하는 파일 없이 모두 업로드한다. 업로드가 가능한 파일 목록은 해당 워크스페이스에 생성된 모든 파일 및 하위 폴더이다.

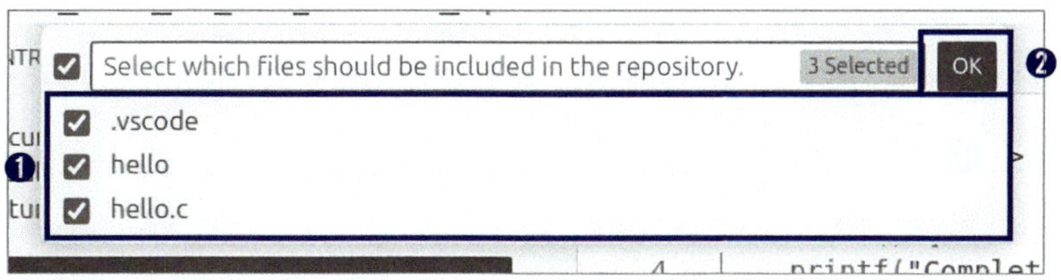

그림 11.54 새 레포지토리에 업로드할 파일 선택

GitHub에 저장소 생성이 완료되었다는 알림이 VSCode 하단에 뜬다(그림 11.55). GitHub에 업로드된 `oss-vscode` 레포지토리를 확인하기 위해, 해당 알림에서 `Open on GitHub` 버튼을 클릭한다(❶).

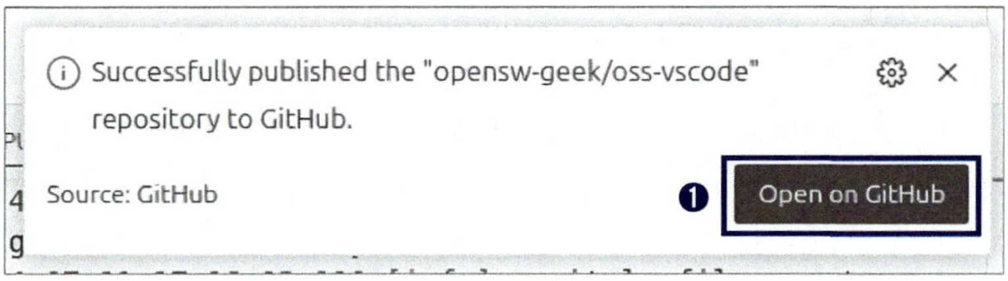

그림 11.55 원격 저장소 생성 완료 알림

GitHub에 생성된 oss-vscode 원격 레포지토리를 확인한다(그림 11.56). 앞서 선택한 파일도 함께 업로드된 것을 볼 수 있다(❶).

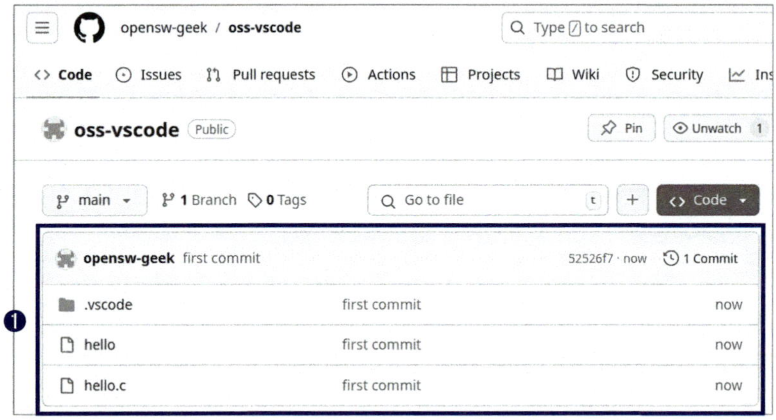

그림 11.56 GitHub에 생성된 oss-vscode 레포지토리

두 번째 방법으로는 기존에 존재하는 원격 레포지토리를 가져오는 것이다. `[F1]`키를 누른 후, `git clone`을 입력하고(❶), `Git:Clone`을 선택한다(❷)(그림 11.57).

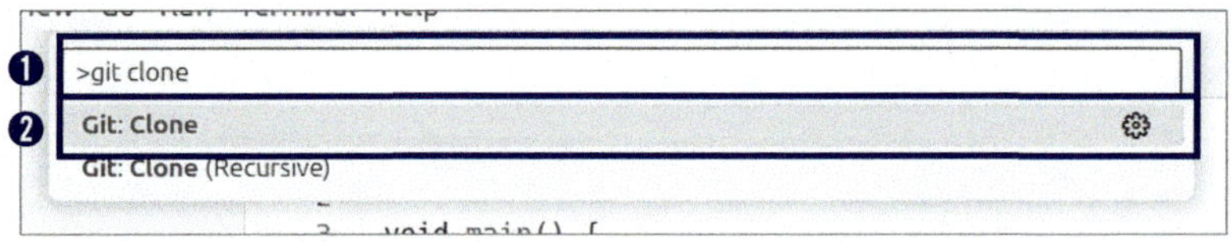

그림 11.57 VSCode의 명령 패널에 입력한 `git clone` 명령

이는 터미널에서 사용하는 `git clone` 명령과 동일하다. 단지 VSCode의 GUI를 사용하여 좀 더 편리하게 Git을 사용할 수 있다는 차이점이 있는 것이다.

다음으로 `Clone from GitHub`를 선택한다(❶)(그림 11.58).

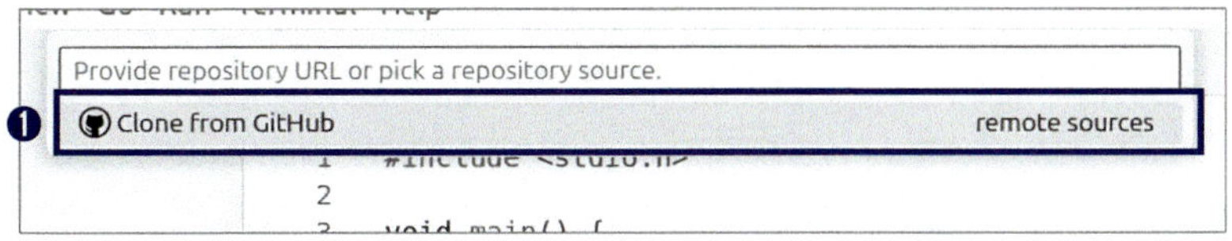

그림 11.58 레포지토리 저장소 선택

이제 GitHub에서 가져올 원격 레포지토리를 선택한다(그림 11.52). 앞서 로그인한 계정에 존재하는 레포지토리 목록이 출력된다. `oss-vscode` 레포지토리를 가져오기 위해 `opensw-geek/practicerepo`를 선택한다(❶). '`opensw-geek`' 부분에는 본인의 GitHub 계정 이름이 명시되므로, 그림과 다를 수 있다.

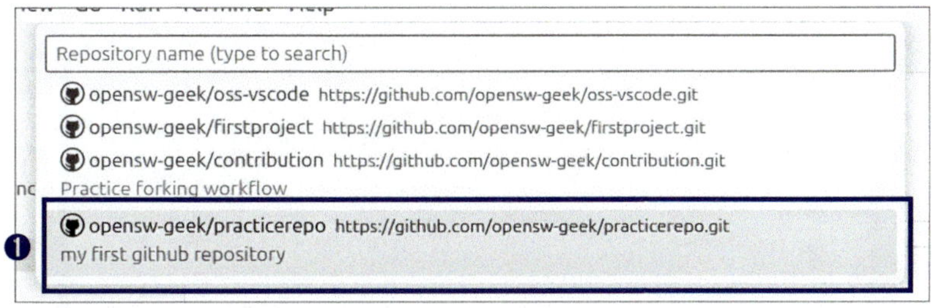

그림 11.59 로그인한 계정의 원격 레포지토리 목록

원격 레포지토리를 클론할 위치는 바탕화면으로 지정한다(❶)(그림 11.60).

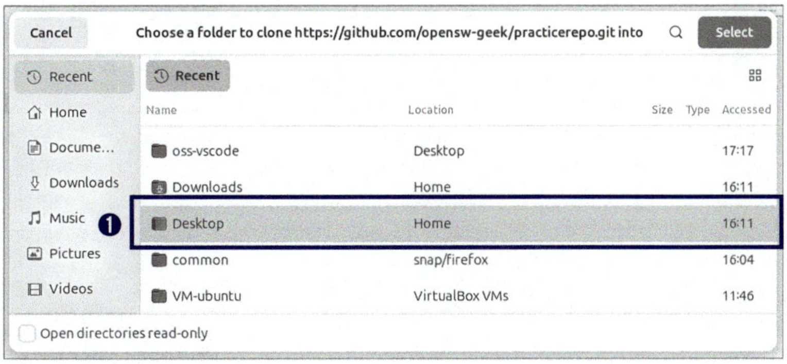

그림 11.60 원격 레포지토리 클론 위치 지정

클론한 레포지토리를 VSCode로 오픈하는 방식을 결정한다(그림 11.61). 새로운 창에서 열기 위해 `Open in New Window` 버튼을 클릭한다(❶).

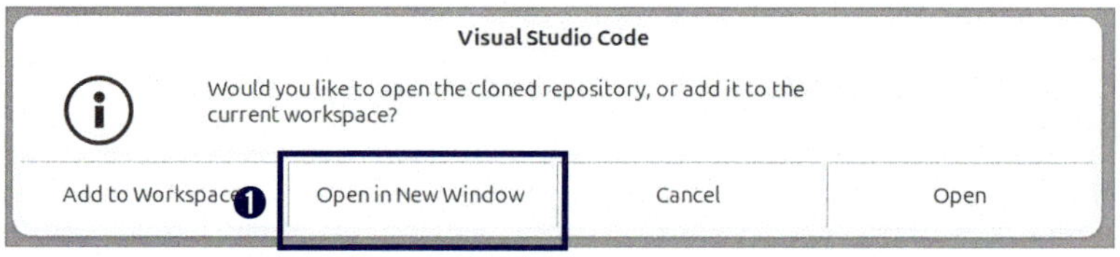

그림 11.61 로컬 레포지토리 클론 시 팝업창

새로운 워크스페이스를 신뢰할 것인지 결정한다(그림 11.62). 신뢰하기 위해 `Yes, I trush the authors` 버튼을 클릭한다(❶). 보통 VSCode로 처음 여는 워크스페이스일 때 뜨는 팝업창이다. 개발을 진행하기 위함이라면 VSCode로 여는 워크스페이스는 신뢰하는 것이 좋다.

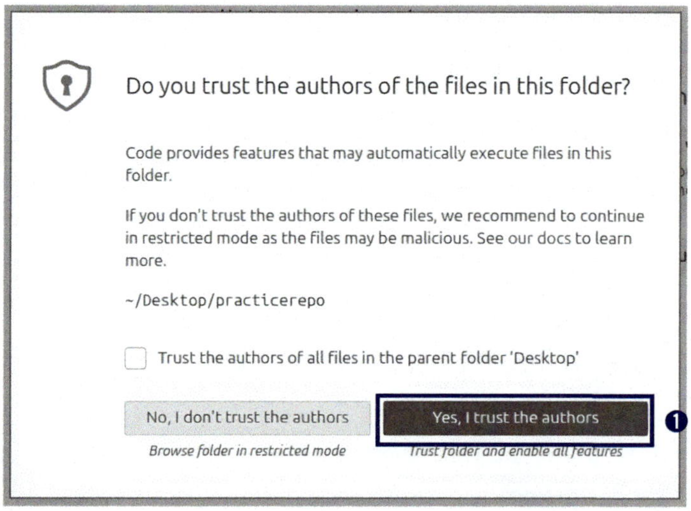

그림 11.62 새로운 워크스페이스 신뢰 여부 결정 팝업

클론한 레포지토리를 VSCode로 확인한다(그림 11.63). 10장에서 작업한 파일들을 볼 수 있다(❶).

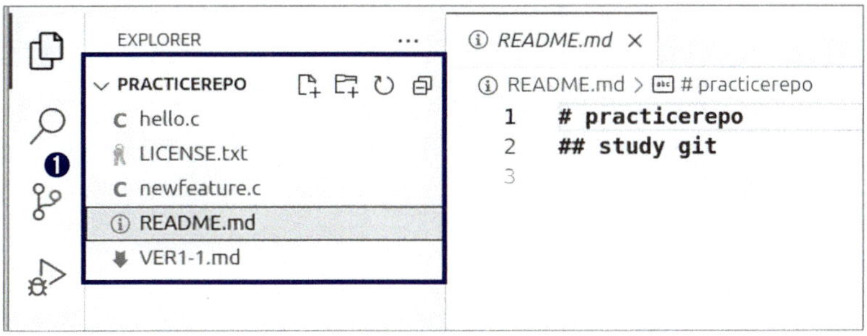

그림 11.63 클론한 로컬 레포지토리

11.3.2. 원격 레포지토리에 커밋 반영

이제 원격 레포지토리로 커밋을 반영하는 방법에 대해 알아본다.

우선 oss-vscode 워크스페이스를 VSCode로 다시 연다(그림 11.64). 이를 위해 File를 클릭한 후(❶), Open Folder 메뉴를 선택한다(❷).

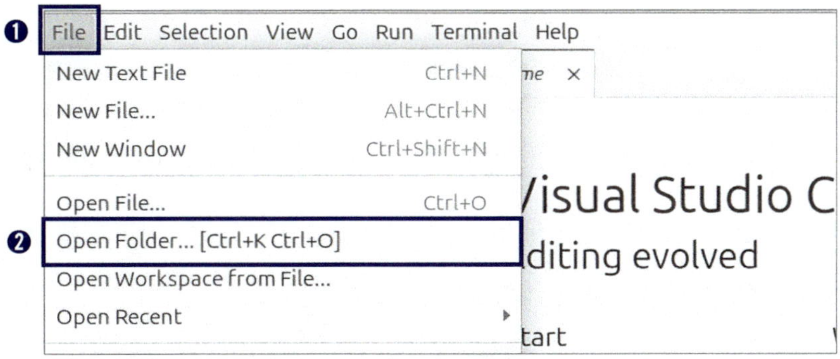

그림 11.64 Open Folder 메뉴 위치

이후 오픈할 워크스페이스로 oss-vscode 폴더를 선택한 후(❶), Select 버튼을 클릭한다(❷)(그림 11.65). 그럼 VSCode로 oss-vscode 워크스페이스가 열린다.

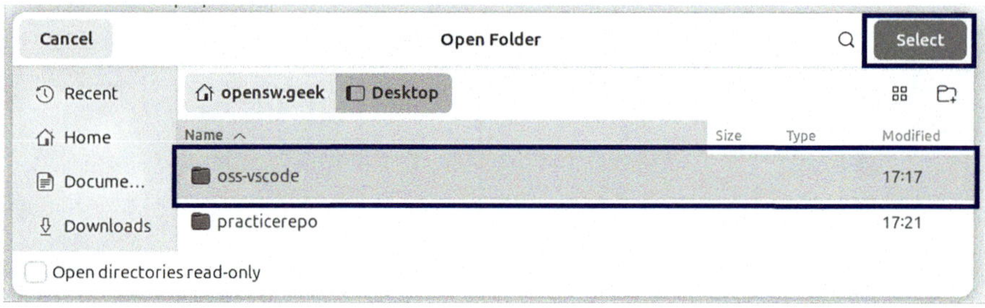

그림 11.65 오픈할 워크스페이스를 선택하는 파일 탐색기

레포지토리 내의 변경점을 만들기 위해 새로운 파일을 생성한다(그림 11.66). 파일 이름은 README.md로 지정하고(❶), '# My Repository created by VSCode'를 작성 한다(❷).[64]

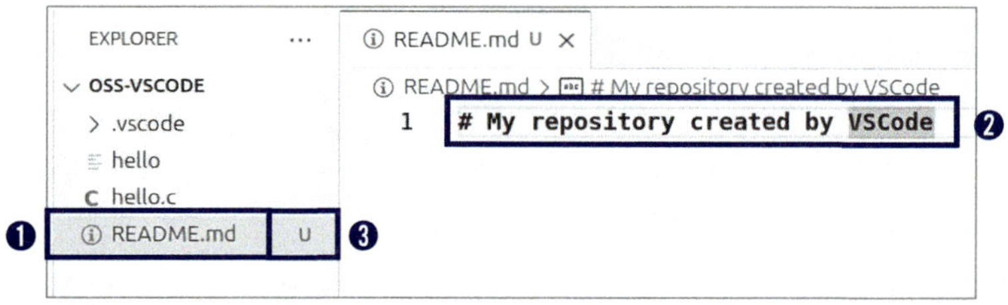

그림 11.66 로컬 레포지토리 내 생성한 README.md 파일

README.md 파일 옆에 'U'라는 표시가 생겼다(❸). 'U'는 파일이 Untracked file임을 의미하는 표시이다.

Tracked 파일을 수정하면 어떠한 표시가 생기는지 확인해본다(그림 11.67). 이를 위해 Tracked 파일인 hello.c 파일에(❶), printf() 함수를 추가한다(❷).[65]

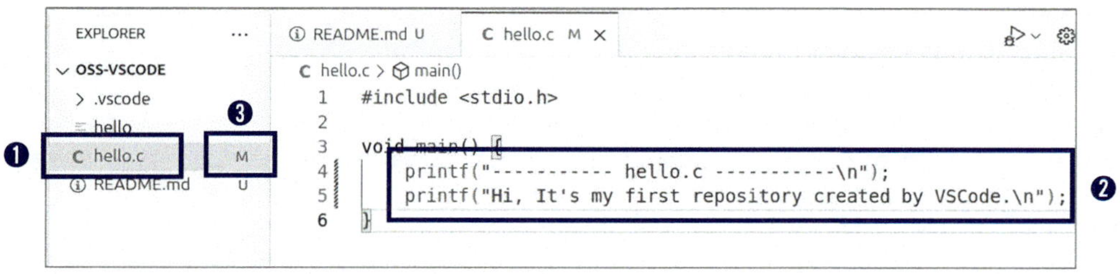

그림 11.67 로컬 레포지토리 내 수정한 hello.c 파일

64 README.md 내용은 https://github.com/opensw-geek/oss-book/blob/main/ch11/README.md에서 확인할 수 있다.
65 수정한 hello.c 내용은 https://github.com/opensw-geek/oss-book/blob/main/ch11/hello-modify.c에서 확인할 수 있다.

hello.c 파일에는 'M'표시가 생겼다(❸). 이는 Modified 상태를 나타내며, Tracked 파일이 수정되었음을 의미한다.

이제 hello.c과 README.md 파일을 스테이징 영역에 올린다(그림 11.68, 그림 11.69). Source Control 패널에서(❶), 각 파일을 클릭할 시 보이는 '+'버튼을 통해 스테이징 영역으로 업로드한다(❷, ❸). 이는 git add 명령과 동일하다.

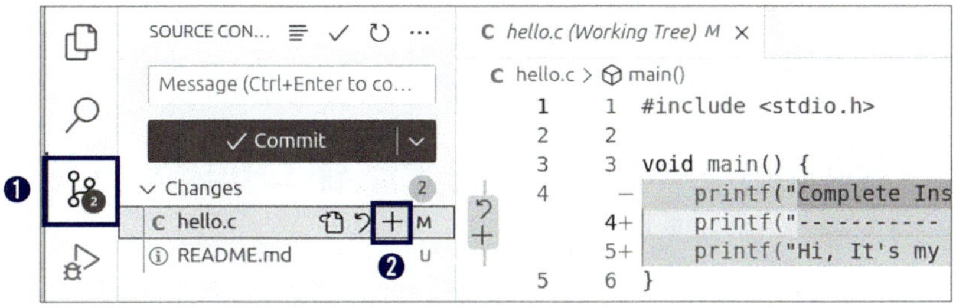

그림 11.68 hello.c 파일의 변경점을 스테이징 영역에 업로드

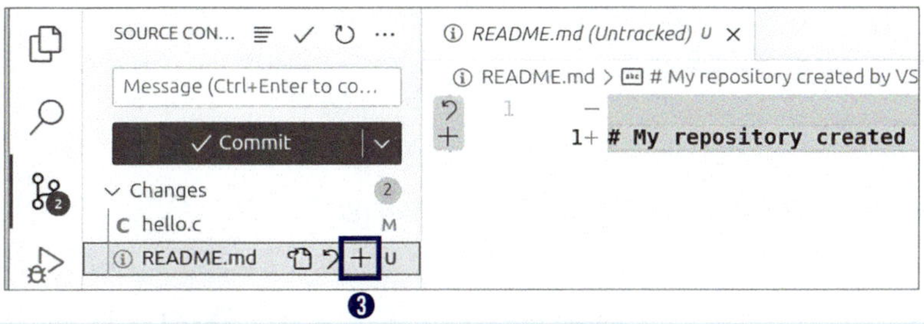

그림 11.69 README.md 파일의 변경점을 스테이징 영역에 업로드

Changes 항목에 나와있는 파일을 선택하면, 어떤 라인에서 변경점이 생겼는지 확인할 수 있다. 빨간색은 파일에서 제거된 라인을, 초록색은 수정 또는 추가된 라인을 의미한다.

스테이징 영역에 파일을 올리면 Staged Changes 항목에 Staged 파일이 표시된다(❶)(그림 11.70). README.md 파일 상태가 'U'에서 'A'로 변경되었다. 'A'는 Staged file임을 의미한다.

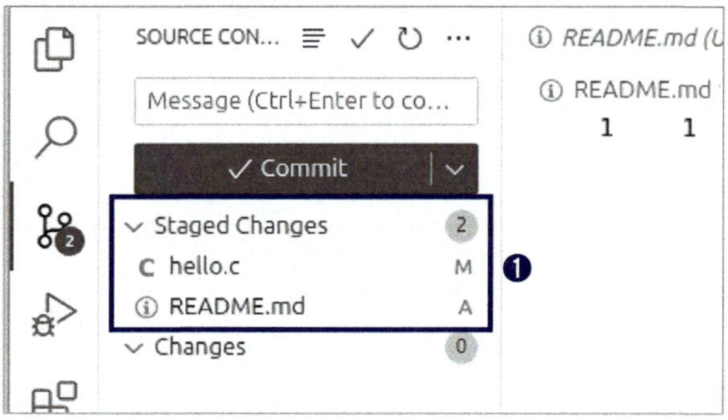

그림 11.70 스테이징 영역에 업로드된 파일 목록

이제 커밋을 진행한다(그림 11.71). Commit 버튼을 클릭하면(❶), COMMIT_EDITMSG 파일이 생성된다(❷). 이 과정은 git commit 명령과 동일하다.

그림 11.71 커밋을 위한 Commit 버튼 및 COMMIT_EDITMSG 파일

COMMIT_EDITMSG 파일에 원하는 커밋 메세지를 작성한 후 저장한다(❶)(그림 11.72). COMMIT_EDITMSG 파일은 이름에서 알 수 있듯이 커밋 메세지를 작성하는 파일이다.

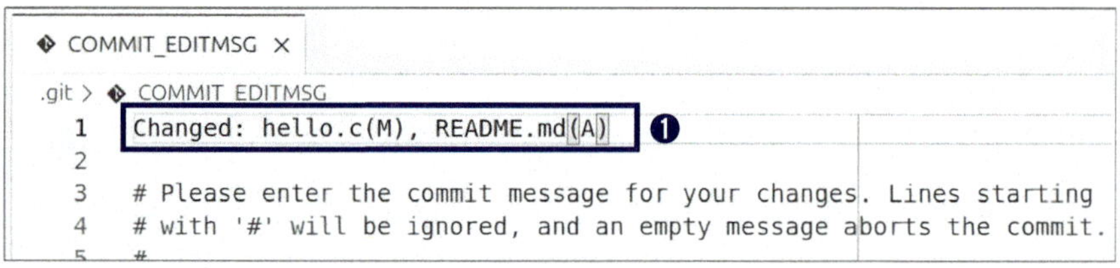

그림 11.72 COMMIT_EDITMSG 파일에 작성한 커밋 메세지

이후 오른쪽 상단의 체크 버튼을 클릭하여(❶), 커밋을 제출한다(그림 11.73).

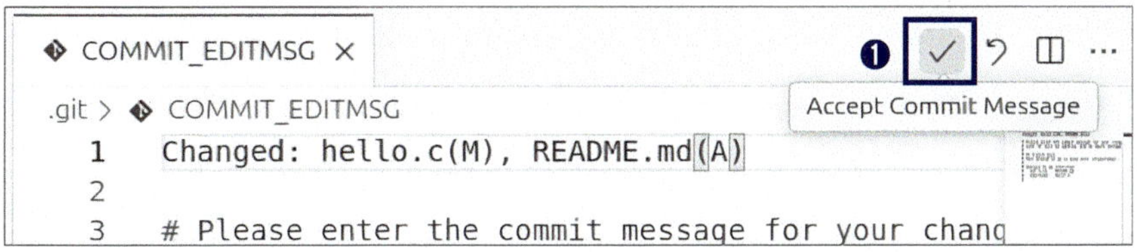

그림 11.73 Accept Commit Message 버튼 위치

이때 name와 email을 입력하라는 문구가 출력될 수도 있다. 그럼 터미널을 열어서 git config user.name <name> 과 git config user.email <email> 명령으로 입력한다. 이때 VSCode 내의 터미널을 사용하여도 된다.

방금 생성한 커밋을 원격 레포지토리로 푸시한다(그림 11.74). Sync Changes 버튼을 클릭하거나(❶), 또는 더보기 버튼을 통해 Push 버튼으로 진행해도 된다(❷, ❸). 이는 git push 명령과 동일하다.

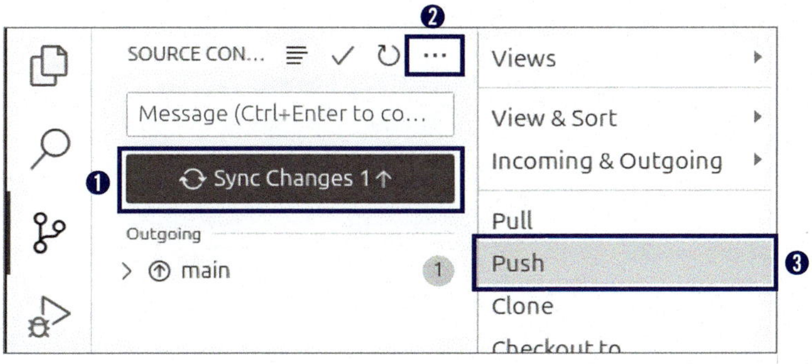

그림 11.74 푸시를 위한 Sync Changes 및 Push 버튼 위치

Sync Changes 버튼으로 푸시를 진행하면, Pull과 Push를 모두 진행한다는 팝업이 나온다(그림 11.75). OK 버튼을 클릭하여(❶), Pull과 Push를 모두 진행한다. 다만 푸시만 진행하는 것이 소스코드를 안전하게 관리하는 방법이므로, 가능하면 그림 11.74의 ❸처럼 푸시만 진행하는 것이 좋다.

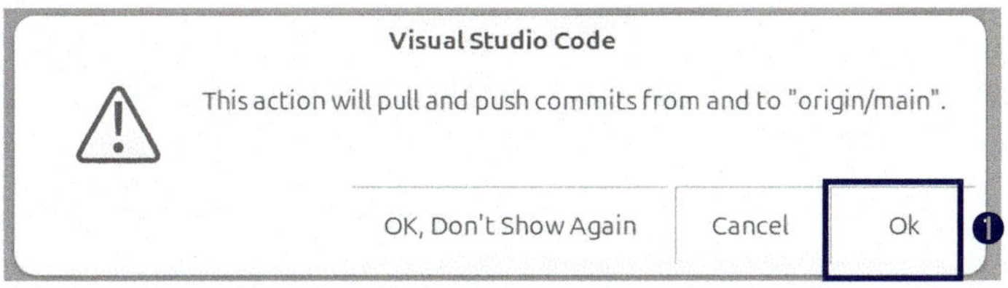

그림 11.75 Sync Changes 시 뜨는 팝업창

푸시가 완료되면 로컬 레포지토리에 변경점도 없고, 원격 레포지토리와 동기화할 커밋도 없는 것을 확인할 수 있다(그림 11.76).

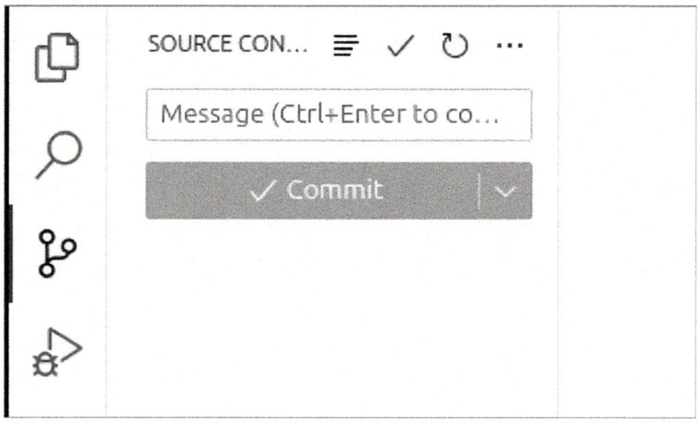

그림 11.76 푸시가 완료된 로컬 레포지토리

이제 원격 레포지토리에 정상적으로 반영되었는지 GitHub에서 확인한다. `README.md` 파일이 문제없이 업로드되었다(❶)(그림 11.77).

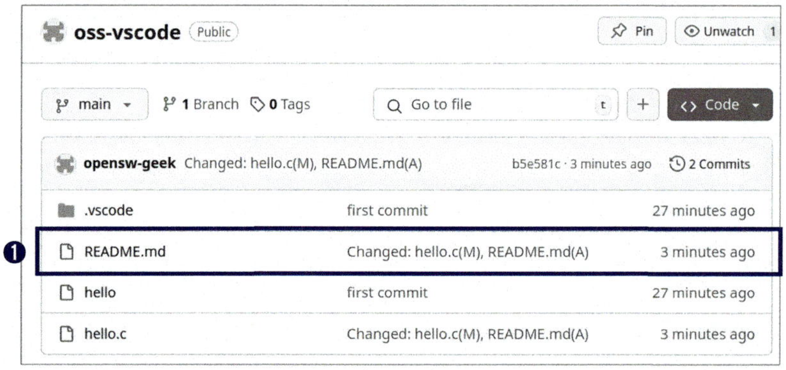

그림 11.77 원격 레포지토리 내 `README.md` 파일

기존에 존재하던 `hello.c` 파일도 VSCode에서 수정한 코드로 변경되었다(그림 11.78).

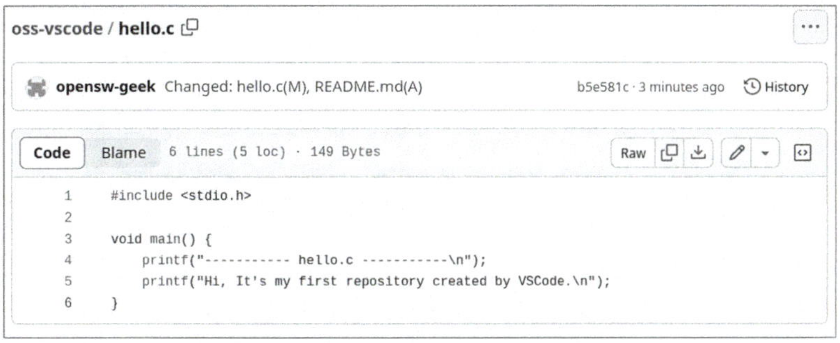

그림 11.78 원격 레포지토리 내 hello.c 파일

11.4 GitHub Copilot 활용

AI의 발전이 가속화되면서 다양한 분야해서 AI가 활용되고 있다. ChatGPT 와 같은 생성형 AI 뿐만 아니라 그림, 이미지, 글, 음악 등의 예체능 영역에서 사용 가능한 AI도 개발되었다. IT 분야에도 사용자가 원하는 기능을 수행하는 프로그램 코드를 생성하거나, 실시간으로 코드를 분석하여 사용자에게 변수 이름, 로직 등을 제안하는 AI 서비스가 하나 둘씩 출시되고 있다.

이러한 AI 서비스 중 Copilot이라는 AI 서비스가 존재한다. Copilot은 Microsoft에서 개발한 AI 기반 도우미로, AI 기반의 지능형 제안을 통해 사용자의 생산성 향상, 반복적인 작업의 자동화와 합리적인 결정 도출을 위한 다양한 AI 지원 기능을 제공한다. Copilot은 Office 등의 다양한 제품과 서비스 뿐만 아니라 Edge 브라우저 및 Windows 11에도 내장되어 있어, 사용자가 플랫폼에 구애받지 않고 일관된 Copilot 경험을 할 수 있도록 지원한다. Microsoft Copilot은 비즈니스나 사무용 작업에 강점을 가지는데, 이와 이름이 비슷하나 프로그램 개발 영역과 관련된 GitHub Copilot이 존재한다.

GitHub Copliot은 IDE의 코드 완성 및 채팅 지원부터 코드 설명, GitHub의 문서에 대한 답변 등 개발과정의 전반에 유용한 기능을 지원한다(그림 11.79).[66] GitHub Copilot은 기본적으로 GitHub에 내장되어 있고, Visual Studio Code, Visual Studio, JetBrains IDE 등 주요 에디터와 통합되어 있어, 에디터 내에서 사용할 수 있다. 또한 Java, C/C++, Javascripts, Python 등 다양한 언어를 지원하다. 수백만 명의 개인 사용자와 수만 명의 기업 고객으로 성장한 Copilot은 전 세계에서 가장 널리 채택된 AI 개발자 도구이다.

66 https://en.m.wikipedia.org/wiki/File:GitHub_Copilot_logo.svg

차후에는 GitHub Copilot Mobile도 출시될 예정이라고 한다.[67]

GitHub Copilot

그림 11.79　GitHub Copilot 로고

11.4.1. GitHub Copilot 설정

이번 절에서는 GitHub Copilot을 사용하기 위해 필요한 과정을 진행한다. GitHub Copilot을 사용하려면 우선 어떤 플랜을 사용할 지 선택해야 한다. 3가지 플랜 중 비용 청구가 없이 무료 체험이 가능한 `Copilot Individual` 플랜을 선택한다(❶)(그림 11.80).

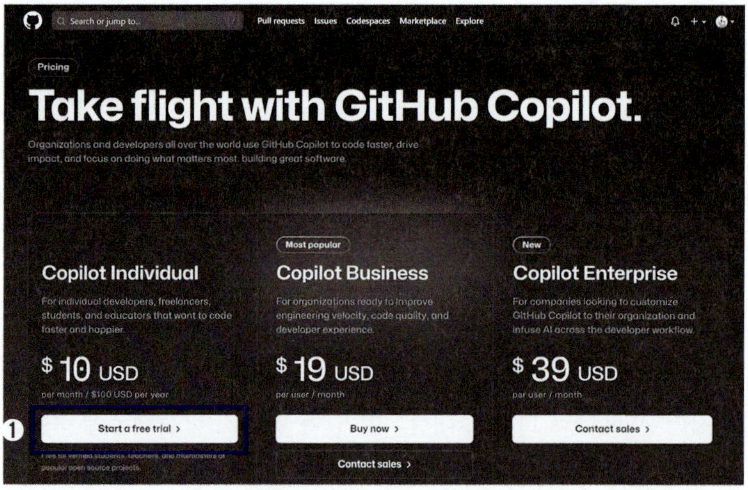

그림 11.80　GitHub Copilot의 다양한 플랜

이러한 플랜은 개인 또는 기업 사용자의 특성에 맞게 플랜마다 지원되는 기능이 다르다. 각 플랜마다 사용 가능한 기능과 특징을 파악하여 본인 사용 환경에 적합한 플랜을 선택해야 한다. 모든 플랜에는 코드 자동 완성 및 채팅이 지원된다. 다만 개인용과 기업용의 차이점은 라이선스 관리, 정책 관리 및 IP(Intellectual Property, 지식재산권) 면책 여부이다. Copilot 플랜은 크게 Copilot Individual, Copilot

[67] https://GitHub.com/features/copilot

Business, Copilot Enterprise로 분류되고, 각 플랜에 대한 다음과 같다.

- **Copilot Individual** : 개인 개발자를 위한 플랜이다. 가장 기본적인 기능인 코드 자동 완성과 AI와의 채팅 기능을 사용할 수 있다. 또한 사용자가 학생, 교육자라면 라이선스 관리, 정책 관리 및 IP 면책을 제외한 GitHub Copilot Business의 모든 기능을 사용할 수 있도록 한다.
- **Copilot Business** : 기업을 위한 플랜으로, IDE와 CLI에서 GitHub Copilot을 제공한다.
- **Copilot Enterprise** : 기업용 플랜으로, GitHub Copilot Business의 모든 기능을 포함하며 GitHub.com에 통합된 GitHub Copilot을 추가적으로 제공한다. 기업의 코드베이스에 따른 맞춤형 제안을 할 수 있다.

`Copilot Individual` 플랜에서 사용 가능한 기능을 확인한 후, 하단의 `Get access to GitHub Copilot` 버튼을 클릭한다(❶)(그림 11.81). 30일 무료 체험이 가능하고, 30일 이후에는 플랜 구독료가 청구되므로 Copilot을 계속 사용할 계획이 없다면 그 전에 반드시 구독 취소를 해야 한다.

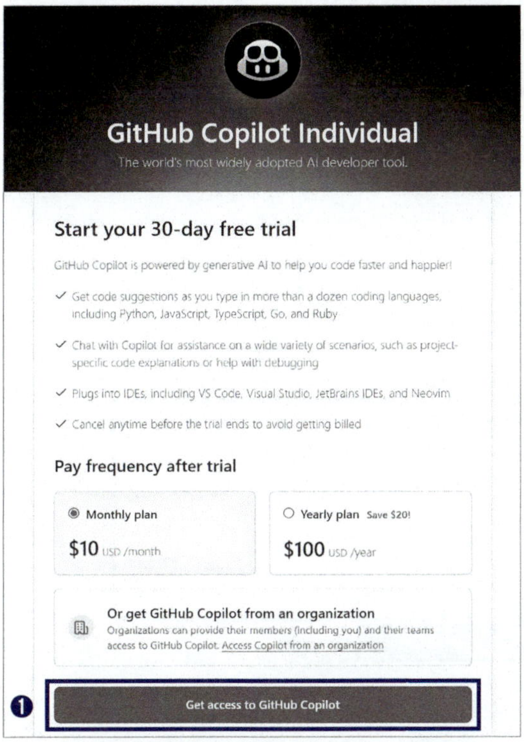

그림 11.81 Copilot Individual 플랜 선택 화면

다음으로 각 항목에 해당하는 개인정보를 영문으로 작성하고, Save 버튼을 클릭한다(❶)(그림 11.82).

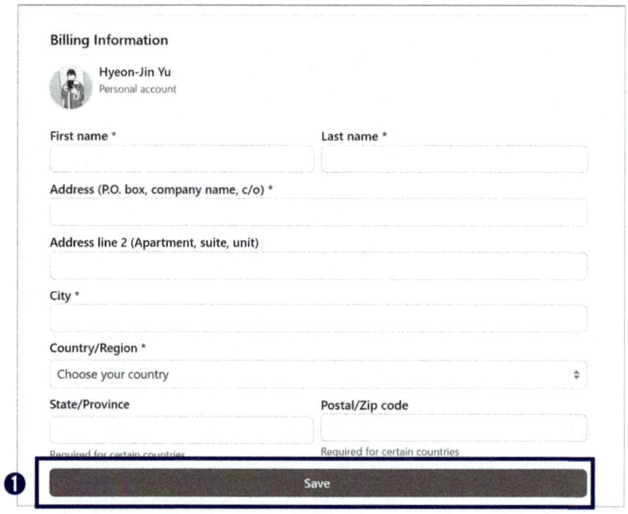

그림 11.82 Copilot 플랜 구독을 위한 개인정보 작성 화면

플랜 구독료를 청구하기 위한 결제 정보를 작성한다. 해외 결제가 가능한 카드의 정보를 올바르게 작성하고(❶), `Billing Information` 부분에 주소가 정확하게 작성 되었는지 다시 한 번 확인한다(❷). 이후 `Save payment information` 버튼을 클릭한다(❸)(그림 11.83).

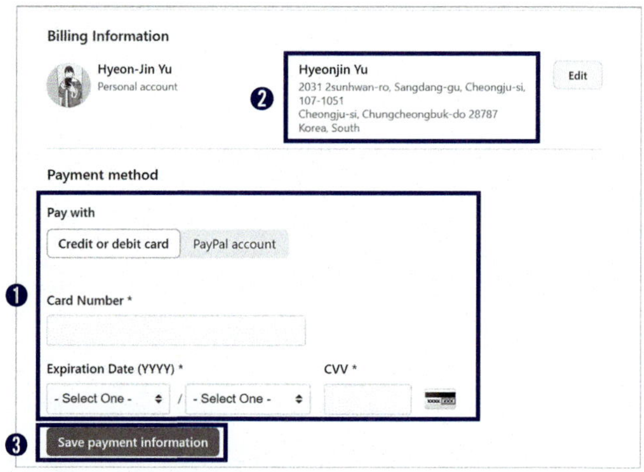

그림 11.83 Copilot 플랜 구독을 위한 결제정보 입력 화면

이제 연락처를 작성하는 화면이 보인다. 이름, 성, 이메일을 작성한 다음(❶), 하단의 Country 항목에서 Korea, South를 선택한다(❷)(그림 11.84).

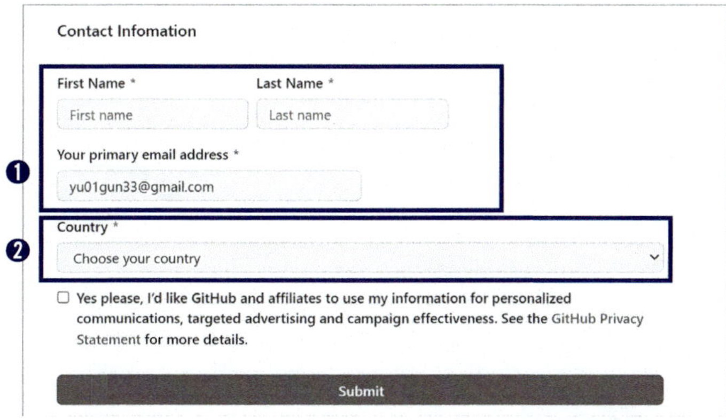

그림 11.84 Copilot 플랜 구독을 위한 연락 정보 작성 화면

Korea, South를 선택하면, 국가에 따라 추가적으로 동의해야 하는 항목이 보여진다(그림 11.85). 각 동의서에 모두 체크하고(❶), Submit 버튼을 클릭한다(❷). 이 과정을 수행하는 동안 앞서 작성한 결제 정보를 통해 10달러가 결제되는데, 시간이 지나면 다시 결제가 취소되어 전액 환급이 된다.

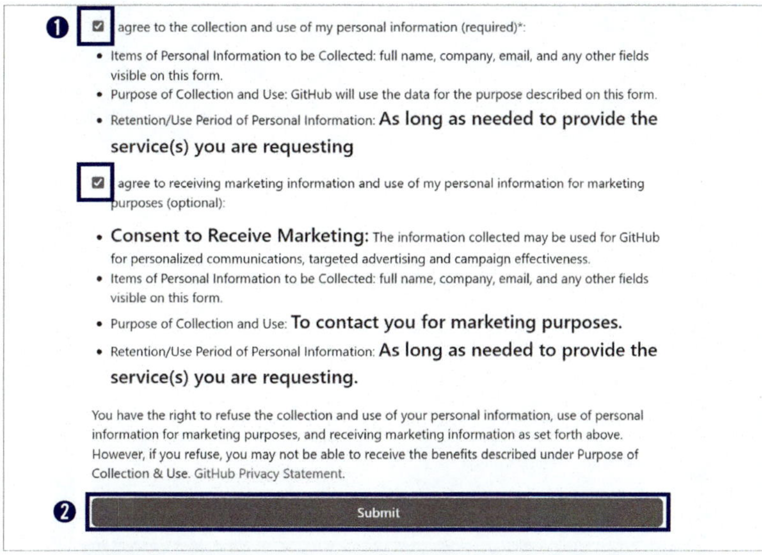

그림 11.85 Copilot 플랜 구독을 위한 동의서

모든 과정이 완료되면 Copilot의 코드 제안 방식과 제품 개선을 위한 데이터 수집 동의 여부를 설정하는 화면이 보인다(그림 11.86). `Suggestions matching public code` 항목에는 `Allowed`를 선택하고(❶), `Save and complete setup` 버튼을 클릭하여(❷), 플랜 구독 과정을 완료한다.

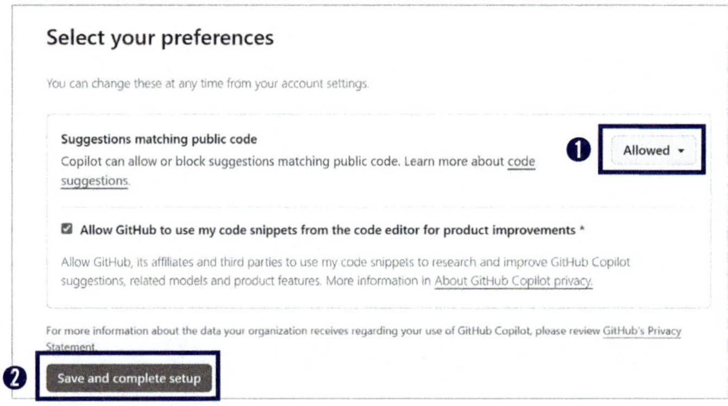

그림 11.86 Copilot 사용을 위한 최종 설정 화면

이제 모든 구독 과정이 완료되어 Copilot을 사용할 수 있는 상태가 되었다(그림 11.87). 그에 따라 사용할 개발 환경에 맞는 Copilot 사용법을 제시한다.

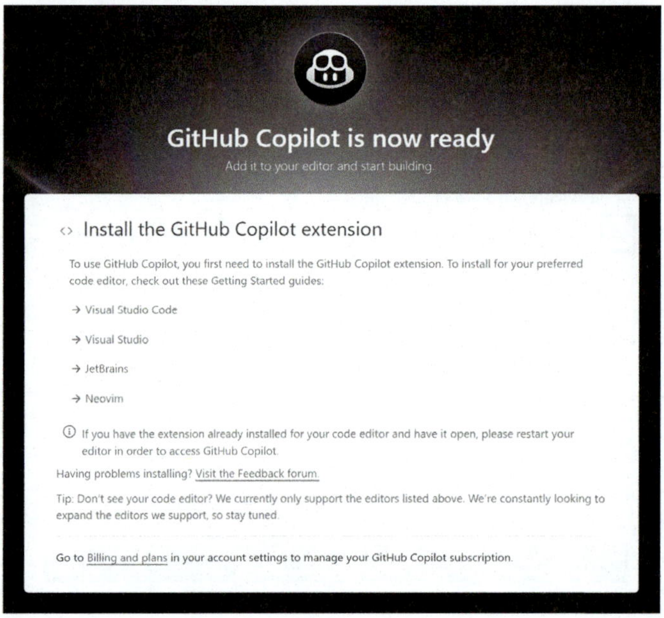

그림 11.87 Copilot 플랜 구독 완료 화면

11.4.2. GitHub Copilot 설치

VSCode에서 GitHub Copilot을 사용하기 위해 Copilot 구독과 VSCode 설치가 되어있어야 한다. 각 과정은 앞선 절에서 모두 완료했으므로, Copilot를 설치하는 과정을 진행한다.

먼저, VSCode를 실행한 후 좌측 메뉴 중 가장 하단에 있는 `Extension` 버튼을 클릭하여(❶), 검색창에 '`copilot`'을 검색한다(❷). 검색 결과 중 `GitHub Copilot`을 선택하여(❸), `Install` 버튼을 클릭하여 설치한다(❹)(그림 11.88).

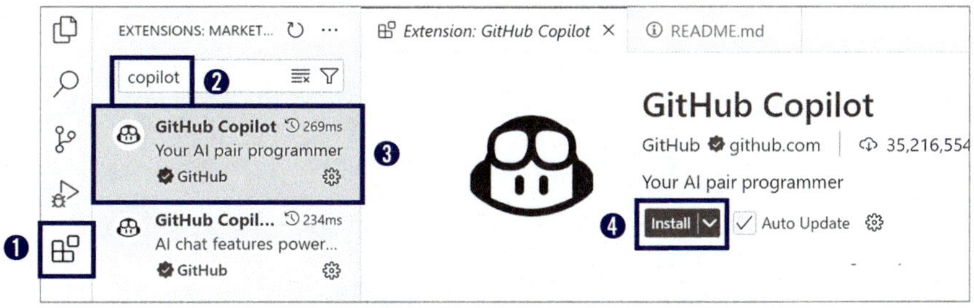

그림 11.88 GitHub Copilot 확장팩 설치

설치가 완료되면 오른쪽 하단에 Copilot 아이콘이 생긴다(그림 11.89). VSCode에서 GitHub Copilot을 사용하려면 플랜 구독이 되어있는 GitHub 계정이 필요하기 때문에, Copilot 아이콘을 클릭한 후(❶), `Sign in to use GitHub Copilot` 버튼을 클릭하여(❷), GitHub 계정으로 로그인을 진행한다.

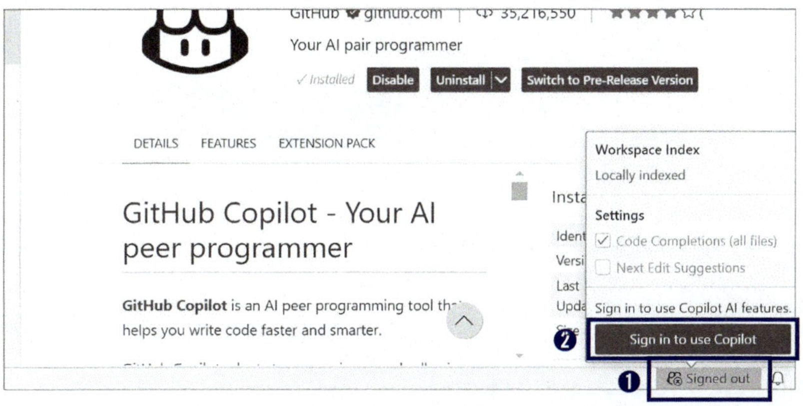

그림 11.89 'Sign in to use GitHub Copilot' 버튼 위치

그럼 GitHub Copilot이 GitHub 로그인을 요청한다(그림 11.90). 이를 허용해야 Copilot을 정상적으로 사용 가능하기에 `Allow` 버튼을 클릭한다(❶).

그림 11.90 GitHub Copilot의 GitHub 로그인 요청 팝업

다음으로 브라우저에서 GitHub와 VSCode 연동 승인 요청 페이지가 자동으로 띄워진다(그림 11.91). 연동되는 GitHub 계정을 확인한 후(❶), `Authorize Visual-Studio-Code` 버튼을 클릭한다(❷).

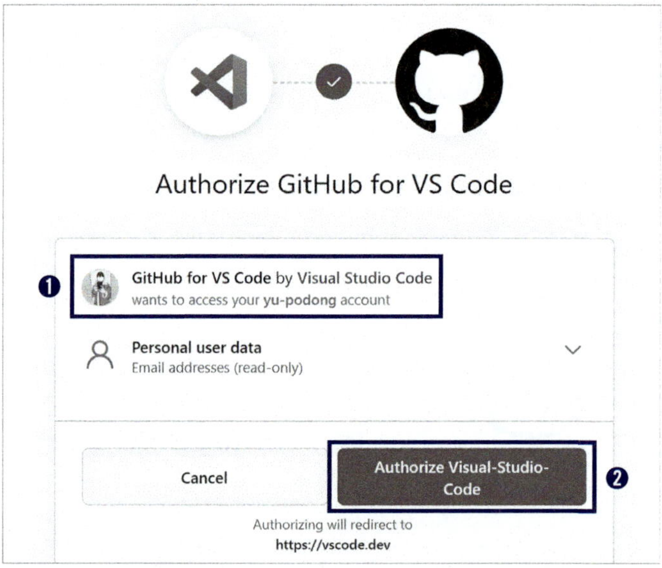

그림 11.91 GitHub와 VSCode 연동 승인 페이지

승인 처리가 완료되면 브라우저에서 VSCode 오픈을 요청하는 팝업창이 뜬다(그림 11.92). `Open link` 버튼을 클릭하여(❶), VSCode로 돌아온다.

그림 11.92 브라우저의 VSCode 오픈 요청 팝업창

11.4.3. GitHub Copilot 시작

이번 절은 VSCode에서 Copilot을 사용하는 방법에 대해 알아본다. Copilot은 크게 코드 제안 및 코드 완성, 채팅 기능을 지원하는데, 설치한 `GitHub Copilot` 확장팩에는 코드 제안과 완성 기능만 포함되어 있다. 만약 채팅 기능까지 사용하길 원한다면 `GitHub Copilot Chat` 확장팩을 추가적으로 설치해야 한다.

먼저, Copilot 사용을 위해 앞서 생성한 `oss-vscode` 워크스페이스를 VSCode로 연다. 만약 현재 `oss-vscode` 워크스페이스가 아니라면, `File` 메뉴를 클릭한 후(❶), `Open Folder` 항목을 선택한다(❷)(그림 11.93). 이후 파일 탐색기에서 이전에 생성했던 `oss-vscode`를 선택한다(❸)(그림 11.94).

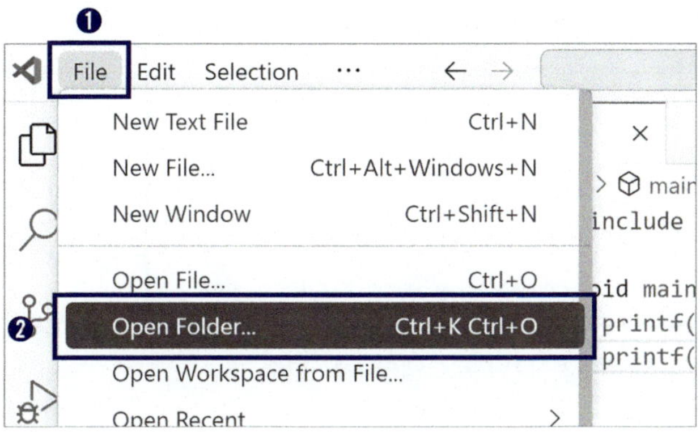

그림 11.93 사용할 워크스페이스 선택 화면

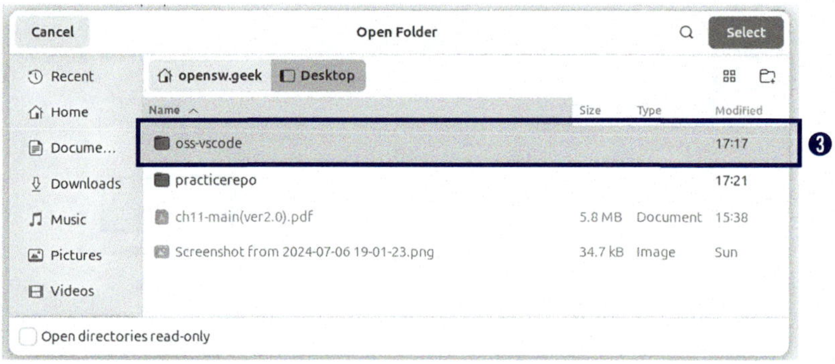

그림 11.94 파일탐색기에서 oss-vscode 선택

oss-vscode 워크스페이스에서 calculator.c 파일을 생성한다(❶). 생성한 파일에는 간단한 사칙연산이 가능한 계산기 프로그램을 개발한다고 가정한다. main 함수를 작성하면 Copilot이 자동적으로 적합한 코드를 제안하고, 이는 VSCode 내에서 회색으로 표시된다(❷)(그림 11.95).

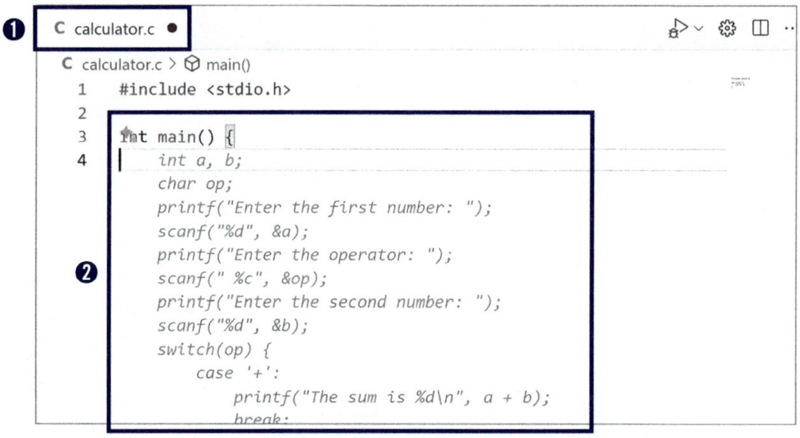

그림 11.95 Copilot이 제안한 계산기 프로그램의 main 함수

우선 그림 11.95에서 Copilot이 제안한 코드를 적용하기 위해 [Tab]키를 입력한다(그림 11.96).

```c
#include <stdio.h>

int main() {
    int a, b;
    char op;
    printf("Enter the first number: ");
    scanf("%d", &a);
    printf("Enter the operator: ");
    scanf(" %c", &op);
    printf("Enter the second number: ");
    scanf("%d", &b);
    switch(op) {
        case '+':
            printf("The sum is %d\n", a + b);
            break;
        case '-':
            printf("The difference is %d\n", a - b);
            break;
        case '*':
            printf("The product is %d\n", a * b);
            break;
        case '/':
            printf("The quotient is %d\n", a / b);
            break;
        default:
            printf("Invalid operator\n");
    }
    return 0;
}
```

그림 11.96 Copilot이 제안한 코드를 적용한 main 함수

만약 제시한 코드가 마음에 들지 않다면 다른 제안도 확인하여 적용할 수 있다. 그림 11.95에서 제시된 main 함수의 다른 제안을 적용하기 위해, 그림 11.96의 main 함수를 삭제하고 다시 작성한다. Copilot의 다양한 제안들은 [Alt]+] 단축키 또는 [Alt]+[단축키로 확인할 수 있다. [Alt]+] 단축키는 다음 제안을 확인하고, [Alt]+[단축키는 이전 제안을 확인한다. 해당 단축키를 이용하여 그림 11.96와는 다른 main 함수를 calculator.c 파일에 적용한다(그림 11.97). 그림 11.97를 통해 Copilot의 다른 제안에서는 printf 함수 내용이 달라진 것을 볼 수 있다(❶).

```c
    scanf("%d", &b);
    switch(op) {
        case '+':
            printf("The sum of %d and %d is %d\n", a, b, a + b);
            break;
        case '-':
            printf("The difference of %d and %d is %d\n", a, b, a - b);
            break;
        case '*':
            printf("The product of %d and %d is %d\n", a, b, a * b);
            break;
        case '/':
            printf("The quotient is of %d and %d is %d\n", a, b, a / b);
            break;
        default:
            printf("Invalid operator\n");
    }
    return 0;
}
```

그림 11.97 Copilot이 제시한 또 다른 main 함수 코드

Copilot의 제안한 코드 중 일부만 적용하고 싶을 때가 있다. 이러한 경우에 Copilot의 제안을 단어 단위로 반영할 수 있다. 예를 들어 계산기 프로그램임을 알리는 타이틀을 출력하기 위해 `printf` 함수를 입력하면(❶), Copilot이 `printf` 함수의 코드를 제안한다(그림 11.98).

```c
// calculator.c > main()
#include <stdio.h>

int main() {
    int a, b;
    char op;

    printf("Simple Calculator\n")
```

그림 11.98 Copilot이 제안한 프로그램 타이틀

그림 11.98에서 제안한 `printf` 함수를 `[Ctrl]+` →기호 단축키를 통해 단어 단위로 적용할 수 있다. `[Ctrl]+` →기호 단축키를 세 번 실행하여 '`Simple Calculator`'까지만 적용한다(❶)(그림 11.99).

```
C calculator.c 2 ●
C calculator.c > main()
#include <stdio.h>

int main() {
    int a, b;
    char op;

    printf("Simple Calculator\n");  ❶
```

그림 11.99 Copilot의 제안을 단어 단위로 반영한 printf 함수

이후 적용된 코드 다음에 'Program\n");'을 직접 입력하여 printf 함수 작성을 마무리한다(❶)(그림 11.100).

```
C calculator.c ●
C calculator.c > main()
#include <stdio.h>

int main() {
    int a, b;
    char op;

    printf("Simple Calculator Program\n");  ❶
```

그림 11.100 완성한 printf 함수

앞서 Copilot이 제공하는 다양한 제안을 [Alt]+[또는 [Alt]+]키를 통해 확인하였다. 만약 다양한 제안을 별도의 탭에서 보길 원한다면 [Ctrl]+[Enter] 단축키를 사용하면 된다. 변수 a, b에 유효한 숫자가 입력되었는지 확인하는 코드를 작성하기 위해, scanf("%d", &a); 아래에 'if(' 까지 입력한다(❶). 이후 Copilot이 if 문을 제안하게 되는데, 이때 [Ctrl]+[Enter]키를 입력하여 여러 제안을 확인한다(❷)(그림 11.101).

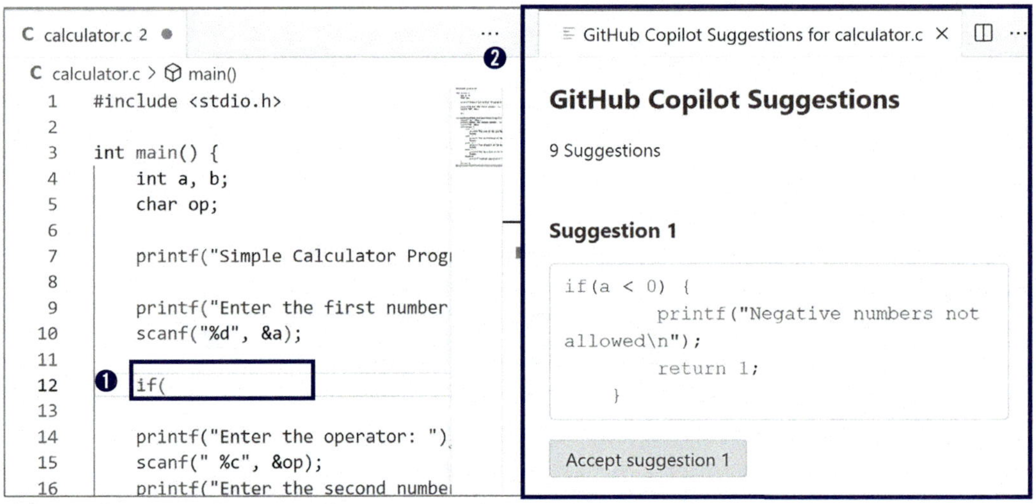

그림 11.101 새로운 탭에서 확인한 Copilot의 다양한 제안

그림 11.101에서 확인한 Copilot의 제안 중 `Accept suggestion 1` 버튼을 클릭하여(❶), `Suggestion 1`을 적용한다(❷)(그림 11.102).

그림 11.102 Copilot의 `Suggestion 1`을 적용한 `if` 함수

Copilot은 코드에 적합한 주석도 추천해준다. `if` 문 위에 `//`를 입력하면, '`Check if the input is a number`' 와 같이 `if` 문의 코드를 확인하여 주석을 제안한다(❶)(그림 11.103).

```
C calculator.c ●
C calculator.c > main()
int main() {

    printf("Enter the first number: ");
    scanf("%d", &a);

    // Check if the number is negative   ❶
    if(a < 0) {
        printf("Negative numbers not allowed\n");
        return 1;
    }
```

그림 11.103　Copilot이 제시한 if문에 대한 주석

Copilot이 제안한 주석 내용이 마음에 든다면, [Tab]키로 제시된 주석을 반영한다(❶)(그림 11.104).

```
C calculator.c ●
C calculator.c > main()
int main() {

    printf("Enter the first number: ");
    scanf("%d", &a);

    // Check if the number is negative   ❶
    if(a < 0) {
        printf("Negative numbers not allowed\n");
        return 1;
    }
```

그림 11.104　Copilot이 제안한 주석 반영

그림 11.101과 그림 11.102처럼 변수 b에 대한 `if` 문을 동일한 방법으로 적용한다(그림 11.105). 이를 위해 `scanf("%d", &b);` 아래에 '`if(`'를 입력하여, 변수 a의 `if` 문과 동일한 코드가 제안되도록 한다(❶).

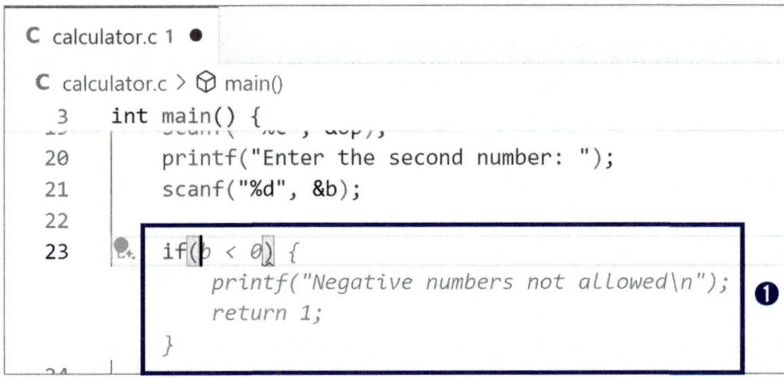

그림 11.105 변수 a의 if 문과 동일한 코드 제시

지금까지 Copilot의 도움을 받아 숫자로 된 2개의 피연산자에 대한 사칙연산이 가능한 계산기 프로그램을 구현하였다.

Copilot의 장점은 사용자가 입력한 코드, 주석 등을 분석하여 특정 구조에서 많이 사용되는 로직에 적합한 코드를 실시간으로 제안한다는 것이다. 이를 통해 사용자는 개발 시 구현하고자 하는 기능에 부합하는 기본적인 코드 구조를 빠르게 구성하고 막힌 부분에 대한 팁을 얻을 수 있다. 즉 개발자의 생산성을 향상시키는데 큰 도움을 준다. 다만, 항상 옳은 선택지를 제공하는 것은 아니므로, 절대적인 믿음을 가져서는 안되며 디버깅을 통해 논리적 오류가 없는지 필히 확인할 필요가 있다.

11.4.4. GitHub Copilot Chat

이전 절에서 VSCode에서 GitHub Copilot를 활용한 코드 완성 기능을 사용하는 방법을 학습했다. 다음으로 VSCode에서 GitHub Copilot의 채팅 기능을 사용하는 방법에 대해 알아본다.

GitHub Copilot Chat은 해당 기능이 지원되는 개발 환경에서 직접 코드와 관련한 질문을 주고받을 수 있는 채팅 인터페이스이다. Copilot Chat은 코드 제안, 특정 코드의 기능과 목적 설명, 테스트 코드 생성, 버그 수정 방법 등 사용자의 코드 관련 작업에 도움을 줄 수 있는 여러 기능을 수행할 수 있다. 이를 사용하기 위해 Copilot 플랜을 구독한 GitHub 계정과 최신 버전의 VSCode이 필요하다. 또한 기업 플랜 사용자의 경우에는 직접 GitHub에서 Chat 기능 접근 권한을 활성화하는 과정이 필요하지만, 개인 사용자는 플랜 구독 시 자동으로 활성화된다.

먼저 VSCode의 Extensions에서 `GitHub Copilot Chat`를 선택한 후(❶), 해당 확장팩을 다운로드한다(그림 11.106). 그림 11.106과 같이 이미 다운로드가 되어있는 상태라면, 앞서 `GitHub Copilot` 확장팩 설치 시 자동으로 함께 다운로드되었기 때문이다. 만약 설치된 상태가 아니라면 `install` 버튼을 클릭하여 설치를 진행한다.

그림 11.106 VSCode에서의 `GitHub Copilot Chat` 확장팩 설치

Copilot 설치 때와 마찬가지로 GitHub 계정 로그인이 필요하다. 설치가 완료되면, 오른쪽 하단에 GitHub에 로그인하라는 메세지가 뜬다. 설치 후에 해당 메세지가 보이지 않는다면 VSCode의 맨 오른쪽 하단의 벨 모양 버튼을 클릭한다(❶)(그림 11.107). 이후 그림 11.44의 GitHub 로그인 과정을 진행한 후 VSCode로 돌아온다.

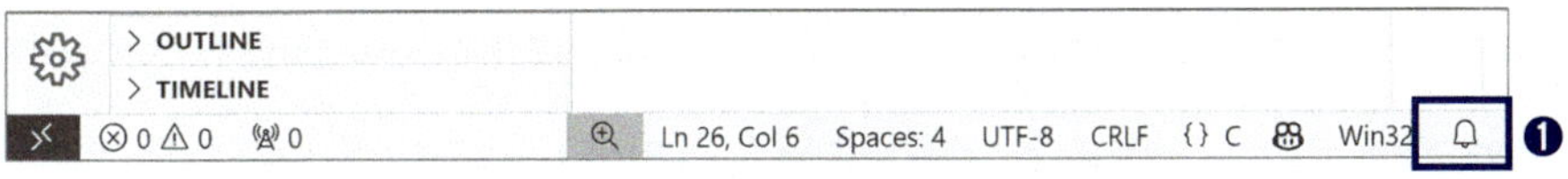

그림 11.107 VSCode 알림 버튼 위치

설치 및 로그인 과정을 완료하면 VSCode 왼쪽 패널의 가장 하단에 있는 채팅 모양 버튼이 생성된다(❶)(그림 11.108). 이는 Copilot Chat을 사용할 수 있는 버튼으로, 해당 아이콘을 클릭하면 Copilot과 채팅할 수 있는 창이 생성된다.

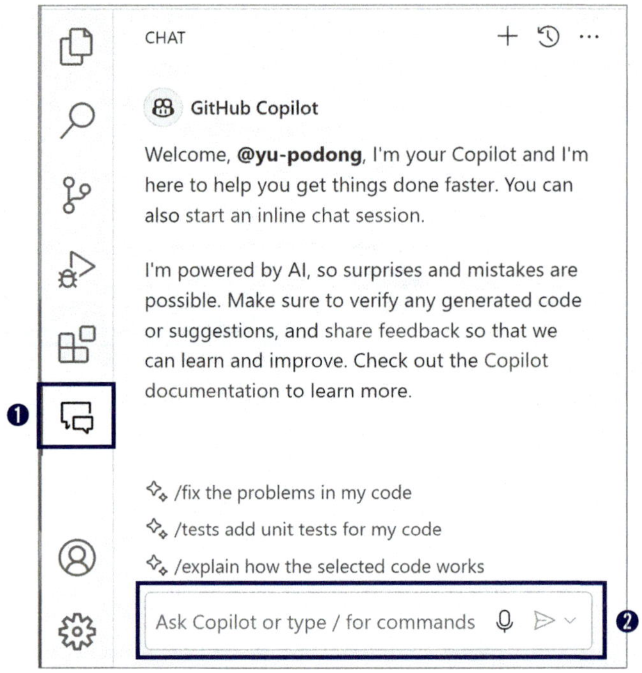

그림 11.108 VSCode 내의 Copilot Chat 창

그림 11.108에서 채팅창의 하단을 보면 `Ask Copilot or type / for commands` 입력란이 존재한다(❷). 여기에 Copilot에게 묻고싶은 질문을 작성할 수 있고, `[Enter]`키를 누르면 Copilot이 작성된 질문에 대해 답변한다.

이제 Copilot과 상호작용하여, 특정 기능을 수행하는 코드를 요청하거나 궁금한 점을 질문하는 등 다양한 요청과 그에 대한 답변을 실시간으로 주고받을 수 있다. 또한 현재 열려있는 파일에 작성된 코드를 기반으로 한 질문도 가능하다. 예를 들어 에러가 발생한 코드의 수정 방법, 테스팅을 위한 예제 제안, 특정 코드의 동작 방식 등을 물어볼 수도 있다. 이는 이전 절에서 익힌 코드 완성 기능에 비해, 보다 더 깊이있는 Copilot과의 상호작용을 통해 사용자가 능동적으로 Copilot 활용이 가능하다는 특징이 있다. 이렇듯 AI에게 질문하는 것을 **프롬프트**라고 하는데, 프롬프트의 질에 따라 Copilot의 답변 수준이 상당히 달라진다. AI에게 프롬프트를 통해 본인이 하고자 하는 구체적인 방향성과 짜고자 하는 로직을 자세하게 알려줄수록 AI는 해당 내용을 반영하여, 더욱 정확하고 세밀한 답변을 제공한다.

이제 Copilot Chat 기능을 활용하여 피연산자로 숫자만 입력할 수 있는 계산기 프로그램이 되도록 `calculator.c` 파일을 수정할 것이다. 이를 위해 채팅창에서 숫자만 입력받는 계산기 프로그램 코드를 요청하는 질문을 전달하면(❶), Copilot이 해당 질문에 걸맞는 코드를 제공한다(❷)(그림 11.109).

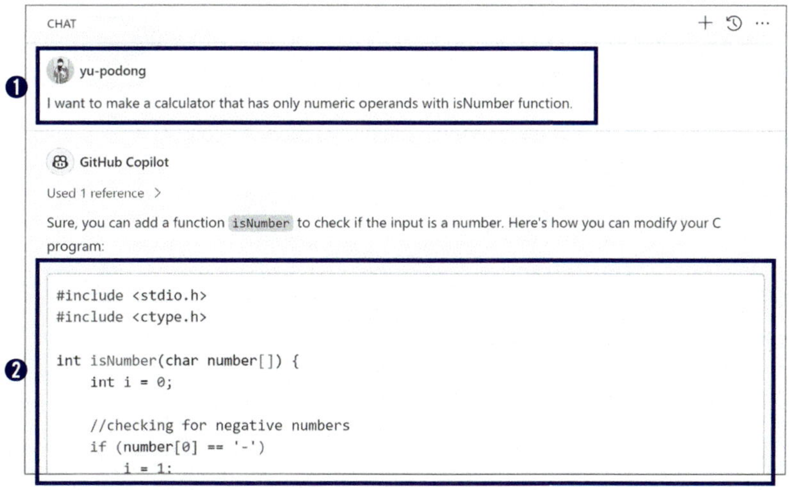

그림 11.109 Copilot에게 전달한 질문 및 답변

여러 가지 방법을 사용하여 `calculator.c` 파일에 제공받은 코드를 적용할 수 있다. 가장 쉬운 방법은 복사 및 붙여넣기 기능을 이용하는 것이다. 그림 11.109에서 코드 영역을 클릭하면, 3가지 버튼이 보이게 된다. 이 중 가장 왼쪽의 Copy 버튼를 클릭한다(❶)(그림 11.110). 이후 기존의 `calcultor.c` 내용은 모두 삭제한 후, 복사한 내용을 붙여넣는다(그림 11.111).

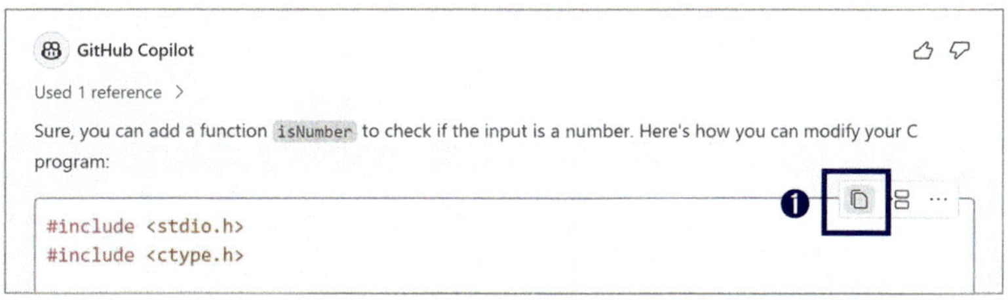

그림 11.110 Copilot이 제안한 코드 복사

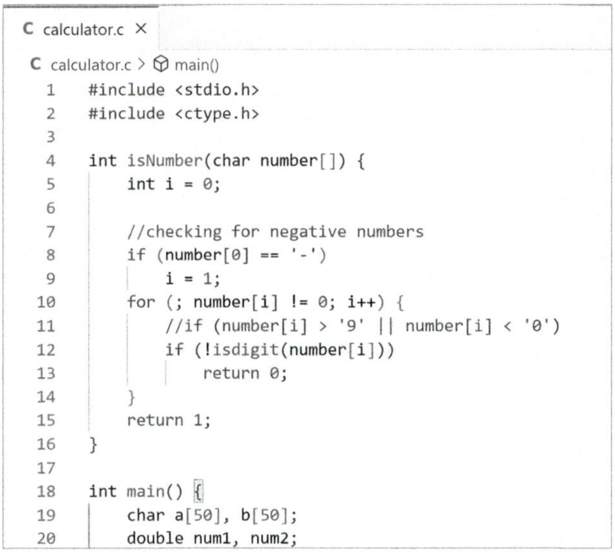

그림 11.111 복사한 코드를 calculator.c에 붙여넣기

또 다른 방법으로는 Insert at Cursor 기능을 이용하는 것이다(그림 11.112). 이는 커서가 있는 위치에 제안된 코드를 삽입하는 방법이다. 커서를 4번 라인에 위치시킨 후, 그림 11.110에서의 두 번째 버튼을 클릭하면(❶), 현재 커서가 있는 위치인 4번 라인('//Cursor is here!' 주석) 아래에 Copilot이 제안한 코드가 삽입된 것을 볼 수 있다(❷).

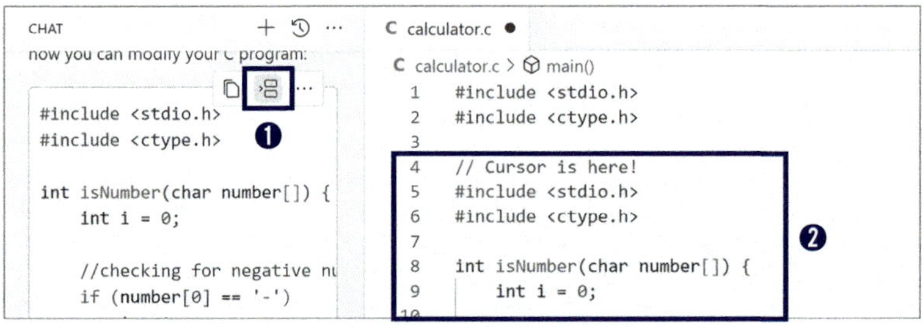

그림 11.112 Insert at Cursor 기능을 활용한 코드 삽입

그 외의 방법으로는 코드를 파일 또는 터미널에 삽입하는 것이다. 이 기능은 더보기 버튼을 통해 사용할 수 있다(❶) (그림 11.113).

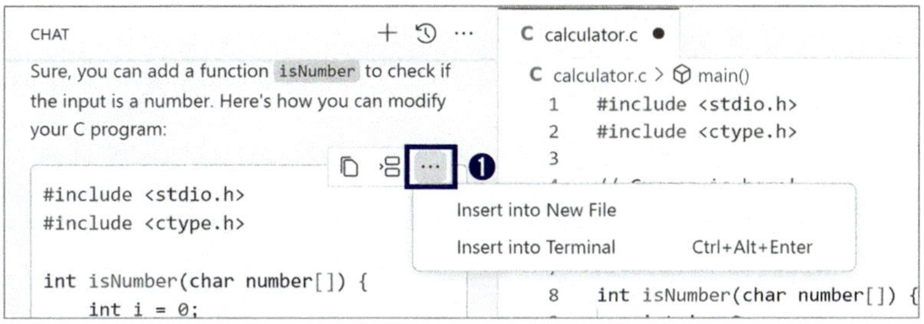

그림 11.113 Insert into New File & Terminal 버튼 위치

예를 들어, Copilot가 제안한 코드를 새로운 파일로 만들고 싶다면 Insert into New File 버튼을 클릭하여(❶)(그림 11.114), calculater-ver2.c 파일로 저장한다(그림 11.115).

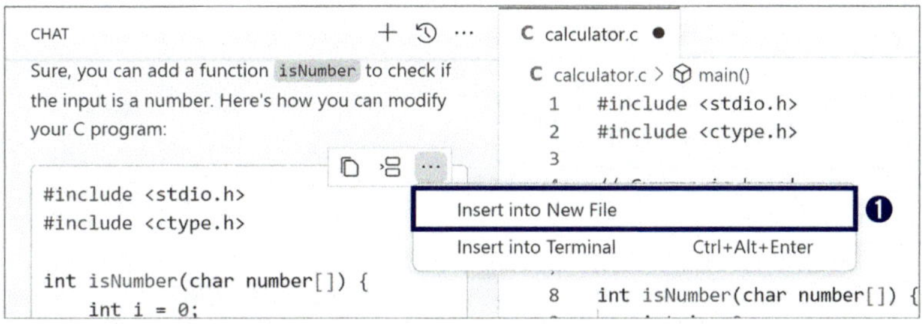

그림 11.114 Insert into New File버튼 위치

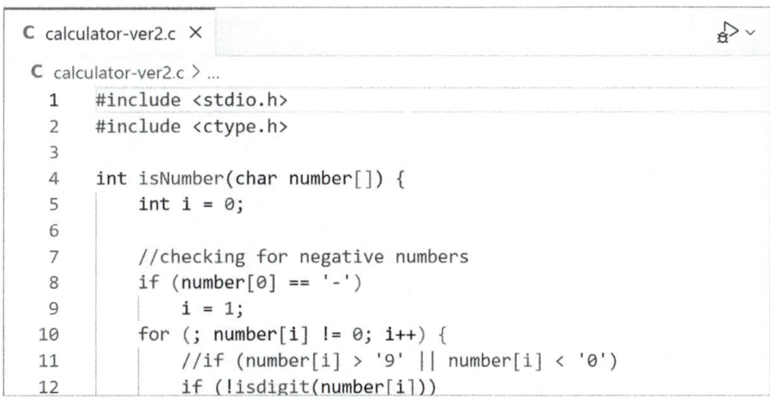

그림 11.115 Insert into New File을 통해 생성한 calculater-ver2.c

이제는 특정 코드와 관련된 질문을 해본다. 앞선 방법들은 어떠한 기능의 기본적인 로직 또는 함수 사용법 등 개발을 위한 지식을 습득하는 용도로 많이 사용된다. 다음에 익힐 방법들은 사용자가 직접 작성하고 있는 코드를 기반으로 한 답변을 얻을 수 있다. 이는 개발내용에 대한 구체적인 피드백이나 수정할 점, 테스트를 위한 입력 예시나 코드 등을 얻고 싶을 때 주로 사용된다.

먼저 VSCode에 보여지고 있는 코드에 대해 질문해본다. 이를 통해 현재 열려있는 파일에 작성된 코드와 관련한 다양한 도움을 요청할 수 있다. 이를 위해서는 `#editor`을 작성하면 된다. `#editor`의 의미는 해당 질문은 현재 VSCode에서 보여지고 있는 코드에 대한 것임을 Copilot에게 알려주는 커맨드이다.

`calculator-ver2.c`를 연 후, 채팅창에서 `#editor`를 활용한 질문을 작성하여(❶), `calculator-ver2.c`가 무슨 작업을 수행하는 코드인지 물어본다(그림 11.116).

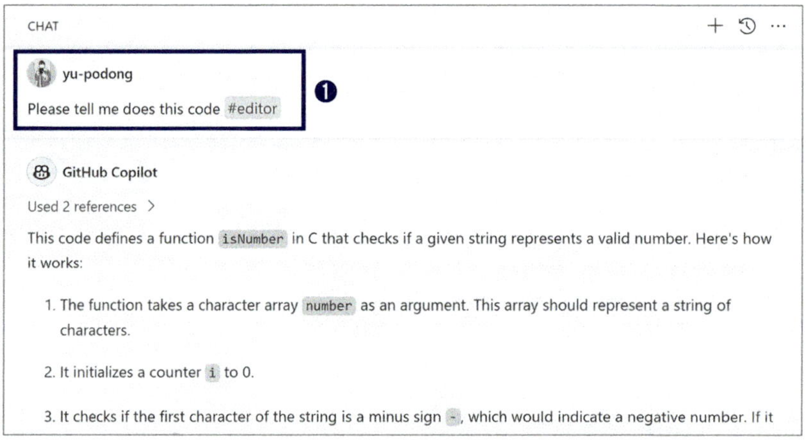

그림 11.116 #editor를 활용한 질문 및 Copilot 답변

`#selection` 커맨드를 사용하면 사용자가 선택한 코드에 대한 질문을 할 수 있다. `number1`과 `number2`가 숫자인지 확인하는 `while` 문을 선택한 후(그림 11.117), Copilot에게 좀 더 깔끔한 코드로 수정해달라고 요청한다(❶)(그림 11.118).

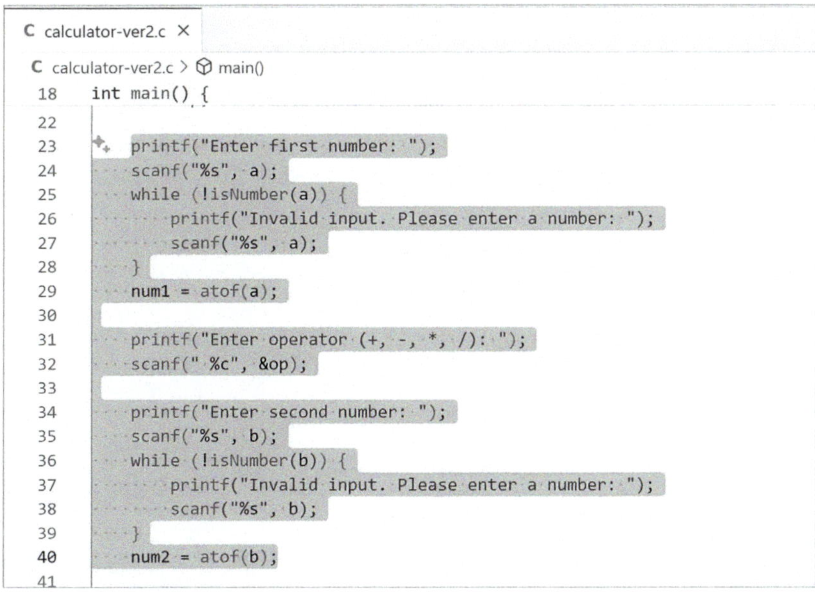

그림 11.117 Copilot에서 질문하기 위해 선택한 코드

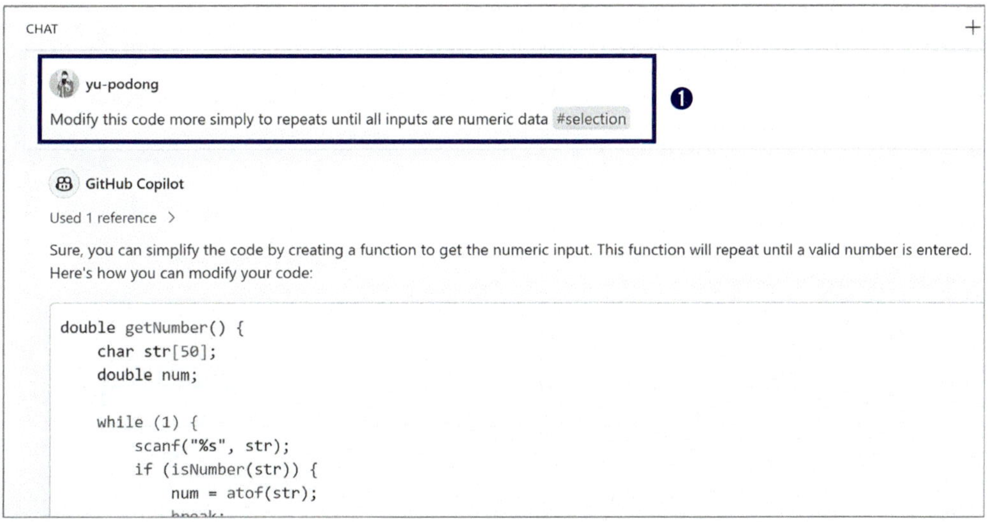

그림 11.118 #selection를 활용한 질문 및 그에 대한 답변

그림 11.118에서 제안된 코드를 `calculator-ver2.c`에 반영한다(그림 11.119).

```
C calculator-ver2.c ×
C calculator-ver2.c > main()
#include <stdio.h>
#include <ctype.h>

double getNumber() {
    char str[50];
    double num;

    while (1) {
        scanf("%s", str);
        if (isNumber(str)) {
            num = atof(str);
            break;
        } else {
            printf("Invalid input. Please enter a number: ");
```

그림 11.119 Copilot이 제안한 코드를 적용한 `calculator-ver2.c`

마지막으로 **`#file`** 커맨드는 질문할 파일을 지정할 수 있다. 먼저 채팅창에서 **`#file`**을 입력한 후(❶)(그림 11.120), [Enter]키를 눌러 파일 선택기에서 `calculator-ver2.c`를 선택한다(❷)(그림 11.121).

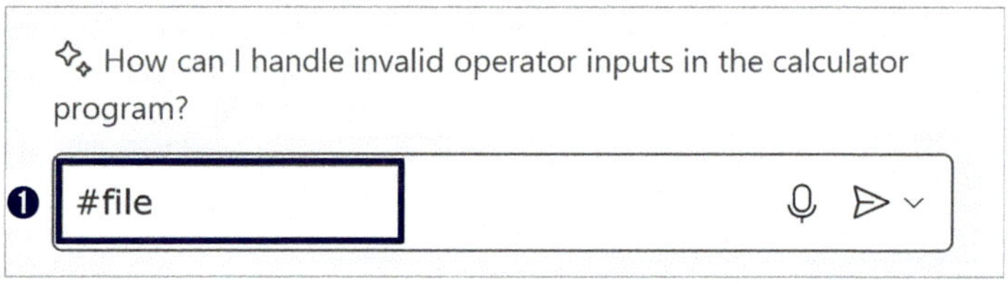

그림 11.120 Copilot Chat에 입력한 `#file` 커맨드

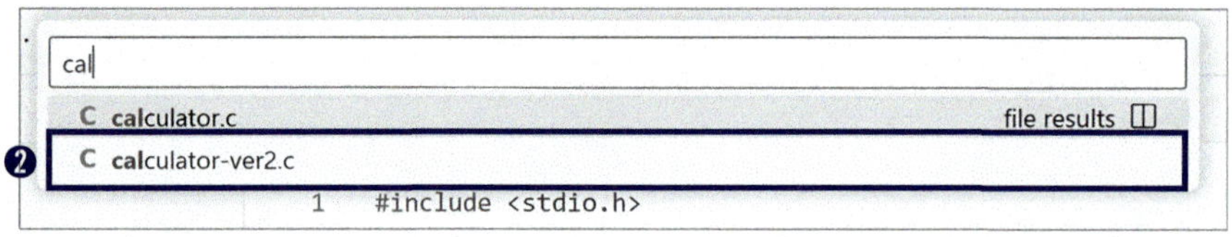

그림 11.121 `#file`로 지정할 파일 설정

이후 그림 11.121에서 선택한 `calculator-ver2.c` 파일이 채팅창에 명시된 것을 볼 수 있다(❶)(그림 11.122).

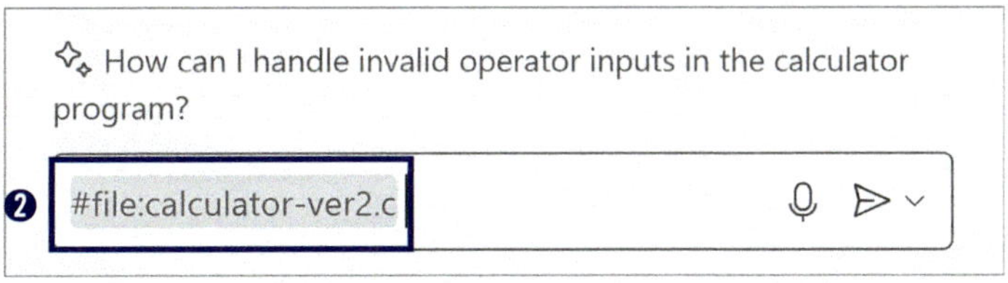

그림 11.122 calculator-ver2.c 파일 지정 완료

이어서 #file 커맨드를 이용한 질문을 통해(❶), calculator-ver2.c를 테스트할 때 사용할 수 있는 다양한 입력 예제를 제안받는다(그림 11.123). 그림 11.123에 나온 여러 입력 예제를 사용하여 계산기 프로그램이 올바르게 동작하고 있는지 확인할 수 있다(❷).

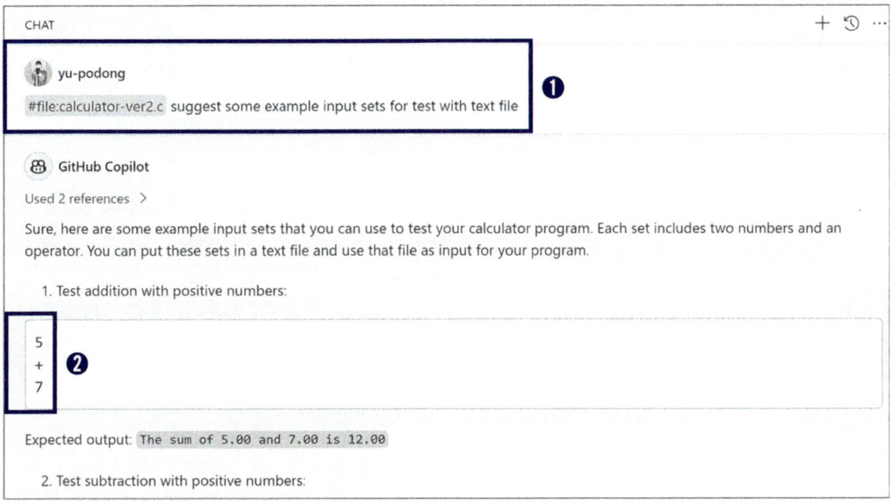

그림 11.123 #file를 활용한 질문 및 Copilot 답변

만약 Copilot의 코드 완성 기능을 사용하고 싶지 않다면, 해당 기능을 비활성화해야 한다. VSCode 하단의 Copilot 모양의 버튼을 클릭한 후(❶)(그림 11.124), Disable Completion를 클릭한다(❷)(그림 11.125). Copilot 버튼이 비활성화 표시로 바뀌었다면(❸), 정상적으로 비활성화되었음을 의미한다(그림 11.126). 다시 Copilot을 활성화하고 싶다면 같은 방법으로 진행한다.

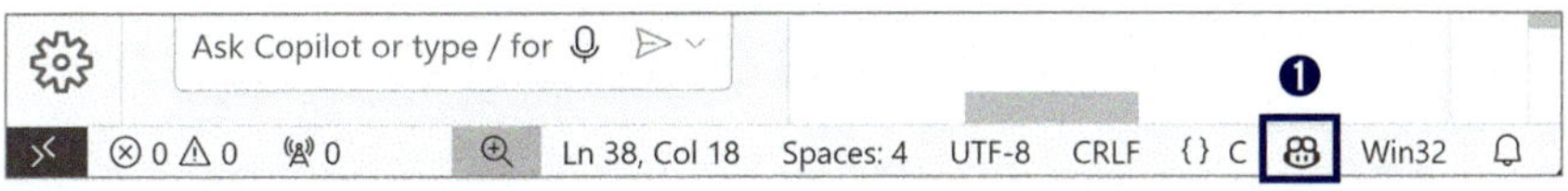

그림 11.124 하단 패널에 위치한 Copilot 버튼

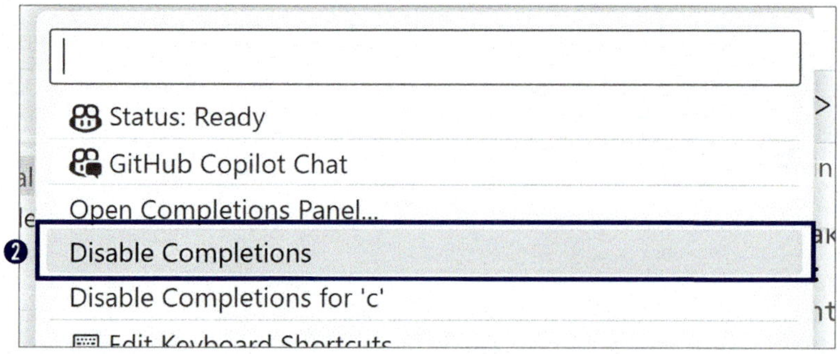

그림 11.125 Copilot의 코드 완성 기능 비활성화 메뉴

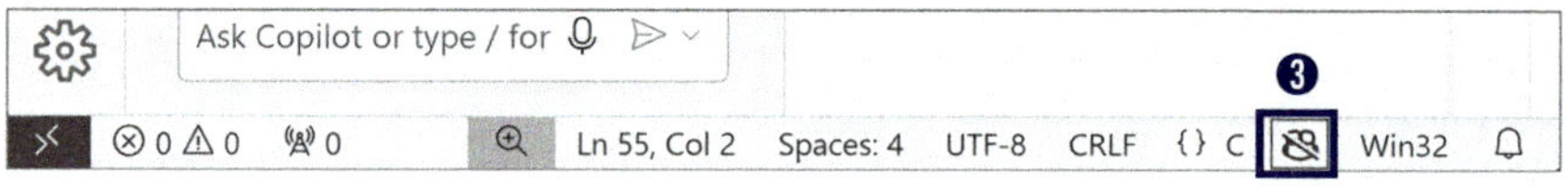

그림 11.126 Copilot 의 비활성화 표시

Copilot의 코드 완성과 채팅 기능을 활용하여 기존보다 더 빠르게 개발할 수 있게 되었고, 개발 과정에서 생기는 궁금한 내용을 사용 중인 개발환경에 바로 검색하고 정보를 신속하게 습득할 수 있는 환경이 제공된다. 이를 통해 개발에 필요한 정보를 찾고 이를 작업 중인 소스에 적용하는 시간이 단축되면서, 개발자의 생산성이 증가하게 되었다. 단 이러한 AI 개발 툴도 늘 정답만 제공하진 않으므로, Copilot을 활용한 신속한 코드 구성 후 이를 검수하는 과정이 꼭 필요하다.

CHAPTER 11 연습문제

01. 프로그래밍 개발환경을 구축하는 데 있어 통합 개발 환경(IDE)의 역할이 무엇인지 설명하라.

02. Visual Studio Code와 Visual Code C/C++과의 차이점을 설명하라.

03. GCC가 무엇인지 설명하라.

04. 본인 환경에 맞는 방식으로 VSCode와 GCC 설정을 진행하라.

05. VSCode에서 Extension(확장팩)이 어떤 역할을 가지는지 설명하라.

06. `vscode-mskim`과 같은 형식으로 새로운 디렉터리를 생성한 후, `hello.c` 파일을 단축키로 컴파일한다. 컴파일되지 않는다면 그 이유를 설명하라.

07. 6번에서 문제가 발생했다면, `oss-vscode/.vscode` 디렉터리를 생성한 디렉터리로 복사하라. 이러한 방식으로 컴파일 단축키 문제가 해결되었는지 확인하라.

08. 6번에서 생성한 디렉터리를 GitHub에 Public 레포지토리로 업로드하라.

09. `hello.c` 파일 이름을 `score.c`로 변경한 내용을 커밋 및 푸시하라.

10. VSCode에서 GitHub Copilot을 사용하여 다음의 조건을 만족하는 수강 인원에 따른 학점 부여 프로그램을 구현하라.

a. 수강생 정보는 각 행마다 '이름 점수'로 구성되며 텍스트 파일로 저장된다. 강의 수강 인원은 최대 30명이다.

b. 수강생 정보는 프로그램 내에서 2차원 배열에 저장된다.

c. 각 학생의 학점은 A,B,C 중 하나를 부여한다.

d. A,B를 받을 수 있는 학생 비율은 각각 상위 30%, 70%이다. 해당 구간 안에 들지 못하는 학생은 C를 부여한다.

e. 점수를 기준으로 내림차순하여 각 학생의 학점과 점수를 출력한다.

11. 프로그램을 구성하는 주요 함수와 로직에 대한 주석을 작성하라. 주석 작성 중 Copilot의 제안을 다양한 방법으로 적용하라.

12. `score.c`에 사용할 20명의 학생 정보를 Copilot에게 추천받은 후, `Insert into New File` 기능을 사용하여 텍스트 파일로 저장하라. 해당 텍스트 파일은 `score.c` 내에서 `fopen` 함수로 읽을 파일과 동일한 이름으로 생성한다.

13. 12번에서 생성한 수강생 정보를 이용하여 프로그램을 실행하라. 프로그램 코드에 문제가 있어 수정이 필요한 경우, Copilot Chat을 활용하여 수정하라.

```
# example result
John 85
Jane 90
Bob 78
...
Quincy 85
Rachel 88
```

14. #selection 커맨드를 활용해 학생 석차를 포함한 테이블 형식으로 출력되도록 수정하라.

```
# example result
Rank     Name     Score    Grade
1        Eve      95       A
2        Leo      94       A
3        Paul     93       A
...
18       Mandy    81       C
19       David    80       C
20       Bob      78       C
```

15. #file 커맨드를 이용하여 프로그램 실행결과를 `score-result.txt` 파일로 저장하는 코드를 추가하라. 이후 프로그램을 실행하여 수강생 학점 부여 결과를 `score-result.txt` 파일에 저장하라.

16. 지금까지의 변경사항에 대해 2개의 커밋을 생성한 후 리모트 저장소로 푸시하라.

12 GCC와 바이너리 핸들링

CHAPTER

GCC는 프로그래밍 언어 중 C 언어의 컴파일러로, 여러가지 C 언어 컴파일러 중 리눅스 환경에서 널리 사용되는 컴파일러이다. 이번 장에서는 GCC를 이용하여 C 프로그램을 컴파일 및 디버깅을 하는 방법과 이 과정에서 생성되는 바이너리 파일을 관리하는 방법에 대해 학습한다.

12.1 GCC 컴파일러

GCC(GNU C Compiler)는 리처드 스톨만이 1987년 GNU 프로젝트의 일환으로 개발하여 널리 쓰이고 있는 컴파일러이다. GNU 시스템의 공식 컴파일러로, 다양한 컴파일러와 운영체제를 제작할 때 사용되었다. GCC는 이름에서 알 수 있듯이 C 언어용 컴파일러로 시작하였으나, 이후 다양한 언어에 대한 컴파일러를 지원하면서 GNU Compiler Collection으로 명칭이 바뀌었다. 4.6 릴리스 이후에는 C, C++, Fortran, Ada 등 다양한 언어들을 지원한다.

C언어 컴파일러는 GCC 외에도 Clang, MSVC(Microsoft Visual C++) 등 다양한 C 컴파일러가 존재한다. 각 컴파일에 대한 특징은 다음과 같다.

- **GCC** : GNU 프로젝트를 위해 개발된 컴파일러로, 리눅스 시스템에서 가장 보편적으로 사용된다. Windows에서도 MinGW 설치 및 별도의 설정 과정을 통해 GCC 컴파일러를 사용할 수 있다.
- **Clang** : LLVM[68] 프로젝트를 위해 개발된 컴파일러로, GCC보다 빠른 속도의 컴파일과 사용자 친화적인 에러 메세징을 지원한다. 주로 MacOS에서 사용된다.
- **MSVC** : Microsoft에서 개발한 C/C++컴파일러로, Windows 환경에서 널리 사용된다.

68 https://github.com/llvm/llvm-project?tab=readme-ov-file

이렇게 운영체제마다 사용할 수 있는 컴파일러가 구분되므로, 환경에 따라 적합한 컴파일러를 선택해야 한다. 우분투에서는 리눅스에 특화된 컴파일러인 GCC를 사용한다. GCC 컴파일러는 gcc 명령으로 사용할 수 있다.

gcc 명령은 컴파일 방법에 따라 다양한 옵션이 사용되지만, 기본적인 명령 형식은 다음과 같다.

```
gcc <file> [option]
```

<file>에는 gcc로 컴파일할 파일을 작성하고, [option]에는 컴파일 시 적용할 옵션을 지정한다. gcc에서 제공하는 옵션은 정말 다양하므로, 그 중 자주 사용되는 옵션에 대해 살펴본다(테이블 12.01).

테이블 12.01 gcc 명령의 다양한 옵션

옵션	기능
-E	파일을 전처리된 파일로 변환
-S	파일을 어셈블리 코드로 변환
-c	파일을 오브젝트 파일로 변환
-o <ename>	파일을 〈ename〉라는 실행 파일로 생성
-g	컴파일된 오브젝트 파일에 디버깅 코드를 추가
-Wall	모든 경고를 출력
-O2	코드 최적화를 진행

12.1.1. GCC 사용법

GCC 컴파일러를 사용하여 위해 build-essential 패키지를 설치한다.

```
opensw@tux:~$ sudo apt install -y build-essential
Reading package lists...Done
opensw@tux:~$
```

build-essential 패키지는 GNU 컴파일러, GNU 디버거 및 소프트웨어 컴파일링에 필요한 도구를 포함하고 있다. 해당 패키지를 설치하면 gcc도 함께 설치되어 GCC 컴파일러를 사용할 수 있게된다.

gcc가 정상적으로 설치되었는지 확인해보자.

```
opensw@tux:~$ gcc --version
gcc (Ubuntu 11.4.0-1ubuntu1~22.04) 11.4.0
...
opensw@tux:~$
```

'gcc(Ubuntu 11.4.0-1ubuntu1~22.04) 11.4.0'을 통해 설치된 gcc의 버전이 11.4.0임을 알 수 있다. 이렇게 gcc --version 명령을 통해 버전이 출력된다면, 정상적으로 설치된 것이다. 지금부터 gcc 명령을 사용하여 GCC 컴파일러를 이용할 수 있다.

먼저 간단하게 gcc 명령을 사용하는 방법에 대해 실습해보자. 이를 위해 ~/src 디렉터리를 생성한 후 이동한다.

```
opensw@tux:~$ mkdir src
opensw@tux:~$ cd src
opensw@tux:~/src$
```

이제 입력된 점수에 따라 등급을 부여하는 score.c 파일을 생성해보자.[69]

```
opensw@tux:~/src$ vi score.c
opensw@tux:~/src$ cat score.c
#include <stdio.h>

void main() {
    int score;
    char grade;
    printf("\nPlease input the score: ");
    scanf("%d", &score);

    if((score >=0) $$ (score <= 100)) {
        switch(score/10) {
            case 10:
            case 9:
                grade='A';
                break;
            case 8:
                grade='B';
                break;
```

69 score.c 내용은 https://github.com/opensw-geek/oss-book/blob/main/ch12/score.c에서 확인할 수 있다.

```
            case 7:
                grade='C';
                break;
            case 6:
                grade='D';
                break;
            default:
                grade='F';
                break;
        }

        printf("Gread is %c.\n", grade);
    }
    else {
        printf("Wrong input!!\n");
    }
}
opensw@tux:~/src$
```

gcc score.c 명령을 통해 GCC 컴파일러로 score.c를 컴파일해보자.

```
opensw@tux:~/src$ gcc score.c
opensw@tux:~/src$
opensw@tux:~/src$ ls -al a.out
-rwxrwxr-x 1 opensw opensw 16104 May  1 15:06 a.out
opensw@tux:~/src$
```

컴파일이 완료되면 a.out라는 실행파일이 생성된다. gcc로 컴파일할 때 생성되는 파일에 대한 이름을 따로 지정하지 않으면 파일명은 기본값인 a.out으로 지정된다.

./a.out 명령으로 a.out을 실행하여, 해당 프로그램의 실행 결과를 확인해보자.

```
opensw@tux:~/src$ ./a.out
Please input the score: 100
Gread is A.
opensw@tux:~/src$
```

프로그램을 실행하면 score.c에 작성한 코드에 맞게 동작한다. 만약 a.out를 실행할 수 없다면, 소유자의 실행권한이 부여되어 있는지 확인한다. 실행 파일이기에 실행 권한이 없으면 프로그램을 실행할 수 없다. 이러한 경우에는 chmod 명령으로 소유자가 실행권한을 갖도록 권한 변경을 진행해야 한다.

다음으로 컴파일 시 소스코드에 경고가 없는지 확인해보자. gcc -W -Wall -O2 명령은 소스코드에 존재하는 모든 경고를 출력한다. 해당 옵션을 사용할 경우 명령 형식은 다음과 같다.

```
gcc -W -Wall -O2 <file>
```

경고(Warning)는 문법적인 오류는 없으나, 보안이나 시스템 자원 사용에 있어 수정을 권장하는 부분을 의미한다. 문법적인 문제가 있어 파일이 실행되지 않는 **오류(Error)** 와는 차이가 있다. score.c 파일에 내재되어 있는 경고가 없는지 확인해보자.

```
opensw@tux:~/src$ gcc -W -Wall -O2 score.c
score.c:3:6: warning: return type of ‘main’ is not ‘int’ [-Wmain] (❶)
    3 | void main() {
      |      ^~~~
score.c: In function ‘main’:
score.c:7:9: warning: ignoring return value of ‘scanf’ declared with attribute ‘warn_unused_r
esult’ [-Wunused-result] (❷)
    7 |         scanf("%d", &score);
      |         ^~~~~~~~~~~~~~~~~~~
opensw@tux:~/src$
```

경고가 발생한 부분은 '^~~~' 로 표시되며, 어떤 파일의 어느 지점에서 경고가 발생했는지 알려준다. 첫 번째 경고(❶)는 main 함수가 리턴값을 가지지 않는 void형으로 선언이 되었다는 것을 의미한다. gcc에서는 main 함수가 int형의 리턴값을 반환하는 것을 권장한다. 두 번째 경고(❷)는 scanf 함수가 반환하는 리턴값을 확인하지 않고 있다는 경고이다.

12.1.2. 소스코드 변환과정

12.1.2.1. 소스코드로부터 실행파일이 만들어지는 과정 실습

앞서 C 언어로 작성한 소스코드를 GCC로 컴파일하여 프로그램을 실행한 방법은 소스코드를 실행 가능한 프로그램으로 만들기 위해 필요한 과정을 한 번에 수행한 것으로, 실제 그 과정은 전처리, 컴파일, 어셈블리, 링킹 순으로 진행된다(그림12.01).

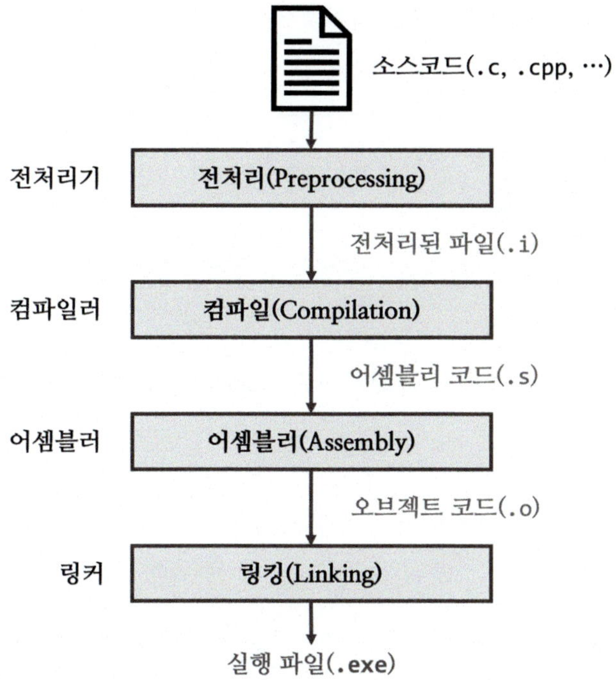

그림 12.01 GCC 컴파일러를 이용한 소스코드 변환 과정

그림 12.01처럼 소스코드에서 프로그램으로 변환하기까지 4단계를 거치게 되며, 각 단계의 수행활동은 다음과 같다.

- **전처리(Preprocessing)** : 소스코드에서 사용하는 헤더 파일을 가져오고, 정의된 매크로를 처리한다. 이 과정이 완료되면 확장자가 `.i`인 전처리된 파일(Preprocessed file)이 생성된다. 이 과정은 전처리기(Preprocesor)로 처리된다.
- **컴파일(Compilation)** : 전처리된 파일을 어셈블리어로 변환한 어셈블리 코드(Assembly code)를 생성한다. 어셈블리 코드는 `.s`라는 확장자를 가지고, 컴파일러(Compiler)에 의해 생성된다.
- **어셈블리(Assembly)** : 소스코드의 어셈블리어를 컴퓨터가 이해 가능한 기계어로 변환한다. 이는 확장자가 `.o`인 오브젝트 코드(Object code)로 저장된다. 이 과정은 어셈블러(Assembler)로 처리된다.
- **링킹(Linking)** : 최종적으로 오브젝트 코드를 실행 가능한 파일로 생성한다. 이 과정은 링커(Linker)로 처리된다.

테이블 12.01의 옵션을 사용하여 GCC 컴파일 과정을 각 단계별로 진행해보자. 이를 위해 **~/src/gccstep** 디렉터리를 생성한 후 이동한다.

```
opensw@tux:~/src$ mkdir gccstep
opensw@tux:~/src$ cd gccstep/
opensw@tux:~/src/gccstep$ pwd
/home/opensw/src/gccstep
opensw@tux:~/src/gccstep$
```

먼저, 컴파일할 소스코드로 swap.c 파일을 작성해보자. swap.c은 입력된 2개의 값을 교환하는 프로그램을 C 언어로 작성한 코드이다.[70]

```
opensw@tux:~/src/gccstep$ vi swap.c
opensw@tux:~/src/gccstep$ cat swap.c
#include <stdio.h>

void swap(int* a, int* b);

int main() {
    int fist, second;

    printf("First number = ");
    if (!scanf("%d", &first)) return -1;

    printf("Second number = ");
    if (!scanf("%d", &second)) return -1;

    printf("Before Swap: First = %d, Second = %d\n", first, second);

    swap(&first, &second);

    printf("After Swap: First = %d, Second = %d\n", first, second);

    return 0;
}

void swap(int* a, int* b) {
    int temp;
    temp = *a;
    *a = *b;
```

70 swap.c 내용은 https://github.com/opensw-geek/oss-book/blob/main/ch12/swap-original.c에서 확인할 수 있다.

```
    *b = temp;
}
opensw@tux:~/src/gccstep$
```

첫 번째 단계로 **전처리**에 대해 알아보자. -E 옵션을 사용하면 전처리 과정을 터미널로 확인할 수 있다.

gcc -E 명령을 통해 swap.c 파일을 전처리하는 과정을 확인해보자.

```
opensw@tux:~/src/gccstep$ gcc -E swap.c
# 0 "swap.c"
# 0 "<built-in>"
# 0 "<command-line>"
...
opensw@tux:~/src/gccstep$
```

-E 옵션은 전처리 과정을 터미널에만 표시하고 전처리된 파일(.i 확장자)을 생성하지 않는다. -o 옵션을 사용하여 전처리 과정을 수행한 swap.i 파일을 생성한다.

```
opensw@tux:~/src/gccstep$ gcc -E swap.c -o swap.i
opensw@tux:~/src/gccstep$ ls -l
total 24
-rw-rw-r-- 1 opensw opensw   464 May  1 16:13 swap.c
-rw-rw-r-- 1 opensw opensw 18349 May  1 16:16 swap.i
opensw@tux:~/src/gccstep$
```

전처리된 파일인 swap.i 파일 내용을 확인해보자(❶). swap.i 파일은 gcc -E swap.c 명령의 실행 결과와 동일한 것을 알 수 있다.

```
opensw@tux:~/src/gccstep$ cat swap.i | less
# 0 "swap.c"
# 0 "<built-in>"
# 0 "<command-line>"
...
opensw@tux:~/src/gccstep$
```

swap.i 파일은 gcc -E swap.c 명령의 실행 결과와 동일한 것을 알 수 있다.

두 번째 단계로 **컴파일**에 대해 알아보자. -S 옵션으로 컴파일하여 어셈블리 코드를 생성할 수 있다.

gcc -S 명령으로 swap.c 파일을 컴파일하여 어셈블리 코드인 swap.s 파일을 생성해보자.

```
opensw@tux:~/src/gccstep$ gcc -S swap.c
opensw@tux:~/src/gccstep$ ls -l
...
-rw-rw-r-- 1 opensw opensw  2306 May  1 16:22 swap.s
opensw@tux:~/src/gccstep$
opensw@tux:~/src/gccstep$ cat swap.s
        .file   "swap.c"
        .text
        .section        .rodata
.LC0:
        .string "First number = "
...
opensw@tux:~/src/gccstep$
```

어셈블리어는 0과 1로만 이루어진 기계어를 사람이 읽을 수 있는 자연어와 유사한 형태로 표현한 언어로, 기계어와 일대일로 매칭된다. 이를 통해 프로그래밍 언어로 작성된 프로그램이 실제로 CPU, 레지스터, 메모리와의 어떠한 상호작용을 통해 실행되는지 알 수 있다.

세 번째 단계로 **어셈블리**에 대해 알아보자. -c 옵션으로 어셈블리 과정을 수행하여 오브젝트 파일을 생성할 수 있다.

gcc -c 명령으로 기계어로 구성된 오브젝트 파일인 swap.o 파일을 생성해보자.

```
opensw@tux:~/src/gccstep$ gcc -c swap.c
opensw@tux:~/src/gccstep$ ls -l
...
-rw-rw-r-- 1 opensw opensw  2336 May  1 16:35 swap.o
-rw-rw-r-- 1 opensw opensw  2306 May  1 16:22 swap.s
opensw@tux:~/src/gccstep$
opensw@tux:~/src/gccstep$ hexdump swap.c
0000000 6923 636e 756c 6564 3c20 7473 6964 2e6f
0000010 3e68 0a0a 6f76 6469 7320 6177 2870 6e69
...
opensw@tux:~/src/gccstep$ objdump -D swap.o
swap.o:     file format elf64-x86-64
Disassembly of section .text:
```

```
0000000000000000 <main>:
   0:   f3 0f 1e fa             endbr64
   4:   55                      push   %rbp
...
opensw@tux:~/src/gccstep$
```

swap.o 오브젝트 파일에는 앞서 확인한 swap.s 어셈블리 코드를 기계어로 변환한 내용이 저장된 것을 확인할 수 있다.

네 번째 단계로 소스코드를 실행파일로 변환하는 마지막 단계인 **링킹** 단계에 대해 알아보자. -o 옵션은 여러 오브젝트 파일을 결합(링킹)하여 최종적으로 실행 파일을 생성한다. gcc -o 명령으로 오브젝트 파일인 swap.o 파일을 swap 실행 파일로 변환해보자.

```
opensw@tux:~/src/gccstep$ gcc swap.o -o swap
opensw@tux:~/src/gccstep$ ls -l
total 48
-rwxrwxr-x 1 opensw opensw 16088 May  1 16:40 swap
...
opensw@tux:~/src/gccstep$ ./swap
First number = 1
Second number = 10
Before Swap: First = 1, Second = 10
After Swap: First = 10, Second = 1
opensw@tux:~/src/gccstep$
```

리눅스에서 실행 파일을 실행하기 위해서는, 실행파일의 경로를 지정해주어야 한다. 현재 디렉터리를 의미하는 './'을 실행파일명 앞에 작성하여 swap 파일을 실행해보자. './swap' 명령으로 작성한 소스코드 내용대로 데이터를 교환하는 프로그램이 정상적으로 작동하는 것을 확인할 수 있다.

gcc를 사용하여 소스코드가 실행 가능한 프로그램이 되는 과정을 간단한 실습을 통해 확인해보았다.

12.1.2.2. 직접 작성한 헤더파일을 포함하여 컴파일

C 언어로 프로그래밍을 할 때, 여러 개의 소스코드 파일을 만들어야 할 때가 있다. 이는 중복으로 사용되는 일부 코드를 여러 소스코드와 쉽게 공유하기 위해 모듈화하고자 헤더파일(.h 확장자)을 사용하는데, 함수 선언, 매크로 정의, 데이터 타입 정의, 전역 변수 선언 등을 헤더파일에 작성한다. 사용자가 직접 정의한 헤더파일을 **사용자 정의 헤더**(User defined header)라고 부른다.

GCC 컴파일러로 직접 정의한 헤더파일을 포함하여 컴파일하는 과정에 대해 알아보자. 실습을 위해 ~/src/udh 디렉터리를 생성한 후 이동해보자.

```
opensw@tux:~/src$ mkdir udh
opensw@tux:~/src$ cd udh/
opensw@tux:~/src/udh$
```

기존 실습에서 작성한 소스코드로 실습을 진행한다. ~/src/udh 디렉터리 아래에 ~/src/swap.c 파일을 myswap.c로 복사해보자.

```
opensw@tux:~/src/udh$ cp ../gccstep/swap.c myswap.c
opensw@tux:~/src/udh$ ls -l
total 4
-rw-rw-r-- 1 opensw opensw 465 May  1 16:53 myswap.c
opensw@tux:~/src/udh$
```

myswap.c 파일에서 swap 함수의 선언부를 분리하여 swap.h라는 헤더파일로 작성한다.[71]

```
opensw@tux:~/src/udh$ vi swap.h
opensw@tux:~/src/udh$ cat swap.h
void swap(int* a, int* b);

opensw@tux:~/src/udh$
```

코드를 작성할 때 자주 사용되는 함수를 필요할 때마다 파일에 직접 정의하는 것이 번거롭고, 수정점이 생기면 해당 함수의 코드를 작성한 부분을 찾아 일일이 수정해야 된다는 불편함이 있다. 이를 위해 재사용 빈도가 높은 함수를 사용자 정의 헤더로 제작하고, 해당 함수가 필요한 파일에서는 헤더파일로 불러오는 방법을 사용한다.

swap.h 파일 내 swap() 함수를 정의하기 위해, myswap.c의 swap() 코드를 swap.c 파일로 옮긴다.[72]

71 swap.h 내용은 https://github.com/opensw-geek/oss-book/blob/main/ch12/swap.h에서 확인할 수 있다.

72 수정한 swap.c 내용은 https://github.com/opensw-geek/oss-book/blob/main/ch12/swap.c에서 확인할 수 있다.

```
opensw@tux:~/src/udh$ vi swap.c
opensw@tux:~/src/udh$ cat swap.c
#include "swap.h"

void swap(int* a, int* b) {
    int temp;
    temp = *a;
    *a = *b;
    *b = temp;
}

opensw@tux:~/src/udh$
```

이제 사용자 정의 헤더를 사용하기 위한 준비가 완료되었다. 소스코드에서 사용자 정의 헤더를 사용하기 위해, 소스코드가 사용할 헤더로 정의한다. 이를 위해 **#include "<header>"** 코드를 작성해야 한다. <header>에는 사용자 정의 헤더 이름을 작성한다.

이를 위해 myswap.c 파일에 **#include "swap.h"** 코드를 추가해보자.[73]

```
opensw@tux:~/src/udh$ vi myswap.c
opensw@tux:~/src/udh$ cat myswap.c
#include <stdio.h>
#include "swap.h"

int main() {
    int first, second;

    printf("First number = ");
    if (!scanf("%d", &first)) return -1;

    printf("Second number = ");
    if (!scanf("%d", &second)) return -1;

    printf("Before Swap: First = %d, Second = %d\n", first, second);

    swap(&first, &second);

    printf("After Swap: First = %d, Second = %d\n", first, second);

    return 0;
```

73 myswap.c 내용은 https://github.com/opensw-geek/oss-book/blob/main/ch12/myswap.c에서 확인할 수 있다.

```
}
pensw@tux:~/src/udh$
```

다음으로 사용자 정의 헤더를 사용한 컴파일을 진행해보자. 이를 위한 명령 형식은 다음과 같다.

gcc <file> <hcode> -o <exe-name>

<file>은 컴파일할 소스코드 파일이다. <hcode>는 사용자 정의 헤더에 선언된 함수의 코드가 작성된 C 파일이다. -o 옵션은 실행 파일의 이름을 정의하기 위해 사용된다. 해당 형식을 통해 swap.h 헤더를 사용하는 myswap.c 파일을 GCC로 컴파일한다.

```
opensw@tux:~/src/udh$ gcc myswap.c swap.c -o myswap
opensw@tux:~/src/udh$ ls -l
total 28
-rwxrwxr-x 1 opensw opensw 16120 May  1 17:18 myswap
...
opensw@tux:~/src/udh$
```

gcc 명령을 통해 사용자 정의 헤더와 함께 소스코드를 컴파일하려면, 헤더를 정의한 코드가 소스코드와 함께 컴파일 대상에 포함되어야 한다. 만약 컴파일에 필요한 헤더와 프로그램 소스코드가 여러 개라면 각각의 파일을 공백으로 구분하여 나열하면 된다.

myswap 실행파일을 실행하여 정상적으로 동작되는지 확인해보자.

```
opensw@tux:~/src/udh$ ./myswap
First number = 1
Second number = 10
Before Swap: First = 1, Second = 10
After Swap: First = 10, Second = 1
opensw@tux:~/src/udh$
```

12.1.2.3. 인자를 전달받는 프로그램 생성

프로그램을 기획할 때 프로그램 사용자가 다국적인 경우 다양한 언어로 프로그램이 동작해야 할 때가 있다. 예를 들어 한국어와 영어로 구분하여 실행되어야 할 때 각 언어마다 프로그램을 별도로 개발한다면 매우 비효율적이고, 변경사항을 반영하는 과정이 복잡해지기 때문에 문제 발생 가능성이 높아진다.

이때 컴파일 과정에서 어떤 언어를 사용할지 소스코드에게 알려줄 수 있다면 효율적인 소스코드를 작성할 수 있을 것이다.

GCC 컴파일러로 컴파일할 때 인자(Arguments)를 보내 프로그램의 실행 언어를 바꿔보자.

먼저 ~/src/param 디렉터리를 생성 후 새로 생성된 디렉터리로 이동하자.

```
opensw@tux:~/src$ mkdir param
opensw@tux:~/src$ cd param/
opensw@tux:~/src/param$
```

컴파일 시 KOREAN이라는 기호(매크로, Macro)가 프로그램 인자로 전달되면, 한국식 인사법이 출력되는 프로그램 코드를 작성해보자.[74]

```
opensw@tux:~/src/param$ vi insa.c
opensw@tux:~/src/param$ cat insa.c
#include <stdio.h>

int main() {

#ifdef KOREAN
    printf("Annyeong haseyo\n");
#else
    printf("Hello\n");
#endif

    return 0;
}

opensw@tux:~/src/param$
```

#ifdef를 사용하여 컴파일러로부터 받은 인자에 따라 실행되는 코드가 결정된다. #ifdef KOREAN에서 #else 사이에 작성한 코드는 컴파일 과정에서 'KOREAN'이라는 인자를 전달 받은 경우에만 실행된다. #else 부터 #endif 사이에 작성한 코드는 그 외의 인자 값 또는 전달받은 인자가 없을 때 실행된다.

이제 insa.c 파일을 컴파일할 때 아무런 인자 없이 컴파일한 후 실행해보자. 컴파일 과정에서 포함된 인자가 없으므로 'Hello'가 출력된다.

74 insa.c 내용은 https://github.com/opensw-geek/oss-book/blob/main/ch12/insa.c에서 확인할 수 있다.

```
opensw@tux:~/src/param$ gcc insa.c -o insa
opensw@tux:~/src/param$ ./insa
Hello
opensw@tux:~/src/param$
```

-D 옵션을 통해 KOREAN이라는 인자를 전달하여 컴파일한 후 실행해보자.

```
opensw@tux:~/src/param$ gcc insa.c -o insa -D KOREAN
opensw@tux:~/src/param$ ./insa
Annyeong haseyo
opensw@tux:~/src/param$
```

이번에는 KOREAN 인자가 프로그램에 전달되어 'Annyeong haseyo'가 출력되는 것을 확인할 수 있다.

GCC의 인자 전달을 디버그 모드, 운영체제에 따른 코드 분기, 함수 선언 제어 등 다양한 상황에서 활용하여 보다 유연한 프로그램을 만들 수 있다.

12.2 GDB를 이용한 디버깅

GDB(GNU Debugger)는 1988년 리처드 스톨만이 처음 개발한 GNU 소프트웨어 시스템을 위한 기본 디버거이다. 다양한 UNIX 기반 시스템에서 동작하며, C나 C++ 외에도 다양한 프로그래밍 언어를 지원한다. 프로그램의 실행을 추적하고, 수정할 수 있는 많은 기능들을 포함하고 있으며, 프로그램의 내부 변수 값들을 감시하거나 변경하여 프로그램의 일반적인 실행 과정과 독립적으로 함수를 호출할 수 있도록 지원한다.

GDB 사용법을 알아보자. `gcc -g` 명령으로 `~/src/score.c` 파일을 디버깅 정보를 포함하여 실행 파일로 컴파일 해보자.

```
openswd@tux:~/src$ gcc -g score.c -o score-debug
openswd@tux:~/src$ ls -l | grep score
-rw-rw-r-- 1 opensw opensw   462 May  1 15:06 score.c
-rwxrwxr-x 1 opensw opensw 17456 May  1 17:37 score-debug
openswd@tux:~/src$
```

이후 디버깅을 위해 gdb 명령으로 GDB를 실행해보자.

```
openswd@tux:~/src$ gdb score-degub.c
GNU gdb (Ubuntu 12.1-0ubuntu1~22.04) 12.1
...

For help, type "help".
Type "apropos word" to search for commands related to "word"...
Reading symbols from score-degub.c...
(gdb)
```

gdb 명령이 실행되면 GDB 프롬프트로 진입하여 다양한 디버깅 커맨드를 사용할 수 있는 상태가 된다.

GDB에서 디버깅을 위해 지원되는 다양한 내부 커맨드가 존재하고, IDE에서 사용하는 기본적인 디버깅 기능도 포함되어 있다(테이블 12.02).

테이블 12.02 GDB 내에서 사용 가능한 다양한 커맨드

커맨드	기능
r, run	프로그램 실행
file <file>	파일의 Symbol Table을 읽음
b <func>¦ <line>	특정 함수나 라인을 중단점으로 설정
l <line>	소스코드 확인
c	일시중지 상태에서 다시 프로그램을 실행
s <num>	지정된 행의 개수만큼 Step into 하며 진행
n <num>	지정된 행의 개수만큼 Step over 하며 진행
p <var>¦ <func>	지정된 변수의 값이나 함수의 주소를 출력
set <var>	변수 또는 메모리의 값을 설정하거나 디버깅 변수를 설정

다음은 몇 가지 명령어들을 사용하는 방법의 예시이다. GDB 프롬프트에서 run이나 r을 입력하면 프

로그램을 실행할 수 있다.

```
(gdb) run
Starting program: /home/opensw/src/score-degub.c
[Thread debugging using libthread_db enabled]
Using host libthread_db library "/lib/x86_64-linux-gnu/libthread_db.so.1".

Please input the score: 100
Gread is A.
[Inferior 1 (process 3603) exited normally]
(gdb)
```

gcc 명령으로 만든 프로그램을 실행하는 것과 동일한 기능을 수행하는 커맨드다. 만약 실행 인자가 필요한 경우에는 run <arg0> <arg1> ...과 같은 형식으로 실행 인자를 주어 실행할 수 있다.

list나 l(소문자 L)을 사용하면 소스코드를 확인할 수 있다.

```
(gdb) list
1       #include <stdio.h>
...
10              switch(score/10) {
(gdb) l
11              case 10:
...
20                  break;
(gdb) l
21              case 6:
...
30              }
(gdb) l
31          else {
...
34          }
(gdb) l
Line number 35 out of range; score.c has 34 lines.
(gdb)
```

기본적으로 코드는 10줄씩 출력된다. 아직 출력될 라인이 남아 있다면, 계속해서 l을 실행하여 나머지 코드를 볼 수 있다. 모든 소스코드가 출력되었다면 'Line number 35 out of range; score.c has 34 lines.'를 통해 알려준다.

b <line>을 사용하여 소스코드에 중단점을 설정한다. 이후 i b 명령으로 중단점을 확인한다.

```
(gdb) b 7
Breakpoint 1 at 0x5555555551d8: file score.c, line 7.
(gdb) i b
Num     Type           Disp Enb Address            What
1       breakpoint     keep y   0x00005555555551d8 in main at score.c:7
(gdb)
```

현재 7번째 라인(line 7)이 첫 번째 중단점(Breakpoint 1)으로 설정되었다. i b 명령의 실행 결과를 보면 중단점과 중단점으로 설정된 라인 번호를 확인할 수 있다.

중단점이 설정된 프로그램을 실행하면, 중단점에서 실행이 중단된다. 이를 재개하기 위해 중단된 프로그램을 실행시키는 커맨드를 사용해야 한다.

```
(gdb) r
Starting program: /home/opensw/src/score-degub.c
[Thread debugging using libthread_db enabled]
Using host libthread_db library "/lib/x86_64-linux-gnu/libthread_db.so.1".

Breakpoint 1, main () at score.c:7
7               scanf("%d", &score);
(gdb)
```

c로 중단점으로 인해 일시 중지된 프로그램을 이어서 실행한다.

```
(gdb) c
Continuing.
Please input the score: 90
Gread is A.
[Inferior 1 (process 3607) exited normally]
(gdb)
```

리눅스에서 GCC 컴파일러를 사용하여 다양한 프로그래밍 언어로 작성된 소스코드를 컴파일하여 프로그램을 만들 수 있고, 컴파일된 프로그램은 GDB를 사용한 디버깅이 가능하다.

12.3 바이너리 파일 살펴보기

바이너리 파일은 일반적인 텍스트 파일처럼 사람이 읽을 수 있는 형태가 아닌 컴퓨터가 읽고 처리할 수 있는 0과 1로 구성된 이진 형태로 인코딩된 데이터를 말한다. 대표적으로 JPG, PNG 그림 파일이나 Windows의 프로그램 실행 파일인 .exe가 포함된다. 이러한 파일의 내용을 직접 확인해야 하는 순간이 발생하므로 이를 다루는 다양한 명령어를 살펴본다.

12.3.1. od 명령어

od 명령은 바이너리 파일의 내용을 다양한 형태로 출력한다. 명령 구조는 다음과 같다.

```
od [option] <object>
```

<object>는 내용을 확인할 파일을 의미한다. 바이너리 파일을 8진수로 변환하여 출력하거나 다른 포맷으로 변환하여 출력하는 기능을 가지고 있다.

먼저 앞서 생성한 score.c 파일을 컴파일하여 score 실행 파일을 생성하고, file 명령으로 파일 종류를 확인한다.

```
opensw@tux:~/src$ gcc score.c -o score
opensw@tux:~/src$
opensw@tux:~/src$ file score
score: ELF 64-bit LSB pie executable, x86-64, version 1 (SYSV), dynamically linked, interprete
r /lib64/ld-linux-x86-64.so.2, BuildID[sha1]=48e5922e386f059614a1c00cfacb69ba55cadbec, for
GNU/Linux 3.2.0, not stripped
opensw@tux:~/src$
```

ELF는 Excutable and Linkable Format의 약자로, Unix 계열 운영체제의 오브젝트 파일을 의미한다. 즉 gcc 명령을 통해 만든 실행 파일은 바이너리 파일이라는 것을 알 수 있다.

-b 옵션은 바이너리 파일을 8진수 형태로 출력해준다. od -b 명령을 사용하여 score 파일을 확인해보자.

```
opensw@tux:~/src$ od -b score
0000000 177 105 114 106 002 001 001 000 000 000 000 000 000 000 000 000
0000020 003 000 076 000 001 000 000 000 300 020 000 000 000 000 000 000
```

```
...

opensw@tux:~/src$
```

-c 옵션은 바이너리 파일을 아스키 문자로 출력해준다. od -c score 명령을 사용하여 score 파일을 아스키 문자로 출력해보자.

```
opensw@tux:~/src$ od -c score
0000000 177   E   L   F 002 001 001  \0  \0  \0  \0  \0  \0  \0  \0  \0
0000020 003  \0   >  \0 001  \0  \0  \0 300 020  \0  \0  \0  \0  \0  \0
0000040   @  \0  \0  \0  \0  \0  \0  \0   (   7  \0  \0  \0  \0  \0  \0
...

opensw@tux:~/src$
```

od -b 명령으로 출력된 결과 중 '177 105 144 106' 부분이 od -c 명령에서는 '177 E L F'처럼 문자 형태로 출력된 것을 알 수 있다.

12.3.2. Symbol Table

심볼 테이블(Symbol Table)은 링커에서 사용되는 데이터 구조로, 프로그램에서 사용되는 변수와 함수의 정보가 저장된다. 이러한 변수와 함수를 심볼이라고 부른다. 심볼들은 프로그램이 실행되는 동안 메모리에 적재되어, 다른 소스코드에서도 접근할 수 있다. 링커는 심볼 테이블을 참고하여 소스파일 간 심볼들이 잘 연결되도록 하여 정상적으로 실행 파일이 생성한다.

심볼 테이블에 저장되는 심볼이 무엇인지 알아보기 위해 다음의 소스코드를 작성한다.[75]

```
opensw@tux:~/src$ vi message.c
opensw@tux:~/src$ cat message.c
#include <stdio.h>

void message(int iter);

int main() {
    int sum = 5;
```

75 message.c 내용은 https://github.com/opensw-geek/oss-book/tree/main/ch12/message.c에서 확인할 수 있다.

```
    message(sum);
    return 0;
}

void message(int iter) {
    for (int i = 0; i < iter; i++) {
        printf("Hellow Open Source Software %d\n", i);
    }
}

opensw@tux:~/src$
```

심볼 테이블에 저장되는 message.c 파일의 심볼은 크게 함수와 변수가 해당한다(테이블 12.03).

테이블 12.03 message.c의 Symbol Table

심볼 이름	타입	스코프
message	function, double	global
iter	int	function parameter
sum	int	block local
i	int	for-loop statement

테이블 12.03을 통해 심볼 테이블이 어떻게 구성되는지 대략적으로 알아보았다.

nm 명령은 파일의 심볼을 확인한다. 명령 형식은 다음과 같다.

nm [option] <object>

<object>은 심볼을 확인할 오브젝트 파일을 의미하여, [option]으로는 심볼 출력 형식을 지정한다. message.c을 컴파일한 실행 파일의 실제 생성된 심볼을 확인한다.

```
opensw@tux:~/src$ gcc message.c -o message
opensw@tux:~/src$ nm message
000000000000038c r __abi_tag
0000000000004010 B __bss_start
0000000000004010 b completed.0
                 w __cxa_finalize@GLIBC_2.2.5
...
0000000000001060 T _start
```

```
0000000000004010 D __TMC_END__
opensw@tux:~/src$
```

--size-sort 옵션으로 심볼을 크기 순으로 정렬할 수 있다. --size-sort 옵션만 사용하면 크기가 작은 순으로 정렬되고, -r 옵션도 함께 사용하면 큰 순서대로 정렬된다.

```
opensw@tux:~/src$ nm --size-sort message
...
0000000000000024 T main
0000000000000026 T _start
0000000000000041 T message
opensw@tux:~/src$
opensw@tux:~/src$ nm --size-sort -r message
...
0000000000000024 T main
0000000000000020 r __abi_tag
0000000000000004 R _IO_stdin_used
0000000000000001 b completed.0
opensw@tux:~/src$
```

심볼 크기는 각 행의 첫 번째 항목에 해당하며, 16진수로 표기된다. 예를 들어, main 심볼의 크기는 0000000000000024이다. 두 번째 항목은 심볼의 섹션을 의미한다. b는 bss section, T는 text section, R은 readonly data section을 의미한다. 각 섹션의 내용은 다음과 같다.

- **BSS(Block Started by Symbol) 섹션** : 초기화되지 않은 전역 변수와 정적 변수를 저장하는 메모리 영역이다.
- **Text 섹션** : 실행 코드, 즉 함수와 프로그램의 명령어가 저장되는 메모리 영역이다.
- **Readonly 섹션** : 수정되지 않는 상수 데이터를 저장하는 메모리 영역이다.

-t d 옵션은 심볼 크기를 10진수로 표기한다.

```
opensw@tux:~/src$ nm --size-sort -r -t d message
...
0000000000000036 T main
0000000000000032 r __abi_tag
0000000000000004 R _IO_stdin_used
```

```
0000000000000001 b completed.0
opensw@tux:~/src$
```

앞서 확인한 main의 심볼 크기는 16진수로 0000000000000024였다. 이를 10진수로 변환하면 $2 \times 16^1 + 4 \times 16^0 = 36$이다. 이 값은 심볼 크기를 10진수로 출력한 0000000000000036과 동일하다.

심볼 정보를 사용하게 되면 더 많은 메타데이터를 포함하고 있어 실행파일의 크기가 커진다. 심볼정보를 삭제하면 파일 크기가 줄어들어 저장 공간을 절약할 수 있고, 로드 타임(load time)을 줄여, 프로그램의 시작 속도를 향상시킬 수 있다. 이는 임베디드 환경처럼 시스템 자원이 매우 제한적인 환경에서 효율적이다.

또한 심볼 정보에는 함수 이름, 변수 이름 및 디버깅 정보가 포함되어 악의적인 사용자가 프로그램의 내부 구조를 이해하기 쉬워, 취약점을 찾는 데 악용될 가능성이 있다. 때문에 프로그램 최종 배포 직전에 심볼을 삭제한다면 보안을 강화하고, 성능을 최적화할 수 있다.

strip 명령을 사용하여 오브젝트 파일의 심볼을 삭제한다. 명령 형식은 다음과 같다.

```
strip <object>
```

strip 명령으로 message 파일의 모든 심볼을 삭제하고, nm 명령으로 남아있는 심볼을 확인해보자.

```
opensw@tux:~/src$ strip message
opensw@tux:~/src$ nm message
nm: message: no symbols
opensw@tux:~/src$
```

nm 명령의 결과가 'no symbols'라는 것은 오브젝트 파일에 심볼이 없다는 의미이다.

12.3.3. ELF 파일 형식

ELF는 실행 파일, 목적 파일, 공유 라이브러리, 코어 덤프를 위한 표준 파일 형식이다. 1999년 86open 프로젝트를 통해 x86 기반 UNIX와 UNIX 계열 시스템의 표준 바이너리 파일 형식으로 선택되었다. 리눅스, 유닉스 환경에서 구동되는 프로그램의 바이너리 파일, 오브젝트 파일의 형식을 나타낸다. ELF 파일은 다양한 Header, Section, Table로 구성된 구조를 가지고 있다(그림 12.02).[76]

76 https://en.wikipedia.org/wiki/Executable_and_Linkable_Format#/media/File:Elf-layout--en.svg

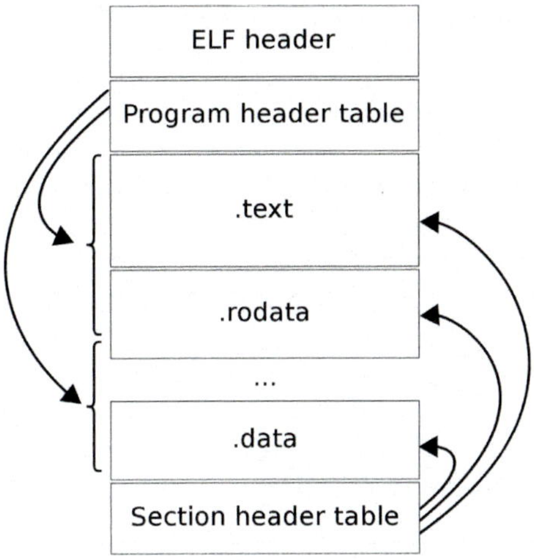

그림 12.02 ELF 파일 구조

그림 12.02에서 ELF 파일의 구조를 이루는 각 구성요소는 다음과 같다.

- ELF Header : 파일의 구성을 나타내는 로드맵과 같은 역할이다.
- Section : 링킹을 위한 오브젝트 파일의 정보, 명령, 데이터, 심볼 테이블을 가진다.
  - **.text section** : 명령어가 들어가 있는 섹션이며, 실행 코드가 존재하는 영역이다.
  - **.rodata section** : 읽기만 가능한 데이터가 있는 섹션이다.
  - **.data section** : 초기값을 가지는 전역 변수가 저장되는 섹션으로, 읽기와 쓰기가 모두 가능한 메모리 영역이다.
  - **.bss section** : 초기값이 없는 전역 변수가 있는 섹션으로, 초기화되지 않은 메모리 영역이다. data section처럼 읽기 쓰기가 가능하다.
- Stack : 지역 변수가 저장되는 영역이다.
- Program header table : 시스템에 프로세스 이미지를 어떻게 만들지 지시하기 위해 필요하다.
- Section header table : 파일의 섹션들에 대한 정보를 포함되어 있다.

`readelf` 명령은 ELF 파일의 정보를 확인한다.

```
readelf [option] <elf>
```

-h 옵션은 ELF 파일 정보 중 ELF Header 정보만 출력하도록 한다.

```
opensw@tux:~/src$ readelf -h message
ELF Header:
  Magic:   7f 45 4c 46 02 01 01 00 00 00 00 00 00 00 00 00
  Class:                             ELF64
  Data:                              2's complement, little endian
  Version:                           1 (current)
...
opensw@tux:~/src$
```

-l 옵션은 ELF 파일의 Program Header를 확인한다.

```
opensw@tux:~/src$ readelf -l message

Elf file type is DYN (Position-Independent Executable file)
Entry point 0x1060
There are 13 program headers, starting at offset 64

Program Headers:
  Type           Offset             VirtAddr           PhysAddr
                 FileSiz            MemSiz              Flags  Align
  PHDR           0x0000000000000040 0x0000000000000040 0x0000000000000040
                 0x00000000000002d8 0x00000000000002d8  R      0x8
  INTERP         0x0000000000000318 0x0000000000000318 0x0000000000000318
                 0x000000000000001c 0x000000000000001c  R      0x1
...
opensw@tux:~/src$
```

-S 옵션은 ELF 파일의 Section Header를 확인한다.

```
opensw@tux:~/src$ readelf -S message
There are 31 section headers, starting at offset 0x36c0:

Section Headers:
  [Nr] Name              Type             Address           Offset
       Size              EntSize          Flags  Link  Info  Align
[ 0]                   NULL             0000000000000000  00000000
       0000000000000000  0000000000000000           0     0     0
...
  [30] .shstrtab         STRTAB           0000000000000000  0000359f
       000000000000011a  0000000000000000           0     0     1
opensw@tux:~/src$
```

readelf -S 명령 결과 중 Name은 Section header의 이름으로, 각 헤더가 의미하는 바는 다음과 같다.

- **plt** : 함수 링크 테이블이다.
- **text** : 프로그램 명령어이다.
- **data** : 초기화된 데이터이다.
- **bss** : 초기화되지 않은 데이터이다.
- **symtab** : 심볼 테이블이다.

12.3.4. objdump 명령어

objdump 명령은 라이브러리와 컴파일된 오브젝트 모듈, 공유 오브젝트 파일 등의 바이너리 파일들의 정보를 보여주는 프로그램이다. ELF 파일을 어셈블리어로 보여주는 역어셈블러로도 사용될 수 있다.

```
objdump [option] <object>
```

message 오브젝트 파일의 정보를 확인한다. -x 옵션은 해당 파일이 사용할 수 있는 모든 헤더를 출력한다.

```
opensw@tux:~/src$ objdump -x message

message:     file format elf64-x86-64
message
architecture: i386:x86-64, flags 0x00000150:
HAS_SYMS, DYNAMIC, D_PAGED
start address 0x0000000000001060

Program Header:
    PHDR off    0x0000000000000040 vaddr 0x0000000000000040 paddr 0x0000000000000040 align
2**3
         filesz 0x00000000000002d8 memsz 0x00000000000002d8 flags r--
...

opensw@tux:~/src$
```

-d 옵션은 오브젝트 파일을 어셈블리어로 변환한 결과를 확인한다.

```
opensw@tux:~/src$ objdump -d message
message:     file format elf64-x86-64
Disassembly of section .init:

0000000000001000 <_init>:
    1000:       f3 0f 1e fa             endbr64
    1004:       48 83 ec 08             sub    $0x8,%rsp
...
Disassembly of section .plt:

0000000000001020 <.plt>:
    1020:      ff 35 9a 2f 00 00      push   0x2f9a(%rip)        # 3fc0 <_GLOBAL_OFFSET_TABLE_+0x8>
    1026:      f2 ff 25 9b 2f 00 00   bnd jmp *0x2f9b(%rip)      # 3fc8 <_GLOBAL_OFFSET_TABLE_+0x10>
...
opensw@tux:~/src$
```

어셈블리어로의 변환 결과가 섹션 별로 구분되어 출력된다.

GCC 컴파일러로 컴파일한 오브젝트 파일의 정보를 다양한 방법으로 살펴보았다. 이를 통해 C 언어로 구현한 소스코드의 컴파일을 통해 실행되는 프로그램은 컴퓨터에서 구동되기 위해 다양한 헤더와 섹션 정보를 체계적으로 관리한다는 것을 알아보았다.

컴파일된 프로그램도 다른 파일들처럼 별도의 파일 유형이 존재하고, 리눅스에서 지원하는 명령으로 파일 정보와 파일 내용을 확인할 수 있다는 것 정도만 알고 있어도 좋다. 운영체제와 컴퓨터 구조에 대해 알고 있다면 좀 더 쉽게 이해가 가능하다.

CHAPTER 12 연습문제

01. 컴파일 과정에서 전처리, 컴파일, 어셈블리, 링킹 단계의 역할을 설명하라.

02. GDB 디버거의 주요 기능과 사용 목적을 설명하라.

03. 바이너리 파일이란 무엇이며, 일반 텍스트 파일과의 차이점을 설명하라.

04. gcc -o 옵션과 gcc -c 옵션의 차이를 설명하라. 각각 언제 사용되는지 설명하라.

05. nm 명령을 사용하여 실행 파일의 심볼 테이블에서 확인할 수 있는 정보에는 어떤 것들이 있는지 작성하라.

06. 바이너리 파일과 텍스트 파일의 차이를 설명하라.

07. ELF 파일 형식의 주요 구성 요소와 각 구성 요소의 역할에 대해 설명하라.

08. gcc -g 옵션을 사용하는 목적은 무엇인지 설명하라.

09. 심볼 테이블이란 무엇이며, 컴파일러에서 왜 필요한지 설명하라.

13 CHAPTER Markdown을 활용한 프로젝트 문서 관리

10장에서 Git/GitHub을 통해 개발 프로젝트 작업물을 공유하는 작업 시 README.md 파일을 작업한 경험이 있다. 프로젝트에 대해 소개하는 README.md은 **Markdown 언어**를 사용해 작성된 것이며, Markdown을 활용하면 별도의 문서 편집기 없이 구조화된 문서를 작성할 수 있다는 장점이 있다. 이러한 이유로 개발 과정에서 프로젝트 소개 뿐만 아니라 팀원 간에 공유할 내용도 Markdown 문서를 활용하는 것이 일반적이다. 또한 Markdown 문법을 즉각적으로 랜더링하여 보여주고, 다양한 문서 공유 방식을 지원하며, 기본 Markdown 서식 외에도 독특한 문서 서식을 제공하는 서비스인 Notion을 많이 활용하기도 한다. 이번 장에서는 원활한 프로젝트 진행을 위한 내용 공유와 프로젝트 소개를 위해 개발 현장에서 가장 많이 활용되는 Markdown 문법과 Notion을 활용하는 방법에 대해 학습한다.

13.1 Markdown이란

마크다운(Markdown)은 웹 상에서 사용하기 쉬운 마크업 언어로, 문서 편집기 없이도 일반 텍스트에 제목, 글머리 기호 목록, 링크, 사진 등의 서식을 추가하는 것을 가능하게 한다(그림 13.01).[77] 마크업(Markup) 언어는 문서나 데이터의 구조 등을 명시하는 언어로, HTML도 마크업 언어 중 한 종류이다. 마크다운은 텍스트만으로 서식 요소가 적용된 문서를 작성할 때 활용되며, 다른 마크업 언어에 비해 쉬운 문법 체계를 가진다. 마크다운의 핵심적인 특징은 텍스트만으로 문서의 구조화 및 시각화가 가능하고, 어디에서 열어도 문서 형식이 일관되게 유지된다는 것이다. 마크다운 파일의 확장자는 .md 또는 .markdown이며, 대부분 .md 확장자를 많이 사용한다.

77 https://github.com/dcurtis/markdown-mark/blob/master/svg/markdown-mark.svg

그림 13.01 마크다운 로고

마크다운 파일은 모든 환경에서 동일한 문서 형식을 보여줄 수 있기에, 다양한 사람들과의 협업 시 일관성을 중요시하는 개발 분야에서는 마크다운 언어를 자유롭게 사용할 수 있어야 한다. 개발을 하다보면 회의 내용, 각 팀원간의 역할, 프로젝트 설계 및 진행도 등을 정리하여 공유해야 하는 상황이 많이 발생한다. 이때 문서 편집기로 작성했거나 PDF 형식의 문서로 공유하게 되면, 필요한 순간에 다른 팀원들이 파일 내용을 수정하지 못하는 경우가 발생할 수 있다.

개발 문서는 편집과 공유 과정이 간단한 방식을 선호하기 때문에 마크다운 파일을 사용하는 것이 대중적인 문화로 자리잡았다. 그래서 필요한 문서는 마크다운 파일로 작성하여 GitHub에 공유하는 것이며, 이를 위해 GitHub는 마크다운 언어를 인지하여 서식 요소로 변환하여 보여주는 Preview를 제공한다(그림 13.02). 그림 13.02처럼 '`# My repository created by VSCode`'를 입력하면, # 기호에 의해 '`My repository created by VSCode`'가 굵은 글꼴이 적용되고 크기가 커지며 하단에 선이 생기는 제목 서식으로 변환된다.

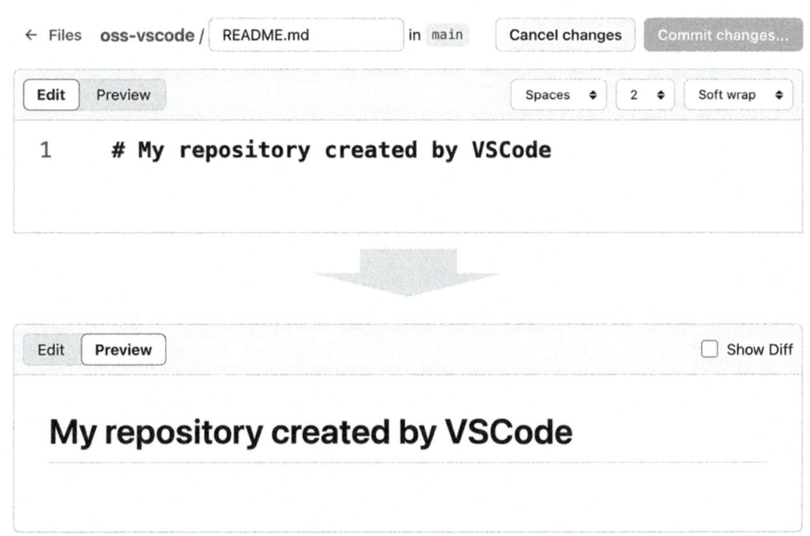

그림 13.02 GitHub에서 제공하는 마크다운 편집기

먼저 GitHub에서 마크다운 문법을 학습하고, VSCode에서 마크다운 파일을 작성하는 방법을 배운다. 이후 Notion을 활용하는 과정에 대해 다룰 예정이다.

13.2 Markdown 기본 문법

10장에서 사용한 oss-vscode 레포지토리의 README.md 파일에서 마크다운 사용법을 익히고자 한다. 이를 위해 GitHub 계정에 로그인하여 Repository 메뉴로 이동하고(❶), oss-vscode 레포지토리를 클릭하여(❷)(그림 13.03), README.md 파일을 확인한 후 Edit 버튼을 클릭한다(❸)(그림 13.04).

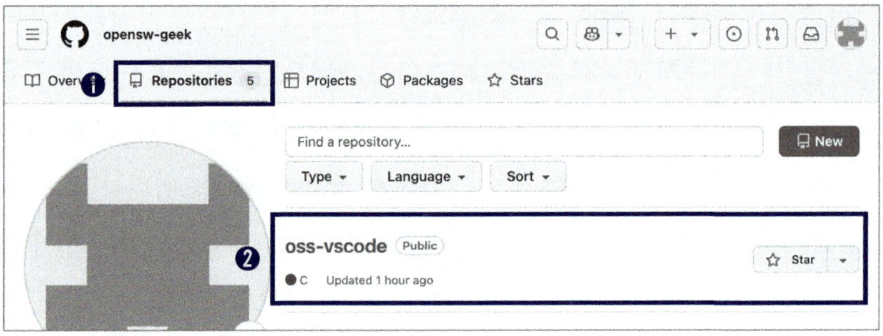

그림 13.03 oss-vscode 레포지토리 위치

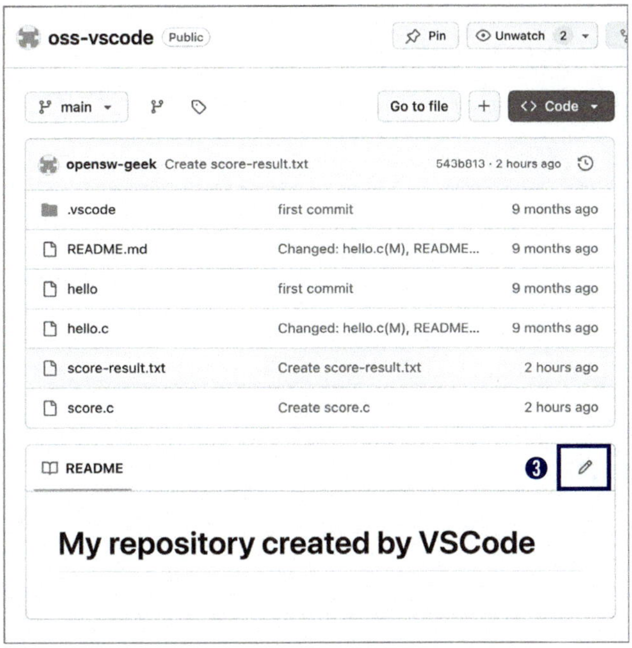

그림 13.04 GitHub에서 README.md 파일의 Edit 버튼 위치

GitHub에서 지원하는 편집기는 파일 내용을 수정할 수 있는 Edit 영역과(❶), 작성한 마크다운 문법에 대응하는 서식 요소로 변환하여 보여주는 Preview 영역으로 구성되어 있다(❷). 오른쪽 항목에서는 왼쪽부터 차례대로 들여쓰기 종류, 들여쓰기 크기, 자동 줄 바꿈 타입을 선택할 수 있다(❸)(그림 13.05).

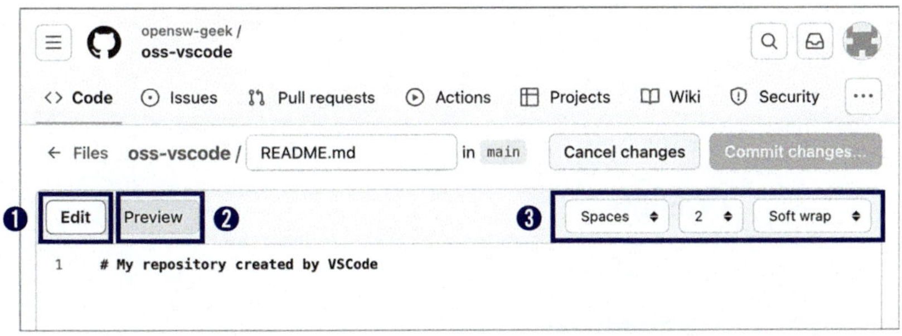

그림 13.05 GitHub 편집기 구조

이제 README.md를 편집하는 과정을 통해, 마크다운 문서에서 주로 사용되는 문법에 대해 다룬다.

13.2.1. 제목 서식

제목 서식은 문서의 제목이나 하위 제목을 나타낼 때 사용하며, 다음과 같이 표현한다.

<title> 또는 ## <title> 또는 ### <title>

#과 <title> 사이에는 반드시 공백을 넣어야 한다. 제목 서식은 크게 3가지로, 가장 크고 굵게 작성되는 제목 1(# <title>)부터 일반 텍스트보다 조금 크고 굵게 나타나는 제목 3(### <title>)까지 지원된다. 마크다운 문서를 통해 오픈소스 소프트웨어, 리눅스, GitHub에 대한 내용을 정리하기 위해, '#' 기호를 사용하여 README.md의 문서 제목을 작성한 다음, Preview를 클릭하여 확인한다(❶)(그림 13.06).

```
# 1. 오픈소스 소프트웨어

# 2. 리눅스
## 2.1. 명령어 종류

# 3. GitHub
## 3.2. GitHub 활용법
### 3.2.1. 로컬 레포지토리에서 작업
### 3.2.2. 원격 레포지토리의 변경사항 가져오기
### 3.2.3. 브랜치 및 로그 확인
```

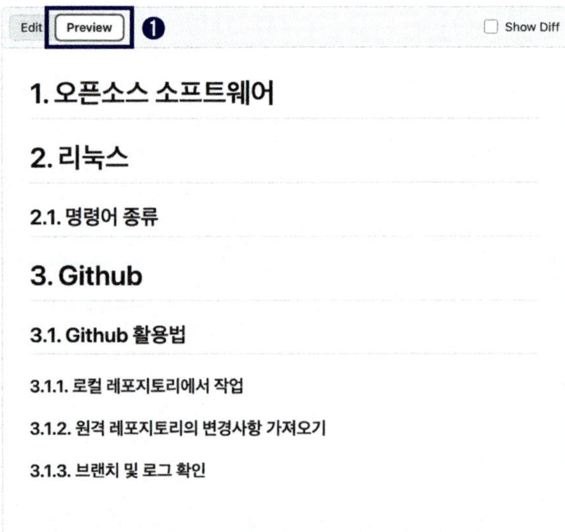

그림 13.06 # 기호로 작성한 마크다운 제목

13.2.2. 목록 서식

목록 서식은 문서 내용을 숫자 형식(Numbering)이나 기호 형식(Bulletpoints)으로 정렬하여 작성하는 형식으로, 다음의 마크다운 문법으로 나타낸다.

```
1. <text>  또는 - <text>
2. <text>       - <text>
```

제목 서식과 마찬가지로, 목록 서식을 사용하기 위해서는 숫자 또는 기호 다음에 공백이 있어야 한다. 즉 <text> 전에는 공백이 있어야 한다. **숫자 형식**은 '1.', '2.' 처럼 숫자를 통해 목록을 표현하고, **기호 형식**은 '-' 기호를 통해 나타낸다. 먼저 기호 목록을 사용하여 1번 파트인 '**1. 오픈소스 소프트웨어**' 아래에 라이선스 종류, 오픈소스 형태의 운영체제 및 개발 관리 시스템에 대한 내용을 작성한다.

```
# 1. 오픈소스 소프트웨어
- 오픈소스 라이선스 종류 : GPL, Apache License, MIT, BSD, CC, MPL, AGPL
- 오픈소스 형태의 운영체제 : 리눅스(Ubuntu, RHEL, CentOS, Fedora)
- 개발 시 활용되는 관리 시스템 : Git/GitHub, Gitlab
```

일반적으로 목록을 표현할 때 둘 중 하나의 형식만 사용하지만, 두 형식을 혼합하여 사용할 수도 있다. 2.1번 파트인 '**2.1. 명령어 종류**'에서는 리눅스에서 사용되는 다양한 명령어를 숫자 목록으로 정리한다. 이 때 7번 항목인 '**시스템 사용자 관리**'의 하위 리스트로 '**사용자**'와 '**그룹**' 항목을 기호 목록으로 작성한다. 특정 목록을 하위 목록으로 표현하려면 [Tab]키를 입력하여 들여쓰기를 진행하면 된다(❶).

```
# 2. 리눅스
## 2.1. 명령어 종류
1. 파일 관리 :
2. 쉘 :
3. 파일 액세스 관리 :
4. 패키지 관리 :
5. 아카이빙/압축 :
6. 프로세스 :
7. 시스템 사용자 관리
   - 사용자 :    - (❶)
   - 그룹 :      - (❶)
8. 파일 시스템 관리 :
9. 네트워크 관리 :
```

마크다운으로 표현한 1번 파트의 기호 목록과(❶), 2.1번 파트의 숫자 목록(❷)을 Preview로 확인한다(그림 13.07).

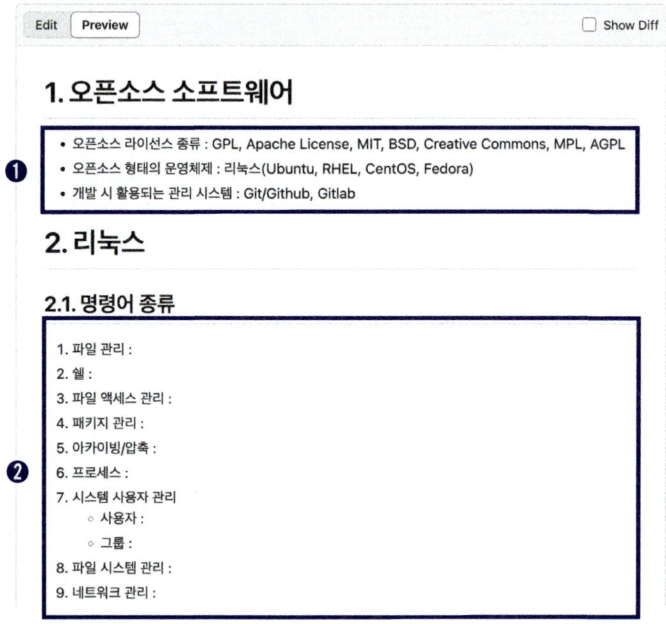

그림 13.07 숫자와 기호로 작성한 마크다운 목록

13.2.3. 코드 블럭 서식

코드 블럭 서식은 문서에 코드를 인라인 방식이나 블럭 방식로 삽입할 때 사용하며, 마크다운 문법은 다음과 같다.

```
`<code>`
또는
```
<code>
```
```

`(백틱)은 [Esc]키 아래에 위치한 키로 입력할 수 있다. 코드 블럭 서식은 문서에 작성한 코드를 일반 텍스트 동일하게 표현하지 않고, 별도의 스타일을 적용하여 코드임을 나타내고자 할 때 활용한다. 별도의 스타일이라는 의미는 일반 텍스트와 달리 배경 색이나 코드 가독성을 높이는 글꼴이 적용된다는

것을 의미한다. 일반적으로 코드 가시성을 위해, 인라인 방식은 문장 내에서 짧은 코드를 강조하고 싶을 때 사용하고, 블럭 방식은 문장과 독립적으로 코드를 표기하거나 명령어 수행 결과처럼 길이가 긴 코드를 명시할 때 사용한다.

코드 블럭이 마크다운 문서에서 어떻게 표현되는지 확인하기 위해, 먼저 인라인 방식인 `<code>`을 사용하여 2.1 파트 내 각 목록 항목에 적합한 명령어를 정리한다(❶)(그림 13.08).

```
## 2.1. 명령어 종류
1. 파일 관리 : `ls`, `cd`, `mkdir`, `rmdir`, `touch`, `vi`, `cat`, `mv`, `rm`, `find`
2. 쉘 : `chsh`, `echo`, `export`, `alias`, `unalias`, `history`
3. 파일 액세스 관리 : `chmod`, `umask`, `chown`
4. 패키지 관리 :
5. 아카이빙/압축 : `tar`, `gzip`, `gunzip`, `bzip2`, `bunzip2`
6. 프로세스 : `ps`, `pgrep`, `kill`, `sleep`, `jobs`, `fg`, `bg`
7. 시스템 사용자 관리
   - 사용자 : `useradd`, `usermod`, `userdel`, `passwd`, `su`
   - 그룹 : `groupadd`, `groupmod`, `groupdel`, `gpasswd`, `newgrp`
8. 파일 시스템 관리 : `fdisk`, `mkfs`, `dd`, `df`, `du`, `mount`, `umount`
9. 네트워크 관리 : `nmcli`, `ip`, `route`, `ping`, `traceroute`, `netstat`, `nmap`, `ufw`
```

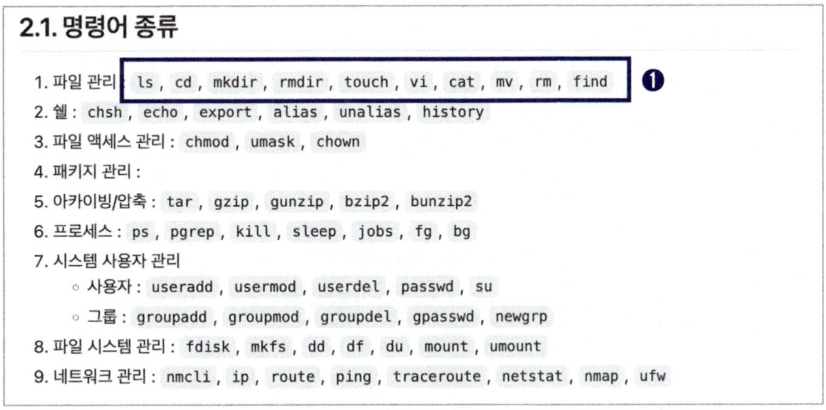

그림 13.08 ` 기호로 작성한 마크다운 인라인 코드 블록

블럭 방식으로 적용하고자 한다면 ```<code>```를 사용한다. 블럭 방식을 사용하여 3.2.1 파트부터 3.2.3 파트에 해당하는 git 명령을 정리한다. 이때 3.2.3 파트에는 본인의 oss-vscode 레포지토리에서 git branch와 git log --online --decorate --graph --all 명령을 수행한 결과를 넣는다(그림 13.09). 블럭 방식의 유용한 점은 명시한 코드를 복사할 수 있는 Copy 버튼을 제공한다는 것이다(❶).

````
### 3.2.1. 로컬 레포지토리에서 작업
```
git clone <remote-repo>
```
```
git add .|<files>
```
```
git commit -m "<msg>"
```
```
git push <remote> <branch>
```

### 3.2.2. 원격 레포지토리의 변경사항 가져오기
```
git fetch <remote>
```
```
git merge <remote> <branch>
```

### 3.2.3. 브랜치 및 로그 확인
```
opensw@tux:~/gitlab/openswproject$ git branch
develop
* main
opensw@tux:~/gitlab/openswproject$ git log --oneline --decorate --graph --all
*   c3dc21d (HEAD -> release) Resolve conflict
|\
| * 4cfe584 (develop) New line about log
| * 332c95b New feature's code
* | b88648d Create introduction file about new version
|/
* b2f6043 (main) Need to a new function
```
````

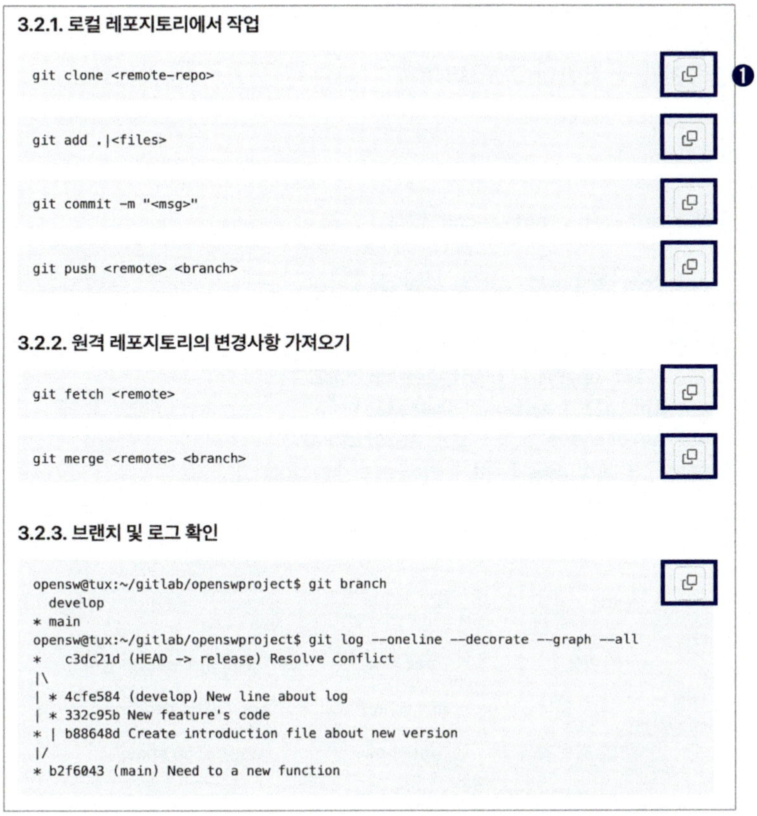

3.2.1. 로컬 레포지토리에서 작업

```
git clone <remote-repo>
```
❶

```
git add .|<files>
```

```
git commit -m "<msg>"
```

```
git push <remote> <branch>
```

3.2.2. 원격 레포지토리의 변경사항 가져오기

```
git fetch <remote>
```

```
git merge <remote> <branch>
```

3.2.3. 브랜치 및 로그 확인

```
openswatux:~/gitlab/openswproject$ git branch
  develop
* main
openswatux:~/gitlab/openswproject$ git log --oneline --decorate --graph --all
*   c3dc21d (HEAD -> release) Resolve conflict
|\
| * 4cfe584 (develop) New line about log
| * 332c95b New feature's code
* | b88648d Create introduction file about new version
|/
* b2f6043 (main) Need to a new function
```

그림 13.09　``` 기호로 작성한 마크다운 코드 블록

13.2.4. 표 서식

표 서식은 원하는 열과 행으로 구성한 표를 삽입할 때 사용하며, 마크다운 문법은 다음과 같이 작성한다.

```
|<head>|<head>|
|:----:|:----:|
|<item>|<item>|
|<item>|<item>|
```

표의 각 행을 구조화하여 작성하는 방식으로, 행의 처음과 끝, 각 칸의 구분을 '|' 기호로 명시하는 것이 기본 원칙이다. <head>는 표에서 제목 행을 의미하며, <head>의 개수에 따라 표의 열 개수가 정해진다. 제목 행의 경우는 굵은 글꼴인 볼드체(bold)로 표현된다. :----:는 대표 행과 일반 행을 구분하는 구분자이며, 구분자 아래에 있는 행은 모두 일반 행으로 표현된다. <item>은 표의 각 칸에 작성하는 내용으로,

각 행의 <item>은 <head> 개수와 동일해야 한다. 표 서식을 사용하여 2.1 파트의 4번 항목인 **'패키지 관리'**에 해당하는 명령어를 정리한다(그림 13.10).

```
4. 패키지 관리 :

| 기능 | apt 형식 | apt-get / apt-cache 형식 |
|:---:|:---:|:---:|
| 패키지 검색 | apt search | apt-cache search |
| 패키지 정보 검색 | apt show | apt-cache show |
| 패키지 정보 업데이트 | apt update | apt-get update |
| 패키지 업그레이드 | apt upgrade | apt-get upgrade |
| 패키지 설치 | apt install | apt-get install |
| 패키지 삭제 | apt autoremove | apt-get autoremove |
| 패키지 파일 다운로드 | apt download | apt-get download |
```

4. 패키지 관리 :

기능	apt 형식	apt-get / apt-cache 형식
패키지 검색	apt search	apt-cache search
패키지 정보 검색	apt show	apt-cache show
패키지 정보 업데이트	apt update	apt-get update
패키지 업그레이드	apt upgrade	apt-get upgrade
패키지 설치	apt install	apt-get install
패키지 삭제	apt autoremove	apt-get autoremove
패키지 파일 다운로드	apt download	apt-get download

그림 13.10 마크다운 표 서식

13.2.5. 인용구 서식

인용구 서식은 인용한 내용을 나타내는 서식으로, 마크다운 문법은 다음과 같다.

```
> <text>
```

'>' 기호로 인용구의 시작을 나타내며, <text>에는 인용한 내용을 의미한다. >와 <text> 사이에는 공백이 없어도 문법적으로 문제없다. 인용구 서식은 개행되기 전의 내용을 대상으로 적용되며, 문장 앞머리가 특수 기호로 시작된다. 인용구 서식이 적용되는 대상은 다른 서식도 함께 적용할 수 있다. 이를 활용하여 2번 파트와 3.2.1 파트의 인용구를 작성한다(❶)(그림 13.11).

```
# 2. 리눅스
> 아래 내용은 Ubuntu 기준으로 작성되었음

...

### 3.2.1. 로컬 레포지토리에서 작업
> 원격 레포지토리가 GitHub에 생성되어 있음을 가정
```

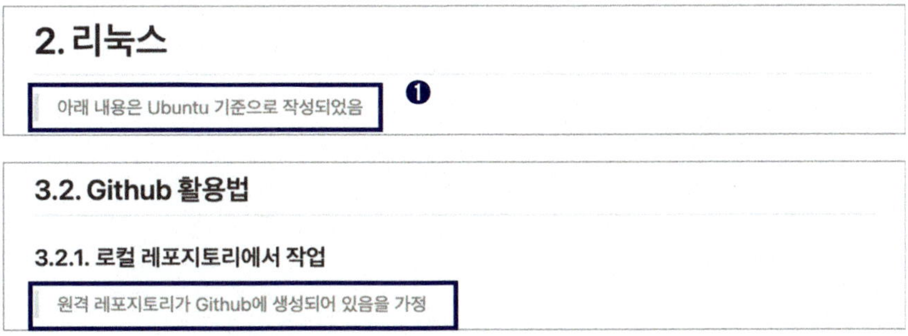

그림 13.11 > 기호로 작성한 마크다운 인용구

13.2.6. 글꼴 서식

글꼴 서식은 볼드체, 이태릭체, 밑줄, 취소선을 의미한다. 먼저 **볼드체**는 글씨를 굵게 표현하는 서식으로, 다음의 마크다운 문법을 사용한다.

```
**<text>**
```

굵은 글꼴로 표현하고 싶은 내용을 기준으로 앞과 뒤에 **를 붙이는 방식이며, 글꼴 관련 서식은 모두 이러한 문법 구조를 가진다. 문서 편집기 상에 '**굵게**'와 동일하다. 주로 문서상 핵심이 되는 단어 또는 문장을 강조하기 위해 사용한다. 볼드체를 활용하여 1번과 3번 파트와 3.2.1의 인용구의 일부 내용을 강조한다(❶)(그림 13.12).

```
# 1. 오픈소스 소프트웨어

**오픈소스 소프트웨어** : 소스코드가 공개되어 누구나 자유롭게 사용,복제,수정, 배포할 수 있는 소프트웨어
...

# 3. GitHub
**GitHub** : 버전 관리 도구인 Git으로 관리되는 소스코드 형상관리 정보를 보여주는 웹 기반 서비스
...

### 3.2.1. 로컬 레포지토리에서 작업
> 원격 레포지토리가 **GitHub에 생성되어 있음**을 가정
```

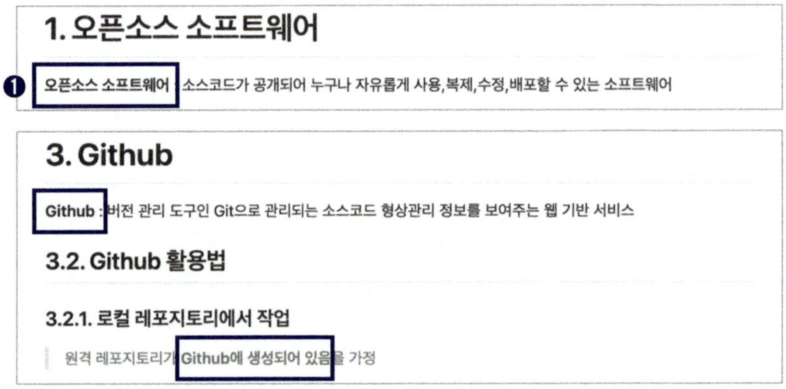

그림 13.12 ** 기호로 적용한 마크다운 볼드체 글꼴

이태릭체는 글씨를 기울이는 서식으로, 마크다운 문법은 다음과 같다.

<text>

이태릭체를 적용할 내용을 기준으로 '_' 기호를 앞뒤로 붙여준다. 주로 새로 추가한 내용이나 부가 설명을 표시할 때 사용된다. README.md에서는 2번 파트의 인용구에 이태릭체를 적용한다(❶)(그림 13.13).

```
# 2. 리눅스
> _아래 내용은 Ubuntu 기준으로 작성되었음_
```

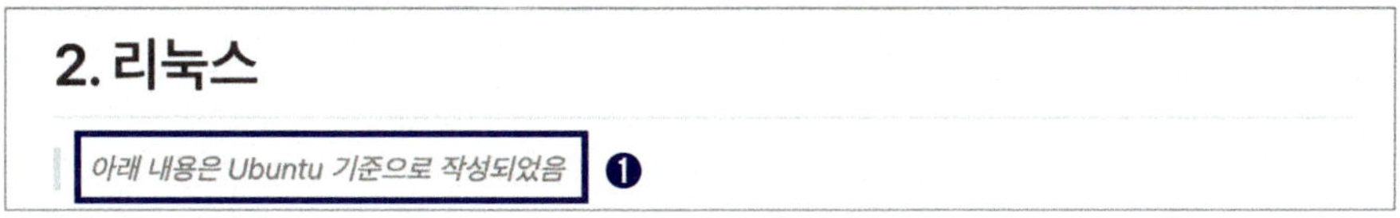

그림 13.13 _ 기호로 적용한 마크다운 이태릭체 글꼴

밑줄은 글씨 아래에 줄을 긋는 서식으로, 마크다운에서는 지원되지 않아 HTML 문법을 사용해야 한다.

<ins/><text></ins>

<ins/></ins>와 같은 형태를 태그라고 하며, 일반적으로 태그는 여는 태그(<ins/>)와 닫는 태그(</ins>)가 하나의 쌍을 이룬다. <ins>은 HTML에서 태그로 감싼 내용에 밑줄을 넣는 기능으로, 내용을 강조하기 위한 수단 중 하나로 사용된다. 마크다운에서 HTML 태그 사용이 가능한 이유는 마크다운 문서가 HTML로 변환되어 웹 상에서 보여지기 때문에, 일부 HTML 태그를 지원한다. 오픈소스 소프트웨어 정의의 핵심을 강조하고자, 1번 파트의 '**누구나 자유롭게 사용, 복제, 수정, 배포할 수 있는 소프트웨어**'에 <ins> 태그를 추가한다(❶)(그림 13.14).

```
# 1. 오픈소스 소프트웨어

**오픈소스 소프트웨어** : 소스코드가 공개되어 <ins/>누구나 자유롭게 사용,복제,수정,배포할 수 있는 소프트웨어</ins>
```

그림 13.14 <ins> 태그로 적용한 마크다운 밑줄

취소선은 글씨 중앙에 줄을 긋는 서식으로, 다음의 마크다운 문법 형식을 가진다.

~~<text>~~

취소선을 추가할 내용 사이에 ~~ 기호를 양쪽으로 감싸주는 형태로, 문서에서 삭제할 내용을 표시할 때 사용한다. 2.1번 파트의 표에서 '`apt-get / apt-cache`' 항목에 취소선을 추가한다(❶)(그림 13.15).

```
4. 패키지 관리 :

| 기능 | apt 형식 | ~~apt-get / apt-cache 형식~~ |
|:---:|:---:|:---:|
| 패키지 검색 | apt search | ~~apt-cache search~~ |
| 패키지 정보 검색 | apt show | ~~apt-cache show~~ |
| 패키지 정보 업데이트 | apt update | ~~apt-get update~~ |
| 패키지 업그레이드 | apt upgrade | ~~apt-get upgrade~~ |
| 패키지 설치 | apt install | ~~apt-get install~~ |
| 패키지 삭제 | apt autoremove | ~~apt-get autoremove~~ |
| 패키지 파일 다운로드 | apt download | ~~apt-get download~~ |
```

4. 패키지 관리 :

❶

기능	apt 형식	~~apt-get / apt-cache 형식~~
패키지 검색	apt search	~~apt-cache search~~
패키지 정보 검색	apt show	~~apt-cache show~~
패키지 정보 업데이트	apt update	~~apt-get update~~
패키지 업그레이드	apt upgrade	~~apt-get upgrade~~
패키지 설치	apt install	~~apt-get install~~
패키지 삭제	apt autoremove	~~apt-get autoremove~~
패키지 파일 다운로드	apt download	~~apt-get download~~

그림 13.15 ~~ 기호로 적용한 마크다운 취소선

13.2.7. 체크박스 서식

체크박스 서식은 문서에서 체크박스를 지원하는 서식으로, 문법 형식은 다음과 같다.

- [ ] <item> | - [x] <item>

- [ ]은 체크 상태가 아닌 기본 체크박스를, - [x]는 체크 상태인 체크박스를 나타낸다. '-'와 '[' 기호 사이에는 공백이 필수이며, 기본 체크박스를 사용하려면 '['과 ']' 기호 사이에도 공백이 있어야 한다. 주로 프로젝트에 참가하는 팀원이 담당하는 개발의 진척도나 프로젝트에서 앞으로 진행해야 하는 작업을 관리하기 위해 주로 사용된다. README.md에서 문서의 가장 앞 쪽에 2개의 체크리스트를 작성하

여, 둘 중 하나의 박스만 체크 상태로 표시한다(❶)(그림 13.16).

```
- [x] 1번부터 3번 파트 정리
- [ ] oss-vscode에 변경사항 커밋하기

# 1. 오픈소스 소프트웨어
...
```

그림 13.16 - [ ]와 - [x] 기호로 작성한 마크다운 체크박스 서식

13.2.8. 하이퍼링크 서식

하이퍼링크 서식은 문서 내 특정 단어에 링크를 첨부하는 서식으로, 다음과 같은 문법 구조를 사용한다.

[<text>](<link>)

<text>에는 링크 제목을, <link>는 링크 주소를 작성한다. 문서를 작성하다 보면 특정 내용에 대해 링크를 추가해야 하는 경우가 존재한다. 이러한 링크 첨부는 기술한 내용에 대한 추가적인 자료나, 내용 작성 시 참고한 자료를 명시하기 위함으로, 이를 **하이퍼링크**라고 부른다. 링크 주소를 일반 텍스트로 첨부해도 크게 상관은 없지만, 주소가 너무 길거나 주소를 대체할 수 있는 링크 제목이 필요할 때 하이퍼링크를 활용한다. README.md에서는 GitHub 링크를 첨부하기 위해 'link'라는 링크 제목으로 GitHub 주소(https://github.com)를 추가한다(❶)(그림 13.17).

```
# 3. GitHub
**GitHub** : 버전 관리 도구인 Git으로 관리되는 소스코드 형상관리 정보를 보여주는 웹 기반 서비스
([link](https://github.com))
...
```

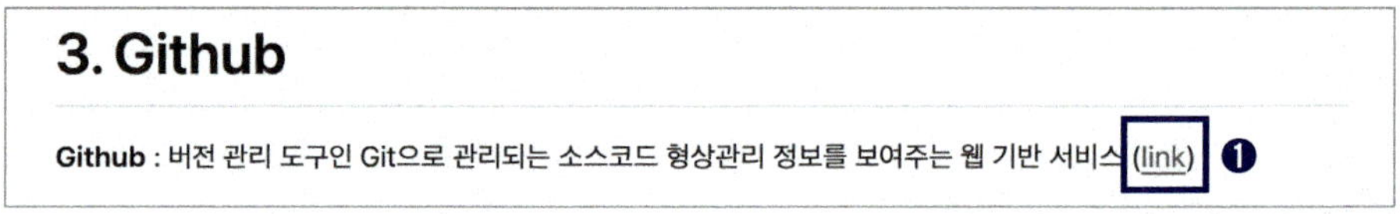

그림 13.17 []() 기호로 작성한 마크다운 하이퍼링크 서식

link를 클릭하면, 해당 링크 제목에 걸려있는 주소를 통해 GitHub 페이지가 새로운 창에 열리게 된다(❶)(그림 13.18).

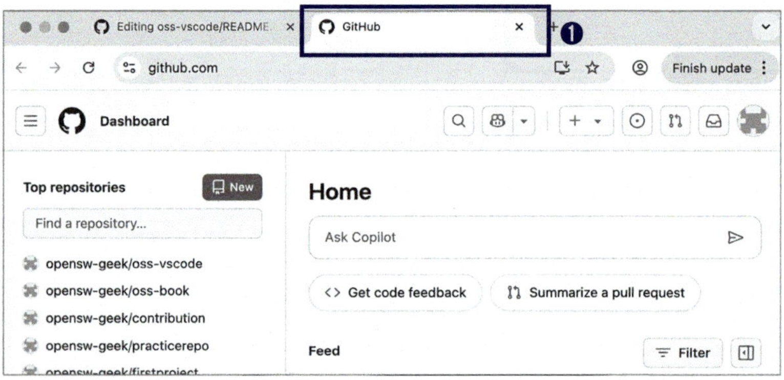

그림 13.18 link 하이퍼링크를 통해 열린 GitHub 페이지

13.3 GitHub와 VSCode에서의 마크다운 문서 확인

README.md 파일에 지금까지 교재에서 다룬 핵심 내용을 정리하면서, 개발 문서를 작성할 때 자주 사용되는 마크다운 문법과 그에 대응되는 문서 서식을 확인했다. 다른 개발 인원과 공유하는 상황을 가정하여, 수정한 README.md 파일을 oss-vscode 레포지토리에 커밋해보자.

GitHub 편집기에서 오른쪽 상단의 Commit changes 버튼을 클릭한다(❶)(그림 13.19).

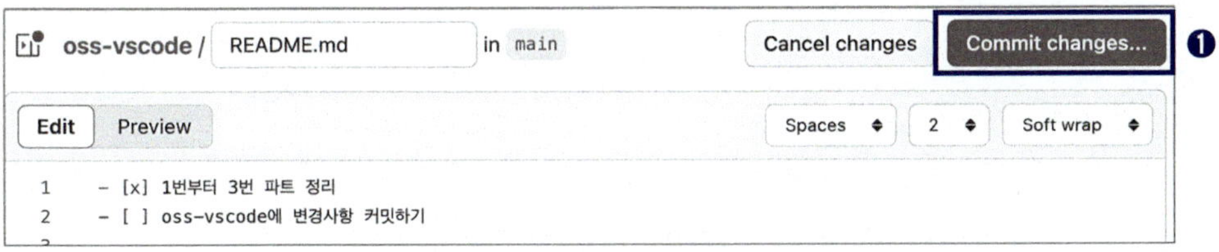

그림 13.19 GitHub 편집기의 Commit changes 버튼

이후 커밋 메세지를 작성하는 창이 보이면, GitHub에서 제시한 커밋 메세지를 확인하고(❶), 커밋이 반영되는 브랜치가 main인지 체크한 후(❷), Commit changes 버튼을 클릭한다(❸)(그림 13.20). 이후 커밋된 REMDME.md 파일을 GitHub에서 확인한다(그림 13.21).

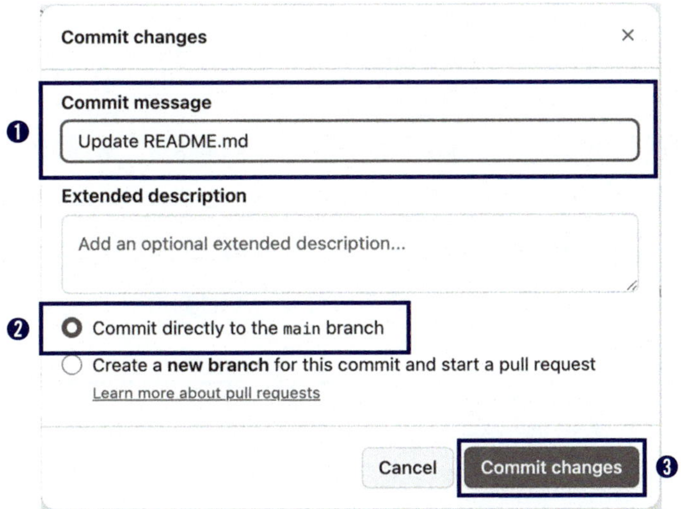

그림 13.20 GitHub의 커밋 생성 창

그림 13.21 GitHub에서 커밋한 README.md 파일

만약 VSCode에서 README.md 파일을 작업하고 싶다면, git clone 명령을 통해 oss-vscode 레포지토리가 로컬 환경에 클론된 상태이어야 한다. 이후 VSCode의 워크스페이스로 oss-vscode 레포지토리를 연다. README.md를 클릭한 후(❶), Preview 버튼을 클릭하면(❷), 오른쪽 패널에서 마크다운 문법이 실시간으로 변환되어 서식이 적용된 문서로 바로 확인할 수 있다(❸)(그림 13.22).

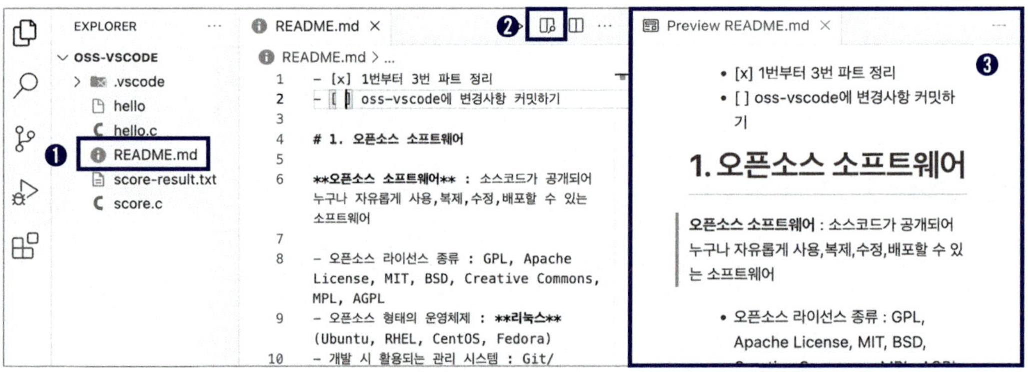

그림 13.22 VSCode에서 마크다운 문서를 작성하는 방법

GitHub에서 지원하는 모든 마크다운 서식은 Writing on GitHub 페이지(https://docs.github.com/ko/get-started/writing-on-github)에서 확인할 수 있다.

GitHub 편집기를 활용하는 방법은 간단한 문서를 작성하는 경우에 사용한다. GitHub 편집기는 별다른 편의성 기능을 제공하기 않기에, 문서가 길어지거나 문서 구조가 복잡해지면, 작성자는 수시로 Preview를 확인하는 작업이 필요하다. 즉 Live Preview 기능이 지원되지 않아 마크다운 문서를 작성하면서 실시간으로 서식 적용이 어떻게 진행되는지 확인할 수 없어, 문서 작성에 불편한 점이 존재한다.

마크다운 언어도 프로그래밍 언어처럼 일종의 문법 체계를 갖춘 언어이기에, 마크다운 사용에 있어 편의 기능을 제공하는 편집기를 활용하면 문서 작업이 수월해진다. 많이 사용되는 편집기는 Notion(노션), Obsidian(옵시디언), Typora(타이포라)가 있다. 그 중 Notion이 프로젝트 협업에 유용한 다양한 기능을 지원하며, 높은 호환성을 보이기 때문에 대중적으로 사용되고 있다.

13.4 Notion 활용하기

13.4.1. Notion이란

Notion은 온라인 환경에서 마크다운 문서를 편집할 수 있는 서비스이다. Notion은 13.2절에서 다룬 마크다운 문법을 모두 지원하고, 추가적으로 Notion에서만 제공하는 특별한 서식과 문서 템플릿이 존재한다(그림 13.23).[78]

그림 13.23 Notion 로고

Notion의 특징은 하나의 문서에서 하위 페이지를 포함할 수 있어 폴더와 유사한 계층적 구성이 가능하며, 드래그 앤 드롭(Drag & Drop) 방식으로 문서 배치를 자유롭게 조정할 수 있다. 또한, 마크다운 문법에 대한 이해가 부족한 사용자도 클릭만으로 손쉽게 마크다운 문서를 편집할 수 있도록 구성되어 있다.

78 https://www.notion.so/notion/Media-Kit-205535b1d9c4440497a3d7a2ac096286

또한 Notion은 협업 기능을 지원하기에, 다수의 사용자가 동시에 같은 문서를 열람하거나 편집할 수 있다. 이는 개발이나 기타 협업 활동 시 정보의 공유 및 관리가 용이해진다. 클라우드 기반 서비스이기 때문에 PC, 태블릿, 스마트폰 등 다양한 기기 간의 연동이 가능하며, 장소에 관계없이 접근할 수 있다는 것이 핵심적인 장점 중 하나이다. 이러한 기능들을 바탕으로 학습 노트, 프로젝트 관리, 일정 계획, 개인 포트폴리오 등 다양한 목적에 맞춰 콘텐츠를 구성할 수 있다.

13.4.2. Notion 계정 생성

Notion을 사용하기 위해서는 Notion 계정이 필요하다. 계정 생성을 위해 Notion 홈페이지(`https://notion.com/`)에서 `Sign up` 버튼을 클릭한다(❶)(그림 13.24).

그림 13.24 Notion 메인 페이지

Notion에서 제공하는 2가지 계정 생성 방식 중 하나를 선택한다. 개인 사용자는 Google, Apple, Microsoft과 같은 계정으로 Notion 계정을 생성하는 것을 권장하므로, 본인이 소유한 계정을 선택한다(❶)(그림 13.25). 이후 선택한 계정의 이메일과 비밀번호를 입력한다.

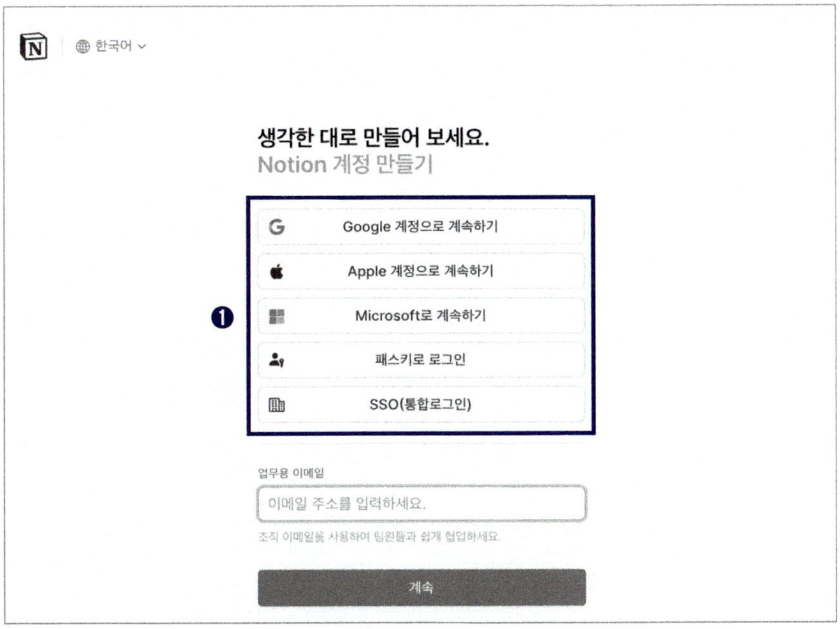

그림 13.25 Notion 계정 생성 방식 선택 화면

이후 계정 정보 공유 정책에 대한 동의 여부를 묻는 창이 보여진다. 이는 계정에 등록되어 있는 개인정보의 일부인 이름, 이메일, 프로필 사진을 Notion에 공유하는 것에 동의하는지 확인하는 절차이다. 정보 제공에 동의해야 Notion 계정을 생성할 수 있으므로, `Continue` 버튼을 클릭한다(❶)(그림 13.26).

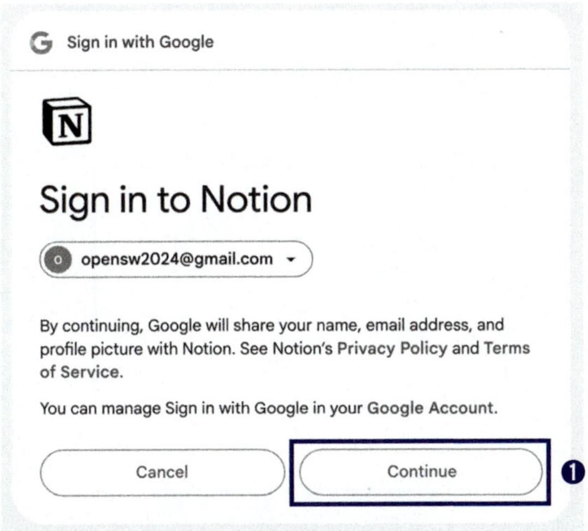

그림 13.26 Notion으로의 정보 제공 동의 여부 확인

이제 사용자의 Notion 활용 용도 및 목적을 선택하는 단계를 진행한다. 이는 Notion에서 사용자의 선호에 적합한 템플릿 추천 및 AI 글쓰기 기능을 지원하기 위해 진행하는 과정이다. 각 단계에 따라 Notion을 어떤 용도로 사용할지, 타인과 공유할지, 무엇을 위해 사용할지 선택한다(❶,❷,❸)(그림 13.27, 그림 13.28, 그림 13.29).

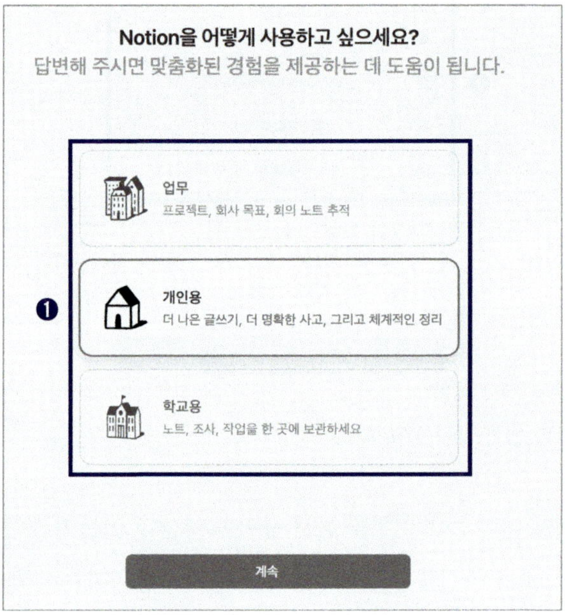

그림 13.27 Notion 사용 용도 선택 화면

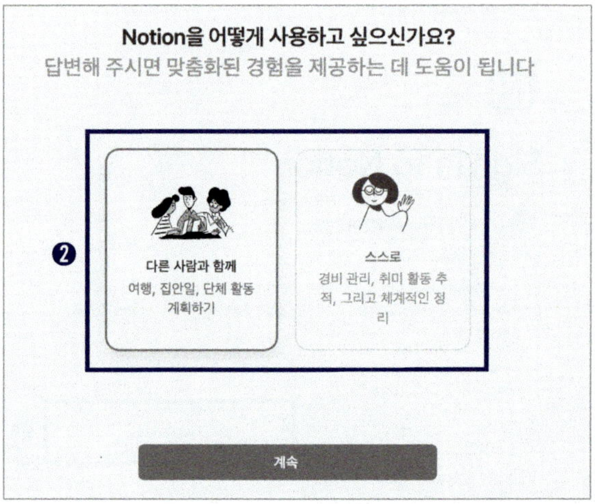

그림 13.28 Notion 공유 범위 선택 화면

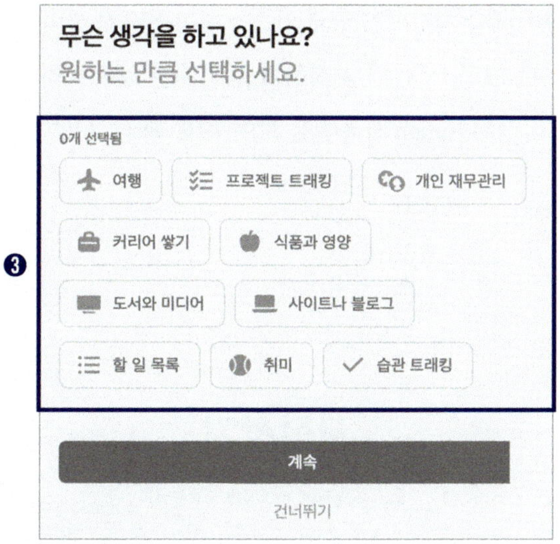

그림 13.29 Notion 활용 주제 선택 화면

마지막 단계로 Notion을 함께 사용할 팀원을 추가한다. Notion은 문서 별로 공동 작업할 팀원을 추가하는 기능을 지원하므로, 향후 공유 기능이 필요할 때 초대해도 된다. 해당 단계를 건너뛰기 위해 '**Notion으로 이동**' 버튼을 클릭한다(❶)(그림 13.30).

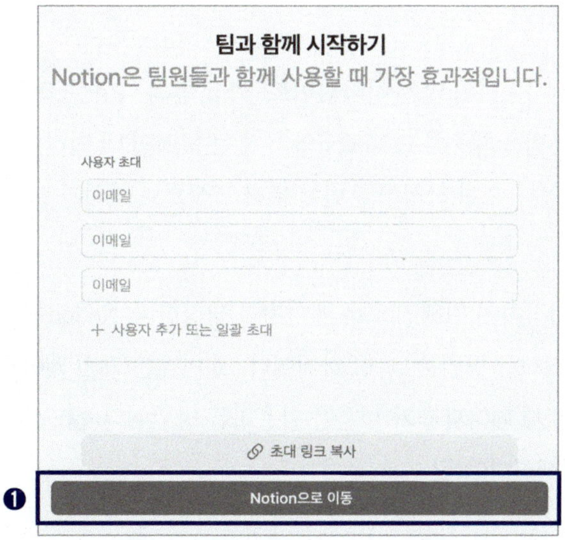

그림 13.30 Notion 워크스페이스의 공동 사용자 추가 화면

계정 생성 절차를 마무리하면, 해당 계정의 Notion 워크스페이스가 생성되어 여러 마크다운 문서를 편집할 수 있게 된다(그림 13.31). 그림 13.31의 **'시작하기'** 페이지는 앞으로의 Notion 활용을 위한 가이드 역할을 한다. 마크다운으로 작성된 Notion 사용법을 보여주며, 핵심 사용법이 간결하고 이해하기 쉽게 설명되어 있다.

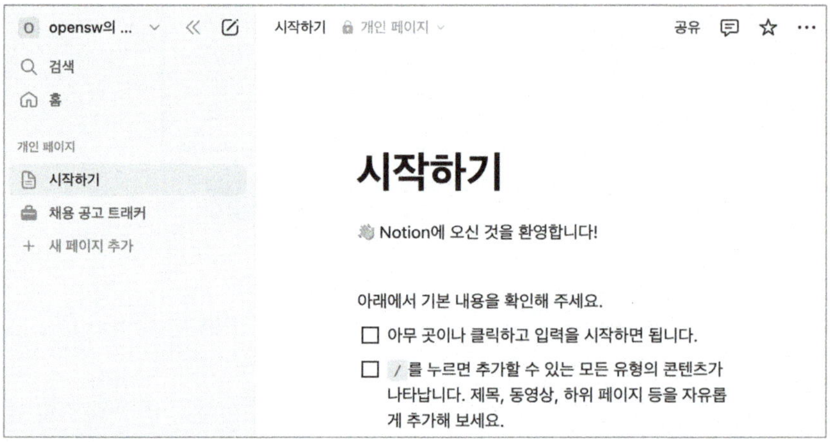

그림 13.31 Notion 시작하기 페이지

13.4.3. Notion 시작하기

Notion에서는 GitHub에서 지원하지 않는 하이라이트, 색상 등의 다양한 텍스트 서식과 토글(Toggle) 등의 추가적인 마크다운 문법을 제공하고, Notion의 가장 큰 특징인 UI 인터페이스를 통해 마크다운 문서를 자유롭게 구상할 수 있다. 또한 작성한 문법이 문서 서식으로 실시간 렌더링되는 Live Preview 기능이 탑재되어 있다.

Notion에서 문서 작업을 시작하기 위해 새로운 페이지를 생성한다. Notion에서 페이지는 하나의 문서를 의미한다. 페이지를 생성하는 방법은 크게 2가지이다. 첫 번째는 **'개인 페이지'** 항목의 오른쪽에 위치한 + 버튼을(❶), 두 번째는 **'새 페이지 추가'** 버튼을 활용하는 방법이다(❷). 실습에서는 두 번째 방법으로 페이지 생성 과정을 진행한다(그림 13.32).

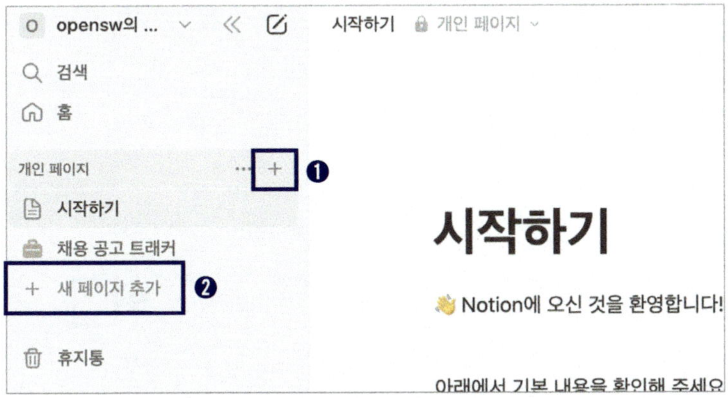

그림 13.32 Notion 페이지를 생성하는 2가지 방법

다음으로 어떤 종류의 페이지를 생성할지 선택한다. 빈 페이지를 생성하기 위해 '**빈 페이지**' 버튼을 클릭한다(❶)(그림 13.33).

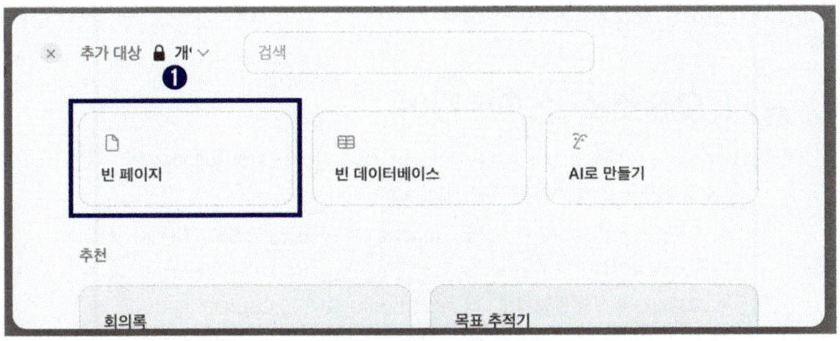

그림 13.33 '새 페이지 추가'를 통해 생성할 수 있는 페이지 종류

그림 13.33을 보면 빈 페이지 외에도 빈 데이터베이스, AI로 만들기, 추천 템플릿을 생성할 수 있다. '**데이터베이스**'는 각 칸의 내용으로 일반 텍스트 뿐만 아니라 페이지도 넣을 수 있는 표를 의미하고, '**AI로 만들기**'는 AI와의 대화를 통해 원하는 목적의 문서를 생성할 수 있도록 대화창을 제공한다. '**템플릿**'은 특정 목적에 부합하도록 만들어진 문서 양식으로, 원하는 템플릿을 선택하면 해당 템플릿 기반의 페이지가 생성된다.

빈 페이지가 생성되면 제목과 내용을 작성하는 부분이 구분되어 있다. 페이지를 작성하기 전에, GitHub의 `oss-vscode` 레포지토리에서 `README.md` 파일의 `Copy` 버튼을 클릭하여 복사한다(❶)(그림 13.34). Notion으로 돌아가서, 제목은 '**오픈소스와 리눅스**'로 작성하고(❷), 내용은 복사한 `README.md` 파일 내용을 붙여넣는다(❸)(그림 13.35).

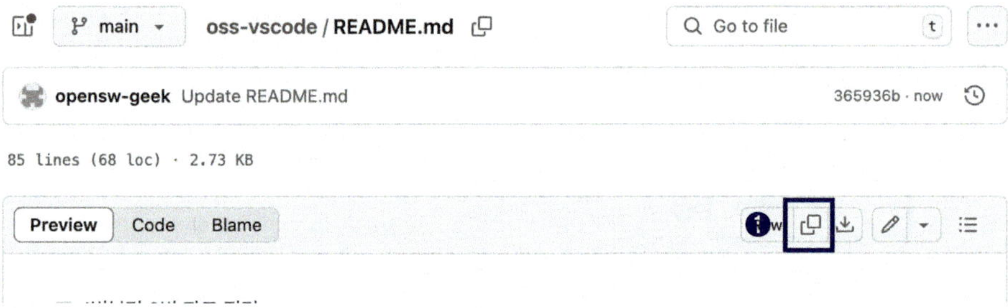

그림 13.34 oss-vscode 레포지토리의 README.md 파일에서 Copy 버튼

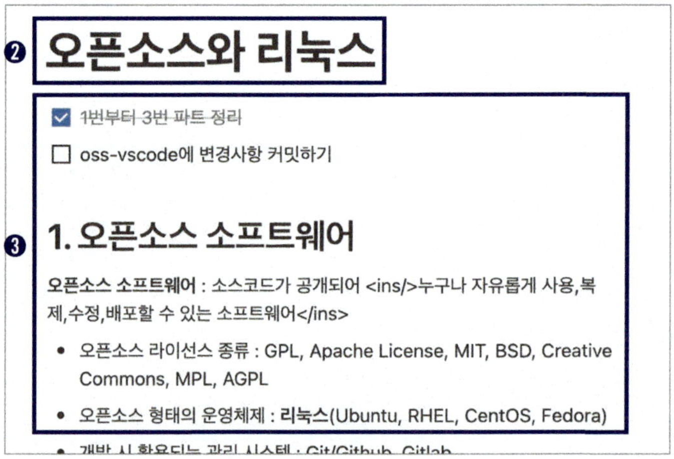

그림 13.35 Notion에 붙여넣기한 README.md 파일 내용

그림 13.35은 Notion의 Live Preview 기능을 보여준다. Notion은 해당 기능을 통해 페이지에 마크다운 문법이 작성되자마자 해당 문법에 대응하는 서식으로 즉각적으로 변환하여 보여준다. 이를 통해 문서 편집기 없이 Notion과 마크다운 언어만으로도 원하는 페이지를 구성할 수 있다.

Notion에는 블록(Block)이라는 개념이 존재한다. **블록**은 문서를 구성하는 기본 단위로, 각각의 제목, 리스트, 문단에 해당한다. 쉽게 말해 문서에서 각각의 줄을 의미한다. 마우스를 이용해 빈 영역에서 문서 영역으로 드래그하면 보이는 파란색 박스가 블록에 해당한다(그림 13.36).

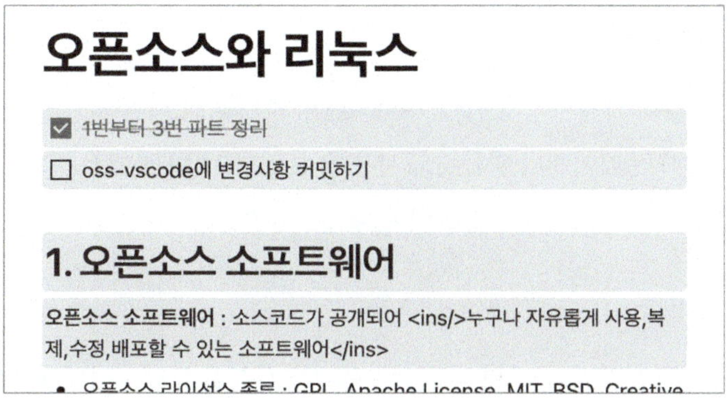

그림 13.36 Notion 페이지를 구성하는 블록

새 블록은 일반적인 문서 편집기처럼 빈 영역을 클릭하거나, [Enter]키를 입력하거나, + 버튼을 사용하는 방식으로 생성한다. + 버튼 방식은 기준 블록 아래에 새 블록을 추가한다. 해당 방식을 이용하려면, 원하는 기준 블록으로 마우스 커서를 이동한 후(❶), + 버튼을 클릭하여(❷)(그림 13.37), 새 블록을 추가한다(❸)(그림 13.38).

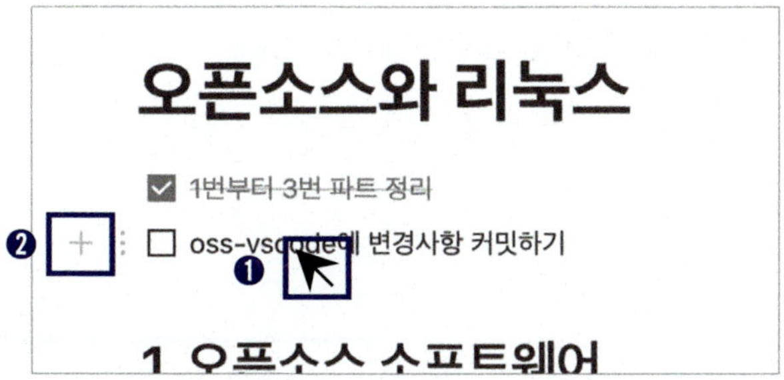

그림 13.37 기준 블록 아래에 새로운 블록을 추가하기 위한 + 버튼

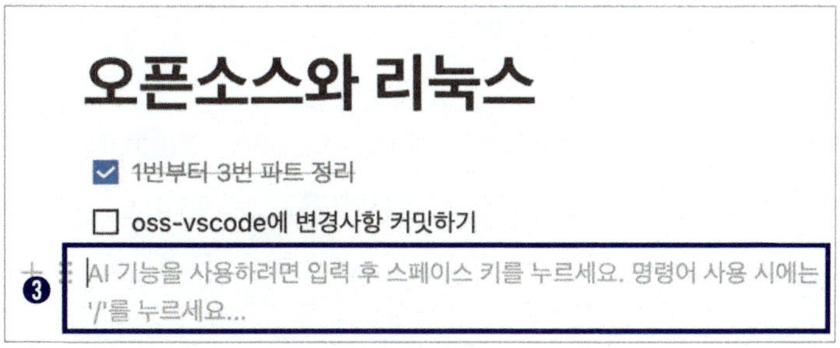

그림 13.38 + 버튼으로 추가한 새로운 블록

13.4.4. Notion 사용법

Notion은 마크다운 문법을 지원함과 동시에, Notion만의 추가적인 서식을 제공하여 Notion의 특징인 UI 인터페이스를 통해 하위 페이지나 템플릿도 사용할 수 있다. 이번 절에서는 Notion에서만 지원되는 글꼴 스타일 변경, 토글, 페이지 생성과 템플릿에 대해 다룬다.

13.4.4.1. 글꼴 스타일

먼저, 글꼴 스타일 기능을 살펴본다. 스타일 변경을 원하는 부분을 드래그하면(❶), 다양한 기능을 제공하는 메뉴가 뜬다(❷)(그림 13.39).

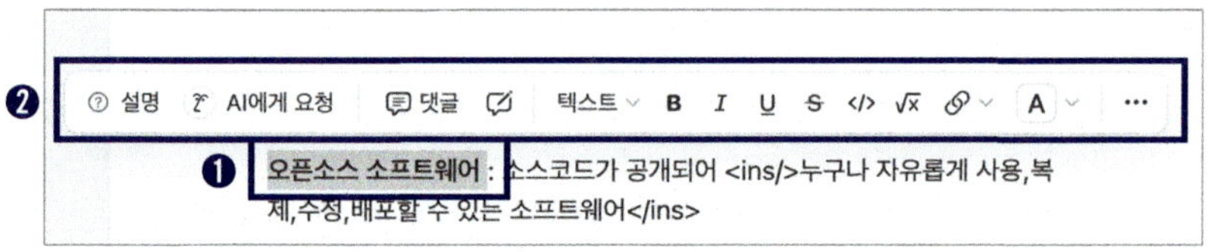

그림 13.39 드래그를 통해 생성되는 빠른 메뉴 팝업창

이 중 우측에 위치한 메뉴들이 스타일 변경 기능을 제공하며(❸)(그림 13.40), 왼쪽부터 순서대로 굵기, 이태릭체, 밑줄, 취소선, 수식, 인라인 코드 블록, 링크, 글꼴 색 버튼이 나열되어 있다. 각 버튼을 클릭하면 해당 서식이 바로 적용된다.

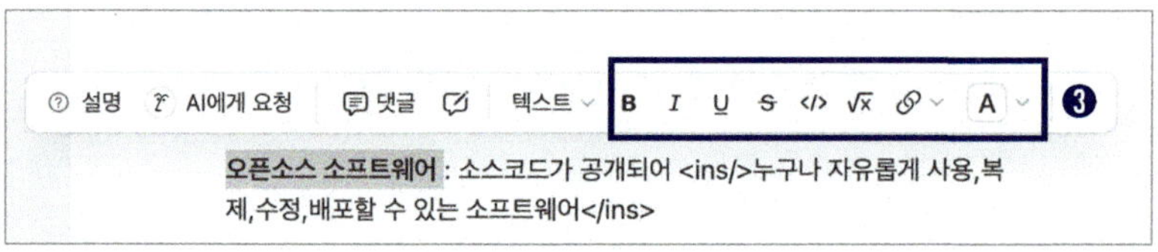

그림 13.40 글꼴 스타일 변경에 해당하는 버튼 종류

그 중 글꼴 색을 변경한다. 그림 13.40에서 **'텍스트 색'** 버튼을 클릭한 후(❶), 텍스트 색상 항목에서는 파란색을(❷), 배경 색상 항목에서는 파란 배경을 선택한다(❸)(그림 13.41).

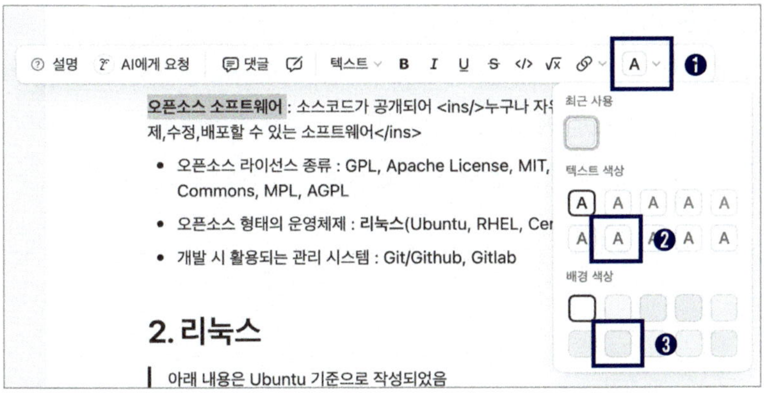

그림 13.41 텍스트 색상 및 배경색 변경 화면

이후 '**오픈소스 소프트웨어**'의 글꼴 색과 배경색이 모두 파란색으로 변경된다(❶)(그림 13.42).

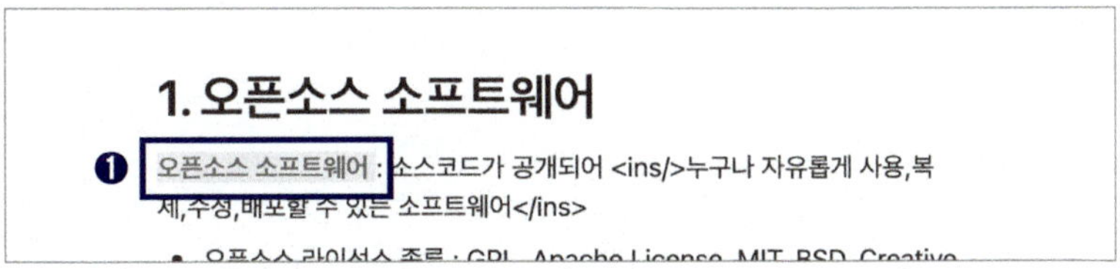

그림 13.42 선택한 텍스트 색상 및 배경색이 적용된 화면

13.4.4.2. 토글

다음으로 토글을 사용해본다. 토글은 내용을 접거나 펼칠 수 있는 블록이다. GitHub에서는 '>' 기호가 인용구 문법으로 사용되었지만, Notion에서는 토글 문법으로 사용된다. UI를 통해 토글을 추가하거나 기존 서식을 토글 형태로 변경할 수 있다. 3.2.1 파트의 제목을 토글로 전환하기 위해, '**3.2.1. 로컬 레포지토리에서 작업**' 블록에 마우스 커서를 올린 후, '**메뉴**' 버튼을 클릭한다(❶)(그림 13.43).

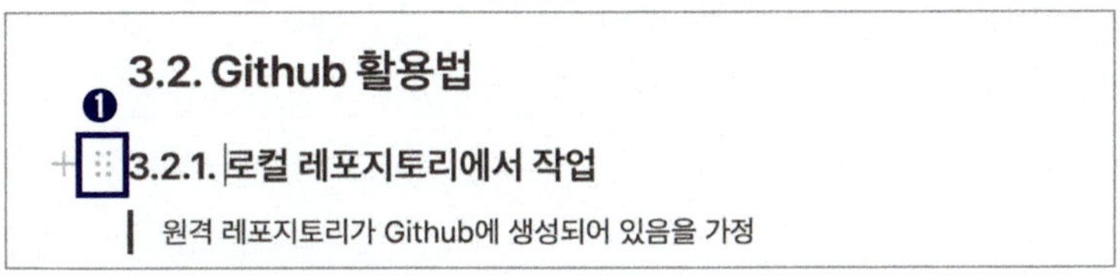

그림 13.43 제목 서식을 토글로 전환하기 위한 메뉴 버튼

다양한 메뉴 중에 **'전환'** 버튼을 클릭한다(❶). **'전환'**은 Notion에서 제공하는 다양한 문서 서식 중 하나를 선택하여 서식 변환을 하는 기능으로, 3.2.1 파트를 제목 3 토글로 변경하기 위해 **'제목3 토글'**을 선택한다(❷)(그림 13.44). **'3.2.1. 로컬 레포지토리에서 작업'** 블록은 기존에 제목 3 서식이 적용된 상태이므로, 기존 서식을 유지하면서 토글을 적용하기 위해 제목 3 토글을 채택한다.

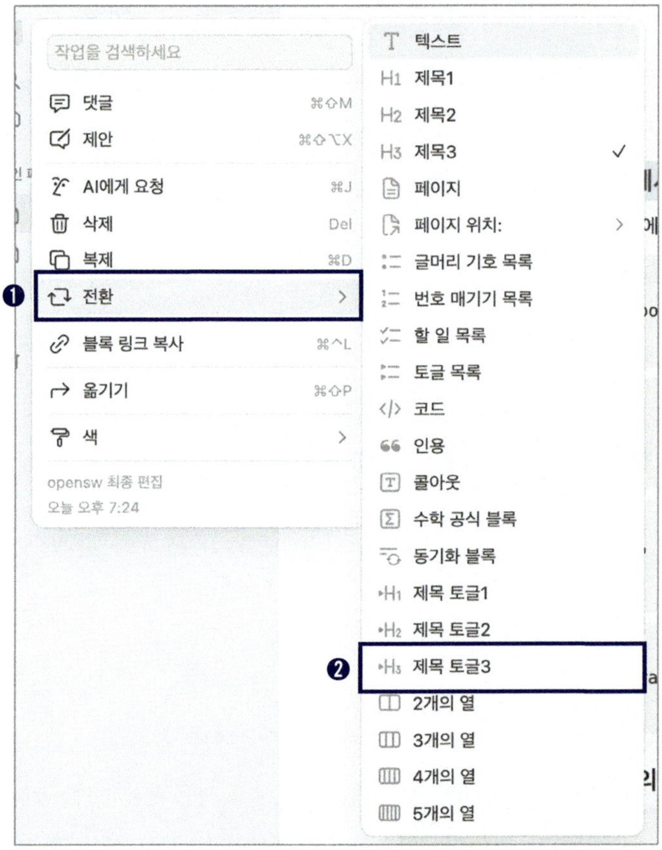

그림 13.44 서식 전환을 위한 '전환' 및 '제목 토글 3' 버튼 위치

토글이 적용되면, ▶ 버튼으로 3.2.1 파트를 접거나 펼칠 수 있다(❶)(그림 13.45, 그림 13.46). 토글은 평상시에 내용을 숨기고 있다가 필요한 상황에서는 내용을 펼쳐서 확인하고 싶은 경우에 사용한다.

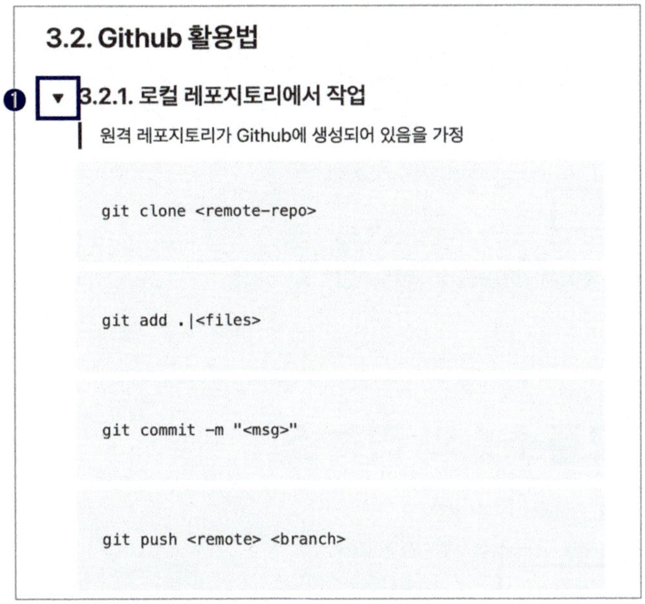

그림 13.45 펼친 토글

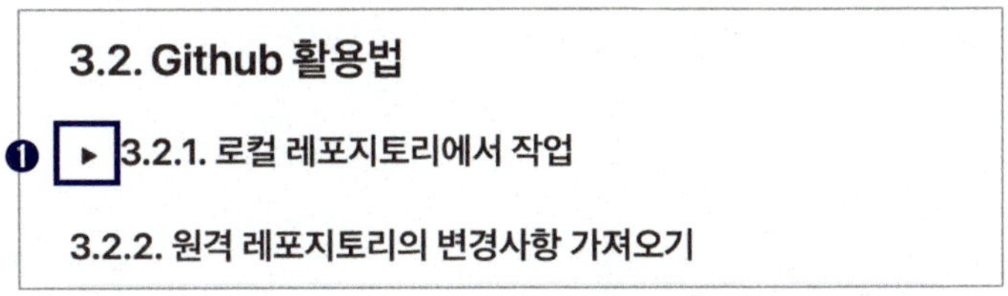

그림 13.46 접은 토글

13.4.4.3. 하위 페이지 생성

Notion에서는 페이지 안에 하위 페이지를 생성하는 것이 가능하다. 그림 13.38에서 추가한 새로운 블록에서 /page를 입력한 후(❶)(그림 13.47), [Enter]키를 눌러 추가한다(❷)(그림 13.48).

그림 13.47 새로운 블록에서 /page를 입력한 화면

그림 13.48 /page를 통해 생성된 새 페이지

생성된 새 페이지를 클릭하는 즉시 해당 페이지로 이동하며, 페이지 상단에 페이지 간의 계층 관계를 나타내는 인덱스가 생성된다(❶)(그림 13.49).

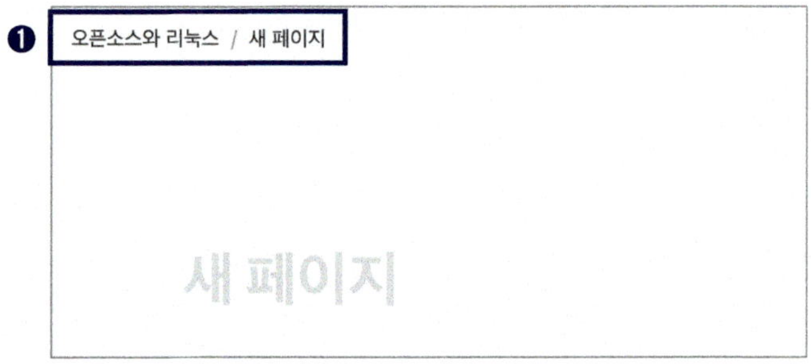

그림 13.49 페이지 인덱스 위치

13.4.4.4. 템플릿

마지막으로 Notion에서 제공하는 템플릿 페이지를 생성한다. 소개할 방법으로 템플릿 페이지를 생성할 경우, '**새 페이지**'에 적용되는 것이 아닌, 새로운 템플릿 페이지가 추가되는 방식이다. 그림 13.49에서 하단의 '**시작하기**' 항목에서 '**템플릿**' 버튼을 클릭한다(❶)(그림 13.50).

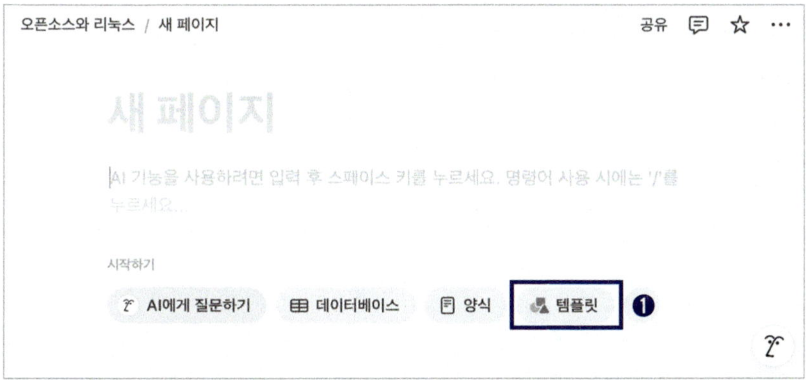

그림 13.50 '새 페이지'에서 템플릿 버튼 위치

다양한 Notion 템플릿 중 페이지 사용 목적에 따라 원하는 템플릿 카테고리를 찾아 선택한다. 일정 관리를 위한 페이지를 추가하기 위해, '**할 일 목록**' 카테고리를 클릭한다(❶). 만약 선호하는 카테고리가 안보인다면 검색 기능을 활용한다(❷)(그림 13.51).

그림 13.51 Notion 템플릿 중 할 일 목록 카테고리 및 검색바 위치

카테고리를 선택하면, 해당 카테고리로 분류된 다양한 템플릿을 둘러볼 수 있다. 템플릿은 무료 제공

과 유료 제공으로 나뉜다. 왼쪽 상단에 Notion에서 제작한 **'할 일 목록'** 템플릿을 선택하여 자세한 정보를 확인한다(❶)(그림 13.52).

그림 13.52 '할 일 목록'으로 분류된 템플릿 리스트

템플릿 정보로는 제작자, 평점, 마지막 업데이트 일자, 지원 언어와 제작자의 템플릿 소개가 제공된다(❶). 상단의 미리보기를 통해 템플릿이 적용된 페이지를 미리 살펴볼 수 있다(❷). 해당 템플릿을 생성하기 위해 **'+ 추가'** 버튼을 클릭한다(❸)(그림 13.53).

그림 13.53 '할 일 목록' 템플릿의 상세 정보 페이지

이후 페이지 하단의 **'템플릿이 준비되었습니다'** 라는 메세지가 뜨면, **'템플릿 보기'**(❶) 또는 **'작업'** 페이지를 선택하여(❷),생성된 템플릿 페이지로 이동한다(❸)(그림 13.54).

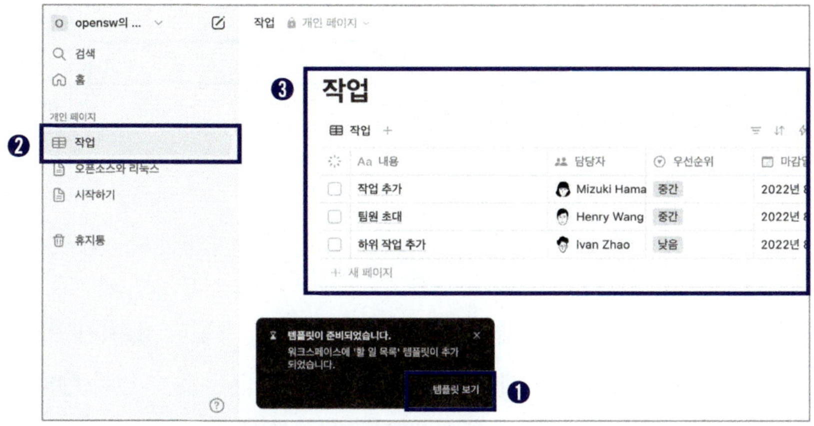

그림 13.54 '할 일 목록' 템플릿으로 생성된 페이지

생성된 템플릿 페이지인 **'작업'** 페이지를 **'오픈소스와 리눅스'** 페이지의 하위 페이지로 이동시켜보자. **'작업'** 페이지의 **'더보기'** 버튼을 클릭하고(❶), **'옮기기'** 버튼을 선택한다(❷)(그림 13.55).

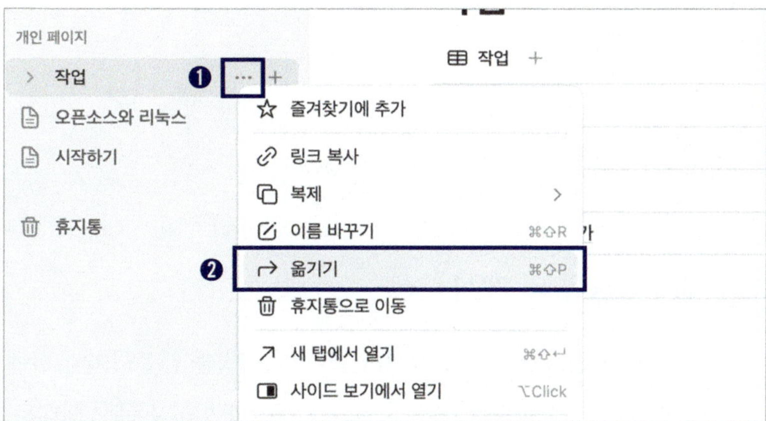

그림 13.55 페이지 이동을 위한 '더보기' 및 '옮기기' 버튼 위치

어떤 페이지로 이동할 것인지 선택하는 창이 뜨면, **'오픈소스와 리눅스'**를 클릭한다(❶)(그림 13.56).

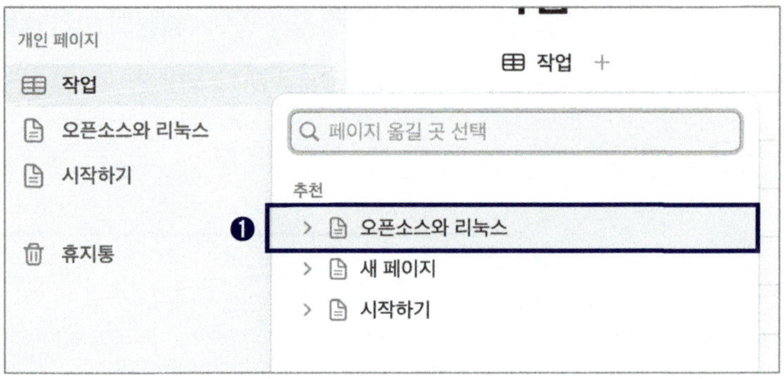

그림 13.56 페이지 이동 위치를 지정하는 화면

왼쪽 패널에서 '**오픈소스와 리눅스**' 페이지를 보면 '**펼치기**' 버튼이 생성된다. '**펼치기**' 버튼을 클릭하면 (❶), '**작업**' 페이지가 '**오픈소스와 리눅스**'페이지 아래로 이동한 모습을 볼 수 있다(❷)(그림 13.57).

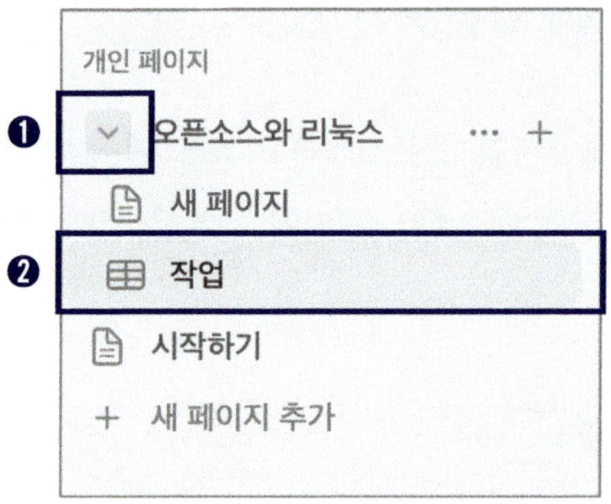

그림 13.57 '오픈소스와 리눅스' 페이지로 이동한 '작업' 페이지

13.4.5. Notion 페이지 공유 및 게시

Notion 페이지는 다른 사람들과 공유하는 기능을 지원한다. 페이지를 공유하여 문서에 접근하는 것을 허용하거나, 더 나아가 특정 사람에 한해 문서 편집 권한도 제공하여 공유 문서 형태로 관리할 수 있도록 한다. 또한, 페이지를 홈페이지 형태로도 게시할 수 있다. 이러한 공유 기능과 더불어 GitHub보다 다양한 서식을 제공하고 및 UI를 사용한 쉬운 편집이 가능하기 때문에, 프로젝트 개발 문서로 Notion을 활발하게 활용되고 있는 것이다.

공유 기능은 오른쪽 상단의 '**공유**' 버튼으로 활성화한다(❶). 공유 기능을 사용할 때는 공유 대상자마다 부여할 권한을 지정할 수 있다. 일반 사용 권한이 '**초대받은 사용자만**'으로 선택되어 있으면(❷), 공유 대상자를 초대하여(❸), 초대한 사람만 해당 페이지를 열람 가능하도록 제한할 수 있다. 초대한 사람의 접근 권한을 수정할 수도 있어(❹), 프로젝트 팀원의 역할에 적합한 권한을 부여함으로써 공유 문서가 무분별하게 편집되는 상황을 방지할 수 있다(그림 13.58).

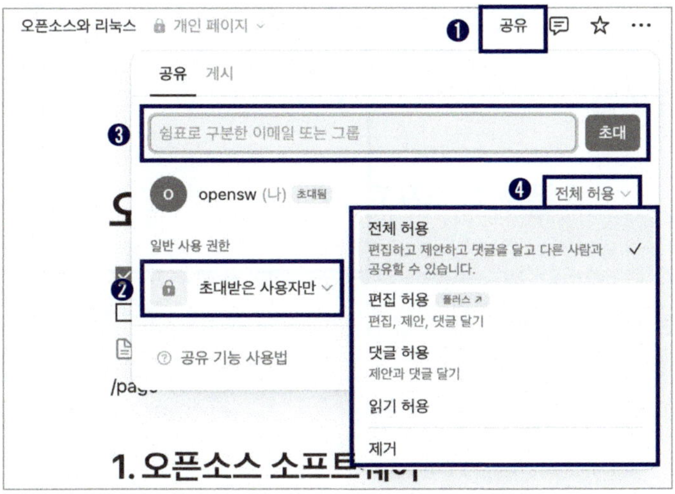

그림 13.58 공유 대상자를 지정하는 공유 방법

그림 13.58에서 '**링크가 있는 웹의 모든 사용자**'로 선택하면(❶), 링크를 소유한 모든 사람이 문서에 접근할 수 있게 된다(그림 13.59). 해당 경우도 링크 소유자의 권한을 지정할 수 있다(❷)(그림 13.60).

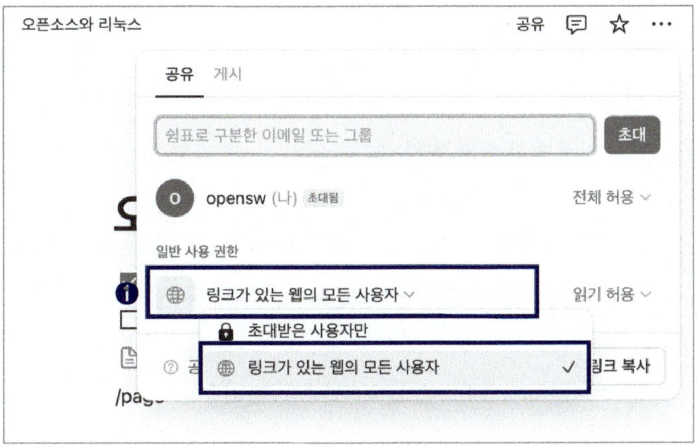

그림 13.59 공유 대상을 변경하는 방법

그림 13.60 링크 소유자의 권한 수정 방법

공유하려는 문서 링크를 복사하려면 '**링크 복사**' 버튼을 클릭한다(❶)(그림 13.61).

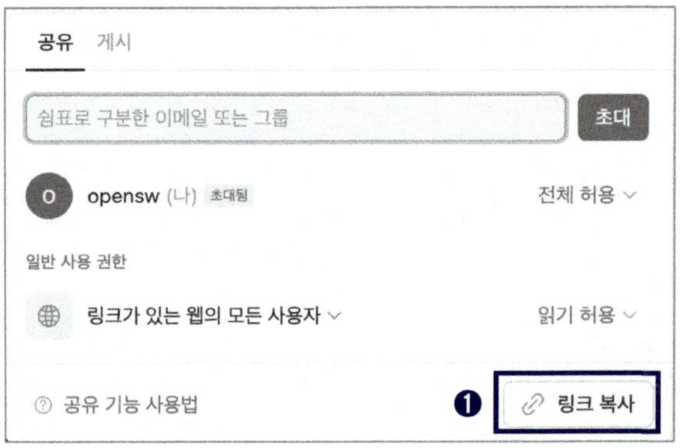

그림 13.61 공유를 위한 링크 복사 버튼 위치

Notion의 게시는 공유 기능과 동일하게, 페이지 우측 상단의 '**공유**' 버튼을 클릭하여(❶), '**게시**' 항목을 선택한다(❷). 이후 하단의 '**게시**' 버튼을 클릭하여(❸), 페이지 게시를 시작한다(그림 13.62).

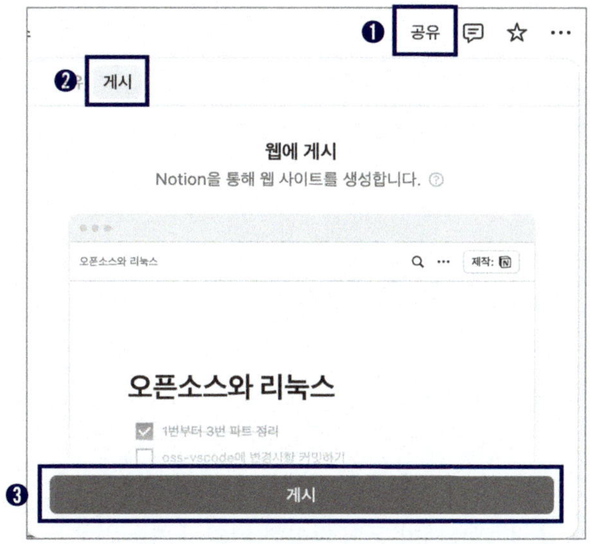

그림 13.62 게시 버튼 위치

게시된 페이지 링크는 링크 모양 버튼으로 복사할 수 있으며(❶), 게시 상태는 언제든지 '**게시 취소**' 버튼을 통해 중단할 수 있다(❷)(그림 13.63). 게시된 페이지는 상단에 게시되었다는 메세지가 표시된다(❸)(그림 13.64).

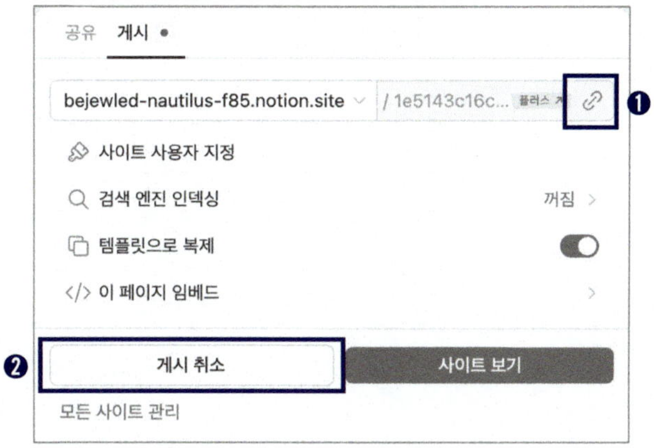

그림 13.63 게시된 페이지 링크 복사 버튼 및 게시 취소 버튼 위치

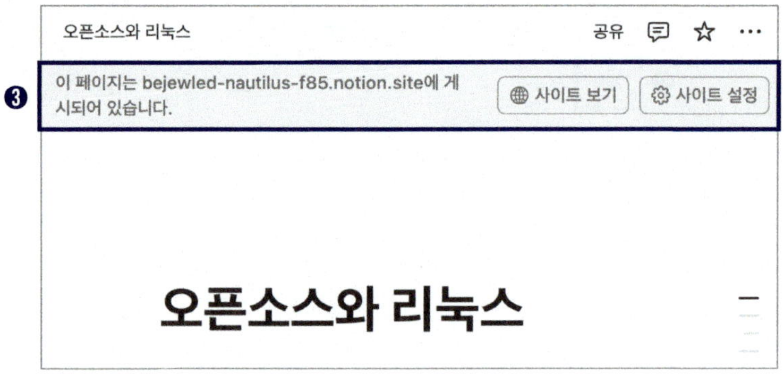

그림 13.64 게시 상태를 알리는 메세지

Notion에는 오른쪽 상단의 '**더보기**' 버튼을 통해(❶), 소개한 기능 외에도 글씨 크기 및 문서 너비 조절, 내보내기 등의 다양한 편의성 기능을 제공한다(그림 13.65). 특히 내보내기는 Notion 페이지를 PDF 파일 또는 마크다운 파일로 다운로드하는 기능으로, 다운받은 마크다운 파일을 GitHub에 업로드할 수도 있다. 이때 13.4.4절에서 다룬 Notion 서식은 GitHub에서 지원하지 않는 마크다운 문법이기에, GitHub에서 문서를 확인하면 Notion에서의 문서 서식이 일부 지원되지 않을 수 있다. 만약 GitHub로의 업로드를 고려한다면 13.4.4절에서 소개한 Notion만의 기능은 페이지 내에서 사용하지 않는 것을 권장한다.

그림 13.65 Notion에서 지원하는 다양한 기능

CHAPTER 13 연습문제

01. 마크다운의 특징을 설명하라.

02. 마크다운이 협업할 때 유용한 이유에 대해 서술하라.

03. Notion의 '오픈소스와 리눅스' 페이지에 '리눅스 서비스 구축' 이라는 하위 페이지를 생성하라. 하위 페이지는 빈 페이지로 생성하라.

04. '데이터베이스, 웹 서버, 모니터링 시스템'을 제목 서식으로 작성하라.

05. 데이터베이스, 웹 서버, 모니터링 시스템에 대해 찾아본 정보를 적절한 제목 아래에 기호 목록 서식으로 작성하라.

06. 데이터베이스인 MySQL, 웹 서버인 Apache2, 모니터링 시스템인 Grafana에 대한 구축 단계를 검색을 통해 알아본 다음 적절한 위치에 숫자 목록 서식으로 작성하라.

07. 각 구축 단계에서 사용해야 하는 코드가 있다면, 블록 코드 서식으로 정리하라.

08. '리눅스 서비스 구축' 페이지의 최상단에 본인의 이름, 학과, 학번, 문서 작성 일자를 표 서식으로 작성하라.

09. '모니터링 시스템' 제목 아래에 Prometheus와 Grafana를 함께 사용하는 이유를 인용구 형식으로 작성하라.

10. 페이지에서 가장 처음에 나온 Prometheus와 Grafana 단어에 하이퍼링크를 추가하라. 링크는 각 서비스의 공식 페이지로 첨부하라.

11. 다음의 항목을 체크박스 서식으로 작성하라. 첫 번째 항목은 체크 상태인 체크박스로 나타내라.

a) 오픈소스 조사 완료

b) GitHub 업로드

12. '리눅스 서비스 구축' 페이지에서 본인이 생각하는 핵심 내용에 대해 볼드체, 밑줄, 배경 색 서식을 적용하라.

13. 지금까지 작성한 Notion 페이지를 게시하라.

PART

05

나만의 서비스
오픈소스로 띄운다

14 리눅스 서비스 구축

CHAPTER

리눅스는 IT 서비스를 구동하기 위한 서버 운영체제로 많이 채택된다. 이는 서비스에서 발생하는 데이터 저장 및 관리를 위한 데이터베이스와, 인터넷 상의 홈페이지를 운영하기 위한 웹 서버를 구축하는 경우가 많기 때문이다. 이번 장에서는 리눅스로 데이터베이스 서버, 웹 서버를 구축하는 방법에 대해 알아보자.

14.1 가상머신 네트워크 환경 구성

우선 서버를 구축하기 위해서는 네트워크 환경 설정부터 진행한다. 리눅스 네트워크 설정 단계에서는 VirtualBox에서의 네트워크 설정과 우분투의 네트워크 설정을 통해 서버에 올바른 IP가 할당되도록 한다.

14.1.1. VirtualBox 네트워크 설정

우분투 가상머신 생성 시 2개의 네트워크 카드를 활성화하여, 각각 `NAT`과 `Host only Adapter`로 설정하였다. NAT을 사용하면 가상머신은 호스트의 네트워크를 사용하여 인터넷에 접속할 수 있고, 외부에서도 가상 컴퓨터에 접근할 수 있게 된다.

VirtualBox는 가상머신마다 최대 8개의 어댑터를 제공하며, 각 어댑터마다 가상 네트워크 하드웨어 종류와 가상화 모드를 설정한다. VirtualBox는 기본적으로는 4개의 어댑터만 지원한다(❶)(그림 14.01). 어댑터가 추가적으로 필요하다면, VirtualBox 가상머신의 설정을 변경하는 `VBoxManage modifyvm` 명령으로 8개로 확장할 수 있다.

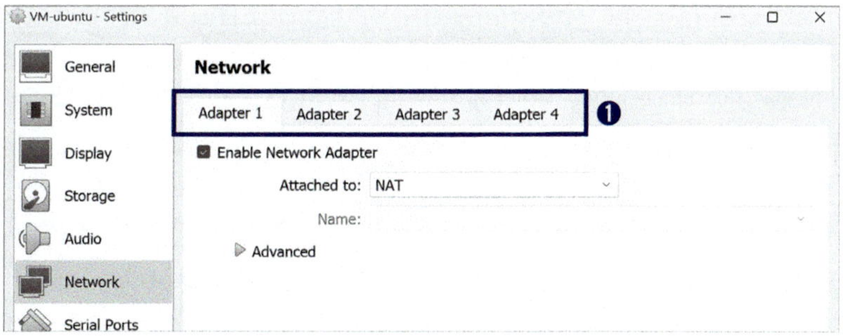

그림 14.01 VirtualBox에서 제공하는 기본 네트워크 카드 개수

`Attached to` 항목이 가상화 모드에 대한 선택 패널이다(❶)(그림 14.02). 해당 어댑터로 어떤 네트워크를 사용할 지 선택하는 항목이라고 생각하면 된다.

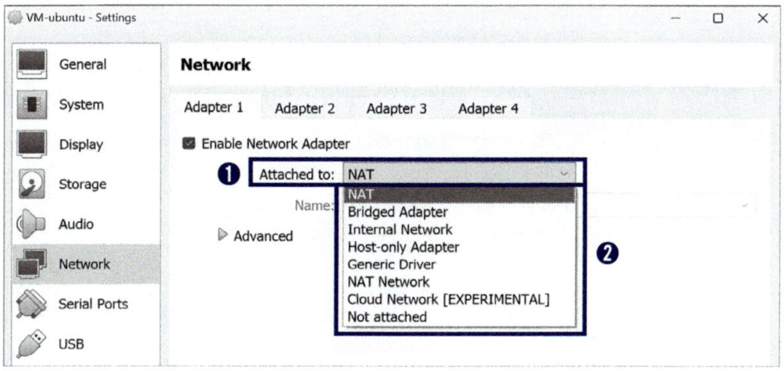

그림 14.02 `Attached to` 선택 패널 화면

그림 14.02처럼 `Attached to` 항목에는 다양한 네트워킹 모드를 지원하고(❷), 원하는 모드를 선택할 수 있다. 각 항목에 대한 설명은 아래와 같다.

- **NAT(Network Address Translation)** : 가상머신이 생성되면 기본으로 선택되는 디폴트 모드로, 가장 간단한 방법이다. NAT은 라우터를 통한 인터넷 연결과 유사하지만 포트 포워딩(Port Forwarding) 설정 없이는 서버로 사용할 수 없다. 포트 포워딩은 외부에서 내부망의 라우터를 거쳐 특정 서버로 데이터를 전달할 때, 라우터와 해당 서버 간의 데이터 통신 시 사용할 포트를 지정하는 것이다. 이를 지정하지 않으면 둘 사이의 데이터 통신 라인이 없다고 생각하면 된다.
- **Bridged Adapter** : 가상머신이 호스트와 같은 네트워크에 존재하게 하고싶은 경우에 사용한

다. 다만 호스트의 네트워크 환경이 변화하면 가상머신의 브릿지 연결도 재설정해야 한다.

- **Internal Network** : Host-only Adapter에서 호스트와의 연결이 불가능한 모드이다. 이는 가상머신 간의 통신만 가능하다는 것을 의미한다.
- **Host-only Adapter** : 가상머신과 외부 네트워크 간의 접근이 아예 차단되며, 호스트와 가상머신 간의 연결만 허용된다. 여러 가상머신이 협업해야 할 때 유용하다.
- **Generic Driver** : UDP(User Datagram Protocol) 터널 네트워킹과 VDE(Virtual Distributed Ethernet) 기능을 지원한다. 다만 거의 사용되지 않는 모드이다.
- **NAT Network** : NAT과 유사하지만 가상머신 간의 통신이 가능하다. 주로 외부로부터 가상머신의 접근을 차단할 때 사용한다.
- **Not attached** : 어댑터는 존재하지만 케이블이 연결되지 않은 상태이다.

`Adapter type` 항목은 가상 네트워크 하드웨어 선택 패널이다(그림 14.03). Advanced를 클릭하여(❶), 숨겨져 있던 `Adapter type` 항목을 볼 수 있다(❷). 이는 가상 하드 디스크를 생성하여 사용한 것처럼, 어떠한 가상의 네트워크 장치를 사용할 것인지 선택하는 패널이다.

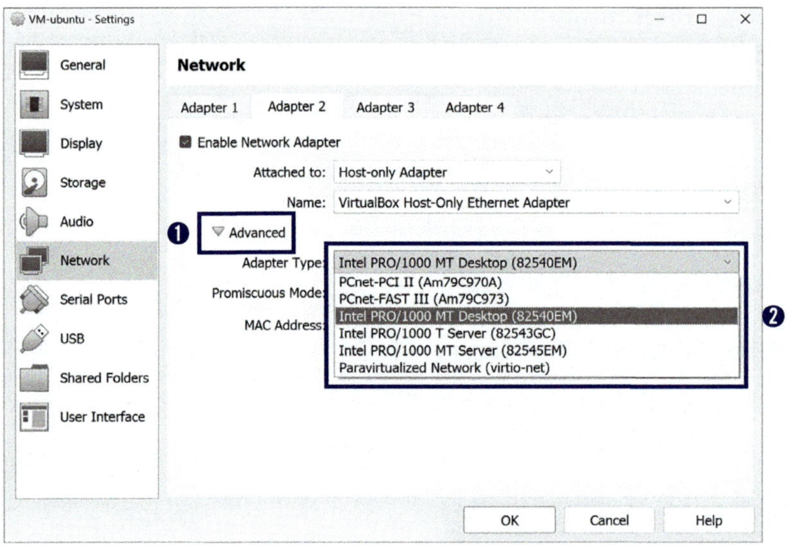

그림 14.03 `Adapter type` 선택 패널 화면

그림 14.03에서 볼 수 있듯 VirtualBox에서 제공하는 가상 네트워크 하드웨어는 다음과 같다. VirtualBox에서 공식적으로 설명되어 있는 가상 하드웨어만 설명한다.

- **AMD PCNet FAST III(Am79C973)** : 거의 모든 운영체제를 지원하므로 가상머신을 생성할 때 기본값으로 설정되어 있다. 예외적으로 Windows Vista와 같이 PCNet 카드용 드라이버가 제공되지 않는 일부 게스트 운영체제에서는 Intel PRO/1000 제품군 어댑터를 사용한다.
- **Intel PRO/1000 MT Desktop(82540EM)** : Windows Vista 이상 버전에서 사용이 가능하다.
- **Paravirtualized network adapter(virtio-net)** : 게스트 운영체제에서 지원하는 일반 네트워킹 하드웨어를 가상화 하지 않는다.

14.1.2. Ubuntu 네트워크 설정

이번 절에서는 우분투 환경에서 네트워크를 설정하는 방법에 대해서 알아보자. 먼저 리눅스의 네트워크 구조부터 알아보자(그림 14.04).

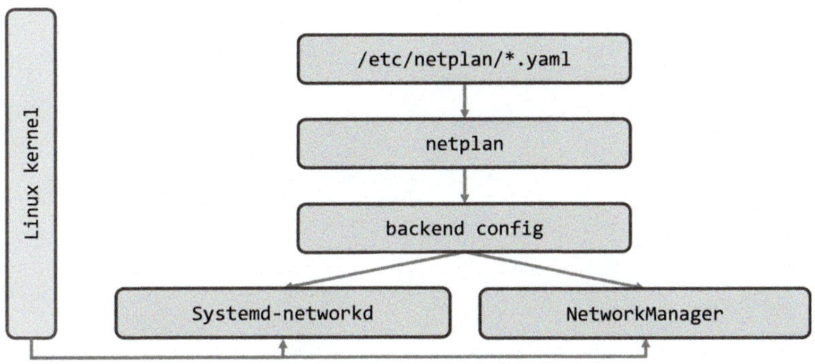

그림 14.04 리눅스 시스템의 네트워크 구조

`netplan`은 Ubuntu 17.10 버전부터 네트워크 설정을 관리하기 위해 사용되고 있다. Ubuntu 18.04 버전 이전에는 `/etc/network/interfaces` 파일로 관리했으나, 18.04 버전부터는 `/etc/netplan/*.yaml` 파일을 사용하고 있다.

`/etc/netplan/*.yaml` 파일은 네트워크 설정 정보를 저장한다. 파일에 저장된 설정 정보를 실제 네트워크 인터페이스에 적용하기 위해 랜더러가 사용된다. **랜더러(Renderer)**는 크게 `NetworkManager`와 `networkd`가 지원된다.

NetworkManager는 우분투 데스크톱에서 사용된다. 이를 랜더러로 사용할 경우, GUI 환경으로 네트워크 설정을 관리할 수 있다. networkd는 주로 GUI가 지원되지 않는 CLI 환경을 통해 네트워크를 설정해야 할 때 사용하는 랜더러이다.

그림 14.04에서 최종적으로 커널에 접근하는 것은 Systemd-networkd(networkd)와 NetworkManager이다. 앞서 언급했듯이 랜더러가 NetworkManager라면, 최고 우선순위를 가져 yaml 파일에 저장된 설정이 NetworkManager에 적용되고, 이후 NetworkManager를 커널이 읽어들이는 방식으로 진행된다.

정리하면 네트워크는 yaml → netplan → config → Renderer 순으로 설정된다.

이제 우분투 네트워크를 설정하는 방법을 알아보자. NetworkManager를 사용하여 네트워크를 설정하는 방법은 3장에서 네트워크 설정 페이지를 활용한 방법과 동일하다(그림 14.05). 우분투 데스크탑은 기본 렌더러가 NetworkManager로 설정된다.

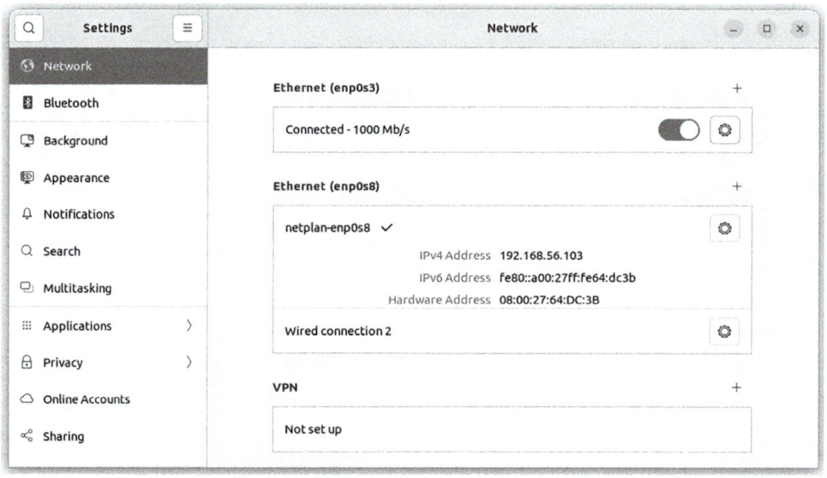

그림 14.05 NetworkManager를 사용한 네트워크 설정 페이지

즉 그림 14.05의 경우는 NetworkManager의 GUI 환경을 이용한 것이다. 그 외에도 NetworkManager는 TUI(Text-based User Interface) 환경도 지원하는데, 이는 9장에서 살펴본 nmtui 명령을 실행하는 방법이 해당된다(그림 14.06).

그림 14.06 nmtui 명령으로 사용한 NetworkManager의 TUI 환경

그림 14.05와 그림 14.06처럼 NetworkManager를 사용하면, /etc/netplan/ 디렉터리에 위치한 yaml 파일들을 직접 수정할 필요없이 GUI를 사용하여 쉽게 네트워크를 설정할 수 있다.

이제 yaml 파일을 통해 네트워크를 수정하는 방법에 대해 알아보자. 보통 서버는 터미널만 지원되는 운영체제를 사용하기에, 서버 관리자는 네트워크 설정 파일을 수정하여 관리하는 방법도 알아야 한다.

먼저 /etc/netplan 디렉터리로 이동하여 해당 디렉터리에 존재하는 yaml 파일을 확인해보자.

```
openswa@tux:~$ cd /etc/netplan/
openswa@tux:/etc/netplan$ ls
01-network-manager-all.yaml
openswa@tux:/etc/netplan$
```

네트워크 설정 파일을 소개할 때 /etc/netplan/*.yaml로 언급하였다. 이는 파일 이름에 상관없이 /etc/netplan 디렉터리 아래에 존재하는 모든 .yaml 파일이 네트워크 설정 파일이라는 의미를 내포한 것이다. 즉 현재 우분투는 01-network-manager-all.yaml 파일이 네트워크 설정 파일로, 우분투 설치 시 기본으로 존재하는 파일이다.

01-network-manager-all.yaml 파일을 vi로 열어보자.

```
openswa@tux:/etc/netplan$ sudo vi 01-network-manager-all.yaml
```

해당 파일에 작성된 네트워크 설정은 아래와 같다.

```
# Let NetworkManager manage all devices on this system
network:
  version: 2
  renderer: NetworkManager
```

주석(#)은 리눅스에 존재하는 모든 네트워크 인터페이스(장치)를 NetworkManager가 관리하도록 한다는 의미이다. 이는 renderer 항목이 NetworkManager로 설정되어 있기 때문이다. 앞서 언급한 것처럼 우분투의 기본 렌더러는 NetworkManager임을 확인하였다.

이제 enp0s8의 네트워크 설정을 변경해보자. 그 전에 해당 인터페이스 이름을 다시 한 번 확인한다.

```
root@tux:~# ip addr
...
3: enp0s8: <BROADCAST,MULTICAST,UP,LOWER_UP> mtu 1500 qdisc fq_codel state UP group default
qlen 1000
    link/ether 08:00:27:a0:15:a5 brd ff:ff:ff:ff:ff:ff
    inet 192.168.56.101/24 brd 192.168.56.255 scope global noprefixroute
...
root@tux:~#
```

네트워크 설정은 네트워크 인터페이스별로 적용되기에, 인터페이스 이름을 정확히 명시해야 해당 인터페이스에 설정한 값이 정상적으로 반영되기 때문이다. 만일 인터페이스 이름이 교재 실습 환경과 다를 경우, 3장에서 IP 주소를 192.168.56.101로 설정한 인터페이스 이름을 사용해야 한다.

enp0s8 인터페이스의 IP 주소를 DHCP로 할당하도록 설정하자.

```
opensw@tux:/etc/netplan$ cat 01-network-manager-all.yaml
# Let NetworkManager manage all devices on this system
network:
  version: 2
  renderer: NetworkManager
  ethernets:
    enp0s8:
      dhcp4: yes
      dhcp6: yes

opensw@tux:/etc/netplan$
```

.yaml 파일은 들여쓰기에 유의하여 작성해야 한다. enp0s8 인터페이스를 설정하므로, 'ethernets:'과 'enp0s8:'을 작성한다. 해당 인터페이스에 DHCP 방식으로 IP 주소를 할당하기 위해 DHCP를 활성화해야 한다. IPv4와 IPv6 모두 동일한 방식으로 할당하기 위해 'dhcp4: yes', 'dhcp6: yes' 를 작성한다.

DHCP(Dynamic Host Configuration Protocal)는 IP 주소, 게이트웨이, DNS 서버 주소 등을 해당 인터페이스에 연결된 네트워크에 맞게 자동으로 설정한다. DHCP를 활성화하면 IP 주소를 직접 설정하지 않아도 된다. 다만 DHCP로 부여된 IP 주소는 시스템이 재부팅 될 때마다 바뀔 수 있다. 이는 재부팅에 상관없이 IP 주소가 유지되어야 하는 환경에서는 치명적인 단점이기에, IP 주소를 고정적으로 부여하는 방법을 많이 사용한다.

이후 수정한 내용을 저장 및 종료한다.

```
...
    enp0s8:
      dhcp4: yes
      dhcp6: yes

:wq    # save and exit
```

설정한 내용이 netplan에 반영되도록 netplan apply 명령을 실행하자.

```
opensw@tux:/etc/netplan$ sudo netplan apply
opensw@tux:/etc/netplan$
```

/etc/netplan/*.yaml 파일을 수정했다면 해당 명령을 실행해야 한다. 그림 14.04를 보면, /etc/netplan/*.yaml 파일에서 netplan로 반영되어야 하는 구조를 가지고 있기 때문이다. netplan에 반영하기 않으면, 변경한 네트워크 설정이 시스템에 정상적으로 반영되지 않을 수 있다.

이후 enp0s8의 IP 주소 설정에 대한 내용이 반영되었는지 확인해보자.

```
opensw@tux:/etc/netplan$ ip addr
...
3: enp0s8: <BROADCAST,MULTICAST,UP,LOWER_UP> mtu 1500 qdisc fq_codel state UP group default
qlen 1000
    link/ether 08:00:27:64:dc:3b brd ff:ff:ff:ff:ff:ff
    inet 192.168.56.103/24 brd 192.168.56.255 scope global dynamic noprefixroute enp0s8
```

```
        valid_lft 551sec preferred_lft 551sec
    inet6 fe80::a00:27ff:fe64:dc3b/64 scope link noprefixroute
        valid_lft forever preferred_lft forever
opensw@tux:/etc/netplan$
```

DHCP로 인해 기존 IP 주소인 192.168.56.101에서 다른 IP 주소가 할당된 것을 볼 수 있다. 새롭게 받은 IP 주소는 192.168.56.103이다. DHCP는 랜덤하게 주소를 부여하므로 기존 IP 주소와 동일할 수도 있고, 192.68.56.103이 아닐 수도 있다.

이제 DHCP를 비활성화하여 고정 IP 주소로 설정해보자. 앞서 DHCP를 위해 작성한 내용인 dhcp4와 dhcp6 라인을 삭제한다.

```
opensw@tux:/etc/netplan$ vi 01-network-manager-all.yaml
opensw@tux:/etc/netplan$ cat 01-network-manager-all.yaml
# Let NetworkManager manage all devices on this system
network:
  version: 2
  renderer: NetworkManager
  ethernets:
    enp0s8:
opensw@tux:/etc/netplan$
```

고정 IP 주소를 192.168.56.101로 설정하기 위해 IP 주소, 게이트웨이 주소, DNS 서버 주소를 적절하게 작성한다.

```
opensw@tux:/etc/netplan$ vi 01-network-manager-all.yaml
opensw@tux:/etc/netplan$ cat 01-network-manager-all.yaml
# Let NetworkManager manage all devices on this system
network:
  version: 2
  renderer: NetworkManager
  ethernets:
    enp0s8:
      addresses:
        - 192.168.56.101/24
      gateway4: 192.168.56.1
      nameservers:
        addresses: [8.8.8.8, 8.8.9.9]

opensw@tux:/etc/netplan$
```

addresses에는 사용자가 고정적으로 부여하려는 IP 주소인 '192.168.56.101'를 작성하는데, 네트워크 주소를 명시하기 위해 넷마스크(/24)도 함께 작성한다. IP 주소를 IPv4 형식으로 사용하므로, 게이트웨이 주소도 IPv4 형식으로 작성해야 한다. 이를 위해 gateway4를 사용하고, 호스트 주소 범위 중 첫 번째 주소인 '192.168.56.1'을 작성한다. nameservers는 DNS 서버 주소를 의미하고, 하나 이상의 주소를 사용할 경우 []를 사용하여 여러 개를 작성한다. 여기서는 2개([8.8.8.8, 8.8.9.9])를 작성했다.

netplan에 수정한 설정을 반영해보자.

```
opensw@tux:/etc/netplan$ sudo netplan apply
```

IP 주소를 확인하여 192.168.56.101를 할당 받았는지 확인할 수 있다. 고정 IP 할당 방식을 적용했으므로, 이제 가상머신을 재부팅해도 동일한 IP 주소가 할당될 것이다.

```
opensw@tux:/etc/netplan$ ip addr
...
3: enp0s8: <BROADCAST,MULTICAST,UP,LOWER_UP> mtu 1500 qdisc fq_codel state UP group default
qlen 1000
    link/ether 08:00:27:64:dc:3b brd ff:ff:ff:ff:ff:ff
    inet 192.168.56.101/24 brd 192.168.56.255 scope global noprefixroute enp0s8
       valid_lft forever preferred_lft forever
    inet6 fe80::a00:27ff:fe64:dc3b/64 scope link
       valid_lft forever preferred_lft forever
opensw@tux:/etc/netplan$
```

리눅스에서 네트워크 관리는 IT 분야에서 서버를 운영하기 위한 필수적인 역량이다. 서버의 네트워크는 개발한 서비스를 사용자에게 제공하고, 서비스에서 발생하는 데이터를 저장 및 관리하는 데이터베이스 시스템 등 안정적인 서비스 운영을 하기 위한 핵심 중 하나이다.

14.2 데이터베이스 시스템 구축하기

이번 절에서는 관계형 데이터베이스 관리 시스템(Relational DataBase Manage ment System, RDBMS)인 MySQL을 사용하여 데이터베이스를 구축하고 MySQL을 다루는 방법에 대해 간략하게 알아보자.

14.2.1. MySQL 설치

먼저 우분투에 MySQL을 설치하는 과정을 살펴보자. apt 정보를 최신화한 후 MySQL 패키지인 mysql-server을 설치한다.

```
opensw@tux:~$ sudo apt update
opensw@tux:~$ sudo apt install -y mysql-server
opensw@tux:~$
```

ufw 명령을 사용해 MySQL를 허용하는 방화벽 규칙을 추가하자.

```
opensw@tux:~$ sudo ufw allow mysql
Rules updated
Rules updated (v6)
opensw@tux:~$
```

보통은 MySQL은 외부와의 통신이 자주 발생한다. 외부에서 데이터베이스 내의 데이터를 요청하면, 서버는 해당 요청을 받아 MySQL로 전달한다. 그럼 MySQL은 본인이 가지고 있는 데이터베이스에서 요청된 데이터를 찾아 반환한다. 이 과정에서 외부-내부와의 통신이 진행되기에 방화벽 설정이 필수적이다. 이때 ufw에 의해 외부와의 통신이 막히는 것을 방지하기 위해, ufw의 허용 규칙(allow)에 mysql를 추가한다.

시스템이 재부팅 될 때 MySQL이 자동으로 실행되도록 설정해보자. systemctl 명령은 데몬(서비스)을 관리할 때 사용하며, 데몬이 부팅 시 자동으로 실행되도록 하기 위한 명령 형식은 다음과 같다.

```
systemctl enable <service>
```

<service>에는 자동 실행을 원하는 서비스 이름을 작성한다. 이를 이용하여 MySQL을 부팅 시 자동으로 실행할 서비스로 등록할 수 있다.

```
opensw@tux:~$ sudo systemctl enable mysql
Synchronizing state of mysql.service with SysV service script with /lib/systemd/systemd-sysv-install.
Executing: /lib/systemd/systemd-sysv-install enable mysql
opensw@tux:~$
```

리눅스에는 부팅 시 자동으로 실행되지 않는 데몬이 존재하고, 이러한 데몬은 부팅할 때마다 매번 명령을 통해 실행시켜야 하는 번거로움이 있다. 그래서 서버에서 필수로 사용하는 데몬은 항상 부팅과 함께 실행되도록 설정하는 것이 좋다. 여기까지 진행하면 MySQL 설치 과정을 완료한 것이다.

MySQL에 접속하여 데이터베이스를 다루어 보자. mysql 명령은 MySQL에 접속하기 위해 사용된다. 명령 형식은 다음과 같다.

```
mysql -u <user> [-p]
```

-u 옵션은 MySQL에 접속하기 위한 사용자(<user>)를 지정하며, -p 옵션은 MySQL에 접속 시 <user>의 비밀번호를 입력하도록 한다. 이제 MySQL의 데이터베이스 관리 작업을 수행하기 위해서 root 계정으로 접속해보자.

```
openswl@tux:~$ sudo mysql -u root
Welcome to the MySQL monitor.  Commands end with ; or \g.

...
mysql>
```

root 계정은 MySQL에서 최고 수준의 권한을 가진 관리자 계정으로, 모든 데이터베이스와 테이블에 대한 완전한 접근 권한을 갖고 있다.

먼저 root 계정의 권한을 활용하여 MySQL의 버전을 확인해보자.

```
mysql> SHOW VARIABLES LIKE "%version%";
+--------------------------+-------------------------+
| Variable_name            | Value                   |
+--------------------------+-------------------------+
...
| version                  | 8.0.36-0ubuntu0.22.04.1 |
| version_comment          | (Ubuntu)                |
| version_compile_machine  | x86_64                  |
| version_compile_os       | Linux                   |
| version_compile_zlib     | 1.2.13                  |
+--------------------------+-------------------------+
13 rows in set (0.00 sec)

mysql>
```

SHOW VARIABLES LIKE "%version%"; 쿼리는 이름에 'version'이라는 단어가 포함된 MySQL 환경변수를 출력한다. version 환경변수에서 알 수 있듯이 현재 MySQL 버전은 8.0.36이다. MySQL와 관련된 데이터는 MySQL 내 데이터베이스로 관리되기에, 쿼리를 통해 원하는 MySQL 정보를 확인할 수 있는 것이다.

쿼리(Query)란 데이터베이스에서 원하는 정보를 가져오거나 수정하기 위해 작성하는 질의문이며, 쉽게 말해 데이터베이스를 다루기 위한 명령이라고 생각하면 된다. 쿼리는 리눅스처럼 사용하는 명령에 따라 작성 형식이 정해져 있다.

14.2.2. MySQL 데이터 타입

데이터베이스에는 다양한 타입의 데이터가 저장되기에, MySQL은 여러 종류의 데이터 타입을 지원한다. MySQL에서 사용되는 데이터 타입과 특징을 알아보자.

CHAR와 VARCHAR(Variable length character string)은 모두 텍스트 문자열을 저장하는 데이터 타입이다. CHAR은 데이터의 실제 크기에 상관없이, 데이터가 지정된 크기를 갖도록 한다. VARCHAR는 입력한 텍스트 크기에 맞게 가변적으로 변하는 크기를 가진다. 다만 VARCHAR는 가변적인 크기를 가질 수 있다는 특징으로 인해, 데이터의 크기를 추적할 수 있는 약간의 오버헤드가 필요하다. 만약 데이터베이스에 저장되는 문자열의 크기가 모두 비슷하다면, CHAR가 훨씬 효율적이다(테이블 14.01).

테이블 14.01 CHAR, VARCHAR 데이터 타입

타입	범위	상세설명
CHAR(n)	n (≤255)	CHAR(5) = 'abc'는 5 bytes
VARCHAR(n)	최대 (≤65535)	VARCHAR(5) = 'abc'는 3 bytes

BINARY와 VARBINARY은 데이터의 바이트를 저장하는 데이터 타입이다. 자주 접하는 텍스트 파일은 사람이 읽을 수 있는 언어로 변환하여 보여지고 있을 뿐, 실제 텍스트 또한 바이너리로 저장되어 있다. 즉 해당 데이터 타입은 텍스트로 저장될 수 없는 데이터를 저장할 때 사용된다. 예를 들면 이미지 파일이 존재한다(테이블 14.02).

테이블 14.02 BINARY 데이터 타입

타입	범위	상세설명
BINARY(n), BYTE(n)	n (≤255)	CHAR 바이너리 데이터를 가진다.
VARBINARY(n)	최대 n (≤65535)	VARCHAR이지만 바이너리 데이터를 가진다.

TEXT는 여러 종류가 있으며, 저장할 데이터 크기에 따라 어떤 타입을 사용할 지 결정할 수 있다. VARCHAR는 저장할 문자열 길이가 짧고 자주 필요한 데이터일 때 사용하며, TEXT는 길이가 길고 자주 필요한 데이터가 아닐 때 사용한다(테이블 14.03).

테이블 14.03 다양한 TEXT 데이터 타입

타입	범위
TINYTEXT(n)	최대 n (≤255)
TEXT(n)	최대 n (≤65535)
MEDIUMTEXT(n)	최대 n (≤16777215)
LONGTEXT(n)	최대 n (≤4294967295)

BLOB(Binary Large OBject)는 음성 파일처럼 크기가 큰 바이너리 형식의 데이터를 저장하는 데이터 타입이다. TEXT처럼 크기에 따라 여러 타입을 가지고 있다(테이블 14.04).

테이블 14.04 다양한 BLOB 데이터 타입

타입	범위
TINYBLOB(n)	최대 n (≤255)
BLOB(n)	최대 n (≤65535)
MEDIUMBLOB(n)	최대 n (≤16777215)
LONGBLOB(n)	최대 n (≤4294967295)

숫자 타입은 범위에 따라서 다양한 데이터 타입이 제공되며, 양수 범위만 가지는 UNSIGNED로도 지정할 수 있다. 데이터베이스를 효율적으로 관리하기 위해서는 저장할 데이터 특성을 파악하여 적절한 타입을 선택해야 한다. C 언어와 유사한 데이터 타입과 속성을 가지고 있다(테이블 14.05).

테이블 14.05 다양한 숫자 데이터 타입

타입	크기	범위 (Signed / Unsigned)
TINYINT	1바이트	−128~127 / 0~255
SMALLINT	2바이트	−327683~2767 / 0~65535
MEDIUMINT	3바이트	−838860~88388607 / 0~16777215
INT, INTEGER	4바이트	−2147483648~2147483647 / 0~4294967295
BIGINT	8바이트	−9223372036854775808~9223372036854775807 / 0~18446744073709551615
FLOAT	4바이트	−3.40E +45~3.40E +45
DOUBLE, REAL	8바이트	−1.7976E +320~1.7976E +320

14.2.3. MySQL 기초 쿼리문

이제 MySQL의 다양한 쿼리를 알아보자. 먼저 ALTER 쿼리문은 테이블을 관리할 때 사용되며, MySQL 사용자의 비밀번호를 수정할 수 있다. 이를 위한 명령 형식은 다음과 같다.

```
ALTER USER ‘<user>’@‘localhost’ IDENTIFIED BY '<password>';
```

<user>에는 비밀번호를 변경할 사용자를, <password>에는 새로운 비밀번호를 입력한다. 이제 root의 비밀번호를 변경해보자.

```
mysql> ALTER USER 'root'@'localhost' IDENTIFIED BY '<password>';
Query OK, 0 rows affected (0.02 sec)
```

MySQL은 사용자마다 MySQL에 접속할 수 있는 호스트를 제한할 수 있다. ‘localhost’는 MySQL가 실행 중인 서버에서 접속하는 경우를 의미한다. 즉 MySQL이 구동되는 서버와 로그인을 시도하는 서버가 동일하다는 것을 의미한다. 앞으로 root에 설정한 비밀번호로 접속할 수 있다. 쿼리문이 정상적으로 실행되었다면 ‘Query OK’가 출력된다.

SELECT 쿼리문은 테이블 내의 일부 속성에 해당하는 데이터를 추출할 때 사용한다. 쿼리문 형식은 다음과 같다.

```
SELECT <attr> FROM <table>;
```

<attr>은 필드 또는 속성이라고 부른다. 이는 한 행에 저장된 데이터를 구분하는 항목이라고 생각하면 된다. 예를 들면 개인정보를 저장하는 테이블이라면, 사용자의 개인정보는 이름, 성별, 나이, 주소가 속성이 된다. <table>은 SELECT문 실행 대상이 되는 테이블이다. 이 쿼리문으로 MySQL에 저장된 사용자를 확인해보자.

```
mysql> SELECT user, Host, authentication_string FROM mysql.user;
+------------------+-----------+-------------------------------------------+
| user             | Host      | authentication_string                     |
+------------------+-----------+-------------------------------------------+
...
| root             | localhost |                                           |
+------------------+-----------+-------------------------------------------+
5 rows in set (0.00 sec)

mysql>
```

사용자 정보는 mysql.user 테이블에 저장되어 있다. SELECT문으로 mysql.user 테이블이 가진 속성 중 user, Host, authentication_string 속성에 해당하는 정보만 출력하였다.

이제 CREATE 쿼리문에 대해 알아보자. 먼저 MySQL에서 데이터베이스를 생성해본다. **데이터베이스**는 하나의 서비스를 운영하기 위해 연관된 테이블을 하나의 그룹으로 묶은 것이다. 데이터베이스 생성 쿼리문은 다음과 같은 구조이다.

CREATE DATABASE <database>;

쿼리문을 실행하면 <database>라는 이름을 가진 데이터베이스가 생성된다. MySQL은 쿼리 내 각 인자를 공백으로 구분하기에 이름에 사용된 공백은 무시된다. 대신 '-' 나 '_'를 주로 사용한다. 또한 이름은 중복될 수 없다. 쿼리문으로 tux_db와 tux_db2 데이터베이스를 생성해보자.

```
mysql> CREATE DATABASE tux_db;
Query OK, 1 row affected (0.04 sec)
mysql> CREATE DATABASE tux_db2;
Query OK, 1 row affected (0.04 sec)
mysql>
```

다음으로 새로운 사용자를 생성해보자. CREATE 쿼리문 형식은 다음과 같다.

```
CREATE USER '<user>'@'<host>' IDENTIFIED BY '<password>';
```

<host>로 지정된 시스템에서만 로그인이 가능하며, 비밀번호는 <password>인 새로운 사용자 <user>를 생성한다는 의미이다. 로컬에서 접속 가능한 사용자인 tux를 생성해보자.

```
mysql> CREATE USER 'tux'@'localhost' IDENTIFIED BY 'tux';
Query OK, 0 rows affected (0.02 sec)
mysql>
```

root 계정은 데이터베이스 관리자 계정으로, 일반적인 데이터베이스 쿼리문을 사용할 때는 일반 계정을 이용하는 것이 보안상 안전하다.

FLUSH PRIVILEGES 쿼리로 새로 생성한 사용자를 MySQL에 바로 적용할 수 있다. MySQL에 대한 설정을 변경한 후 바로 변경점을 적용하고자 할 때는 FLUSH PRIVILEGES 쿼리를 실행하면 된다.

```
mysql> FLUSH PRIVILEGES;
Query OK, 0 rows affected (0.00 sec)
mysql>
```

GRANT 명령은 사용자에게 특정 데이터베이스에 대한 모든 권한을 부여할 때 사용하며, 쿼리문 형식은 다음과 같다.

```
GRANT ALL PRIVILEGES ON <database>.* TO <user>@<host>;
```

<host>에서 접속한 <user>는 <database>에 속한 모든 테이블(*)에 대해 모든 권한(ALL)을 수행할 수 있음을 의미한다. 여기서 권한이란 생성, 수정, 삭제 권한을 의미한다. 로컬에서 접속한 tux 사용자에게 tux_db 데이터베이스 내 모든 테이블에 대한 권한을 부여해보자.

```
mysql> GRANT ALL PRIVILEGES ON tux_db.* to tux@localhost;
Query OK, 0 rows affected (0.03 sec)
mysql>
```

SHOW 쿼리문은 사용자가 가진 권한을 조회한다. 이를 위한 쿼리문 형식은 다음과 같다.

```
SHOW GRANTS FOR '<user>'@'<host>';
```

앞서 tux 유저에 GRANT 쿼리문으로 부여한 권한을 확인할 수 있다.

```
mysql> SHOW GRANTS FOR tux@localhost;
+-----------------------------------------------------------+
| Grants for tux@localhost                                  |
+-----------------------------------------------------------+
| GRANT USAGE ON *.* TO `tux`@`localhost`                   |
| GRANT ALL PRIVILEGES ON `tux_db`.* TO `tux`@`localhost`   |
+-----------------------------------------------------------+
2 rows in set (0.00 sec)
mysql>
```

이번에는 MySQL에 접속할 수 있는 시스템의 범위를 지정해보자. IP 주소를 기준으로 로그인 호스트를 지정하는 CREATE 쿼리문은 다음과 같다.

CREATE USER '<user>'@'<ip>' IDENTIFIED BY '<password>';

<ip> 주소를 가진 시스템에서 사용 가능한 사용자를 생성한다는 의미이다. IP 주소가 192.168.56.0인 호스트에서만 접속할 수 있는 tux2 사용자를 생성해보자.

```
mysql> CREATE USER 'tux2'@'192.168.56.0' IDENTIFIED BY 'tux2';
Query OK, 0 rows affected (0.04 sec)
mysql>
```

로그인 호스트를 제한하지 않는 CREATE 쿼리문은 다음과 같다.

CREATE USER '<user>'@'%' IDENTIFIED BY '<password>';

모든 시스템(%)에서 제한없이 로그인할 수 있는 사용자를 생성한다는 의미이다. 누구나 접속 가능한 tux3 사용자를 생성해보자.

```
mysql> CREATE USER 'tux3'@'%' IDENTIFIED BY 'tux3';
Query OK, 0 rows affected (0.02 sec)
mysql>
```

지금까지 생성한 사용자는 SELECT 문으로 확인할 수 있다.

```
mysql> SELECT user, Host, authentication_string FROM mysql.user;
+------------------+-------------+-----------------------------------+
| user             | Host        | authentication_string             |
+------------------+-------------+-----------------------------------+
| tux3             | %           | $A$005$@6ixonB,[*w^&s06tjq1ZemA...|
...
| root             | localhost   |                                   |
| tux              | localhost   | $A$005$(ejHvzr7SQv%(qI(rG`bmfZd...|
+------------------+-------------+-----------------------------------+
8 rows in set (0.00 sec)
mysql>
```

tux2는 192.168.56.0인 호스트에서만 사용할 수 있도록 제한하였다. 그래서 localhost인 해당 시스템에서 사용할 수 없기에, 그에 대한 정보가 출력되지 않는다. 즉 mysql.user 테이블은 현재 로그인한 호스트에서 사용 가능한 유저만 보여준다.

14.2.4. MySQL 데이터베이스 관리

지금부터 데이터베이스 관리와 관련된 쿼리문에 대해 익힌다. 우선 SHOW DATABASES; 쿼리문을 통해 생성된 데이터베이스를 확인해보자.

```
mysql> SHOW DATABASES;
+--------------------+
| Database           |
+--------------------+
| information_schema |
| mysql              |
| performance_schema |
| sys                |
| tux_db             |
| tux_db2            |
+--------------------+
6 rows in set (0.00 sec)
mysql>
```

현재 MySQL 서버에 생성된 데이터베이스는 총 6개이다. 상위 4개는 MySQL 설치 시 기본적으로 생성되는 데이터베이스이고, 하위 2개는 앞서 CREATE DATABASE 쿼리를 통해 생성한 데이터베이스이다.

SELECT DATABASE();로 현재 MySQL에서 사용하는 데이터베이스를 확인해보자.

```
mysql> SELECT DATABASE();
+------------+
¦ DATABASE() ¦
+------------+
¦ NULL       ¦
+------------+
1 row in set (0.00 sec)
mysql>
```

데이터베이스를 생성만 하고 아직 사용한 적이 없으므로, 사용 중인 데이터베이스가 없다는 의미인 'NULL'이 출력된다

이제 사용할 데이터베이스를 명시한다. USE 쿼리문 형식은 다음과 같다.

```
USE <database>;
```

tux_db를 명시하여 데이터베이스를 사용해보자.

```
mysql> USE tux_db;
Database changed
mysql>
```

사용할 데이터베이스를 명시하고 않고는 해당 데이터베이스 안의 테이블을 다룰 수 없다. 데이터베이스가 지정되었다면 'Database changed'를 볼 수 있다.

tux_db 데이터베이스가 정상적으로 선택되었는지 확인해보자.

```
mysql> SELECT DATABASE();
+------------+
¦ DATABASE() ¦
+------------+
¦ tux_db     ¦
+------------+
1 row in set (0.00 sec)
mysql>
```

데이터베이스를 선택하였다면 해당 데이터베이스 내 테이블 목록을 SHOW 쿼리문으로 확인할 수 있다. SHOW 쿼리문 형식은 다음과 같다.

```
SHOW TABLES;
```

tux_db 데이터베이스에 생성된 테이블이 존재하는지 확인해보자.

```
mysql> SHOW TABLES;
Empty set (0.00 sec)
mysql>
```

해당 데이터베이스에서 테이블을 생성한 적이 없기에, 테이블을 없음을 의미하는 'Empty set'을 확인한다. 데이터베이스에 데이터를 저장하려면 테이블이 존재해야 한다.

데이터베이스에 새로운 테이블을 생성해보자. CREATE 쿼리문 형식은 다음과 같다.

```
CREATE TABLE <table> (<attr> <type> <cond>, ...);
```

간단하게 설명하면 새로운 테이블의 이름과 구조를 정의하는 쿼리문이다. 새로운 테이블 <table>은 데이터 타입이 <type>이고 조건 <cond>에 부합한 데이터를 저장하는 속성 <attr>을 가진다는 것을 의미한다. 속성은 테이블에 저장되는 데이터 특성에 맞게 정의하면 된다. tux_student_tb라는 tux_db 데이터베이스의 새로운 테이블을 생성해보자.

```
mysql> CREATE TABLE tux_student_tb (
    -> sno INT(11) NOT NULL,
    -> name VARCHAR(10) NULL,
    -> det VARCHAR(20) NULL);
Query OK, 0 rows affected, 1 warning (0.11 sec)
mysql> SHOW TABLES;
+------------------+
| Tables_in_tux_db |
+------------------+
| tux_student_tb   |
+------------------+
1 row in set (0.00 sec)
mysql>
```

새로운 테이블에는 sno, name, det이라는 속성을 생성하고, 각 속성의 데이터 타입을 INT, VARCHAR(10), VARCHAT(20)로 설정한다. 조건으로 작성한 NOT NULL은 해당 필드에는 빈 데이터를 넣을 수 없음을 의미하고, NULL은 그 반대를 의미한다.

생성한 테이블의 이름을 변경해보자. ALTER 쿼리문 형식은 다음과 같다.

ALTER TABLE <table> RENAME <new-table>;

테이블 이름을 변경해보자. 이를 통해 tux_student_tb 테이블의 이름을 'tux_' 라는 접두어를 제거한 student_tb로 변경한다.

```
mysql> ALTER TABLE tux_student_tb RENAME student_tb;
Query OK, 0 rows affected (0.12 sec)
```

변경한 테이블 이름이 정상적으로 반영되었는지 확인해보자.

```
mysql> SHOW TABLES;
+------------------+
| Tables_in_tux_db |
+------------------+
| student_tb       |
+------------------+
1 row in set (0.00 sec)
mysql>
```

정상적으로 'tux_student_tb'에서 'student_tb'로 바뀐 것을 확인할 수 있다. 데이터베이스에 데이터를 저장하기 위해서는 테이블이 어떤 구조로 구성되어 있는지 확인해야 한다. 이때 테이블 이름이 사용되므로, 테이블 이름은 저장되는 데이터와 연관된 명칭으로 작성해야 한다.

테이블의 정보를 확인하기 위한 DESC 쿼리문 형식은 다음과 같다.

DESC <table>;

쿼리문을 통해 student_tb 테이블의 정보를 확인한다.

```
mysql> DESC student_tb;
+-------+-------------+------+-----+---------+-------+
| Field | Type        | Null | Key | Default | Extra |
+-------+-------------+------+-----+---------+-------+
| sno   | int         | NO   |     | NULL    |       |
| name  | varchar(10) | YES  |     | NULL    |       |
| det   | varchar(20) | YES  |     | NULL    |       |
+-------+-------------+------+-----+---------+-------+
```

```
5 rows in set (0.00 sec)
mysql>
```

테이블은 크게 Field, Type, Null, Key, Default, Extra에 대한 정보를 확인할 수 있다. 각 항목에 대한 정의는 다음과 같다.

- **Field** : 속성의 이름이다.
- **Type** : 속성의 데이터 타입이다.
- **Null** : 빈 데이터를 저장할 수 있는지 나타낸다. NO는 빈 데이터를 저장할 수 없음을, YES는 그 반대를 의미한다.
- **Key** : 해당 속성이 키에 해당하는지 나타낸다. 키는 테이블 내 각 행을 식별할 때 사용할 수 있는 속성을 의미한다. 이러한 특성으로 인해 키로 지정된 속성은 다른 행과 동일한 값을 가질 수 없다. 개인정보를 예를 들면 주민번호에 해당한다.
- **Default** : 해당 속성의 기본값이다. NULL은 새로운 행이 생성될 때 해당 속성은 데이터를 가지지 않는 상태라는 의미이다.
- **Extra** : 쿼리 실행 시 성능과 관련된 정보를 제공한다.

ALTER 쿼리문으로 기존 테이블에 새로운 테이블 필드를 추가해보자. 쿼리문 구조는 다음과 같다.

```
ALTER TABLE <table> ADD <new-attr> <type> after <attr>;
```

<table>에 <type>타입의 새로운 <new-attr> 속성을 기존 테이블 속성인 <attr> 뒤에 추가한다는 의미이다. student_tb 테이블에 VARCHAR(20) 타입으로 정의한 tel 필드를 det 필드 뒤에 추가한다.

```
mysql> ALTER TABLE student_tb ADD tel VARCHAR(20) after det;
Query OK, 0 rows affected (0.02 sec)
Records: 0  Duplicates: 0  Warnings: 0
mysql>
```

student_tb 테이블을 확인하면, det 뒤에 새로 추가한 tel 필드가 있음을 확인할 수 있다.

```
mysql> DESC student_tb;
+-------+-------------+------+-----+--------+-------+
| Field | Type        | Null | Key | Default | Extra |
+-------+-------------+------+-----+--------+-------+
...
| det   | varchar(20) | YES  |     | NULL    |       |
| tel   | varchar(20) | YES  |     | NULL    |       |
| addr  | varchar(80) | YES  |     | NULL    |       |
+-------+-------------+------+-----+--------+-------+
5 rows in set (0.00 sec)
mysql>
```

ALTER 쿼리문으로 테이블 필드를 삭제할 수 있다. 쿼리문 구조는 다음과 같다.

ALTER TABLE <table> DROP <attr>;

<table>의 <attr> 속성을 삭제한다는 의미로, student_tb 테이블의 tel 필드를 삭제해보자.

```
mysql> ALTER TABLE student_tb DROP tel;
Query OK, 0 rows affected (0.06 sec)
Records: 0  Duplicates: 0  Warnings: 0
mysql>
```

student_tb 테이블에서 tel 필드가 정상적으로 삭제되었는지 확인해보자.

```
mysql> DESC student_tb;
+-------+-------------+------+-----+--------+-------+
| Field | Type        | Null | Key | Default | Extra |
+-------+-------------+------+-----+--------+-------+
| sno   | int         | NO   |     | NULL    |       |
| name  | varchar(10) | YES  |     | NULL    |       |
| det   | varchar(20) | YES  |     | NULL    |       |
| addr  | varchar(80) | YES  |     | NULL    |       |
+-------+-------------+------+-----+--------+-------+
4 rows in set (0.00 sec)

mysql>
```

del 필드 뒤에 추가되었던 tel 필드가 없어진 것을 확인할 수 있다

ALTER 쿼리문으로 필드 이름이나 타입을 수정할 수 있다. 쿼리문 형식은 다음과 같다.

ALTER TABLE <table> CHANGE <attr> <new-attr> <new-type>;

<table>의 <attr> 필드를 <new-attr>로 이름을 수정하고, 데이터 타입을 <new-type>로 수정한다는 의미이다. 주로 필드 생성 시 이름이나 타입을 잘못 지정하여 이미 생성된 필드의 정보를 수정할 때 활용된다. 이를 통해 student_tb 테이블의 name 필드를 'eng_name'로 이름을 변경하고, 해당 필드의 데이터 타입을 'CHAR(30)'으로 변경해보자.

```
mysql> ALTER TABLE student_tb CHANGE name eng_name CHAR(30);
Query OK, 0 rows affected (0.47 sec)
Records: 0  Duplicates: 0  Warnings: 0
mysql>
```

위에서 진행한 필드 수정이 정상적으로 반영되었는지 확인한다.

```
mysql> DESC student_tb;
+----------+-------------+------+-----+---------+-------+
| Field    | Type        | Null | Key | Default | Extra |
+----------+-------------+------+-----+---------+-------+
| sno      | int         | NO   |     | NULL    |       |
| eng_name | char(30)    | YES  |     | NULL    |       |
| det      | varchar(20) | YES  |     | NULL    |       |
| addr     | varchar(80) | YES  |     | NULL    |       |
+----------+-------------+------+-----+---------+-------+
4 rows in set (0.00 sec)
mysql>
```

student_tb 테이블의 name 필드 대신 eng_name 필드가 존재하는 것을 보아, 필드 수정이 성공적으로 이루어졌음을 알 수 있다.

DROP 쿼리문으로 테이블을 삭제한다. 쿼리문 형식은 다음과 같다.

DROP TABLES <table>;

데이터베이스에서 더이상 사용하지 않는 테이블을 제거하기 위해 사용한다. 마지막으로 student_tb 테이블을 삭제한다.

```
mysql> DROP TABLE student_tb;
Query OK, 0 rows affected (0.06 sec)

mysql> SHOW TABLES;
Empty set (0.00 sec)
mysql>
```

student_tb 테이블을 삭제한 후에는 데이터베이스 내에서 해당 테이블 정보를 확인할 수 없다.

데이터베이스는 서비스를 이용하는 사용자의 정보, 서비스 운영에 필요한 데이터, 생성된 데이터의 백업을 위해 사용된다. 즉 실질적으로 사용자에게 서비스가 제공된 후 서비스에서 발생하는 모든 기록을 저장하는 역할을 담당하기에, IT 분야에서 네트워크만큼 중요한 시스템이다.

14.3 웹 서버 구축하기

웹 서버(Web Server)는 웹 서비스 즉 홈페이지를 운영하기 위해 필요한 서버이다. 보통 Apache를 많이 활용하기에, 우분투에서 Apache 기반 웹 서버를 구축하는 방법에 대해 살펴본다.

14.3.1. Apache2 설치

Apache는 Apache HTTP 서버로도 불리며, UNIX와 Windows 등의 다양한 운영체제에서 HTTP 서버를 개발할 수 있도록 지원하는 오픈소스 소프트웨어이다. Apache는 구축이 쉽기에 인기있는 웹 서버이다. 웹 서버 구축을 원한다면 Apache를 설치하여 사용하면 된다.

먼저 우분투 패키지를 업데이트 하자.

```
opensw@tux:~$ sudo apt update
```

다음으로 apache2 패키지를 설치한다.

```
opensw@tux:~$ sudo apt install -y apache2
```

정상적으로 설치되어 있는지 확인하기 위해 Apache의 버전을 확인해보자. `Server version` 항목에서 버전 확인이 가능하며, 정확한 버전은 다를 수 있다.

```
openswu@tux:~$ apache2 -v
Server version: Apache/2.4.52 (Ubuntu)
Server built:   2024-04-10T17:45:18
openswu@tux:~$
```

Apache 서버에 구축한 웹페이지를 접속하기 위해 `enp0s8`의 IP 주소를 확인한다.

```
openswu@tux:~$ ip addr
...
3: enp0s8: <BROADCAST,MULTICAST,UP,LOWER_UP> mtu 1500 qdisc fq_codel state UP group default
qlen 1000
    link/ether 08:00:27:64:dc:3b brd ff:ff:ff:ff:ff:ff
    inet 192.168.56.101/24 brd 192.168.56.255 scope global noprefixroute enp0s8
       valid_lft forever preferred_lft forever
    inet6 fe80::a00:27ff:fe64:dc3b/64 scope link
       valid_lft forever preferred_lft forever
openswu@tux:~$
```

브라우저의 주소창에 `enp0s8`의 IP 주소를 입력하여(❶), 웹 서버에서 구동 중인 웹페이지에 접속한다(그림 14.07).

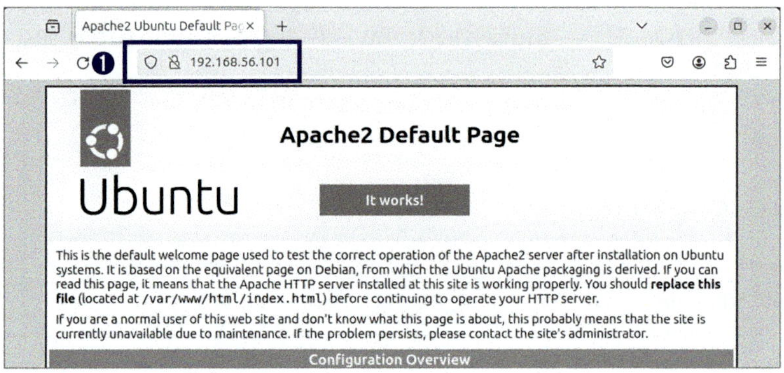

그림 14.07 enp0s8의 IP 주소로 접속한 Apache 페이지

14.3.2. 웹페이지 수정하기

Apache에서는 기본으로 192.168.56.101를 웹 서버 호스팅 IP 주소로 사용하므로, Apache 웹 서버의 정상 동작을 확인할 수 있는 홈페이지에 접속할 수 있다. 현재는 Apache에서 기본으로 제공하는 홈페이지가 보이는데, 이를 본인이 제작한 홈페이지가 띄워지도록 설정할 수도 있다.

먼저 /var/www/html 디렉터리로 이동하자.

```
opensw@tux:~$ cd /var/www/html
opensw@tux:/var/www/html$
```

해당 디렉터리에 어떤 파일이 있는지 확인해보자.

```
opensw@tux:/var/www/html$ ls
index.html
opensw@tux:/var/www/html$
```

/var/www/html 디렉터리는 웹페이지에서 사용되는 HTML 파일들을 저장하는 공간으로, 그림 14.07의 페이지에 해당하는 index.html 파일을 확인할 수 있다. HTML(HyperText Markup Language)는 웹사이트 구조를 기술하기 위한 마크업 언어이다. 즉 접속자에게 보여지는 웹사이트의 화면을 구성하는 파일이다. 보통 웹사이트 접속 시 처음 보여지는 페이지의 파일명을 따로 명시하지 않는다면 index.html 파일이 첫 페이지가 된다.

이제 웹페이지에 표시될 내용을 수정해보자. index.html 파일 원본은 수정하기 전에 백업해두자.

```
opensw@tux:/var/www/html$ sudo mv index.html index.html.old
opensw@tux:/var/www/html$ ls
index.html.old
opensw@tux:/var/www/html$
```

나중에 원본 index.html 파일이 필요한 상황을 대비하여, 삭제하지 않고 백업하는 것이다. 보통은 웹 서버에서 제공하는 기본 페이지는 삭제해도 무방하다.

새로운 index.html 파일을 vi로 연 후, HTML 문법에 맞게 홈페이지를 구성해보자.

```
opensw@tux:/var/www/html$ sudo vi index.html
opensw@tux:/var/www/html$ cat index.html
<h1 style="color:green">Introduction to Open Source Software </h1>
<h2 style="color:red">Department of Computer Science</h2>
opensw@tux:/var/www/html$
```

HTML 문법에 대해 참고할 문헌이 필요하면, `https://www.w3schools.com/html/`를 참고하면 된다.

수정 후 홈페이지에서 새로고침 하면 수정한 홈페이지 내용을 확인할 수 있다(그림 14.08).

그림 14.08 수정한 index.html 파일의 홈페이지 화면

Apache를 이용하여 간단하게 웹 서버를 띄워보았다. Apache에서 제공하는 다양한 설정 파일이나 모듈을 통해, 도메인을 설정하거나 서버 자체적으로 특성에 부합하는 기능이 지원되도록 설정할 수 있다.

CHAPTER 14 연습문제

01. MySQL에서 데이터베이스를 생성하는 SQL 명령을 작성하라.

02. MySQL에서 특정 사용자의 권한을 부여하는 명령을 작성하라.

03. Apache에서 기본 웹 페이지를 호스팅하는 디렉터리를 작성하라.

04. Apache 모듈을 활성화하거나 비활성화하는 명령을 작성하라.

05. NAT 모드의 주요 특징은 무엇인지 설명하라.

06. MySQL에서 `root` 사용자로 접속하는 명령을 작성하라.

07. MySQL에서 테이블을 생성하는 SQL 명령을 작성하라.

08. Apache에서 기본 웹 서버의 포트 번호는 무엇인지 작성하라.

15 CHAPTER Docker와 AWS 클라우드 서비스

이번 장에서는 클라우드 서비스의 개념을 알아보고, 이를 구성하는 기술 중 하나인 컨테이너에 대해 살펴본다. 지금까지는 우분투 기반의 가상머신을 활용하여, 실습이 물리 머신에 영향을 주지 않도록 환경을 구성해왔다. 이번에는 보다 가볍고 유연한 방식인 컨테이너를 중심으로 실습을 진행하기 위해 Docker를 활용한다. 컨테이너는 가상머신과는 또 다른 형태의 가상 환경으로, 자원을 효율적으로 격리하고 관리할 수 있다는 특징이 있다. 이후에는 이러한 컨테이너 기술이 실제로 어떻게 클라우드 서비스와 연결되는지를 배우고, AWS(Amazon Web Services)의 EC2 인스턴스를 활용하여 웹 서버를 구동해 보는 실습을 통해 클라우드 서비스의 사용 방법을 익힌다.

15.1 클라우드 서비스

IT 개발과 관련된 다양한 경험을 쌓다 보면, 서비스 개발을 위해 다양한 오픈소스 소프트웨어와 서비스가 운영될 서버가 필요한 상황이 발생한다.

기본적으로 서비스를 개발하려면, 이를 안정적으로 실행할 수 있는 일정 수준 이상의 서버가 필요하다. 간단한 서비스 또는 테스트 개발은 개인용 컴퓨터를 서버처럼 활용할 수도 있지만, 서비스 규모가 커지거나 여러 사람이 함께 사용하는 서비스를 만들고자 할 경우 문제가 발생할 수 있다. 예를 들어, 보안에 취약해질 수 있고, 외부 접속이 많아질 경우 컴퓨터가 느려지거나 멈추는 등의 과부하가 생길 수 있다. 이런 이유로 많은 개발자들은 별도의 서버 컴퓨터를 마련해 서비스를 운영하고자 하지만, 서버를 직접 구매하고 설치하고 관리하는 일은 시간과 비용, 유지보수 측면에서 개인이나 소규모 팀에게 큰 부담이 된다.

또한, 서비스를 개발할 때는 단순히 프로그램 하나만 실행하는 것이 아니라, 데이터베이스, 사용자 인터페이스(UI), 그리고 이들을 연결하는 통신 기술과 사용할 프로그래밍 언어에 대한 컴파일러 등 다양한 소프트웨어를 함께 구성해야 한다. 이러한 소프트웨어들을 하나의 서비스로 동작하기 위해서는 복잡한 설정을 진행해야 한다. 물리 머신에서 이 과정을 진행하다가 문제가 생기면 이를 되돌리기도 쉽지 않다. 또한, 본인 컴퓨터에서 설정을 마쳤더라도 다른 개발자의 컴퓨터에서 같은 환경을 다시 구성하려면 모든 과정을 반복해야 하며, 컴퓨터마다 환경이 조금씩 달라 예기치 못한 오류가 생기기도 한다.

이처럼 서버나 서비스 개발 환경을 물리적인 컴퓨터에서 직접 구성하는 방식은 비용, 유지보수, 호환성 면에서 효율적이지 않다. 이러한 문제를 해결하기 위해 등장한 것이 클라우드 서비스이다. 클라우드 서비스는 개발자가 서버를 직접 준비하지 않아도, 인터넷을 통해 필요한 만큼의 컴퓨팅 자원을 빌려 사용할 수 있도록 해준다.

즉, 클라우드 서비스는 개발자가 손쉽게 개발 환경을 만들고, 테스트하고, 실제 서비스를 운영할 수 있도록 도와주는 기술이며, 동시에 일반 사용자에게도 특정 기기에 제한되지 않고 다양한 서비스를 사용할 수 있는 환경을 제공한다.

15.1.1. 클라우드 서비스란

클라우드 서비스(Cloud Service)는 사용자에게 컴퓨팅 자원, 인프라, 소프트웨어를 인터넷을 통해 온디멘드(On-demand)로 제공하는 것을 말한다. 이때 사용자의 자원 할당 요청이 발생했을 때 즉각적으로 반응하여 요구한 자원을 할당하는 방식을 **On-demand** 방식이라고 부른다. 즉, 사용자가 인터넷으로 언제든지 원하는 시점에 필요한 자원을 할당받을 수 있는 것이 클라우드 서비스이다.

클라우드 서비스 모델은 3가지로 나뉘며, 각 모델에 대한 설명은 다음과 같다(그림 15.01).[79]

[79] https://www.redhat.com/ko/topics/cloud-computing/iaas-vs-paas-vs-saas

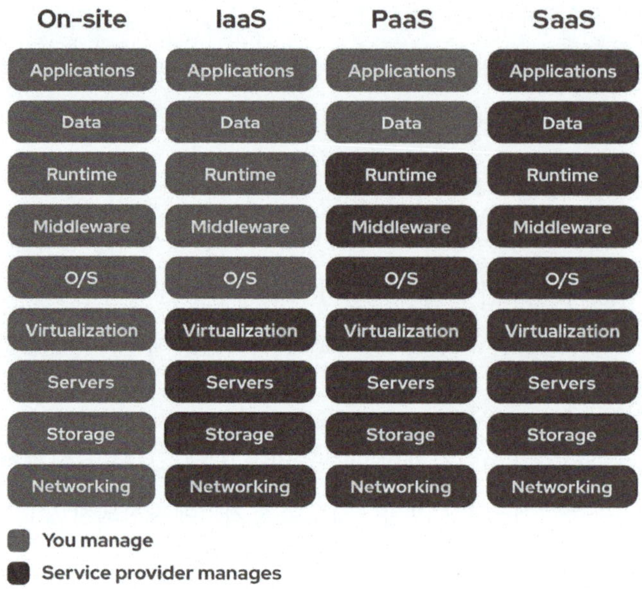

그림 15.01 IaaS, PaaS, SaaS의 차이점

- **IaaS(Infrastructure as a Service)** : 인프라 기반 서비스는 사용자에게 CPU, 메모리, 네트워크, 스토리지 등의 컴퓨팅 자원을 제공하는 모델로, AWS, Microsoft Azure와 Naver Cloud Platform이 해당한다.
- **PaaS(Platform as a Service)** : 플랫폼 기반 서비스는 컴퓨팅 자원 뿐만 개발, 배포, 운영이 가능한 플랫폼을 제공하는 모델이다. 만약 서비스 개발을 위해 모든 개발자가 동일한 개발 환경이 필요하다면, PaaS를 통해 공통적으로 적용되어야 하는 설정 및 컴파일러가 적용된 개발 환경을 배포하면 된다. 이처럼 프로그램 개발자와 같은 특정한 그룹에 중점을 둔 모델이다. Goorm IDE[80], RedHat OpenShift가 해당한다.
- **SaaS(Software as a Service)** : 소프트웨어 기반 서비스는 인터넷을 통해 소프트웨어를 제공하는 모델로, 사용자는 온라인으로 소프트웨어에 접속할 수 있으며, 사용한 만큼 비용을 지불한다. 또한 소프트웨어를 직접 설치하고 업데이트할 필요가 없다. Microsoft Office 365, Google Drive와 Naver MYBox 등이 이에 해당한다.

80 https://ide.goorm.io/

클라우드 서비스에서 IaaS, PaaS, SaaS 모델로 다양한 IT 자원을 제공하는 역할인 서비스 제공자(Service provider), 그러한 서비스를 사용하면서 쓴 만큼 비용을 지불하면 서비스 사용자(Service consumer)라고 한다. 이렇게 서비스 사용자는 클라우드 서비스에서 제공하는 인프라를 사용하면, 실제 하드웨어를 구매하거나 준비하는 과정 없이 원하는 컴퓨팅 자원을 언제든지 사용할 수 있다.

15.1.2. 가상화와 컨테이너

클라우드 서비스 제공자는 사용자가 요구하는 자원을 가상화 기술이나 컨테이너를 활용하여 제공한다. 사용자가 요청하는 자원은 서비스 제공자가 소유한 서버의 일부에 해당하며, 다른 사용자의 자원이나 서버로부터 간섭을 받지않는 방법으로 제공되어야 한다. 각 사용자의 요청 자원은 다른 자원과 격리해야 하는데, 서버의 물리적인 자원을 나눌 수 없기에 논리적인 격리 방법인 가상화 또는 컨테이너 기술이 활용되는 것이다(그림 15.02).[81]

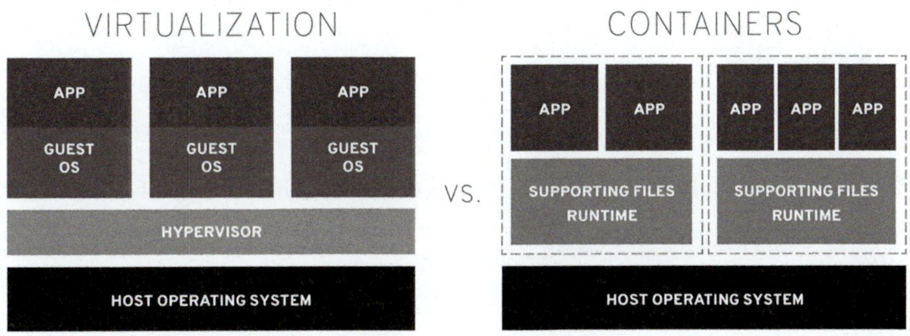

그림 15.02 가상머신과 컨테이너의 구조

가상화는 하나의 컴퓨터(호스트) 안에서 가상의 컴퓨터(가상머신)를 생성하는 기술로, 가상의 하드웨어 자원을 만드는 방식으로 구현된다. 가상머신은 호스트로부터 독립적인 형태로 실행되는 특징을 가지기에, 호스트 운영체제와 완전히 다른 운영체제를 설치하여 사용할 수 있다. 가상화 기술은 하나의 물리적인 컴퓨터에서 여러 종류의 운영체제를 동시에 활용 가능하게 한다. 다만, 이로 인해 여러 가상머신을 실행할 경우 속도 저하가 발생할 가능성이 높다. 지금까지 활용해 온 VirtualBox가 가상화 기술을 지원하는 프로그램이며, 그 외에도 VMware, Parallel Desktop 등이 존재한다.

81 https://www.redhat.com/en/topics/containers/containers-vs-vms

컨테이너는 호스트에서 여러 개의 프로그램을 서로 간섭 없이 독립적으로 실행할 수 있는 공간(컨테이너)을 생성하는 기술로, 각 프로그램이 필요한 환경은 각각의 컨테이너 안에 격리하여 관리하는 방식이다. 컨테이너는 별도의 운영체제를 가지지 않는 대신 호스트 운영체제를 공유받는 특징으로 인해, 가상머신보다 더 가볍고 빠르게 프로그램을 실행할 수 있다. 대표적으로 Docker, Podman, Kubernetes를 통해 해당 기술이 지원된다.

가상화 방식과 컨테이너 기술의 가장 큰 차이점은 가상 환경에서의 운영체제 필요 여부이다. 컨테이너 기술은 운영체제 없이도 구동 가능하기에, 가상 환경을 실행하기까지의 시간이 매우 단축되고 호스트의 성능 저해가 매우 적은 편이다.

15.2 Docker

15.2.1. Docker의 정의

Docker는 컨테이너 기술을 지원하는 하나의 플랫폼으로, 애플리케이션(프로그램 또는 서비스)을 실행하는 데 필요한 모든 요소들(실행파일, 라이브러리, 설정파일 등)을 하나의 컨테이너로 묶어서 실행할 수 있게 해준다. 이러한 컨테이너만 있으면 별도의 설정 없이도 컨테이너 실행을 통해 프로그램을 구동할 수 있다(그림 15.03).[82]

그림 15.03 Docker 로고

컨테이너는 컨테이너 이미지를 통해 생성된다. **컨테이너 이미지**는 컨테이너 실행에 필요한 모든 파일과 환경을 가진 파일로, 앞서 소개한 애플리케이션 실행에 필요한 요소가 담긴 파일을 의미한다. 즉 컨테이너 이미지가 가진 파일과 환경을 담은 가상의 격리된 공간이 컨테이너가 되는 것이다. 컨테이너 이미지는 컨테이너에 구성할 환경을 정의하는 Dockerfile라는 파일로 생성한다. 작성된 Dockerfile은 컴

82 https://www.docker.com/

파일하여 컨테이너 이미지를 생성하는 컨테이너 이미지 빌드 과정을 거친다.

Docker는 이미지와 컨테이너를 생성 및 관리하는 기능을 제공한다. 이러한 기능들은 docker 명령을 통해 사용할 수 있으며, Docker가 설치되면 해당 명령어를 실행할 수 있다. 사용자가 명령을 입력하면, Docker는 내부의 Docker daemon을 통해 입력된 명령에 맞는 작업을 수행한다. 만약 실행에 필요한 컨테이너 이미지가 로컬 환경에 없다면, Docker는 인터넷을 통해 Docker Hub에서 이미지를 가져온다. Docker Hub는 컨테이너 이미지를 저장하고 공유할 수 있는 저장소로, 본인이 만든 컨테이너 이미지를 다른 사람과 공유하거나, 다른 사람이 만든 이미지를 받아서 사용할 수 있다(그림 15.04).[83]

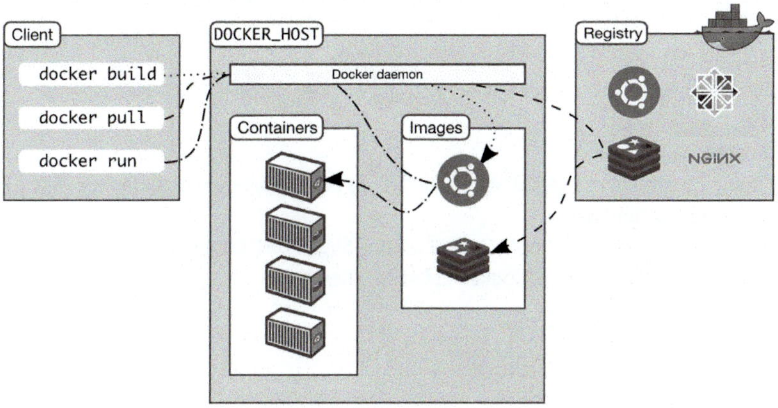

그림 15.04 Docker 구조

Docker를 사용하면 원하는 서비스를 컨테이너 안에 구성할 수 있기 때문에, 호스트 컴퓨터에서 실행 중인 다른 프로그램과 충돌할 가능성이 적어 애플리케이션을 보다 안정적으로 실행할 수 있다. 컨테이너는 애플리케이션이 실행되는 환경을 호스트와 분리하여 관리할 수 있게 해 주며, 컨테이너를 삭제하면 그 안에서 설정한 환경도 함께 사라지므로, 초기 환경 설정이나 테스트를 반복할 때 특히 유용하다. 또 하나의 큰 장점은, 실행 중이던 컨테이너를 이미지로 저장해 두면 다른 서버에서도 그 상태 그대로 실행할 수 있다는 점이다. 이처럼 컨테이너 기술은 안정적인 개발 환경 구축과 서비스 운영에 매우 유용하며, 앞으로 IT 분야에서 개발자로 성장하기 위해 꼭 익혀야 할 중요한 기술이다.

83 https://medium.com/@ravipatel.it/understanding-docker-architecture-a-comprehensive-guide-5ce9129df1a4

15.2.2. Docker 설치

우분투 환경에서 Docker를 설치하기 위한 공식 저장소를 설정하는 과정이 필요하다. 이를 위해 Docker의 공식 apt 저장소를 우분투에 등록한다.

```
opensw@tux:~$ sudo apt update
opensw@tux:~$
opensw@tux:~$ sudo apt install curl ca-certificates -y
opensw@tux:~$
opensw@tux:~$ sudo install -m 0755 -d /etc/apt/keyrings
opensw@tux:~$
opensw@tux:~$ sudo curl -fsSL https://download.docker.com/linux/debian/gpg -o /etc/apt/keyr
ings/docker.asc
opensw@tux:~$
opensw@tux:~$ sudo chmod a+r /etc/apt/keyrings/docker.asc
opensw@tux:~$
opensw@tux:~$ echo \
"deb [arch=$(dpkg —print-architecture) signed-by=/etc/apt/keyrings/docker.asc] https://dow
nload.docker.com/linux/ubuntu \
$(. /etc/os-release && echo "${UBUNTU_CODENAME:-$VERSION_CODENAME}") stable" | \
sudo tee /etc/apt/sources.list.d/docker.list > /dev/null
opensw@tux:~$
opensw@tux:~$ sudo apt update
```

등록한 Docker 저장소를 통해 최신 버전의 Docker 패키지를 설치한다. 이때 Docker를 사용하기 위해 필요한 다른 패키지들도 함께 다운로드한다.

```
opensw@tux:~$ sudo apt install -y docker-ce docker-ce-cli containerd.io docker-buildx-plugin
docker-compose-plugin
opensw@tux:~$
```

모든 패키지의 설치가 완료되면, `docker --version` 명령으로 설치된 Docker 버전을 확인한다. 본 실습에서는 `28.1.1` 버전이 설치되었으나, 실습 진행 시점에 따라 버전이 달라질 수 있다. 버전이 확인되지 않으면 설치 도중 문제가 생겼음을 의미하니, `apt autoremove` 명령으로 설치한 모든 패키지를 삭제한 후 재설치를 진행해본다.

```
opensw@tux:~$ docker --version
Docker version 28.1.1, build 4cf5afa
opensw@tux:~$
```

15.2.3. Docker 사용법

이번 절에서는 Docker로 컨테이너 생성, 삭제, 중지 등의 컨테이너를 관리하는 방법에 대해 다룬다.

먼저 컨테이너 이미지를 Docker Hub에서 가져오는 명령을 알아본다.

docker search 명령은 Docker Hub에 업로드된 이미지 중 찾고자 하는 Docker 컨테이너 이미지를 검색할 수 있다. 명령 형식은 다음과 같다.

```
docker search <image>
```

docker search 명령을 통해 ubuntu 이미지가 존재하는지 검색한다. 검색되는 이미지들 중 OFFICIAL 항목에 [OK] 표시가 되어있는 이미지는 공식 이미지를 의미하므로, ubuntu 이미지는 Docker에서 인증된 이미지임을 의미한다.

```
opensw@tux:~$ sudo docker search ubuntu
NAME          DESCRIPTION                               STARS   OFFICIAL
ubuntu        Ubuntu is a Debian-based Linux opera...   17575   [OK]
ubuntu/squid  Squid is a caching proxy for the Web...   114
ubuntu/nginx  Nginx, a high-performance reverse pr...   129
...
opensw@tux:~$
```

이때 검색된 컨테이너 이미지가 실제로 Docker Hub(https://hub.docker.com/)에 업로드되어 있는지 확인한다. docker search 명령으로 'ubuntu'라는 이름을 가진 이미지를 검색한 것처럼, Docker Hub에서도 검색창에 'ubuntu'를 검색하면(❶), docker search 명령과 동일한 이미지가 검색된다는 것을 확인할 수 있다(❷)(그림 15.05).

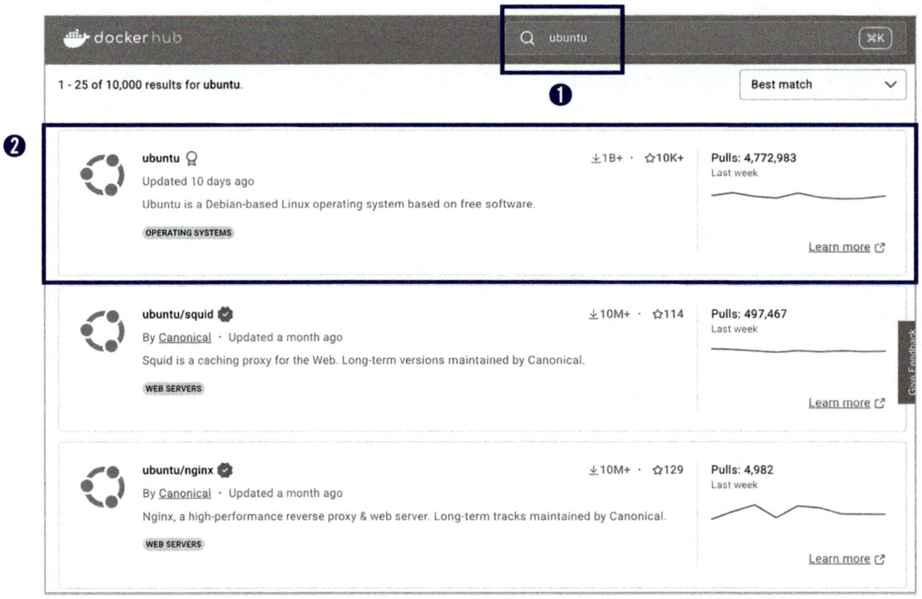

그림 15.05 Docker Hub에서의 'ubuntu' 검색 결과

`docker pull` 명령은 Docker Hub에 있는 컨테이너 이미지를 다운로드하는 명령으로, 다음과 같은 형식으로 가진다.

```
docker pull <image>
```

`docker pull` 명령으로 그림 15.05의 가장 상단에 있는 공식 ubuntu 이미지를 다운로드한다. 이때 가상머신에서 사용한 22.04 버전의 이미지를 가져오기 위해 '**:22.04**'라는 태그를 지정한다. 지정하지 않으면 최신 버전(`:latest`)으로 가져온다.

```
opensw@tux:~$ sudo docker pull ubuntu:22.04
22.04: Pulling from library/ubuntu
215ed5a63843: Pull complete
Digest: sha256:67cadaff1dca187079fce41360d5a7eb6f7dcd3745e53c79ad5efd8563118240
Status: Downloaded newer image for ubuntu:22.04
docker.io/library/ubuntu:22.04
opensw@tux:~$
```

`docker images` 명령은 시스템에 존재하는 Docker 컨테이너 이미지 목록을 출력한다. 해당 명령을 통해 `ubuntu:22.04` 이미지가 정상적으로 다운로드되었는지 확인한다.

```
opensww@tux:~$ sudo docker images
REPOSITORY   TAG       IMAGE ID       CREATED        SIZE
centos       latest    5d0da3dc9764   2 years ago    231MB
opensw@tux:~$
```

다음으로 컨테이너를 생성, 실행, 종료하는 방법에 대해 알아본다.

docker run 명령은 새로운 컨테이너를 생성한 즉시 실행한다. 명령 형식은 다음과 같다.

docker run [option] <image>

<image>에는 컨테이너 생성 시 사용할 컨테이너 이미지를 지정하는 인자로, 가상머신에서의 ISO 이미지 파일과 비슷한 역할이다. [option]에는 생성할 컨테이너의 이름과 컨테이너 접속 여부 등의 컨테이너 정보를 명시하기 위해 사용하며, 주로 사용하는 옵션은 다음과 같다.

- **-it** : 컨테이너가 실행되는 즉시 컨테이너 터미널에 접속한다.
- **--name** : 컨테이너의 이름을 지정한다.

docker run 명령과 옵션을 활용하여 ubuntu:22.04 이미지로 ubuntu-docker 컨테이너를 생성한 즉시 해당 컨테이너에 접속한다. ubuntu-docker 컨테이너가 생성된 후 그 즉시 컨테이너의 root 계정으로 접속되어 터미널 프롬프트가 'root@1d87d6243b5f:/#'로 바뀐 것을 알 수 있다.

```
opensw@tux:~$ sudo docker run -it --name ubuntu-docker ubuntu:22.04
root@1d87d6243b5f:/#
root@1d87d6243b5f:/# cat /etc/os-release | grep VERSION
VERSION_ID="22.04"
VERSION="22.04.5 LTS (Jammy Jellyfish)"
VERSION_CODENAME=jammy
root@1d87d6243b5f:/#
```

docker ps 명령은 현재 컨테이너의 상태를 확인하며, 다음과 같은 형식으로 사용한다.

docker ps <option>

<option> 없이 사용하면 현재 실행 중인 컨테이너 정보만 보여주기에, 주로 실행 상태에 상관없이 생성된 모든 컨테이너에 대한 정보를 보여주는 -a 옵션을 함께 사용한다. 우분투에서 새로운 터미널을

연 후, docker ps 명령을 통해 실행 중인 ubuntu-docker 컨테이너 상태를 확인한다.

```
opensw@tux:~$ sudo docker ps -a
[sudo] password for opensw:
CONTAINER ID   IMAGE          COMMAND       CREATED         STATUS         PORTS     NAMES
1d87d6243b5f   ubuntu:22.04   "/bin/bash"   7 minutes ago   Up 7 minutes             ubuntu-docker
opensw@tux:~$
```

컨테이너 상태는 STATUS 항목에 나타나며, 상태가 'Up 2 minutes'라는 것은 컨테이너를 실행한 지 2분이 지났음을 의미한다. docker ps 명령 결과의 각 항목의 의미는 다음과 같다.

- **CONTAINER ID** : Docker 컨테이너를 구분하는 일련의 고유 번호이다.
- **IMAGE** : 컨터이너 생성 시 사용한 컨테이너 이미지이다.
- **COMMAND** : 컨테이너가 실행될 때 사용된 명령이다. 별도로 지정한 적이 없다면 컨테이너는 /bin/bash을 통해 bash 쉘을 실행한다.
- **CREATED** : 컨테이너가 생성된 시점이다.
- **STATUS** : 현재 컨테이너의 상태이다. Up은 현재 실행 중임을, Exited는 현재 종료된 상태임을 의미한다. 컨테이너 종료 상태는 'Exited (0) 2 seconds ago'처럼 표시되는데, (0)처럼 괄호 안의 숫자 코드는 컨테이너가 어떠한 종료 상태를 가졌는데 나타낸다. (0)은 문제없이 종료된 상태를 뜻하며, 그 외의 코드가 명시된다면 종료 시 특정 문제가 발생한 것으로 해당 코드에 대응되는 오류 상황을 찾아본 후 해결해야 한다. 예를 들어, (137)은 컨테이너가 메모리를 과사용한 문제가 발생하여 강제 종료된 상태를 의미하기에, 컨테이너가 할당되는 메모리 크기는 줄이는 해결책을 적용해야 한다.
- **PORTS** : 컨테이너가 사용하는 포트로, 지정하지 않으면 명시되지 않는다.
- **NAMES** : 컨테이너 이름이다.

컨테이너에 접속한 상태에서 exit 명령을 입력하면 컨테이너 터미널에서 빠져나올 수 있다. 빠져나온 뒤에 docker ps -a 명령을 실행했을 때, 컨테이너의 상태가 'Exited'로 변경된 것을 확인할 수 있다.

컨테이너 터미널을 빠져나온 즉시 컨테이너가 종료되는 경우는 docker run 명령으로 컨테이너를 실행한 경우다. docker start 명령으로 실행한 컨테이너라면 exit 명령으로 빠져나와도 컨테이너가 종료되지 않는다.

```
root@1d87d6243b5f:/# exit
exit
opensw@tux:~$
opensw@tux:~$ sudo docker ps -a
CONTAINER ID   IMAGE          COMMAND       CREATED          STATUS                     PORTS
   NAMES
1d87d6243b5f    ubuntu:22.04    "/bin/bash"    18 minutes ago    Exited (0) 9 seconds ago
         ubuntu-docker
opensw@tux:~$
```

docker start 또는 docker stop 명령은 컨테이너를 실행 또는 종료한다. 명령 형식은 다음과 같다.

docker start¦stop <container>

두 명령은 <container>에 실행/종료 대상이 되는 컨테이너를 지정해야 하는데, 이를 위해 컨테이너 이름 또는 컨테이너 ID를 사용한다. 컨테이너 ID는 docker ps 명령의 출력결과 중 CONTAINER ID 항목에 해당한다. ubuntu-docker 컨테이너의 이름과 ID를 활용하여, 해당 컨테이너를 실행하고 종료해본다.

```
opensw@tux:~$ sudo docker start ubuntu-docker
ubuntu-docker
opensw@tux:~$ sudo docker ps -a
CONTAINER ID   IMAGE          COMMAND       CREATED        STATUS          PORTS      NAMES
1d87d6243b5f   ubuntu:22.04   "/bin/bash"   23 hours ago   Up 4 seconds               ubuntu-docker
opensw@tux:~$
opensw@tux:~$ sudo docker stop 1d87
1d87
opensw@tux:~$ sudo docker ps -a
CONTAINER ID   IMAGE          COMMAND       CREATED        STATUS                     PORTS
   NAMES
1d87d6243b5f    ubuntu:22.04    "/bin/bash"    23 hours ago    Exited (0) 44 seconds ago
        ubuntu-docker
opensw@tux:~$exit
```

docker attach 명령은 실행 중인 컨테이너의 터미널에 접속하며, 형식은 다음과 같이 구성된다.

docker attach <container¦id>

ubuntu-docker 컨테이너를 다시 실행하여, docker attach 명령을 통해 ubuntu-docker 컨테이너의 터

미널에 접속한다. 컨테이너를 인자로 가지는 모든 명령에는 컨테이너 이름이나 ID를 사용할 수 있다.

```
opensw@tux:~$ sudo docker start centos-docker
ubuntu-docker
opensw@tux:~$
opensw@tux:~$ sudo docker attach 1d87
root@1d87d6243b5f:/#
```

docker rm 명령은 지정한 컨테이너를 삭제한다. 다음과 같은 명령 구조를 가진다.

docker rm <container¦id>

해당 명령을 사용하여 ubuntu-docker 컨테이너를 삭제한다.

Docker 컨테이너를 사용하기 위해서는 컨테이너 생성, 실행, 접속, 종료라는 하나의 실행 주기를 거치게 된다. docker run 명령을 통해 컨테이너 생성 즉시 실행한다. 이때 -it 옵션을 사용하면 컨테이너 생성, 실행, 터미널 접속을 한 번에 진행할 수 있다. -it 옵션을 사용하지 않는다면, docker attach 명령으로 터미널을 접속한다. 이후 컨테이너 터미널을 빠져 나온다면 컨테이너가 종료되는데, 종료 이후 컨테이너를 다시 사용해야 한다면 docker start 명령으로 컨테이너를 실행한 후, docker attach 명령을 통해 터미널에 접속하여 사용한다. 컨테이너 실행을 중단하려면 docker stop 명령을 사용하고, 더 이상 컨테이너가 필요하지 않다면 docker rm 명령으로 컨테이너를 삭제한다.

```
root@1d87d6243b5f:/# exit
opensw@tux:~$
opensw@tux:~$ sudo docker ps -a
CONTAINER ID   IMAGE         COMMAND       CREATED        STATUS                      PORTS
   NAMES
1d87d6243b5f    ubuntu:22.04    "/bin/bash"    23 hours ago    Exited (0) 3 seconds ago
      ubuntu-docker
opensw@tux:~$
opensw@tux:~$ sudo docker rm 1d87
1d87
opensw@tux:~$
opensw@tux:~$ sudo docker ps -a
CONTAINER ID   IMAGE    COMMAND   CREATED   STATUS    PORTS     NAMES
opensw@tux:~$
```

15.2.4. Dockerfile를 활용한 이미지 생성

Docker 컨테이너 이미지를 생성하는 방법은 2 가지가 있다. 첫 번째는 Dockerfile를 사용하여 원하는 컨테이너 환경을 정의한 컨테이너 이미지를 생성하는 방법이다. 두 번째는 원하는 환경을 컨테이너 내에 구축한 후 이를 이미지로 추출하는 방법이다.

첫 번째 방법은 Dockerfile을 활용하는 방법을 통해, nginx 기반의 웹 서버를 띄울 컨테이너를 구성하기 위한 컨테이너 이미지를 생성한다. vim을 이용하여 nginx 기반 웹 서버 환경을 구성하는 Dockerfile을 생성한다.

```
opensw@tux:~$ vim Dockerfile
opensw@tux:~$ cat Dockerfile
FROM ubuntu:22.04

RUN apt-get update
RUN apt-get install -y nginx vim
RUN echo "\ndaemon off;" >> /etc/nginx/nginx.conf
RUN chown -R www-data:www-data /var/lib/nginx

VOLUME ["/data", "/etc/nginx/site-enabled", "/var/log/nginx"]

WORKDIR /etc/nginx

CMD ["nginx"]

EXPOSE 80
EXPOSE 443

opensw@tux:~$
```

Dockerfile은 컨테이너 내 구성할 환경을 위해 필요한 작업을 다양한 커맨트를 통해 작성하는 파일로, nginx 서버 환경을 위한 Dockerfile의 각 커맨드는 다음과 같은 의미를 가진다.

- **FROM**: 컨테이너 환경을 구성하기 위해 기반이 되는 컨테이너 이미지를 지정하는 커맨드로, 이 커맨드를 통해 지정한 컨테이너 이미지는 베이스 이미지(Base image)라고 부른다. 'FROM ubuntu:22.04'는 Dockerfile의 베이스 이미지로 22.04 버전의 ubuntu 이미지를 사용한다는 의미이다.
- **RUN**: 컨테이너 환경 구성을 위해 필요한 명령을 명시하는 커맨드로, 베이스 이미지로 지정한 운영체제에서 사용 가능한 명령어를 작성하는 방식이다. 즉 apt 명령을 통해 nginx와 vim 패키지

를 설치하고, /etc/nginx/nginx.conf 파일에서 nginx 서버가 백그라운드에서 실행되는 설정을 해제하고, chown 명령으로 /var/lib/nginx 디렉터리의 소유자 및 소유 그룹을 'www-data'로 변경하는 작업을 수행하도록 명시한 것이다.

- **VOLUME** : 컨테이너 내의 파일 시스템 중 컨테이너 외부와 공유할 수 있는 디렉터리를 지정하는 커맨드이다. 컨테이너를 삭제하면 컨테이너 내 모든 데이터는 함께 삭제된다. 컨테이너가 삭제되어도 유지하고 싶은 디렉터리가 있으면 VOLUME을 사용하여 호스트와 해당 데이터를 공유할 수 있다. VOLUME 커맨드로 지정한 /data, /etc/nginx/site-enabled, /var/log/nginx 디렉터리는 호스트 파일시스템에도 저장될 수 있도록 한다.
- **WORKDIR** : 컨테이너 내 작업 디렉터리를 지정하는 커맨드로, WORKDIR 이후의 작업은 WORKDIR로 지정한 작업 디렉터리에서 수행된다. 'WORKDIR /etc/nginx' 이후에는 작업 디렉터리가 /etc/nginx 디렉터리로 변경된다.
- **CMD** : docker run 명령으로 컨테이너를 생성할 때 컨테이너 내에서 실행될 작업을 지정하는 커맨드이다. 해당 Dockerfile로 생성된 컨테이너를 생성하면 웹 서버를 구동하는 nginx 명령이 자동으로 실행된다.
- **EXPOSE** : 컨테이너에서 오픈할 포트를 지정하는 커맨트로, nginx 웹 서버를 정상적으로 사용하기 위해 외부에서 해당 서버의 웹사이트에 접속하기 위한 80 포트와 HTTPS 연결을 위한 443 포트를 연다.

이러한 Dockerfile을 기반으로 컨테이너를 만들고 실행하면, nginx 웹 서버가 자동으로 실행되는 컨테이너 환경을 만들 수 있다. 따라서 Dockerfile 파일을 활용하는 방법은 서비스를 빠르게 테스트하거나, 배포 환경을 간단하게 구성하고자 할 때 매우 유용하다.

이제 Dockerfile를 통해 컨테이너 이미지를 생성한다.

docker build 명령은 Dockerfile로 컨테이너 이미지를 생성한다.

```
docker build [option] <dockerfile>
```

생성할 이미지 이름은 --tag 옵션을 통해 지정할 수 있다. <dockerfile>에는 이미지 생성 시 사용할 Dockerfile 경로를 작성한다. 만약 현재 작업 디렉터리에 Dockerfile이 존재한다면 '.'으로 표현한다. docker build 명령을 이용하여 Dockerfile 파일을 기반으로 ubuntu-nginx:1.0 이미지를 생성한다.

```
openswm@tux:~$ sudo docker build --tag ubuntu-nginx:1.0 .
openswm@tux:~$
openswm@tux:~$ sudo docker images
REPOSITORY     TAG      IMAGE ID       CREATED         SIZE
ubuntu-nginx   1.0      e7e52b72c3c2   7 seconds ago   254MB
ubuntu         22.04    c42dedf797ba   2 weeks ago     77.9MB
openswm@tux:~$
```

생성한 이미지와 docker run 명령으로 새로운 ubuntu-nginx 컨테이너를 생성한다. 이때 웹 서버 구동을 위한 여러 옵션을 사용하였다. -d 옵션은 컨테이너를 백그라운드로 실행하고, -p 옵션은 컨테이너와 호스트 간의 포트를 연결하는 포트포워딩을 설정하는 옵션이다. 마지막 -v 옵션은 컨테이너의 /data 디렉터리를 /root/data 디렉터리에 마운트한다는 의미이다. -p 옵션과 -v 옵션 모두 ':'를 기준으로 왼쪽은 호스트, 오른쪽은 컨테이너를 의미한다.

```
openswm@tux:~$ sudo systemctl stop apache2
openswm@tux:~$ sudo systemctl disable apache2
openswm@tux:~$
openswm@tux:~$ sudo docker run -d -p 80:80 -v /root/data:/data --name ubuntu-nginx ubuntu-ngin
x:1.0
f77b700dc7c5568565af3d61309e5e06c37baf781bd2f91cd0e7ce7251ae0e21
openswm@tux:~$
```

ubuntu-nginx 컨테이너를 생성하기 전에, 이전 실습에서 구동했던 apache2 서버를 종료하기 위해 systemctl stop apache2와 systemctl disable apache2 명령을 실행한다. 웹 서버가 모두 80 포트를 사용하기에 포트 충돌이 발생하여 컨테이너 실행에 문제가 발생하기 때문이다.

docker ps 명령으로 컨테이너 상태를 확인했을 때, ubuntu-nginx 컨테이너가 'Up' 상태를 보인다면 정상적으로 컨테이너가 실행 중임을 나타낸다. 만약 실행 중에 에러가 발생했다면 Dockerfile에 오타가 없는지 확인하거나 docker run 명령을 잘못 작성하지 않았는지 다시 확인한다.

```
openswm@tux:~$ sudo docker ps -a
CONTAINER ID   IMAGE                COMMAND    CREATED            STATUS          PORTS
                                   NAMES
f77b700dc7c5   ubuntu-nginx:1.0   "nginx"   14 seconds ago   Up 14 seconds   0.0.0.0:80->80/tcp,
[::]:80->80/tcp, 443/tcp   ubuntu-nginx
openswm@tux:~$
```

이제 호스트에서 브라우저를 실행한 뒤, 가상머신의 enp0s8의 고정 IP 주소인 192.168.56.101을 입력하면 nginx 웹페이지를 확인할 수 있다(그림 15.06).

그림 15.06 컨테이너로 호스팅 중인 웹페이지 접속

ubuntu-nginx 컨테이너를 생성할 때 Dockerfile에서 'CMD nginx'를 사용했다. CMD는 해당 컨테이너가 실행될 때 수행할 작업을 지정한다. Dockerfile에서 CMD를 사용했다면 docker attach 명령으로 컨테이너에 접근할 수 없게 된다. 이때는 docker exec 명령으로 컨테이너에 접속할 수 있다. docker exec 명령은 컨테이너에 특정 명령을 수행하는 명령으로, /bin/bash를 통해 컨테이너에 /bin/bash를 실행하여 bash 쉘을 실행하는 것이다. -it 옵션은 앞서 docker run 명령의 -it 옵션과 동일한 의미이다.

```
opensw@tux:~$ sudo docker exec -it ubuntu-nginx /bin/bash
root@f77b700dc7c5:/etc/nginx#
```

nginx로 보여지는 웹페이지를 수정하기 위해, /var/www/html 디렉터리로 이동하여 웹페이지 내용이 정의되어 있는 index.nginx-debian.html 파일을 확인한다.

```
root@13a3ad4a61f8:/etc/nginx# cd /var/www/html
root@13a3ad4a61f8:/var/www/html# ls
index.nginx-debian.html
root@13a3ad4a61f8:/var/www/html#
```

index.nginx-debian.html 파일의 <h1> 태그 내용을 'Welcome to nginx!'에서 원하는 문장으로 변경하도록 한다. 교재에서는 'This nginx server is operated on the docker container: ubuntu-nginx'로 변경하였다.

```
root@13a3ad4a61f8:/var/www/html# vim index.nginx-debian.html
root@13a3ad4a61f8:/var/www/html# cat index.nginx-debian.html
...
<h1>This nginx server is operated on the docker cotainer: ubuntu-nginx</h1>
<p>If you see this page, the nginx web server is successfully installed and working. Further
configuration is required.</p>
...
root@13a3ad4a61f8:/var/www/html#
```

exit 명령으로 컨테이너에서 빠져나간 뒤, docker restart 명령을 이용해 ubuntu-nginx 컨테이너를 재시작한다.

```
root@f77b700dc7c5:/var/www/html# exit
exit
opensw@tux:~$ sudo docker restart ubuntu-nginx
ubuntu-nginx
opensw@tux:~$
```

다시 브라우저에서 192.168.56.101을 입력하여 웹페이지에 접속하면, 앞서 수정한 문장이 웹페이지에 출력되는 것을 확인할 수 있다(그림 15.07).

그림 15.07 수정한 nginx 웹페이지

15.2.5. Docker 컨테이너를 이미지로 추출

두 번째 방법은 실행 중인 컨테이너의 상태를 컨테이너 이미지로 추출하는 것이다. 이 방법은 구동 중인 컨테이너를 그대로 컨테이너 이미지로 만들고 싶을 때 사용하는 방식이다.

먼저 ubuntu-nginx 컨테이너 이미지를 기준으로 현재 ubuntu-nginx 컨테이너에 어떠한 변화가 발생했는지 확인한다. 이를 위해 docker diff 명령을 사용한다.

docker diff 명령은 컨테이너와 해당 컨테이너를 생성할 때 사용한 이미지를 비교하여 컨테이너에서 어떠한 변경사항이 발생했는지 보여준다. 명령 형식은 다음과 같다.

```
docker diff <container>
```

변경사항은 컨테이너를 생성한 후에 진행한 작업을 의미한다. 현재 ubuntu-nginx 컨테이너에서 /var/www/html로 작업 디렉터리를 변경하고, index.nginx-debian.html 파일을 수정했다. 이러한 변경사항을 docker diff 명령으로 확인한다.

```
opensw@tux:~$ sudo docker diff ubuntu-nginx
...
C /var/www/html
C /var/www/html/index.nginx-debian.html
...
opensw@tux:~$
```

docker diff 명령 결과에서 'A'는 ADD, 'C'는 Change, 'D'는 Delete를 의미한다. 즉 ubuntu-nginx 컨테이너 이미지를 기반으로 생성된 ubuntu-nginx 컨테이너는 작업 디렉터리와 파일 등이 변경되었다는 것을 알 수 있다.

docker commit 명령은 컨테이너의 현재 상태를 컨테이너 이미지로 만들며, 형식은 다음과 같다.

```
docker commit <container> <newimage>:<tag>
```

<container>는 컨테이너 이미지로 추출하고픈 컨테이너를 의미한다. <newimage>는 생성할 컨테이너 이름으로, 뒤에 ':' 로 구분하여 태그를 붙일 수 있다. 태그는 일반적으로 버전을 작성한다. 해당 명령으로 ubuntu-nginx-img:1.0이라는 새로운 이미지를 생성하고 그 정보를 확인한다.

```
opensw@tux:~$ sudo docker commit ubuntu-nginx ubuntu-nginx-img:1.0
sha256:5cee28c245ac0dff2c367b036b5ecee8e687f6803c28008697bcaeeb50ac79ca
opensw@tux:~$
opensw@tux:~$ sudo docker images
REPOSITORY         TAG       IMAGE ID       CREATED          SIZE
ubuntu-nginx-img   1.0       5cee28c245ac   5 seconds ago    254MB
ubuntu-nginx       1.0       e7e52b72c3c2   12 minutes ago   254MB
ubuntu             22.04     c42dedf797ba   2 weeks ago      77.9MB
opensw@tux:~$
```

ubuntu-nginx-img 이미지로 새로운 컨테이너를 생성하면, 컨테이너 이미지로 생성하기 직전의 ubuntu-nginx 컨테이너 상태 그대로 반영된다. 이를 확인하기 위해, docker run 명령으로 ubuntu-nginx-img 이미지로 nginx-con 컨테이너를 생성하고, index.nginx-debian.html 파일의 <h1> 태그 내용이 'This nginx server is operated on the docker cotainer: ubuntu-nginx'로 수정된 상태로 생성되었는지 확인한다.

```
opensw@tux:~$ sudo docker stop ubuntu-nginx
ubuntu-nginx
opensw@tux:~$
opensw@tux:~$ sudo docker run -d -p 80:80 -v /root/data:/data --name nginx-con ubuntu-nginx-im
g:1.0
d10c4bc9caea16c24ce2050a41490fad367724fe3cd7bc18f581750fb8686b16
opensw@tux:~$
opensw@tux:~$ sudo docker exec -it nginx-con /bin/bash
root@d10c4bc9caea:/etc/nginx#
root@d10c4bc9caea:/etc/nginx# cat /var/www/html/index.nginx-debian.html | grep h1
<h1>This nginx server is operated on the docker cotainer: ubuntu-nginx</h1>
root@d10c4bc9caea:/etc/nginx#
```

다음으로 ubuntu-nginx-img 이미지만 남기기 위해 이전의 컨테이너 이미지인 ubuntu-nginx는 삭제하고자 한다.

docker rmi 명령은 컨테이너 이미지를 삭제한다. 명령 형식은 다음과 같다.

```
docker rmi <image>
```

해당 명령을 사용하여 ubuntu-nginx 이미지를 삭제한다.

```
opensw@tux:~$ sudo docker images
REPOSITORY        TAG      IMAGE ID       CREATED          SIZE
ubuntu-nginx-img  1.0      5cee28c245ac   11 minutes ago   254MB
ubuntu-nginx      1.0      e7e52b72c3c2   23 minutes ago   254MB
ubuntu            22.04    c42dedf797ba   2 weeks ago      77.9MB
opensw@tux:~$
opensw@tux:~$ sudo docker rmi ubuntu-nginx:1.0
Error response from daemon: conflict: unable to remove repository reference "ubuntu-nginx:1.0
" (must force) - container f77b700dc7c5 is using its referenced image e7e52b72c3c2
opensw@tux:~$
```

'container f77b700dc7c5 is using its referenced image e7e52b72c3c2'라는 에러가 발생한다. 해당 에러 메세지는 f77b700dc7c5를 ID로 가진 ubuntu-nginx 컨테이너가 e7e52b72c3c2라는 이미지 ID를 부여받은 ubuntu-nginx 이미지를 참고하고 있다는 의미이다. 즉 Docker에서는 컨테이너가 참조하고 있는 이미지를 삭제할 수 없도록 제한하고 있다.

이미지를 삭제할 때 -f 옵션을 사용하면, 해당 이미지를 참고하는 컨테이너 존재 여부와 상관없이 이미지를 강제적으로 삭제할 수 있다. 단, 특수한 경우가 아니라면 컨테이너 삭제 후 이미지를 삭제하는 것을 권장한다.

```
opensw@tux:~$ sudo docker rmi -f ubuntu-nginx:1.0
Untagged: ubuntu-nginx:1.0
opensw@tux:~$
opensw@tux:~$ sudo docker images
REPOSITORY        TAG      IMAGE ID       CREATED          SIZE
ubuntu-nginx-img  1.0      5cee28c245ac   16 minutes ago   254MB
ubuntu            22.04    c42dedf797ba   2 weeks ago      77.9MB
opensw@tux:~$
opensw@tux:~$ sudo docker rm ubuntu-nginx
ubuntu-nginx
opensw@tux:~$ sudo docker ps -a
CONTAINER ID   IMAGE                    COMMAND    CREATED          STATUS          PORTS
                                        NAMES
d10c4bc9caea   ubuntu-nginx-img:1.0   "nginx"   11 minutes ago   Up 11 minutes   0.0.0.0:80->80/tc
p, [::]:80->80/tcp, 443/tcp   nginx-con
opensw@tux:~$
```

Docker는 컨테이너 기술을 활용하여 호스트 환경과 격리된 서비스를 구동할 수 있도록 한다. 이를 통해 개발을 위한 환경을 여러 환경에 배포하거나 운영하고자 하는 서비스를 효율적으로 관리할 수 있다.

Docker는 컨테이너 이미지를 통해 컨테이너를 생성하고 이들을 관리하는 명령을 통해 컨테이너 기술을 사용자의 니즈에 맞게 활용할 수 있도록 지원한다. 또한 실행 중인 컨테이너를 이미지로 추출하여, Dockerfile 재작성 없이도 기존 컨테이너 이미지에서 변경사항을 반영한 새로운 컨테이너 이미지를 생성할 수 있다.

15.3 아마존 웹 서비스 실습

아마존 웹 서비스(Amazon Web Service, AWS)는 아마존의 대규모의 서버, 스토리지, 네트워크 자원을 사용자에게 대여해 주며 사용한 만큼의 비용을 지불하는 형태의 서비스이다. 이러한 클라우드 서비스를 IaaS(Infrastructure as a Service)라 하며, 네이버 클라우드도 이에 해당한다.

AWS는 초기의 주력 제품은 EC2(Elastic Compute Cloud)라는 가상머신 서비스와 S3(Simple Storage Service)로 불리는 스토리지 서비스이었으며 점차 다양한 서비스가 추가되어 현재는 데이터베이스, 네트워킹, 데이터 분석 등에 해당하는 다양한 서비스와 제품이 제공되고 있다. AWS의 EC2 서비스를 통해 인스턴스를 생성하고 웹 서버를 구동하는 과정을 학습한다.

15.3.1. AWS 등록

AWS를 이용하려면 로그인이 필요하다. AWS 홈페이지(`https://aws.amazon.com/`)에 접속하여 `Create an AWS Account` 버튼을 클릭한다(❶)(그림 15.08).

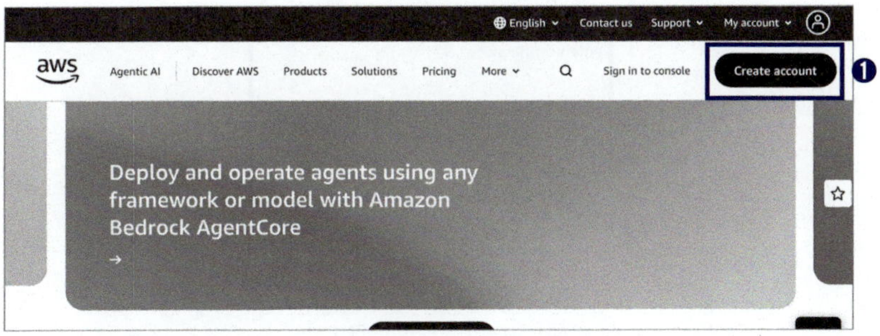

그림 15.08 AWS 공식 홈페이지

새로운 AWS 계정을 생성하기 위해 이메일 주소와 AWS에서 사용할 계정 이름을 입력하고(❶), 하단의 `Verify email address` 버튼을 클릭하여 이메일 인증 과정을 진행한다(❷). 이미 보유한 AWS 계정이 있다면 `Sign in to an existing AWS account` 버튼을 클릭한다(❸)(그림 15.09).

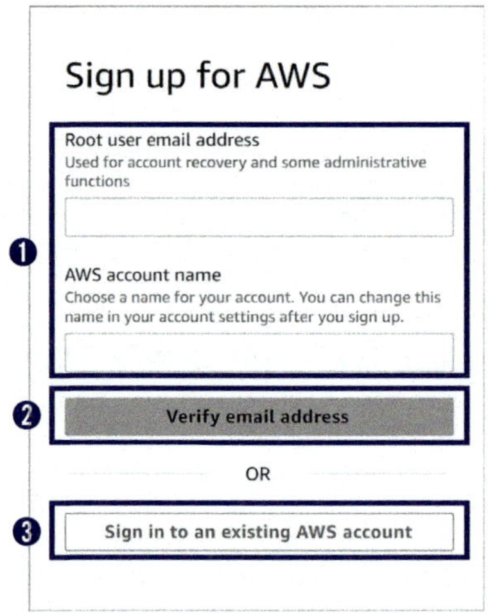

그림 15.09 AWS 계정 생성 페이지

이메일 인증 과정을 완료하면, 알파벳 대/소문자, 특수문자 등을 포함하여 AWS 계정에서 사용할 비밀번호를 입력한 후(❶), `Continue` 버튼을 클릭한다(❷)(그림 15.10).

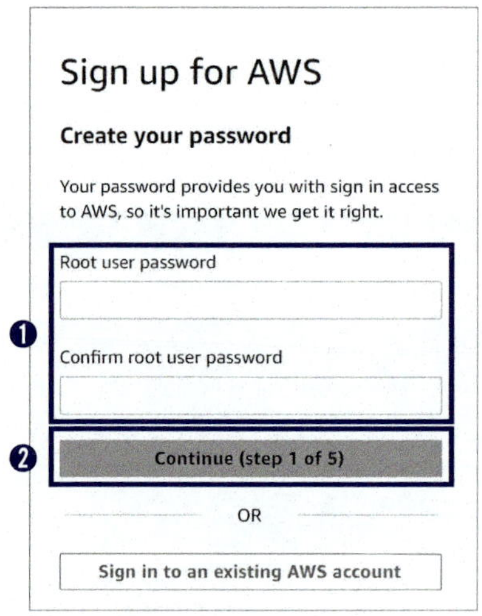

그림 15.10 AWS 계정 비밀번호 설정 페이지

다음으로 개인 정보를 입력한다. AWS 사용 목적으로는 'Personal - for your own projects'를 선택한다(❶). 이후로는 각 항목에 해당하는 개인 정보를 모두 영어로 입력한다(❷). 이후 하단의 'AWS Customer Agreement'에 동의한 후(❸), Continue 버튼을 클릭한다(❹)(그림 15.11).

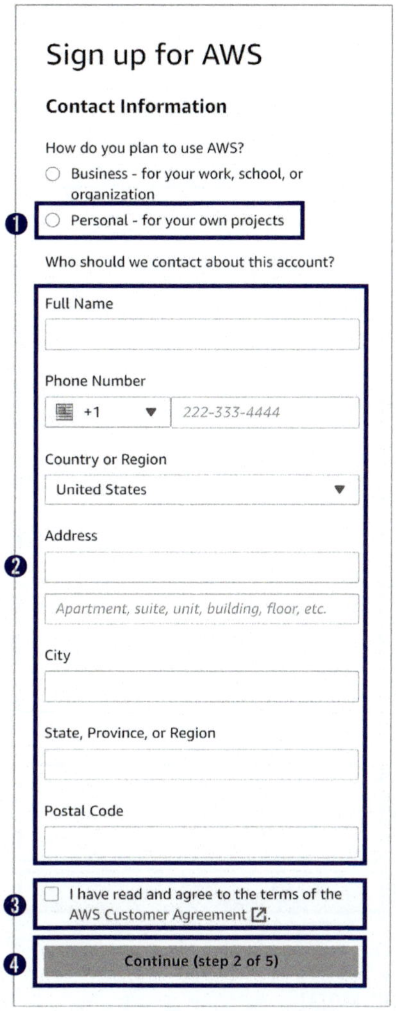

그림 15.11 AWS 개인정보 설정 페이지

AWS에서 발생한 비용을 청구할 결제 정보를 작성한다. 무료로 제공되는 범위 내에서 사용하면 비용은 청구되지 않는다. 해외 결제가 가능한 체크카드나 신용카드 정보를 입력하고(❶), 결제 영수증을 받을 이메일을 작성한 후(❷), `Verify and Continue` 버튼을 클릭한다(❸). 올바른 결제 정보를 입력했다면, 해당 카드로 1달러가 자동으로 청구되며, 자동으로 환불 처리가 된다(그림 15.12).

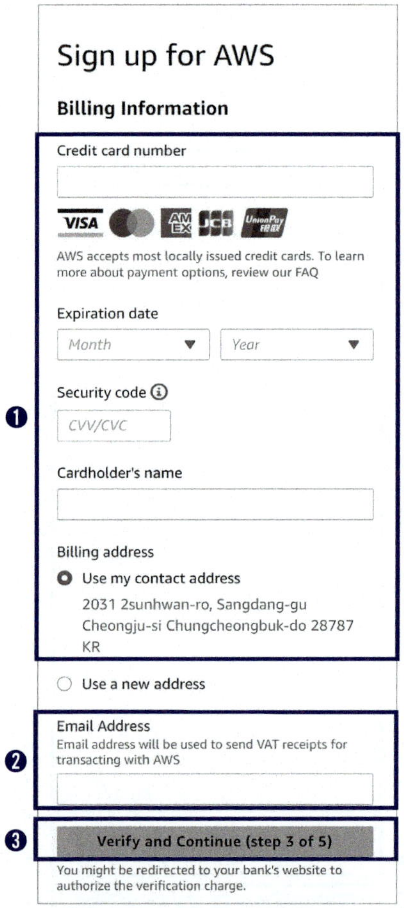

그림 15.12 AWS 비용 청구 정보 페이지

이제 전화번호 인증 방식을 선택한다. 문자 인증 방식으로 사용하고자 하면 Send SMS 버튼을, 전화 인증 방식을 사용하려면 Voice call 버튼을 선택한다(❶). 다음으로 인증 방식에 사용할 휴대전화 정보를 작성한다(❷)(그림 15.13). 전송된 4자리 코드를 Verify code항목에 입력한다.

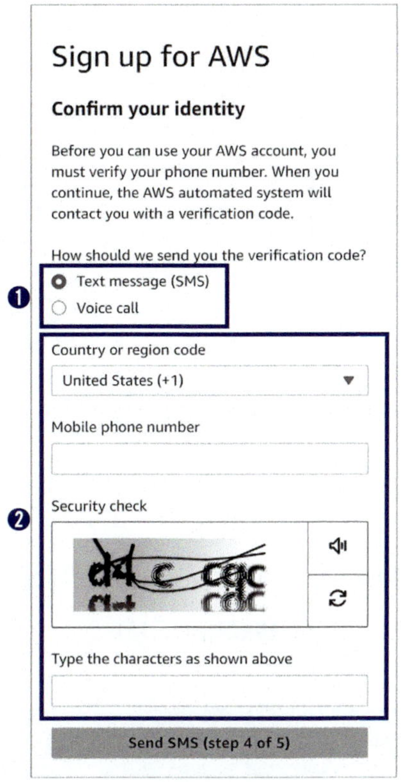

그림 15.13 AWS 계정의 휴대전화 번호 입력 페이지

마지막으로 AWS에서 사용할 플랜을 선택한다. 비용 청구가 발생하지 않는 무료 플랜인 Basic support - Free 플랜을 선택하고(❶), 회원가입 절차를 완료하기 위해 Complete sign up 버튼을 클릭한다(❷)(그림 15.14).

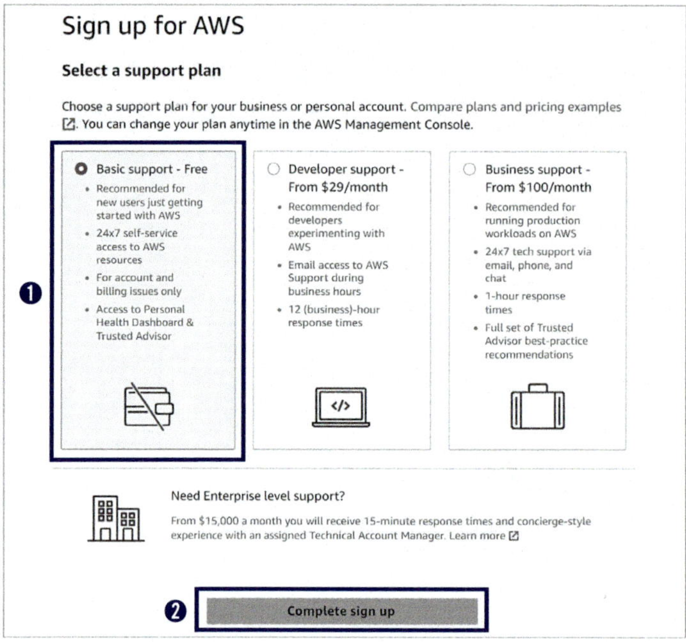

그림 15.14 Support plan 선택 화면

정상적으로 회원가입이 완료되면 Congratulations! 화면이 보이게 되는데, 하단에 있는 Go to the AWS Management Console 버튼을 클릭한다(❶)(그림 15.15).

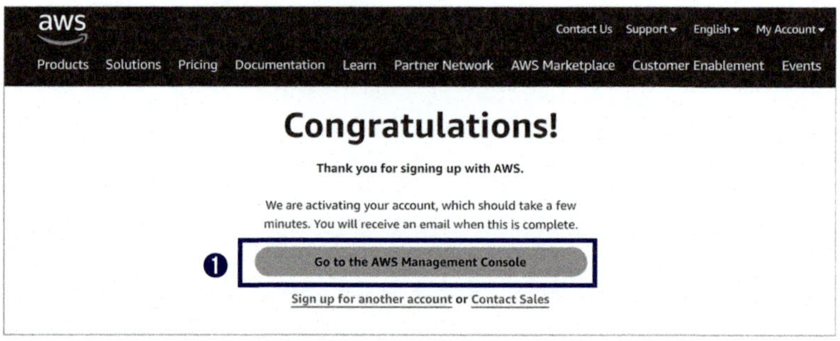

그림 15.15 AWS 계성 생성 완료 페이지

이후 로그인을 진행하는데, Sign in using root user email 버튼을 클릭한 후(❶) Root user 항목을 선택하고(❷), 앞서 생성한 계정의 이메일 주소와 비밀번호를 입력한다(그림 15.16).

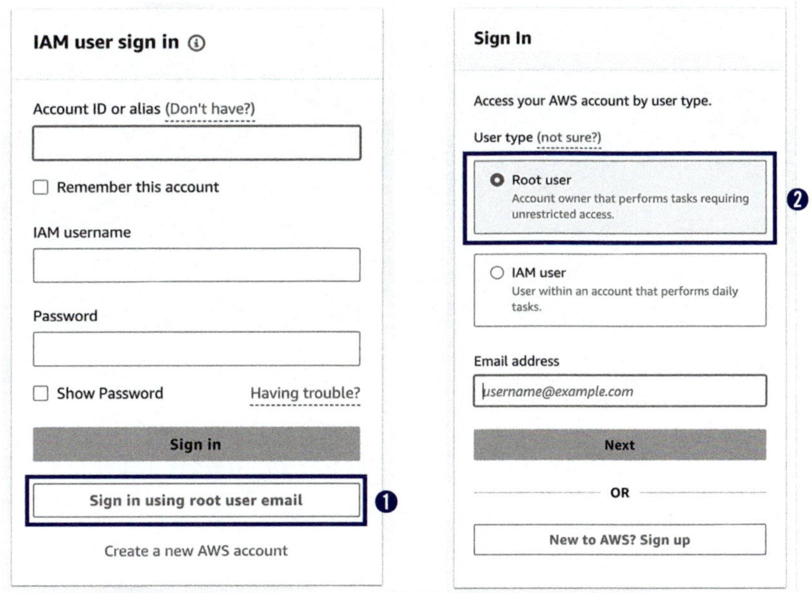

그림 15.16 AWS 계정 로그인 페이지

이제 생성한 AWS 계정의 콘솔을 활용하여 AWS에서 지원하는 다양한 서비스를 이용할 수 있게 되었다.

15.3.2. AWS 인스턴스 생성

그림 15.16에서 로그인에 성공하면, Management Console이 나타난다(그림 15.17). 콘솔 화면에서 상단의 검색창에 'ec2'를 입력한다(❶). 검색 결과 중 Services 항목의 EC2를 클릭한다(❷)(그림 15.18).

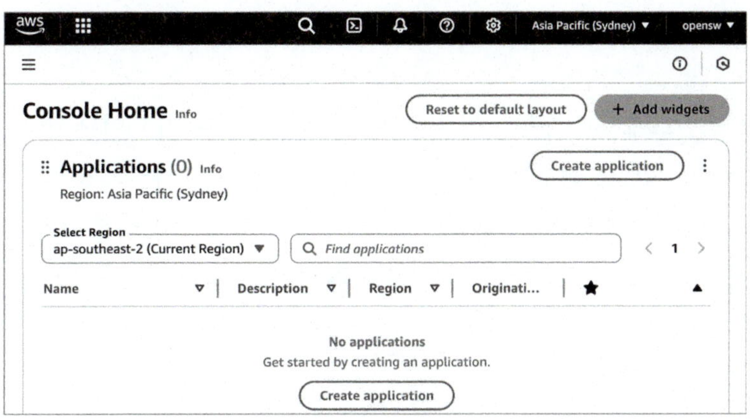

그림 15.17 AWS의 Management Console

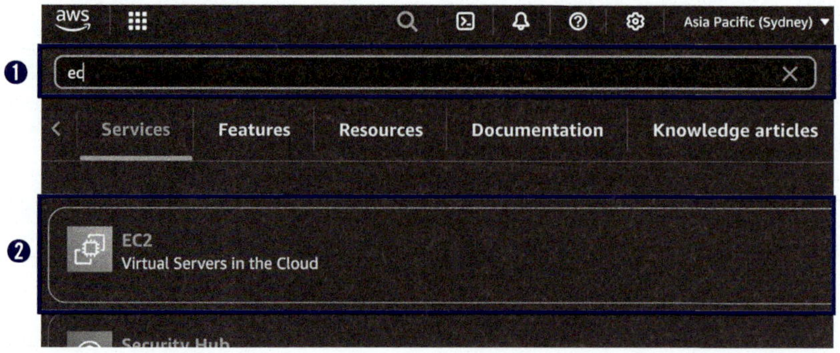

그림 15.18 'ec2' 검색 결과

그림 15.18에서 검색된 결과 중 EC2를 클릭하면, EC2 대시보드로 이동한다(그림 15.19). 먼저 좌측에서 `Network & Security` 항목의 `Key Pairs` 메뉴로 이동한다(❶).

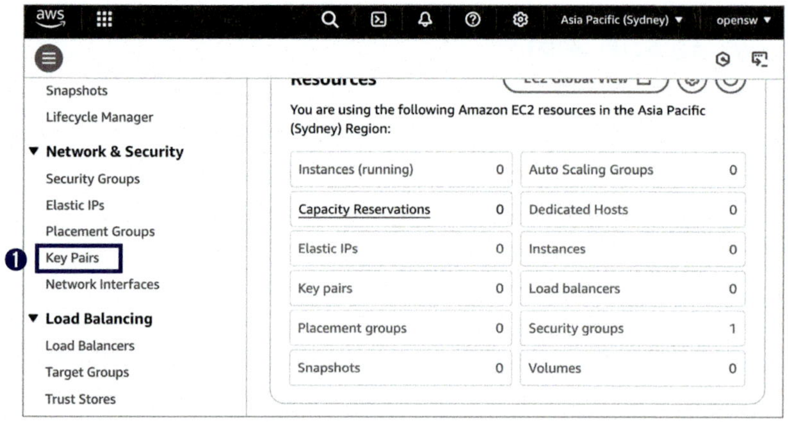

그림 15.19 EC2 대시보드

이후에 생성할 인스턴스에 SSH 접속 시 필요한 키 페어를 생성한다. 키 페어란 생성할 인스턴스와 사용자가 나눠가지는 키 세트로, 서로 짝을 이루는 관계를 가진다. 사용자는 특정 인스턴스에 SSH 접속을 원한다면, 해당 인스턴스와 짝(페어) 관계를 가진 키를 사용해야 한다. 이를 위해 Key pair 설정 화면에서 우측 상단의 `Create key pair` 버튼을 클릭하여(❶), 새로운 키 페어 생성을 시작한다(그림 15.20).

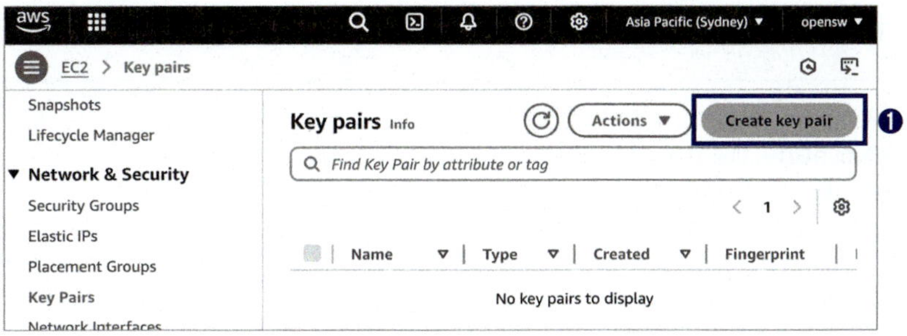

그림 15.20 Key pair 관리 콘솔

Name 항목는 생성할 키 페어의 이름인 'aws-keypair'을 입력하고(❶), Key pair type 항목에는 RSA를 선택한다(❷). Linux 시스템에 키를 이용한 SSH 접속을 할 때는 pem 방식을 사용하기 때문에 Private key file format 항목에서 '.pem'을 선택한다(❸). 이후 우측 하단의 Create key pair 버튼을 클릭하여(❹), 키 페어 생성을 완료한다(그림 15.21).

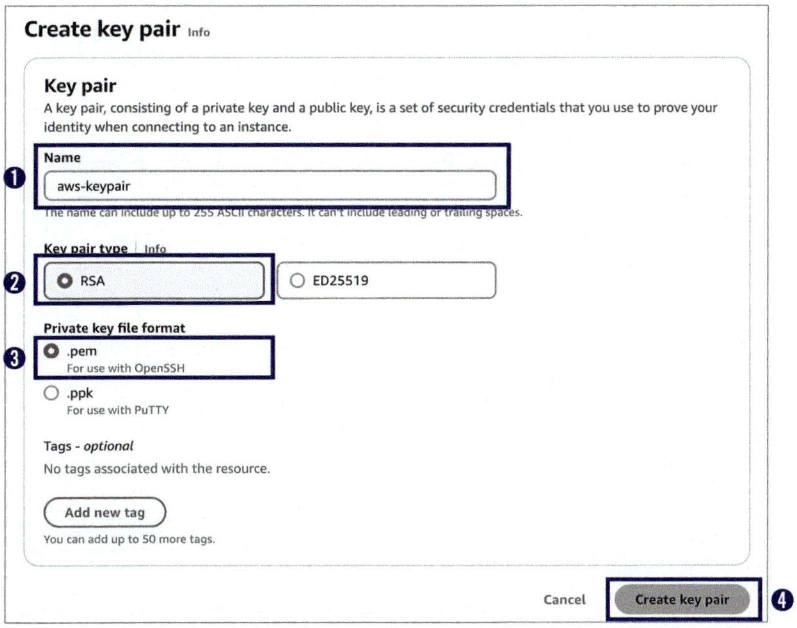

그림 15.21 새로운 key pair 생성 화면

키 페어 생성이 완료되면 aws-keypair.pem 파일이 다운로드가 되는데, 이 파일은 가상머신에 접속할 때 사용할 키 파일이다. 해당 키 파일이 없으면 인스턴스에 접속할 수 없기에 해당 파일을 삭제하지 않도록 주의한다.

```
opensw.geek@ubuntu:~$ cd Downloads/
opensw.geek@ubuntu:~/Downloads$
opensw.geek@ubuntu:~/Downloads$ ls -al
total 4998352
drwxr-xr-x  2 opensw.geek opensw       4096 May 19 12:36 ./
drwxr-x--- 21 opensw.geek opensw       4096 May 16 15:15 ../
-rw-r--r--  1 opensw.geek opensw       1678 May 19 12:36 aws-keypair.pem
...
opensw.geek@ubuntu:~/Downloads$
```

생성된 키 페어를 확인하고(❶), 인스턴스 생성을 위해 좌측 메뉴의 Instances 항목에서 Instances 메뉴로 이동한다(❷)(그림 15.22).

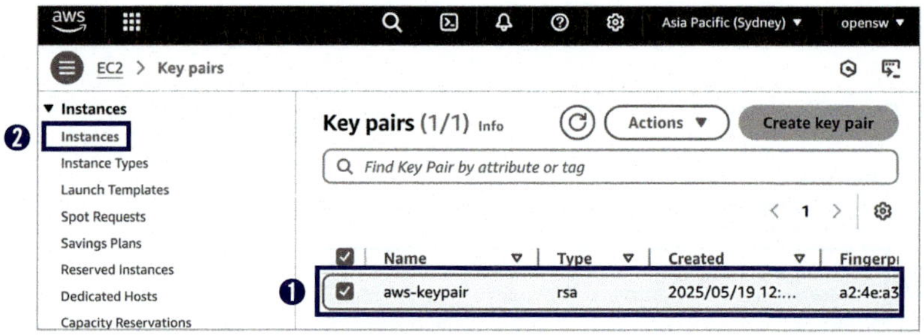

그림 15.22 생성된 aws-keypair 키 페어

AWS에서 인스턴스는 쉽게 말해 가상머신을 의미한다. 인스턴스 생성을 위해 Instances 관리 콘솔의 오른쪽 상단에 위치한 Launch instances 버튼을 클릭한다(❶)(그림 15.23).

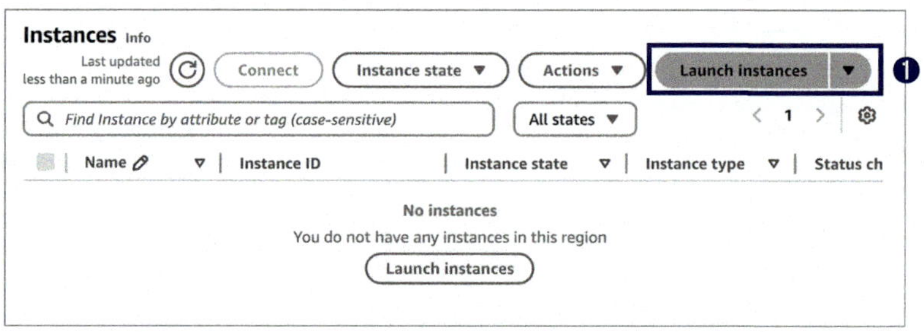

그림 15.23 Instances 관리 콘솔

이제 인스턴스 생성 과정을 진행한다. 먼저 `Name and tags` 단계에서는 인스턴스의 이름을 작성한다. 해당 인스턴스에는 웹 서버를 구축할 것이므로 '`aws-web-server`'로 작성한다(❶)(그림 15.24).

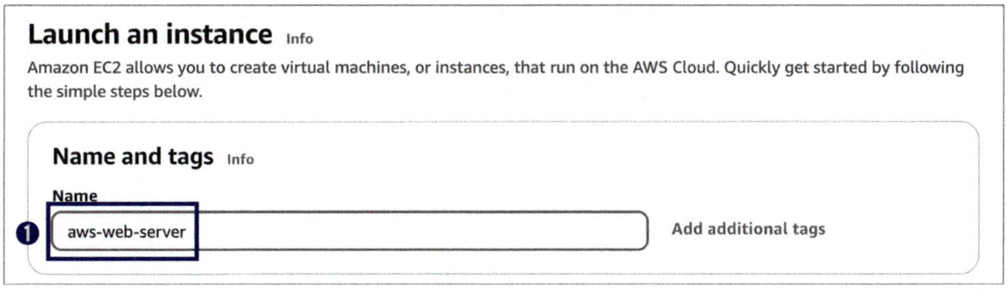

그림 15.24 인스턴스 생성 과정 중 이름 설정 단계

`Application and OS Images` 단계에서는 가상머신에 사용할 이미지 AMI(Amazon Machine Image)를 선택한다(그림 15.25). AMI는 사용할 목적에 따라 운영체제, 소프트웨어, 서버 등이 미리 구성되어 있는 인스턴스 이미지이다. 프리 티어로 사용이 가능한 AMI 중 `Amazon Linux`를 선택한다(❶). 나머지 설정은 진행하지 않아도 된다.

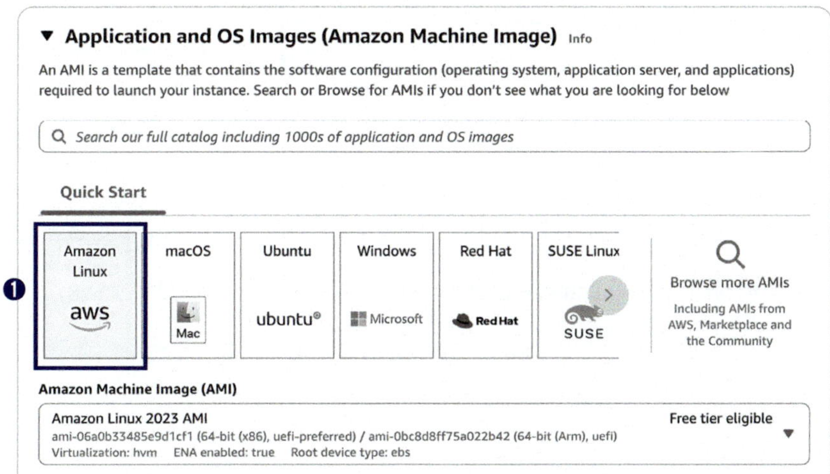

그림 15.25 인스턴스 생성 과정 중 AMI 선택 단계

`Instance type` 단계에서 생성할 인스턴스 유형 즉 성능을 선택한다. 여기서도 프리 티어로 사용이 가능한 유형인 `t2.micro`를 선택한다(❶)(그림 15.26).

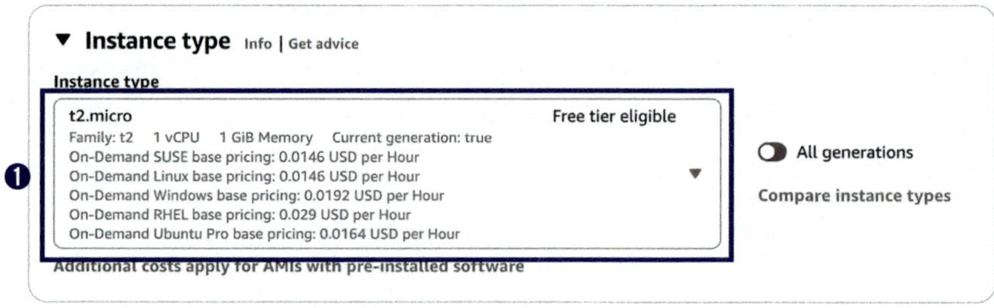

그림 15.26 인스턴스 생성 과정 중 유형 선택 단계

Key pair 단계에서는 앞서 생성한 키 페어를 선택한다(❶)(그림 15.27). 이는 인스턴스 원격 접속 시 사용할 키 페어를 지정하는 것이다. 즉 인스턴스에는 지정한 키 페어로만 SSH 접속이 가능하다. 지금까지는 비밀번호 인증 방법으로 원격 접속을 하였지만, AWS에서는 인스턴스 접속을 위해 더 나은 보안이 가능한 키 인증 방식을 사용한다.

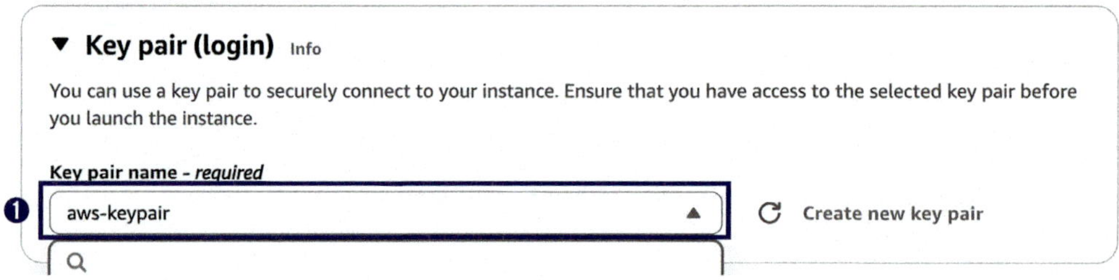

그림 15.27 인스턴스 생성 과정 중 키 페어 선택 단계

나머지 단계는 기본 설정값을 사용한다. 마지막으로 Summary 단계에서 선택한 옵션들을 최종적으로 확인한 후, 별다른 이상이 없으면 Launch instance 버튼을 클릭한다(❶)(그림 15.28).

그림 15.28 생성할 인스턴스 정보 최종 확인 단계

인스턴스 생성이 완료되면 인스턴스 관리 콘솔로 이동한다. 새로고침을 하면 새로운 인스턴스인 aws-web-server가 생성되었음을 알 수 있다(그림 15.29).

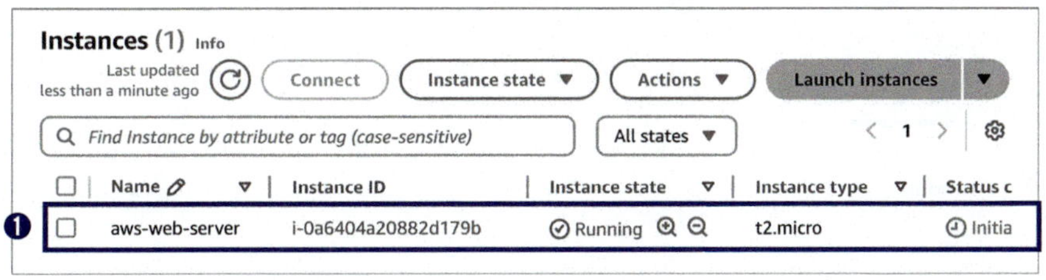

그림 15.29 생성한 인스턴스 확인

15.3.3. 외부에서 인스턴스 접속하기

생성한 인스턴스에 접속하려면 AWS 콘솔에서 활용하는 방법이나 본인 시스템에서 SSH를 통해 접속하는 방법을 사용해야 한다. 이때 사용하는 방법에 상관없이 인스턴스는 Running 상태이어야 한다.

첫 번째로 AWS 콘솔을 통해 접속해본다. 그림 15.28에서 Running 상태인 aws-web-server 인스턴스를 선택한 상태에서(❶), 상단의 Connect 버튼을 클릭한다(❷)(그림 15.30).

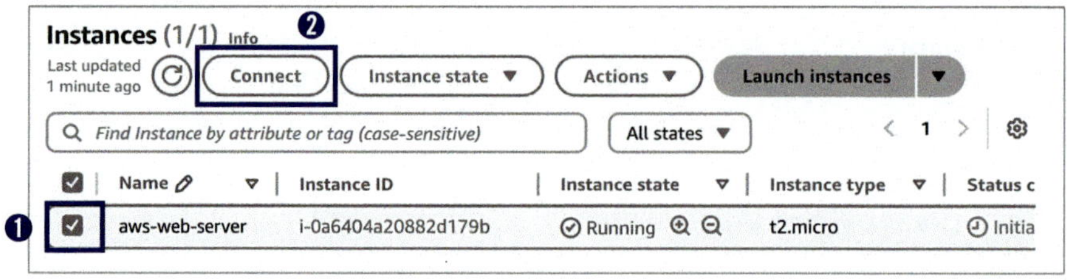

그림 15.30 aws-web-server 인스턴스 선택 화면

이후 나타나는 화면인 EC2 Instance Connect에서 Connect 버튼을 클릭하면(❶)(그림 15.31), 인스턴스의 터미널을 브라우저 상에서 다룰 수 있다(그림 15.32)

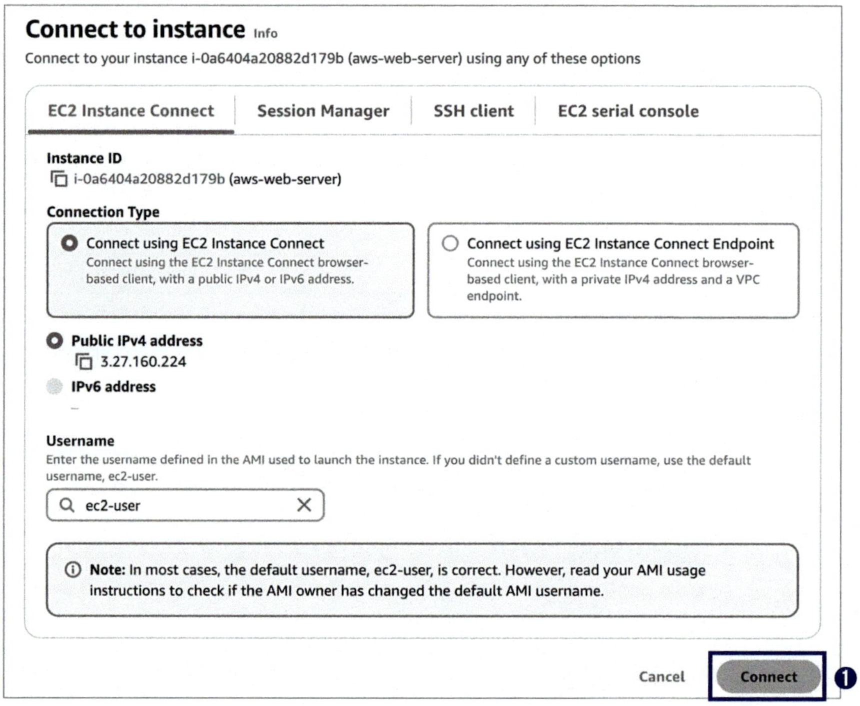

그림 15.31 EC2 Instance Connect 정보

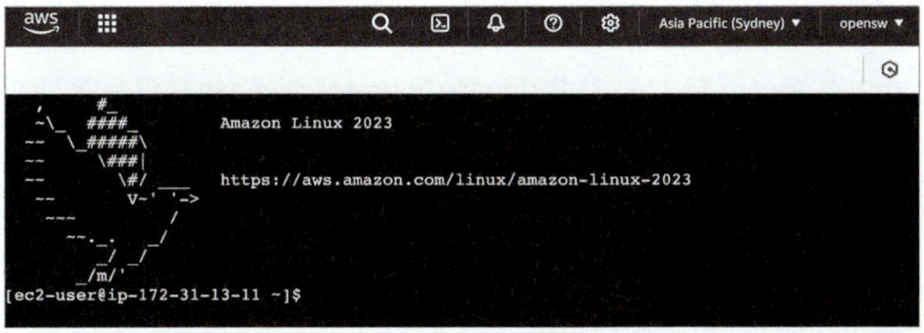

그림 15.32 AWS 콘솔에서 접속한 aws-web-server 인스턴스

두 번째 방법으로 앞서 다운로드한 키를 이용하여 AWS 인스턴스에 접속해본다. 먼저 키 페어 생성 시에 다운로드된 aws-keypair.pem 파일을 홈 디렉터리로 이동한다.

```
opensw.geek@ubuntu:~$ find / -name aws-keypair.pem -exec mv {} ~ \;
opensw.geek@ubuntu:~$
opensw.geek@ubuntu:~$ ls -al | grep aws
-rw-r--r--  1 opensw.geek opensw 1678 May 19 12:36 aws-keypair.pem
opensw.geek@ubuntu:~$
```

가상머신에서 AWS 인스턴스에 접속하기 전에 그림 15.31에서 SSH Client 항목을 클릭하면(❶), ssh 명령으로 접속하는 방법을 알 수 있다(❷, ❸)(그림 15.33).

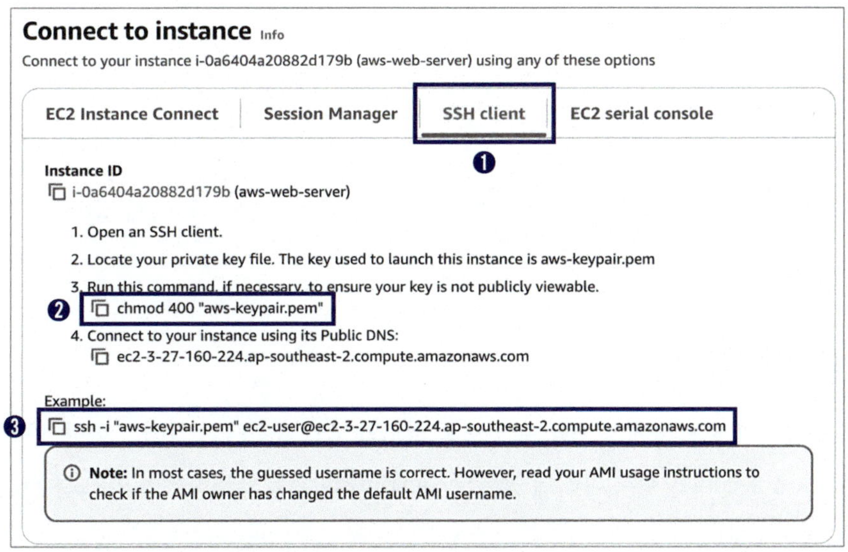

그림 15.33 ssh 명령으로 인스턴스에 접속하는 방법

먼저 그림 15.33의 ❷번 명령을 복사 후 터미널에 붙여넣기하여, 키 페어 파일의 접근 권한을 400으로 변경해준다. 권한 변경 후 그림 15.33의 ❸번인 Example 항목에 있는 ssh 명령을 복사 및 붙여넣기하여 AWS의 인스턴스에 접속한다.

```
opensw.geek@ubuntu:~$ chmod 400 "aws-keypair.pem"
opensw.geek@ubuntu:~$
opensw.geek@ubuntu:~$ ls -al aws-keypair.pem
-r-------- 1 opensw.geek opensw 1678 May 19 12:36 aws-keypair.pem
opensw.geek@ubuntu:~$
opensw.geek@ubuntu:~$ ssh -i "aws-keypair.pem" ec2-user@ec2-3-27-160-224.ap-southeast-2.co
mpute.amazonaws.com
The authenticity of host 'ec2-3-27-160-224.ap-southeast-2.compute.amazonaws.com (3.27.160.2
24)' can't be established.
ED25519 key fingerprint is SHA256:Gr3zME93Uq9p3ZtXXxW6078WEz6h30gucWKkTncZFug.
This key is not known by any other names.
Are you sure you want to continue connecting (yes/no/[fingerprint])? yes
Warning: Permanently added 'ec2-3-27-160-224.ap-southeast-2.compute.amazonaws.com' (ED2551
9) to the list of known hosts.
   ,     #_
   ~\_  ####_        Amazon Linux 2023
  ~~  \_#####\
  ~~     \###|
  ~~       \#/ ___   https://aws.amazon.com/linux/amazon-linux-2023
   ~~       V~' '->
    ~~~         /
      ~~._.   _/
         _/ _/
       _/m/'
Last login: Mon May 19 03:43:42 2025 from 13.239.158.5
[ec2-user@ip-172-31-13-11 ~]$
```

소개한 2가지 방법으로 실행 중인 인스턴스에 언제든지 접속이 가능하다. 이제 접속한 인스턴스에서 웹 서버를 띄우는 실습을 진행한다.

15.3.4. 웹 서버 띄우기

외부에서 인스턴스의 웹 서버에 접근할 수 있도록 별도의 보안 규칙을 추가해야 한다. 콘솔의 좌측 메뉴에서 Network & Security 항목 아래에 있는 Security Groups를 클릭하여 보안 그룹 관리 콘솔로 이동한다(❶)(그림 15.34).

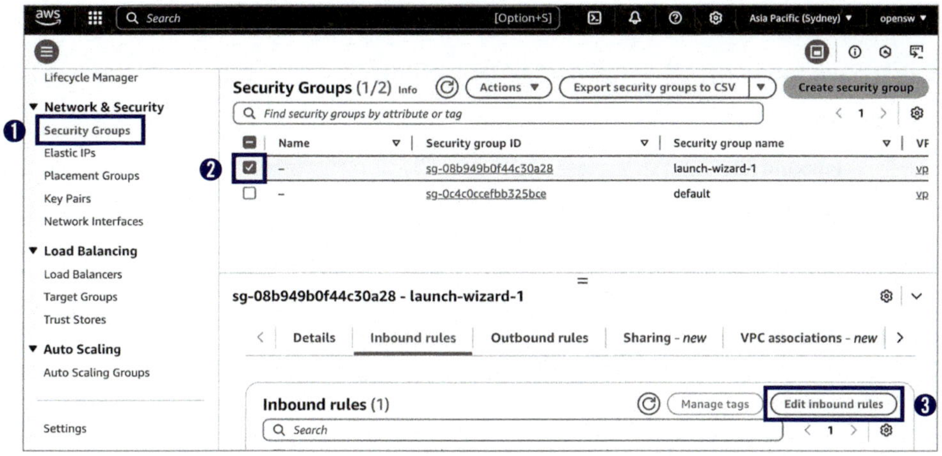

그림 15.34 Security Groups 관리 콘솔 화면

그림 15.34에서 2가지 보안 그룹을 볼 수 있으며, `launch-wizard-1`이 `aws-web-server` 인스턴스에서 사용 중인 보안 그룹이다. 해당 보안 그룹을 선택한 후(❷), 하단의 `Edit inbound roles` 버튼을 클릭한다(❸). 해당 보안 그룹에는 외부에서 인스턴스로의 SSH 접근만 허용하고 있고, 그 외의 방법으로 접근하는 연결을 모두 거부하고 있다. 이로 인해 호스트 밖에 있는 웹 서버에서 띄운 웹페이지를 브라우저로 확인하기 위해 HTTP에 대한 외부 접근을 허용하는 규칙이 필요하다.

이후 새 규칙을 추가하는 화면이 보이면, 왼쪽 하단의 `Add rule` 버튼을 클릭하여(❶), 새로운 inbound 규칙을 생성한다(그림 15.35). `Inbound rule 1`은 SSH 접속을 위해 필요하므로 수정하지 않는다.

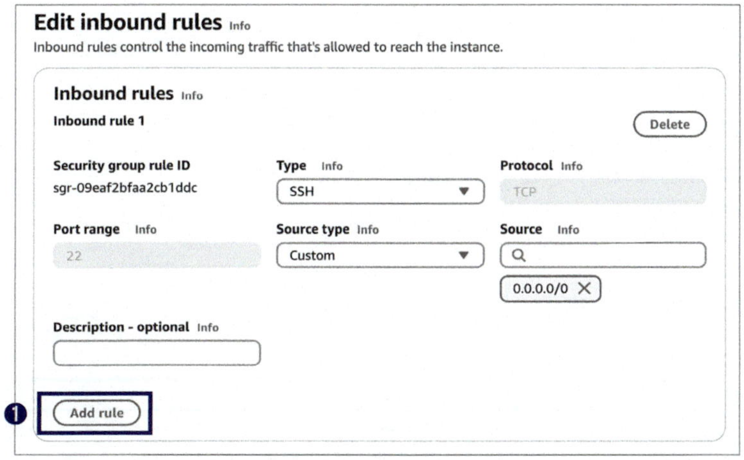

그림 15.35 Edit inbound rules 화면

새로 생성된 Inbound rule 2에서는 Type 항목을 'HTTP'로(❷), Source type 항목은 'Anywhere-IPv4'로 설정하고(❸), Save rules 버튼을 클릭한다(❹)(그림 15.36).

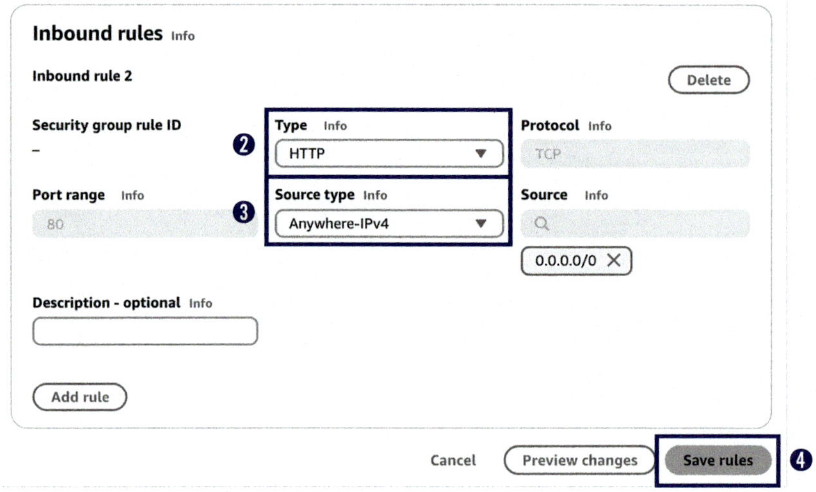

그림 15.36 새로운 inbound 규칙 추가 화면

추가한 규칙이 적용되면 launch-wizard-1 보안 그룹의 Inbound rules 항목에서 HTTP 규칙을 확인할 수 있다(❶)(그림 15.37).

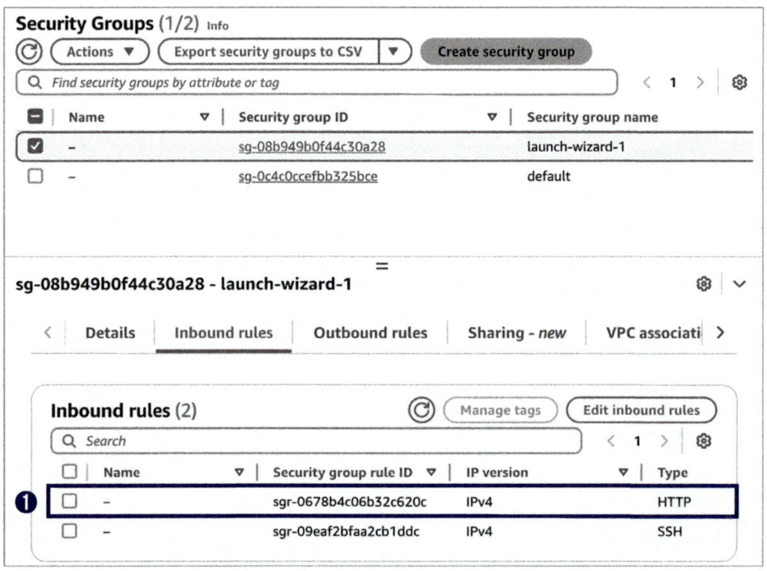

그림 15.37 추가된 HTTP Inbound 규칙

이제 SSH로 인스턴스에 접속한 상태에서, yum install 명령으로 httpd 패키지를 설치한다. yum 또한 우분투의 apt처럼 패키지를 관리할 때 사용하는 명령이다.

```
[ec2-user@ip-172-31-13-11 ~]$ sudo yum install -y httpd
[ec2-user@ip-172-31-13-11 ~]$
```

httpd 패키지 설치가 완료되면, 웹 서버로 띄울 웹페이지를 구성하기 위한 파일을 생성하기 위해 /var/www/html 디렉터리로 이동한다.

```
[ec2-user@ip-172-31-13-11 ~]$ cd /var/www/html
[ec2-user@ip-172-31-13-11 ~]$
```

httpd는 기본적으로 /var/www/html 디렉터리 아래의 index.html을 호스팅하도록 설정되어 있다. 그래서 웹 서버로 호스팅할 웹페이지를 제작하기 위해 index.html 파일을 생성한다.

```
[ec2-user@ip-172-31-13-11 html]$ sudo vim index.html
[ec2-user@ip-172-31-13-11 html]$
[ec2-user@ip-172-31-13-11 html]$ cat index.html
<!DOCTYPE>
<html>
  <body>
<h1> The Apache web server is successfully running on the AWS instance!</h1>
</body>
</html>

[ec2-user@ip-172-31-13-11 html]$
```

systemctl restart 명령으로 httpd 데몬을 재시작한다.

```
[ec2-user@ip-172-31-13-11 html]$ sudo systemctl restart httpd
[ec2-user@ip-172-31-13-11 html]$
```

13장에서 가상머신에서 호스팅 중인 웹페이지에 접속할 때 내부 네트워크 IP 주소를 사용하였다. 이와 달리 인스턴스는 외부 네트워크에 있는 서버이기에, 공인 IP 주소를 사용해야만 웹페이지에 접속할 수 있다. 그림 15.30의 Public IP address 항목에서 확인할 수 있다. 또 다른 방법으로는 curl ifconfig.me 명령을 사용하는 것이다.

```
[ec2-user@ip-172-31-13-11 ~]$ curl ifconfig.me ; echo ""
3.27.160.224
[ec2-user@ip-172-31-13-11 ~]$
```

해당 주소를 브라우저에 입력하면, /var/www/html/index.html 파일에 작성한 내용이 브라우저에 표시되는 것을 확인할 수 있다(그림 15.38).

그림 15.38 Apache 서버로 띄운 index.html

httpd 데몬을 enable 상태로 변경하지 않으면, 인스턴스를 부팅할 때마다 해당 데몬을 실행시켜 주어야 한다. 이를 방지하기 위해 systemctl enable 명령을 이용해 인스턴스가 재부팅되더라도 자동으로 데몬이 실행되도록 한다.

```
[ec2-user@ip-172-31-13-11 html]$ sudo systemctl enable httpd
Created symlink /etc/systemd/system/multi-user.target.wants/httpd.service->/usr/lib/syste
md/system/httpd.service.
[ec2-user@ip-172-31-13-11 html]$
```

인스턴스를 계속 켜두면, 무료로 사용할 수 있는 사용량을 넘어 요금이 부과될 수 있다. 그래서 사용하지 않을 때에는 중지해야 한다. EC2 대시보드에서 Instances 메뉴로 이동한 뒤(❶), 인스턴스를 우클릭하면 나오는 메뉴에서 Stop instance를 클릭하여 중지시킨다(❷)(그림 15.39).

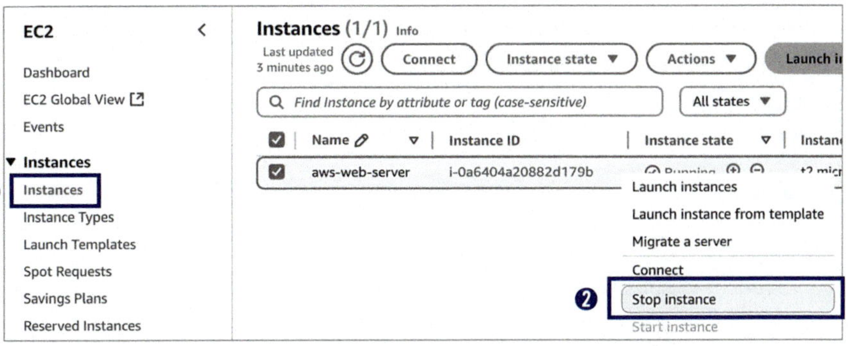

그림 15.39 우클릭 메뉴 중 Stop instance 항목

인스턴스 상태가 Running에서 Stopped로 바뀐 것을 확인할 수 있다(❶)(그림 15.38).

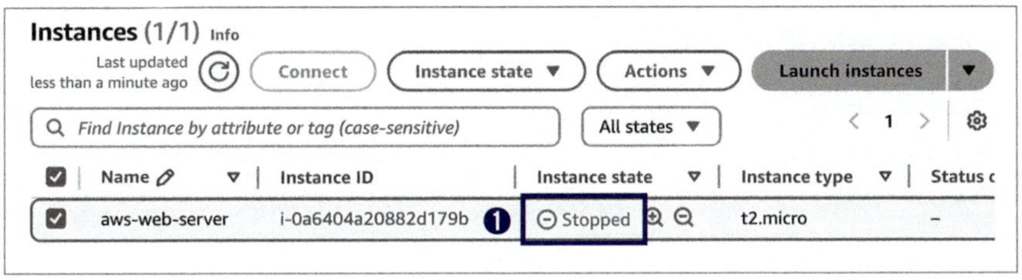

그림 15.40 Stopped 상태의 aws-web-server 인스턴스

15.3.5. 고정 IP 할당

AWS EC2에서는 고정 Public IP 주소를 Elastic IP(탄력적 IP)라고 한다. 앞서 웹페이지에 접속할 때 사용한 IP 주소는 DHCP이므로, 인스턴스를 중지했다가 다시 실행할 때마다 IP 주소가 변경된다. 이는 SSH 명령으로 인스턴스를 접속할 때마다 IP 주소를 확인하는 과정이 선행되어야 하는 번거로움이 있다. 그래서 인스턴스 접속이나 서비스 운영을 위해 고정된 IP 주소를 사용하기 위한 해결 방법으로 Elastic IP 주소를 할당받고, 이를 인스턴스에 부여하는 방식을 사용할 수 있다.

새로운 Elastic IP 주소를 할당하기 위해, 콘솔 좌측에서 Network & Security 메뉴의 Elastic IPs를 선택하여(❶), Elastic IP addresses 관리 페이지로 이동한다. 그리고 우측 상단의 Allocate Elastic IP address 버튼을 클릭한다(❷)(그림 15.41).

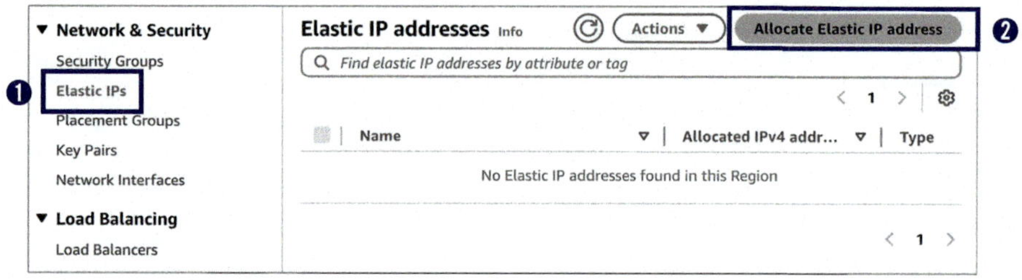

그림 15.41 Elastic IP addresses 관리 페이지

새로운 Elastic IP 주소를 할당하는 페이지로 이동하면, `Public IPv4 address pool` 항목에 '`Amazon's pool of IPv4 addresses`'을 선택한다(❶). 그후 우측 하단의 `Allocate` 버튼을 클릭하여(❷), Elastic IP 주소를 할당받는다(그림 15.42).

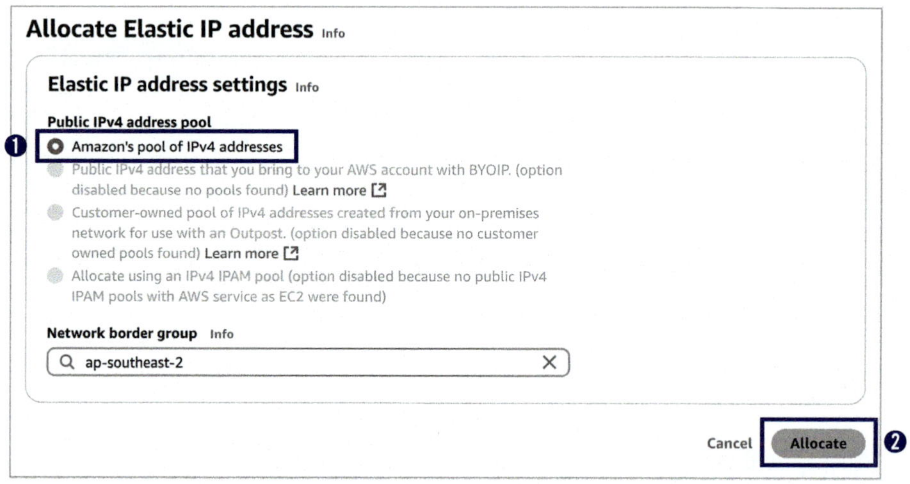

그림 15.42 새로운 Elastic IP 할당 설정 화면

새로운 Elastic IP 주소가 생성된 것을 확인하고 할당된 IP 주소를 선택한다(❶). 이제 선택한 Elastic IP 주소를 인스턴스에 부여하기 위해, 콘솔의 우측 상단에서 `Action` 버튼을 클릭한 뒤(❷), `Associate Elastic IP address`을 선택한다(❸)(그림 15.43).

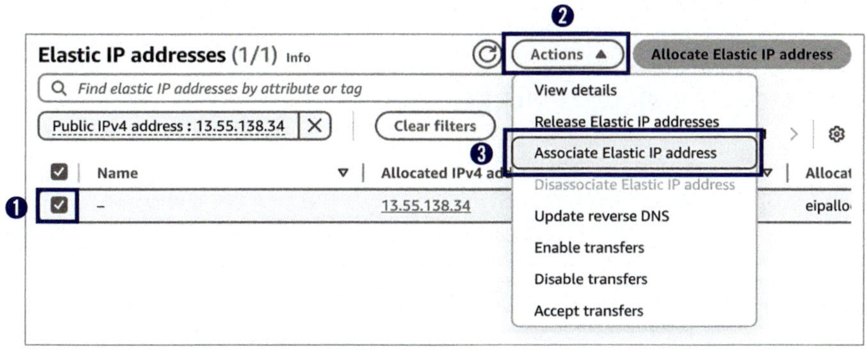

그림 15.43 인스턴스에 Elastic IP 주소 적용 과정

해당 Elastic IP 주소를 사용할 리소스 유형으로는 Instance를 선택한다(❶). 하단의 Instance 검색창을 클릭하여 나타나는 aws-web-server 인스턴스를 선택한 뒤(❷), 우측 하단의 Associate 버튼을 클릭한다(❸)(그림 15.44).

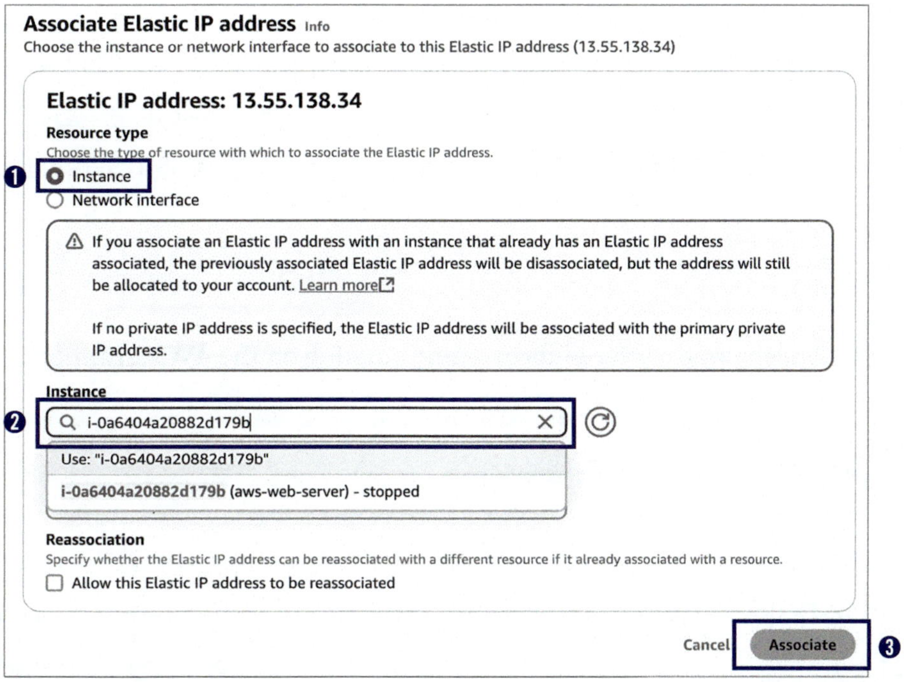

그림 15.44 Elastic IP 주소를 할당할 인스턴스 설정 화면

EC2 대시보드의 Instance 메뉴로 돌아가서(❶), aws-web-server 인스턴스를 클릭한 후(❷), 하단의

인스턴스 정보를 표시하는 스크롤을 내리다 보면, Elastic IP addresses 항목에서 앞서 설정한 Elastic IP 주소가 할당된 것을 확인할 수 있다(❸)(그림 15.45).

그림 15.45 aws-web-server 인스턴스에 할당된 Elastic IP 주소

Public IP 주소가 Elastic IP 주소인 13.55.138.34로 변경되었기에, 브라우저에서 해당 Elastic IP 주소를 입력하면 그림 15.38과 동일하게 웹페이지를 볼 수 있다(그림 15.46). Elastic IP 주소를 계속 사용한다면, 인스턴스를 재시작할 때마다 동일한 IP 주소가 유지되기에 웹 서버 및 SSH 접속이 편해진다.

그림 15.46 Elastic IP 주소로 접속한 웹페이지

인스턴스에 Elastic IP 주소가 할당된 상태에서 해당 주소를 사용하지 않아도 요금이 부과된다. 해당 Elastic IP 주소를 사용하지 않을 때에는 IP 주소 할당을 해제해 주어야 한다. Network & Security 항목의 Elastic IPs 메뉴로 이동한 뒤(❶), 앞서 할당한 Elastic IP 주소를 선택하고(❷), 상단의 Action 중에서(❸), 'Release Elastic IP addresses'를 선택하여 할당을 해제한다(❹)(그림 15.47).

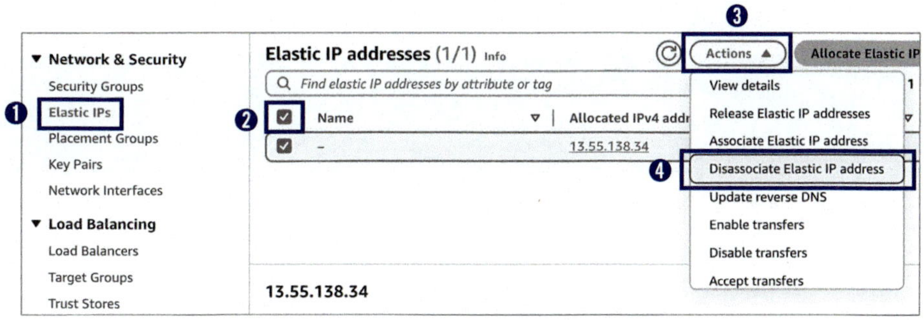

그림 15.47 Disassociate Elastic IP addresses 메뉴

Elastic IP 주소가 정상적으로 할당 해제가 되었다면, 해당 Elastic IP를 완전히 해제하기 위해 Action 항목을 클릭한 후(❶), Release Elastic IP addresses 항목을 선택하여(❷)(그림 15.48), 사용하던 Elastic IP가 완전히 삭제되어 해당 IP 정보가 더이상 표시되지 않는다(그림 15.49).

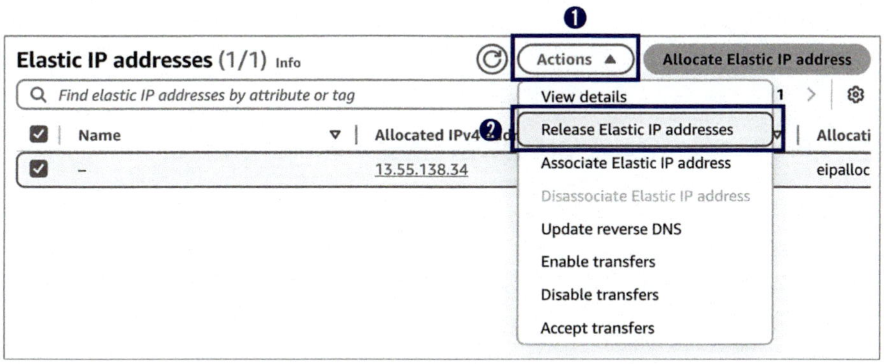

그림 15.48 인스턴스로부터 Elastic IP 주소 할당 해제

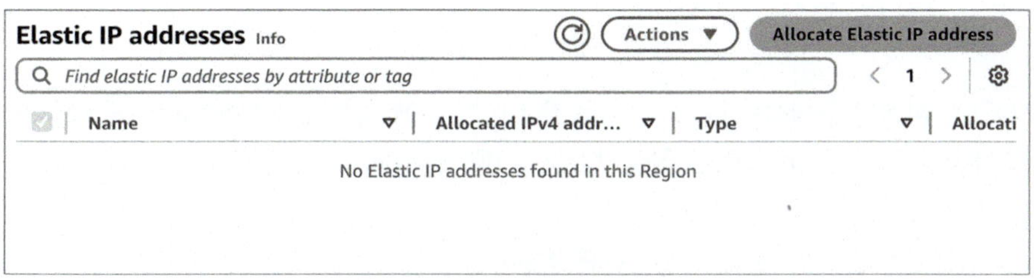

그림 15.49 Elastic IP 주소를 완전히 삭제된 Console 화면

CHAPTER 15 연습문제

01. 클라우드 서비스의 정의와 특징을 설명하라.

02. 클라우드 서비스 모델 3가지에 대해 설명하라.

03. IaaS와 SaaS의 차이점에 대해 설명하고, 각 서비스 모델에 해당하는 추가적인 예시를 검색을 통해 찾아보라.

04. 클라우드 서비스를 구현하기 위해 필요한 기술을 서술하라.

05. 컨테이너의 특징에 대해 설명하고, Docker와 컨테이너의 연관성을 서술하라.

06. docker 명령으로 Docker Hub에 등록되어 있는 'mysql' 컨테이너 이미지를 검색하라. 검색된 이미지가 Docker에서 공식적으로 지원하는지 확인하라.

07. MySQL 환경을 구성하는 Dockerfile을 홈 디렉터리에 작성하라. Dockerfile에 작성해야 하는 작업 내용을 다음과 같다. 이후 작성한 Dockerfile을 mysql-img 컨테이너 이미지로 빌드하라.

(1) 베이스 이미지 : mysql:latest

(2) 환경변수(ENV 커맨드 사용, 검색 활용)

  (a) MYSQL_ROOT_PASSWORD=<your root password>

  (b) MYSQL_USER=opensw

  (c) MYSQL_PASSWORD=<your password>

08. mysql-img 컨테이너 이미지로 컨테이너를 생성한다. 컨테이너 생성 시 다음 조건을 만족하는 명령을 사용하라.

(1) 컨테이너 이름을 mysql-docker로 지정한다.

(2) 생성할 컨테이너를 백그라운드로 실행한다.

(3) 외부에서 접속할 수 있도록 3306 포트를 개방한다.

(4) 컨테이너 내부의 /var/lib/mysql 디렉토리를 호스트의 ~/mysql_data 디렉터리와 연결한다.

09. mysql-docker 컨테이너의 터미널에 접속하라. 이후 mysql -u root -p 명령으로 MySQL에 로그인하라.

10. 컨테이너에 접속한 상태에서, GRANT ALL PRIVILEGES ON *.* to 'opensw'@'%' 명령을 통해 opensw 사용자의 권한을 수정한 후, 수정한 사용자 정보를 MySQL에 바로 반영하라.

11. mysql-docker 컨테이너의 현재 상태를 mysql-docker:1.0 라는 컨테이너 이미지로 추출하라. 기존의 mysql-docker 컨테이너를 삭제한 후, mysql-docker 컨테이너를 다시 생성하라. mysql-docker 컨테이너 터미널에 접속하여 opensw 사용자로 docker_mysql 데이터베이스를 생성할 수 있는지 확인하라.

12. AWS를 사용하여 다음의 과정을 통해 MySQL 서버를 구축하라.

(1) aws-mysql라는 EC2 인스턴스를 생성하라. key pair는 aws-keypair.pem을, AMI는 Ubuntu를 선택하라. 나머지는 기본값으로 설정하라.

(2) Elastic IP를 생성하고, 이를 aws-mysql 인스턴스에 할당하라.

(3) 호스트 터미널에서 aws-keypair.pem를 사용하여 aws-mysql 인스턴스에 SSH 접속하라.

(4) 13장을 참고하여 aws-mysql 인스턴스에 mysql를 설치하고, root 계정으로 MySQL에 접속하라.

(5) opensw라는 MySQL 사용자를 생성하라. 이때 호스트를 지정하는 부분은 '%'로 지정하라.

(6) opensw 사용자가 전체 호스트에서 모든 데이터베이터 내에 존재하는 모든 테이블에 대해 모든 권한을 수행할 수 있도록 설정하라.

(7) aws-mysql 인스턴스를 종료한 후 재실행하여, (3)번에서 사용한 명령으로 SSH 접속하라. MySQL은 opensw 사용자로 로그인하라.

(8) opensw 사용자로 데이터베이스를 생성할 수 있는지 확인하라.

(9) 지금까지 생성한 모든 인스턴스, Elastic IP를 삭제하라.